교양 체육 강좌

하남길 · 권선옥 · 김세기 編著

경상대학교출판부

이 도서는 (재)경상대학교 춘추연구장학재단의 지원을 받아 출판되었습니다.

머리말

인간은 누구나 행복한 삶을 꿈꾼다. 적성에 맞는 일을 통해서, 가족 간의 사랑을 통해서, 자신에게 맞는 취미생활을 통해서…. 행복한 삶을 영위하는데 도움이 될 선택의 대상은 수없이 많다. 그러나 행복한 삶을 추구하기 위하여 필수적으로 받아들여야 할 것 중의 하나가 스포츠 활동일 것이다. "접속의 시대" 로 불리는 21세기를 살아가는 데는 신체활동 프로그램이 필수적이며, 스포츠의 직·간접적 참여 자체가 중요한 행복 추구 수단으로 등장했기 때문이다.

정보화시대는 인간과 인간의 만남이나 신체적 활동시간이 줄어든다. 그러므로 건강한 삶을 위해서는 건강의 유지, 증진을 위해 신체 활동에 적절한 시간을 투자하고, 인간적 만남의 장도 만들어가야 한다. 신체적, 정신적, 사회적으로 안정된 삶을 영위해가기 위해서는 정신적 정화 활동과 인간적인 접촉이 있는 신체적 활동이 필수적이다. 하이테크/하이터치(high tech/high touch), 즉 산업화, 도시화, 정보화 시대일수록 인간과 인간의 만남이 더욱 필요하며, 스트레스로 인해 경직된 마음의 창도 더 크게 열어야 한다. 이러한 상황에서 각종 레저·스포츠 활동은 현대 생활의 필수적인 분야이며, 스포츠에 관한 지식은 모든 현대인의 필수 상식이 되고 있다.

대학마다 체육 및 스포츠 이론에 관한 이론 강좌가 개설되어 있고, 그 명칭도 다양하며, 여러 종류의 교재도 개발되어 있다. 그러나 자기주도적인 강의를 하기 위해서는 적절한 교재가 필요하다는 판단에 따라 대학 교양 체육의 강의 교재용으로 본서의 출판을 기획하게 되었다.

본서는 저자들의 저서, 논문, 칼럼 등의 내용을 재 편집하여 교양강의에 적절한 내용으로 간추려 기술한 편저서 임을 밝혀둔다.

적절한 교재의 필요성에 따라 서둘러 출판한 관계로 부족한 점이 많지만 앞으로 개정판이 나올 때마다 보다 진보된 내용으로 다듬어 갈 것을 약속하며, 경상대학교 출판부 관계자들을 향한 감사의 마음도 이 쪽에 새겨둔다.

2010년 1월

대표저자 **하 남 길**

차 례

서문

제Ⅳ장 스포츠 철학 109

제Ⅴ장 스포츠 심리 147

제Ⅵ장 스포츠와 사회 162

제Ⅶ장 스포츠 명언 읽어두기 189

제 I 장 체육이란 무엇인가?

1. 체육의 발달 배경
2. 체육의 개념 변천
3. 체육과 유사 용어
4. 현대 체육의 정의
5. 체육의 가치

체육은 계획적인 신체 활동을 통해 전인적인 인간을 육성하는 전인교육의 한 영역이자 인간 움직임 현상을 탐구하는 학문의 한 영역이다.

제 I 장 체육이란 무엇인가?

1. 체육의 발달 배경

18세기부터 19세기 초에 걸친 유럽의 역사는 그야말로 격동 그 자체였다. 혁명의 시기를 맞이하여 낡은 체제가 붕괴되고 새로운 시민 사회가 구축되었기 때문이다. 미국의 독립운동과 프랑스 대혁명으로 대표되는 시민혁명은 낡은 절대주의 체제를 타파하고 봉건적 잔재를 일소함으로써 자유주의와 민주주의 사상이 확산되었다. 그러나 산업혁명으로 자본주의가 완성되면서 노동문제 등 각종 사회 문제가 대두되었다.

사회 변화와 함께 교육에도 변화가 일어났다. 주정주의적(主情主義的) 측면을 교육현실에 적용한 심미주의, 인간을 인간의 입장에서 교육하고자 한 신인문주의, 개인의 능력 개발에 초점을 맞춘 심리적 개발주의 등과 같은 교육사조가 등장했다. 교육에 대한 과학적 연구를 토대로 교육의 과학화를 실현하려는 움직임과 함께 국가주의(또는 민족주의)란 교육 이데올로기를 바탕으로 지적, 도덕적, 신체적 발달을 위한 보통교육이 일반화되었다. 그 과정에서 체육도 급속한 변화의 국면을 맞았으며, 산업화, 도시화, 기계화의 진전과 함께 스포츠 문화도 대중문화의 성격을 띠고 점차 조직화, 대중화, 세계화되었다. 이처럼 근·현대 체육의 발달과 스포츠 문화의 진화 배경은 다양하지만 크게 몇 가지로 요약할 수 있다.

1) 국가주의 사조의 확산

자연주의와 자유주의 사상이 근대 체육 발달의 기초가 되었으나 19세기 유럽 체육의 발달은 국가주의 사상의 확산과 밀접한 관계가 있다. 독일, 스웨덴, 덴마크 등 각국의 체조운동은 국가주의 사상을 토대로 발달되었으며, 영국의 체조 운동도 군대로부터 시작되었다. 프랑스 혁명과 나폴레옹의 침략 정책으로 19세기 유럽사에서 국가주의나 민족주의가 핵심 조류가 되었다. 나폴레옹의 침략 정책은 유럽 여러 나라의 민족주의·국가주의 정서를 자극했고, 그 정서는 독립 국가 건설을 위해 체력의 단련과 국민성의 강화를 목적으로 세계 각국이 체육을 강조하는 계기가 되었다.

2) 건강에 대한 과학적 사고의 확장

1800년대 후반 유럽과 영미 사회에서는 도시화가 진행되면서 건강에 대한 관심이 급속히 고조되었다. 그리고 과학의 발달로 인해 체육활동의 가치에 대한 올바른 인식을 갖게 되었다. 예컨대 미국의 경우 진화론을 비롯한 생물학적 이론은 체육의 존립을 정당화하고, 체육활동의 생리학적 효과에 대한 가설을 명확히 해주었다. 영국에서 스웨덴 체조의 도입 배경이 된 것도 의료적·생물학적 사고의 확산결과였다. 미국 또한 생물학적 사고(biological thought)의 발달이 신체단련(Physical Training) 운동의 범국민적 확산으로 연결되었다.

3) 강건한 기독교주의 사조의 확산

19세기 후반 영미사회(英美社會)에서는 남성다운 기독교인(Manly Christian)의 함양을 추구하는 사회적 움직임이 일었다. 그것은 체력과 용기, 대담성, 투지, 인내, 자제력 등을 갖춘 강건한 청소년의 육성을 의미했고, 남성다운 체력과 기질의 함양 수단으로 각종 스포츠가 채택됨으로써 체육 활동의 내용도 다양해졌다. 영국의 킹즐리(C. Kingsley)가 주창한 '강건한 기독교주의(Muscular Christianity)'라는 일종의 계몽적 사조는 영국 상류층 교육기관으로 확산되어 스포츠 교육의 발달로 이어졌고, 19세기 말 미국 YMCA와 교육기관은 이러한 전통을 받아들임으로써 농구와 배구와 같은 스포츠가 탄생하게 되었고, 다른 각종 스포츠도 학교 사회로 급속히 확산되었다. 강건한 기독교주의는 신체적(physical), 도덕적(moral), 정신적(spiritual)인 자질을 포괄하는 '남성다움(manliness)' 이 핵심적 개념이었고, 남성다움의 추구는 주로 팀 스포츠 활동의 강화로 연결되면서 체육은 더욱 발달되었다.

4) 심리학의 발달과 놀이 이론의 등장

심리학이 발달되면서 인간의 의지, 성격 등은 단련에 의해 변할 수 있다는 인식이 생겨났다. 특히 심리학자들에 의한 놀이 이론의 등장은 체육의 목적 개념을 확대시키는 결과로 이어졌다. 예컨대 미국의 놀이 이론가였던 스탠리 홀(G. Stanley Hall)은 놀이(play)와 놀이의 자연스런 확장인 게임(games), 스포트(sport) 참여를 인성 발달을 위한 이상적인 메커니즘으로 보았다.[1] 그의 친구였던 귤릭(Luther Halsey Gulick)은 놀이 이론을 받아들여 청소년을 위해 YMCA 스포츠 운동(Sports Movement), 플레이그라운드운동(Playground Movement), 소녀 캠프파이어 운동(Camp Fire Girls Movement) 등을 전개함으로써 미국 체육의 발달과 스포츠 문화의 대중화에 큰 영향을 미쳤으며, 그렇게 발달된 미국의 체육은 세계 체육의 발달에도 큰 영향을 미치게 되었다.

5) 실용주의와 진보주의의 확산

실용주의 사상이 확산되고, 실용주의 사조와 맥을 같이 하는 진보주의 교육이론이 등장하면서 20세기 중반 체육의 목적 개념은 더 확장된 소위 '신체 활동을 통한 교육(Education

---

1) A. Mechikoff and Steven G. Estes, A *History and Philosophy of Sport and Physical Education* (New York : McGraw-Hill Co. 2002), p. 202.

through Physical Activities)'으로 바뀌게 되었다. 진보주의 교육 이론을 토대로 우드(Thomas Denison Wood, 1865-1951), 헤더링턴(Clark W. Htherington, 1870-1942), 캐시디(Rosalind Cassidy) 등은 신 체육(New Physical Education) 이론을 정립했고, 윌리엄스, 내쉬 등에 의해 이론적 체계가 잡힌 신체육의 개념은 전 세계로 확산되어 오늘날까지 체육활동의 필요성을 정당화하는 기초 이론으로 남게 되었다.

2. 체육의 개념 변천

오늘날 우리가 사용하고 있는 체육이란 용어는 영어 'Physical Education' 을 우리말로 옮긴 것이다. 체육활동은 인류의 역사와 맥을 같이하는 것으로 고대 그리스 시대부터 오늘날에 이르기까지 중요한 교육의 영역으로 자리매김해왔다. 그러나 시대별로 용어가 달랐고, 오늘날의 체육은 매우 통합적인 의미를 지닌 용어로 사용되고 있다.[2)]

1) 체조에서 체육으로

오늘날 체육(體育)이라는 용어가 일반화되기 이전에는 여러 가지 명칭이 체육과 유사한 의미로 사용되었다. 그리스 시대는 체육을 "Gymnastics" 라고 했다. 그리고 근대 유럽에서도 이 말은 청소년을 위한 신체 단련 프로그램의 의미로 사용되었으나 오늘날은 체조란 말로 번역되고 있다. 체육이라는 말이 탄생하기 이전인 19세기에는 "신체 육성(Physical Culture)이라는 용어도 널리 사용되었다.[3)] 그리고 19C 후반부터 "신체단련(Physical Training)" 이란 용어가 폭넓게 사용되기 시작했다. 이 용어는 군사적인 색채가 농후한 말이었지만 대근활동(大筋活動)을 통한 신체 단련이란 의미로 사용되었다. 우리나라에서도 일제 강점기에 "체련(體鍊)" 이란 용어가 사용되었으며, 'Physical Culture' 이란 용어를 옮긴 것이었다.

1800년대에 뉴욕 사설 체육학교 명칭에 신체 육성이란 단어가 포함되어 있었고,[4)] 1879년에 서전트(D.A. Sargent)가 하버드에 전입 발령을 받았을 때 그의 직책 명칭도 Physical Training 이란 용어로 되어 있다. 그 외에도 현대 체육의 선구자들인 우드(T.D. Wood), 귤릭(L.H. Gulick), 윌리엄스(Jesse Williams), 내쉬(Jay Nash) 등과 같은 학자들의 스승이었던 한나(Delphine Hanna)교수가 1885년에 받은 직책의 명칭도 마찬가지였다.[5)] 이처럼 20세기 초반까

2) 이하 이 장(章)의 많은 내용은 주저자의 **움직임 예술과학의 이해** (서울 : 대한 미디어, 2002)의 내용을 옮겨 부분적으로 정리한 것임을 밝혀둔다.
3) Charles A. Bucher, *Foundation of Physical Education* (Tronto : C.V. Mosby Co., 1983), p. 11.
4) 이 사설학교의 정식 명칭은 "Hygienic Institute and School of Physical Culture" 였다.
5) Ellen W. Gerber, *Innovators and Institutions in Physical Education* (Philadelphia : Lea & Febiger, 1971), pp. 323-331. 당시 두들리 알렌 서전트 교수 직책의 정식 명칭은 "Director of Gymnasium and Assistant

지는 주로 신체육성(physical culture), 신체단련(physical training)이란 용어가 오늘날 체육과 유사한 개념의 용어로 사용되었다.

"체육(Physical Education)" 이란 용어가 처음 등장한 것은 19세기 중반이었다. 1840년 하버드 대학의 생리·해부학 교수로 재직했던 와렌(John Warren)이 그의 저서에서 처음으로 이 말을 사용했다.[6] 20C 초에 와서 귤릭(Luther Gulick)·우드(Thomas Wood) 등과 같은 체육학자들이 신체 활동의 교육적 개념을 강조하기위해 "체육(Physical Education)" 이란 용어를 사용하면서부터 대중적인 용어로 사용되었다. 그런데 이 체육(Physical Education)이란 명칭에도 몇 가지 문제가 있다.

첫째, Physical Education, 즉 체육(體育)은 철학적으로 몸과 마음을 구분하는 이원론(Dualism)적 개념을 내포하고 있다. 글자 그대로 "신체 교육" 이란 의미로 해석되기 쉽다. 따라서 신체활동을 통한 교육의 심리적·사회적 가치 측면을 무시하는 결과가 됨으로서 체육이 단순히 신체의 단련이란 개념으로 받아들여질 소지가 많다.

둘째, 체육(Physical Education)에서 교육(Education)이란 단어가 뜻하는 바와 같이 그 주된 목적이 교육이 되므로 체육은 독립적인 학문의 성격보다는 교육의 한 영역에 국한되고 만다. 현대의 체육학은 인간의 움직임 현상을 철학·역사학·생리학·사회학·심리학·역학·인류학·영양학 등등 여러 학문적 측면 접근을 시도하고 있다는 점에서 볼 때 체육이란 용어는 하나의 독립된 학문 영역의 명칭으로서는 문제가 있다.

이러한 문제점에 대처하기 위해 체육(Physical Education)이란 용어 대신 인체기능학(kinesiology), 움직임 교육(movement education), 생체역학(biomechanics), 인간공학(ergonomics), 운동 생리학(exercise physiology) 등과 같은 용어들이 대두되었다.[7] 그리고 U.C.L.A.를 비롯한 일부 대학에서는 체육과(Department of physical education)라는 명칭 대신 생체역학과(Department of kinesiology), 운동과학과(Department of Exercise Science), 스포츠 연구과(Department of Sports Studies) 등과 같은 명칭을 사용하기도 했다.[8] 이러한 측면에서 보면 체육은 교육적 의미와 학문적 의미로 달리 해석되어야 하며, 우리말에서도 그러한 개념에 적절한 교과목과 학문영역의 명칭을 명백히 해야 할 시점에 와 있다.

지금까지 살펴본 체육이란 용어의 변천과정과 유사 용어 등에 관한 내용을 요약하면, 체육이란 용어는 체조(Gymnastics)-신체 육성(Physical Culture)·신체 단련(Physical Training)-체

Professor of Physical Training" 이었으며, 한나 교수의 직책 명칭은 "Instructor in Physical Culture at Oberlin College" 였다.

6) Daryl Siedentop, *Physical Education: Introductory Analysis* (Dubuque, Lowa : Wm. C. Brown Co., 1976), p. 52. 그의 저서는 "Theoretical Treaties on Physical Education" 이다.

7) Beverly L. Seidel, *Education : An Overview* (Reading. Massachustts : Addison, Wesley Publishing Co., 1978), p. 6.

8) Darly Siedentop. op. cit., p. 66 ; 金永煥 외, **체육원리의 비교연구** (서울 : 형설출판사, 1992), pp. 28-29.

육(Physical Education)으로 변천해 왔다. 그리고 체육과 유사한 학문적 용어는 움직임 교육(movement education), 인간공학(ergonomics), 생체역학(kinesiology), 운동과학(Exercise Science), 스포츠연구(Sports Studies), 움직임 예술 과학(the Arts and Science of Movement), 스포츠 교육(sports education) 등이 있다.

2) 신체육의 출현

현대 체육은 신체의 단련(physical training)이라는 의미를 지닌 "신체의 교육" 이란 개념에서 각종 움직임 활동을 통해 신체적, 정신적, 사회적으로 조화를 이룬 인간의 육성이라는 의미를 지닌 "신체활동을 통한 교육" 이란 의미로 개념이 바뀌게 되었다. 그것을 신체육(new physical education)이라고 부르게 되었으며, 그 외 움직임교육(movement education), 스포츠 교육(sport education) 등과 같은 용어도 등장하게 되었다.

(1) 신체의 교육

체육의 개념은 체육의 사조에 따라 변하게 되었다. 고대 그리스 사회에서 체육이 심신 조화적인 목적 개념을 추구하며 실시되었으나 중세부터 체육은 군사 훈련의 성격을 띠고 발달되었다. 근대 체육은 독일을 중심으로 한 유럽 대륙의 체조 운동과 영국의 스포츠 교육으로 대별된다. 이러한 체육의 체계 속에서도 체육은 심신의 균형적인 발달을 추구했음은 틀림없다. 그러나 일반적인 체육의 목적은 신체의 단련과 근력, 지구력, 순발력, 유연성 등과 같은 체력의 향상이었다. 체육이란 용어가 탄생하기 이전 체육활동을 신체단련(physical training)이라고 부른 것을 봐도 알 수 있듯이 1900년을 전후로 한 체육은 "신체의 교육(education of the physical)"이었다.

(2) 신체 움직임을 통한 교육

1930년대에 접어들어 체육은 신체의 교육 (education of the physical) 에서 교육 사상의 영향을 받아 생겨난 신체육 사상의 등장으로 윌리엄스(J. F. Williams)와 내쉬(Jay B. Nash) 등이 주장한 "신체를 통한 교육(education through the physical)" 이라는 개념으로 전환되었다.

(3) 움직임 교육

신체를 통한 교육은 1950년경까지 유용한 개념으로 생각했다. 그러나 1950년 무렵부터 개념의 틀이 다양화되고, 세분화되기 시작했다. 그 중 대표적인 것이 "휴먼 부브먼트(human movement)" , 즉, 인간 움직임 철학이었고 이 개념에 토대를 둔 것이 움직임 교육이었다. 움직임 교육은 세상과의 관련 속에서 자신의 존재를 표현하고, 탐색하고, 발전시키고, 해석하는 방법으로 자신의 잠재적 움직임 능력을 개발하는데 목적을 두고 있다. 교육 방법으로는 "탐색" 과 "발견" 이 강조되며, 비경쟁적이고 성취감을 얻을 수 있는 수업 분위기를 강조해 왔는데, 현재 우리나라 초등학교 체육 체계도 움직임 교육 개념을 토대로 한 것이다.

(4) 스포츠 교육

1970년대 들어 일부 학자들이 체육활동은 그 자체로서 가치를 지녀야 한다는 입장을 제기하면서 시든탑(Daryl Siedentop)과 같은 학자들이 "놀이교육" 이란 개념으로 구체화하여 제시했던 것이다. 1986년에 이 개념은 다시 스포츠 교육이라는 명칭으로 사용되었고 지금까지도 각광을 받고 있다. 스포츠 교육은 학생들이 스포츠의 기능과 지식을 쌓고 훌륭한 태도를 길러 스포츠 문화 창달에 적극적인 공헌자가 되도록 한다는데 초점을 두고 있다.

3. 체육과 유사 용어

1) 보건

사전적인 뜻으로 보건은 건강을 지키고 유지하는 일로 정의된다. 즉 보건은 건강의 유지·증진의 한 측면으로서 건강에 관한 지식을 이해하고 건강을 지키기 위한 태도를 기르는 것으로 다음과 같이 정의된다.

"보건은 건강을 유지하기 위한 위생활동이다." [9] 또는 "보건은 일상생활 속에서 인간의 건강을 유지하고 증진시키기 위한 위생활동이다." [10] 이러한 정의로 보아 보건은 건강의 유지 증진이란 측면에서는 체육과 공통되는 점이 있기는 하나 방법 면에서 차이가 있기 때문에 동일한 의미로 사용할 수는 없다.

2) 체조

지금은 체육(P.E.)과 체조(gymnastics)를 혼용하는 일은 거의 찾아보기 어렵다. 그러나 과거 체육의 개념이 명확히 규정되지 않았던 시대에는 체조란 말이 체육의 대명사로 혼용되어 왔다. 예를 들면 독일 "얀의 체조 운동" 에서 그 체조의 개념은 오늘날 체육의 개념에 가깝다. 그러나 현대의 체조는 체육의 한 부분이자 학습의 한 영역이며, 또한 스포츠의 한 분야이기도 하다.

체조는 신체의 구조나 기능의 개선 및 향상을 목적으로 해서 고안된 운동이다. 체조의 특성은 스포츠나 무용이 내적 욕구의 발현을 추구하는 운동 체계라면 체조는 인간 생활의 기반이 되는 신체적 필요나 특정한 목적을 충족시키기 위하여 인위적으로 고안된 것이다. 따라서 체

9) 김진원, **고등학교 체육** (서울 : 지학사, 1997), p. 9.
10) 김의수 외 3인, **고등학교 체육 : 교사용 지도서** (서울 : 보진재출판사, 1995), p. 19.

조는 "체조는 신체의 조화적 · 균형적 발달, 바른 자세의 교정과 유지, 건강증진을 위하여 인위적으로 고안된 운동이다." 라고 정의된다.

3) 무용

무용(dance)은 스포츠처럼 경쟁을 통하여 탁월성이나 우월성을 추구하는 것이 아니라 신체의 동작을 수단으로 인간의 희로애락이나 충동, 욕구, 감정, 사상 등을 표현하는 예술의 한 영역이다. 그러나 교육 현장에 도입된 교육 무용은 체육 교육의 한 영역이다.[11] 그러나 독립적인 예술의 한 영역으로 볼 때 무용은 마음과 몸의 미분화된 움직임이 대립과 분화가 촉진되어 융합과 통일을 이루게 되고 그 과정에서 감성적 요인에 이성적 요인이 추가됨으로써 한 층 높은 차원으로 승화된 신체 예술의 한 영역이다. 그러므로 무용은 "인간의 내재적인 사상이나 감정을 표현하는 예술적 신체 활동이다." 라고 정의할 수 있으며, 그것이 체육의 목표 달성을 위해 수단으로서 이용될 때 무용은 체육의 한 분야에 포함된다.

4) 레크리에이션

레크리에이션(recreation)이란 여가 시간에 참여하게 되는 모든 활동이다. 그러나 레크리에이션의 보다 적극적인 의미는 "생활 속에서 쌓인 심신의 피로를 풀고 새로운 힘을 북돋우기 위하여 여가 시간에 행하여지는 창조적이고 건설적인 활동이다." 레크리에이션은 행하고 있는 그 자체가 목적이며 그 자체로서 가치를 지니는 활동이다. 그러나 레크리에이션 활동은 자발적이고 건설적인 활동일 경우에만 그 의의가 있다.

학교의 체육은 여가 시간에 행하는 자발적인 놀이가 아니라 계획적인 교육 활동이다. 과거 일부 교육 행정가들이 체육 시간은 타 교과목 공부에 시달린 심신의 피로를 푸는 시간 정도로 취급하던 경향이 없지 않았다. 체육 시간을 레크리에이션 시간 정도로 생각했고, 체육 교사도 공이나 몇 개 던져주며 교육을 소홀히 함으로써 "체육 시간은 노는 시간이다." 라는 인식을 심어준 예도 없지 않았다. 레크리에이션은 자발적인 여가 활동이며, 체육은 계획적인 교육 활동이다.

---

11) 교육 현장에서 일부 교사들이 무용을 체육과 대등한 과목인 것처럼 말하거나 체육교과 의 독립적인 영역처럼 취급하는 예가 있다. 예컨대 특정 여자고등학교의 여교사가 자신이 무용을 전공했다는 이유로 무용교사라고 우기며 체육교육 과정에 배당된 무용 시수 이상의 많은 시간을 무용 수업에 할애하는 경우를 볼 수 있다. 이것은 무용이 체육 교육의 일부분이며, 무용이 체육 교육의 수단으로서 이용되고 있다는 점을 망각한 결과이다. 그것은 테니스를 잘 하는 체육 교사가 자신은 테니스 교사라며 매시간 테니스만 가르치는 것이나 다름없는 일이다.

5) 운동

"운동(運動)" 이란 말을 사전에 찾아보면 여러 가지 뜻이 있다.[12] 첫째, 보건을 위하여 신체를 움직이는 일. 둘째, 일정한 목적을 위하여 힘씀. 셋째, 물체가 시간의 경과와 함께 그 공간적 위치를 바꾸는 일 등으로 적혀 있다. 그 중에서 신체 운동은 첫째와 둘째의 의미를 동시에 담고 있다. 첫째의 운동은 우리의 의지와 관련된 수의적(隨意的) 운동이며, 둘째의 운동은 불수의적 운동이다.

"운동은 생체의 일부 또는 전부를 상대적, 절대적 위치로 변화시키는 것이다." [13] 신체 운동이란 순환·호흡·소화 등의 단순한 생명 활동뿐만 아니라 근력, 지구력, 유연성, 평형성, 순발력 등을 증진시키는 활동의 의미도 있으며, 신체에 대한 적극적인 인식을 기초로 한 정신적·사회적 활동까지 포함하는 넓은 의미까지 지니고 있다. 따라서 인간의 신체 "운동" 은 생존 자체에 수반되어 이루어지는 기본 동작으로부터 생산에 직접 관계되는 노동에서부터 놀이, 게임, 스포츠에 이르기까지 다양하고 폭넓은 활동을 총칭하는 말이다.

6) 놀이

놀이(play)란 일정한 규칙이 없이 이루어지는 자유로운 유희 활동이며, 게임과는 달리 엄격한 규칙이 없는 허구적, 비생산적, 쾌락적 성격을 지닌 자발적인 활동이다.[14]

7) 게임

게임(game)은 놀이와 마찬가지로 허구성, 분리성, 미확정성, 비생산성, 쾌락성 등을 동반하는 활동으로써 일정한 규칙과 기준을 둔 경쟁적 활동이며, 신체적 기능이나 전술, 확률 등에 의해 결과가 결정되는 놀이의 한 형태이다.

8) 스포츠

스포츠는 좁은 의미의 스포츠와 넓은 의미의 스포츠로 분류하여 정의 할 수 있다. 좁은 의미의 "스포츠는 놀이나 게임보다 한층 체계가 잡혀 고도로 조직화된 경쟁적인 신체 활동의 총체이다." 따라서 게임이 지니는 허구성, 분리성, 미확정성, 규칙성, 경쟁성 등과 같은 특징을 지니며, 전술과 단순 혹은 복합적인 신체기능에 의해 결과가 결정되는 활동이다.

넓은 의미의 스포츠는 각종 운동 경기 및 야외 활동을 포함하여 인간이 즐거움을 찾기 위하여 추구하는 모든 신체적 활동이다. 우리가 폭넓은 의미로 사용하는 스포트(sport)는 원래

---

12) 운평어문연구소, **그랜드국어사전** (서울 : 금성출판사, 1992), p. 1941.
13) 高橋曉正, **現代醫學概論** (東京 : 東京大學出版會, 1972), p. 43.
14) 놀이에 대해서는 놀이론에서 다시 다루게 된다.

사냥과 낚시에서 유래된 말로 엄밀한 의미에서는 "경쟁을 수반한 신체적 운동" 이지만 폭넓은 의미에서는 경쟁성을 지니지 않은 야외활동까지 스포츠에 포함시키기도 한다.

9) 운동경기

일반적으로 운동경기(athletics)는 스포츠와 동의어처럼 사용되기도 한다. 스포츠에서 추구하는 흥미, 경쟁, 신체적 역량과 기술 등과 같은 요소가 요구된다는 측면에서 볼 때 운동 경기는 스포츠와 다를 바 없다. 그러나 순수한 스포츠도 아곤(agon)적인 요소는 있으나 본질적으로 놀이와 오락의 성격을 강하게 지니고 있으나 현대의 운동경기는 스포츠의 영역에 포함되나 경기의 결과가 매우 강조된다. 예를 들면 프로 운동경기는 스포츠이지만 노동으로서의 성격이 강하다. 아마추어 운동경기도 출세를 위한 수단으로 취급되기도 한다.

일반적인 순수한 스포츠와 운동경기의 또다른 차이는 윤리적인 측면이다. 넓은 의미에서 스포츠는 오락이며, 그 속에는 기쁨, 즐거움, 환희, 관용이 있다. 그러나 운동경기에서는 헌신, 희생, 강인한 정신력이 강조되며, 어떻게 이기느냐보다 그 결과가 더 중시되는 경향이 강하다. 따라서 순수한 스포츠와 운동경기는 개념적으로 차이가 있다.

10) 움직임 교육

움직임 교육(Movement Education)에 대해서는 앞서 기술한 바 있듯이 무용 이론가 라반(Rudolf Laban)의 이론에 근거한 용어였다. 움직임교육이란 "놀이, 작업 및 창작적 표현 등을 포함한 일상적인 활동에서 자신의 신체적 능력을 깨닫고 자기의 신체를 효과적으로 사용하도록 가르쳐 주는 개별화된 접근 방법을 지향하는 교육적 개념의 용어이다." [15] 이 프로그램은 주로 유치원이나 초등학교에 도입 적용되며, 전통적인 교육 방식과는 달리 학생 중심적, 탐구적인 교육 활동이다.[16]

15) 김영환 외 5인, 앞의 책, p. 104.
16) 움직임 교육에 관한 상세한 것은 M. Frostig 지음, 安秉輯 외 2인 공역, **運動敎育의 理論과 實際**(Movement Education) (서울 : 良書院, 1992) 참조.

4. 현대 체육의 정의

1) 움직임 교육과학

체육의 개념과 목적에 대한 인식의 변화는 학생들을 교사의 역할에 따른 피동적인 존재로 인식한 나머지 주입식 교육으로 일관하던 본질주의적(本質主義的) 교육관에서 학생들을 능동적인 존재로 인식하는 진보주의적(進步主義的) 교육관으로 바뀌는 과정에서 일어났다. 그 과정에서 체육의 목적은 신체활동에 의한 생리적인 변화에 국한되는 것이 아니라 신체활동을 통하여 심신의 조화로운 발달이라는 폭넓은 개념으로 정의하게 되었다.

진보주의 교육은 철학적으로 루소(Jean Jacques Rousseau)와 페스탈로찌(Pestalozzi) 등의 자연주의(Naturalism)와 제임스(William James), 듀이(John Dewey) 등의 실용주의(Pragmatism), 그리고 심리학자 돈다이크(Edward Thorndike), 홀(Stanley Hall) 등의 행동주의(Behaviorism)에 영향을 받은 사상이다. 이론을 정립한 학자는 킬패트릭(William Kilpatrick)과 듀이(John Dewey) 등이었다. 그들은 종래의 주입식 교육에서 탈피하여 탐구적인 학습을 위주로 하는 학생중심의 교육(Child-centered education) 방식을 주창했다.

진보적인 교육 개념을 체육에 도입시킨 학자들은 귤릭(Luther Gulick) · 우드(Thomas Wood) 등이었다. 그들은 종래의 경직된 유럽 체조 중심의 체육에서 놀이 · 게임 · 스포츠 중심의 새로운 체육을 주장하는 한편, 종래의 심신 이원론적(二元論的) 사고방식에서 탈피하여 교육으로서의 체육을 신체적 · 심리적 · 사회적인 요소가 조화를 이룬 "전인(whole man) 교육" 의 한 영역으로 규정했다. 현대 체육의 아버지로 불리는 체육학자 헤더링튼(Hetherington)이 "기초 교육(Fundamental Education)" [17]에서 내세운 체육의 4대 목표는 "유기체의 발달 · 정신운동의 발달 · 인격의 발달 및 감정의 발달" 등으로 요약되며, 그가 내세운 개념은 현재의 목표 개념과 매우 유사한 것으로 윌리엄스(Williams)의 이른바 "신체 활동을 통한 교육(An Education through the physical)" 이라는 신 체육 사상의 토대가 되었다.

신 체육의 개념은 1918년 미국 교육연합회가 주창한 미국 교육의 7대 목표와 함께 폭넓게 수용되기 시작했다. 체육은 신체의 교육 즉, 단순한 신체 단련이 아니라 신체 활동을 수단으로 하여 민주시민의 자질을 함양하는 것이라고 하는 새로운 개념이 정립되었고 그러한 목적 개념은 전 미국 사회에서 환영을 받게 되었다. 1930년대부터 1960년대 사이 신 체육의 개념은 전 세계적으로 확산되어 예방 의학적 측면의 개념에 국한되었던 체육이란 말의 뜻은 전인교육의 개념으로 바뀌게 되었다. 결국 윌리엄스(J.F. Williams)가 "체육은 종류에 따라 선택되고 결과에 따라 지도되는 인간 신체 활동의 총체이다." [18]라고 정의 한 바와 같이 교육적 측면에

17) D. Siedntop, op. cit., p. 110.

18) 중등학교 체육관련 교재에 윌리엄스의 체육 정의가 서로 상이하게 기술된 것들이 많은데, 그 원문은 다음과 같다. "Physical Education is the sum of man's physical activities selected as to kind, and

서 본 "체육은 신체 활동을 통하여 인간을 신체적, 정신적, 사회적으로 조화를 이룬 전인으로 육성하려는 교육의 한 영역이다" 라고 정의할 수 있는 움직임 교육 과학이다.

2) 움직임 예술 과학

"신체 활동을 통한 교육" 이라는 체육의 개념은 교육적인 측면에서는 그 의미상 문제가 없으며, 교육의 한 영역으로서 체육의 의미를 명확히 해 준다. 그러나 하나의 독립된 학문의 한 영역으로서의 체육 명칭으로는 부적절하기 때문에 이 문제를 해결하기 위해서는 체육의 학문성을 인정할 수 있는 새로운 명칭이 요구되었다.

하나의 독립된 학문 영역으로서의 체육(physical education as an academic Discipline)이 성립될 수 있는가 하는 문제를 두고 많은 논란이 계속되어 왔다. 일련의 학자들은 학문적인 영역 또는 과목(Academic Discipline)의 정의와 특징에 관한 연구를 해 왔다.

벤자민 블룸(Benjamin Bloom)을 비롯한 여러 학자들은 학문적 교과(academic discipline)의 성격에 대해 연구했으며, 체육학 분야에서도 헨리(Franklin Henry)를 필두로 닉슨(John Nixon) · 케년(Gerald Kenyon) 등과 같은 학자들이 체육학이 하나의 독립된 학문인가에 대한 탐색을 해 왔다.[19)]

1964년 버클리(Berkeley)대학 교수 헨리(Henry)는 『건강 · 체육 · 레크리에이션 논집(Journal of Health, Physical Education and Recreeation)』에 실은 "하나의 학문적 영역으로서의 체육(Physical Education: An Academic Discipline)" 이란 글에서 체육의 학문성 여부를 처음으로 고찰하였다. 당시 미국의 교육계에서는 소련의 인공위성 선제 발사에 따른 소위 스푸트니크 충격으로 인해 교육 개혁 운동이 일어났다. 그것은 모든 영역의 연구가 보다 체계적이고 학문적인 접근에 의해 이루어져야 한다는 사회적 요구에 따른 것이었다. 그러한 요구에 부응하여 정부는 많은 재정적 지원을 해주었다. 1961년의 "캘리포니아 피셔 법안(California Fisher Act)은 그 예의 하나이다. 즉 캘리포니아에 있는 모든 대학의 학과(學科)는 학문적인 기초를 갖거나 그렇지 못하면 개발해야 한다는 것이었다.[20)]

헨리(Henry)는 학문적 교과(academic discipline)를 "학교에서 배우는 지식의 총체로서 하나의 독립된 학문분야" 라고 정의하면서 학문적 교과는 전문적 소양 영역인 프로페션(profession)과는 달리 지식이 인류의 번영에 도움이 되든 안 되든 지식 추구 그 자체에 의미를 둔 것이라고 말했다. 철학적으로 볼 때 학문의 한 분야, 즉 디서플린(discipline)은 실재(reality)를 이해하는 것으로 묘사하고 설명되는 데 반하여 지적 직업 영역인 프로페션

---

conducted as to outcomes." J.F. Williams, *The Principles of Physical education* (Philadelphia and London : W.B. Saunders Company, 1965), p. 13.

19) B.L. Seidel, op. cit., p.7; 金永煥 外5, 앞의 책, p. 32.

20) D. Siedentop. ibid., p. 50.

(profession)은 인류의 행복을 증진시키기 위해 실재의 여러 면을 변경시킨다. 전자는 존재론(Ontology) 즉 "그것은 무엇이냐(What is)" 하는데 초점을 둔 것이라면 후자는 그 동기로서 봉사(Service)에 초점을 둔 것이다. 이렇게 볼 때 "과연 체육은 하나의 학문인가?" 라는 의문이 제기되었다.

어떤 학문 분야든지 학문적 교과로 성립되려면 각기 주된 분야가 있다. 예를 들면 인류학은 인간의 신체적 · 사회적, 문화적 발달과 행동을 연구하는 영역이고, 철학은 인간과 우주의 본질 및 기능을 연구하는 영역이다. 그렇다면 체육학은 무엇에 대한 연구인가? 다시 말해 연구의 초점을 어디에 맞추어야 하는가?

만약 체육을 신체활동을 통한 교육이라고 정의한다면 연구의 초점이 완전히 교육학의 한 영역이 되고 만다. 즉 체육이란 신체활동을 통해 정신적 · 정서적 · 사회적 그리고 신체적인 발달을 추구함으로써 인류의 행복 증진 및 인간성의 함양 하려는 목적에 국한되기 때문이다. 따라서 체육은 디서플린(discipline)이 아닌 프로페션(profession)이 된다.[21]

이와 같이 체육이 원래부터 지식의 총체(Body of knowledge)로 발달하지 못하고 교육의 한 영역으로 취급되며 발달된 것은 체육 프로그램에 관심이 많았던 교수들의 관심이 신체활동이 신체 훈련이 인간에게 주는 유익함에만 집중되어 있었기 때문이었다.[22] 그래서 이러한 문제의 해결 관점에서 나온 학문적 명칭이 "인간 움직임의 예술(기술) 과학(Art and science of human movement)" 이다.

인간 움직임(Human Movement) 개념의 발달은 무용가이자 안무가인 루돌프 라반(Rudolf Laban)이 그의 이론을 영국에 확산시키면서 일어났다. 제2차 세계대전 중인 1937년 나치 독일을 떠나 영국으로 망명한 그는 런던에 "움직임 연구소" 를 설립하고 많은 체육교사들을 양성했다. 라반은 "신체는 움직임의 한 도구이며, 사람마다 독특한 움직임의 형식이 있다." 고 주장했다. 움직임에는 "즉흥적인 움직임" 과 "탐구적인 움직임" 이 있다고 믿고 창조성이 없는 자기표현이 결여된 움직임에는 반대했다.[23] 비록 1920년대부터 휴먼 무브먼트의 개념은 우드(Thomas Wood), 캐시디(Rosalind Cassidy), 윌리엄스(J.F. Williams) 등에 의해서 새로운 체육의 개념으로 제안되었으나 이 개념이 널리 받아들여진 것은 2차대전 후 영국과 미국의 교육 프로그램 교환 계획이 수행되면서부터였고, 학문적 접근이 이루어지기 시작한 것은 1950년대부터였다.

인간 움직임 개념의 도입 과정에서 선구적인 역할을 한 인물은 미시니(Eleaner Metheny)였다. 인간 움직임(Human Movement)에서 움직임(movement)란 대근활동(大筋活動)을 의미하며,

21) 金永煥, 앞의 책, pp. 32-22.
22) D, Siedentop, op. cit., p. 52.
23) 吳東燮, **체육학습 개선을 위한 Movement Education의 이론적 배경**, 이진화교수회갑기념논문집 (대구 : 신흥인쇄, 1983), p. 162.

또한 노동을 제외한 놀이나 스포츠 활동을 뜻한다. 따라서 인간 움직임(Human Movement)의 개념을 도입하게 되면 체육의 학문적 명칭은 움직임 예술과학(The Art and Science of Human Movement)으로 표현될 수 있다. 여기서 움직임 기술 또는 예술(The Art of Movement)은 무용・아이스 댄싱・체조・다이빙을 비롯한 각종 스포츠 활동의 아름답고 난해한 기술과 동작의 기술 미, 즉 예술성을 의미한다. 그러므로 학문으로서의 움직임 과학(science of movement)이란 인간 움직임에 대하여 생리학・역학・사회학・심리학・철학・역사학 등 여러 측면에서 접근하는 학문의 한 영역임을 의미하게 된다.

많은 학자들은 인간 움직임이 연구 초점이 될 때 체육은 하나의 학문으로 성립될 수 있고, 그 학문적 가치를 인정받을 수 있다는 생각을 하게 되었는데, 인간 움직임 현상에 연구의 초점을 둘 때 학문으로서의 다음과 같은 가능성을 믿게 되었다.

첫째, 인간 움직임의 수행(Performance)과 관련하여 생리학, 운동 기능학 및 운동학습이론 등과 같은 측면의 연구를 통해 인간의 움직임 현상을 다각적으로 파악・규명해 갈 수 있다.

둘째, 인간 움직임 -무용・체조 및 각종 스포츠- 은 신체와 관련된 하나의 문화로서 인간 의식과 사회 변화의 부산물이다. 따라서 이러한 사회학적・역사학적 ・철학적 연구의 대상이 된다.

셋째, 인간의 특수한 움직임 현상은 미적 요소를 지니며, 무한한 예술성을 지니고 있다. 예를 들어 아이스 댄싱・기계체조・무용, 그리고 각종 스포츠의 수준 높은 기량은 하나의 인체 움직임 기술, 또는 예술로서 미적 연구의 대상이 된다.

물론 일부학자들은 인간 움직임(Human movement)의 개념이 너무 광범위하고 포괄적이라는 문제를 제기하기도 했다. 그러나 총체적인 개념 즉, 학문의 하위구분(subdiscipline)으로서 체육 교육・스포츠 사회학・스포츠 역학 등으로 세분화할 수 있기 때문에 대근 활동을 위주로 한 인간 움직임은 개념상 문제가 되어 왔던 체육의 학문적 정체성을 확보하는데 적절한 것으로 받아들여져 왔다. 그래서 학자들은 체육을 "체육은 움직임 예술(기술) 과학, 그리고 중요한 과정으로서의 운동에 관한 학문이다(Feishin)." "체육은 인간 움직임(운동)의 기술과학이다(Seidel & Reisick)." 또는 "체육은 자발적이고 의도적인 인간 운동의 기술과 과학이다(Zeigler)." 라는 식으로 정의하게 되었다.

3) 체육의 통합적 정의

체육에 대한 개념은 역사적으로 변천을 거듭했다. 신체의 단련, 혹은 육성의 의미로 사용되다가 신체활동을 통하여 지적・정서적・사회적으로 조화를 이룬 전인교육의 한 영역으로 정의되었다. 그러나 용어 자체적인 어의를 볼 때, 그것은 교육적인 측면만 강조되고 하나의 독립된 학문의 명칭으로 사용하는 데는 문제가 있다고 여기게 되었다. 그래서 새로운 용어가 일반화되지 않은 현 시점에서 통합적인 의미의 체육은 "교육의 한 영역으로서의 체육" 과 "학문의 한 영역으로서의 체육" 으로 통합하여 정의할 수밖에 없다.

첫째, 교육으로서의 체육 정의 : 계획적인 신체활동을 통한 심신의 조화로운 발달을 추구하는 교육의 한 영역이다.

둘째, 학문으로서의 체육 정의 : 인간의 움직임 현상을 철학, 역사학, 심리학, 사회학, 역학, 영양학, 생리학적 측면에서 접근하는 학문의 한 영역이다.

셋째, 통합적인 체육의 정의 : 체육은 계획적인 신체 활동을 통해 전인적인 인간을 육성하는 전인교육의 한 영역이자 인간 움직임 현상을 탐구하는 학문의 한 영역이다.

5. 체육의 가치

1) 체육의 목표

체육의 목표는 체육의 가치 개념을 명확히 해준다. 부커는 미국의 체육 목표를 기관의 발달, 이해력의 발달, 신경근의 발달, 개인적·사회적 조정 등으로 적고 있다.[24] 그리고 1934년 미국 체육 협회의 체육 목표 설정 위원회에서는 체육의 목표를 "체력, 정신 건강과 능률, 사회·도덕적 성격, 정서의 표현과 통제, 감상력" 등으로 설정했다. 1947년 스탠포드 대학의 스투들리(Stoodley)는 "건강·신체 기관의 발달, 정신적·정서적 발달, 신경근육의 발달, 사회적 발달, 지적 발달" 로 정의하였다. 또 1950년대에 들어서 내시(Nash)는 "기관의 발달, 신경근의 발달, 이해력의 발달, 정서의 발달" 로 제시하였으며,[25] 발리(Baley)와 필드(Field)는 신체적성(physical fitness), 사회적 적성, 정서적 적성, 심적 적성 등으로 제시하고, 신체적성 중에 체격·기관의 적성, 운동적성을 포함시키고 있다.[26] 오하이오 대학의 클라인만(S. Kleinman)은 현상학적이고 실존주의적 입장에서 체육의 목표를 다음의 6가지로 들고 있다.[27]

첫째, 신체적 존재의 의식을 높인다. 둘째, 자아의식(self and consciousness)을 일깨운다. 셋째, 운동(movement)의 의미를 파악한다. 넷째, 사람과 사람의 만남이나 행위에 민감해 지도록 한다. 다섯째, 지금까지 애매했던 행위의 원경(遠景, Perspectives)을 발견하고, 운동 경험을 통해 인간의 존재에 대한 깊은 의미를 명확히 파악케 한다. 여섯째, 궁극적으로는 자기의 의미 있는 목적을 지닌 자기실현이 가능한 운동을 통해서 자신의 경험을 창조할 수 있게 한다.

이상의 여러 내용을 종합해 보면 체육의 목표는 넓은 의미에서 체력의 발달, 기관의 발달,

---

24) C.A. Bucher, *Foundation of physical education* (St. Louis : The C.V. Mosby Co., 1968), p. 157.
25) 교육부, **고등학교 체육개론** (서울 : 대한교과서주식회사, 1996), p. 24.
26) J.A. Baley and D.A. Field, *Physical Education and the Physical Educator* (Boston : Allyn and Bacon Inc. 1970), p. 32.
27) Seymour Kleinman; *Sports and the Body. A Philosophical Symposium* (Philadelphia : Lea & Febiger, 1972), p. 177; 阿部 忍, 前揭書, pp. 9-10.

신경근의 발달, 운동기능의 발달, 표현력의 발달, 인지적 발달, 이해력의 발달, 감상력의 발달, 정서적 발달, 정서적 통제력의 발달, 사회성의 발달, 도덕성의 발달, 자아의식의 발달, 신체적 존재 의식의 발달, 사회적 자기실현 능력의 발달 등으로 파악된다.

2) 체육의 영역별 목표

블룸(B.S. Bloom)을 비롯한 일련의 학자들이 제시한 인지적・정의적 영역의 분류와 해로우(AJ. Harrow)가 제시한 심동적 영역의 분류 등은 체육 목표를 구체적으로 이해하는데 도움이 된다. 일반적으로 심동적(心動的) 영역의 목표는 체력과 기관의 발달, 운동기능의 발달, 신체적 표현력의 발달 등이며, 인지적(認知的) 영역의 목표는 운동과 보건 위생 및 건강에 대한 지식의 습득과 문제 해결 능력, 탐구능력, 창의력 등의 함양이다. 그리고 정의적(情意的) 영역은 준법성・책임감・의무감・협동심・공정심 등 사회성의 발달과 동정심・미적 감상력・명랑성 등과 같은 정서의 함양을 포괄하는 개념이다.[28]

3) 체육의 가치

(1) 생리적 가치

체육 활동의 생리적 효과는 매우 다양하며 그 효과는 크게 호흡계, 순환계, 근육계, 골격계, 신경계 등으로 분류할 수 있다. 운동이 호흡기 계통에 미치는 효과는 "폐의 분당 환기량 증가" 이다. 환기량의 증가는 산소 섭취량의 증가를 통해 에너지 발생의 효율성이 증가됨을 의미한다. 운동이 순환기에 미치는 효과는 "인체 내의 혈액 순환 촉진" , "심근 강화(심박출량 증가)" , "심장의 용적 증가" , 헤모글로빈 양의 증가로 인한 "산소 운반 능력 향상" 등이다. 운동이 근육계에 미치는 효과는 근육이 비대해 짐으로서 일어나는 "근력 강화" , 모세혈관의 밀도변화로 인해 모세혈관의 수가 증가함으로써 나타나는 "산소와 영양분 공급능력의 향상" , 혈관으로 산소 운반량이 증가함으로써 일어나는 "젖산 축적량의 감소" , "신체의 미관 발달" 등이다. 운동이 골격계에 미치는 효과는 칼슘, 단백질 공급이 원활해짐으로써 나타나는 "뼈의 밀도 변화" , "뼈의 성장・발달 촉진" , "연골 비대화(기능향상)" , "인대와 힘줄 강화" 등이다. 운동이 신경계에 미치는 효과는 반복 훈련을 통한 "기술의 습득" , "뇌 자체의 중량 증가" , "조정력 향상" 등이다. 다양한 운동 효과에 근거한 체육활동의 신체적(생리적) 가치 개념은 신체의 성장 발달 촉진, 체력의 향상, 운동기능의 발달, 신체 미관의 발달, 올바른 자세의 유지, 신체 결함의 교정, 비만의 예방과 치료 등으로 요약된다.

---

28) 申榮吉, **體育科 教育學** (서울 : 螢雪出版社, 1992), p. 19.

(2) 심리적 가치

체육활동에서 수반되는 다양한 대근 활동(gross muscle activities)은 의지적 노력과 정신적 긴장, 감정의 변화 등을 수반하게 됨으로써 심리적인 측면에서 다음과 같은 가치를 지닌다.

첫째, 정서적 안정이다. 정서(情緖)란 인간이 신체적·심리적인 존재 의식과 연관되어 일어나는 심리적·신체적 격동 상태이다. 정서에는 즐거움, 성취감, 자신감, 행복감 등과 같은 긍정적인 정서가 있는가 하면 노여움, 두려움, 우울증, 불쾌감 등과 같은 부정적인 정서도 있다. 체육 활동에서도 강한 정서의 변화를 수반하게 된다. 체육 활동 과정에서는 행복감, 자신감, 성취감을 느낄 때도 있으며, 노여움과 두려움을 느낄 때도 있다. 예컨대 팀 스포츠에 참여할 경우 경기가 자신의 의도와 다르게 전개될지라도 상황에 따라 자신의 감정을 억제하고 팀을 위한 플레이를 펼쳐야 한다. 또 격투기 종목의 경우 강타를 허용했을 때 화가 치밀 수도 있다. 그러나 어떠한 경우라도 보다 나은 경기를 위해서는 침착해야 한다. 그러므로 정서적 흥분을 통제하는 능력이 향상될 수 있으며, 규칙적인 운동은 긍정적인 정서 함양에도 큰 도움이 된다.

둘째, 욕구의 충족이다. 인간은 신(神)도 동물도 아닌 중간자(中間子)로서 원초적으로 근원적 경향성(original tendency)이 있다. 이 경향성은 바람직한 것도 있고, 바람직하지 못한 반사회적인 것도 있다. 그리고 인간은 생리적·심리적·사회적 다양한 욕구를 지니고 있으며, 그 중 파괴욕, 투쟁욕 또한 인간의 원천적인 욕구들이다. 이러한 욕구는 교육을 통해서 정화되어지고 있으나 잠재적으로 내재되어 있다. 따라서 반사회적인 경향성은 적절한 방법으로 정화시켜주어야 하며, 욕구들은 직·간접적인 방법으로 충족시켜 주어야 한다. 체육 활동의 참여는 이러한 욕구를 억제하기보다는 간접적으로 충족시켜 줌으로써 반사회적인 경향성을 정화시키는 효과가 있다.[29)]

셋째, 스트레스의 해소이다. 스트레스(stress)란 정신적 압박감·긴장감으로, 외계로부터 각종 자극을 받았을 때 생체 속에서 발생하는 일정한 일그러짐 현상이다. 스트레스는 현대 문명의 발달과 복잡한 생활환경으로 인해 더욱 증폭되고 있으며, 각종 정신적·신체적 질환의 원인이 된다. 그러므로 스트레스는 적절한 방법으로 해소시켜야 하는데, 달리기, 등산, 배드민턴,

---

29) 인간은 존엄한 존재이나 스포츠는 인간이 얼마나 잔인한 존재인가를 잘 보여주는 계승되어져 온 문화이다. 스포트(sport)란 말 자체가 원래 살육과 추적 -사냥·낚시- 으로부터 온 것이다. 그리스의 판크라티온, 로마 검투사들의 피비린내 나는 격투, 영국의 곰몰이(bear-baiting), 스페인의 투우(鬪牛), 그 밖의 여러 대륙에서 성행해 왔던 투견(鬪犬)·투계(鬪鷄) 등과 같은 모든 유혈 스포츠(bloody sports)는 인간의 본능적인 욕구 충족과 연관된 스포츠 문화이다. 오늘날 생명을 걸고 스릴을 즐기는 자동차 경주·복싱도 이러한 옛 유혈 스포츠 문화가 인간의 잔인한 본성 충족심에 의존해서 계승된 것이라 할 수 있다. 시원한 홈런이 터지는 야구, 피를 흘리며 쓰러지는 사각의 링, 공을 듣고 앞으로, 앞으로 끊임없이 돌파하는 미식 축구, 아슬아슬한 곡예가 펼쳐지는 스키장, 이 모든 장면에 관중이 모여드는 까닭은 인간의 본성이 어떤 것인가를 짐작케 해 주는 것이며, 현대 스포츠의 존재 의미를 암시해 주고 있다. 각종 스포츠는 이러한 인간의 욕구를 억제하기보다 간접적으로 충족시켜줌으로써 균형적인 정서 유지에 도움을 준다고 해석할 수 있다.

골프 등 다양한 스포츠 활동을 규칙적으로 실시함으로써 각종 스트레스를 해소할 수 있다.

넷째, 의지력의 강화이다. 의지(意志)란 활동하는 자아(自我), 또는 "의도적인 요구의 실현을 지향한 능동적 과정이다." 30) 인간의 행동은 반사 운동, 충동 운동, 유의(有意) 운동으로 분류할 수 있으며, 그 중 유의 운동은 의지와 깊은 관계가 있으며, 각종 체육 활동은 유의 운동으로서 의지력의 강화에 큰 효과가 있다. 인간의 행동은 장면(場面)에 지배된 행동과 통제(統制)된 행동이 있으며, 어떤 행동을 하기 전에는 항상 갈등 상황(conflict situation)이 일어나게 된다. 그 상황에서는 장면의 힘과 자신 힘 사이에 투쟁이 일어나게 되는데, 장면의 힘에 자신이 지고, 그 방향으로 행동이 일어난다면 현상적으로 그 행동은 장면에 지배된 행동이 된다. 그러나 자신의 힘이 클 경우 장면의 힘을 통제하고 자기가 지향하는 방향으로 행동할 수 있게 된다. 이 통제 행동을 자주 반복하면 점차 갈등은 사라지게 되고, 자신의 의지에 따른 행동이 습관화되는데, 그 과정이 곧 의지의 발달이다. 체육・스포츠 활동을 통한 의지력의 강화는 곧 갈등 상황의 극복을 위한 훈련이다. 이를테면 장거리 달리기, 경보, 원영(遠泳), 등산 등을 비롯한 각종 극기 훈련은 극기훈련 과정에는 끊임없는 갈등 장면이 연출된다. 힘든 신체 활동을 긴 시간 동안 수행하는 과정에서 산소의 결핍, 젖산 축적 등과 같은 원인으로 인하여 수행자는 극도의 신체적・정신적 피로에 의한 고통을 겪게 된다. 그리고 운동 수행자는 성취와 연관된 플러스(+)유인(승리・명예・자아충족)과 마이너스(-)유인(고통)이 갈등을 일으키게 된다. 그 상황에서 고통을 극복하려는 노력 자체가 장면의 힘을 스스로 통제하는 것이며, 이러한 노력을 통해서 의지력이 강화될 수 있다.

(3) 사회・문화적 가치

대근 활동을 수단으로 인간의 변화를 추구하는 체육활동은 다음과 같은 다양한 사회・문화적 가치를 지닌다.

첫째, 사회성의 함양이다. 체육의 수단으로 채용되는 각종 팀 스포츠의 장(場)은 사회의 축소판이다. 경쟁과 협력이 요구되며, 공동 목표를 달성하기 위해서 각자에게 역할이 주어진다. 그 속에는 규칙이 있고, 심판이 있으며, 페어플레이, 스포츠맨십과 같은 행동 철학이 있다. 스포츠에서 경쟁은 단순한 대결이 아니라 합의된 선의의 경쟁이고, 협력적인 대결이다. 따라서 상대적인 입장이 아니라 더불어 활동하는 관계를 유지하되 경쟁을 할 때는 정정당당히 자기의 능력을 발휘해야 하는 상황을 경험하게 된다. 이러한 팀 게임은 협동심, 책임감, 의무, 봉사, 희생, 예의, 규칙준수, 관용성, 자제심 등과 같은 사회적 자질의 함양에 도움이 된다.

둘째, 여가의 선용이다. 현대 사회는 여가 시간이 날로 증대되고 있기 때문에 여가의 활동은 개인의 행복은 물론 건전한 사회 발전의 중요한 요소이다. 체육 활동을 통해 다양한 평생 스포츠를 접하게 됨으로써 건전한 여가 활동을 할 수 있는 기초를 마련할 수 있다. 인간의 욕

---

30) 尹仁鎬, **體育 心理學** (서울 : 교학연구사 1986). p. 19.

구는 다양하며, 끝이 없다. 건전한 여가를 즐길 수 있는 준비가 되어 있지 않은 사람은 자칫 쾌락적이거나 도박성이 강한 놀이에 탐닉하기 쉽다. 건전한 여가 활동을 위한 준비가 필요하다. 현대인은 여가를 어떻게 활용하느냐에 따라 얼마나 즐겁고 행복한 생애를 누리느냐가 결정된다고 볼 때 많은 여가 활동 분야 중에서도 체육·스포츠 활동은 여가 선용을 위한 적절한 선택이 된다는 점에서 사회적 가치를 지닌다.

셋째, 운동 문화의 계승 발전이다. 문화란 인간 행동 양식의 총체이다. 체육·스포츠 활동, 즉 체육(운동) 문화는 신체활동과 관련된 인간 행동의 양식의 총체로서 노동과는 구별된다. 체육 문화란 체육·스포츠 활동과 관련된 제도, 규칙, 습성, 신념체계, 시설, 용구, 복장, 기술 등을 총칭하는 것으로 연속적으로 계승·발전해 간다. 따라서 체육 활동은 이러한 인류의 문화를 몸에 익히고 계승·발달시켜 가는 계기를 제공한다는 측면에서 문화적 측면의 가치가 있다. 예를 들어 운동을 통해 스포츠맨십이나 바람직한 매너를 기르는 것이나 우리의 전통적인 놀이나 스포츠, 무용 등을 계승 발달시키는 일은 문화적 측면의 의미를 지닌다.

제Ⅱ장 스포츠란 무엇인가?

1. 놀이
2. 놀이의 특성
3. 게임
4. 스포츠

◆ 스포츠는 자신을 위해 수행하는 개인적인 모험이다.

R. 브러슈

『스포츠는 어떻게 시작되었는가: 인간 놀이의 기원에 대한 고찰』 1973.

제Ⅱ장 스포츠란 무엇인가?

스포츠란 무엇인가? 인간은 왜 스포츠를 좋아하는가? 한마디로 답할 수 있는 물음은 아닐 것이다. 그러나 매우 간단히 답한다면 스포츠는 놀이의 일종이며, 인간은 놀이하는 동물이기 때문에 스포츠를 즐긴다고 할 수 있다. 이 장에서는 스포츠의 본질을 파악해보되 그 이전에 인간과 놀이에 관한 문제를 짚어본 뒤 스포츠의 본질을 탐색해보기로 한다.

1. 놀이

인간은 놀이하는 동물이다. 네덜란드의 역사가 요한 호이징하(John Huizinga)는 그의 저서 『놀이하는 인간(Homo Ludens)』에서 모든 문화는 놀이에서 비롯된다고 주장한다. 그는 언어, 심화, 의식, 민속, 철학, 무용, 음악, 연극, 법, 심지어 전쟁의 규칙까지도 놀이에서 출발한다고 적고, 사회생활을 "한없는 게임"이라고 표현했다.[31] 호이징하의 주장처럼 놀이는 인간 삶의 중요한 부분으로 자발적으로 조직되었건 합리적인 것이건 불합리한 것이건 인간 생활 범주의 중요한 부분을 차지하고 있는데, 놀이는 교육적인 측면에서도 매우 큰 의미를 지니기 때문에 놀이에 대한 이해를 위해 그 이론을 알아둘 필요가 있다. 엘리스(M.J. Ellis)는 『인간은 무엇 때문에 노는가(Why People Play)』[32]라는 저서를 통해 놀이에 대한 여러 학자들이 이론을 다음과 같이 13가지로 정리하여 제시했다.[33]

1) 고전 이론

놀이는 게임의 기본적인 요소이며, 고도로 조직화되어 규칙의 체계를 갖는 스포츠까지도 유희적인 특성을 지니고 있기 때문에 놀이의 특성을 지니는데, 엘리스가 제시한 고전적인 놀이 이론(classical theory of play) 몇 가지를 소개해 두기로 한다.[34]

---

31) John Huizinga, *Homo Ludens : A Study of the Play-Element in Culture* (Boston : Beacon Press, 1955), p. ix, 46. 이 책은 한국어로도 번역되었다. J. 호이징하/金潤洙옮김, 호모 루덴스 (서울 : 도서출판 까치, 1994).

32) M.J. Ellis, *Why People Play* (Englewood Cliffs, N. J. : Prentice - Hall, Inc., 1973).

33) Carolyn E. Thomas, *Sport in Philosophic Context* (Philadelphia : Lea & Febiger, 1983), pp. 58-74.

34) 놀이의 이론에 대한 상세한 것은 이천희, **스포츠의 철학적 탐구** (서울 : 고려대출판부, 1996), pp. 24-34. Carolyn E. Thomas 지음, 이진수 역, **스포츠 철학** (서울 : 교학연구사, 1995), pp. 64-80 참조.

(1) 잉여 에너지설(Surplus Energy Theory)

잉여 에너지설은 스펜서(H. Spencer), 쉴러(F.V. Schiller) 등이 주장한 것이다. 놀이를 "넘치는 에너지의 무 목적적 방출" 로 보는 시각이다. 즉 놀이를 기본 생존을 위해서는 필요 없는 잉여 에너지의 방출결과로 본 것이다.

쉴러는 놀이란 몸 속에 축적된 과잉된 에너지를 특정한 목적 없이 발산하는 활동이라고 보았고, 스펜서는 몸 안에 힘이 남을 때 생리적으로 사용하고 싶은 욕구가 일어 어떤 방식으로든지 그 힘을 소모를 하게 되며, 그 힘을 노동에 이용하지 않을 경우 놀이의 참여 형태로 나타나는 것으로 보았다. 스펜서의 "잉여 에너지설" 은 쉴러의 생각에 바탕을 둔 것이다. 그는 "하등 동물일수록 힘을 먹이를 구하거나 생명 보존을 위한 노동 활동에 주로 사용하기 때문에 놀이형태로 발산할 수 있는 잉여에너지가 없으며, 반대로 고등동물일수록 먹이나 적을 피하는 활동 외에도 놀이로 사용될 수 있는 잉여에너지가 많아진다고 주장했다.[35]

(2) 본능설(Instinct Theory)

19세기의 놀이 이론으로 놀이는 놀고 싶은 본능적 요구에 의해 발생한다는 설이다. 본능설이란 놀이를 인간이 살아가는 환경에 적응하고 생존경쟁에서 이길 수 있는 기술을 익히는 본능적인 연습 과정으로 보는 시각이기 때문에 본능-연습 이론(instinct-practice theory)이라고도 한다.

본능설은 철학자 그루스(Karl Groos)가 제시한 것으로 다윈(Charles Darwin)의 진화론에 기초를 둔 것이다. 그는 유아가 팔다리를 움직이는 행위나 개나 고양이가 장난을 하는 것은 생존에 필요한 동작 기술을 익히는 과정으로 파악했다. 그는 『인간의 놀이(The Play of Man)』라는 저서에서 놀이를 투쟁 놀이(fighting play), 애정놀이(love play), 모방놀이(imitative play), 사회적 놀이(social play) 등 4가지 형태로 분류하여 제시했다.[36]

본능설은 놀이가 기술 습득이라는 어떤 목적 아래 이루어지는 것으로 보았다는 측면에서 의의를 갖기 때문에 타당성을 인정받고 있다. 그러나 놀이를 배우는 환경과 사회화 과정을 무시했다는 측면에서는 비판의 대상이 되어왔다.

(3) 반복설(재현설. Recapitulation Theory)

홀(Stanely Hall)에 의해 정립된 학설로 "재현설," "문화반복설" 로 불리기도 한다. 이 설은 "인간은 놀이를 통하여 조상들의 생존을 가능케 했던 행동 특성(수영, 던지기, 나무타기 등)을 반복적으로 나타낸다는 설이다. 즉, 인류의 조상들이 하던 생활 방식을 계승 반복한다고 보는 시각이다. 인간은 조상들의 경험과 행동을 계승하게 되며, 놀이도 원시시대나 역사

35) S. Miller, *Psychology of play* (Maryland : Penguin Books, 1968), p.15; 김경철, **餘暇와 레크리에이션** (서울 : 보경문화사, 1987), p. 34.

36) R. Kraus, *Recreation and Leisure in Modern Society* (N. Y. : Appleton-Century-Crofts, 1971), pp. 239-240; 김경철, 위의 책, p. 37.

이전 인간들이 하던 행동 모습을 반복하는 예의 하나라는 주장이다. 그러나 이 학설은 조상들의 생활 모습이 후세에 유전되고 있다는 주장이므로 한번 학습된 생활양식이 계속 유전된다는 유전학적인 해석은 적절치 않는 것으로 평가되고 있다.

(5) 휴양설(Relaxation Theory)

휴양설은 패트릭(G.T.W. Patrick)에 의해 주장되었으며, 감정순화설과 일맥상통하는 학설이다. 그는 놀이를 일상의 생활 피로와 긴장으로부터 해방되기 위한 활동으로 보았다. 즉, 인간이 놀이에 참가하는 이유가 일상생활의 피로나 중압감으로 인해 발생하는 정신적 갈등을 해소하기 위한 것으로 보는 시각이다. 그것은 놀이를 일상생활의 불안, 긴장, 초조 등과 같은 감정을 순화시키는 수단으로 보았기 때문이다. 예를 들면, 럭비, 투우, 자동차경주, 권투 등과 같은 격렬한 스포츠의 참여나 관전은 인간에게 내재된 투쟁심이나 적대감정을 일깨우기도 하지만 그러한 감정을 발산함으로써 생활의 중압감을 해소하고 정서를 순화하는 것으로 보는 입장이다.

2) 근대 이론

엘리스가 설정한 놀이 이론의 두 번째 범주, 즉 근대 놀이 이론(recent theory of play)은 보상이론, 정화이론, 정신분석이론, 발달이론, 학습이론 등 5가지이다.[37] 이러한 이론은 놀이 행위의 실제적인 모습(actual form)과 관련이 있으며, 인과관계를 통하여 앞에 일어난 결과와 뒤에 일어난 결과를 연계시키려는 의도가 담겨있다.[38] 이러한 이론 중 대표적만 소개하면 다음과 같다.

(1) 일반화 · 보상 이론(Generalization · Compensation Theory)

일반화이론은 보상 이론과 상호 보완적으로 연결된 이론이다. 일반화 이론은 사람들이란 자신의 일에 고도로 만족할 수 있는 측면이 있다는 암시를 깔고 있다. 그래서 사람들은 만족스런 노동 행위를 찾게 되며, 더 나아가서는 여가와 놀이의 추구를 통해서도 만족감을 얻을 수 있는 배출구를 찾으려한다는 것이다. 이러한 입장은 노동의 경험이나 놀이의 경험은 모두 그들이 욕구를 만족시킬 수 있는 능력에 따라 선택된다는 의미를 내포하고 있다. 일반화 이론은 보상 이론과 마찬가지로 즐거움을 찾고, 괴로움을 피하는 소위 쾌락주의적 동기에 기초를 두고 있다. 이 두 이론에서 설명할 수 없는 점은 일을 하지 않는 어린이들의 놀이 행동 문제를 설명할 방법이 없다는 것이다.

(2) 정화 이론(Catharsis Theory)

정화이론은 "감정순화설" 이라고 표현되기도 한다. 이 학설은 아리스토텔레스(Aristotle), 그루스(Karl Groos), 패트릭(G.T.W. Patrick) 등에 의해 주장되어 왔다. 정화 이론이란 인간이

37) M. J. Ellis, op. cit., pp. 78-79.
38) M. J. Ellis, ibid., p. 49 ; Carolyn E. Thomas, op. cit., pp. 64-68.

놀이나 기타 경쟁적인 활동에 흥미를 갖는 것은 인간의 근원적 경향성 중 공격, 투쟁적 욕구의 충족 및 방출, 욕구불만의 해소 등과 깊은 관계를 갖고 있다는 가설을 토대로 한 것이다. 예를 들면, 공격 본능이나 욕구불만을 해소하기 위하여 누군가를 공격하거나 비행을 저지르는 대신 럭비와 같은 스포츠를 하거나 테니스, 배드민턴, 스쿼시 등과 같은 타격 스포츠를 통해 감정을 밖으로 발산하게 된다고 보는 것이다. 인간이 바람직하지 못한 감정을 놀이를 통해 발산할 수 가 없다면 파괴적이고 비윤리적인 경향성이 사회로 분출될 염려가 있기 때문에 사회·심리학적 측면에서 환영받는 이론으로 자리를 잡게 되었다.

교육에서도 청소년들의 정서 순화를 위해서는 때때로 격렬한 운동경기나 야외활동이 필요하다는 주장은 이러한 이론을 토대로 한 것이다. 그러나 이 이론도 비판의 소지를 약간 안고 있다. 예컨대 스포츠 참여가 공격성을 감소시키기보다는 경기에서 패배할 경우 공격성의 수준이 높아질 수도 있기 때문이다.

(3) 정신분석 이론(Psychoanalytic Theory)

정신분석 이론은 치료적인 관점에서 본 것인데, 주로 논스포트(nonsport)적인 어린이의 놀이와 관련이 깊은 이론이다. 레비(J. Levy)는 정신분석학적 입장에서 놀이는 인간의 두 가지 중요한 욕구를 충족시킬 수 있는 기회를 제공한다고 주장했다. 그 두 가지 중 하나는 성장의 욕구(the need grown up)이며, 다른 하나는 적극적인 역할을 맡고 싶은 욕구(the needs to assume an active role)" 라고 했다.[39)]

정신분석 이론은 어린이의 놀이 참여는 "즐거움의 원리(pleasure principle)가 그 동기가 되며, 놀이의 참여를 통해 만족감을 구한다는 치료적 입장을 강조한 것이다. 그러나 이 이론도 비판의 소지가 있다. 이 이론은 어린이들이 즐거움을 느끼지는 못하지만 실생활의 경험과 연장선상에 있는 즐거움이 없는 놀이에도 참여하고 있다는 것은 간과한 듯하다. 놀이는 현실과 격리된 것으로 본다. 그러나 치료적인 입장에서 본다면 놀이는 진정한 생활 상태를 실연(acting out)하는 장소가 되며, 그 놀이의 참여는 즐겁지 않은 현실 생활의 체험도 된다. 그래서 놀이 체험을 통해 현실의 일을 예측하거나 부정적인 감각을 떨어버릴 때 치료에 도움이 될 수도 있다.

(4) 발달이론(Developmental Theory)

발달이론은 피아제(Piaget)의 사고에 바탕을 둔 것이다. 놀이는 어린이들의 마음속에서 생겨나 신체 행동으로 나타나며, 정신적인 발달에 따라 놀이는 더욱 복잡하게 구조화된다고 본 이론이다. 즉 놀이에도 단계가 있다는 것이다. 한 사람이 즐기는 놀이에서부터 경쟁적인 놀이에 이르기까지 놀이의 단계나 수준은 인지기능의 발달에 따라 발달된다는 이론이다. 피아제는 규칙을 갖는 구조화된 어린아이의 게임(kid games)이나 스포츠는 자발적이고 비구조적인

---

39) J. Levy, *Play Behavior* (New York : John Wiley & Sons, 1978) p. 100; Carolyn E. Thomas, ibid., p. 65.

어린이들의 게임이 점차 조직적인 놀이로 변화된다고 보았다.[40]

피아제 이론의 문제점 중 하나는 발달이론을 입증하기 위한 연구 결과가 누구로부터도 나온 일이 없다는 것이다. 놀이가 지능 발달과 깊은 관계가 있다면 지능이 낮은 어린이들 사이에서도 놀이가 발달하고 있는 현상을 설명할 수 없을 것이다.

(5) 학습이론(Learning Theory)

학습이론이란 놀이도 일반적인 행동처럼 체험과 강화작용의 결과로 학습된다는 것이다. 놀이 학습은 즐거움과 보상을 추구하고 고통과 처벌을 회피하는 "쾌락주의적 원리(hedonistic principle)" 에 기초를 두고 있으며, 문화 기능 내지는 주요타자(主要他者)의 영향으로 파악한 것이다. 이 이론에서는 동기와 놀이 사이의 일관된 인과관계를 설명하는데 어려움이 있다. 종종 놀이 활동은 뚜렷한 동기나 어떤 보상 없이도 계속되기 때문이다,

3) 현대 놀이론

고전적 이론의 경우 인간이 놀이에서 만족감을 찾는 이유를 주로 생물학적 입장에서 해석하려 했고, 근대 이론을 제시한 학자들은 놀이를 심리적 건강 유지를 위한 생체의 평형 상태 유지라는 관점에 초점을 두고 바라보았다. 그러나 놀이는 신체적으로도 유익하지만 놀이 그 자체가 목적일 수 있다. 현대 이론(modern theory)은 놀이의 실존주의적인 가능성, 즉 놀이의 내재적 가치를 인정한 점이 그 이전의 이론과 차이가 있다.

(1) 각성 추구 이론(Play as Arousal-Seeking)

인간은 모험에 가까울 정도의 취미를 선택한다. 마약, 도박, 술, 성(性), 록 뮤직 등도 일종의 각성 추구 활동의 하나이다. 각성의 기회를 갖기 위하여 행글라이딩, 계곡의 급류타기, 기구타기, 등산, 마라톤 등에 참여한다. 인간은 위험, 홍겨움, 자제, 자기만족 등과 같은 감정을 느낄 수 있고, 스릴(thrill) 감각을 맛볼 수 있는 놀이에는 모험성이 있다. 그런데도 인간은 어려움과 곤란, 장애를 극복하며, 자연이나 자기 자신과 투쟁을 벌인다. 이 모든 종류의 놀이에 참여하는 것은 각성을 추구하기 위한 것으로 본다.[41] 각성 추구(탐구)로서의 놀이(play as arousal-seeking) 이론은 어떤 문제의 해결에 초점을 둔 것이다. 이 이론은 놀이의 참여는 각성에 대한 요구의 밑바탕에 인식 추구(탐구) 행위(knowledge-seeking behavior)가 있다고 본 것이다. 위험성을 동반한 모험적인 스포츠의 경우 지성, 기술, 직감, 정밀성, 제어 등이 요구된다. 그런데도 놀이나 스포츠로부터 자신을 발견하거나 거기로부터 무엇인가를 이끌어내기 위

40) J. Paget, Play, *Dreams and Imitation in Childhood* (London : Routledge and Kegan Paul, Ltd., 1951), p. 168.

41) Carolyn E. Thomas, op. cit., pp. 69-71.

하여 스스로 위험을 무릅쓰고 참여하게 되는데, 이 모든 것이 각성추구활동이라는 것이다.

(2) 능력 이론(Competence Theory)

엘리스(Ellis)는 능력 이론을 각성이론과 연장선상에서 보았다. 환경을 정복하려고 하는 요구는 일종의 각성이며 자극 추구라는 것이다.[42] 놀이 행위가 환경의 조절 및 정복 능력이라는 것을 입증하려는 시도로 보았다. 화이트(R.W. White)는 이것을 "능력/효과 동기부여(competence/effectance motivation)" 이라고 불렀다. 그는 어떤 놀이를 계속하게 되면 새로운 느낌이 없어지는데도 놀이에 계속 참여하는 행위를 각성 추구 이론만으로는 설명할 수 없다고 지적하고, 놀이를 계속하게 하는 동기는 정복(mastery)이며, 그것이 놀이 행위를 계속시키는 것으로 파악했다.

2. 놀이의 특성

학자들은 놀이에 대한 다양한 주장을 펼치고 있다. 여기서는 호이징하와 카이와의 놀이에 대한 주장을 살펴봄으로써 놀이의 특성 이해에 도움을 주고자한다.

1) 호이징하의 놀이론

호이징하(John Huizinga)는 그의 저서 『호모 루덴스(놀이하는 인간): Homo Ludens』에서 놀이의 특성을 밝히고 있다.[43] 그는 놀이는 "일정하고 명확한 시간, 제한된 장소에서 행하여지는 활동으로 보고, 놀이의 특성을 다음과 같이 규정했다.

(1) 자유성

놀이는 자발적인 활동(voluntary activity)이다. 명령으로 행해지는 놀이는 이미 놀이가 아니다(Play to order is no longer play).

(2) 허구성

놀이는 일상과 현실의 생활(ordinary or real life)로부터 벗어난 것이다. 독자적인 성격을 지닌 활동으로서 허구적인 비일상적 활동임을 뜻한다.

---

42) R.W. White, "Motivation Reconsidered : the concept of competence". *Psychol. Rev.*, 66 (1959), pp.297-333, 321; Carolyn E. Thomas, ibid., p. 71.

43) John Huizinga, Homo Ludens: A Study of the Play-Element in Culture (Boston : Beacon Press, 1955), p. 13, 28. 이 책은 한국어로도 출판되어 있다. J. 호이징하/金潤洙옮김, **놀이와 문화에 관한 연구** 『호모 루덴스』 (서울 : 도서출판 까치, 1994), 제3판.

(3) 격리성

놀이는 공간적 시간적으로 일상의 생활과 격리된 것이다.

(4) 반복성

놀이는 문화형식으로서 정착되며, 문화적 창조물로서 계승 반복된다.

(5) 규칙성

놀이의 장면에서는 독자적인 질서(규칙)가 있다.

2) 카이와의 놀이론

프랑스의 철학자 카이와(Roger Caillois)는 호이징하의 놀이에 대한 정의를 깊이 연구한 후 놀이의 특징적 요소를 경쟁(Agŏn: competition), 확률(Alea: chance), 의태(擬態, Mimicry: pretense), 모험(Ilix: vertigo)으로 분류했다.[44]

(1) 아곤

아곤(Agŏn) : 그리스어의 경기를 뜻하는 아곤은 인위적인 조건이 설정된 공평한 경쟁을 의미한다. 따라서 스피드・지구력・순발력・기억력・기량・민첩성 등으로 경쟁하되 승리를 위해서는 훈련과 노력과 의지를 필요로 한다(복싱・펜싱・축구・체스 등).

(2) 아레아

아레아(Alea) : 다이스(dice) 게임에서 유래한 라틴어의 기회(도박)를 의미하는 "아레아는 우연성, 즉 결과를 운(運)에 맡기는 확률적인 특성을 말한다. 아곤이 자신의 의지로서 책임성을 지니는 것에 비하여 아레아는 모든 것을 운에 맡기는 것이다(주사위 놀이・복권 추첨・룰렛(roulette). 「아곤」과 「아레아」라는 두 개의 요소는 반대다. 「아곤」은 개인적 능력에 의지하고 「아레아」는 의지가 개입되지 않은 우연성에 의존한다.

(3) 미미크리

미미크리(Mimicry) : 영어의 흉내내기를 의미하는 미미크리는 모방의 세계에서 자신의 인격을 일시적으로 잃고, 놀이의 장면에 몰입되어 일상의 자신으로부터 벗어나는 것이다. 환상 가운데에 몸을 두고, 그러한 인물처럼 행동하는 것으로 이것은 허구적인 모습을 나타낸다. 연극배우나 TV탤런트가 일시적이나마 극중 인물의 모습으로 돌아가는 상태와 같이 허구・상상・모방의 의식 속에 빠져들어 타인이 되는 해방감을 맛본다(병정놀이・가면 놀이・연극 등).

---

44) Roger Caillois, "The Structure and Classification of Games", in W. J. Morgan, J. W. Meier (Ed.) *Philosophic Inquiry in Sport* (Illinois: Human Kinetics Publishers, 1988), pp. 7-16.

(4) 이링크스

이링크스(Ilix) : 그리스어에서 유래한 것으로 이링크스는 지각의 안정을 깨고 일종의 의식 혼란을 통해 스릴과 현기(眩氣)를 맛보게 되는 놀이의 특성이다. 회전운동・낙하운동시의 느낌, 그리고 급속한 이동시에 느끼는 황홀감 등이 대표적인 느낌이다. 회전그네・스키・등반・외줄타기・춤추기 등과 같은 동작에서 느낄 수 있는 감정이다.

위의 네 요소는 개개가 독립적으로 일어나지만 때에 따라서는 동시에 일어나기도 하며, 아곤이나 아레아보다 미미크리나 일링크스가 놀이에 빠져들게 하는 마력이 강한 요소라고 할 수 있다.

3) 놀이의 특성

놀이의 요소를 아곤, 아레아, 미미크리, 이링크스로 분류한 카이와는 호이징하의 『호모 루덴스』의 서술을 통해 이룩한 업적은 높이 평가할 만 한 것이나 놀이와 게임의 개념 구분에 실패했다고 주장하고, 놀이의 특성을 자유성(free), 분리성(separate) 규칙성(regulated)으로 규정하였으나 그 후에 다시 세 가지 특성을 더 추가하여 놀이를 자유, 분리, 미확정, 비생산, 규칙, 허구라는 요소를 지닌 활동으로 정의하였다.[45)]

① 자유성(free) : 자발적으로 뛰어 드는 것. 자유(Free)란 강제성이 없다는 것을 뜻한다. 만약 놀이에 강제성이 있다면 이미 그것은 놀이가 아니며, 그 매력과 쾌락성은 파괴된다. 자신의 의지에 의해 창시되며 자신의 의지에 따라 활동이 끝난다. 그가 주장한 놀이의 이러한 성격은 게임에도 적용되며, 순수하게 취미로 행해지는 스포츠도 자유성을 지닌다.

② 분(격)리성(separate) : 시간적, 공간적 한계가 명백히 규정됨. 분리란 놀이가 생활과 분리된 시간과 공간에서 행해진다는 것이다. 이 특징 또한 게임이나 스포츠에도 적용된다. 게임과 스포츠가 공간적으로 한정된 사회적 환경에서 행하여지며, 시간이 정해진다.

③ 미확정성(uncertain): 결과나 활동의 과정이 미리 결정되지 않음. 미확정이란 놀이・게임・스포츠 등의 활동에서 그 결과가 정해져 있지 않다는 것이다. 이것이 놀이나 게임, 스포츠의 흥미를 유발시키는 가장 결정적인 요소이다. 카드놀이, 바둑, 장기 등의 성격이 그렇고, 스포츠 또한 마찬가지이다. TV의 스포츠 중계에서 생방송과 녹화방송이 주는 느낌의 차는 바로 결과의 미확정성 때문이다. 이처럼 미확정이라는 특징 또한 놀이나 게임 스포츠에 공통적으로 적용된다.

④ 비생산성(economically unproductive): 재화나 부를 창출하지 않음. 경제적 비생산성이란 부를 축적할 목적으로 행해지는 활동이 아니라는 뜻이다. 비록 놀이나 게임 스포츠에서 상대자끼리 물질적인 거래가 있다고 할지라도 그 거래는 자체적인 이동일 뿐 결과는 재화를 창출하는 것은 아니다. 놀이의 이러한 특성은 게임과 스포츠에서도 찾을 수 있는

45) W. J. Morgan, op. cit., p. 8 ; Carolyn E. Thomas, op. cit., p. 57.

것이다. 물론 프로 스포츠의 경우 개인적 부(富)를 창출하기도 한다. 그러나 그것은 스포츠를 직업으로 하는 선수들에 한정된 것이지 순수한 생활 스포츠는 재화의 창출과 관련이 없는 비생산적인 활동이다.

⑤ 규칙성(regulated) : 일상의 규칙이 중지되며 새로운 규칙을 만들기 위한 협정이 이루어진다. 규칙화되고 조정되어지는 특성은 일정한 규칙을 정하거나 개정하게 된다는 것을 의미한다. 모든 형태의 놀이나 게임, 스포츠는 형식적인 것이든 비형식적인 것이든 규칙에 의존한다. 규칙성도 놀이의 특성으로 규정할 수 있으나 놀이는 게임에 비해 엄격한 규칙이 적용되지는 않는다. 그리고 스포츠는 게임보다도 더 엄격하고 복잡한 규칙이 적용된다. 이런 점에서 놀이는 게임이나 스포츠에 비해 규칙성이 약하다.

⑥ 허구성(적)(fictive) : 가상과 자유스런 비현실의 세계를 동반한다는 것이다. 허구성이란 현실의 세계를 벗어난 독립적인 세계에서 펼쳐짐을 의미하는 것으로 이 특성 또한 놀이와 게임, 스포츠에도 적용되는 것이다.

3. 게임

게임(Games)은 놀이가 지닌 특성을 모두 지니고 있다. 넓은 의미에서 게임도 놀이의 한 범주인 것이다. 그러나 게임을 놀이와 구분할 수 있는 특성은 놀이보다는 더 조직화된 규칙이 있고, 경쟁적이며, 결과가 미 확정적이라는 데 있다. 놀이보다 더 체계화된 규칙이 있다는 것은 경쟁성이 강하다는 것을 뜻한다. 로이(J.W. Loy)도 게임의 특성을 강한 경쟁성으로 제시했고, 카이와가 제시한 놀이 특성에 경쟁성을 추가했다. 그리고 "게임은 단순 혹은 복합적인 신체기능, 전술 또는 확률에 의하여 결과가 결정되는 놀이 형태의 경쟁이다." [46]라고 밝혔다. 결국 "게임이란 자유성·허구성·비생산성·분리성·미확정성·규칙성·경쟁성 등과 같은 특징을 지닌 단순, 혹은 복합적인 신체기능·전술· 확률에 의해 결과가 결정되는 놀이 형태의 활동이다." 라고 정의된다.

4. 스포츠

우리나라에 도입된 "스포트(sport)" 란 용어는 "체육" 이란 말과 혼용되며 사용되었다. 그러나 『스포츠 사회학』을 영어로 표기할 때는 『Sociology of Sport』라고 적어야 옳다. 그런데 명사 "스포트(sport)" 와 복수 개념의 "스포츠(sports)" 가 구분되지 않고 "스포츠" 란

46) 金永煥外, 앞의 책., p. 182.

외래어로서 정착되어 버린 것이다.

오늘날 스포츠의 어원(語源)은 중세 로만스어(Romance)에 있다고 믿고 있다. 그러나 스포츠의 어원은 라틴어의 disportare가 아니고 deportare에 유래한 것으로 밝혀졌다. 멜(Mehl)에 의하면 Sport의 어원은 "운반하다", "들고 가다" 라는 의미를 지닌 desportare에서 유래한 것이며, 이것이 기분전환을 의미하는 동사 deporter나 desporter로 변화하여 남성명사 desport가 만들어졌다고 한다. 이 단어가 11세기경에 영국으로 들어가서는 disport로 변형되었다가 16세기경에 어두소실어 sport가 되었다.[47)]

스포츠의 어원(語源)을 살펴본 바와 같이 스포트(sport)의 어의(語義)는 기분전환, 장난, 위로, 유희 등 여러 가지 의미를 지니고 있다. 1933년 『간추린 옥스포드 영어 사전(Shorter Oxford Dictionary)』에는 1440년에는 기분전환, 오락이라는 의미로, 1635년 이후에는 야수(野獸)나 물고기를 죽이거나 잡는 행위로 기분전환을 하는 활동, 게임이나 운동, 특히 야외(野外)에서 추구되는 활동이라는 뜻으로 사용되었으며, 1863년 집단적인 게임의 의미가 추가되었다고 적고 있다.[48)]

스포츠의 발상지인 영국의 경우 스포트(sport)와 게임(game)은 유사한 용어로 사용되었으며, 스포트는 왕실과 귀족들의 동물 추적(사냥)과 낚시를 비롯한 다양한 여가 활동을 뜻했다. 19세기까지도 스포츠맨이란 사냥꾼이라는 의미로도 사용되었다.[49)] 영국에서는 오늘날까지도 스포트(sport)의 개념은 매우 자유스런 분위기에서 즐거움을 동반한 여러 유형의 활동을 포괄하는 폭넓은 의미로 사용되고 있다.

1) 스포츠의 분류

맥킨토시는 스포츠(sports)와 운동경기 활동(athletic activities)에 대한 분류 체계에 관심을 가져왔는데, 그는 스포츠를 4가지로 분류하였다.[50)]

(1) 우월성을 추구하는(경쟁적) 활동(Better than Activities) : 아곤(agon)과 유사한 경쟁으로 우월성, 탁월성을 추구하는 게임이나 스포츠.

(2) 접촉성·격투성 활동(Contact·Combative Activities) : 우월성을 추구하는 것으로 신체에 대한 공격을 통해 힘을 증명하는 게임이나 스포츠.

(3) 도전 활동(Challenge Activities) : 대부분은 자신을 시험하는 특징을 갖는 활동들로 상대가 없이도 자신의 능력을 증명하려는 요구와 관련된 스포츠나 야외활동.

---

47) E. Mehl, *Sport kommt nicht von dis-portare, sondern von deportar* (Leibeserziehung, 1966), p. 7. 99.
48) 신성휴, 한왕택, 앞의 책, p. 15.
49) 졸저 『**영국의 엘리트 교육과 애틀레티시즘**』(서울 : 21세기교육사, 1996)의 제2장을 참조. 그리고 스포츠맨이 사냥꾼의 개념으로 사용된 실례는 토마스 휴즈 (Thomas Hughes)지음, "하남길 옮김, 『**머스큐러 크리스천 : 톰 브라운의 학창시절**』(서울 : 21세기교육사, 1999)" 에 잘 나타나 있다.
50) Peter MacIntosh, *Sport and Society* (London: C. A. Watts, 1963) 참조.

(4) 표현과 의사 전달성 활동(Expressive and Communicative Activities) : 카이와가 주장한 미미크리(Mimicry)의 특성과 유사한 것으로 어린이들의 게임, 무용, 마루운동, 수중발레, 다이빙 등과 같은 게임이나 스포츠.

표 2-1. 놀이 · 게임 · 스포츠의 특성(Santomjer, J)

놀 이	게 임	스 포 츠
1. 허구성 2. 비생산성 3. 자유성 4. 쾌락성	1. 허구성 2. 비생산성 3. 분리성 4. 미확정성 5. 규칙성 6. 경쟁성 7. 단순 혹은 복합적인 신체기능, 전술, 또는 확률에 의한 결과의 결정	1. 허구성 2. 비생산성 3. 분리성 4. 미확정성 5. 규칙성 6. 경쟁성 7. 전술과 복합된 단순 혹은 복합적인 신체적 역량(기능)에 의한 결과의 결정 8. 신체적 기량(자연의 방해물을 극복하는 대근 활동의 맥락에서 발달된 신체의 기능)

2) 스포츠 · 운동경기의 관계

마지막으로 놀이, 게임, 스포츠, 운동경기의 관계에 대하여 정리해 두기로 한다. 스포츠란 개념은 매우 광범위하며, 놀이, 게임, 스포츠, 운동경기는 공통적인 특징을 갖고 있다. 그러나 <그림 2-1>처럼 스포츠(sport)가 게임(game)의 하위부류(subset)이고, 게임(game)이 놀이(play)의 하위부류이다. 그리고 <그림 2-2>와 같이 운동경기(athletics)는 의무적인 일(occupation)의 하위부류이고, 의무적인 일은 노동(work)의 하위부류가 된다. 그리고 우리의 일상생활에서 놀이의 요소는 노동의 가운데, 노동은 놀이의 가운데 포함되어 있다고 본다면 <그림 2-3>과 같은 관계가 성립된다.

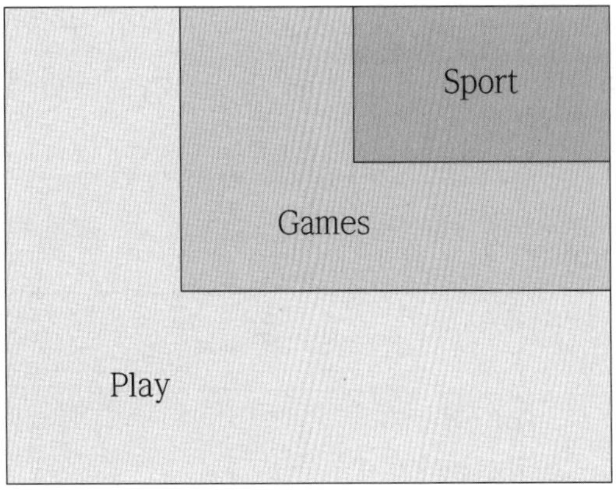

그림 2-1. 놀이, 게임, 스포츠의 관계

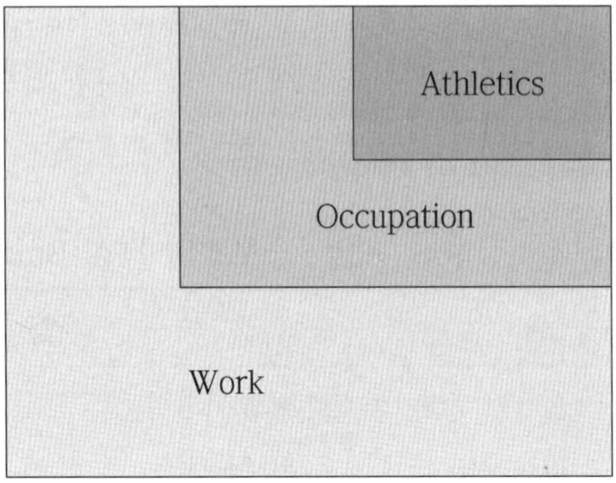

그림. 2-2. 노동, 일, 운동경기의 관계

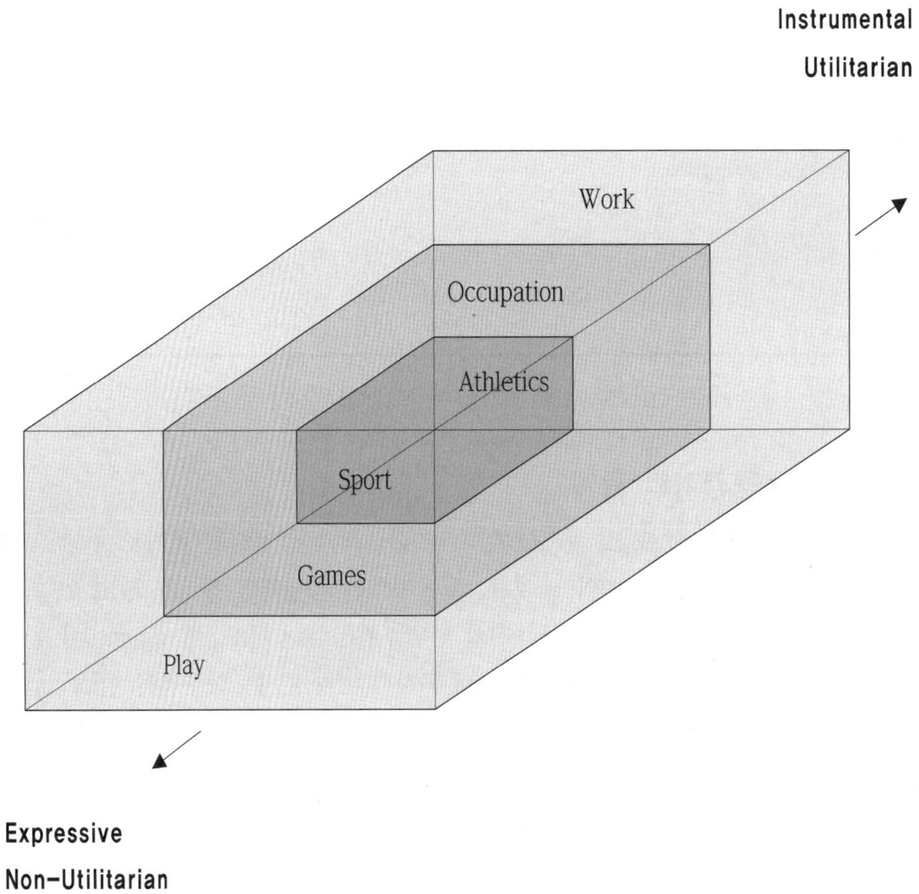

그림 2-3. 놀이부터-노동까지의 연속체 상에서 본 스포츠

3) 스포츠 문화의 발달 배경

(1) 사회 구조의 변화

산업혁명의 결과로 시민 계급 중에서 신 중산계급이 생겨나게 되었다. 이러한 중산계급이 귀족이나 상류층의 생활양식을 따르는 과정에서 상류층의 전유물이었던 특정 스포츠가 점차 중상류계급(middle-upper class)의 문화로 확산되었다. 이러한 변화는 스포츠 인구의 증가와 스포츠의 대중화를 의미하는 것이다.

(2) 운동경기 애호주의의 확산

영국 튜더 시대 왕실과 귀족사회를 중심으로 확산되기 시작한 스포츠 애호주의의 사상은 19세기 중반부터 영국 상류층 자제들이 재학하던 중등학교와 대학으로 확산되었고, 그 졸업생들이 사회로 진출하는 인적 자원의 순환적 인과성으로 인해 운동경기 애호주의는 국민적 정서가 되었다. 특히 상류층들은 각종 스포츠클럽을 결성하고 운동경기 애호사상을 확산시켰다. 19세기의 이러한 운동경기 애호주의를 훗날 '애슬레티시즘(Athleticism)'으로 부르게 되었다. 애슬레티시즘은 유럽 제국(諸國)과 북미사회로 전파되었으며, 그 결과 스포츠는 교육의 중요한 수단으로 자리매김 받게 되었다.

(3) 제국주의 정서의 확산

19세기 후반부터 급속히 확산된 제국주의적인 정서의 확산은 열강들의 팽창 정책으로 이어졌고, 그 결과는 체육의 발달과 스포츠 문화의 확산으로 나타났다. 전쟁을 겪으면서 강대국들은 신체적 능력의 필요성을 인식하고, 유럽의 체조체계를 도입하게 되었다. 그리고 영국과 같은 나라는 자국의 문화인 스포츠를 문화제국주의 정책의 일환으로 식민지나 자치 연방에 의도적으로 보급하게 되었다. 그들의 스포츠 문화가 전 세계로 확산되는 결과를 낳았으며, 미국의 팽창과 복음주의 운동의 결과는 농구, 배구, 야구 등과 같은 스포츠의 세계화로 이어졌다. 넓은 의미에서 볼 때 제국주의라는 이데올로기는 스포츠 문화의 세계화에 큰 영향을 미친 것이다.

(4) 산업 및 교통·통신의 발달

과학의 발달과 산업혁명으로 각종 스포츠 장비가 현격히 개선되었고, 전기의 발명은 야간 경기를 가능하게 했다. 그리고 교통과 통신의 발달은 선수와 관중의 이동을 용이하게 하였으며, 매스컴은 운동경기의 결과를 대중에게 빠르게 전달할 수 있도록 만들었다. 산업 및 교통·통신의 발달은 스포츠 문화의 대중화는 물론 스포츠의 문화적 진화를 촉진하였다.

4) 근대 스포츠의 특성

근대 스포츠의 탄생은 신체문화에도 문화적 진화가 계속되었음을 보여주는 것이다. 근대 스포츠의 특성에 대한 논의는 주로 구트만(A. Guttman), 아델만(M. Adelman), 베일(Bale) 등에 의해 이루어져 왔으며, 구트만(Allen Guttman)은 근대 스포츠의 특성을 다음과 같이 밝혔다.

(1) 세속화(Secularization)

부족사회나 고대 국가의 스포츠는 종교적 제례의식과 연계된 것으로 종교적, 정신문화적인 측면이 강한 특성을 지니고 있었으나 근대 스포츠는 승리, 경제적 이윤, 명예 등을 추구하는 세속적인 대중문화가 되었다. 근대 스포츠는 고도의 정신문화와 연관되었기 보다는 오락의 수단이 된 경향이 짙다.

(2) 평등(Equality)

전 근대적인 스포츠는 참여의 폭이 매우 제한되어 있었다. 예컨대 고대 그리스의 올림픽은 지배계급 만 참여했고, 중세 토너먼트도 기사계급의 신체문화였다. 그리고 절대주의시대 테니스, 골프와 같은 스포츠는 영국 왕실과 귀족의 전유물이었다. 스포츠 문화도 강한 계급적 성격을 띠고 있었으며, 특히 여성의 참여가 배제된 경우가 많았다. 그러나 근·현대 스포츠는 점차 참여에 대한 사회 계급적, 인종적, 성적 차별이 완화되었다. 그리고 각종 게임도 평등의 원칙을 토대로 조직화되었다.

(3) 전문화(Specialization)

고대 스포츠에서도 전문화, 프로화 경향은 나타났으나 근대 스포츠에서는 더욱 두드러지게 나타났다. 높은 수준의 수행 능력을 갖추기 위해서 과학적 연구와 함께 점차 전문화되었으며, 국가주의와 프로페셔널리즘의 대두로 인하여 스포츠의 전문화는 더욱 촉진되었다.

(4) 합리화(rationalization)

부족국가 시대, 고대 사회, 중세 기독교 사회에서는 스포츠나 오락이 금기(禁忌)의 대상이 되기도 했다. 그러한 유산은 근대 사회까지 계승된 것도 있다. 일요일의 스포츠와 오락 참여를 금지한 영미 청교도 사회의 '잉글리시 선데이(English Sunday)' 전통이 그 예이다. 그리고 근대 이전의 스포츠는 전통에 의존하여 합리적인 규칙도 마련되지 않았다. 그러나 근대 스포츠는 목적과 수단이 합리적인 방향으로 설정되었으며, 장비, 인원, 경기장, 시설 등 모든 것이 합리성을 바탕으로 개선되어졌다. 문화적 진화가 계속되었던 것이다.

(5) 관료화(Bureaucratization)

원시시대나 부족국가 시대에는 놀이나 게임이 관료화되지 않았다. 고대 사회부터 스포츠는 관료화되기 시작했으며, 근대 스포츠는 그러한 특성이 더욱 강해졌다. 관료화란 보편성, 통제기준, 효율성을 촉진시킨다는 것을 뜻한다. 근대 스포츠는 지역, 국가, 국제적 수준에서 통괄단체의 의도에 따라 조절된다. 예컨대 각 종목별 세계 협회나 연맹은 올림픽 스포츠 종목으로 살아남기 위해 규칙을 바꾸고, 모든 국가는 그러한 규칙에 따르도록 강요를 받게 된다.

(6) 수량화(Quantification)

원시시대나 부족국가 시대의 스포츠는 시간, 거리 등이 표준화되어 있지 않았거니와 기록 또한 정리되거나 통계적으로 처리되지 않았다. 그러나 근대 스포츠는 점차 통계적 수치에 따라 결과가 명료하게 정리된다. 이러한 변화는 산업 및 과학의 발달과 무관하지 않다.

5) 스포츠의 분류

(1) 아마추어 스포츠

아마추어(Amateur)란 영어는 15세기경부터 사용되었으나 현재와 비슷한 개념으로 쓰인 것은 19세기 말경이었다. 아마추어란 전문가나 숙련자에 대비되는 소인(素人), 미숙자(未熟者), 애호가(愛好家, devoted)를 일컫는 말이었다. 1803년 『옥스포드 사전(The Oxford Dictionary)』에는 "예술에서 '아마추어' 란 외국에서 도입된 용어로 지금 우리의 현실에서는 어떠한 금전상의 이익과 관계없이 회화・조각・건축 등의 품위 있는 예술을 이해・애호・실천하는 사람을 나타낸다." [51]고 적고 있다. 그것은 무례한(impolite, ill-mannered)것에 반(反)하는 세련된(polite) 것을 의미했다. 그러나 19세기에 접어들면서 금전적 이익을 추구하지 않는 자라는 의미가 추가되었다. "1795년 영국의 시인 바이런(Byron, 1788-1824)의 경호원이었던 런던의 의과대학생 잭슨(Jackson)이 세계 복싱 챔피언이었던 스페인의 멘도사(D. Mendosa)를 이긴 뒤 상금을 받지 않으려 했을 때 바이런과 황태자 조지 4세(GeorgeⅥ : 1762-1830)가 그 행동을 칭찬하여 젠틀맨 또는 아마추어라고 불렀다." [52]고 한다. 1900년대 초반에 출판된 영국의 『스포츠와 여가백과』에도 아마추어란 금전적인 문제와 관계없이 즐거움을 위하여 스포츠나 여가에 참여하는 것이라고 적혀 있다.[53]

처음 아마추어라는 말은 일반화된 젠틀맨이라는 말을 강조하기 위해 사용되었다. 젠틀맨 아마추어(gentleman amateur)란 말은 옥스퍼드나 캠브리지 대학에서 단순히 사회적으로 열등한 서민출신의 재학생인 젠틀맨 코먼너(gentleman commoner)와 상류층 재학생인 젠틀맨 아마추어(gentleman amateur)를 사회 계급적으로 구분하려는 용어로 사용되었다.[54] 또 크리켓에서 젠틀맨이라는 말은 참가자들 중에서 상류계급을 구분하는 용어로 사용되었으며, 19C에 들어 젠틀맨이란 말과 아마추어란 말은 동의어가 되었다.[55]

영국에서 육상, 조정 등과 같은 경기의 참가 자격은 젠틀맨이냐 아니냐 하는 사회계급이 가장 큰 요건이었다. 예를 들어 영국 조정 경기 단체였던 "헨리레가타위원회(Henley Reggatta

---

51) P. C. McIntosh, *Sport and Society*, p. 190.
52) 體育敎材編纂會, **現代生活과 體育** (서울 : 弘眞出版社, 1994), p. 57.
53) *Encyclopedia of Sports Games and Pastimes* (London : Fleetway House, 1939), p. 8.
54) P. C. McIntosh, op. cit., p. 190.
55) Ibid., p. 190.

Comittee)의 규정은 참가 자격을 옥스퍼드, 캠브리지, 런던대학, 이튼과 웨스트민스터 스쿨, 육・해군 장교, 그리고 경기 참가 1년 전에 결성된 클럽 소속의 선수 등으로 규정했다. 그리고 "기계공・직인・노동자 등 임금을 위해서 고용되거나 트레이드(trade)된 사람은 누구도 아마추어라고 인정할 수 없다" 56)고 규정하고 있다. 그것은 아마추어라는 용어가 금전적인 보수의 문제라기보다 사회 계급적인 것과 깊은 관계가 있었음을 보여주는 것이다.

그러나, 19세기 후반부터 영국 사회에서 스포츠는 젠틀맨의 전유물로 남아 있지 않았고 젠틀맨-아마추어라는 개념은 표류하게 되었다. 예컨대 1866년 AAC(Amateur Athletic Club)는 헨리 레가타의 아마추어 규정을 선택했지만, 재 창립된 AAA(Amateur Athletic Association)는 1881년 참가 제한 규정이었던 기계공, 직인, 노동자 조항을 삭제했다. 그때부터 경기와 관련하여 금전적인 이익이 철저히 배제되면서 아마추어가 프로페셔널과 대립되는 개념으로 바뀌기 시작했다. 1882년 축구협회(Football Association)도 금전과 관련된 16개 조항을 넣었으며, 이 시기에 설립된 많은 경기 통괄단체들도 선수들에게 돈의 지급 금지규정을 정하게 되었다. 각종 경기 참여 규정의 변화는 아마추어 개념이 사회계급을 상징하는 의미에서 금전적 보수와 연관된 직업주의, 즉 프로페셔널과 대립되는 개념으로 변천되어 갔음을 뜻한다. 크리켓을 비롯한 조정, 럭비 등 여러 종목에서 아마추어리즘을 추구하던 영국 상류계급의 스포츠에 대한 전통은 계속되었다. 그러나 1870-1890년 사이 아마추어는 더 이상 사회적인 지위를 상징하는 의미로만 사용되지는 않게 되었다.

(2) 프로페셔널 스포츠

1714년 영국의 앤 여왕이 경마에 10기니의 상금을 걸었으며, 19세기 영국 헨리 레가타 조정 경기에서도 상금을 건 내기 경기가 많았으나 누구도 그것을 프로페셔널 스포츠라고 칭하지 않았다. 금전과 관련하여 프로페셔널 스포츠라고 해석하게 된 것은 영국의 조정경기와 육상 경기에서 아마추어 규칙이 성립된 뒤의 일이었다.57)

스포츠의 나라라는 영국에서 스포츠는 전통적으로 귀족(aristocracy)이나 신사(gentleman)의 전유물이었고, 당시 전문적인(professional) 직업에 종사하는 근로자들의 참여는 엄격히 제한되어 있었으며, 신사들은 금전적 보수를 받고 경기에 참여하는 것을 치욕적인 것으로 생각했다. 프로페셔널 스포츠란 근로자 계급의 스포츠란 의미를 지니고 있었다. 19세기 후반부터 근로자 계급에도 스포츠가 보급되었으며, 그들이 연습을 통해 기술의 향상을 꾀하자 많은 비판 속에서 관중에게 입장료를 받는 경기가 열리게 되었다. 그러나 당시 그러한 경기를 프로페셔널 스포츠라고 부르지 않고, "게이트-머니 스포츠(gate-money sports)" 라고 불렀다. 그 이후 근로자들이 경기에 참여함으로써 근무 손실 시간 임금(broken time payment) 지불 문제가 대두되었을 때 선

56) McIntosh, op. cit., p. 191.
57) 김명수, **스포츠 百科大事典** (서울 : 예조사, 1974), p. G16.

수들은 직장에서 받지 못한 미지급 임금을 흥행주에게 요구하게 되면서부터 프로페셔널 스포츠란 직업적으로 경기를 하고 임금을 받는 선수들의 스포츠란 개념으로 바뀌게 되었다.

(3) 세미-프로페셔널

순수한 아마추어라고 할 수도 없고, 그렇다고 프로페셔널이라고도 할 수 없는 중간 입장의 스포츠 선수들을 세미-프로페셔널(semi-professional)이라고 한다. 실업팀 선수, 군(軍) 소속, 관공서 소속 선수 등이 세미프로페셔널의 대표적인 예이다.

제Ⅲ장 스포츠 문화사

1. 근대 이전의 스포츠 문화
2. 근대 독일의 체조 문화
3. 근대 영국 스포츠 문화
4. 근대 미국 스포츠 문화
5. 한국 스포츠 문화

고대 스포츠의 상징 : 올림피아 스타디움 출구

제Ⅲ장 스포츠 문화사

1. 근대 이전의 스포츠 문화

1) 그리스 스포츠 문화 제전

그리스 국민들은 종족의 특성과 지리적 관계로 많은 도시 국가를 형성하였으나 그들은 모두 헬렌의 후예라는 동족의식에 의하여 범 그리스적인(Panhellenic) 정신으로 결합되어 있었다. 그 정신의 고양에 중추적인 역할을 한 것이 고도로 조직화된 제전경기(祭典競技), 즉 범그리스 경기대회((Panhellenic Games)였다. 당시 경기가 제전경기였다는 것은 그리스의 운동경기가 종교, 즉 그리스・로마 신화(12신)와 깊은 관련을 갖고 있다는 것을 뜻한다.[58]

제전경기는 선사시대 북쪽으로부터 펠로폰네소스 반도로 이주하여 온 아케아(Achaea)족 및 도리아족에 의해 시작되었다. 그리스에서는 도시국가나 촌락마다 수백 개가 넘는 제전 경기가 열려왔으며, 올림피아제와 마찬가지로 토속 신앙과 연관된 종교적인 성격을 띠고 발달되었다.[59] 고대 그리스에서 열린 대표적인 제전경기는 '페리오도스(*Periodos* : 순환)' 라고 불리며, 정기적으로 개최된 4개의 제전경기였다.

올림포스의 12신(神): ( )안은 로마 명칭.

① **제우스/Zeus**(Jupiter) : 남신, 최고의 신, 정의의 신, 번갯불의 신, 하늘을 관장
② **헤라/Hera**(Juno) : 여신, 제우스의 아내, 질투의 화신, 결혼을 관장
③ **아폴론/Apollon**(Apollo) : 남신, 제우스와 헤라의 아들, 태양의 신, 음악의 신, 영원한 젊음의 표상, 다프네와 사랑(월계관)
④ **헤스티아/Hestia**(Vesta) : 여신, 제우스의 누이, 가족을 지키는 가정의 신, 불의 숭배(성화)
⑤ **헤라클레스/Heracles**(Hercules) : 남신, 힘의 신, 남성적인 외모의 상징
⑥ **아테나/Athena**(Minerva) : 여신, 제우스의 딸, 학문과 예술의 신, 아테네의 수호신
⑦ **포세이돈/Poseidon**(Neptune) : 남신, 제우스의 동생, 바다를 관장(폭풍의 신)
⑧ **데메테르/Demeter**(Ceres) : 여신, 농업과 토지의 신
⑨ **아르테미스/Artemis**(Diana) : 여신, 아폴로의 누이동생, 달의 신, 청소년 수호의 신, 사냥의 신
⑩ **헤르메스/Hermes**(Mercury) : 남신, 제우스의 아들, 교통과 상업의 신, 제우스의 메신저 역할
⑪ **아프로디테/Aphrodite**(Venus) : 여신, 아들이 에로스(Eros 로마 Cupid)), 사랑과 미의 신
⑫ **나이키/Nike**(Victoria) : 여신, 승리의 신

58) 김복희・오동섭, 고대 올림피아 제전경기의 종교적 특징, **한국체육사학회지**, 15 (2005), pp. 13-26.
59) Mechikoff and Estes, *op. cit.*, p. 55.

(1) 올림피아제(Olympia Festival)

올림피아 경기 대회의 유래는 "두 가지 전설" 속에 묻혀있으며,[60] 모두 장례경기라는 특성을 지니고 있다. 신에게 선서를 한 뒤 경기 자체를 신에게 봉납함으로써 산자를 위로하고, 죽은 자를 찬양하는 것이 경기대회 개최의 근원적 동기였으며, 엄숙함이 깃들여 있었다.[61]

고대 올림픽이 개최된 곳은 펠로폰네소스 반도 올림피아 평원(엘리스의 크로노스山)이었으며, 제우스(Zeus)를 주신으로 섬긴 축제였다. 기원전 776년부터 서기 393년(일부서적에는 395)까지 4년마다 개최되었으며, 도시 국가 간에 열린 운동경기 제전 중 가장 오래된 경기대회였던 것으로 추정하고 있다. 올림피아제의 초기 경기 종목은 경주, 즉 달리기(스타디온) 뿐이었으나 최후에는 20여 종목이 추가된 스포츠 축제로 자리 잡았다. 승자에게는 야생 올리브관(crown of olive leaves)[62]을 상으로 주었으며, 이러한 모든 전통이 근대 올림픽의 부활로 연결되었다는 측면에서 역사적으로 큰 의미를 지닌다.

(2) 피티아제(Pithia Festival)

코린트항의 북쪽 해안 델피(Delphi), 즉 델포이에서 열린 것으로 올림피아제 다음가는 성대한 제전경기였다. 델피에서는 바다를 관장하는 포세이돈을 주신으로 섬겨 왔지만 미케네〔뮤케네〕시대부터 아폴론(Apollon : Apollo)을 주신으로 섬기게 되었다. 음악과 예언의 신 아폴론이 주신이 되어 소위 '델피의 신탁' 을 내림으로써 델피 신탁의 행사는 온 세상에 알려져 서기 393년 데오도시우스 황제의 아들 아르카디우스가 신역을 파괴할 때까지 명성이 계속 남아 있었다.

그리스 로마 신화에는 피티아 경기대회 이전에 '피톤 경기대회' 란 것이 있었다는 기록이 있다. 아폴론이 인간을 괴롭히는 공포의 뱀, 피톤을 처치한 전과(戰果)를 기념하기 위하여 피톤 경기대회가 창설되었으며, 우승자에게는 너도밤나무 잎으로 만든 관을 씌워 주었다고 한다. 월계수는 그 때까지 아폴론에 의해 신수(神樹)로 채택되지 않았던 것이다. 그러나 피티아

---

60) 이 두 설은 헤라클레스가 엘리스의 왕 아우게이아스를 무찔렀던 것이 기원이라는 설과 펠롭포스가 피사의 왕 오이노마오스와 전차 경주를 벌여 이겼던 것이 기원이 되었다는 설이다.

61) 여행가 파우사니아스(Pausanias)는 당시의 모습을 이렇게 전한다. "최 연장자인 헤라클레스는 형제들과 함께 경주를 하고 승리자에게 야생 올리브 잔가지로 엮은 관을 주었다. … 헤라클레스가 경기대회를 창시하고 올림픽이라는 이름을 붙인 최초의 사람이라는 명성을 얻게 되는 것이다. 그는 5년마다(첫해와 개최해가 중복되어 실제로는 4년) 이 대회를 개최하는 관례를 만들었는데, 그것은 그들의 형제가 5명이었기 때문이다."

62) 핀다로스에 의하면 올리브 나무는 헤라클레스가 심은 나무였다고 한다. 올리브 나무는 제우스의 신전 뒤편에서 자랐다. 이피도스 왕이 델포이 신탁에 물었더니 고운 거미줄(비가 온다는 징조. 비옥함과 연계된 의미를 지님)로 뒤덮인 나무를 찾아보고 그 나무의 가지로 만든 관을 상으로 내 놓으라는 지시를 받게 되었으며, 그 이후로 '아름다운 우승의 관을 만드는 올리브 나무' 라는 이름으로 알려지게 되었다. 아리스토텔레스에 의하면 축제가 열리기 전 양친이 살아 있는 소년이 황금 낫으로 올리브 나무의 가지를 잘랐다고 한다. 주디스 스와들링/김병화 (옮김), **올림픽 2780년의 역사** (서울 : 효형출판사, 2004), pp. 157-58.

제의 기원을 전쟁에 있었던 것으로 보는 시각도 있다. 델피의 명성이 높아짐에 따라 제물을 들고 신탁을 접하기 위하여 찾는 사람들이 늘어나자 해로(海路)를 통해 들어오는 사람들에게 세금을 부과했고, 그런 행위에 저항하여 전쟁(제1차 델포이 성전)을 벌였으며, 기원전 585년에 전쟁이 끝남과 동시에 아폴론을 찬양하는 피티아 경기대회가 개최되었다는 것이다.[63)]

피티아제는 주신 아폴론(Apollon)을 예찬하는 행사로 처음에는 음악(거문고, 합창 등) 경연대회를 하는 축제에서 출발하였으나 델포이 성전이 끝난 기원전 586년부터 4년마다 올림피아드(올림피아제가 열리는 해로부터)의 3년째 해에 열리다가 기원전 582년부터 운동경기와 기마경기도 개최되었다. 그 뒤에 전차 경주도 추가되었으나 서기 4세기경에 폐지되었다. 승자에게는 월계관(Laurels, crown of bay leaves)[64)]이 수여되었다. 철학자 플라톤(아리스토클레스)이 이 대회의 레슬링에서 우승한 것으로 전해지고 있다.

(3) 이스트미아제(Isthmia Festival)

이스트미아제는 펠로폰네소스 반도의 출입구이기도 한 코린트 해안 남쪽의 바다의 신(神)인 포세이돈을 받들어 모시는 성지 이스트모스에서 개최되었다. 이 제전은 기원전 7세기경부터 열린 지방색이 짙은 경기 대회였으며, '파라이모니온의 전설'에서 유래되었다고 한다.[65)]

이스트미아제는 올림피아제에 버금가는 규모로, 올림피아드의 2년째와 4년째에 열려 다른 경기와는 달리 2년마다 개최되었으며, 기원전 146년 로마의 그리스 정복으로 인하여 코린토스가 완전히 파괴되자 그 운명이 다하게 되었다. 포세이돈(Poseidon)을 주신으로 한 행사였으며, 경기 종목으로는 스타디온 경주, 전차경기, 기마경기 등이 있었고, 상으로는 소나무 관(crown of pine)을 주었다.[66)]

---

63) 鄭性鎬 (옮김), **고대 올림픽을 찾아서** (서울 : 행림출판, 1988), pp. 62-63.

64) 월계관이 피티아 제전의 상으로 주어진 것은 아폴론과 다프네의 신화 속에 그 기원이 있다. 아폴로가 피톤(뱀)을 처치하고 득의양양해져 있을 무렵이었다. 아폴로의 첫 연인은 다프네였다. 그런데 큐피드가 사랑을 거부하게 되는 화살(납 화살)을 다프네의 가슴에 쏘고 사랑을 불러일으키는 화살(금 화살)을 아폴로에게 쏘게 된다. 그 후 아폴로는 다프네를 계속 쫓아다니며 구애를 했다. 그러나 아폴로가 다프네를 추격하여 그녀의 아름다운 몸을 잡는 순간 다프네는 월계수 나무로 변한다. 다프네를 너무도 사랑했던 아폴로는 그 나무를 자신의 왕관으로 장식하고 개선장군에게는 그 잎으로 엮은 관을 씌우리라는 약속을 하게 된다. 이러한 이야기가 우승자에게 월계관을 주는 전통으로 이어진 것으로 보고 있다. 이 신화의 내용에 관한 상세한 것은 Thomas Bulfinch/이재철 (옮김), 그리스 로마 신화 (서울, 교육문화연구회, 1994), pp. 30-33 참조.

65) 미뉴아의 왕 아타마스에게는 멜리케르테스라는 아들이 있었다. 그러나 그 아들은 제우스의 아내 헤라의 질투를 사서 끓는 물에 살해되어 바다에 던져졌다. 바다를 표류하던 그 소년의 시체는 돌고래의 등에 실려 이스트모스의 해변까지 떠내려 왔다가 왕 슈시포스에게 발견되어 파아리몬이라는 이름이 붙여져 매장되었다. 이 파라이몬을 애도, 찬양하는 "파라이모니온" 이라는 경기대회가 열리게 된 것이 이스트미아제의 기원이라는 설이 하나 있다. 다른 하나는 아테네의 국민적 영웅 테세우스를 찬양하기 위해 개최되었다는 설이다.

66) Waldo E. Sweet, *Sport and Recreation in Ancient Greece* (Oxford : Oxford Univ. Press, 1987), p. 8.

(4) 네메아제(Nemea Festival)

네메아는 헤라클레스가 했다는 '12가지의 거친 무예' 중 첫 번째인 '네메아의 사자 퇴치' 이야기의 무대가 되었던 곳이다. 네메아란 명칭에 관해서는 '두 가지 일화' 가 있다.[67)]네메아제의 기원은 '오펠테스의 전설' 을 통해 찾을 수 있다.[68)] 코린트항의 남서 계곡에서 열린 네메아제는 기원전 573년부터 올림피아드의 2년째에 열렸다. 심판(헤라노디키아)들은 상복을 입었으며, 선수들은 제우스 신전의 동쪽으로 약 45m에 이르는 가늘고 긴 제단에 산 짐승을 제물로 바치고, 선서를 한 다음 경기에 임했다. 경기 종목으로는 경주, 레슬링, 판크라티온, 5종 경기, 무장 경기, 전차경기 등이 있었다. 주신은 올림피아제와 마찬가지로 제우스였으며, 승자에게는 야생 셀러리관(crown of wild celery)을 상으로 주었다.

이상의 4대 제전 중 올림피아제가 가장 성대한 행사였으며, 당시 올림피아제는 도시 국가간의 평화와 우호를 상징하는 행사였다. 올림피아제의 행사 일정이 공포되면 도시국가간의 어떠한 분쟁이나 전쟁도 중지하였기 때문이다. 이러한 고대 올림픽의 상징적인 의미는 근대 올림픽의 부활과 함께 스포츠를 통한 국제사회의 평화・친선・우호의 이념으로 계승되어졌다.

2) 로마 관중 스포츠와 오락

그리스의 제전경기는 신(神)에 대한 예찬의 의미가 담겨 있었다. 공화정 초기 로마인들도 그리스처럼 운동경기에 참여했다. 그러나 공화정 후기부터 그리스 방식의 운동경기는 점차 대중의 오락으로 전락했다. 공화정 말기부터 장군이나 정치가들은 대중의 지지를 받기 위해 그리스의 희극과 비극, 운동경기 등을 도입하여 활용했다. 예컨대 아우구스투스의 경우 악티움(Actium) 해전(B.C. 31)에서의 승리를 자축하기 위해 '액티언 게임(Actian Games)' 을 제창하기도 했다. 그러나 후기 로마의 스포츠는 전반적으로 관중 스포츠 중심이었다. 그리스 운동경기의 영향을 받는 로마 시대의 관중 스포츠는 개인적인 경쟁을 하는 사적인 게임(private games)도 있었고, 일반 대중과 함께 한 공적인 게임(public games)도 있었다. 그 중 전차경주나 검노(劍奴, gladiator)들의 싸움과 같은 로마의 경기는 대중을 현혹하던 소위 그레코-로만 쇼(Greco-Roman Shows)였다.[69)]

로마 시대의 스포츠는 건전한 사회 체육의 성격을 띤 것이라기보다는 정치적 성격을 지닌

---

67) 첫째는 그 부근을 흐르던 강의 신(神)이 있었는데, 그 신의 딸 이름을 딴 것이라는 설. 둘째, 제우스와 세메레의 딸로서 그 지방 왕이었던 리코르고스의 아내 네메아의 이름에서 딴 것이라는 설. 鄭性鎬 (옮김), **고대 올림픽을 찾아서**, p. 60.

68) 고대 테바이를 공격하러 가던 7명의 장군이 물을 구하였다. 그곳의 왕(王) 류크르고스에게 갓 난 오펠테스란 아기가 있었는데, 유모가 물을 구하는 장군들을 안내하기 위하여 샘으로 가면서 오펠데스를 잠시 풀밭에 내려놓았다. 그 사이 오펠데스는 풀밭에서 나온 뱀에게 물려죽었고, 그 유아의 죽음을 애도하기 위하여 일곱 장군이 경기대회를 열게 되었다.

69) E. Norman Gardiner, *Athletics in the Ancient World* (Oxford : Clarendon Press, 1930), pp. 120-27.

일종의 '스포츠 이벤트(sporting events)' 같은 것이었다. 공화정 후기와 제정시대의 정치인들은 콜로세움 같은 원형연무장이나 전차경주를 했던 원형경기장에서의 쇼를 정치적으로 이용했다. '빵과 서커스(bread and circuses)' 란 말이 일러주듯이 정치가들은 그들의 지지를 위해 시민들에게 각종 비천한 유혈 스포츠를 여흥거리로 제공했다.70)

기원전 173년까지 로마의 공식적인 휴일은 53일이었으나 서기 300에는 200일로 늘어났고, 그 중 175일은 관중들을 위한 그레코-로만 쇼가 열렸다. 오늘날 영화 『벤허』와 『글래디에이터』에 나오는 전차 경주와 검투사 시합은 로마 제국의 한 상징물처럼 남게 된 것도 이러한 역사의 유산이다. 가장 유명한 전차 경주장은 키르쿠스 막시무스였고, 검투사 경기장은 콜로세움이었다. 마르쿠스 아울렐리우스 황제 치세(治世) 때는 1년 중 135일이나 유혈 관중 스포츠 행사를 개최했으며, 4월의 29일 중 17일은 '키르쿠스 막시무스' 와 '콜로세움' 등에서 오락과 여흥이 펼쳐졌다.71)

로마 시민들은 검투사들의 결투, 이국적인 동물의 사냥 대회, 전차 경주, 연극 관람에만 열광적이었다. 황제나 중요 인물들은 정치적 인기를 위해 자비를 들여 경기를 개최했고, 자신이 주관하는 유혈 스포츠에 사람들을 불러 모을 수만 있다면 물불을 가리지 않았다. 로마 시민들은 갖가지 선거에서 투표권을 행사했고, 원형 경기장, 극장, 공중목욕탕을 무상으로 이용할 수 있었다. 그러나 시민계급의 호화로운 생활 뒤에는 노예들과 속주의 민중들이 감당해야 했던 힘겨운 삶이 있었다.

로마의 관중 스포츠나 오락은 다분히 정치적 목적이 내재되어 있었던 것으로 보고 있다. 로마의 관중 스포츠는 국가의 정치적 안정을 유지하는 공리적 기능(utilitarian function)을 지녔던 것이다. 즉 지도자들은 시민의 혁명을 두려워한 나머지 대중에게 여흥거리를 제공함으로써 그들의 정치적 운(運)을 계속 이어가고자 했다는 것이다.72) 그래서 많은 학자들은 로마의 스포츠를 현대적 의미로 해석할 때 대중을 위한 쇼의 성격을 지닌 것이었으며, 정치적으로 탈정치화의 수단이었던 것으로 해석되고 있다.

(1) 콜로세움(Colosseum)

대표적인 원형 연무장이었던 콜로세움(콜리세움)은 황제 베스파시안(A.D. 69-79)의 지시로 건설되기 시작하여 그의 아들 티투스(Titus) 치세인 서기 80년경에 완성되었다. 서기 72년부터 공사를 시작하여 8년 만에 완공되었으며, 예루살렘을 정복한 티투스가 약 4만 명의 포로를 이 공사에 투입했다. 검투사들이 경기를 했던 콜로세움의 지하에는 검투사실과 동물의 우리, 수중전(水中戰)을 위한 수도와 배수관 등이 마련되어 있었다. 면적이 약 6에이커(약 4046.8㎡), 높이

70) 빵과 서커스란 말은 로마의 풍자시인 유베날리스가 밀의 무상 배급과 원형 경기장의 경기에만 지나치게 열중하는 로마인들을 향해 "빵과 유희뿐이로다" 라고 질타한 것에서 나온 말이다.

71) '키르쿠스' 는 경주장이란 뜻이고 '막시무스' 는 경주장 이름이다.

72) Robert A. Mechikoff and Steven G. Estes, *op. cit.*, p. 77.

가 160피트(약 48.77m)에 이르는 이 불가사이의 건축물은 5~9만 명의 관중을 수용할 수 있을 정도로 거대했다. 콜로세움에서는 검투사들의 혈투, 맹수와 노예와의 잔혹한 사투, 그리고 야수 사냥, 모의 해전 등이 벌어졌고, 군중들은 이 피비린내 나는 유혈 스포츠(bloody sport)를 관전했다. 그리고 로마의 원형 연무장 문화는 로마 지배하에 있던 수많은 나라로 확산되었다. 콜로세움은 5~9만 명의 관중을 수용할 수 있는 규모였으나 그 외 각 지역에도 5천명에서 3만 5천 명을 수용할 수 있는 크고 작은 많은 원형연무장이 건립되었다. 잉글랜드 북부를 비롯하여 아프리카 북부, 프랑스 남부, 그리고 극동의 터키에 이르기까지 이러한 고대 로마의 원형연무장 유적은 지금까지 관광객의 눈길을 끌고 있다.

(2) 검투사의 격투(gladiatorial combat)

검투사, 즉 '글래디에이터(gladiator)' 란 단어는 원래 로마의 'Gladius' 란 무기 이름에서 유래된 것이다. 검투사들은 대개 노예나 죄수들이었으며, 스스로 지원한 검투사도 있었다.[73] 경기는 연기를 위해 훈련된 검투사끼리 싸우는 경우도 있었고, 검투사가 야수를 상대로 싸우는 경우도 있었다. 일단 격투가 시작되면 그 경기는 상대가 불구가 되거나 목숨을 잃는 유혈(流血)이 낭자한 상태로 끝이 났고, 수많은 관중들은 비천하고 잔인한 경기를 보며 도박을 즐기기도 했다.

(3) 유베날리스의 명언

유베날리스(Decimus Junius Juvenalis)는 기원전 2세기경 많은 풍자시를 남겼다. 로마가 대제국을 건설하여 소위 팍스 로마나가 시작된 이후 지배 계급의 생활은 점차 사치스러운 모습으로 변해갔다. 유베날리스는 그러한 상황을 비판하며 16권의 풍자시를 남겼는데, 그가 체육사에 등장하는 것은 그의 작품 제10권에 나오는 표현 때문이다.

유베날리스의 풍자시 제10권 "사람들은 원망의 허영으로 되어 있다." 라는 글 356행에서 인간의 욕망이나 소원은 하나 같이 허영이며, 자기 자식을 사랑하는 어머니는 아들이 아름답게 성장하기를 기원한다. 인간은 소원이 있을 때 신에게 제물을 바치고 기원하고 있으나 뭔가를 기원한다면 '건강한 신체에 건강한 정신' 이 있기를 기원해야 할 것이라고 적었다.[74] 그의 작품은 세상에 대한 풍자였고, 전체적인 맥락으로 볼 때 "건강한 신체에 건전한 정신" 이란 표현은 당시 혼탁해진 사회를 비판하며 건강한 신체와 정신의 필요성을 언급한 것으로 보인다. 그러나 이 표현이 체육에 관한 이야기 중에 나온 것은 아니어서 유베날리스가 체육에 대한 철학적 견해를 담은 것으로 해석하기는 곤란하지만 매우 명쾌한 말이었다.

---

73) William J. Baker, *Sports in the Western World* (Totawa, N. J. : Rowman and Littlefield, 1982), p. 29.

74) 김상순, **서양 체육사** (서울 : 도서출판 바탕, 1998), p. 144; 김동규, **서양체육사** (경산 : 영남대학교 출판부, 2002), p. 143.

오늘날까지 "건강한 신체에 건전한 정신" 이란 캐치프레이즈가 남게 된 것은 영국 철학자 존 로크(John Lock 1632-1704)의 영향 때문이었다. 로크는 그의 저서 《교육론(*Some Thoughts Concerning Education*, 1693)》의 책머리에 "건전한 신체에 건전한 정신이 있다.(A Sound mind in a Sound body)" 라는 유베날리스의 말을 인용함으로써 이 말이 널리 확산된 것으로 보고 있다.

3) 중세의 기사 스포츠

중세 유럽의 귀족 사회의 대표적인 스포츠는 토너먼트였다. 그것은 기사에게는 체육활동이자 운동경기였고, 많은 관중이 관전했다는 측면에서 보면 하나의 관중 스포츠였다. 그러나 토너먼트는 군사적인 성격을 지닌 것이었고, 귀족사회의 가장 일반적인 여가 문화는 양궁의 발달로 인해 활성화된 사냥(hunting)과 매를 이용한 매사냥(hawking), 검술, 그리고 미조직화된 형태의 구기운동(ball games)이었다. 헨릭스(T.S. Henricks)는 중세 말기 영국 스포츠의 발달 과정에 드러나는 특징을 '사냥의 발달', '볼게임의 발달', '토너먼트, 쥬스트 등과 유사한 검술 게임의 발달' 등 세 가지로 들었다.[75] 이처럼 유럽 귀족사회의 스포츠 유형은 전반적으로 유사했다.

(1) 마상경기 : 토너먼트와 쥬스트

중세의 귀족이란 기사계급이며, 일반적인 기사란 용어는 평기사를 의미한다. 중세의 토너먼트는 봉건사회에서 사회질서를 유지하는 축전행사 종목이었으며, 전쟁에 대한 준비이기도 했다. 초기 귀족들은 토너먼트에 참가하기도 하고 관중으로서 기사들이 경기를 관전하며 즐겼고, 그 자리를 통해 총애 할 수 있는 기사를 선발하는 기회를 갖기도 했다. 왕이나 영주는 토너먼트 관전을 즐겼으며, 한편으로는 기사들의 능력과 수준을 평가하였다.

토너먼트 시범 경기는 매우 세속적인 성격을 지닌 띤 행사였다. 다음에 기술된 중세 영국의 역사는 토너먼트나 쥬스트와 같은 기사경기가 세속적인 성격을 띠고 확산되었다는 것을 잘 보여준다.

프랑스, 즉 노르만의 귀족들이 영국에 소개한 신체문화 중에서 가장 관심을 끈 것은 토너먼트(tournament)와 쥬스트(jousts)였다. 토너먼트는 군사훈련의 성격을 띠고 있었으나 평시에는 여성들에게 시범을 보여주기 위해 준비되어졌다. 그것은 매우 화려했고, 때로는 여러 날 계속되기도 했으며, 귀족들과 여성들의 관심을 끌었다. 토너먼트는 매우 위험한 경기여서 사상자가 속출했다. "1249년에는 60명의 기사가 죽었고, 많은 사람들이 영원한 불구자가 되었다." [76]는 기록이 말해주듯이 아주 위험했던 이 경기는 교회와 국가에 의해서 금지와 허용이 반복되었다. 예컨대 스티븐(Stephen, 1135-1154)과 그 후계자들은 8-11세기까지 토너먼트를 금지했다. 그러나 리처드

75) Thomas S. Henricks, "Sport and Social Stratification in Pre-Industrial England: A Sociological Perspective" J. A. Mangan (ed.) *Proceeding of the XI HISPA International Congress*, p. 47.
76) Christina Hole, *English Sports and Pastimes* (London : B. T. Batsford Ltd., 1949), p. 76.

I세(Richard I, 1189-1199)는 군사 훈련으로서의 가치가 있다고 판단하여 금지령을 해제했다. 프랑스에서도 마상경기를 금지시켰다. 그러나 금지규정은 지켜지지 않았고, 대중적인 오락을 폐지할 경우 귀족과 기사를 유지시켜 갈 수 없다는 이유로 제한적이나마 다시 허락했다.[77] 그러나 절대적인 반대파들도 많았다. 예컨대 "프랑스 리모즈 근처의 레스테르(Lesterps) 수도원 원장은 1198년 그 지역 마상경기에서 목숨을 잃은 자들의 장례식을 교회에서 치러주기를 거부했다." [78]

중세 중기까지 스포츠처럼 행하여지던 쥬스트는 토너먼트의 애호가들에게는 경멸의 대상이었으나 위험한 토너먼트 경기의 특성으로 인하여 쥬스터들이 점차 인기를 끌기 시작했고, 토너먼트의 관전을 즐기던 사람들이 점차 쥬스트로 이끌렸다. 쥬스트는 종종 왕실의 결혼식 행사나 그 밖의 기념식 직후에 열리는 여흥으로 자리를 잡아갔고, 웨스트민스터(Westminster), 햄프턴 궁전(Hampton Court), 그린위치(Greenwitch) 등지에 틸트야드(tilt-yard)라는 쥬스트 경기장이 마련되었다. 예컨대 1280년 모타이머(Roger Mortimer)가 케닐워스(Kenilworth)에서 군사훈련과 쥬스트 경기를 위하여 100여명의 봉사단체를 조직하였던 사실은 쥬스트가 활성화되었다는 사실을 증명해주는 예이다.[79]

마상경기는 승리를 거둔 기사가 돈을 벌 수 있는 좋은 기회이기도 했다. 마상경기에서 패하면 말(馬)은 물론 갑옷과 투구까지도 승자의 몫이 되는 관례도 널리 퍼져 있었다. 그리고 패자는 경기를 하기 전에 서로 합의한 배상금을 승자에게 바쳐야 했다. 대개 봉건 영주가 자신의 기사 대신에 모든 비용을 담당했다. 그래서 패자가 된 영주는 대금업자에게 빚을 지기도 했다. 가난하지만 노련한 기사의 경우 마상경기는 정말 큰 수익을 올릴 수 있는 기회였다. 이러한 전통은 오랫동안 지속되었다. 세계사에서 최후의 마상경기로 기록된 것은 1839년 영국 이글링턴 백작이 빅토리아 여왕 앞에서 봉헌한 경기였다.[80]

4) 르네상스 시대의 레알 테니스

르네상스 및 종교개혁시대 영국의 대표적인 볼 게임은 테니스였다. 테니스는 튜더 초기 왕실의 게임으로 출현하여 왕실가족(royal family) 게임으로 시작되었다. 당시의 테니스는 '레알 테니스(*Real Tennis*)', 즉 '로열 테니스(Royal Tennis)' 였고,[81] 머리카락이나 털을 넣은 가죽

---

77) *Ibid.*

78) 만프레트 라이츠 지음/이현정 옮김, **중세 산책** (서울 : 플래닛 미디어, 2004), p. 275.

79) *Op. cit.*, p. 77.

80) 만프레트 라이츠 지음/이현정(옮김), 앞의 책, p. 289.

81) *Real Tennis*란 불어를 그대로 사용한 용어이다. 영어로 하자면 Royal Tennis이다. 그렇기 때문에 '리얼 테니스' 로 읽고 해석해서는 안 된다. 궁전이나 큰 저택의 실내에서 했기 때문에 실내테니스라는 의미로 Court Tennis라고도 한다. 오늘날의 론 테니스(lawn tennis)와는 달리 실내경기로 벽이 사이드 라인을 대신했고, 스쿼시처럼 공이 벽에 맞고 들어가도 되는 유형이었다. 현재도 런던 햄프턴코트(궁전)에서는 관광객들을 위해 당시의 경기 모습을 그대로 재현하고 있다. 코트의 길이는 약 96ft에 넓이 32ft(29.3×9.8m)가 요구되었다. John Arlott (ed), *The Oxford Companion to Sports & Games* (London :

공을 사용했다고 한다. 헨리7세 때 프랑스로부터 도입된 레알 테니스는 왕실과 귀족 사회로 확산되었으며, 헨리8세 치세였던 1529년 우드스톡(Woodstock), 위컴(Wycombe), 쉰(Sheen), 리치몬드(Richmond), 윈저(Windsor), 블랙프리어스(Blackfriars), 화이트홀(Whitehall), 웨스트민스터(Westminster) 등지에 테니스 코트(저택)가 마련되었고, 헨리 8세는 테니스의 종주국인 프랑스에 많은 사람들을 보내 테니스에 대한 정보를 수집하기도 했다. 이러한 레알 테니스는 훗날 '윙필드 룰 테니스(Wingfield Rule Tennis)' 를 거쳐 '메릴본 크리켓 클럽 테니스 룰(MCC Tennis Rule)' 이 만들어져 오늘날의 론 테니스(lawn tennis)로 변천되었다.

5) 절대주의 시대의 영국 스포츠

(1) 골프

"15세기부터 스코틀랜드의 동쪽 해안의 '링크(links)' 로 알려진 모래 언덕에서부터 발달되었다." [82]고 하는 골프는 16세기에 들어 스코틀랜드 왕실의 스포츠가 되었다. 1503년 스코틀랜드의 제임스 4세는 광적인 골퍼(Avid Golfer)였고,[83] "제임스 5세(James V, 1512-1542 재위)는 이스트 로우시언(East Lothian)에 있는 고스퍼드(Gosford: 에든버러 동쪽 해안)의 사설 링크에서 골프를 즐겼다. 그의 딸인 메리 여왕(Mary, Queen of Scots, 1542-1587 재위)도 '세인트 앤드루스(St. Andrews)' [84]에서 골프를 즐겼으며, 그의 남편도 유명한 골퍼(golfer)였다." [85] 이러한 왕실의 골프 전통은 메리여왕의 아들이었던 제임스 6세(잉글랜드와 스코틀랜드 통합 왕 제임스 1세)에게 이어지게 되었고, 통합 왕이 된 제임스 6세가 잉글랜드로 남하하게 됨으로써 골프는 스코틀랜드에서 잉글랜드로 확산되었다.

1754년 세인트앤드루스의 로열 앤 에인션트 골프클럽(the Royal and Ancient Golf Club)이 결성되어 세계 골프를 통괄하게 되었다. 세인트앤드루스에는 1764년 18홀의 정규 골프 코스가 개설되었으며, 1910년까지 수 천 개의 골프 코스가 생겨났다.

(2) 크리켓

크리켓은 경마와 함께 가장 긴 역사를 지닌 영국의 주된 배트 앤드 볼 게임(bat and ball games)이다. 1300년경 켄트(Kent) 지방의 놀이였다는 설이 있으나 공식적인 기록은 1706년 골드윈(W. Goldwin)의 작품에서 찾을 수 있다. 초창기 크리켓은 농부들의 스툴볼 게임(stoolball game)에서 진화된 것으로 보고 있다. 시골 농부들에 의해서 발달된 게임은 점차 부유한 계층

Oxford University Press, 1975), p. 822.

82) G. Newman(ed.), *The Concise Encyclopedia of Sports* (New york : Franklin Watts, 1979), 2nd ed., p. 82.

83) Horace G. Hutchison, *Golf* (London : Longmans Green and Co., 1898), p. 14.

84) 세인트앤드루스는 스코틀랜드의 수도 에든버러 북쪽에 있는 해안 도시로 골프의 고향이라 불리는 곳이며, 현재 영국의 왕립 골프 박물관인 "Royal Ancient Golf Museum" 이 있는 곳이다.

85) Will Grimsley, *Golf: Its History, People and Events* (Englewood Cliffs, N.J. : Prentice-Hall, 1966). pp. 7-8.

의 레저문화로 등장하여 문화적인 진화가 일어났다. 1730년 런던 핀스베리에서 경기가 열린 것이 확인되었으며, 18세기부터 점차 영국 전역으로 확산된 것으로 알려져 있다. 1760년대 햄프셔(주)의 햄블던(Hambldon)에 크리켓 클럽이 등장했고, 그 이후 켄트, 서섹스, 햄프셔 등지로부터 런던까지 확산되었다. "1787년 런던 로즈구장(Lord's ground)에 MCC(Marylebone Cricket Club)가 조직되었으며, 그 때부터 지금까지 로즈는 크리켓의 메카가 되었으며, MCC는 세계 크리켓을 통괄해 오고 있다." [86)]

2. 근대 독일의 체조 문화

1) 독일 체조운동 튜른베베궁

19세기 나폴레옹의 독일 침략은 독일 국민의 애국적 정서에 불을 붙였고, 애국심의 부활은 독일이 프랑스의 지배를 물리칠 수 있는 강력한 통일 독일의 꿈을 품게 만들었다. 아른트(Ernst Moritz Arndt), 1769-1860)는 "하나 된 마음이 우리의 교회요, 프랑스에 대한 우리의 증오가 우리의 종교이며, 자유와 조국이 우리가 공격하고 섬겨나가야 할 성자(聖者)이다" 라고 주장하였다.[87)] 철학자 피히테(J. G. Fichte, 1762-1814)[88)]는 이 분위기를 "독일 국민에게 고함(Addresses to the German Nation; Reden an die Deutsche Nation)" 이라는 고상하고도 정열적인 웅변으로 묘사하며 민족주의 의식을 자극했다. 그는 국가와 국민을 향해 강한 국가주의적 교육을 권고했다. 독일이 독립 국가로 살아남기 위하여 해야 할 긴급한 일은 차세대 교육이라고 강조하고, 국민을 향해 체육을 포함한 교육을 통해 국민적 재생을 위한 개혁이 필요함을 역설하였다.

피히테의 강연이 열린 시점으로부터 2년 뒤였던 1810년 《독일 국민성(*Deutsches Volkstum*)》이란 책의 출판을 통해 얀(Friedrich Ludwig Jahn, 1787-1852)이 체육사의 무대에 등장하였다. 이 책의 제목에 쓴 '국민성(Volkstum)' 이란 단어는 얀이 만든 신조어(新造語)였다. 그가 이 말을 쓴 것은 게르만족만의 자주적인 용어를 만들어 본다는 시도였다. 이 책은 체육과 직결된 내용은 아니었지만 얀이 독일 체조운동, 즉 튜른베베궁(Turnbewegung)을 시작한 이래 점차 체조운동의 바이블(Bible)처럼 많은 사람들에게 읽혀졌다.

86) David G. McComb, *Sports in World History* (New York & London : Routledge , 2004), p. 37.

87) 하겐슐츠/반성완(옮김), **새로 쓴 독일 역사** (서울 : 지와 사랑, 2000), p. 116.

88) 피히테는 1762년 독일 작센지방에서 가난한 마직공(麻織工)의 아들로 태어났으며, 신동으로 불렸다. 예나대학을 거쳐 라이프찌히대학에서 신학 공부를 했고, 예나대학(1794), 에트랑겐대학(1805)에서 강의를 했으며, 프랑스군에 점령되어 있었던 1808년 베를린 아카데미에서 "독일 국민에게 고함" 이라는 강연을 14회에 걸쳐 실시했다. 그는 1810년 훔볼트, 슐라이어마허 등과 함께 베를린대학을 신설하고, 초대 총장이 되었으며, 1814년 종군 간호사였던 부인을 간호하다가 장티푸스에 걸려 52세의 나이로 사망했다.

얀은 독일인은 독특한 국민성을 지니고 있었으나 외국 문물의 영향으로 게르만적인 특성과 미덕을 잃어버리게 되었다고 주장하며, 그러한 미덕을 어떻게 회복할 것이며, 또한 어떻게 진정한 독일인으로 되돌아 갈 수 있을 것인가를 고민하던 중에 체조 운동을 주창하게 되었다.[89] 체조운동은 독일 국토를 통일하고 독일민족성을 회복하며 국민을 무장하여 나폴레옹의 점령으로부터 독일을 해방시키는데 그 목적을 둔 일종의 사회운동이었다.[90]

1811년 6월 얀은 베를린 교외의 황무지, '하젠하이데(Hasenheide, 현 베를린 템펠홉 공항 서북부)' 에 옥외 체조훈련장을 마련하고 본격적인 체조 운동을 전개하였다. 당시는 영어권에도 체육(physical education)이란 용어는 없었으며, 김내스틱(Gymnastik)이라는 그리스어만 존재했다. 그러나 얀은 '김내스틱' 을 외래어로 보고 체육에 해당되는 가장 독일어에 가까운 말을 찾는다고 생각하여 튜르넨(Turnen)이란 명칭을 사용하기로 하였다.[91] 명칭이야 어쨌건 1811년부터 약 8년에 걸쳐 전개된 튜른베베궁(*Turnbewegung*), 즉 독일체조운동(German Gymnastics movement)은 독일 전역으로 확산되었다. 1813년 '독립전쟁' 이 일어나자 체조가들이 대거 참전했고, 그러한 자발적 행동으로 인하여 얀의 체조운동단체는 범국민적인 지지를 받게 되었다.

독일체조운동의 역사가 순탄하게 전개되지만은 않았다. 메테르니히(Matternich)의 반동통치 시대가 도래하였다. 1817년 독일 대학생들이 함부르크에 모여 3색 띠를 두르고 시국 집회를 개최하였다. 정부는 자유주의적, 민중 운동적 성격을 지닌 체조운동 조직이 이러한 집회 개최와 관련이 있다고 보고, 체조단체를 혁명훈련의 예비학교로 간주하여 탄압을 가하기 시작했다. 결정적인 사건은 1819년 체조운동가였던 칼 잔트(Karl Sand)가 반자유주의 극작가 코체부(Kotzebue)를 살해한 것이었다. 그 결과는 프러시아 정부의 간섭을 유도하게 되었고, 결국 체조운동의 선구자 얀은 체포되고 체조협회는 해체되는 결과로 이어졌다. 체조 금지령이 내려졌음은 물론이다. 짧은 기간에 걸쳐 전개된 독일의 전국적인 체조운동은 자유주의 사상을 확산시키는 결과를 낳았고, 그 이유로 정부는 1832년과 1848년 두 차례에 걸쳐 체조운동 조직에 대한 해체령을 내려 체조를 금지시켰다.

얀이 체포되고 체조 단체가 불법화되자 얀의 제자들이 비밀리에 회동을 하면서 체조 운동을 암암리에 계속하다가 1860년대 이후부터 체조운동은 다시 공식적으로 인정을 받게 되었다.

---

89) 얀은 당시 독일 민족성을 회복하기 위해 첫째, 튜튼족을 중심으로 신분의 지위 고하를 막론하고 하나의 헌법으로 통일된 행정 하의 통일된 독일 건설, 둘째, 모국어 사랑 및 애국적 역사에 집중된 순수한 독일인의 교육을 실시할 것, 셋째, 모든 사람을 잠재적인 군인으로 양성하여 참된 독일인의 이상을 추구할 할 것. 넷째, 독일인의 순결을 지킬 것 등을 주장했다. 특히 그는 "노새도 흑백 혼혈아도 믿지 말라" 는 스페인의 속담을 인용하며 "순결하면 순결할수록 좋고, 피가 섞이면 섞인 만큼 노예적으로 된다." 라고 주장하였다.

90) Dieter Duding, *Friedlich Ludwig Jahn-Bergrunder der Deutschen National bewegung* (Stuttgart: Verlag Karl Hofmann, 1974), p. 86.

91) 그는 '튜르넨' 이라는 말이 게르만어라고 생각하고 자신 있게 붙였지만 실제는 김내스틱이나 튜르넨이나 모두 외래어였다. '김내스틱' 은 그리스어에서 '튜르넨' 은 라틴어에서 온 것이기 때문이다. P. McIntosh/하남길・권판근(옮김), 앞의 책, p. 96.

체조 지도자들이 정치와 손을 끊기로 결의한 1860년대 이후부터 독일 정부는 체조 단체를 다시 공식적으로 인정하게 되었다. 1868년 전국에 산재해 있던 체조 단체는 독일체조연맹(Deutsche Turnerschaft)을 결성하여 체조운동의 체계를 잡았고, 15개의 지방 산하 단체에 128,491명의 회원을 두게 되었다. 회원 수는 계속 증가하였다. 1915년까지 11,769개의 지방 단체와 약 100만 명의 체조운동 회원을 확보하였다.

근대 독일의 체조운동은 국가주의, 민족주의적 성격을 띤 국민체육진흥운동의 하나였으나 정치적인 색조도 있었다. 체조 운동과 연관된 몇 년간의 사건은 독일의 체조운동이 정치적 목적을 갖는 국민운동이었다는 것을 보여주고 있다. 얀의 저서 《독일 국민성(*Deutches Volkstum*)》이나 베를린에서 행한 얀의 연설문에서도 체조운동의 정치적 색채는 드러난다. 그것은 자유에 대한 신념을 내비친 것이었고, 국가주의(민족주의)적인 정서도 강하게 담겨있었다.

얀의 주관이나 체조운동의 성격은 튜른플라츠(Tunplaz: 체조장)의 생활 모습에서 잘 드러난다. 체조인은 모두 회색의 두껍고 질긴 무명을 댄 바지를 입었다. 시민들은 옥외활동에서 항상 모자와 장갑을 착용하는 모습이었지만 체조 운동 회원들은 맨손에 모자도 쓰지 않았다. 그들은 언제나 친숙하게 서로를 '너(thou: du)' 라고 불렀다. 그것은 아들이 부모에게, 학생들이 친구들에게 정중하게 '당신(sie)' 이라는 표현을 쓰는 것과도 흡사했다. 모든 회원들은 15그로센의 입회비를 내고, 무두질 한 가죽 배지를 달았다. 그 배지에는 턴컨스트(Turnkunst: 체조술)이라는 글과 9(게르만이 로마 Varus장군을 패퇴시킨 해), 919(기사들이 토너먼트를 최초로 실시한 해), 1515(기사들의 토너먼트가 폐지된 해), 1811(Turnen이 시작된 해) 등 4가지 년도가 새겨져 있었다. 이 배지는 독일의 체조운동이 고대의 전사기풍과 중세의 기사 전통을 계승한 민족주의적, 국가주의적인 사회운동이었음을 명확히 보여준다.

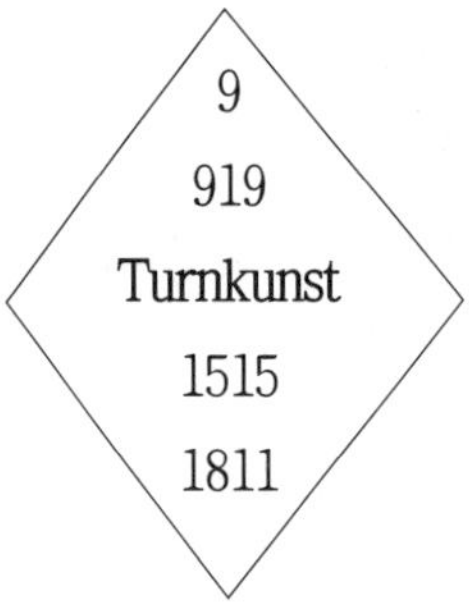

그림 3-6. 체조단체 회원의 배지

체조운동가들의 훈련은 엄격하였으며, 강한 민족주의 운동의 성격을 지니고 있었다. 행군, 수영 등 체조 훈련 중에는 건빵과 물 이 외의 어떠한 음식도 제공되지 않았다. 흡연이나 음주는 물론 심지어 홍차나 커피조차도 믿을 수 없는 동양적 자극물로 생각하고 난색을 표했다. 그들은 회원들 사이에 '굳 하일(Gut heil: 건강하게)' 이라는 인사말을 지어 사용했다. 이 말은 비문법적이라는 비판을 받았지만 그들의 정체성을 나타내는 용어로 생각하고 계속 사용했다. 또 '4개의 F' - Frisch(신선한), Frei(자유로운), Fröhlich(유쾌한), Fromn(경건한) - 로 알려진 운동 슬로건을 생각해 냈다. 'Frisch' 는 매우 건강하다(very fine)라는 구어체의 게르만어적인 표현이었다. 그리고 'Frie(자유스런)' 란 형용사는 외세의 지배와 봉건적인 강압정치에서 해방된 독일을 지향하는 체조인(Turner)들의 열망을 가리켰고, 'Fromn' 은 아마 체조인들이 공화론자도 무신론자도 아님을 당국에 확인시켜주는 의미로 사용했던 것으로 보인다.[92]

초창기 체조 운동이 사회운동과 정치적 성격을 띠자 금지되었다가 1840년대에 금지되었던 체조운동에 대한 해제령이 내렸을 무렵 체조운동 지도자들 중에 몇몇 과격한 젊은 지도자들은 독일 각지에서 일고 있던 시민운동에 적극적으로 가담했다. 그 후 수많은 체조협회 회원들이 혁명에 참여하여 수백 명이나 목숨을 잃었다. '튜르넨운동' 의 참여자들은 죽음을 두려워하지 않고 그들의 지조를 지켰다.

얀이 설립한 하이젠 하이데(Hasen Heide) 체조장은 그리스의 팔라에스트라를 모방한 것이었으며, 이론적으로 구츠무츠의 체계를 도입했으나 구츠무츠 체육체계에 없는 철봉과 평행봉과 같은 기구 운동도 추가된 반면 구츠무츠가 중시했던 감각운동이나 발성 운동 등은 제외되었다.

당시한 체육 활동의 프로그램은 당시 그림을 통해서도 엿볼 수 있듯이 주된 활동 내용은 걷기, 달리기, 도약, 뜀틀운동, 평균운동, 철봉, 평행봉, 등반, 던지기, 밀기, 당기기, 들기, 옮기기 등 다양했다.[93] 설치된 시설은 수평사다리, 높이뛰기대, 등반봉, 경사 사다리, 평균대, 봉고조대, 줄타기 시설, 멀리뛰기 도랑, 8자형 트랙, 레슬링장 등이었다.[94]

3. 근대 영국 스포츠 문화

1) 스포츠 문화의 조직화

(1) 골프(Golf)

골프의 기원에 관해서는 여러 가지 설이 있다. 스코틀랜드 지방에서 목동들이 끝이 구부러진 나뭇가지로 돌멩이를 때려 토끼 굴에 넣던 놀이가 발전했다는 설부터, 아일랜드의 신티(shinty), 벨기에의 콜레(chole), 네덜란드의 콜벤(kolven), 프랑스의 쥬 드 마일(jeu de mail) 등에서 유래되었다는 설에 이르기까지 다양하다. 그러나 살아 있는 역사는 스코틀랜드에서부터 시작되었다.

15세기 스코틀랜드 왕실에서는 골프가 지나칠 정도로 성행하자 궁술 등 무예연습에 방해가

92) 위의 책, p. 97.
93) 김동규, **세계체육사** (경산 : 영남대출판부, 2002), p. 260.
94) 오동섭, **近代 體育史** (서울 : 형설출판사, 1992), p. 47.

된다는 이유로 잉글랜드에서 축구를 금지한 것처럼 골프금지령이 내려지기도 했다. 왕족과 귀족들은 골프를 매우 좋아했으며, 1600년대 초 스코틀랜드의 제임스 6세가 잉글랜드와 스코틀랜드의 통합 왕(제임스 1세)으로 등극하면서 골프는 잉글랜드 귀족사회로 급속히 확산되었다. 골프에 '로열 앤 에이션트 게임(Royal and Ancient Game)' 이라는 명칭이 붙은 것도 왕실의 골프 애호전통과 직결된 것이었기 때문이다.

골프에 대한 가장 앞선 기록은 1744년의 것이다. 스코틀랜드의 '에든버러골프동호회(the Honourable Company of Edinburgh Golfers)' 의 전신인 '리스골퍼커뮤니티(the Golfing Community of Leith)' 에서 은컵을 둔 골프경기가 열렸다. 그 이후 '로열 앤 에이션트 골프클럽(the Royal and Ancient Golf Club)' [95]이 된 '세인트앤드루스골프회' 는 1754년 당시 리스골프커뮤니티에서 채용했던 규칙들을 손질하여 새로운 규칙을 만들었다. 당시 협회 의사록에는 13개조로 된 세계 최초의 성문화된 골프규칙이 기재되어 있으며 이것이 현행 골프 규칙의 기초가 되었다. 이를 계기로 골프는 스코틀랜드와 잉글랜드 등지로 확산되었으며, 잉글랜드에서는 1766년 런던 근교 블랙히스(Blackheath)에 최초의 골프클럽이 설립되었다. 그리고 1872년에는 세인트앤드루스 여성 골프클럽도 창립되었다.

골프가 활성화되자 많은 클럽이 등장하고, 볼을 전문적으로 만드는 직인(職人)이 출현하면서 골프는 한 단계 더 발전하는 문화적 진화를 거쳤다. 1860년 제1회 영국 오픈골프선수권대회가 개최되었으며, 1885년에는 '전영아마추어골프선수권대회' 도 시작되었다. 영국에서 발달된 골프는 19세기 후반부터 미국, 캐나다는 물론 영연방과 식민지로도 널리 소개되었다. 1873년 캐나다에서 아메리카 대륙 최초의 '로열몬트리올골프클럽' 이 결성되었으며, 1887년에는 미국 최초인 '폭스버그골프클럽' 도 설립되었다.

20세기부터 골프가 가장 빠르게 발달된 나라는 미국이었다. 미국에 골프의 씨앗이 발아한 곳은 웨스트버지니아(West Virginia)로 1844년 라스베가스 '오크허스트골프클럽(Oakhurst Golf Club)' 이 생겨났다. 그리고 3년 뒤 스코틀랜드 이주민들에 의해 욘커스(Yonkers)에 '세인트앤드루스골프클럽' 이 설립되었다. 1894년 미국골프협회(USGA)의 전신인 전미아마추어골프협회가 결성되었고, 1895년 제1회 아마추어선수권대회가 개최되었으며, 같은 해 '전미오픈선수권대회(US Open Championship)' 가 시작되었다. 골프는 북미 대륙에서 빠르게 확산되었고, 1930년대부터 패권이 영국에서 미국으로 완전히 넘어갔고, 제2차 세계대전 이후 벤 호건(B. Hogan), 아놀드 파머(A. Plamer) 등과 같은 골프 스타들이 출현했다.

95) 1754년 5월 14일 22명의 귀족들이 모여 the Society of St. Andrews Golfers를 결성했으며, 스코틀랜드의 세인트앤드루스에는 세계에서 가장 오래된 소위 올드 코스가 있다. 1834년 국왕 윌리엄 4세가 세인트앤드루스 골프 클럽의 이름을 이와 같이 지어 하사했으며, 이 클럽은 골프의 메카로서 골프 규칙을 통괄하게 되었고, 현재 영국 골프 박물관도 여기에 있다.

(2) 크리켓(Cricket)

크리켓은 영국의 국기(國技)이다. 크리켓은 영국에서 조직화된 것으로 미국의 야구와 유사한 스포츠이며, 영국인의 생활방식이나 철학(way of life)이라고 할 만큼 국민성과 밀착된 스포츠이기도 하다. 크리켓은 미국 문화제국주의 영향권에 있었던 나라에서 야구가 인기 스포츠가 되었듯이 영연방이나 옛 영국 식민지였던 국가에서는 크리켓이 인기 있는 대중 스포츠로 남게 되었다.

1787년 런던 로즈구장(Lord's ground)에 MCC(Marylebone Cricket Club)가 조직되었으며, 그때부터 MCC가 세계 크리켓 단체를 통괄하게 되었다.[96]

크리켓은 19세기부터 영국의 대중 스포츠로서 각광을 받았으며, 잉글랜드 최고의 크리케터(cricketer) 그레이스(William Gilbert Grace)는 40년 경력에 126센추리(centuries) 55,000런(runs)을 기록하여 잉글랜드 최초의 스포츠 영웅이 되었다.[97] 이처럼 크리켓이 대중 스포츠로 성장할 수 있었던 것은 영국 퍼블릭 스쿨과 대학 때문이었다. 19세기부터 이튼, 윈체스터, 해로 등 영국의 유명 중등학교와 옥스브리지에서는 크리켓에 대한 숭배 의식이 있을 정도였다. 상류계층의 소년들이 재학하던 학교였기 때문에 크리켓은 대표적인 젠틀맨 스포츠로 성장했고, 이러한 전통은 스코틀랜드, 호주, 뉴질랜드, 파키스탄, 남아공 등으로 확산되었다. 오늘날까지 영연방경기대회에서는 가장 중요한 종목으로 취급되어 오고 있으며, 최고의 스포츠, 즉 퀸 '오브 스포트(Queen of Sport)' 로 일컬어지고 있다.

신사의 스포츠로 각광받는 크리켓은 영국과 영연방권에서는 최고의 인기 스포츠이지만 세계화에는 실패하였다. 크리켓은 캐나다와 미국에도 소개되었으나 북미에서 뿌리를 내리는 데는 실패했다. 그것은 야구의 성장으로 인해 인기가 시들어버렸기 때문이다. 유사한 유형의 스포츠는 문화적 충돌을 일으킨다. 야구를 좋아하는 국민들은 크리켓에 무관심해졌고, 크리켓을 좋아하는 국민들은 야구에 무관심해짐으로써 두 종목 모두 세계화에 실패한 것으로 평가할 수 있다. 크리켓과 야구의 관계는 럭비풋볼과 아메리칸풋볼의 관계와 비슷하다. 네 종목 모두 올림픽 정식종목으로 완전히 자리를 잡지 못한 것도 이러한 이유로 설명될 수 있다.

(3) 축구(Football)

풋볼(football)은 고대 사회부터 어느 대륙에서나 성행한 게임이었다. 영국에서도 중세부터 지방색이 강한 다양한 형식의 풋볼(football)이 존재했다. 중세의 풋볼은 일 년에 한두 번씩 큰 행사였고, 지역 축제 행사에 포함된 곳도 있었다.[98]

---

96) David G, McComb, *Sports in World History* (New York & London : Routledge , 2004), p. 37.
97) David G, McComb, *Sports in World History* (New York & London : Routledge , 2004), p. 38.
98) 초기 축구에 대한 보다 구체적인 것은 옥광 · 하남길, "영국 스포츠 문화의 원류." **한국체육교육학회지**, 9(2), (2004). 김문겸, **근대사회의 여가문화** (서울 : 서울대학교 출판부, 1997) 등 참조.

풋볼(football)이 하층계급의 유희로서 승인을 받게 된 것은 17세기 초반이었다. 풋볼의 강한 폭력성과 풋볼로 인해 궁술 훈련을 등한시 한다는 명분으로 언제나 금지 대상 종목이었으나 1615년 왕실로부터 인정을 받게 되었다. 1615년 제임스 1세는 윌트셔(Wiltshire)에서 풋볼 경기를 관람했고, 1681년에 궁중의 하인 팀과 알베말(Albemarle) 공작 집안 하인 팀 간의 경기를 지켜보았다. 그렇게 계승되어져 내려오던 풋볼은 19세기 영국에서 럭비풋볼(Rugby Union Football)과 어소시에이션 풋볼(Association Football: Soccer)로 분화되었으며, 북미에서는 아메리칸 풋볼로, 호주에서는 오스트레일리안 풋볼 등으로 분화되었다.

(4) 럭비 유니언 풋볼(Rugby Union Football)

럭비 유니언 풋볼(Rugby Union Football)은 럭비(Rugby)라는 한 퍼블릭 스쿨(Public School)에서 탄생한 것으로 알려져 있다. 당시 영국의 퍼블릭 스쿨에는 다양한 형태의 풋볼 게임이 존재했다. 예컨대 윈체스트칼리지풋볼(Winchester College Football), 해로우풋볼(Harrow Football), 래들리 풋볼(Radley Game), 이튼필드게임(Eton Field Game) 등이 그러한 풋볼 종류였다. 그런데 럭비 스쿨(Rugby School)에서도 독특한 형태의 풋볼이 있었다. 19세기 초반 럭비 스쿨의 인기 있는 게임은 크리켓, 풋볼, 파이브즈(fives) 등이었고, 그 중에서도 크리켓과 풋볼은 팀 스포츠(team sport)로서 기숙사 학생들에게 가장 인기가 있었다.[99] 당시 첼튼엄, 시루즈베리, 말보로, 차트하우스, 웨스터민스터 등과 같은 각종 퍼블릭 스쿨에서도 손으로 공을 잡을 수 있는 유형의 축구가 있었으나 공을 들고 달리기는 규칙은 없었다. 그런데 럭비 스쿨에서는 공을 잡고 달려도 되는 형태의 축구가 생겨났고, 그러한 방식의 축구를 다른 학교에서도 채택하게 됨으로써 그 축구는 럭비스쿨의 이름을 따서 '럭비풋볼' 로 불리게 되었다.

럭비풋볼의 기원은 1823년 럭비 스쿨에서 풋볼을 하던 중 엘리스(William Webb Ellis)라는 소년이 경기에 열중하던 나머지 공을 끼고 달리는 반칙 플레이를 한 것이 혁신의 계기가 되었다고 전해지고 있다. 이 사실을 증명할 근거는 없지만 상징적인 이야기로 남아 있으며, '월드컵럭비선수권' 의 트로피 명칭도 '윌리엄 웹 엘리스 트로피' 이다.[100]

최초의 럭비 시합은 잉글랜드와 웨일즈의 경기로 1823년 11월 1일에 열렸다. 1871년 영국 럭비풋볼연합(Rugby Football Union)이 설립되어 어소시에이션 풋볼 협회와 결별하고 럭비경기 규칙을 채택하여 독립적인 축구 조직체가 되었다. 그래서 사커(Soccer)와 구분하기 위하여 럭비 유니언 풋볼로 불리게 되었다. 1823년 잉글랜드와 스코틀랜드 사이의 인터내셔널 매치

99) http://www.rugbyfootballhistory.com/originsofrugby.htm
100) 엘리스가 공을 들고 달렸다는 이야기는 블록삼(Mr Bloxam)의 설명에 근거를 두고 있다. 그는 엘리스와 같은 럭비 스쿨에 다녔으나 엘리스가 역사적인 일을 벌인 5년 전에 학교를 떠난 인물이었다. 그러나 몇 년 전에 학교를 떠났는데, 그는 일련의 학생이 당시 그것을 보았다고 주장했다. 그러나 그들은 명확한 근거를 제시하지는 못했다. John Aroltt, *The Oxford Companion to Sports & Games* (London : Oxford University Press, 1975), p. 883.

가 있었으며, 옥스브리지(Oxbridge) 정기전도 시작되었다. 이어 럭비는 아일랜드, 웨일즈를 비롯하여 뉴질랜드, 호주, 남아프리카공화국, 캐나다, 미국, 프랑스 등으로 확산되었으며, 프랑스를 비롯한 유럽 여러 나라와 영연방 국가에서는 지금도 축구에 버금가는 인기 스포츠로서 각광을 받고 있다.

(5) 어소시에이션 풋볼(Association Football: Soccer)

지금의 어소시에시션 풋볼(Soccer)이 조직화된 것은 19세기였다. 축구는 풋볼(football)이라는 일반적인 용어로 사용되어 왔으며, 윈체스트 칼리지 풋볼(Winchester College Football), 해로우 풋볼(Harrow Football), 래들리 풋볼(Radley Game), 윈체스트필드게임(Eton Field Game) 등이 있었으나 19세기 후반 럭비풋볼(Rugby Football)에 이어 어소시에이션 풋볼(Association Football) 즉, 사커(soccer)로 통합되었다.

현대 축구의 발원지는 영국 퍼블릭 스쿨(Public School)이었다.[101] 19세기 초반 축구 경기로 유명했던 곳은 주로 남부지역에 있는 퍼블릭 스쿨, 윈체스터(Winchester), 차트하우스(Charterhouse), 이튼(Eton) 등이었다. 그러나 이러한 학교들마다 축구 규칙은 달랐다. 여러 학교에서는 기숙사 대항 경기인 '하우스매치(House match)' 를 하였으나 학교 간에 규칙이 달랐기 때문에 함께 시합을 할 수도 없는 지경이었다. 어떤 학교에는 손으로 공을 잡는 것을 인정했으나 어떤 학교는 인정하지 않았다. 이러한 문제를 해결하기 위해 케임브리지대학의 해로우 동문(Salopian)들이 이튼스쿨 동문(Etonian)들을 끌어들이기 위하여 통일된 규칙의 제정을 시도했다. 그 주인공은 해로우 출신이었던 드 윈턴(de Winton)과 스링(Thring)이었고, 그들이 정한 규칙이 소위 '케임브리지 룰 풋볼(Cambridge rule football)' 이었다.[102] 1962년 스링(Thring)은 '가장 단순한 게임(Simplest Game)'이라고 묘사하며 10가지 조항을 만들었고,[103] 그 많은 부분은 영국 축구의 골격으로 남아 근대 사커의 근간이 되었다.

'케임브리지 룰 풋볼' 은 대학, 동창생 모임, 군인, 시민단체 클럽 등 다양한 축구 애호가들 틈에서 조금씩 규칙을 보완하며, 조직화된 스포츠로 문화적 진화를 거쳤다. 그렇지만 케임브리지 룰이 금방 전국으로 퍼져나가지는 않았다. 예컨대 세필드(Sheffield)에서는 1855년 최

---

101) 19세기 영국 퍼블릭 스쿨로 불린 학교들은 명칭과는 달리 사립체계였고, 그러한 학교는 오늘날의 영국 명문 사립, 즉 Independent School이다.

102) John Aroltt, *The Oxford Companion to Sports & Games* (London : Oxford University Press, 1975), p. 336.

103) 당시 11개 규칙은 손으로 으로 던지는 경우를 제외하고 볼이 골대와 크로스바를 통과하기만하면 골이 된다. 손은 공을 차기 전에 지면에 놓을 때만 사용한다. 발로 상대를 걸거나 발뒤꿈치로 차기(heel-kicking)는 안 된다. 사이드라인을 벗어나면 경기장을 향을 직선으로 던져야 한다. 골라인 아웃될 때 공이 나간 지점에서 골대측 선수가 차야한다. 데드 볼 상태(프리킥)에서 찰 때는 6보 이상 뒤로 물러나야한다. 플레이에 가담하지 않는 선수에게 차징을 해서는 안 된다 등 11개 조항이었다. John Aroltt, *The Oxford Companion to Sports & Games* (London : Oxford University Press, 1975), p. 336.

초의 축구 클럽이 결성되었고, 런던이나 케임브리지 축구의 변화는 전혀 인식하지 못한 채 지역성이 있는 룰로 경기를 하고 있었다. 그러한 상황에서 1863년 10월 26일 런던 그레이트 퀸 스트리트(Great Queen Street)에 있는 프리메이슨즈 태번(Freemasons' Tavern)에 여러 클럽 대표자들이 집결하여 회의를 개최하게 되었다.104) 참석자들은 통일된 규칙의 제정에 관심이 많았으며, 그 모임을 통해 축구협회(FA: Football Association)를 결성하고 통일된 규칙을 만들게 되었다. 그 이후로 오늘날의 축구는 협회식축구(Association Football)로 불리게 되었다. 처음에는 어소세이션 풋볼의 약어로 어소커(Assoccer)라고 부르다가 어두 소실어 '사커(soccer)' 가 되었다. 사커(soccer)라는 말이 처음 활자로 등장한 것은 1891년이었다.

1864년 초부터 협회식 축구, 사커는 점차 확산되었다. 1866년 세필드와 런던 대표가 축구경기를 벌였으며, 1867년 9월, 협회관계자들은 규칙의 통일에 대한 공론화 작업이 끝났다는 듯이 그들이 정한 규칙을 언론에 배포하고, FA컵 대회를 창설했다. 1872년 3월 16일 최초의 대회 결승전에서 원더러스(Wanderers)는 2,000여명의 관중이 지켜보는 가운데 로열 엔지니어스(Royal engineers)를 누르고 우승하여 최초의 FA컵 주인공이 되었다. 그 이후 6년 동안 협회에 가입한 팀은 43팀으로 늘어났고, 축구는 잉글랜드 남부를 중심으로 급속히 확산되었다.105)

1872년부터 1882년 사이의 FA컵 경기의 가장 큰 변화는 선수 계층의 변화였다. 축구는 원래 하층 서민의 놀이였으나 중산계급학교에서 조직화된 이후 축구 클럽의 창립 멤버들은 대개 중류층(middle class)이거나 중・상류층(middle-upper class)이었다. 그러나 점차 중・하류층 출신들이 많이 참가하게 되었다. 축구가 대중화되면서 잉글랜드 중부와 북부 공장제 공업 지역에서 노동자들도 여가 시간을 얻게 된 사회적인 변화 속에 노동자 계층 중심의 축구 클럽이 더 많이 결성되었다. 블랙번올림픽스(Blackburn Olympics) 팀은 1883년 켄닝턴 오벌(Kennington Oval)에서 열린 FA 컵 결승에서 올드이트니언스(Old Etonians: 이튼동문팀)에 승리했다. 그 팀 구성원 속에는 노동자 계층의 몇몇 젊은이가 포함되어 있었고, 그 다음 해부터 노동계급 출신의 프로선수(전업선수) 문제가 대두되었다.106) 신사가 돈을 받고 직업적으로 스포츠를 하는 것은 안 된다는 영국적 전통으로 인해 많은 논란이 있었으나 1885년부터 프로가 합법화되었다. 1888년 3월 풋볼리그(Football League)가 시작되었고, 1888/89 시즌부터 12개 팀이 축구리그에 참가하여 본격적인 리그시대를 열었다.

1872년 잉글랜드 출신과 스코틀랜드 출신간의 경기가 열렸으며, 그 대회(장소: Glasgow)가 최초의 국제경기대회였다. 축구는 점차 잉글랜드 외 스코틀랜드, 웨일즈, 아일랜드 등으로 확산되었으며, 1883년 4개국은 브리티시국제선수권대회(British International Championship)를

104) 당시 대표로 참석한 클럽은 Crystal Palace, Blackheath, Percival House and Blackheath School, Kensington Grammar School, Barnes, Charterhouse, Blackheath Proprietary School, Forest, Kilburn, Crusaders 등이었다.

105) John Aroltt, *The Oxford Companion to Sports & Games* (London : Oxford University Press, 1975), p. 339.

106) *Ibid*., p. 340.

개최하게 되었다. 그리고 유럽 전 지역으로도 확산되었다.

점차 노동자 스포츠로 성장하게 된 축구는 유럽과 남아메리카로 진출한 영국의 기술자, 사업가, 선교사, 선원들에 의해 세계화되기 시작했다. 예컨대 오스트리아의 비엔나에는 영국인 사업가가 퍼스트 비엔나 F.C.(First Vienna F.C)와 비엔나 크리켓·풋볼 클럽(Vienna Cricket and Football Club)을 설립하여 축구도 보급했다. 스웨덴에서는 영국 대사관 직원들이 주민들에게 스톡홀름 공원(Stockholm park)에서 축구를 선보였다.

최초의 국가대항전 경기는 오스트리아와 헝가리의 경기였고, 그 이후 FIFA(Federation Internationale de Football Association)[107]가 결성되면서 축구는 급속히 세계화되었다. 1902년 10월 12일 비엔나에서 오스트리아와 헝가리는 잉글랜드를 제외하고 축구경기를 벌였다. 축구의 세계화 추세 속에 통괄단체가 필요했다. 영국이 무관심한 태도를 보이자 1904년 5월 21일 프랑스의 제안으로 파리에서 벨기에, 덴마크, 프랑스, 네덜란드, 스페인, 스웨덴, 스위스의 대표단들이 모여 FIFA를 결성했고, 본부를 스위스 취리히에 두게 되었다. 영국은 축구의 본가로서 잉글랜드, 스코틀랜드, 웨일스, 아일랜드 등 4개 FA 조직이 있었다. 따라서 자신들의 권위를 잃지 않으려는 생각을 갖고 있었기 때문에 FIFA와 미묘한 갈등이 생겨났던 것이다. 그런 상황에서 FIFA는 축구에서 영국을 제외할 수는 없다고 보고 1905년 영국의 입지를 인정하여 4개의 투표권을 주게 되었고, 그것이 오늘날까지도 인정되어 영국(UK) 산하의 여러 나라가 월드컵 예선에 독자적인 팀을 출전시키고 있는 것이다.

축구가 올림픽의 정식 종목이 된 것은 제3회 세인트루이스 올림픽부터였으며, 월드컵은 1930년부터 시작되었다. 1932년 제10회 LA 올림픽에서 브로큰타임페이먼트(broken time payment)[108] 문제로 FIFA와 IOC 사이의 갈등이 생겨 올림픽에서 일시 제외되기도 했다. 월드컵은 1930년 우루과이에서 시작되어 지금까지 이어져오고 있다. 1945년까지 FIFA의 회원국 수는 그렇게 많지 않았다. 그러나 제2차 세계대전 이후로 급속히 늘어났다. 1938년에 51개국, 1950년 73개국이었던 회원국 수는 스위스 월드컵이 개최된 1954년까지 84개국으로 늘어났고,[109] 2007년까지 208개국의 회원국 수를 확보하게 되었다.[110]

(6) 육상(Athletics)

영국에서는 육상을 애슬레틱스(Athletics), 미국에서는 트랙 앤 필드(Track and Field)라고 표기한다. 육상의 기원은 역사 이전시대나 고대 그리스 시대로 거슬러 올라가지만 근대 최초

107) 프랑스에서 창립을 주도하여 프랑스식으로 표기하여FIFA가 되었으며, 영국식 표현으로는 International Association Football Federation이 된다.

108) 직업을 가진 축구 선수들이 축구로 인해 손실된 임금을 각국의 축구단체가 보상해주는 것. 사실상 프로와 같다는 측면에서 아마추어 선수의 자격 상실 문제가 거론되었다.

109) John Aroltt, *The Oxford Companion to Sports & Games* (London : Oxford University Press, 1975), p. 352.

110) http://www.fifa.com/aboutfifa/federation/index.html참조.

의 조직화된 육상 경기가 등장한 것은 1849년 영국육군사관학교(Royal Military Academy) 운동장이었다. 그리고 경쟁적인 스포츠로서 최초로 개최된 공식적 경기는 1850년 옥스퍼드의 엑시터 칼리지(Exeter College, Oxford)의 육상대회였다.[111] 1860년대부터 영국의 퍼블릭 스쿨과 옥스브리지에서 다양한 육상경기가 열렸으며, 1880년 영국아마추어육상협회(AAA)가 창립되었다.

현대 육상경기의 발전은 IOC의 영향이 컸다. 제1회 아테네 올림픽부터 육상은 올림픽의 주 종목으로 채택되었기 때문이다. 1912년 17개국 대표가 모여 국제아마추어육상경기연맹(IAAF: International Amateur Athletic Federation)을 창립했고, 1969년 130개 회원국을 확보하게 되면서 육상경기는 세계 곳곳에서 열렸다.

고대사회부터 계승되어져 왔던 육상경기는 고대 그리스시대부터 전래되어 온 것이며, 올림픽을 통해 체계적인 발전이 일어났으나 일부 종목은 영국에서 조직화되었다. 1896년 제1회 아테네 올림픽의 육상 종목은 100m, 400m, 1,500m, 하이허들, 마라톤, 높이뛰기, 멀리뛰기, 장대높이뛰기, 3단 뛰기, 포환던지기, 원반던지기 등 12개 종목과 수영, 펜싱, 레슬링, 체조, 자전거 등이었고, 10종 경기는 1912년 이래 올림픽 정식 종목으로 채택되어 왔지만 일부 종목은 영국에서 조직화되었다.

크로스컨트리경기(Cross Country Running)는 영국 '헤어 앤 하운드(hare and hound)' 나 '산지놀이(Paper-Chasing)' 에 기원을 둔 것으로 1867년부터 하나의 경기로 등장했다. 영국 테임즈조정클럽(Thames Rowing Club) 선수들이 비시즌에 체력 강화를 위하여 산야를 달리는 경기를 하게 되었던 것이다. 1877년 잉글랜드선수권대회가 열렸으며, 1883년 잉글리시크로스컨트리협회가 창립되었고, 1903년 국제크로컨트리연합이 결성되면서 세계화되었다. 그러나 1924년 이후 올림픽 종목에서 제외되고 근대 5종 경기에 포함되었다. 투해머경기는 스코틀랜드 북부 하일랜드 지방에서 하일랜드 민속게임에서 유래한 것이다. 최초의 3000m 장애물경기(Steeplechase)는 1850년 옥스퍼드대학에서 시작되었다. 스테플체이스(Steeplechase)란 옥스퍼드대학의 종탑을 의미하는 것으로 학생들은 24마일 크로스컨트리 경기에 24개의 장애물을 지나 종탑까지 달리는 경기를 한데서 유래되었다. 1900, 1904, 1908년 올림픽에 등장했으나 1920년대까지 완전히 조직화되지 못했으며, 1954년 IAAF가 최초의 세계 기록을 공인했다.

(7) 조정(Rowing)

노젓기, 즉 조정(漕艇)은 고대부터 강이나 해안가에서 사는 생활인들의 일이었으나 근대 스포츠로 체계화된 것은 잉글랜드의 테임즈 강변이었다. 중세부터 첼시와 윈저 사이에는 자격을 갖춘 4만 명의 직업적인 뱃사공들이 있었으나 증기선이 등장한 이래 노젓기는 스포츠로 남게 되었다. 1793년부터 이튼 칼리지의 소년들은 조정을 즐겼다. 1822년 옥스퍼드와 케임브

111) *Op. cit.*, p. 29.

리지 대학에서는 범핑레이스(bumping race)가 등장했고, 1829년 옥스브리지 보트레이스(boat race)가 열린 이래 지금까지 계속되고 있으며, 이러한 조정경기는 미국으로 전파되어 1852년 하버드-예일 조정레이스도 지금까지 계속되어 오고 있다. 1893년 유럽조정선수권대회에서 열린 종목은 유타포어(coxed four), 싱글 스컬(sing sculls), 에이트(eight) 등 3종목이었고, 그 이후 유타페어(coxed pairs) 등과 같은 종목이 추가되었다. 1908년 올림픽 정식종목이 되었으며, 1962년 세계선수권대회가 개최되었다.

(8) 필드하키(Field Hockey)

근대 하키는 영국에서 발달되었다. 1887년 잉글랜드 하키협회가 설립되었고, 브리튼(Britain) 왕국의 4개 국가에서는 매우 인기 있는 스포츠로 성장했다. 1908년 제4회 런던 올림픽에서는 영국의 4나라와 기타 2개국 등 총 6개국이 출전했다. 그 이후 스페인, 프랑스, 독일, 네덜란드, 벨기에, 덴마크 등 유럽 국가들과 호주, 뉴질랜드, 캐나다 등 영연방, 파키스탄, 인도 등 영국 식민지였던 국가로 급속히 보급되었다. 1924년 국제하키연맹(FIH: Federation Internationale de Hockey sur Gazon)이 창설되었다.

(9) 론 테니스(Lawn Tennis)

손으로 공을 쳐서 넘기는 테니스와 유사한 게임은 고대사회부터 다양한 유형으로 존재했다. 오늘날의 테니스는 글러브를 낀 손으로 실내나 벽에 공을 치던 프랑스의 '러 쥬 더 뽐(*le Jeu de Paume*)' 이나 옥외에서 코르크 공을 치던 라 롱규 뽐(la longue paume) 등에서 유래한 것으로 보고 있다. 이러한 게임은 15세기 영국에서 레알 테니스(*Real Tennis*: Royal Tennis: Court Tennis)[112]로 발전하였다. 레알 테니스는 귀족 스포츠(aristocratic sport)였으며, 테니스의 모든 용어들은 귀족적 전통에서 유래되었다. 예컨대 첫 공은 하인(servant)이 던져 넣어주는 공을 쳤기 때문에 서비스(service)란 말이 생겨났고, 코트란 궁전이나 큰 저택이었으며, 0은 에티켓으로 애칭을 붙여 러브(love)로 불렀다.[113] 그리고 듀스(duce)는 "이기기 위한 2점 더"란 의미를 지닌 불어 deux에서 온 말이었다.

왕실이나 귀족들이 하던 실내 테니스, 즉 코트 테니스가 옥외의 잔디 테니스(Lawn Tennis)로 변천된 것은 19세기 말이었다. 1874년 윙필드(Major John Wingfield)가 스파이리스티케

---

112) *Real*은 불어이며, 영어의 Royal이다. 로열 테니스는 왕이 궁전(Court)에서 했기 때문에 붙여진 이름이며, Court는 궁전, 저택이나 큰 집을 의미하기 때문에 실내테니스란 뜻이다. 오늘날 경기장을 코트라고 부르는 것도 실내경기장이란 의미에서 유래된 것이다.

113) tennis는 불어의 tenez(주의, 조심하다)에 기원을 둔 것으로 알려져 있다. love는 프랑스어 *l'oeuf*(0 or egg)란 말에서 유래한 것이다. 이 용어는 프랑스 승려들이 라켓으로 벽에 공을 번갈아치는 paddle ball game에서 유래한 것이다. David G, McComb, *Sports in World History* (New York & London : Routledge, 2004), p. 42. 프랑스 오픈에서는 테니스가 프랑스의 게임이라는 자부심으로 영국의 테니스 스코어 콜 방식을 따르지 않고 있다.

(Sphairistiké)라는 론 테니스(Lawn Tennis)를 고안했다. 당시 네트 길이는 6.4m, 네트 포스트는 1.52m, 네트 중앙 높이 1.42m, 사이드라인 및 베이스 라인은 각각 9.1m이었다. 코트는 모래시계(hour-glass)나 장구처럼 가운데가 좁은 모습이었고,[114] 동호인들은 그것을 줄여 '스틱키(Sticky)' 라고 불렀다. 그러나 이 잔디 위의 테니스 게임은 큰 인기를 얻지 못했으며, 오늘날과 같은 모습의 테니스 게임은 MCC(Merylebone Cricket Club)에 의해 재 조직화되었다.

1875년 올 잉글랜드 크로켓 클럽(All England Croquet Club)[115]은 MCC가 개선한 테니스 룰을 도입했으며, 네트 중앙의 높이(0.99m), 직 사각형의 코트(23.77×8.23m)를 정하고, 레알 테니스 스코어 방법을 채용하여 1876년 22명이 겨루는 대회를 했으며, 이듬해인 1877년 제1회 윔블던 챔피언십(Wimbledon Championship)을 개최했다.[116] 1888년 영국 옥스퍼드대학 론테니스클럽과 MCC가 론테니스협회(Lawn Tennis Association)를 창립하여 LTA가 제반 규칙의 변경을 관장하다가 1913년 국제론테니스연맹(ILTF)이 창설된 이후 권한을 이양하게 되었다. 1920년대까지 테니스는 아마추어 스포츠였으나 1926년 뉴욕의 '메디슨스퀘어가든' 에서 최초의 프로테니스대회가 열렸으며, 1970년에는 타이브레이크시스템(tie-break system)이 도입되었다.

국가대항전 세계 대회는 데이비스컵(Davis Cup)과 페더레이션 컵(Federation Cup)대회가 있다. 데이비스컵은 1900년 하버드대학 테니스선수였던 데이비스(Dwight F. Davis)씨가 은컵을 기증하여 남자국가대항단체전으로 국제경기로 성장해왔으며, 페더레이션컵은 1964년 국제론테니스연맹(International Lawn Tennis Federation)이 연맹 창립 50주년을 기념하기 위해 창설한 대회이다. 그리고 세계적으로 가장 유명한 대회는 그랜드 슬램(Grand Slam)대회이다.[117] 올잉글랜드론테니스클럽(All England Lawn Tennis Club)이 주최하는 잔디 코트의 윔블던론테니스대회(Great Britain, 1877), 뉴욕 롱아일랜드 포레스트힐(Frest Hill)에서 개최되는 하드코트의 US 오픈(USA, 1881), 파리의 롤랑가로(Roland-Garros)에서 열리는 클레이(앙투카)코트 시합인 프랑스 오픈(France, 1891), 하드코트 테니스 시합인 호주오픈(Australia, 1905) 등이다. 이 4개 대회를 연속으로 석권하는 선수를 그랜드슬래머라고 하며, 년도에 관계없이 4개 대회를 각각 우승한 선수를 커리어 그랜드슬래머라고 한다.

(10) 배드민턴(Badminton)

배드민턴 게임의 정확한 기원에 대해서는 여러 가지 추측이 있다. 제2차 세계대전으로 인해 대영도서박물관의 문헌들이 소실됨으로써 명확한 기원을 밝힐 수는 없다고 하나 몇 가지

114) David G, McComb, *Sports in World History*, p. 43 참조.

115) 크로켓(Croquet)은 31.95×35.56m의 코트에서 볼(ball)과 말렛(mallet)으로 하는 잔디밭의 게임으로 크리켓(Cricket)과는 다른 경기이다. 크로켓은 프랑스 농민들의 게임이었으며, 그것이 아일랜드로 전해졌다가 잉글랜드로 유입되었다.

116) J. Arlott(Ed.), *op. cit.*, p. 605.

117) 그랜드 슬램이란 용어는 원래 야구의 만루 홈런에서 온 것이다.

사실은 명확하다.

배드민턴은 고대의 배틀도어(battledore)와 셔틀콕(shuttlecock)[118] 게임에서 발전하였다. 배드민턴이란 명칭은 옛 글로스터셔(Gloucestershire, 주), 현재는 이븐셔(Avonshire)에 속하는 뷰포트 공작(Duke of Beaufort)의 영지(領地)의 배드민턴 하우스(Badminton House)에서 따 온 것이다. 1870년대에 배드민턴은 인도에서 행해지고 있었으며 최초의 규칙도 거기서 만들어졌다. 그러나 아직도 배틀도어(battledore)가 언제 배드민턴으로 결정적인 변모를 보였는지, 진정한 시작이 인도인지 영국인지는 명확히 알 수 없다.[119] 다만 배틀도어(battledore) 게임이 19세기 영국 가정에서 성행했으며, 19세기 중엽 글로스터셔(Gloucestershire)의 배드민턴 하우스(Badminton House)에서도 오락으로 존재했던 것만은 명확하다. 그리고 1870년대 인도의 푸나 지방에서 배드민턴과 유사한 게임이 성행했으며, 인도에 주둔했던 영국 장교들이 그 게임을 즐겼다.[120] 하트(J.H.E. Hart)는 1870년대 초기부터 서부 인디아의 카라치(Karachi)에서 배드민턴 게임에 관여했다고 말했다.[121] 그의 주장에 의하면 인도에서 허리 부분이 잘록한 모래시계 모양의 코트(hour-glass court)가 사용되었다고 한다.[122] 그래서 근대적인 배드민턴 창안의 공적은 뷰포트 공작 가문의 섬머셋 자녀들과 그들이 사용한 줄, 인도에서 이 게임을 한 영국 이주자들, 그리고 배드민턴에 살았던 뷰포트공작(Duke of Beaufort)에게 초청되어 경기를 했던 손님 등 모두에게 돌리는 것이 타당한 것으로 보고 있다.[123]

배드민턴이 본격적으로 발달된 것은 1870년대와 1880년대였다. 최초의 클럽들은 주로 잉글랜드 남부의 유원지와 온천에서 어떤 단체의 도움도 없이 성장하였다. 폴크스톤(Falkstone)에 클럽이 생긴 이후 테인머스(Teignmouth), 바스(Bath), 사우스앰턴(Southampton), 보그너(Bognor), 길포드(Guildford) 등지에 클럽이 생겨났다. 배드민턴은 런던 지역에서 인기가 높아졌다. 이얼링(Ealing)의 크리스탈 팰리스(Crystal Palace)와 블랙히스(Blackheath)에서도 클럽이 조직되었다. 최초의 클럽매치는 바스(Bath)와 사우스씨(Southsea) 클럽 사이에 벌어졌지만 만족스러운 시합을 하기에는 여러 가지 장애물이 많았다. 예컨대 각 클럽은 독자적인 규칙으로 게임을 했고, 코트 크기에도 차이가 있었다. 이처럼 일치되지 않는 규칙을 통일하기 위해 1893년 햄프셔(주)의 사우스씨(Southsea)에서 모임을 갖게 되었으며, 그 결과 14개 클럽의 대표자들의 합의로 규칙이 통일되고 잉글랜드배드민턴 협회(Badminton Association of England)의 창립을 보게 되었다.[124]

---

118) shuttle은 왕복, cock는 산새라는 의미가 숨어있다.

119) Bernard Adams, *The Badminton Story* (London : BBC, 1980), p. 16.

120) J. Arlott (Ed.), *The Oxford Companion to Sports & Games* London, New york, Tronto: Oxford University Press, 1975). pp. 42-43.

121) J. H. E. Hart, *Badminton Gazette*, November, 1909.

122) Bernard Adams, *op. cit.*, p. 26.

123) 배드민턴 기원에 대한 더욱 상세한 것은 하남길 · 옥광, "배드민턴의 기원," **한국체육사학회지** 13 (2004), pp. 107-130 참조.

1890년대까지도 모래시계 모양의 코트(hour-glass court)에서 경기를 했으나 1901년 4월에 사우스씨 클럽의 세익스피어(General Shakespeare)가 협회 원회에서 이 코트 규격의 폐지를 제안하였고 격론 끝에 모래시계 모양의 코트를 바로 잡기로 했다.[125] 1911년 배드민턴은 명확한 규칙, 직각형의 코트, 그럴듯한 조직 및 늘어난 정식 선수를 자랑하는 어엿한 스포츠로 태어났다. 그 다음 10년에 걸쳐서 클럽의 숫자는 10배 이상 증가하였으며, 에드워드 시대는 많은 사람들이 배드민턴을 즐기는 모습을 볼 수 있게 되었다.

1920년대 중반부터 배드민턴은 북유럽, 북미, 아시아 등지에 보급되어 뿌리를 내리기 시작했다. 1920년대 말과 1930년대에 배드민턴이 가장 크게 성장한 것은 덴마크와 캐나다였다. 특히 덴마크 사람들은 배드민턴을 아주 좋아하여 겨울철 국기로 채택하였고, 양질의 전용시설을 세웠으며 대단한 조직력을 보여주면서 10여년 후에는 전영(All England) 챔피언 10명을 배출하게 되었다.[126] 미국에서 배드민턴은 캐나다에서 그랬던 것만큼 빨리 발전의 발판을 마련하지 못했으며, 2차 세계대전 이후, 유럽의 배드민턴 세력균형은 영국에서 덴마크 쪽으로 이동했고, 세계적으로는 유럽에서 아시아 지역으로 옮겨갔다. 이러한 흐름은 영국, 덴마크, 스웨덴 등과 아시아의 말레이시아, 인도네시아, 중국, 한국 등 배드민턴 강국의 출현으로 이어졌다.[127] 그리고 1934년 영국, 캐나다, 뉴질랜드, 덴마크, 네덜란드, 프랑스 등이 주축이 되어 국제 배드민턴 연맹(The International Badminton Federation)을 창설했으며, 1948년 남자 토마스컵(Thomas Cup), 1956년 여자 유버컵(Uber Cup) 대회가 열리게 되었다. 그리고 늦게나마 1992년 바르셀로나 올림픽에서 정식종목으로 채택되었다.

(11) 탁구

탁구의 기원에 대해서는 매우 다양한 설이 있다. 그러나 셀룰로이드 공으로 된 공으로 친 현대 탁구의 발생지는 영국이다. 영국의 깁(James Gibb)은 1898년 미국 방문 시 아이들이 장난감으로 만든 셀룰로이드 공에서 힌트를 얻어 귀국 후 탁구공으로 사용했으며, 송아지 가죽을 펴서 부친 벤조라켓으로 치면 핑! 퐁!하는 소리가 나서 핑퐁(ping pong)으로 부르게 되었으며, 그 뒤 탁구(table tennis)로 불리게 되었다.

탁구의 발달은 잉글리시 탁구 스타 아놀드 파커(Arnold Parker)가 주도했다. 그는 탁구의 규칙에 변화를 주고 양빽 테이블에 공이 튀도록 하는 소위 더블 바운스 서브(double bounce)와 배구 서브와 같은 오버핸드 서브도 개발했다. 그러나 일반화되지는 않았고 인기도 없었다. 1922년 케임브리지 대학생이었던 몬타구(Ivor Montagu)가 더블 바운스 서브와 21포인트 5세트 매치의 경기 규칙을 만들었다.

124) Bernard Adams, *op. cit.*, p. 32.
125) *Ibid.*,
126) *Ibid.*, p. 66.
127) *Ibid.*, p. 98.

영국에서는 1902년 영국핑퐁협회가 결성되었으며, 1926년 독일 레만 박사((Dr. Georg Lehmann)의 제창으로 국제탁구연맹(ITTF: International Table Tennis Federation)이 결성되었다. 몬타구는 베를린에서 오스트리아, 독일, 헝가리, 스웨덴 대표들과 만나 연맹의 창설을 위해 노력했고, 런던에서 세계선수권대회를 개최했다.

(12) 복싱(Boxing)

복싱의 역사는 인류의 역사와 맥을 같이 하지만 근대적인 복싱의 조직화는 영국에서 시작되었으며, 유럽 여러 나라와 마찬가지로 영국에서는 중세부터 맨주먹 권투(Pugilism)가 유행이었으며, 그러한 복싱은 17~18세기부터 뚜렷한 경기 유형으로 등장했다.

1681년 알베말 공작(Duke of Albemarle)은 집에서 하인들의 권투 시합을 구경거리로 즐겼다. 그렇게 발달되어 왔던 복싱 역사의 전환점은 1719년이었다. 당시 검술(sword), 봉술(quarterstaff), 권투(fist) 세부분의 최고봉 위치에 있던 피그(J. Figg)는 런던 옥스퍼드 스트리트에 '아담과 이브 코트(Adamand Eve Court)' 라는 권투 도장을 설립하고 권투를 가르치며, 근대 복싱의 발달의 초석을 마련했다.[128] 피그가 복싱의 발전에 기여했으나 당시의 권투는 맨주먹(bare-knudkle) 현상권투(prize fighting)였다. 후원자가 있었고, 후원자들은 돈을 걸고 도박을 즐겼다.

1740년대부터 복싱 규칙에도 변화가 왔다. 피그의 제자로 후일 '복싱의 아버지' 로 불리게 된 브로우턴(J. Brougton)은 1741년 복싱의 새로운 규칙을 제정했다. 당대 가장 유명한 선수였던 그는 스티븐슨(Stevenson)과 대결한 후 스티븐슨이 시합 중 부상으로 사망하게 되자 한 달 안에는 어떤 시합을 하지 않겠다고 선언하고, 권투의 규칙 개정에 착수했다. 맨주먹 권투에서 글러브(gloves)[129] 도입, 벨트라인 아래의 가격 금지, 다운된 상대의 가격 금지, 관중 중에서 2명의 심판 선정, 제3심을 위한 엠파이어 선정 등과 같은 제도를 도입했다. 그가 정한 이 규칙은 1838년 '런던 프라이즈 링 룰(London Prize-Ring Rules)' 이 등장하기까지 약 90여 년 동안 복싱의 지침이 되었다.[130]

브로우턴 복싱 룰에 이어 런던 프라이즈 링 룰에서는 24ft 정방형 링(ring)이 설치되었고, 박치기, 발차기, 눈 후비기 등과 같은 난폭한 공격은 금지하는 것으로 되어 있었다. 그렇지만 여전히 격렬함은 남아 있었다. 한선수가 완전히 녹다운 되어야 승부가 결정되었다. 여전히 퓨길리즘(pugilism)의 난폭성은 남아 있어 비판의 대상이 되자 1865~7년경 '퀸즈베리 룰(Queensberry Rules)' 이 등장했다. 복싱의 후원자였던 퀸즈베리 후작(Marques Queensberry)

---

128) J. Arlott (Ed.), *The Oxford Companion to Sports & Games* (London, New york, Tronto : Oxford University Press, 1975). p. 109.

129) 당시에는 그것을 글러브라고 부르지 않고, 머플러(mufflers)라고 했다. ibid., p. 110.

130) J. Arlott (Ed.), *The Oxford Companion to Sports & Games* (London, New york, Tronto : Oxford University Press, 1975). pp. 106-115.

은 복싱의 난폭성을 제거하기 위하여 링을 설치하고, 상대방을 잡거나 매달리는 행위 금지, 3분 1라운드, 1분 휴식제 도입, 글러브 착용 등과 같은 규칙을 제정했다. 이 규칙은 아마추어 게임에만 적용되다가 점차 프로 게임에도 적용되게 되었다.

영국에서 발달된 복싱 룰은 미국으로 전파되었고, 미국에서 더 많은 복싱 기술이 개발되었다. 1816년 미국 복싱의 아버지로 불리는 하이어(J. Hyer)가 출현한 이래 흑인복서 몰리뉴(T. Molineaux), 맨주먹 권투의 챔피언 설리번(J.L. Sullivan) 등이 등장했다. 1892년 최초로 퀸즈베리 룰을 적용한 시합은 설리번과 코벳(J. Cobett)의 경기였다. 그 경기에서 세계 최초의 헤비급 챔피언이 된 코벳은 인파이트 기술, 레프트 잽 기술 등을 선보였으며, 그 이후 복싱은 미국의 관중 스포츠로서 발전하면서 더욱 세계화되었다.

(13) 레슬링

레슬링은 고대 그리스 올림피아제(18회)에 정식종목으로 채택된 스포츠이며 1896년 제1회 아테네 올림픽에서도 채택되었다. 레슬링은 동서고금을 막론하고 발달되어온 전통적인 운동경기였기 때문이다. 레슬링은 두 개의 유형이 있었다. 하나는 그리스와 로마시대부터 계승되어져 온 그레꼬로만형(Greco-Roman style)이었으며, 다른 하나는 오늘날 자유형의 원형은 소위 영국 랭카스터 스타일 레슬링이었다.

1066년 노르망디의 정복 왕 윌리엄이 잉글랜드의 왕이 되면서 레슬링은 유럽에서 잉글랜드로 전파되어 권장되어온 스포츠였다. 영국에서는 레슬링이 지방마다 고유의 특색을 지닌 채 발달되었으며, 양모공업이 발달된 랭커셔(Lancashire) 지방에서 발달된 유형을 '캐치애즈캐치캔스타일(catch-as-catch-can style)' 이라고 불렀다. 이 스타일은 제1차 세계대전 이후 유럽과 미국으로 급속히 확산되었으며, 제11회 베를린 대회부터 올림픽 종목으로 채택되었고, 제14회 런던올림픽부터 자유형(free style)으로 불리게 되었다. 그리고 1951년 세계선수권대회에서도 자유형 경기를 인정하게 되었다.

2) 영국 스포츠 문화의 세계화

달리기·던지기·도약·레슬링과 같은 일부 스포츠 종목은 원시시대의 사냥이나 전쟁, 생산 활동과도 결부되어 세계 어느 곳에서나 계승되어져 온 인류의 신체문화였다. 지구의 어느 편에서나 "인간은 본능적으로 동물처럼 유희를 즐겨왔다. 그러나 성문화된 규칙을 갖춘 경쟁적 스포츠는 문화의 산물이다." 131) 세계 수 많은 민족은 스스로를 우수하다고 생각하며, 자기 고유의 전통 문화를 계승·발달시켜왔다. 그러나 오늘날 세계 모든 국가들의 국민은 영국

131) Allen Guttmann, "The Diffusion of Sports and the Problem of Cultural Imperialism" , Eric G. Dunning (ed), *Sports Process: A Comparative and Developmental Approach* (Champaign : Human Kinetics, 1993), p. 125.

에서 조직화(組織化)된 많은 종류의 스포츠를 즐기고 있다. 그것은 19세기 후반 영국에서 조직화된 많은 스포츠가 전 세계로 확산된 결과이다. 이와 같이 영국의 스포츠가 세계화된 이유는 다양하겠지만 크게 세 가지를 들 수 있으며, 이 세 가지 이유는 영국의 제국주의적 팽창과 직결되어 있었다.

(1) 문화 식민지 정책과 스포츠의 보급

영국은 의도적으로 자국(自國)의 신체문화를 영연방이나 식민지에 보급하였다. 영국은 자국과 지배 민족의 문화적인 결속을 위해서 스포츠를 문화제국주의 정책의 수단으로 이용했다. 해롤드 퍼킨(Harold Perkin)이 "영국의 스포츠는 약 100년 이상 제국을 하나로 결속시키는 역할을 했다." 고 평가했다. 이와 같이 스포츠는 자치연방이나 식민지를 본국과 결속시키는 유대 강화 수단이었다. 영국의 제국주의자들은 그들의 언어(영어)·종교(기독교)와 마찬가지로 그들의 민속 활동이었던 신체문화(스포츠)도 세계 곳곳에 보급했던 것이다. 결국 그것은 문화제국주의 정책의 결과이며, 영국의 스포츠 제국주의 정책은 비정치적인 스포츠를 정치적으로 잘 이용한 패러독스였다.[132]

(2) 세계 각국의 자발적 도입

영국에서 의도적으로 보급하지 않았던 국가에서도 흥미로운 영국 스포츠를 의도적으로 수용하였다. 영국의 스포츠 문화는 영국이 지배했던 세계 곳곳의 식민지와 영연방에 보급되었지만 영국의 직접적인 통치를 받지 않던 나라에도 영국의 스포츠는 급속히 확산되었던 것이다. 예컨대 1870년대의 프랑스 엘리트들은 그들의 '군사적인 패배' [133]에 큰 충격을 받고 영국의 교육제도에 대하여 관심을 갖기 시작하였다. 자유 귀족으로 프랑스 교육개혁에 지대한 공헌을 했던 쿠베르탱(Pierre de Coubertin)은 1888년 5월부터 8월까지 신문에 영국 스포츠를 주제로 한 72편의 칼럼을 실었고,[134] 이러한 공론화 과정을 통해 영국의 스포츠를 프랑스의 교육체계 속에 도입하게 되었다. 독일의 경우 많은 체조인들이 영국 스포츠의 수용을 반대했으나 1870~80년대에 걸쳐 육상, 축구, 테니스, 조정, 수영 클럽 등이 독일 전역에 확산되면서 칼딤을 중심으로 영국의 스포츠를 지지하는 자들이 늘어나 결국 영국 스포츠 문화를 수용하게 되었다.

---

132) 상세한 것은 하남길, **영국 신사의 스포츠와 제국주의** (서울 : 21세기교육사, 1996) 참조.

133) 이 군사적인 패배는 1870-1871년 사이 프랑스, 프로이센 전쟁에서 당한 패전을 뜻한다. 이 전쟁에서 프랑스는 알사스와 로렌 지방을 독일에 빼앗기고 전쟁 중 나폴레옹 3세는 퇴위하였으며, 제2 帝政도 붕괴되었다.

134) Richard Holt, *Sport and Society in Modern France* (London: Macmillan Press LTD, 1981), p. 62.

(3) 상인, 사업가, 선교사들의 해외 진출

영국의 상인, 사업가, 선교사 등이 영국의 스포츠를 전 세계에 소개했기 때문이었다. 19세기 말부터 20세기 초까지 영국인들은 영연방이나 식민지 외에도 안간 곳이 없었다. 상인, 은행가, 철도 및 광산 기술자, 유전탐사 기술자, 목장주, 선교사, 교사, 항해사들은 전 세계로 진출하여 경제, 문화, 종교 제국주의적 팽창정책에 일익을 담당했으며, 그들에 의해서 영국 스포츠 문화는 세계 곳곳으로 이식(移植)되었다. 예컨대 독일 함부르크(Hamburg), 하이델베르크(Heidelberg), 프랑크프루트(Frankfurt), 칸슈타트(Cannstatt) 등지에는 영국 거류민단과 영국 거류민 학교에 인해 럭비가 소개되었고, 1880년대 바덴바덴(Baden-Baden), 프라이부르크(Freiburg), 바드 함부르크(Bad Hamburg) 등지에는 테니스 클럽이 생겨났다. 그리고 1890년 베를린(Berlin), 함부르크, 위스바덴(Wiesbaden)에 하키 클럽이 생겨났다.[135] 축구의 경우도 그러한 경향을 잘 보여주고 있다. 영국의 샤녹(Charnock) 형제가 러시아 쥬에보(Zuyevo) 면화 노동자들에게 축구를 전한 일, 토마스 쿡(Thomas Cook) 여행사의 니콜슨(Nicholson)이 비엔나(Vienna)에서 로스차일드(Rothschild)의 정원사들이나 채소 재배자들과 연합해 비엔나축구클럽(Vienna football Club)을 결성한 일, 호건(Jimmy Hogan)이 훗날 헝가리의 국가 대표팀이 된 원더 팀(Wunder team)을 지도한 일, 아르헨티나의 부에노스아이레스(Buenos Aires)에서 영국 이민단 멤버들이 립턴경(Sir Thomas Lipton)이 낸 우승컵을 두고 축구대회를 개최한 일, 브라질의 상파울루(São paolo)에서 영국 혈통인 밀러(Charles Miller)가 영국의 철도원, 가스기술자, 은행원들과 함께 축구 클럽을 조직한 일, 영어 교사로 갔던 존스(Johns)가 1874년 일본의 고가구료 스쿨에 축구를 소개한 일,[136] 보시오(Edoardo Bosio)란 상인이 1887년 영국으로부터 돌아와 이탈리아에 축구 클럽 만든 일, 1897년 튜린(Turin)에 영국인이 유벤투스 축구 클럽(Juventus Football Club)을 결성한 일 등이 그 예이다. 그 외에도 주로 철도 건설업자와 직물 산업 관계자들에 의해 프랑스(1872), 덴마크(1874), 벨기에(1880), 러시아(1887), 우루과이(1891) 등지에 축구가 소개되었다.[137]

(4) 제국주의

20세기 후반 세계 스포츠 파노라마(panorama)는 기원이 서로 다른 많은 게임과 스포츠를 보여주고 있다. 아시아 지역의 태권도·유도·폴로(polo)·북미의 라크로스(lacrosse)·유럽의 사이클과 펠로타(pelota) 등 등…… 그럼에도 불구하고 현재 세계적으로 행하여지고 있는 보다 대중적이고 인기 있는 많은 스포츠 종목들은 영국으로부터 수출된 것이거나 적어도 영국

135) P. MacIntosh, *Fair Play : Ethics in Sport and Education* (London: Heinemann, 1979), pp. 50-51.
136) Harold Perkin, "Teaching the Nation How to Play: Sport and Society in British Empire and Commonwealth", *The International Journal of the History of Sport*, Vol. 6 No.2 (1989), p. 149.
137) Allen Guttmann, *op. cit.*, p. 130.

에서 재 조직화된 것으로 영국과 깊은 관계를 가진 종목들이 많다. 미식축구가 1882년 영국의 럭비를 깨뜨리고 새로운 미국 스포츠로 등장했지만 그 기원은 영국의 럭비에 있고, 야구가 미국의 국민 스포츠로 자존심의 상징처럼 되어 있었으나 영국의 게임에 기원을 두고 있음이 밝혀졌다.[138] 그리고 배드민턴 · 폴로 · 라크로스와 같은 종목들처럼 그 기원은 다른 대륙에 있었을지라도 많은 스포츠 종목들이 영국에 의해 표준화 규칙화라는 조직화의 단계를 거쳐 세계 각지에 보급되는 문화 재생산의 과정을 통하여 국제화되었다.

제1회 아테네 올림픽이 1896년 프랑스의 쿠베르탱(Baron Pierre de Coubertin)의 주도아래 열렸지만 국제적인 룰은 영국 아마추어 경기 협회(Amateur Athletic Association : AAA)의 것이 이용될 수밖에 없었고, 1906년 세계적인 최초의 축구 기구인 FIFA(Fédération Internationale de Football Associations)의 규칙도 영국의 축구에 기초를 둔 것이다. 20세기를 전후 유럽의 어떤 나라도 영국의 스포츠를 받아들이지 않은 나라가 없었으며, 미국의 스포츠도 일부 종목을 제외하면 영국 스포츠 문화의 영향 속에 발달되었으며, 독일, 스웨덴과 같은 체조의 나라에서도 결국 영국 스포츠를 광범위하게 받아들이게 되었다.

영국의 스포츠가 국제적으로 확산된 배경에는 영국의 팀 게임들이 유럽의 체조보다 더 흥미로웠다는 데 있었다. 그리고 오만한 영국을 눌러보겠다는 일종의 내셔널리즘이 깔린 정서도 경쟁성을 부추겨 영국 스포츠가 더 확산되는 결과로 이어졌다. 예를 들어 오스트리아와 스페인의 축구, 프랑스의 럭비 같은 것이 그 예다. 프랑스는 잉글랜드와의 럭비 경기를 '총성 없는 전쟁'으로 간주할 정도였다. 그러나 무엇보다도 이 모든 결과는 19세기 영국 제국주의의 산물이었다. 정치 · 경제 · 문화 · 종교적 팽창의 결과로 영어는 국제 공용어의 위치를 굳혀갔고, 지구 곳곳에 건립된 크리켓이나 축구 그라운드에는 해가 지지 않았다. 다른 민족이나 국가가 영국과 유사한 스포츠 문화를 소유하고 있었을 지라도 이미 영제국이나 그 밖의 여러 나라가 영국 스포츠의 룰을 택하고 있었기 때문에 유사한 모든 스포츠 문화는 영국의 룰을 따를 수밖에 없었다. 국제적인 대회는 통일된 경기 규칙이 없이는 대진이 불가능했기 때문이다. 영국 '머치웬록 올림픽'에서 영감을 받아 쿠베르탱이 주도하여 시작된 근대 올림픽이었지만 프랑스에서 조직화된 스포츠는 많지 않았기에 근대 올림픽 부활 가능성의 기초는 영국에 있었고, 그 발전의 공도 사실 영국에 돌아가게 된다. 이 모든 것은 19세기 후반과 20세기 초 영국의 제국주의적인 팽창의 결과였다.

---

138) 야구는 1938년까지 약 100년간은 미국의 뉴욕 쿠퍼타운(Cooperstown)에서 1839년 더블데이(Abner Doubleday)에 의해서 고안된 것으로 알려져 왔으나 1939년 뉴욕 공립 도서관의 헨드슨(Robert W. Hederson)에 의하여 영국의 라운더스(rounders)에 기원을 둔 것임이 밝혀졌다. Peter McIntosh, *Sport in Society* (London : West London Press, 1987), p. 81.

표 3-1. 각국의 스포츠 통괄단체의 결성 연표

종목 \ 국명	독 일	미 국	스웨덴	영 국
축 구	1900	-	1904	1863
수 영	1887	1878	1904	1869
사 이 클	1884	1880	1900	1878
조 정	1883	1872	1904	1879
스케이팅	1888	1888	1904	1879
육 상	1898	1888	1895	1880
론 테니스	1902	1881	1906	1886
스 키	1904	1904	1908	1903

자료출처: P. McIntosh, Sport in Society, p. 84.

3) 영국 스포츠 이데올로기

(1) 애슬레티시즘

애틀레티시즘(Athleticism)이란 운동경기(Athletics)라는 단어에 주의(ism)라는 뜻을 결합시킨 신조어였다. 이 말은 절대주의시대부터 상류층의 스포츠를 즐기던 영국의 스포츠 애호주의 전통과 직결된 것이다. 19세기 영국 엘리트 교육 체계 속에서 운동경기에 강한 흥미를 갖고, 운동경기(주로 팀 스포츠)의 교육적 가치를 높이 평가하고 예찬하던 풍조를 20세기 영국의 교육학자들이 하나의 교육 이데올로기로 규정하고 붙인 명칭이다. 학자에 따라서는 애슬레티시즘이란 말을 반지성적인 분위기를 조장하는 조잡하고 병리학적인 용어로 치부하기도 했다. 그러나 19세기 중반부터 각종 게임은 교육 체계 속에서 중요한 영역의 하나로 자리매김 받았다. 교장, 교사, 기숙사감 등 교직자들은 스포츠의 교육적 가치를 인정하고 학생감독제(Prefect-Fagging System)139)나 학생조교제(Monitor System)를 이용하여 학생들의 스포츠 활동을 지도했다. 이처럼 운동경기를 애호·예찬하던 풍조를 애슬레티시즘이라고 하며, 이것은 하나의 스포츠 교육 이데올로기였다.

애슬레티시즘은 영국 스포츠의 조직화와 확산을 촉진했던 하나의 교육 이데올로기로서 그 목적 개념은 크게 도덕적·종교적·정치적으로 나타나며, 구체적으로 신사도(gentlemanship)의 함양, 강건한 기독교도(Muscular Christianity)의 육성, 제국의 충성심(Imperial Royalty) 배양

139) prefect는 감독생, fag는 상급생인 프리펙트가 지도하던 하급생을 의미하는 것으로, 'prefect-fagging system'은 상급생들이 하급생을 관리하던 19세기 영국 퍼블릭 스쿨 기숙사의 조직체계였으며, 일종의 학생 조교제도였다.

등이었으며, 구체적인 목표 개념은 공명정대한 태도, 남성다움, 협동심, 통솔력, 진솔, 헌신, 정직, 강인한 의지력, 신체적 탁월성, 자기신뢰, 절제, 명예, 복종심, 강인한 체력, 스파르타적 근성, 희생정신, 단결력 등의 육성과 함양이었다.140)

결국 애슬레티시즘이라는 이데올로기는 복합적인 가치 개념을 담고 있는 잡동사니 같은 교육 이데올로기였다. 도덕주의적 목적 개념인 신사도, 종교주의적 목적 개념인 강건한 기독교주의, 국가의 정치적 목적 개념인 제국에 대한 충성심 등이 함께 어울러져 있었으며, 그 속에 내재된 강건한 기독교주의 사상은 영국 스포츠의 확산에 영향을 미친 가장 핵심적인 개념이었다.

(2) 강건한 기독교주의

1857년경 《옥스퍼드 영어사전(*Oxford English Dictionary*)》에 '강건한 기독교주의(Muscular Christianity)' 란 용어가 처음으로 등장했다. 초창기 이 용어를 사용하고 그 개념을 구체화한 인물은 찰스 킹즐리(Charles Kingsley)였다.141)

'강건한 기독교주의'라는 계몽사조의 핵심 개념은 ' 남성다움(Manliness)' 이었고, 남성다움을 뜻하는 자질은 '팀 스피리트(team spirit)' 였다. 남성다운 기독교인의 자질로서 강조된 특성은 힘과 용기, 대담성, 투지, 인내, 자제 등이었다. 맥그리거(John MacGregor)는 인간의 인격을 가장 완전하고 자유로운 의미로 표현하자면 신체적(physical), 도덕적(moral), 정신적(spiritual)인 자질에 기초를 둔 '남성다움(manliness)' 이라고 말했다.142) 남성다움은 자신을 버린 전체로서의 용기를 지닌 인격적 특성을 뜻했다. 조금 더 함축적으로 표현하자면 "전체를 위하여 자신을 희생할 수 있는 용기" 란 개념으로 볼 수 있다. 19세기 영국 럭비 스쿨의 생활 모습과 스포츠의 활성화 상황이 그려진 토마스 휴즈의 소설 《톰 브라운의 학창시절(Tom Brown's Schooldays)》 143)에서 "선수는 승리를 위해 싸우는 것이 아니라 팀을 위해서 싸운다." 144)라고 묘사되어 있는 것처럼 남성다움이란 구조물을 떠받치고 있던 버팀목은 팀 스피릿(team spirit)이었다.

강건한 기독교주의는 영미 사회에서 스포츠 교육의 촉진제 역할을 했다. 강건한 기독교인, 즉 남성다운 기독교인을 육성하기 위하여 스포츠 활동을 필요한 것으로 인식함으로써 영미

---

140) 상세한 것은 하남길 · 오동섭(졸저), **영국 엘리트교육과 애틀레티시즘** (서울 : 21세기교육사, 1995) 참조.
141) Charles Kingsley(1819-1875): 영국의 소설가, 종교가, 런던 대학과 케임브리지 대학에서 공부한 후, 목사보(牧師補), 목사, 성당참사회원 등을 역임하였으며, 기독교 사회주의자 중 한 사람이었다. 킹즐리가 아니라는 설도 있다. 그 설은 샌더스(T. C. Sanders)가 『새터데이 리뷰(*Saturday Review*)』 지에서 이 말을 처음 사용했다는 설이다. 상세한 것은 Maitland, F. W(1906), *The Life and Letter of Leslie Stephen.* London : Duckworth & Co. 1906), pp. 137-38 참조.
142) *B.B.* (1896), p. 13; *ibid*, p. 257.
143) 상세한 것은 토마스 휴즈/하남길(역), **머스큐러 크리스천: 톰 브라운의 학창시절** (서울 : 21세기교육사, 2000) 참조.
144) Thomas Hughes, *Tom Brown's Schooldays* (London : Penguin Books Ltd., 1971), pp. 262-63.

사회에서 스포츠가 교육의 중요한 수단으로 받아들여졌으며, 그로 인해 체육이 더욱 발달될 수 있었다.

(3) 아마추어리즘

아마추어(Amateur)란 말은 라틴어의 Amatorem, 프랑스어의 Amatore(love), Amatre (to love)에서 온 말이다. 영어로는 15세기경부터 사용되었으나 현재와 비슷한 개념으로 쓰인 것은 19세기 말경이었다. 아마추어란 전문가(專門家)나 숙련자(熟練者)에 대비되는 소인(素人)·미숙자(未熟者)·애호가(愛好家, devoted)를 일컫는 말이었다. 그러나 19세기에는 아마추어라는 말이 일반화된 젠틀맨이라는 말을 강조하기 위해 사용되어졌으며, 계급을 지칭하는 용어였다. 영국 명문 옥스브리지(Oxbridge)에서는 상류계층출신의 학생은 젠틀맨 아마추어(gentleman amateur)라고 부르고, 사회 계급적으로 하층 서민 출신의 재학생은 젠틀맨 커먼너(gentleman commoner)라고 불렀다. 아마추어란 말은 출신을 구별하는 용어로서 상류층, 진짜 신사를 뜻했던 것이다.

19세기 영국 스포츠의 혁신적 변화는 중·상류계층의 주도로 시작되었으며, 아마추어리즘(Amateurism)이란 젠틀맨 아마추어, 즉 상류층 신사들이 스포츠의 참여를 통하여 추구하던 계급 윤리적인 스포츠 이데올로기였다. 19세기 후반부터 영국은 '스포츠의 나라' 라는 별칭을 얻게 되었으나 서민들까지도 많은 스포츠에 사회화된 것은 아니었다. 스포츠란 결국 여가의 산물이었고, 영국의 조직화된 스포츠도 귀족의 스포츠 애호 전통을 기반으로 발달되었으며, 확산의 주역은 지배계급이었다. 물론 민중의 유희도 중산계급에 침투하여 젠틀맨 스포츠가 되었다. 그러나 지배계급은 스포츠를 조직화한 뒤 전문 직종에 종사하는 노동자 계급의 참여는 배제한 채 운동경기를 벌였다. 스포츠 참여에 계급적 차별을 두었던 것이다. 따라서 지배계급의 스포츠 세계에 팽배했던 아마추어리즘이란 이데올로기는 계급적 배타성이 내재되어 있었던 것이다.

신사 계급 자제들이 재학하던 퍼블릭 스쿨의 스포츠 교육에서 신사도의 함양은 중요한 목적 개념의 하나였고, 신사, 즉 아마추어들에게 아마추어리즘이란 진정한 신사의 윤리였다. 신사계급은 옛 귀족의 스포츠 애호 전통과 그들이 퍼블릭 스쿨 시절이나 옥스브리지 시절에 추구했던 윤리를 바탕으로 스포츠를 순수한 중·상류계급의 문화로 인식하고 있었다. 따라서 스포츠맨(sportsman)이란 상류계급을 지칭하는 용어로 생각되어졌고 아마추어리즘이란 신사들이 스포츠 활동의 장(場)에서 닦아야 할 도(道)의 개념으로 받아들였던 것이다. 신사들은 '페어플레이(fair play)' ,[145] '정정당당한 경기(play the up, play the games)' , '스포츠맨십(sportsmanship)'

145) "페어플레이(fair play)는 젠틀맨 아마추어의 표어(watchword)였다." R. Holt, *Sport and British : A Modern History* (Oxford : Clarendon Press, 1989) p. 98. 이러한 내용에 관한 더욱 상세한 것은 이승용·하남길, "19세기 英國 아마추어리즘의 社會史的 意味 考" , **한국체육학회지** (199?) 참조.

등과 같은 단어와 캐치프레이즈를 내걸었고, 진정한 아마추어라면 심판과는 상관없이 신사다운 태도를 유지해야 한다고 생각했다. 그것은 "분노 없는 경쟁과 적의 없는 기술(strife without anger, art without malice)" 이란 당시 그들의 응원가 가사에도 잘 표현되어 있다.146) 결국 아마추어리즘은 스포츠를 통해 신사도(gentlemanship)를 함양하고 구현한다는 것이었고, 그것은 영국 상류층 사회 스포츠 확산의 촉진제 역할을 한 스포츠 이데올로기였다.

(4) 프로페셔널리즘

영국 스포츠 세계에서 '프로페셔널(professional)' 이란 용어가 사용된 것은 1850년대 이후였다. 19세기 중엽까지 스포츠에는 아마추어와 프로페셔널이라는 말 대신에 '젠틀맨(신사 : gentlemen)' 과 '플레이어(players, 광대)' 라는 용어가 빈번하게 사용되었다. 영국 사회 스포츠에서 계급적 차별은 대단했다. 크리켓에서 신사출신은 미스터(Mr)라는 존칭 접두어를 붙였으며, 하층계급으로서 육체노동에 종사하는 전문직 출신의 선수는 아마추어(진정한 신사)가 있는 한 주장이 될 수 없었다. 1880년 옥스브리지 출신들이 만든 아마추어 육상 협회(AAA)는 모든 육체노동자들을 배제했다. 1872년 소매상인들 그룹이 '런던 육상 클럽(London Athletic Club)' 에 가입했을 때 60명의 기존 회원들은 반발하며 클럽을 탈퇴했다.147) 『더 타임스(*The Times*)』 지(誌) 조차 기능공들의 배제를 바람직한 것으로 적었다.148) 이러한 차별은 순전히 사회적 지위를 기준으로 한 것이었고 먹고살기 위하여 직업적으로 스포츠에 참여하는 것을 불명예스런 것으로 생각했다는 뜻이다. 그런데 시대의 변화에 따라 근로자 계급이 스포츠에 참여하게 되고 점차 관중 스포츠 시대가 열리게 되자 직업적으로 스포츠에 참여하는 하층계급의 스포츠맨을 프로페셔널 스포츠맨, 즉 '플레이어(player)' 라고 불렀다. 결국 프로페셔널리즘은 아마추어리즘에 상반되는 사회 계급적 의미를 지닌 말이었으나 점차 전문 직업주의라는 개념으로 변천되어 사용되어 오늘에 이르게 되었다.

(5) 임페리얼리즘

영국은 16세기 이래 세계 곳곳에 식민지를 건설해 왔으며, 빅토리아 시대 말기 영국의 제국주의적 팽창은 절정기를 맞았다. 그러한 상황은 19세기 말과 20세기 초 영국의 정치・경제・문화・교육 등 모든 분야는 제국주의, 즉 임페리얼리즘(imperialism)이라는 이데올로기의 영향권으로부터 자유로울 수 없었고, 영국 엘리트 교육 체계의 체육・스포츠의 활성화 또한 제국주의적 정서의 확산과 무관하지 않았다. 이러한 측면에서 임페리얼리즘 또한 영국 스포츠의 조직화와 발달, 세계화에 영향을 미친 스포츠 이데올로기 중 하나로 취급된다.

제국주의란 전쟁이나 정복을 통한 팽창주의이며, 사회적 격세유전(social activism)으로써

---

146) P. McIntosh, *Sport in Society* (London : West London Press, 1987), p. 193.
147) R. Holt, *Sport and British : A Modern History* (Oxford : Clarendon Press, 1989) pp. 108-09.
148) *The Times*, 1880. 4. 26.

문화적으로 계승된 정치・사회적 태도라고 볼 수 있다. 이러한 측면에서 볼 때 영국의 제국주의적 팽창은 스포츠를 애호하던 그들의 지배적이고 투쟁적인 본능의 표출과도 같았다. 게르만 일파인 앵글로색슨은 호전적인 민족이었고, 유목민들의 투쟁적 본능은 문명사회 속에서도 전투적인 모험정신 속에 잠재적으로 용해되어 있었다. 영국에서 각종 스포츠가 앞서 발달된 것도 앵글로 색슨의 호전적 특성과 무관하지 않았다. 스포츠(sport)와 게임(game)이란 말은 추적과 살육 행위인 동물 사냥이나 낚시에서 나온 것이며, 영국에서 곰몰이, 소몰이 등 동물 학대 게임, 맨주먹 현상권투, 폭력적인 중세의 축구, 피의 굶주림으로 상징되는 유혈 스포츠(bloody sports)가 성행한 사실 등으로 볼 때 영국 제국주의 정책의 전개와 팽창 과정은 동물사냥이나 격렬한 투쟁적 본능이 인간사냥으로 나타난 것처럼 보였다.

제국주의라는 이데올로기가 영국 국민을 사로잡고 있던 19세기 후반 영국 교육체계 속에 급속히 확산되었던 애슬레티시즘과 제국주의라는 이데올로기는 사실상 결속되어 있었으며, 강건한 기독교주의라는 사조 또한 제국주의라는 이데올로기와 강력히 결속되어 있었다. 그렇기 임페리얼리즘(Imperialism) 또한 영국 체육과 스포츠 발달에 영향을 미친 이데올로기의 하나로 평가되는 것이다. 19세기 후반 영국의 체조 및 신체단련 프로그램은 교련 교육의 일환으로 받아들여졌으며, 퍼블릭 스쿨과 같은 엘리트 교육 체계 속에서는 기독교적 신사(Christian Gentleman)의 양성을 부르짖었지만 남성다움을 강조하던 강건한 기독교주의(muscular Christianity) 사조는 제국주의의 이념적 토대가 된 사회진화론(Social Darwinism)과 무관하지 않았다.

19세기 사회진화론은 빅토리아(Victorian)와 에드워드(Edwardian) 시대의 영국 중・상류 사회에 지대한 영향을 미쳤으며, 교육과 스포츠 분야도 예외가 아니었다.[149] 19세기 초반 아놀드(Anold) 시대의 영국사회에서는 기독교적 신사(Christian Gentleman)를 창조하는 것이 엘리트 양성의 정통적인 견해였다. 그러나 점차 다위니즘(Darwinism)이 성장했다. 1857년 이후 퍼블릭 스쿨의 교육은 활력 있고(robust) 건강한(healthy) 소년 즉, "남성다운 기독교인(Manly Christian)" 의 상징인 "톰 브라운(Tom Brown)" [150] 의 양성에 그 목적을 두었다.[151] 실로 '강건한 기독교주의' 란 외면적인 표현이었고, 남성다운 기독교인의 육성이란 교육 목적은 매우 단순한 설명 일 뿐이었다. 19세기 영국 퍼블릭 스쿨의 교육체계는 외관상으로는 기독교적 신념이 지배적이었지만 그 내면으로는 다위니즘이 잠재해 있었으며, 운동경기를 장려한 것은 "제국적 의무의 엄수를 위한 준비로써 신체적・정신적 힘의 발달을 기도한 것이었다.[152]

---

149) D. W. Brown, "Social Darwinism, Private Schooling and sport in Victorian and Edwardian Canada," *The Canadian Journal of History of Sport*, Ⅵ. (1981), p. 27.

150) 토머스 휴즈(Thomas Hughes)의 소설 **"톰 브라운의 학창시절"** 의 주인공 : 영국의 교육관련 문헌에는 톰 브라운이 영국 퍼블릭 스쿨 학생의 상징적 인물로 묘사되고 있다.

151) D. W. Brownn, *op. cit.*, p. 28.

152) J. A. Mangan, *Athleticism in the Victorian and Edwardian Public School,* (Cambridge : Cambridge University

빅토리아와 에드워드 시대 영국 퍼블릭 스쿨에서 흔히 듣던 말은 "삶은 투쟁이다. 힘은 분투하는 과정을 통해 나오며, 성공은 강자의 특권이다." 라는 표현이었다.153) 진화론적인 인식, 즉 적자생존의 원리를 강조했던 것이다.

수많은 국가로 형성된 영제국을 통치해야 했던 영국으로서는 제국을 유지하고 통솔할 지도자의 양성이 중요한 과제였고, 미래 지도자들에게 요구되는 필수적인 자질은 용기·자제·엄숙·극기·정직·인내·강인함·리더십·단결심 등이었다. 따라서 각종 스포츠를 교육의 수단으로 선택하고 그 활동을 강화한 것은 너무도 당연한 것이었으며, 남성다움(manliness)의 강조 또한 영국 스포츠 교육이 제국주의라는 이데올로기와 깊이 결속되어 있었다는 것을 뜻한다.

4. 근대 미국 스포츠 문화

1) 스포츠 문화의 조직화

(1) 야구

오랫동안 야구는 1839년 뉴욕의 쿠퍼스타운에서 더블데이(Abner Doubleday)가 창조했다고 알려져 왔다. 그러나 그것은 메이저 리그 투수출신으로 거대한 스포츠 용품회사를 운영했던 스팔딩(A.G. Spalding)이 지어낸 이야기로 밝혀졌다.154) 실제로 야구는 스쿨볼(stool ball), 라운더스(rounders)와 타운볼(Town Ball) 등에 기원을 둔 것이다.155) 영국에는 원올드캣(one-old-cat), 뱃앤드볼(bat and ball), 피더(feeder), 포이즌 볼(poison ball), 라운더스(rounders) 등과 같은 명칭은 지닌 놀이나 게임이 많았다. 이러한 게임 중 라운더스(rounders)156)라는 게

Press, 1981), pp. 93-94.

153) "Life is conflict, strength comes through struggle and sucess is the prerogative of the strong." J.A. Mangan & James Walvin (eds). *Manliness and Morality.* (Manchester : Manchester University Press, 1987), pp. 142-143.

154) 그가 이러한 엉터리 역사를 만들어낸 것은 야구계에 활력을 불어넣고 야구의 대중화를 위해 역사를 체계적으로 정리해야 한다는 생각 때문이었다고 한다. 그는 자신이 쓴 《*Our National Games*》에서 야구는 더블데이가 창안했으며, 야구의 발상지는 뉴욕의 쿠퍼스타운(Cooperstown)이고, 1893년에 창안했다고 주장했다. 그러나 1939년 뉴욕 도서관의 직원이었던 헨드슨(R.W. Henderson)이 "야구와 라운더스"라는 논문을 통해 baseball은 영국에서 있었던 게임이라고 발표하면서 더블데이의 신화는 사라지게 되었다.

155) David G, McComb, *Sports in World History* (New York & London : Routledge , 2004), p. 35. A. Mechikoff and Steven G. Estes, A *History and Philosophy of Sport and Physical Education* (New York : McGraw-Hill Co. 2002), p. 243.

156) 라운더스는 둥글게 된 베이스(rounded base) 때문에 붙여진 명칭이었다. 야구와 관련된 최초의 규칙은 1744년부터 1790년까지 7판을 거듭하여 출판된 영국 에티켓에 관한 책, 《*A pretty little pocket book*》에 잘 나타나 있었다. 이 책은 1762년 미국에서도 출판되었고, 그 내용 속에는 '베이스-볼(base-ball)'이라는 명칭도 들어 있었다.

임이 미국에서 새로운 버전으로 재 조직화된 것이 야구로 알려졌다. 라운더스를 닮은 조잡한 유형의 미국적인 게임은 타운볼이었고, 1724년 라운더스나 타운볼과 같은 미 조직화된 형태의 다양한 게임이 하버드에도 있었다. 1840년대부터 클럽이 형성되었고, 그러한 놀이를 했던 가장 대표적인 단체가 뉴욕의 '니커보커베이스볼클럽(Knickerbocker Baseball Club)' 이었다.

니커보커(Knickerbocker)들은 1842년 비공식적인 사회인 야구를 시작했다.[157] 그러나 1845년 카트라이트(Alexander J. Cartwright, 1820-1892)가 조직화된 야구팀을 만들기 위하여 의사, 중개인, 상인 등과 협약을 맺었고, 니커보커들은 그해 말 카트라이트가 쓴 규칙을 받아들이게 되었다.[158] 야구는 단지 배트와 공만 있으면 최소한의 비용으로 즐길 수 있는 특성을 지녔기 때문에 19세기 중반부터 가장 대중적인 스포츠로 등장했다. 작가 마크 트웨인(Mark Twain)은 야구가 19세기의 분노, 눈물, 유행에 대한 투쟁과 밀고 당기고 몰아가는 외적, 가시적 표현의 상징이라고 말했다.[159] 스포츠 잡지 『더 스피리트 오브 타임스(The Spirit of Times)』에도 유사한 표현이 있었다. "야구는 우리 국민의 기질에 가장 잘 어울리는 오락이다." [160] 1859년 『하퍼즈위클리(Harper's weekly)』 지에서 야구는 정말 "우리의 국민적 게임인가(our national game)" 라고 독자에게 물었을 때 한 독자는 비록 야구가 아직 체계적인 경기로 조직화되지는 못한 상태이지만 많은 도시에서 인기가 있을 뿐만 아니라 서부 오하이오, 인디애나, 미시간 주(州) 등지에서도 대개 야구를 즐기고 있다고 말했다.[161] 실제로 야구는 공립학교 학생들이 쉬는 시간이나 점심시간에 가장 많이 하던 게임이었다.

뉴욕에는 소위 "뉴욕게임" 을 하는 22개의 야구팀이 등장하여 아마추어 야구 협회를 구성했고, 1857년 전국야구인협회(the National Association of Base Ball Players)가 출현했다.[162] 1871~75년대까지 전국야구인협회에 속한 미국 태생의 선수들은 84%가 도시 출신이었고 엄격

---

157) 니커보커란 네덜란드에서 New Amsterdam(현재의 New York)으로 갔던 이주민을 뜻한다. 일반적으로 뉴요커를 뜻하는 용어로도 쓰인다.

158) Henry Chadwick, Old Time Baseball, *Outing*, XXXVIII (Junly 1901), p. 420. 당시 야구는 90피트 넓이로 4개의 베이스가 놓인 경기장이었고, 9명의 선수를 위치마다 배치했다. 투수는 타자로부터 45피트 거리에서 던졌다. 달려가는 주자에게 터치를 하면 아웃되던 이전의 소위 소우킹(soaking) 규칙과는 달리 공을 던져 주자보다 공이 베이스에 먼저 들어가면 아웃되는 규칙도 그 때부터 도입되었고, 당시 수정된 그러한 규칙은 현재 야구의 기본으로 남게 되었다. 처음에는 21점(runs)을 내면 이기는 경기로 9인닝 경기가 아니었다. 그리고 원래 카트라이트의 규칙은 공중 볼은 물론 한번 바운드 된 공을 잡아도 타자는 아웃으로 간주되었다. 게다가 투수는 팔을 구부리지 않은 상태로 오늘날 소프트볼처럼 언드핸드(underhand)로 공을 던져야 했다. 그리고 장갑을 착용하지 않고 비교적 짧은 시간 내에 21점을 선취해야 승리를 안게 되는 게임이었다. J.A. Lucas, & R.A. Smith, *Saga of AMERICAN SPORT*, p. 172.

159) Samuel L. Glemens, *Mark Twain's Speeches* (New York : Harper & Brothers, 1923), p. 145.

160) *Sprit of the Times*, (May 4, 1867), p. 150; John R. Betts, "Organized Sport in Industrial America," Ph. D. dissertation, Columbia University, (1951), p. 72.

161) "The Cricket Mania," *Harper's Weekly* III (November 15, 1859), p. 658; F. H. Guiwits, "Letter to the Editor," *Harper's Weekly*, III (November 5, 1859), p. 707; Lucas & Smith, *op. cit.*, p. 174.

162) David G, McComb, *Sports in World History* (New York & London : Routledge , 2004), p. 38.

하게 아마추어 정신을 지향하고 있었다. 최초의 클럽들은 주로 사회적으로도 상류층의 젊은 엘리트들, 즉 아마추어들이 멤버의 주축을 이루고 있었다. 그러나 야구가 발전함에 따라 영국적인 아마추어 스포츠의 모습은 사라지고 점차 세속화된 대중의 경기로 변모했다. 전국야구인협회(NABBP)가 결성된 이후 아마추어 정신에 입각한 규칙을 제정하였으나 야구는 점차 베팅을 즐기는 도박성이 강한 게임으로 발전했다. 1857년 25개의 클럽이 전국야구인협회를 결성한 이래 1865년까지 클럽 수는 91개로 늘어났고, 1866년 202개, 1867년 237개로 급증했다. 야구의 열기를 뜻하는 용어들도 나타났다. 야구동료를 의미하는 '베이스볼돔(Baseballdom, 1867)', 야구 열기를 뜻하는 '베이스볼 페버(Baseball fever, 1867)', 야구 연습이나 경기에 몰두함을 뜻하는 '베이스볼리즘(Baseballism, 1870)' 등 야구의 아메리카니즘 시대를 반영하는 용어들이 출현했다.[163]

야구가 활성화되자 승리에 대한 강한 욕구가 분출했고, 그것은 관중 수의 증가로 연결되었다. 관중이 늘어나자 점차 입장료 수입이 증가했고, 그러한 수입의 일부가 선수들에게도 돌아가게 됨으로써 야구선수는 하나의 직업으로 등장했다. 프로야구가 태동했던 것이다.

신시내티 레드 스타킹스(Cincinati Red Stokings, 이하 CRS)는 1869년 선수들과 프로 계약을 체결했고, 다른 프로 팀들도 생겨났으며, 1871년 초 전국프로야구인협회(National Association of Professional Baseball Players)가 결성되었다. 뉴욕에 있는 팀을 비롯하여 필라델피아, 워싱턴D.C., 보스턴, 클리블랜드, 시카고, 포트웨인(Fort Wayne), 록퍼드(Rockford), 일리노이, 토로이(Troy), 그리고 신시내티에서 막 창설된 프로팀들이 가세했다. 1871년부터 NAPBBP는 조직화된 미국 프로야구의 통괄단체가 되었고, 그 때부터 약 100년 동안 규칙과 기준을 정해가며 야구를 발전시켰다.

프로 야구에서 NAPBBP가 없어지지는 않았지만 선수들이 프로야구를 지배하는 시대는 막을 내렸다. 시카고의 한 사업가였던 헐버트(Willam A. Hulbert)가 1875년 NAPBBP에 소속된 시카고 팀의 통제권을 장악하고 클럽의 자본이 전체를 지배하는 야구를 구상했다. 헐버트는 자신이 소유한 시카고 클럽을 비롯하여 세인트루이스와 루이스빌(Louisville), 신시내티 클럽이 서부를 대표하는 클럽이 되도록 작업을 진행했고, 보스턴과 뉴욕, 필라델피아, 하트포드(Hartford) 등 4개의 클럽을 향해 대표적인 동부클럽으로 조직해 줄 것을 제의했다. 그 결과로 나타난 것이 내셔널리그프로야구클럽(National League of Professional Baseball Club)이었다.

리그의 설립자들은 야구를 통해 돈을 벌되 프로야구의 도덕적인 이미지를 고양시켜 상류층 관중들을 유치하려고 했다. 그리고 일요일의 야구시합을 금지함으로써 청교도주의 전통을 존중하려고 했다. 즉 '블루로(Blue Law)'[164]을 어기고 일요일에 야구경기를 개최하는 것은 득보다 실이 많을 것으로 판단했던 것이다.[165] 그 외, 야구에 대한 정화작업도 이어졌다. 야구장

163) 小田切毅一/金隆吉(譯), **미국스포츠문화사** (대구 : 도서출판 명성사. 2001) p. 198.
164) 안식일에 일이나 오락을 금지하는 법.

이 도박장이라는 이미지를 벗기 위해 베팅(betting)을 금지했고, 미리 승부를 결정해 두고 경기를 벌였던 쇼와 같은 야구를 더 이상 하지 않았다.

내셔널리그는 1880년대와 90년대 라이벌 관계에 있던 리그들이 이익과 특권을 추구함으로써 도전을 받게 되었다. 야구가 점차 큰 사업으로 성장하자 클럽 관계자들은 끝없이 생겨나는 재정적 문제와 도덕적 문제를 해결해야만 했다. 1870년부터 1890년대 초까지 내셔널리그 사무국은 내셔널리그에 소속된 수많은 팀의 재정 문제로 골머리를 앓아야 했다. 뉴욕의 트로이(Troy), 매사추세츠의 로스터(Worcester), 코네티컷의 하트퍼드(Hartford), 인디애나의 인디애나폴리스 등 약 22개 팀은 재정적인 문제에 봉착하여 위기를 맞았다. 1880년대 아메리칸협회(American Association), 1884년 유니언협회(Union Association), 1890년 선수리그(Players League) 등에 속한 많은 팀들은 총수입과 직결되는 선수의 확보와 관중 동원을 위해 뜨거운 경쟁을 벌였다. 도덕적인 문제도 발생했다. 일요일이나 기타 성일(聖日)에는 쾌락적인 오락이나 스포츠를 금하던 잉글리시 선데이(English Sunday)의 전통에 따라 일요일에는 야구경기를 하지 않기로 되어있었지만 맥주를 즐기는 독일 이민자들이 많이 사는 도시에서 일요일이나 성일(聖日)에는 스포츠를 금지하는 '블루로(Blue Law)' 가 무시되기 시작했다.

많은 문제에도 불구하고 야구의 발전은 계속되었다. 일요일을 제외하면 시간이 없어 프로야구 게임을 관전할 수 없는 도시 노동자들에게 적절히 다가가기 위해 클럽 팀들은 변화를 시도했다. 1880년대 초 신시내티에서 일요일에 경기를 하려고 했으나 안식일 지키기를 중시하는 많은 교인들의 반발로 그 계획은 무산되었다. 세인트루이스에서도 일요일 경기를 하려다가 허락을 받지 못했다. 그런 과정을 거쳐 일요일의 야구 경기는 1900년대 초에 가서야 열리게 되었다.[166]

일요일에 야구 경기를 금지할 수밖에 없었던 것은 20세기 이전 영국 산업인력은 대부분 일요일에 교회에 나가 예배를 보는 고용된 공장 노동자들이었기 때문이다. 그들은 일요일에 야구장에 나갈 수 없었다. 1876년 필라델피아 독립 100주년 기념행사도 일요일에는 개최할 수 없었을 정도로 안식일 중시 사상은 19세기 말까지 남아 있었다.[167] 미국 사회에는 사업이나 일을 더 중시하고 오락에는 엄격한 전통이 계속 유지되고 있었던 것이다. 그러나 산업의 발달은 프로 야구의 발달에 긍정적인 영향을 미쳤다. 야구가 하나의 사업으로 등장한 것은 1870년대였고, 미국의 산업화가 비민주적이고 권위주의적인 방식에 의해서 진행되었던 것처럼 야구팀 구단주들도 그러한 방식을 빌어 사업으로 발전시켰으며, 내셔널리그의 탄생이후 많은 장벽을 뚫고 야구는 하나의 국민 스포츠로서 명백한 지위를 확보하게 되었다.

---

165) J.A. Lucas & R.A. Smith, *op. cit.*, p. 183

166) Seymour, *Baseball: The Early Years*, pp. 93, 135.; John A. Lucas, *ibid.*, p. 184

167) Thomas C. Cochran and William Miller, *The Age of Enterprise: A Social History of Industrial America* (New York : Harper & Row, 1961), p. 20; Allan Nevins, *The Emergence of Modern America, 1865-1878* (New York : Macmillan, 1927), p. 307.

(2) 미식축구

미식축구(American football)는 럭비와 축구(soccer)를 토대로 성장한 미국적 스포츠이다. 미국에는 1869년 룻거스(Rutgers)와 프린스턴(Princeton) 대학 간의 축구 경기가 열리기 이전부터 다양한 유형의 축구 게임이 있었으며, 미식축구도 대학의 하찮은 놀이에서부터 시작되었다. 19세기 후반 대학의 남학생들은 대개 캠퍼스의 잔디 위에서 학년 대항 축구를 했다. 당시 공은 동물의 오줌보에 바람을 넣어 가죽으로 감싼 것이었다. 1870년대 초 하버드 대학생들은 보스턴 게임(Boston game)으로 불리는 축구를 즐기고 있었다. 당시 하버드대학의 축구는 오늘날의 축구(soccer)에 가까운 유형으로 공을 들고 달리는 모습은 찾아볼 수 없었으나 점차 조직화되면서 변해갔다.

1874년 봄, 몬트리올의 맥길대학(McGill University)과 하버드대학은 두 번에 걸쳐 축구 시합을 했다. 한 번은 하버드대학의 규칙으로, 또 한 번은 럭비 규칙(Rugby rules)으로 시합을 하게 되어 있었다. 그런데 케임브리지(미국)에서 열린 이 두 번째 경기가 매우 역사적인 의미를 갖게 되었다. 그 경기를 통해 하버드대학생들은 자기들이 하던 축구보다 럭비풋볼(Rugby Football) 형태의 경기가 더 재미있다는 것을 알게 되었기 때문이었다. 그 다음 해 가을 하버드대학 축구팀은 맥길대학의 초청으로 럭비풋볼 시합에서 승리한 이래 그들이 하던 '보스턴 게임'이라는 축구를 다시는 하지 않았다. 1875년 봄, 하버드대학은 태프츠대학(Tufts College)과의 경기를 비롯하여 여러 대학들과 친선경기를 했고, 가을에는 예일대학과 럭비풋볼 규칙을 조금 변형시킨 형태의 축구경기를 뉴헤븐(New Heaven)에서 갖게 되었다.[168] 그 경기가 미식축구의 근간이 되었다.

1873년 프린스턴, 예일, 콜롬비아, 룻거스 대학이 대학간축구협회(Intercollegiate Football Association)를 결성하고, 규칙을 정비해갔다. 당시 협회에서 적용한 규칙은 럭비풋볼을 약간 변형시킨 모습이었다. 그 과정에서 미식축구의 조직화에 가장 큰 공헌을 한 인물이 있었다. 예일 대학에서 코치 생활을 했던 월터 캠프(Walter Camp)였다. 그는 럭비풋볼의 스크럼을 채용했고, 야드를 기준으로 다운(down) 체계를 도입했으며, 선수를 11명으로 정했다. 그리고 태클은 허리 아래 높이로 할 것과 블로킹 도중 팔의 사용을 금지하는 규칙 등을 도입하여 게임의 체계를 개선해감으로써 훗날 미식축구의 아버지로 불리게 되었다. 1876년 럭비풋볼 시합에서는 예일이 하버드대학을 이겼고 프린스턴 대학도 럭비풋볼(rugby football)경기를 하게 되어 그 이후 예일과 프린스턴 대학 간의 친선경기도 창설되었다. 축구가 점차 동부지역 최강 대학들로 확산되었으며, 최초의 추수감사절 시리즈(Series of Thanksgiving Day)도 그때부터 시작되었다.[169] 예일은 뉴저지의 호보켄(Hoboken)에서 1,000여명의 관중이 지켜보는 가운데

168) John A. Lucas & Ronald A. smith, *Saga of AMERICAN SPORT*, p. 233.
169) Guy M. Lewis, "The American Intercollegiate Football Spectacle, 1869-1917," Ph. D. Dissertation, University of Maryland, (1964), p. 30.

최초의 우승컵을 안았는데, 럭비(rugby football)에서 약간 변형된 축구는 그 이후부터 미식축구(American football)로 불리게 되었다.

럭비풋볼의 미국 브랜드로 새롭게 탄생한 미식축구는 예일, 프린스턴, 하버드 등 소위 3대 명문(Big-Three) 대학 간 경기로 발전하면서 1883년경부터 미국 최고의 스포츠였던 야구의 인기를 추월하기 시작했다.[170] 1900년을 전후로 미식축구는 동부지역의 대학뿐만 아니라 전국의 대학으로 확산되었다. 그러자 학생들은 미식축구경기의 후원금을 확보하기 위해 관중들에게 입장료를 받음으로써 일찍이 상업화의 길을 열었다. 1873년 예일(Yale)과 룻거스(Rutgers)의 경기에는 500명의 관중이 입장했고, 입장료 수입은 각 팀에게 90달러씩 배분되었다. 그로부터 20년 뒤인 추수감사절경기에서는 각 팀이 3,000달러씩을 나누어 가질 정도였다.[171] 당시로서는 엄청난 액수였다.

뉴욕의 신흥 부호들이 해마다 개최되는 추수감사절경기를 사교 시즌으로 정했을 때 미식축구경기는 사회적 기능과 의미를 갖게 되었다. 1890년대 뉴욕의 폴로 그라운드(Polo Ground)와 맨하탄 광장(Manhattan Field)에서 열린 게임은 단순한 운동 시합의 성격을 넘어 사회적인 볼거리로서 대중의 축제로 등장했다. 경기를 보기 위해 본부석 좌석(box seat)은 150달러에 팔렸고, 경기의 승패에 걸린 배팅 금액은 수천, 수십만 달러에 달했다. 5번가(Fifth Avenue)까지 펼쳐진 4시간의 퍼레이드에는 미식축구의 영웅들을 보기 위해 30,000 혹은 40,000여 명의 인파가 몰렸다. 그 인기가 대단하여 교회에서는 추수감사절의 예배까지도 일찍 마무리하는 모습이었다.[172] 해마다 열리는 뉴욕 미식축구 시합의 명성은 날로 높아만 갔고, 미식축구의 인기는 전국으로 더욱 확산되었다.

1900년대 초부터 미식축구의 인기는 더욱 치솟았다. 그러나 많은 문제점도 노출되었다. 거칠고 투쟁적인 미식축구의 특성은 대중의 흥미와 관심을 이끌어내는 요인이 되기도 했지만 폭력이 난무하는 가운데 부상자들이 속출했고, 그에 따른 비판 또한 거세게 일었다. 초기의 미식축구선수들은 보호대나 헬멧을 착용하지 않았다. 안전장치가 미흡한 상태에서 상대를 치거나 발로 차는 것은 물론 스포츠맨답지 못한 과격한 플레이가 너무 많아 사회적 비판의 대상이 되었던 것이다.

신체의 거친 접촉을 피할 수 없는 특성을 지닌 미식축구가 더욱 확산되자 게임의 특성을 이해하지 못하는 많은 사람들은 거센 비판을 쏟아냈고, 미식축구협회는 규칙에 손을 보기 시

170) Andrew M. F. Davis, "College Athletics," *Atlantic Monthly,* LI (1883), p. 682 ; J.A. Lucas & R.A. smith, *op. cit.*, p. 235.

171) William H. S. Damerest, *History of Rutgers College* (New Brunswick, N. J. : Rutgers College, 1924), p. 430; Leon B. Richardson, *History of Dartmouth College* II (Hanover, N. H. : Dartmouth College Publications, 1932), p. 641; J.A. Lucas & R.A. smith, *op. cit.,* p. 236.

172) Richard Harding Davis, "The Thanksgiving-Day Game," *Harper's Weekly,* XXXVII (December 9, 1893), pp. 1170-1171 ; J. A. Lucas & R. A. smith, *ibid.,* p. 238.

작했다. 1890년대에 동부 지역의 대학들은 전진 대형인 V-포메이션(V-formation), 킥오프 때 리시브 측 브로커가 자기 편 볼 캐리어의 진로를 만드는 인벽(人壁), 즉 '플라잉 웨지(flying wedge)' 와 같은 전략적 대형을 발전시켰다. 공보다 앞쪽에 배치되어 있던 한 선수가 두 그룹으로 흩어져 자기 팀 선수들에게 신호를 하면 그들은 엄청난 기세로 모여들어서 'V' 나 웨지를 만들었다. 1892년 하버드와 예일의 시합에서 하버드대학 팀이 처음으로 웨지를 사용하였을 때 하버드는 일시에 예일의 25야드 라인을 점령할 수 있었다. 그러나 그러한 변화는 결국 많은 부상자의 속출로 이어졌다.

과격한 대학 미식축구에 대한 비판이 쏟아지자 하버드대학의 엘리엇(Eliot) 총장은 남성적인 운동경기(manly athletics)를 정당화하면서 "야만성보다 더 나쁜 악마 같은 특성은 나약함과 화려함이다." 라는 말로 미식축구를 옹호하는 입장을 취했다.[173] 그러나 그로부터 10년 뒤 악성 반칙이 더 많아지고 폭력 현상이 증가하자 미식축구는 대학에서 채용하기에는 부적당한 스포츠라고 말했다.[174] 1905년경 미식축구 시즌의 시합 양상은 그 이전보다 폭력적이었다. 문제가 많이 발생하자 미식축구의 존폐를 두고 논쟁이 일어났다. 유니언대학(Union College)의 한 선수가 시합 중에 입은 부상으로 목숨을 거두기 전 미국 대통령 루스벨트(Theodore Roosevelt)도 미식축구 논쟁에 개입했다. 루스벨트(Teddy Roosevelt)는 정력적인 삶을 추구해가던 대표적인 인물이었고, 하버드를 졸업한 이후 정치에 입문했을 때부터 하버드의 운동경기에 큰 관심을 가졌으며, 대통령에 당선된 후에도 그러한 태도는 계속되었다. 루스벨트는 3대 명문대학의 감독들과 교수, 동창회 대표들을 백악관으로 초대하여 소위 '백악관축구회의(White House Conference on Football)' 를 열기도 했다. 1905/06 시즌 미식축구는 큰 위기에 봉착해 있었던 것이다. 그러나 새로운 개선안들을 받아들임으로써 대학에서 미식축구가 폐지될 위기를 잘 넘겼다.

새롭게 제기된 많은 개선안들은 미식축구와 대학간경기대회의 특징을 바꾸어 놓았다. 초기 미식축구나 대학 스포츠는 학생들이 주도권을 장악하고 있었다. 그런데 NCAA가 처음으로 전국규칙위원회를 구성했고, 그 이후부터 NCAA는 대학간운동경기 운영에서 큰 힘을 얻게 되었다. 미식축구도 위기를 맞은 이후 소위 빅텐(Big Ten)에서 정한 규정에 따라 운영되었고, 학생들의 주도권도 점차 약화되었다. 1905/06 시즌 미식축구의 위기는 미식축구가 보다 합리적이고 흥미로운 스포츠로 조직화되어 가는 과정에서 하나의 전환점이 되었다.

미식축구는 1900년대 초반의 위기를 맞자 플레이 유형을 변경시킴으로써 살아남아 가장 인기있는 대학 스포츠로 다시 태어났다. 그러나 상업적인 특성은 그대로 유지되었으며, 당시의 규칙 개정이 미식축구의 폭력성을 약화시키는 데는 기여했으나 게임의 윤리라는 측면에서 큰 변화를 주지는 못했다. 승리를 지나치게 강조하던 풍토 때문에 미식축구의 윤리적인 측면을 개선한다는 것은 매우 어려운 문제였다. 선수들은 게임의 결과에 개인과 대학의 명예가 걸려있다고 생각

173) John Hays Gardiner, *Harvard* (New York : Oxford University Press, American Branch, 1914), p. 59.
174) Charles W. Eliot, "President Eliot's Report," *Harvard Graduates' Magazine*, III (March 1895), p. 369.

했고, 졸업생들은 미식축구경기의 성적을 남성다운 특성의 상징이나 수준으로 생각했다. 사람들 또한 미식축구경기의 최종 스코어를 통해 그 대학의 수준을 믿고 학문적인 수준까지 운동경기의 스코어와 동일시하는 경향을 보이기도 했다. 대학 총장들도 미식축구에서 좋은 성적을 거두는 일은 개인뿐만 아니라 대학의 홍보에 큰 기여를 하는 것으로 믿었다. 실제로 운동경기의 결과는 입학 지원자수를 증가시켰고, 기부금을 내는 후원자의 수에도 큰 영향을 미쳤다.

제1차 세계대전 직전부터 미식축구는 야구와 함께 미국의 대중 스포츠 문화로 등장했다. 1917년 코치나 감독은 하나의 전문직으로 자리를 잡았고, 협회는 대학생 대표들이 가졌던 팀에 대한 통제권도 장악했다. 1890년대에 대학의 미식축구 감독(코치)은 200-300달러 정도의 보수를 받았으나 1900년대부터 몇 천 달러를 받는 코치들이 등장했다. 워너(Glenn "Pop" Warner)는 1895년 조지아에서 미식축구팀을 맡아 주당 34달러를 받았다. 1898년 코넬대학은 그에게 주급 800달러를 제시하고 계약했다. 그러나 1915년 피츠버그에서는 그에게 4,500달러를 지급했다. 그리고 스탠포드대학으로 옮길 때는 20,000달러나 받았다.[175] 1915년에 하버드대학은 레이드(William Reid)를 최초의 미식축구 감독으로 임용했고, 그의 봉급은 교수들보다 약간 적은 3,500달러였다. 대학은 미식축구 감독의 연봉이 교수들보다 높아서는 안 된다고 생각했다. 그러나 이면으로 동창회에서 주는 추가 연봉에 대해서는 반대하지 않는다는 약속이 있었고, 실제의 연봉은 하버드 대학 총장과 거의 비슷한 수준이었다.[176] 요스트(Fielding Yost)는 1901년 네브래스카 감독에서 미시간대학 감독으로 이적하면서 대학 정교수와 비슷한 봉급을 받았다. 그러나 1908년 4,000달러를 벌어들였고 10년 뒤에는 그 2배가되어 대학교수의 연봉과는 비교할 수 없었다. 펜실바니아 주립대학의 축구코치들은 1902년 45달러, 1908년 1,500달러, 1920년대에는 14,500달러를 받았다.[177]

미국의 대학에서부터 시작된 미식축구는 1900년을 전후로 대중 스포츠 문화로 등장했으며, 수많은 관중을 끌어들였다. 대학 간 경기에는 수천 명의 관중이 몰려들었고, 명문 대학 간의 경기를 벌이는 운동장에는 5,000석에서 20,000석에 가까운 관중석이 마련되었다. 대개 재학생과 교직원 수의 3, 5배에서 10배에 달하는 관중이 앉을 수 있었다. 대학생들의 경기였지만 일반 관중도 많았기 때문이다. 대부분의 대학들은 일반 관중들이 찾는 것을 환영했고, 최상의 서비스를 제공하려했다. 반영구적인 콘크리트 스타디움을 짓는 것도 투자이자 서비스의 일부였다. 하버드대학은 애교심이 많고 부유한 졸업생들을 찾아서 기부금을 모아 1903년 로마식

175) Lewis, *The American Intercollegiate Football Spectacle*, pp. 163-164; J.A. Lucas & R.A. smith, *op. cit.*, p. 246.

176) R. B. Merriman, "Proceedings of the Athletic Committee," *Harvard Graduates' Magazine*, XIII (June 1905), pp. 630-631; Archibald C. Coolidge, "Professional Coaches," *Harvard Graduates' Magazine*, XIV (March 1906), pp. 392-395; J.A. Lucas & R.A. Smith, *ibid*, p. 246.

177) Wayland Dunaway, *History of The Pennsylvania State College* (State College: The Pennsylvania State College, 1946), p. 465.

원형스타디움을 건설했다. 당시 관중석은 38,000석 정도였다. 10여 년 뒤 예일대학은 약 100만 달러를 들여 67,000석 규모의 볼(bowl) 모양의 경기장을 완공했다. 미시건 대학을 비롯한 대부분의 대학들도 46,000석 규모의 목재로 지은 경기장을 소유하고 있었다.

제1차 세계대전까지 각 대학들은 운동부의 육성에 수많은 예산을 투입했다. NCAA의 조사 내용에 따르면 150여 개의 대학들이 매년 여러 운동경기에 백만 달러에 달하는 많은 금액을 사용했다고 한다. 하버드는 160만 달러를 썼고, 위스콘신 대학에서는 절반 정도의 학생들이 대학 스포츠 프로그램에 참여하고 있다고 보고 된 바 있다.[178] 이러한 모든 변화는 미식축구가 20세기 초반부터 미국의 대학 및 대중 스포츠 문화로 등장하였음을 보여주는 것이다.

1920년에는 미국프로풋볼협회(the American Professional Football Association : APFA)가 출현했다.[179] 프로 미식축구가 시작된 것은 1894년이었으나 대학미식축구에 몰리는 수많은 관중은 축구를 통해 돈을 벌 수 있다고 생각한 사람들에게는 유혹의 대상이 되었다. 그러나 APFA는 재정적인 어려움으로 파산했고, 오하이오출신의 조 커(Joe F. Carr)가 새 회장이 된 이후 APEA는 NFL(National Football League)로 바뀌었다. 그러나 제2차 세계대전이 끝나기 전까지는 대학의 미식축구가 프로 미식축구의 인기를 능가하고 있었다. 1960년 미식축구리그(American Football League) 창설, 1966 슈퍼볼, 1970 AFL과 NFL의 통합 등 프로미식축구는 엄청난 성장을 하게 되어 지금까지 미국의 빅4 스포츠 중 하나로 자리매김 받고 있다.

(3) 농구

농구(Basketball)는 미국 YMCA의 우연한 실험으로 인하여 출현한 미국의 스포츠이다. 농구는 1891년 미국 매사추세츠 스프링필드 YMCA의 네이스미스(James Naismith)가 창안하였으며, 겨울철에 할 수 있는 스포츠가 필요했기 때문이라고 알려져 있다. 그러나 이러한 해석은 청교도주의 전통을 고수해 온 미국 사회에서 기독교단체인 YMCA가 스포츠를 장려한 본질적인 이유를 간과한 것이다. 농구의 기원에 관한 이설(異說)도 있으며, 문화적 진화과정은 매우 흥미롭다.[180]

현재의 농구는 1891년에 네이스미스에 의해 창안된 것이나 역사적으로 농구와 유사한 게임은 있었으며, 농구 창안의 아이디어를 제공했다는 다른 기원설도 있다. "남미 유카탄 반도에는 기원전 7세기경 석벽으로 경계를 지우거나 나무의 숲을 경계선으로 이용한 '코트(Courts)'에서 했던 구기(ball games)가 있었다." [181] 그리고 멕시코 마야(Mayan)와 톨텍(Toltec)의 유적

---

178) H. Shindle Wingert, "Report of the Committee on Sports," *American Physical Education Review*, XIX (1914), pp. 352-369.

179) A. Mechikoff and Steven G. Estes, A *History and Philosophy of Sport and Physical Education* (New York : McGraw-Hill Co. 2002), p. 257.

180) 농구의 역사에 관한 상세한 것은 최현주 외, "농구의 기원과 문화적 진화," **한국체육사학회지**, 13(2) (2008) 참조.

181) John Arlott. *The Oxford Companion to SPORTS & GAMES* (London : Oxford Univ. Press, 1975), pp. 67-68.

에 현재와 거의 비슷한 모습의 유물이 완벽하게 보존되어 있다.[182] 그러나 네이스미스는 이러한 놀이에서 아이디어를 찾지 않았다고 하기 때문에 역사적인 흔적으로만 남아 있다.

농구의 기원에 관한 더 흥미로운 것은 개벌러(George Gabler)의 창안설이다. 의사이자 매사추세츠(Massachusetts) 주(州) 홀리요크(Holyoke) YMCA의 체육지도자였던 그는 1943년 사망하기 전 『홀리요크 데일리 트랜스크립트(*Holyoke Daily Transcript*)』의 편집장이었던 키팅(Bill Keating)에게 농구는 자신이 다른 YMCA 교사 두 명의 도움을 받아 1890년 고안했으며, 그것을 네이스미스에게 소개해주었는데, 네이스미스가 자신의 아이디어를 훔친 것이라고 말했다고 한다.[183] 그러나 농구의 역사에서 누구도 개블러(G. Gabler)의 주장을 받아들이지는 않았다. 그의 아이디어가 농구 창안자의 아이디어와 연결되었다는 그의 주장을 그대로 믿을 수 있는 자료를 확보할 수 없었기 때문이다. 1943년의 화재로 인해 개블러가 근무했던 홀리요크의 YMCA의 문서가 모두 타버렸고, 키팅도 사망해버림으로써 개블러의 주장을 다시 확인할 길이 없어졌다.[184] 결국 개블러 창안설은 하나의 흥미로운 이야기로만 남게 되었다.

농구의 창안 동기는 겨울철 스포츠의 필요성 때문이었다고 알려져 있다. 그러나 넓은 의미에서 보면 농구가 탄생된 사상적 배경은 강건한 기독교주의, 기독교복음주의, 실용주의 등이었다. 미국의 YMCA는 19세기 후반부터 복음전파를 목적으로 강건한 기독교주의 사상을 수용했고, 귤릭(Luther H. Gulick)과 네이스미스는 강건한 기독교주의 신봉자들이었다. 미국 YMCA는 강건한 기독교주의를 수용하고, 각종 스포츠와 신체적 레크리에이션을 받아들이게 되었으며, 그 과정에서 농구도 창안되었다. 귤릭은 강건한 기독교주의자로서 실용주의(진보주의) 교육 사상을 바탕으로 각종 스포츠 교육운동을 주도했고, 그 과정에서 네이스미스에게 '새로운 게임(농구가 된)'을 만들어보라는 제안을 했기 때문이다.

농구가 창안된 것은 귤릭의 제안에 의한 것이었다. 그가 새로운 게임의 창안을 제의한 동기는 '흥미로운 게임의 필요성', 'YMCA 학생들의 건전한 여가 활동 개선', '겨울 스포츠의 필요성' 등이었다. 당시 YMCA 체육 프로그램은 행진(marching), 집단미용체조(mass calisthenics) 등이었고, 학생들은 흥미를 잃고 있었다. 그리고 YMCA를 위협하는 여러 가지 문제 해결의 수단으로 경쟁적인 스포츠 활동이 필요하다고 생각했다. 그라보스키(J. F. Grabowski)는 네이스미스가 농구를 창안한 이유는 단지 다루기 힘들었던 학급 학생들을 관리하기 위한 것이었다고 적고 있다.[185] 농구 창안자가 네이스미스인 것은 명확하지만 농구 창안의 공을 네이스미스에게만 돌리는 것은 근대올림픽 창안의 공을 쿠베르탱에게만 돌리고 브룩스(W. P. Brookes)의 기록을 삭제해버리는 것이나 마찬가지이다.

---

182) R. Brasch, O.B.E, *How did sports begin?: A Look the Origins of Man at Play* (New York : David McKAY Company, 1970). p. 44.
183) John F. Grabowski, *Basketball* (Sandiego : Lucent Books Inc., 2001), p. 14.
184) *Ibid*, p. 14.
185) *Ibid*, p. 7.

네이스미스가 새로운 게임을 창안하기 위해 고민을 하다가 힌트를 얻은 것은 캐나다에서 어린 시절에 즐겼던 '덕온더로크(Duck on the Rock)' 라는 놀이였다. 처음에 수구(水球) 유형을 생각해 보았으나 양편에 선수들을 집결시키고 중앙에 공을 놓으면 서로 달려들어 엉키게 될 것이라는 생각이 들어 포기했다.[186] 여러 가지 스포츠 유형을 생각하며 어떤 공을 사용할지 고민하던 네이스미스는 어느 날 아침 바닥에 놓인 럭비공과 축구(soccer) 공 중 축구공을 선택하여 들고 골(goal)을 찾기 시작했고, 복도를 내려오다가 만난 건물 관리자 스테빈스(Stebbins)씨에게 8인치 사각형 상자 두 개만 달라고 부탁했으나 상자가 없어 스테빈이 창고에 있던 복숭아 바구니 두개를 건네주게 되었다. 모양이 둥글고 밑바닥 쪽 보다 위쪽이 더 넓은 바구니를 망치와 못으로 발코니의 낮은 난간 테에 설치했다.[187] 그리고 축구공으로 18명의 학생들이 시연해 볼 수 있는 규칙을 만들었다.[188] 1891년 12월 9인제의 13조 룰(rule)이 완성되었고, 다음해 1월 농구의 공식적인 탄생으로 이어지게 되었다.[189]

농구의 조직화와 문화적 진화는 급속하게 이루어졌으며, 그 과정에 나타나는 특성은 합리성과 우연성 두 가지로 요약된다. 농구는 1892년 공식적인 경기가 열린지 약 40 여년 만인 1936년 올림픽 공식종목으로 채택되어 세계적인 스포츠로 부상했다. 네이스미스가 13개 기본조항을 만든 뒤, 머핸(Frank Mahan)의 제의로 농구(Basketball)란 명칭이 붙여졌으며, 그 이후 YMCA, 각종 애슬레틱 클럽(Athletic Club), 고등학교, 대학교 등으로 확산되었다. 대중성을 확보하면서 통괄단체에 따라 다양한 규칙이 생겨났고, 용구도 적절한 형태로 개선되면서 대중문화적 요소들이 갖추어지게 되었다. 드리블과 피벗의 출현, 슈팅 기술의 향상, 드로우인 공격에 대한 규칙의 변화, 벌칙 및 바이얼레이션 규정, 공의 크기, 골대의 대체, 백보드의 등장, 코트의 변화 등은 농구의 문화적 진화를 보여주는 예이다. 제 규칙이 흥미의 증진과 게임 진행속도의 제고 등 대중성을 확보할 수 있는 합리적인 방향으로 개정되어 갔고, 그러한 결과로 농구는 미국의 대중 스포츠로 급속히 성장했다.

네이 스미스는 북서부를 중심으로 다른 도시의 YMCA를 통해 농구 보급운동을 시작했고, 고등학생들과 대학생들은 남녀를 누구나 농구에 빠져들었다. 스미스 대학의 체육담당자였던 브렌슨(Senda Berenson)은 학생들에게 맞게 경기 방식을 개선했다. 여학생들을 위해 공을 몰고 다니기보다 패스를 하는 방식으로 바꾸었다. 1899년 일련의 여성체육교사들과 코치들은 스프링필드에 모여 농구 규칙을 통합했고, 16년 후 남자 농구를 위한 개선위원회가 구성되어 규칙 개정에 돌입했다. 당시 변경된 핵심적인 내용은 셋이었다. 첫째, 농구장을 세 구역으로 나눈다. 둘째, 상대선수의 공을 빼앗는 행위는 금한다. 셋째, 팀은 6~9명으로 구성한다.

186) James. Naismith, *Basketball* (Lincon and London : University of Nerbraska Press, 1996), p. 51
187) *Ibid*, p. 52.
188) John Arlott, *The Oxford Companion to SPORTS & GAMES* (London, New York. Toronto : Oxford Univ. Press, 1975), p. 68.
189) *Op. cit.*, pp. 48-53참조.

1900년대는 남자 농구팀들은 각 팀 선수를 5명으로 규정했다. 그러나 당시 YMCA, AAU 등의 규정이 달랐다. 1915년 대표자들이 연합농구위원회(the Joint Basketball Committee)를 구성하고, 다시 규칙을 통일했다. 1910년대 대학농구리그가 결성되었으며, 1차 세계대전 이후 농구는 대학을 중심으로 확산되기 시작하여 풋볼 다음가는 인기 스포츠가 되었다. 1920년대부터 농구는 캐나다, 멕시코, 브라질, 아르헨티나, 칠레 등으로 확산되었으며, 소련, 프랑스 등지로도 소개되었다. 그리고 선교사들의 영향으로 농구는 필리핀을 비롯하여 중국, 일본, 한국 등 아시아제국으로도 소개되었다. 1932년 세계농구연맹(FIBA : Federation International Basketball Amateur)이 결성되었으며, 1936년 베를린 올림픽부터 정식종목으로 채택되었다.

(4) 배구

배구가 탄생한 배경도 농구의 역사와 유사하다. 미국 YMCA는 강건한 기독교주의 사상을 수용하고 복음전파 운동을 위해 스포츠 프로그램을 광범위하게 수용했으며, 그러한 상황에서 농구처럼 창안된 또 하나의 스포츠가 배구였다.

농구도 배구(Volleyball)처럼 우연한 시기에 미국 세상에 등장했다. 일련의 사업가들이 매사추세츠 홀리요크의 YMCA를 방문했을 때 그들을 유심히 바라보던 모건(William G. Morgan)은 농구보다 운동량이 적고, 레크리에이션 성격이 짙은 실내경기를 생각하며 어떤 새로운 게임을 구상하게 되었다. YMCA에서 일반 사회인을 대상으로 체육활동의 지도를 맡아왔던 그는 1895년 사업가들이 방문했을 때 떠올랐던 생각을 행동으로 옮기면서 배구가 손님들의 욕구를 충족시켜 줄 수 있을 것이라고 생각했다.[190]

모건은 테니스와 핸드볼에 힌트를 얻어 네트를 사이에 두고 손으로 공을 쳐서 넘기는 게임을 착안해냈다. 처음에는 체육관에 6피트 6인치 높이의 테니스 네트를 사이에 두고 방광으로 만든 농구공을 쳐 넘기는 게임을 시도해보았다. 경기는 9이닝으로 이루어졌으며, 인원 제한은 없었다. 그리고 초기 규칙은 공이 바닥이나 그물에 터치되지 않도록 쳐 넘기되 네트 4피트 이내 구역에는 접근할 수 없는 유형이었고, 서비스는 10 피트 밖에서 해야 했다.[191] 이 경기는 1895년 스프링필드 칼리지에서 개최된 YMCA 지도자 회의석상에서 공개되었다. 경기의 원래 명칭은 미노네트(Minonette)라고 붙여졌으나 스프링필드칼리지의 호르스테드(D.R. Halstead)가 공이 지면에 닿기 전에 치거나 차는 것이니 발리(volley)이므로 발리볼(volleyball)이 어떠냐는 제안을 했고, 그 제안을 받아들여 명칭은 발리볼(배구)이 되었다.

---

190) 이 내용을 확인시켜주는 문헌은 다음과 같다. Luther Gulick, "Psychological, Pedagogical and Religious Aspects of Group Games," *Pedagogical Seminary*, VI, (March 1899), p. 144. L. Gulick, "Psychological Aspects of Muscular Exercise" , *Popular Science Monthly*, LIII, (October 1898), pp. 793-805. L. Gulick, "The Psychology of Play," *Outlook*, VIII, (February 1899), pp. 112-16.

191) 당시 네트 높이는 6.6인치(1.98m), 코트는 25×50ft(7.5×15m)였다. 1912년 로테이션제가 도입되었고, 1917년 15점제가 되었다. 신호주, **체육사** (서울 : 명지출판사, 1996), p. 264 참조.

배구가 창안되었으나 초기 학교체육에서 그렇게 환영을 받지는 못했다. 그 이유는 배구가 상체의 발달에 큰 도움이 되지 못하며, 과학적인 토대가 없이 창안된 스포츠로 생각되었기 때문이었다. 초기 체조 중심의 신체 단련 시스템이 체육활동의 주된 내용이었고, 체육교사들은 그러한 활동의 생리학적 가치를 높이 평가하고 있었던 터라 배구를 거부하는 경향이 강했다. 그러나 배구는 YMCA에 의해 조금씩 개선되면서 점차 미국의 군대 스포츠로 채택되었으며, 그 이후 미국 사회는 물론 국제적으로도 널리 확산되었다. 1936년 베를린 올림픽을 기점으로 국제화되기 시작했고, 1946년 폴란드를 비롯한 5개국 대표들이 모여 국제배구연맹(IVBF) 결성을 위한 조직위원회를 구성했으며, 이듬해 프랑스 파리에서 연맹을 결성하고 프랑스의 폴 리보(Paul Libaud)를 초대회장으로 선출했다. 1961년 아테네에서 열린 올림픽위원회에서 남자배구를 도쿄올림픽(1962) 정식 종목으로 채택했으며, 1968년 멕시코 올림픽부터 여자 배구도 채택되었다.

(5) 소프트볼

소프트볼은 1900년 야구선수들이 겨울 동계훈련 때 실내에서 할 수 있는 야구 훈련으로 인도어 베이스볼(indoor baseball)이라는 게임을 착안해냈다. 그것은 1920년대 옥외경기로 확산되면서 플레그라운드볼(playground ball)이라고 불렀으며, 1929년경까지 레크리에이션볼, 레이디볼 등 다양한 명칭이 있었다. 그 때 피셔(H. Fisher)와 파울레이(J. Paulay)가 시카고 시에 소개하면서 전용구장을 세우고, 미국선수권대회를 개최하면서 명칭을 소프트볼로 통일하였다. 1946년 이후 소프트볼은 미국 전역으로 확산되었으며, 1949년 국제소프트볼연맹(ISF : International Softball Federation)이 창설되었다.

2) 미국 스포츠 문화와 YMCA 운동

YMCA 활동은 궁극적으로 정신(mind)과 신체(body)에 의해 지지되는 영(spirit)을 형성함에 그 목적을 두고 있다. 1977년에 제정된 "우리는 강한 아이들, 강한 가족들, 강한 지역사회를 건설한다.(We build strong kids, strong families, strong community)" 192)라는 캐치프레이즈의 강한(strong)이라는 개념은 미국 YMCA 운동과 미국 스포츠 문화의 깊은 연관성을 나타내는 것이다. 미국 YMCA 스포츠 보급 운동은 강건한 기독교주의(Muscular Christianity) 정신을 바탕으로 한 것이었으며, 그 과정에서 스포츠의 도입과 확산, 창안 운동이 시작되었기 때문이다.

연도별 YMCA 활동 상황을 보면 〈표 1〉에서 볼 수 있는 바와 같이 1865년 신체를 중시하는 단어가 등장하고, 1885년 캠프운동이 시작됨을 알 수 있다. 오늘날 한국에서 대중적인 인기를 누리고 있는 많은 스포츠는 YMCA 선교사들을 통해서 도입되었고, YMCA는 한국의 스포츠 역사에 지대한 영향을 미치게 된 것도 같은 맥락이다.

---

192) http://www.ymcala.org/Branch/Webpage.aspx? ENT =63&ID =2257. 2009. 01. 19

표 3-2. YMCA 연도별 주요 활동

년도	YMCA 사업 내용	소재지
1844	YMCA 최초 설립(6월6일)	영국 : 런던
1855	제 1회 세계 대회 개최: 파리기준 제정	프랑스 : 파리
1865	제4차YMCA세계대회 :신체, 정신, 영의 중요성 강조	독일
1878	세계동맹 사무실 개설	스위스 : 제네바
1880	YMCA 위원회 남. 여 구성비 균등하게 구성하여 정책시행	노르웨이 : 최초
1885	최초의 거주형 캠프 설립: 스탠포드(George A. Sanford)와 두들리(Summer F. Dudley)	미국 : 뉴저지
1894	YMCA설립 50주년: 빅토리아 여왕이 창시자 윌리암에게 기사작위 수여	영국
1900	세계동맹과 공조 체제를 유지하면서 이민자를 도움	미국
1910	미국 보이 스카우트, 독일 스카우트 지지	미국, 독일
1914	이동식 도서관 운영, 군대 YMCA가 구내식당과 매점 운영 제1차 세계 대전 중에 군인들에게 복지활동에 적극 참여함.	미국
1916	인도의 첫 사무총장 선출: 파울(K.T Paul), 시골지역 개발 프로그램 창안 시행-시골 재건이라는 신용어 만듬.	인도
1923	옌(Y.C. James Yen -Chinese: 晏阳初; Yan Yangchu; 1893 - 1990) '천자문 제도 (thousand character system)' 고안, 농촌개발 프로그램 만듬.	중국
1939~1945	전쟁관련 업무 적극 활동: 실향민, 난민 돕기 위한 국제구호활동, 전쟁포로구호기구 설립	
1947	유엔(UN) 경제 및 사회 협의회의 특별자문자격 획득	
1955	최초의 흑인이면서 최연소 의장 리베리아의 셔먼(Mr. Charles Dunbar Sherman) 선출됨.	
1973	아프리카 최초 세계 회의(제6회) 개최: 파리기준재차 지지, 캄팔라 원칙 선언서 결의(제3세계로의 선교적 관심 이동)	우간다 : 캄팔라
1985	인종차별정책에 대한 해결 방안수립, 아시아출신 첫 사무총장 이수민 선출(인종차별정책 폐지운동 펼침)	
1998	제14차 회의에서 챌린저 21(Challenge 21) 채택: 남녀평등, 환경친화적 개발, 전쟁과 평화, 공정한 분배, 세계화 문제, 인종차별, 에이즈퇴치운동	독일 : 프레헨
2002	멕시코에서 중동 사태의 평화적 해결 촉구	모어로스

(1) YMCA 운동과 스포츠

미국 YMCA는 각종 복음사업을 펼쳤으며, 스포츠를 통한 복음사업을 전개하였다. 1880년대 YMCA 최초의 체육지도자였던 로버츠(Robert J. Roberts)가 보디빌딩(Body building)이라는 새로운 체력 증진 운동 프로그램을 개발했고, 그 외 바벨, 덤벨, 곤봉 등을 이용한 체력 증진 운동 프로그램도 고안했다.193) 그는 30여명의 체육지도자들을 양성하였으며, 그 지도자들은 1880년대 중반부터 여러 지역에서 활동하게 되었다.194)

YMCA는 각종 옥외 프로그램도 개발했다. 미국 YMCA는 플레이그라운드운동을 펼쳤으며, 산책 클럽, 캠핑 클럽 등 다양한 옥외 프로그램의 개발과 운영에 착수했다. 예컨대 캠핑은 1세기가 넘도록 YMCA 프로그램으로 정착되었다. 그리고 각종 경쟁적인 스포츠도 도입했다. 1885년 매사추세츠의 스프링필드 소망조합교회의 목사였던 리드(David Allen Reed)는 '기독교근로자학교' 195)를 설립했고,196) 이 학교를 중심으로 미국 YMCA 스포츠 혁명이 일어났다. 그 이후 미국 스프링필드 YMCA는 미식축구, 야구 등 각종 스포츠를 도입했으며, 농구와 배구 등 새로운 스포츠의 창안에도 관여하게 되었다. 예컨대 YMCA는 수영, 미식축구, 야구 등과 같은 스포츠 프로그램을 도입하였다. 1875년 9월 29일 뉴욕의 브루클린 센터럴YMCA(Brooklyn Central YMCA)에서 세계 최초의 실내 풀장을 개관하였으며, YMCA기독교근로자학교가 문을 연 이래 농구와 배구가 창안되었다. 스프링필드 YMCA 기독교 근로자학교 체육지도자 네이스미스는 1891년 농구를 창안했으며, 1892년 1월 20일 스프링필드 대학(Springfield College)에서 첫 시연회를 개최하였다.197) 또한 뉴욕 홀리요크의 YMCA의 체육지도자 모건은 1895년 배구를 창안하였고, 1896년 7월 7일 최초의 공식적인 배구경기 시연회를 개최하였다.

커다란 역사의 전환점에는 그 변혁에 결정적인 영향을 미친 사상, 기관, 인물 등이 있게 마련이다. 1900년을 전후로 미국 사회에 불기 시작한 스포츠 열풍은 미국 체육사적 혁명의 불씨였으며, YMCA는 미국 스포츠 문화운동을 주도했는데, 그러한 변화에 결정적인 영향을 미친

---

193) http://www.ymca.net/about the ymca/history of the ymca.html http://www.ymcaboston.org/main/about the ymca/history/. 2009. 01.19.. 2009. 01.19:

194) F. E. Leonard, *Pioneers of Modern Physical Training* (New York : Association Press, 1915), p. 125; Thirty-fourth Annual *Report* of Baltimore YMCA, 1887, p. 17.

195) 기독교근로자학교(The School of Christian Workers)는 1885년에 설립되었다. 1899년 국제 Y.M.C.A.훈련학교(International Y.M.C.A. Training School)로 명칭이 변경되었으며, 현재의 Springfield College이다. 1890년까지 이학교의 성격은 전문학교과정이었고, 1891년부터 2년제 코스를 개설하여 체육지도자 자격증을 주게 되었으며, 이것은 미국 체육사에서 최초의 체육지도자 자격이었다. 교과과정은 1908년부터 3년 과정으로 변경되었다. 당시 이론 과목은 생리심리학, 체육역사와 철학, 인류학, 체육문헌학 등이었다. Ellen W. Gerber, Innovators and Institutions in Physical Education(Philadelphia : Lea & Febiger, 1971), p. 349.

196) David I. Macleod, *Building Character in the American Boy: The Boy Scouts, YMCA, and Their Forerunners, 1870-1920* (Wisconsin : The University of Wisconsin Press, 1983), p. 118.

197) Victoria Sherrow, *Volleyball,* (San Diego, California : Lucent Books. inc, 2002), p. 14.

사상은 영국에서 흘러들어간 '강건한 기독교주의(Muscular Christianity)' 였고, 대표적인 기관은 YMCA이었으며, 대표적인 인물은 귤릭(Luther H. Gulick)이었다.

19세기 말 미국 체육진흥운동사에서 신체 단련 체계를 확산시키는데, 큰 영향을 미친 인물이 히치콕, 서전트, 하트웰, 앤더슨 등이었다면 미국의 '강건한 기독교주의 운동' 을 선도하며 학교 및 사회 스포츠 운동에 가장 큰 영향을 미친 것은 미국 YMCA이었고, 그 중심에는 귤릭(Luther Gulick)이었다. 하와이의 호놀룰루(Honolulu)에서 선교사의 아들로 태어난 귤릭은 복음주의신교회(Evangelical Protestant Church) 교풍 속에서 자랐다.[198] 어린 시절 심한 편두통과 허약한 신체로 인해 고생을 한 그는 1880년대 오벌린 대학(Oberlin College) 재학시절 자신의 인생을 건전한 정신과 건강한 신체에 의존해야 한다는 생각을 하게 되었다.[199] 1885년 그는 학업을 중단하고 매사추세츠, 케임브리지(Cambridge)의 '서전트 스쿨(Sargent School)' 에 들어가 6개월 과정의 체육지도자 교육을 받았다.[200] 그 이후 뉴욕대학교 의대를 졸업하였으나 53세의 일기로 세상을 떠나기 까지 기독교 운동과 체육·스포츠 분야의 발전에 헌신하는 삶을 살았다.

귤릭은 미국체육진흥협회(AAAPE) 회장(1903-1907), 북미YMCA국제위원회 체육부 간사(1887-1902), 스프링필드 YMCA기독교근로자학교(The School of Christian Workers) 체육주임(1889-1990), 뉴욕 공립학교경기리그(PSAL: Public School Athletic League) 창설 및 초대 주임(1903-1908), 미국 플레이그라운드협회(PAA: Playground Association of America)[201]의 초대회장(1906-1910), 러샐 세이지 재단(Russel Sage Foundation) '어린이 위생분과(Child Hygiene Department)' 의 조직자 겸 초대 소장을 역임했다. 미국 보이스카우트 운동 지도자, 소녀캠프파이어(Camp Fire Girls) 회장(1913-18), 놀이 이론(play theory)의 제창 등 체육, 스포츠를 통한 청소년 교육에 인생을 바쳤다.

귤릭의 체육 사상의 토대는 신체(body), 정신(mind), 영(spirit)의 일치를 주장하는 심신 일체론적 사고와 놀이 이론을 바탕으로 한 강건한 기독교주의 사상이었다. 귤릭으로부터 교육을 받았던 데스테이너(Edward Von DeSteiner)는 귤릭은 신체와 정신이 깊은 관계를 유지하며, 상호 영향을 미친다는 점을 강조했다고 기록하고 있다. 귤릭의 체육에 대한 관심은 유용한 인간의 육성에 대한 열망으로부터 비롯된 것이며, 체육관을 그리스도의 왕국으로 만들기 위한 것이었다.[202] 그러나 그가 스포츠를 통하여 인간 육성을 시도한 것은 심신 일체론적 사고를 지

---

198) Ethel Dorgan, Luther Halsey Gulick, 1865-1918 (New York : Columbia Univ. Press, 1934) 참조.

199) Ellen W. Gerber, *Innovators and Institutions in Physical Education* (Philadelphia : Lea & Febiger. 1971), pp. 349-50.

200) 당시 이 학교는 서전트 박사가 개인적으로 세운 사설학교로 일명, 서전트 스쿨로 표기되기도 한다. 이 학교에 관한 상세한 것은 하남길·이상두, "D.A. 서전트의 體育觀앞과 體育史的 업적 探索," **한국체육사학회지**, 제10호, (2002. 12), pp. 1-32 참조.

201) 이 협회는 훗날 The National Recreation Association이 되었다.

202) Tony Ladd & James A. Mathisen, *Muscular Christianity: Evangelical Protestants and the Development of American Sport* (Grand Rapids : Baker Books, 1999), p. 61.

녔기 때문이었다. YMCA 역사가인 홉킨스(Haward Hopkins)는 귤릭이 YMCA에서 체육 프로그램을 투입하는데 중요한 역할을 한 최초의 인물이며, 신체(body)와 정신(mind), 영(spirit)의 삼각관계를 하나로 통합하는 성스러운 철학의 소유자였다고 평가했다. 실제로 그는 정신(mind)과 신체(body)에 의해 지지되는 영(spirit)을 상징하는 역삼각형 YMCA 휘장(emblem)을 고안했다. 또한 스포츠의 중요성을 일깨워주는데 강한 열정을 보였으며, 체육·스포츠의 중요성과 가치를 인식시키는데 열중하면서 YMCA 조직을 통해 세계 여러 나라에 인간의 영적인 삶은 신체와 정신의 균형적인 발달에 의존한다는 복음을 전파했다.[203]

귤릭이 놀이나 스포츠 등 신체적 레크리에이션을 통해 YMCA 교육 활동을 주도한 것은 신체적 레크리에이션 활동이 심성의 개발에도 영향을 미친다는 놀이 이론을 믿었기 때문이었다. 레이더(Benjamin G. Rader)는 귤릭이 영향을 받은 이론은 홀의 "놀이의 발생반복이론(the recapitulation theory of play)" 이었다고 주장했다.[204] 귤릭은 개인적으로 근·현대 생활에서 놀이와 운동경기의 중요한 역할을 다음과 같이 정리했다.

> 어린 아이들을 위한 모래더미, 조금 더 자란 어린이들을 위한 놀이 운동장, 10대 청소년을 위한 운동경기장 등 어른이 되어 삶을 영위해 가는데 있어서 사회적 관계의 전체 수단이 되는 이런 것들은 민주주의가 계속되려면 꼭 있어야할 기본 조건들이다. … 이유는 복잡하고 상호 독립적인 현대 생활에 필요한 공동체 의식, 집단의 욕구와 관련된 자기 통제력의 함양이나 발달이 그러한 스포츠나 야외활동에 달려있기 때문이다.[205]

귤릭은 놀이나 스포츠를 통해 민주 사회에 적응할 수 있는 능력 배양, 공동체의식의 강화, 사회성의 발달 등이 가능한 것으로 믿었던 것이다. 실제로 홀(Hall)과 귤릭(Gulick)은 인간의 종족이 진화하는 과정에서 놀이를 하려는 본능이 자연스럽게 획득되어졌다고 믿었다.

심신 일원론적인 사고와 놀이의 교육적 가치를 인정하고, 각종 스포츠 활동을 통해 추구했던 YMCA 체육지도자들의 활동은 곧 강건한 기독교주의 운동이었다. 귤릭과 YMCA 체육담당자들은 스포츠 교육 운동을 학교와 사회로 확산시켰다. 귤릭은 "Y.M.C.A.의 목적은 다방면에서 기독교적 '남성다움(manliness)' 을 길러주기 위한 것이라고 믿었다.[206] 강건한 기독교주의 운동의 가장 대표적인 예는 뉴욕의 공립학교 체육 담당관(Director of Physical Training of the Public School)으로서 1903년 지역 명사들의 후원을 받아 '공립학교경기리그(PSAL :

---

203) Benjamin G. Rader, "The Recapitulation Theory of Play: motor behaviour, moral reflexes and manly attitudes in urban America, 1880-1920" in J.A. Mangan(ed.), *Manliness and Morality*, (Manchester : Manchester University Press. 1987), p. 126.

204) *Ibid.*

205) L. H. Gulick, "Athletic for School Children" , *Lippincott's Monthly Magazine*, LXXXVIII, (August, 1911), pp. 144-168.

206) Luther Gulick, "The legitimate Phrase of Athletic in the Y.M.C.A." (1896), SCA-sc, BV 1145 G8.

Public School Athletic League)' 를 창설한 것이었다. 그의 노력으로 1910년까지 세계에서 가장 큰 운동 조직 단체였던 공립학교경기리그(PSAL)는 미국 전역으로 확산되었다.[207] 그리고 귤릭이 주도한 '플레이그라운드 운동(playground movement)' 의 프로그램은 1912년까지 중등학교나 사범학교, 대학, 도시 행정기관에 제공되었으며, 농구와 배구 또한 YMCA의 귤릭 및 YMCA 강건한 기독교주의 운동 참여자들에 의해서 창안되었다.

1891년에 스프링필드에서 학생 신분의 강사였던 캐나다 출신의 젊은 목사 네이스미스(James Naismith)는 농구 게임을 조직화할 수 있는 필수적인 요인들을 결합했다. 그리고 모건(William G. Morgan)은 1895년 매사추세츠 주의 홀리요크(Holyoke)에 있는 YMCA 체육 지도자로서 봉사하는 동안, 농구가 너무 힘이 많이 든다고 판단하고 나이가 든 남자들을 위한 스포츠로 배구를 고안했다.[208] 이들은 모두가 '강건한 기독교주의 운동' 의 사도(使徒)들이었으며, 그들의 중심에는 귤릭이 있었다.

3) 미국 스포츠 이데올로기

(1) 아메리카니즘

남북전쟁 이후부터 1900년을 전후로 약 반세기는 영국에서 도입된 스포츠가 확산되고, 문화국가주의 사조를 토대로 미국적인 특성을 띤 스포츠가 조직화된 시대였다. 따라서 미국적 스포츠 문화의 생성과 확산 과정은 한마디로 아메리카니즘의 개화로 표현된다. 1780년대부터 뚜렷해지기 시작한 미국문화국가주의(Americanism) 사조는 미국의 레저나 스포츠에도 큰 영향을 미치게 되었다.

산업사회로 접어들자 미국에 새롭게 형성된 부유층 엘리트들은 그들만의 특권을 창조해 갔다. 상류사회에 애슬레티시즘(Athleticism)이 확산되면서 새롭게 등장한 신흥 부호들은 각종 스포츠계를 장악하기 시작했다. 그들은 경마와 사냥을 지배했고, 마장마술과 폴로를 소개했으며, 요트경기를 국제적인 관심사로 만들었다. 그리고 당구, 크리켓, 사냥과 사격, 양궁, 테니스, 골프, 축구(football), 코우칭(coaching) 등과 같은 스포츠의 유형을 다채롭게 변화시켰다. 여러 면에서 영국 및 유럽 전통을 모방한 모습이었다. 특히 요트와 경마에 있어서 신흥부호, '누보리시(*nouveau riche*)' 의 역할은 대단한 것이었다.

사회구조의 변화와 의식의 전환은 스포츠의 조직화로 연결되었다. 19세기 후반 유럽에서 도입된 다양한 스포츠가 있었으나 일부 스포츠 종목은 미국적인 형태로 성문화된 규칙이 마

207) Albert B. Reeve, "The World's Greatest Athletic Organization," *Outing*, LVII, (October, 1910), pp. 232-35.

208) 이 내용을 확인시켜주는 다음과 같은 문헌들이 있다. Luther Gulick, "Psychological, Pedagogical and Religious Aspects of Group Games," *Pedagogical Seminary*, VI, (March 1899), p. 144. L. Gulick, "Psychological Aspects of Muscular Exercise" , *Popular Science Monthly*, LIII, (October 1898), pp. 793-805. L. Gulick, "The Psychology of Play", *Association Outlook*, VIII, (February 1899), pp. 112-6.

련되었고, 전국적인 통괄단체도 결성되었다. 이러한 과정을 조직화(organization)라고 하며, 그러한 스포츠를 조직화된 스포츠(organized sports)라고 한다.

19세기 후반부터 애슬레티시즘이 확산으로 미국 사회에 소개되거나 자체적으로 조직화된 스포츠 종목은 양궁, 야구, 농구, 사이클링, 당구, 볼링, 권투, 카누, 코칭(coaching: 마차), 크리켓, 크로켓, 크로스컨트리, 컬링(curling), 펜싱, 미식축구, 골프, 체조, 핸드볼, 하네스(harness), 승마, 아이스하키(ice hockey), 스케이팅(skating), 라크로스(across), 폴로(polo), 경보, 롤러스케이팅(roller skating), 조정, 럭비, 세일링(sailing), 사격, 스킹(skiing), 축구(soccer), 스쿼시, 수영, 테니스, 육상(track and field), 트랩 사격(trap shooting), 배구, 수구(water polo), 레슬링, 요트 등이었다. 이와 같은 많은 스포츠가 19세기 말 약 30년 동안 체계적으로 발달되었기 때문에 이 시대를 미국 스포츠 '조직화의 시대(the Age of organization)' 라고 한다.

1870년대부터 헤아리기 힘들 정도의 많은 협회와 클럽들이 생겨났고, 전국적인 조직도 갖추어졌다. 경마에서는 미국 트로팅 터프(America Trotting Turf)의 발전을 위해 전국협회가 생겨났다. 전미야구선수협회(National Association of Professional Baseball Players, 1871), 미국대학조정협회(RAAC, 1871), 시와나카요트클럽(Seawanhaka Yacht Club, 1871), 전국소총협회(National Rifle Association, 1871), 전미아마추어조정인협회(NAAO, 1872), 내셔널리그(NL, 1876) 등이 결성되었다. 1870, 1871, 1876년 요트에서는 아메리카 컵 레이스(America's Cup Race)가 열렸다.[209] 1875년 미국대학간아마추어육상협회(ICAAA)[210]가 생겨났으며, 1875년 전국볼링리그(NBL)가 출현했다. 귀족 게임(noble game)으로 불리는 크리켓에서는 1878년 미국크리켓동호인협회(Cricketer's Association of the United States)가 생겨났고, 1879년에는 전국양궁인협회(National Association of Archery), 미식축구는 몇 개 대학에서만 제한적으로 확산된 상태였으나 1876년 미국대학간미식축구협회(AIFA)[211]가 결성되면서 서로 달랐던 규칙이 통일되었다. 미국 대학의 운동경기는 1879년 전미아마추어경기협회(NAAAA)[212]의 구성으로 인해 안정적으로 뿌리를 내리게 되었다. 한마디로 말해 1870년대는 미국 스포츠의 조직화시대였던 것이다.[213]

1880년대에는 사이클링(cycling), 카누잉(canoeing), 스케이팅(skiting), 크로켓(Croquet) 등과 같은 레크리에이션 계통의 스포츠가 급속히 조직화되었다. 1880년 미국사이클동호인리그(League of American Wheelmen), 1880년 전국카누협회(National Canoe Association), 1882년

---

209) John R. Betts, *op. cit.*, p. 109

210) Inter-Collegiate Association of Amateur Athletes of America.

211) American Intercollegiate Football Association

212) The National Association of Amateur Athletes of America. 이 단체는 훗날 NCAA (National Collegiate Athletic Association)로 재조식화 되었다.

213) John R. Betts, *America's Sporting Heritage: 1850-1950* (Reading, Mass. : Addison-Wesley, 1974), pp. 109-10.

전국크로켓협회(National Croquet Association),[214] 1884년 미합중국스케이팅협회(United States Skating Association) 등이 조직되었으며, 최초의 스킹 토너먼트는 1884년 미네소타의 노르웨이계 미국인들(Norwegian-Americans)에 의해 개최되었다. 비록 거대한 다수의 미국인들이 모두 이러한 통괄단체나 시합에 관계를 갖고 있었던 것은 아니지만 많은 경기는 후원을 받았다. 이러한 조직체에 의해 많은 각 종목별 규칙이 체계화되어 공포되었으며, 스포츠에 흥미를 느끼지 못했던 많은 대중들도 점차 스포츠에 깊은 관심을 갖게 되었다.[215]

1880년대 또 하나의 변화는 테니스, 골프, 폴로 등과 같은 사회 계급적 성격을 띤 스포츠가 조직화되었다는 것이다. 1881년 미국론테니스협회(US Lawn Tennis Association)가 결성되었고, 부유층 소수의 사람들은 뉴욕에 소개된 골프에 관심을 갖기 시작했다. 그리고 일련의 사교계의 명사들은 미국폴로협회(US Polo Association)를 결성했다.

1880년대는 스포츠의 조직화는 학교 스포츠의 발달도 촉진시켰다. 매사추세츠 주의 스프링드 YMCA 국제 트레이닝 스쿨(International Training School)의 설립은 학교 스포츠의 발달을 촉진시켰다. 현상권투나 도박성 경마 등과 같이 전국적인 통괄단체가 없는 종목도 있었으나 전반적으로 각종목별 통괄단체결성이 완료되어 갔다. 미국 스포츠의 조직화 작업의 완결 단계는 1888년 역사적인 '아마추어경기연맹(AAU)' 의 결성으로 대변된다. AAU는 각종 운동경기 단체를 통합하고 조정했으며, 미국이 세계 스포츠 강국으로 부상할 수 있는 토대가 되었다.

(2) 실용주의

다윈(Charles Darwin, 1809-1882)이 《종의 기원》을 출간한 이래 다윈의 생리학적 원리는 사고의 혁명을 일으켰고, 그의 영향으로 미국에서는 형이상학적 사고를 탈피한 실용주의(Pragmatism) 철학이 등장하였으며, 실용주의는 교육 및 체육의 발달에 큰 영향을 미쳤다. 실용주의 사조의 확산을 주도한 인물은 피어스(Charles Sanders Peirce, 1839-1914), 제임스(Wlliam James, 1842-1910) 등이었고, 그들과 사상적 맥을 같이 했던 홈즈 박사(Dr. Oliver Wendell Holmes, 1809-1894)는 신체적성 이론을 대두시키면서 미국 체육과 스포츠 문화의 발달에 직접적인 영향을 미쳤다. 의사이자 문인이었던 홈즈는 당대 대학생들을 "부드러운 살결과 창백한 얼굴빛을 가진 젊은이" 로 묘사하고, 뉴잉글랜드 지식인들의 신체적 불완전함에 대해 한탄하며 스포츠의 참여를 적극적으로 권장했다.[216]

피어스, 제임스 등은 정신이 신체로부터 분리될 수 있다는 생각을 거부했다는 측면에서 심신 일원론적 사고를 확산시킨 것으로 평가할 수 있으며, 실용주의는 인간의 신체와 친근한 철학이었다는 점에서 체육사적 의미를 지닌다. 그러나 무엇보다도 중요한 것은 실용주의 철학

214) 최초의 스킹 토너먼트는 1884년 미네소타의 노르웨이계 미국인들(Norwegian-Americans)에 의해 열렸다.
215) John R. Betts, *op. cit.*, p. 110.
216) Oliver Wendell Holmes, "The Autocrat of the Breakfast-Table," *Atlantic Monthly*, I (May, 1858), p .881.

이 교육자들에게 영향을 미쳐 진보주의 사상이 출현하면서 신 체육 사상이 등장하게 되었다는 점이다. 듀이(John Dewey)[217]가 진보주의 교육이론을 통해 사회적 교육과 창조적인 경험에 의한 학습을 강조하게 되자 신체적인 활동이 단순히 신체의 단련뿐만 아니라 청소년의 정신적, 사회적인 발달에도 기여할 수 있다는 주장이 받아들여지게 되었다는 점에서 실용주의 사상은 체육과 스포츠 문화 발달을 촉진한 철학으로 평가되고 있다.

(3) 강건한 기독교주의

19세기 후반 영국에서 확산되었던 강건한 기독교주의(Muscular Christianity) 사조는 미국으로 전파되어 미국의 체육과 스포츠 문화 발달에도 지대한 영향을 미쳤다. 미국 사회학자 암스트롱(C. Amstrong)은 영국 '퍼블릭 스쿨(Public School)' 에서는 각종 게임과 스포츠 활동을 통해 팀워크(team work), 도덕적 용기(moral courage), 단체정신(group spirit)을 함양하여 미래 지도자들을 양성하려고 하였으며, 그러한 영국의 교육 이상(理想)은 미국의 중등학교에 영향을 미치게 되었다고 밝혔다.[218] 사회학자 세이지(G.H. Sage)도 애슬레티시즘에 뿌리를 둔 '남성다운 특성(manly trait)' , '강건한 인격 특성(muscular characteristics)' 의 함양이란 스포츠 교육의 개념은 영국에서 미국 스포츠 교육 체계로 전파되었다고 밝혔다.[219]

미국에 강건한 기독교주의 사조를 확산시킨 그룹은 '복음주의 운동' 을 하던 기독교인들이었으며,[220] 그 중에서도 가장 큰 영향력을 발휘한 그룹은 YMCA 체육 관계자들이었다. 1880년대부터 미국의 대학들은 스포츠를 광범위하게 수용하기 시작했고, 그러한 움직임은 YMCA 복음주의 운동과 깊은 관계가 있었다. 예컨대 예일대학체육관은 강건한 기독교주의 운동(Muscular Christianity Movement)의 온상으로 불렸다.[221] 1886년 예일대학 내 YMCA 빌딩에

---

217) 존 듀이는 존스홉킨스대학을 졸업한 후 시카고 대학으로 옮겼다. 그 곳에서 실험학교를 운영했으며, 1899년 『학교와 사회』 라는 저서를 펴냈다. 그는 아동 중심적이고 자연적인 교육을 통하여 사회의 개선을 가져와야 한다는 주장을 폈다. 그의 철학의 기초는 하는 것(doing)과 아는 것(knowing)이 동일하게 중시되는 것, 즉 인간의 총체성(the unity of man)을 강조함으로써 신체와 정신을 분리하지 않는 입장을 취했다. 그는 1904년 시카고 대학에서 콜롬비아대학 교수로 옮겨가게 되었으며, 그 결과가 신 체육의 탄생으로 이어졌다. 1901년 스탠포드 대학에 재직하던 토마스 우드와 제시 윌리엄스 교수가 콜롬비아 대학에 재직하게 됨으로써 듀이의 진보주의 교육철학의 영향을 직접적으로 받아 '신 체육(New Physical Education)의 개념을 확립하는데 기여했기 때문이다.

218) Christopher F. Armstrong, "The Lessons of Sport: Class Socialization in British and American Boarding School," *Sociology of Sport Journal* 1 (Dec. 1984), p. 315.

219) George H. Sage, *Power and Ideology in American Sport* (IL, Champaign : Human Kinetics, 1990), pp. 253-274.

220) 이 복음주의 운동이란 개인의 죄에 대한 자각 및 그리스도를 통한 하나님과의 일치를 강조했던 18-19세기 프로테스탄트 교회의 종교운동을 뜻한다. 복음교회(福音教會, Evangelical Church)란 미국에서 형성된 기독교의 한 종파이다. 1803년 펜실베이니아 주에서 야콥 올브라이트(J. Albright)가 창시했다. 교리는 아르미니우스주의로 독일, 스위스에서 널리 퍼진 교풍이었다. 1936 한국에 설립된 복음교회는 올브라이트파와는 다르다. 몇몇 기독교인들이 신앙은 복음적이고, 생명적이어야 하며, 교회는 모름지기 한국인 자식의 교회이어야 한다는 목표를 정하고 장로교와 감리교 제도를 절충한 것이다. 동아출판사백과사전부, **동아원색세계백과사전** (서울 : 동아출판사, 1987), p. 444 참조.

드와이트 홀(Dwight Hall)을 개관했을 때 『뉴잉글랜드 앤드 예일 리뷰(*The New England and Yale Review*)』 지(誌)에는 대학 운동경기는 남성다움(manliness)이란 강건한 기독교주의의 이상(理想)을 예찬하는 풍조가 넘쳐났다는 내용과 젊은이들의 생활에서 건전한 놀이의 장려가 탈법적인 행위를 일소시킬 수 있을 것으로 본다는 내용의 글이 실렸다.[222] 그리고 1890년대까지 "예일대 미식축구 팀 스타팅 멤버 11명 중 6명은 복음주의 기독교 신자들이었다." [223]

미국 사회에서 강건한 기독교주의 사상이 유입·확산될 수 있었던 것은 자유주의, 계몽주의, 초절주의 사상이 체육과 스포츠 문화의 사상적 저류(底流)를 형성하고 있었기 때문이었다. 영국에서 유입된 강건한 기독교주의 사조는 1880년대 미국 기독교의 복음주의 운동(evangelism movement) 및 기독교부흥운동(revivalism)과 연계됨으로써 널리 확산되었고, 그것은 스포츠의 보급 및 확산 운동으로 이어졌다. 그러한 상황에서 미국 YMCA는 강건한 기독교주의 운동의 선봉에서 스포츠 교육의 활성화에 적극적으로 개입했다. YMCA는 미국 체육사적으로 강건한 기독교주의 운동의 온상(溫床)이자 미국 스포츠 교육 운동의 요람으로 미국 대학 및 중등학교, 사회 스포츠의 보급과 확산에 몇 가지 중요한 역할을 했다. 대표적인 것은 ① 대학 YMCA의 '복음주의 운동'을 통한 대학 스포츠의 활성화 ② '공립학교운동경기연맹'의 창설을 통한 중등학교 교육 체계의 스포츠 보급과 확산 주도 ③ '플레이그라운드 운동', '캠프파이어 운동' 등을 통한 놀이와 스포츠, 야외활동 프로그램의 사회 보급 ④ 체육·스포츠 지도자의 육성 ⑤ 농구와 배구의 창안 ⑥) YMCA 조직망을 통한 체육과 스포츠의 지식과 제도의 국내외 보급 등이었다.

체육사적으로 볼 때 YMCA는 미국 학교 및 사회 스포츠의 보급과 확산에 결정적인 역할을 한 단체였고, 그 중심에는 미국 YMCA 스포츠 교육 운동을 주도한 귤릭(Luther H. Gulick)이 있었다. 그는 '놀이 이론(play theory)'을 수용하고, 강건한 기독교주의 사상을 신봉하였으며, YMCA를 통해 생겨난 '애슬레틱 선데이(Athletic Sunday)'라는 신조어를 확산시키며 스포츠 보급 운동을 전개한 대표적인 인물이었다. 그의 철학은 신체(body)와 정신(mind), 영(spirit)의 일치였고, YMCA를 통한 그의 스포츠교육운동은 그 삼각관계를 하나로 통합하려는 노력이었다. 그러한 결과로 귤릭은 체육의 목적 개념을 심동적 영역에서 정의적 영역으로까지 확대시킨 미국 체육 철학자요, 혁신자로 평가되고 있으며, 미국의 YMCA운동은 미국 스포츠 문화의 발달과 깊은 관계를 맺게 되었다.

---

221) 예일대학의 명칭은 도서와 기부금을 많이 낸 영국 상인 예일(Elihu Yale, 1649-1721)의 이름을 딴 것이다. 미국 코네티컷주 뉴 헤이븐에 있는 사립대학으로 미국에서 3번째 오래된 전통 사학이다. 1701년 세이브룩에 창립되었다가 18년 후 뉴헤이븐으로 옮겼다. 본 고(考)와 관련하여 중요한 사실은 미국과 유럽을 통해 대학 중 최대 규모의 체육관을 갖고 있다는 것과 영국식 교육 형태를 취하며, 교수와 학생의 관계 및 체육을 매우 중시하는 교풍을 가꾸어왔다는 것이다.

222) "Religion in Yale University" *The New England and Yale Review* 45 (Dec. 1886), p. 1047.

223) *Youngman's Era,* 10 (Dec. 1891). p. 779.

5. 한국 스포츠 문화

1) 학교 체육과 스포츠의 발달

건국 이후 홍익인간의 이념을 교육 이념으로 하는 새로운 교육이 시작되었으며, 일제하에서 군국주의적 경향의 체육이 실시되다가 광복을 맞아 새로운 민주 체육의 시대가 열게 되었다. 그러나 실제 내용은 일제하의 군국주의 방식을 크게 벗어나지 못한 것이었다. 일제말기까지 체련과(體鍊科)란 명칭으로 체조, 교련, 위생, 유희 및 운동경기 등과 같은 내용의 수업이 실시되었다. 해방 이후 군정시대부터 체육은 소위 교육과정 시대로 접어들었다. 6・25 동란의 수습된 1954년부터 제1차 교육과정(1954-1965)이 시행됨으로서 정상적인 체육교육이 실시된 이래 2002년 제7차 교육과정 시행에까지 이르게 되었다.

우리나라 학교 체육과 스포츠의 혁신적인 변화는 1960년대부터 시작되었다. 1961년 5・16 "군사 혁명" [224]으로 박정희 정권(1961. 5. -1979. 10.)이 등장했고, 박정희의 등장은 한국 체육・스포츠계의 대 변혁을 예고하는 신호탄이었다. 역사적으로 우리나라의 지배계급은 숭문주의 사상에 치우친 경향이 있었으나 박정희는 그러한 폐해를 일신했다. 그에 대한 평가는 부정적인 면도 많다. 그러나 그가 국민의 역동성을 일깨운 인물임은 틀림없다. 박정희가 집권한 이래 한국 교육체계 속에 등장한 캐치프레이즈(catch phrase)는 "국적 있는 교육" 이었으며, 교육 방향은 "역행(力行)하는 인간의 육성" 과 "건강한 인간의 육성" 으로 설정되었다.[225] 교육의 방향에 이 두 가지 개념이 포함된 것은 청소년들에게 행동하는 인간상을 구현하고, 신체적・정신적으로 강인(强靭)함을 길러주려는 의지의 표현이었다. 따라서 이러한 자질의 함양을 위해 체육교육이 강조되었다. 물론 분단국가라는 상황, 정권의 성격 등으로 인해 체육은 국가주의적, 군사적 성격을 띠기도 했으나 그 과정에서 학교 체육과 스포츠는 급속히 확산・발달되었다.

박정희 정권은 1970년대부터 "국민체력 강화" 와 우수선수 육성을 위한 "엘리트 스포츠 정책" 의 추진에 더욱 박차를 가했다. 그 대표적인 제도와 정책이 "학교보건법" [226], "학교신체검사법" 과 "체력장제도" , 학교체육시설설비기준령[227], "교기육성제도" , "전국소년체육대회 신설" 등이었다.[228] 이러한 제도적 장치는 20세기 후반 한국 체육・스포츠 발달의 초석이 되었다.

---

224) 여기서 5・16군사정변(軍事政變)은 기술 내용의 성격에 따라 "쿠데타(coup d'etat)" 와 "혁명(revolution)" 으로 혼용하여 쓰기로 한다.

225) 대한어머니회중앙연합회, **"韓國教育30年史"** (서울 : 대한어머니회중앙연합회출판부 1977), p. 52.

226) 1967. 3. 30. 법률 제1928호. 한이혁, 체육사(서울 : 도서출판 태근, 1998), p. 322.

227) 1969. 12. 4. 大統領令 제4398호. 이 법령에는 모든 학교는 학생들의 체육 및 스포츠 활동을 위한 시설과 운동장의 확보기준을 정하고 있다. 한이혁, 위의 책, p. 322.

228) 이학래・김종희, 박정희 정권의 정치 이념과 스포츠 내셔날리즘 **한국체육학회지**, 38 (1), (1999), p. 32.

2) 사회체육과 스포츠

『기네스 올림픽 기록집(*The Guinness Olympics Fact Book*)』에 의하면 제1회 올림픽 게임(1896. Athens)부터 제11회 올림픽 게임(1936, Berlin)까지 40년 동안 아시아 국가로서 올림픽에 참가하여 메달을 획득한 나라는 인도, 일본 2개 국가뿐이었다. 그리고 제14회 올림픽(1948, London)까지 약 반세기 동안 올림픽에 참가하여 메달을 획득한 나라는 인도, 일본, 한국, 이란 등 4개 국가에 불과했다.[229] 최초로 메달을 획득한 아시아 국가는 인도였으며, 아시아 사회에서 스포츠 운동(Sports Movement)을 주도한 나라는 일본이었다. 일본은 제5회 올림픽 게임(1932, Los Angeles)에서 메달 집계 순위 5위(G7, S7, B4)를 차지했고,[230] 1964년 아시아 국가로서는 최초로 제18회 올림픽 게임(1964, Tokyo)을 개최했다. 중국의 경우 1932년에 단 1명의 선수가 참가한 이래 1948년 제14회 올림픽 게임(London)에 33명의 선수가 참가했지만 12년 동안 노 메달에 그쳤다.[231] 이러한 사실은 아시아 국가에서는 스포츠 운동(sports movement)이 서구 여러 나라에 비해 늦게 시작되었다는 것을 시사(示唆)하고 있다.

일제의 강제 통치, 6·25전쟁 등으로 한국의 스포츠 운동도 매우 미약했다. 그러나 해방 이후 다시 시작된 한국의 스포츠 운동은 경제 성장을 토대로 눈부신 성장을 거듭해왔다. 특히 20세기 후반 한국 스포츠의 비약적인 발달은 경이적인 것이었다. 1986년 아시안 게임 2위, 1988년 서울 올림픽 4위, 2002년 한·월드컵 4강 등 기적 같은 성과를 거둠으로써 스포츠에서도 세계 선진국 대열에 합류하게 되었다.

20세기 후반 한국 사회 체육과 스포츠도 교육 체계의 변화와 연장선상에서 발달되었다. 1945년 8월 17일 일본에 의해 강제로 해체되었던 "조선체육회가 재건되었으며, 1947년에는 IOC에 가입했고, 1948년 공식적으로는 최초로 제14회 런던 올림픽에 참가했다. 1950년대는 한국 전쟁(6·25전쟁) 후의 정치·사회적 불안과 경제적으로 궁핍 상황에도 불구하고 대한체육회를 중심으로 스포츠 운동이 계속되었으며, 마라톤, 탁구, 축구, 권투, 역도, 유도 등과 같은 종목에서는 국제대회에서 두각을 나타내기도 했다. 하지만 1945-1960년까지 한국의 사회적 상황은 스포츠 문화가 대중화되거나 국가가 스포츠를 장려할 수 있을 정도의 안정된 사회가 아니었고, 스포츠에 대한 국민의 관심도 부족했다. 1960년대 이전의 스포츠 사회화 수준은 단지 학교를 중심으로 극소수의 선수들이 국제대회에 참가하는 정도였다. 그리고 1950년대까지 한국 사회 스포츠 운동은 민간인 주도의 소극적인 것이었다. 그러나 1960년대부터는 대한체육회와 더불어 정부가 스포츠 운동을 적극 지원함으로써 사회 체육 및 스포츠 운동이 활발하게 전개되었다.

1961년 박정희의 혁명정부는 "민족중흥" 을 외치며 사회 각 분야에 걸쳐 획기적인 리더십

229) Stan Greenberg, *The Guinness Olympics Fact Book* (London, Guinness Publishing Ltd., 1991), pp. 12-44.
230) Ibid., p. 36.
231) Hai Ren, "Chaina and the Olympic movement" in James Riordan and Robin Jones (ed.) *Sport and Physical Education in China* (London : E & FN Spon, 1999), pp. 204-5.

(leadership)을 발휘했으며, 체육·스포츠 분야도 예외가 아니었다.[232] 박정희는 그가 집권한 18년 5개월 동안 우수 선수를 육성하기 위한 "엘리트스포츠육성정책" 과 국민의 건강과 합리적인 여가 활동에 초점을 맞춘 "대중스포츠정책" 을 동시에 펼쳤다. 박정희 정권의 스포츠 정책 기조는 1980년대의 전두환·노태우 정권으로 이어져 성공적인 결실을 거두게 되었는데, 1960-1980년대까지 사회 체육·스포츠 운동의 전개 양상은 다음 〈표 2-3〉 과 같다.[233]

표 3-3. 한국 스포츠 운동 약사

년도	내 용
1945	· 조선 체육회 재결성. 12개 경기단체 창립 (11월)
	· 제26회 전국체전(National Games) 개최
1947	· IOC(국제올림픽위원회) 정식가입(6월)
1948	· 한국 최초 올림픽 참가 (14th London) (7월)
	· 조선체육회의 명칭이 대한체육회로 개칭됨 (9월)
1949	· 이화여대체육과에서 최초의 졸업생 13명 배출
1951	· 문교부 학교 신체 검사 규정 공포 (3월)
1952	· 아시아 경기 연맹(AGF)에 가입 (7월)
1955	· 한국체육학회 회지 "체육" 창간 (2월)
1960	· 한국 최초로 데이비스컵테니스대회 예선 참가 (4월)
1961	· 군사혁명정부 대한체육회 예산을 정부가 지원하기로 결정
	· 혁명정부의 "재건국민운동본부" 가 "체력은 국력" 이라는 슬로건 채택
	· 혁명정부의 "재건국민운동본부" 가 "국민체조" 보급운동 전개
1962	· 국민 체육진흥법 공포 (9월 17일 - 법령 제 1146호)
	· 10·15일 체육의 날로 지정
	· 매월 마지막 주를 "체육 주간" 으로 제정
1963	· 장충체육관 개관. 각 시·도청 소재지에 체육관 건립
1966	· 태릉선수촌 완공(6월 15일), 대한체육회회관 개관(면적 2,110평)
1968	· 정부의 체육 조직 일원화 방침 공포. 대한체육회, 대한올림픽위원회(KOC), 대한학교체육회 3개 사단법인 대한체육회로 통합 (3월).
1974	· 대한체육회에서 메달리스트들에게 종신연금계획 확정 (대상: 올림픽 게임, 세계선수권대회, 아시안 게임 및 아시아선수권대회 메달리스트) (12월)
1976	· 올림픽 게임 참가 역사상 최초의 금메달 획득(양정모, 레슬링 자유형, 21회 몬트리얼 올림픽 (7월)

232) 이학래, 韓國近代體育史硏究 (서울 : 知識産業社, 1990), p. 223.

233) 해방 후 한국 체육의 발달 과정에 긍정적인 면만 있었던 것은 아니다. 엘리트 스포츠 중심의 정책, 스포츠를 통한 독재 정권의 탈정치화 등과 같은 문제가 있으나 여기서는 언급하지 않았음을 밝혀둔다.

년도	내 용
1979	· 잠실 체육관 개관 (4. 18일, 국제 수준의 대형 체육관, 지하 1층, 지상 3층).
	· 제24회 서울 올림픽 게임 유치 계획 확정(9월 21).
1981	· 국민체육 · 스포츠진흥재단 상해보험제도 실시(3월).
	· IOC 총회 1988년 서울 올림픽 개최 확정(9월)
	· 아시아경기연맹(AGF) 총회 1986년 제10회 아시안 게임 서울 개최 확정(11월 26일)
1982	· 체육부 발족 (초대 체육부 장관 노태우), (3월)
	· 한국 프로야구 개막(3. 27).
1983	· 한국 최초의 프로 씨름대회 개막(4월).
1984	· 국군체육부대 창설 (1월).
	· 노태우 대한체육회 회장에 선임. (10월)
1985	· 국가대표 사격선수를 위한 88사격 훈련단 창설 (6월.
1986	· 86 아시안 게임 "스포츠 과학 학술대회" 개최 (9월)
	· 제10회 서울 아시안 게임 개최 (9. 20-10.5일)
1988	· 88 서울 올림픽 "스포츠 과학학술대회" 개최 (9월)
	· 제24회 서울 올림픽 게임 개최
1989	· "국민스포츠진흥공단" 발족 (4월)
	· 지방자치행정조직에 "생활체육과" 설치
1991	· 국민생활스포츠협의회 설립(2월)

出處 : 이학래, 한국스포츠백년사 연표 pp. 685-762.

제Ⅳ장 스포츠 철학

1. 스포츠의 의미
2. 스포츠의 잠재적 의미
3. 몸과 마음의 관계
4. 스포츠와 미
5. 스포츠와 윤리

고대 로마의 권투선수

제Ⅳ장 스포츠 철학

모두가 스포츠 활동에 직접 참여하는 것은 아니지만 현대인은 누구나 스포츠에 노출될 수밖에 없다. 시청이나 관전이라는 형식을 통해서도 가까이 접할 수밖에 없는 상황이 된 것이다. 물론 아직도 스포츠 참여의 가치를 일이나 지적 활동, 예술활동에 비하여 낮게 평가하는 경향도 있지만 수많은 관중들은 스포츠 현장으로 몰리고 있다. 그렇다면 스포츠란 무엇이며, 스포츠 활동은 우리에게 어떠한 의미를 주는가?

철학자나 사회과학자들은 현대인들이 스포츠로 몰리는 이유를 인생의 의미를 발견하거나 사회적 소외감을 벗어나려는 경향으로 파악하기도 한다. 중요한 것은 그 배경이 무엇이든 스포츠로 향하는 그들의 행위가 자발적인 것이라는 점에 큰 의미가 있다. 그것은 스포츠에서 뭔가 의미를 찾을 수 있기 때문일 것이다. 인간은 본질적으로 무의미하고 보수가 없는 활동에 자발적으로 참여하여 정력과 시간을 허비하지 않는다. 그렇다면 스포츠는 어떤 의미를 지닌 그 무엇임이 틀림없다.

1. 스포츠의 의미

1) 스포츠 참여와 자기 자신에 대한 이해

수많은 사람들이 스포츠 현장으로 몰려든다. 현대인 중에는 스포츠 중독자들까지 늘어나고 있다. 스포츠를 통해 행복을 추구하고, 그 과저에서 깊숙이 빠져들어 헤어나지 못하는 증세까지 보이는 것이다. "스포츠란 무엇일까?" 싸르트르(J.P. Sartre)와 새들러(William Sadler)는 스포츠와 놀이는 실존주의적 특징으로 인해 참가자들이 목적을 찾고, 자기에 대한 이해를 가능케 한다고 주장했다. "스포츠나 게임을 통해 인간이 노리는 목표는 어떤 존재, 확실한 존재로서의 자신을 찾는 것이며, 그것은 자기 존재에 대한 물음이다." [234]라고 했다. 사람은 노력을 통해 자기 자신이 누구인지 무엇인지를 명확히 하려고 하는 것처럼 스포츠를 통한 자기 이해를 위한 가능성(potential for self-understanding)을 엿보게 한다. 그리고 메쓰니(E. Metheny)와 같은 학자는 스포츠는 부조리하고 아무 이익도 없는 특성을 지니고 있으며, 아무 덕도 없는 무익한 것이지만 그러한 특성이 바로 유의미한 경험이 되도록 하는 특성이라는 역설적인 주장을 하기도 한다. 그는 스포츠를 "시지프스의 노역(task of Sisyphus)" [235]에 비유하면서 스

234) J.P. Sarter, "Play and sport" in E.W. Gerber and W.J Morgan (ed.) *Sport and the Body : A Philosophical Symposium* (Philadelphia, Lea & Febiger, 1979), p. 86.

포츠는 부조리하고 목표가 빗나간 아무 가치 없는 것으로 보았다. 스포츠란 인간의 노력 흔적을 남기지 않는다는 것이다.[236] 그는 스포츠의 특성을 이렇게 적고 있다.

> 운동선수(투창선수)가 던진 창은 공중을 날다가 운동장에 떨어진다. 거리를 측정하고 나면 창은 다시 처음 던진 지점으로 옮겨지거나 어떤 변화도 없이 보관된다. …농구공은 밑이 뚫린 바구니(basket)를 향해 던져지고, 단지 땅바닥에 떨어질 뿐이다.[237]

그러나 그는 그 속에서 다시 의미를 부여한다. 놀이의 특성으로서 스포츠의 장(場)은 격리성과 허구성이 있다. 즉 스포츠의 세계는 일상생활로부터 분리되며, 스포츠에 참가한 사람은 자신이 선택한 종목의 규칙 범위 내에서 새로운 자기 자신의 세계를 갖게 되며, 그 세계는 일상의 스트레스로부터 해방되는 평소에 불가능했던 자유로운 세계이기 때문에 무익하고 부조리하기도 한 스포츠 활동이 인간을 끌어들이게 된다는 것이다.

메쓰니에 의하면 일상의 세계에서는 복잡한 요소들이 뒤엉켜 한 가지 일에 모든 주의력과 정력을 쏟을 수 있는 자유가 허락되지 않기 때문에 그 자유가 충분히 보장되는 인위적인 세계를 만들려고 한 것이 스포츠 규칙이라는 것이다.[238] 그는 스포츠 세계의 특성이 그것에만 집중할 수 있는 심리적 자유를 보장한다는 점을 강조하면서 스포츠의 구조, 그 속에 있는 행위의 자유는 자발적으로 참여할 수 있다는 점을 바탕으로 하고 있으며, 그 자발적인 참여를 통해 참여자는 자기 자신을 이해할 수 있는 독자적인 기회를 갖게 된다고 보았다.

하퍼(W.A. Harper)도 위에서 언급한 자유의 개념을 강조하며, 그 자유 속에서 진정한 자기 자신과 만날 수 있다는 가능성을 언급하고 있다.[239] 그는 스포츠의 세계에서 타인의 존재에도 불구하고 인간은 기본적으로 혼자이기 때문에 자유롭고 독자적인 세계를 열 수 있다고 주장한다. 즉 스포츠 속에서 참가자는 타인의 기대를 넘어 자기 혼자가 되는 것이 가능하며, 자기의 주체성, 독자성을 믿으며, 원래의 자기와 만나는 것이 가능하다는 것이다.

> 어떤 사람이 창을 던지거나 스키 점프로 높이 치솟거나 다이빙보드에서 더블 백 플리프(double back flip) 연기를 하거나 또는 스카이다이빙에서 날카로운 소리를 지르며 지상을 향해 낙하하거나 그는 혼자이다. 그는 공식적인 독자성(identities), 기능(functions), 그리고 자기 기만(self-deception), 일상(everydayness)을 결정하는 세계를 뛰어넘는다. 그리고 하나라는 고독한 상태에서 자기 자신을 만난다.[240]

---

235) 그리스 신들에게 벌을 받는 것으로 바위를 정상에 끌어 올려놓으면 다시 아래로 굴러 떨어질 것을 알면서도 계속 크고 무거운 바위를 정상으로 밀어 올리는 시지프스의 행위를 일컬음.
236) E. Metheby, Movement and Meaning (New York, McGraw-Hill Book Co., 1968). p. 58.
237) Ibid., p. 59.
238) Ibid., p. 63.
239) W. A. Harper, "Man Alone" , *Quest*, 12, (1969), pp. 57-60; E. W. Gerber and W. J. Morgan. op. cit., pp. 125-127.

철학자 마틴 부버(Martin Buber)가 말한 것처럼 사람(나) 속에도 세계(너)속에도 그들 관계를 제외하면 아무 것도 없다.[241] 스포츠 또한 책이나 문학과 마찬가지로 인간의 행동에 의해 그 무엇인가로 규정되거나 해석되지 않으면 아무런 활성을 갖지 못하는 것이 된다.

스포츠에는 한계가 없다. 인간 스스로가 스포츠에 제한점, 의미, 상상력 등을 부가하여 스포츠를 만들어 가는 것이다. 스포츠는 본질적으로 윤리와도 아무런 관계가 없다. 그 속에 윤리가 존재한다면 그것은 인간이 윤리적인 것으로 만들려는 노력을 담았을 뿐이다. 그리고 스포츠는 가치를 만들어 내지도 않는다. 가치가 있다면 그것 또한 인간이 자기의 가치를 스포츠에 투영하여 가치 있는 것으로 보고 있는 것이다. 스포츠를 즐기는 사람이나 운동선수는 스포츠란 세계 속에서 자기 자신만의 스포츠 세계를 갖고 그 세계를 정의하며, 현실과 격리된 상황에서 스포츠의 세계를 창조하는 것이며, 그 세계는 그 자신에 대한 상상력으로 창조되는 것이다.

인간은 스포츠를 통해 탁월성을 추구하지만 상황에 따라 한계에 부딪힌다. 일상의 생활 속에서는 그 한계 상황을 피해 갈 수도 있다. 그러나 스포츠에서는 그 상황을 피할 수 없다. 그러한 과정에서 스포츠의 참가자는 능력의 한계를 주목하며 자기발견을 하게 된다. 이를테면 자기 자신을 정확히 파악할 때 동료나 타인의 존재나 도움이 얼마나 필요하고 가치 있는 것인가를 느끼게 된다. 그러나 그 모든 것은 결국 자기 자신에 대한 이해로부터 출발한다.

2) 스포츠를 통한 목적의식의 강화

어떤 가능성에 대한 도전, 그리고 강한 목적의식은 실존적인 인간의 삶에 다양한 의미를 부여해준다. 인생에 있어서 다양한 체험을 할 수 있는 기회를 놓친다는 것이 얼마나 후회할 일인가? 싸르트르(J.P. Sartre)는 인간이 하나의 과제를 선택하면 그 선택에서 성공과 실패에 대한 책임을 짐으로서 자기 자신을 어떤 곳에 전념하도록 하는 도덕적 필요성의 중요성에 대하여 언급한 바 있다.[242] 인간은 누구나 자신에게 부과된 일이나 의무가 주는 압박감 속에서도 높은 이상을 향해 생애를 바치며 살아간다. 그런데 스포츠의 세계에 뛰어든 인간은 그 세계 속에서 이루어지는 행위의 주체가 되는 자신을 파악하는 기회를 얻게 되는 것이다.

삶이란 무엇인가? 나의 존재 이유는 무엇일까? 인간은 자기 삶의 목적과 이유를 찾는다. 그러나 인간은 자기의 세계를 이해할 수 없거나 존재 이유를 잃을 때 종종 무력감에 빠지게 된다. 그럴 때마다 인간은 합목적적인 활동을 찾으며, 자신의 존재를 확인할 수 있는 노력을 계속하게 된

240) E.W. Gerber and W.J. Morgan. Ibid, p. 127 ; C.E. Thomas, *Sport in Philosophic Context* (Philadelphia : Lea & Febiger, 1983), p. 92.
241) M. Buber, Translated by W. Kaufman. *I and Thou* (New York, Scribners and Sons, 1970) ; C. E, Thomas, op. cit., p. 92..
242) J. P. Sartre, Trans. by H.E. Barnes, *Being and Nothingness : An Essay on Phenomenological Ontology* (New York : Washington Square Press, 1953) ; C. E. Thomas, ibid., p. 93.

다. 스포츠의 참여는 바람직한 삶의 방식으로서 자신의 존재를 확인하고 목적 있는 유의미한 삶을 경험할 수 있는 가공된 기회를 갖게 된다. 적어도 스포츠는 인생에 있어서 순간적으로나마 하나의 "표식" 을 남길 뿐만 아니라 주어진 자기 운명에 대한 책임을 다할 기회를 제공한다. 스포츠는 많은 부도덕한 면, 부조리한 면이 있다. 그 속에는 죽음, 부상, 사회적 패배, 지위의 상실, 자아의 손상 등과 같은 위험도 존재한다. 그러나 결과에 대해 모든 책임을 져야만 하는 치열하고 위험한 세계에 몸을 던져 봄으로써 삶의 무력감, 소외감에서 벗어날 수 있고, 자신의 개인적, 사회적 고된 환경 속에서 살아남을 수 있는 새로운 경험의 기회를 스포츠를 통해 얻을 수도 있다.

행복한 삶을 위해서는 지성, 기술, 직감, 지배, 섬세함 등 다양한 것들이 요구된다. 위험성까지 동반한 의도적이고 계획적인 스포츠의 참여는 삶에 있어서 가치 있는 특질을 체득하고 자신의 의식을 일깨우는 기회가 된다. 스포츠는 인간의 공포심이나 감정을 지배할 수 있는 장소를 제공함과 동시에 목적 달성을 위해 필요한 모험심, 책임감, 의무감 등을 깊이 의식하는 계기를 마련할 수 있는 매체가 된다. 인내와 투지가 필요한 마라톤, 커다란 파도와 싸우는 요트, 생명을 걸고 도전하는 등산, 이 모든 것들은 긴 인생을 주말의 짧은 시간에 담은 모델이 된다. 스포츠에 있어서는 영광의 시간도 고통의 시간도, 참가하는 시간도 금방 스쳐 지나가는 순간일 뿐이다. 그러나 그 순간이야말로 우리가 성취할 수 있고 우리 자신을 지배하며, 우리가 가치 있는 존재로 살아 있는 것임을 보여준다. 그것은 긴 인생에 있어서 필요한 유익한 지식을 제공하는 것이기에 스포츠는 우리 삶에 대한 목적의식을 강화시켜주기도 한다.

3) 스포츠 참가의 단계와 의미

인생에 있어서 의미 있는 일이란 자신이 그 활동에 의미를 부여하고 그 활동의 완전한 수행을 위하여 치밀하게 준비한 뒤, 많은 난관을 극복하고 지향했던 목표를 달성했을 때 그 활동은 더 큰 의미로 다가오게 될 것이다. 이처럼 스포츠 참가에도 단계가 있으며, 그 과정이 어떤가에 따라 스포츠 참여의 의미도 달라진다. 토마스(Carolyn E. Thomas)는 참가의 단계를 지향(의향), 준비, 참여, 몰두, 해결이라는 5단계로 제시하였다.[243] 이 단계의 여러 측면은 그 자체로 의의를 지닐 뿐만 아니라 때때로 같은 선상에서 행해지거나 중복된 행위로 나타나기도 하며, 단계별 목표 수준, 집중 정도에 따라 스포츠 참여의 의미도 달라진다.

(1) 지향단계

무엇인가를 시도하기 위해 마음을 먹는 단계가 지향(intent)이다. 스포츠에 참여하는 것도 스포츠의 유형에 따라 지향하는 바도 달라진다. 스포츠 참가에서 지향점의 기초가 되는 것은 실현 가능이다. 지향이란 개인의 한계 안에서 실현 가능한 최선의 방법을 결정하는 단계이다.

243) C. E. Thomas, ibid., pp. 94-104.

(2) 준비단계

준비(preparation)란 체력을 기르고, 전문 기술을 발전시켜 스포츠에서 퍼포먼스를 위해 시간과 경비 등을 투자하는 단계이다. 충분한 준비 없이는 자기의 가능성을 충분히 경험・확인하기는 곤란하다. 준비의 단계는 시합을 위해 철저히 준비해야 할 일차적 도구는 신체적 컨디션과 전략, 정신자세 등이다.

① 초점 1 : 신체: 준비단계에서 제1의 초점은 신체이다. 스포츠의 준비단계에서 제1의 초점은 신체가 된다. 이 단계에서는 신체와 스포츠에 대한 자기 자신의 태도가 더욱 강하게 드러난다. 즉, 자신의 신체는 무엇이며, 무엇을 할 수 있는지, 얼마나 잘 할 수 있는지에 관해 생각하는 기회를 제공하는 시점이 된다. 잘 훈련된 신체는 긍지와 성취 의식을 강화시키며, 잠재적으로 중요한 의미를 부여해 준다.

② 초점 2 : 용구: 준비 단계에서 제2의 초점은 용구(equipment)이다. 용구에 가장 많은 신경을 쓰는 종목은 아마도 위험성을 강하게 동반하는 등산, 자동차경주, 스킹 등일 것이다. 시합에 필요한 용구는 자신이 강한 신뢰가 갈 때까지 몇 번씩 점검을 하게 된다. 모든 스포츠에서 좋은 용구를 구하고, 그것을 적절이 사용할 수 있는 능력을 갖추는 것은 필수적인 것이 된다. 이 점에 관해 와이스(P. Weiss)는 "용구는 신체의 일부" 라고까지 말하고 있다.[244] 스포츠맨은 용구를 점검하여 사용하며 감각을 느껴보고 조절하며 그 용구에 적응해 간다. 이상적인 상태가 되려면 선수는 용구를 거의 의식하지 않는 경지에까지 도달해야 한다" [245] 준비에 몰두하는 것은 개인에게 스포츠체험의 통합적이고도 중요한 국면의 하나이다.

③ 초점 3 : 작전: 제3의 초점은 작전이다. 작전은 창조적인 게임의 운영과 직결된다. 좋은 작전을 세우기 위해서는 개인이나 팀, 환경 등에 대한 상황과 장단점 파악, 상황 변화에 따른 창조적 움직임을 위한 지적인 노력, 정보 분석 등 모든 것을 통합하는 능력이 요구된다. 시합의 결과에 영향을 미치는 요인은 매우 많지만 그 중에서 작전 또한 큰 변수이며, 이러한 노력을 게을리 했을 경우와 철저한 준비를 했을 경우와는 스포츠 참여 후 그 결과에 대한 의미도 다르게 느껴지게 된다.

④ 초점 4 : 기술: 준비의 단계에서 제4의 초점은 기술이다. 신체적 컨디션, 용구, 작전 등과 같은 준비도 중요하지만 기술도 대단히 중요하다. 스포츠에서 충분한 체험의 시간을 갖고 그 잠재적 의미를 느낄 수 있으려면 적어도 어느 수준에 이를 정도로 플레이할 수 있는 기술 습득이 필요하다. 기술의 연마는 스포츠 경연에서 의미 있는 체험과 몰입의 본질적 기반이 된다.

---

244) P. Weiss, *A Philosophic Inquiry* (Carbondale, Southern Illinois University Press, 1969). p. 74.
245) Ibid., p. 75.

(3) 참여단계

참여(involvement)란 준비 단계가 완료된 이후의 행동 단계로서 게임의 준비로부터 조화와 숙달로 몰입에 이르기까지의 과도기적인 단계이다. 사르트르(J.P. Sartre)는 스포츠 체험의 참여에 관계하는 신체의 차원을 3가지 차원으로 밝혔다.[246] 1차원은 자신의 운동수행을 자신만이 바라보는 자신과 스포츠 체험이 하나가 되는 신체의 차원이며, 2차원은 1차원을 지나 자신의 운동수행을 동료들이 바라보는 단계이며, 3차원은 운동 수행자의 행위를 관중들이 보고 있는 단계이다. 2차원에서 신체는 자기의 밖에 있는 것, 혹은 그것으로부터 분리된 것으로 받아들여진다. 예컨대, 다리에 부상을 당하면 선수는 자신의 부상당한 다리를 부서진 용구의 일부로 간주하는 것이다. 제3의 차원은 참여의 단계에서 수행자가 관중이 있다는 것을 인식하는 상황이다. 이 상황에서 경기자는 다른 사람이 무엇을 생각하고 있는지 알고 있음으로 해서 자유롭게 플레이 할 수 없는 상황이 되며, 본래의 자기 자신을 잃을 수도 있다. 특히 관중의 시선은 부담을 줄 수도 있다. 그러나 그 반대일 수도 있다. 심리학에서 "사회적 촉진(Social facilitation)" 이론에 따르면 3차원은 운동 수행에 도움이 될 수도 있고, 긴장을 야기하여 매끄러운 운동 수행을 방해받을 수도 있다. 그리고 관중들의 지지, 자신의 위치, 이해, 관심 등과 같은 측면에서 관중의 시선은 수행자에게 가치 있는 의미를 제공하기도 한다.

(4) 몰입단계

몰입(commitment)이란 주체로서의 신체를 경험하고, 신체로서 존재의식을 느끼게 되는 단계이다. 풀레스너(H. Plessner)는 "신체를 설명하는 것은 행위, 행동, 움직임뿐이다" 라고 했다.[247] 스포츠의 의미가 몰입으로부터 생성된다는 전제는 이 말을 근거로 삼고 있다. 여기서 의미란 주체로서의 신체, 통합된 구체적 실체로서의 신체는 체험으로부터 분리된 것이 아니라 체험 그 자체라는 것이다. 그것은 사르트르가 말한 신체의 제1차원(first dimension)과 관계가 있다. 운동 수행자, 즉 경기자와 스포츠 체험이 하나가 된 것을 의미한다. 다시 말하자면, 자발적인 스포츠 참여를 통하여 자기 자신 전부를 스포츠 체험에 던져 넣고 단순히 기분 전환이라는 정도를 뛰어넘어 자신과 스포츠가 통합체가 되는 것을 의미한다.

스포츠의 참여에서 몰입은 "주체로서의 신체(body-as-subject)" 의 경험을 의미한다. 준비나 참여의 단계에서처럼 신체를 물체나 그 외의 무엇으로 취급하는 것이 아니다. 몰입의 단계는 현상학적 의미에서 "나는 신체를 가지고 있을 뿐만 아니라 신체로 존재한다(not only do I have a body, I am my body)." [248]라는 측면으로 이해된다. 따라서 그 속에서 의미를 찾을 수 있다고 본다. 신체는 하나의 새로운 세계와 타인이란 존재와의 관계를 이어주고, 감각이나 의미를 찾게 하는 단계인 것이다.

---

246) J.P. Sartre, *Being and Nothingness*, p. 368-431.
247) H. Plessner, trans, by J. S. *Churchill, Laughing and Crying* (Evanston, IL, Northwestern University Press, 1970), p. 6.
248) C. E. Thomas, op. cit., p. 101.

(5) 해결 또는 결의단계

해결 또는 결의(resolution)단계란 스포츠의 체험이 종결되어 자신이 했던 스포츠 체험을 정의하고, 그 행위의 결과를 받아들이며, 그 속에서 자신을 발견하게 되는 단계이다. 스포츠에 참가하여 목표가 달성에 대한 평가는 체험 성취의 결과이다. 경기는 항상 승리 아니면 패배로 결말나게 되어 있다. 그러나 그 결과가 성공이건 실패이건 그 과정은 비극적인 양상을 노출한다. 인간이 종종 자신을 비극적인 상황으로 몰아넣는 행위는 자신을 정당하게 평가하기 위한 충동에 근거한 것인지도 모른다. 스포츠에서도 사람들은 경기에 이기기 위해 자신의 모든 것을 기꺼이 내던질 정도로 비극적인 양상을 노출한다. 시합을 위해 시간과 정력을 투자하고 고통을 감수하는 것이다. 그리고 성공과 실패가 결정되면 시합은 끝난다. 결국 성공과 실패는 모두가 "상징적 사멸(symbolic death)" 의 형식으로 나타난다. 왜냐하면 승리나 패배가 결정되는 순간 스포츠의 세계는 붕괴되기 때문이다. 운동선수에 있어서 이 "사멸(死滅)" 의 개념은 2가지 중 한 가지 방법으로 이해될 것이다. 실패했을 경우, 새로운 목표를 설정하여 다시 도전하려하거나 아니면 희망과 흥미를 버리고 포기하는 경우이다. 성공했을 경우에도 영예에 만족해하거나 아니면 "승리라는 게 고작 이런 것이란 말인가" 하는 생각을 하며 허탈해할 수도 있다. 그러나 어떻든 해결(resolution) 단계는 스포츠의 체험을 종결시키는 단계이다. 선수나 참여자는 승리를 원했고, 탁월성을 추구했지만 이 단계에서 선수는 자기 자신의 정신적, 신체적 행위를 통해 가졌던 스포츠의 체험을 정의하고, 그 행위의 결과를 받아들여야 하며, 그 속에서 자신을 발견하게 된다.

스포츠의 참가할 때 선수는 그것이 중요하고 필요한 것이라는 이유로 자기의 모든 것을 그 속에 던지는 위험에 빠지게 된다. 바깥의 세계와 격리된 스포츠의 세계에서 자신의 무능력함을 인지하고 그 어느 쪽으로도 물러설 수 없는 상황에 처할 때 우리들은 진정한 시련을 느끼기도 하지만 다른 한편으로 인간의 의지, 운명 등과 같은 것을 생각하는 상황에 직면해보는 경험을 갖게 될 것이다. 운동경기라는 것이 선택적이며, 직접적이고 즉흥적이며 반응적이라는 특성은 있지만 어떻게 보면 인생에 있어서의 선택과 유사한 것으로 명료하고 꾸밈없는 자신의 모습을 바라볼 수 있는 기회가 될 것이다. 왜냐하면, 운동경기에서는 거짓말을 하거나 뭘 숨기거나 길게 생각할 수 있는 틈이 없기 때문이다.

2. 스포츠의 잠재적 의미

의미(意味)란 것은 같은 체험을 통해서 사람에 따라 다르게 지각될 수 있다. 즉 특정한 일에 대하여 갖는 생각이나 감정, 행위까지 같을지라도 거기에서 이끌려 나온 의미는 다를 수도 있는 것이다. 예컨대 월드컵에 출전하는 국가대표선수들은 같은 시합 경험을 하면서도 그 의미는 선수마다 서로 다를 수 있는 것이다. 그리고 특정한 운동 경기에서 코치와 선수, 관중들이 느끼는 의미는 각각 다를 수 있다. 스포츠의 의미도 다양하다. 그것은 몇 가지 자문을 통해서도 알 수 있다. "스포츠의 의미는 무엇인가? 우리는 왜 운동경기를 하는가? 우리는 왜 스포츠를 관전하는가?" 이런 자문은 스포츠의 의미에 대한 끝없는 논란을 야기할 것이지만 여기서는 토마스(Carolyn E. Thomas)가 제시한 스포츠의 의미를 약술해두기로 한다.249)

1) 탁월성의 추구

민주 사회에서 인간은 최대한의 가능성을 추구하기 위한 평등한 기회를 갖는다. 그러나 어떻게 보면 "인간은 태어나면서부터 재능이나 동기에서 평등하지 못하기 때문에 그 결과에서도 평등하지 못하다." 250)고 할 수 있으나 어쨌든 인간은 주어진 객관적인 조건 하에서 보다 나은, 보다 높은, 보다 넓은 세계를 향하여 뛰어남을 추구한다. 그것은 탁월성의 추구(the pursuit of excellence)이다.

탁월성에는 많은 종류가 있으며, 탁월성에 대한 정의도 다양하다. 그러나 스포츠의 체험을 통해 탁월성을 추구하려는 노력 속에는 많은 의미가 내재되어 있다. 세계 기록을 세운 수영선수, 9' 79" 란 경이적이 기록을 세운 100m 선수, 마루 운동에서 우승을 한 체조선수 등은 우리가 결코 실현할 수 없는 자기 자신을 제시하고 있다. 그들을 통해 우리는 신체를 가진 의미를 이해할 수 있게 된다. 우리는 독자적인 존재이지만 "보통사람" 이다. 보통 사람은 상대적인 탁월성을 추구하지만 특별한 성취를 하는 경우는 드물다. 그렇기 때문에 자신이 성취한 작은 성취도 탁월함으로 인정될 수도 있고 선수들이 추구하는 탁월성도 의미를 주게 된다. 따라서 탁월성을 구현하는 모습은 두 가지 형태로 나타난다.

첫째, 평범하게 스포츠를 즐기는 아마추어의 경우에도 개별적인 기준을 두고 볼 때 자신의 어떤 성취에 대하여 탁월하다는 인식을 가질 수 있다. 예컨대 지리산 천왕봉을 등정한 보통사람은 에베레스트를 등정한 전문 산악인이 느끼는 것과는 다르겠지만 자신의 성취를 탁월한 것으로 받아들이게 되는 경우이다.

둘째, 관중이나 시청자는 선수를 자기로서는 달성할 수 없는 신체적 탁월성을 구현해 주는

249) 아래 내용은 C.E. Thomas, op. cit., pp. 110-121의 내용을 필자의 견해를 삽입하여 약술한 것이다.
250) J. Gradner. *Excellence : Can We Be Equal and Excellent Too?* (New York, Harper Colophon Books, 1961), p. 12.

사람으로 보는 것이다. 즉 관중으로서의 보통 사람들은 선수들의 성취를 자신이 성취한 것처럼 느끼게 되는 경우이다.

스포츠에 흥미가 많은 사람들은 종종 기록에 대한 이야기로 열을 올린다. 중계방송을 하는 아나운서들도 기록을 비교하며 탁월성을 인정할 수 있는 객관적인 기준들을 제시하기도 한다. 그것은 모두 "탁월성의 추구" 라는 스포츠의 잠재적 의미를 나타내는 모습들이다. 그러나 이처럼 수백만 명의 사람들에게 목격될 수 있는 성취도 있지만 혼자서 조용히 느끼는 탁월성도 있다. 모든 사람은 탁월성을 지향하며, 스포츠에서 탁월성이란 신체적・정신적 가능성의 실현을 의미한다. 65타에 목표 지향점을 둔 골퍼(golfer)나 100타에 둔 골퍼나 모두 멋진 순간을 체험하기는 마찬가지다. 결국 모두 탁월성을 추구한다.

스포츠에서 탁월성을 보여주려면 준비와 연습이 필요하고, 몰입의 완성이 뒤따라야 한다. 그것은 전체적이든 부분적이든 지향하는 바의 성취이며, 세계 기록을 수립하든 자기 자신의 기록에 도전하든 결국 스포츠가 잠재적으로 의미를 주는 한 단면은 우월(superior)이기보다는 탁월성의 추구라는 측면이다.

2) 지배와 우월성

스포츠는 상대를 무너뜨리려는 치열한 경쟁의 장이다. 선수나 일반 스포츠 참여자나 모두 상대를 압도해야만 한다. 그것은 결국 지배와 우월성(dominance and superiority)의 추구이다. 인간은 우월감에 대한 강한 욕구가 있고, 상대적인 우월감을 느낄 때 그 욕구는 충족된다. 그리고 승리의 지향은 곧 지배 욕구이다. 승리야말로 의미를 갖게 하는 바람직한 결말의 하나이다. 일반적으로 도덕주의적인 경향이 강한 학자들은 승리에 초점을 맞춘 스포츠를 공공연하게 비판하기도 한다. 그러나 운동경기에서 승리에 대한 욕구를 갖는 것은 당연한 것이고, 승리의 체험은 스포츠의 가장 의미 있는 한 국면이기도 하다. 스포츠에 참가한 사람에게 승리보다 패배를 택하라고 한다면 몇 %나 그 요구를 받아들일 수 있겠는가? 결국 대부분의 스포츠 참가자들은 시합에서 탁월한 수행력을 발휘하여 자신이 상대를 지배하고 더 우월해지려고 한다.

승리는 그 과정과 수단에 문제가 있을 때 비판을 받을 수 있으나 정정당당한 경쟁으로 얻어진 승리는 값진 것이다. 특히 성공이 가치를 갖는 경쟁사회에서 승리는 부정적이기 보다 긍정적인 측면이 더 많다. 승리자에게는 특권이 부여되며, 누구나 승리자가 되고 싶어한다. 그것은 성공과 관련하여 지배의 감정이 존재한다는 것을 의미한다.

상대에 대한 지배는 개인의 정체성과 연계된 긍정적 혹은 부정적인 감정일 것이다. 그러나 스포츠에 있어서 지배와 우월성의 추구 자체가 성공을 위하여 노력하게 하는 특별한 경험의 기회를 제공한다는 측면에서 지배와 우월성은 스포츠가 주는 잠재적 의미의 한 요소로 받아들여진다.

3) 개인적 한계의 규정

흔히 스포츠의 세계에서 "자기 자신과의 싸움", "자기 자신에 대한 시험" 등과 같은 어구를 접하게 된다. 등산, 스킹(skiing), 마라톤 등과 같은 스포츠 애호가들은 특정한 목표를 정해 두고 그 목표를 향해 도전한다. 이들은 스피드, 스타일, 기술, 미적 측면 등에서 매우 숙련된 자들은 아님에도 불구하고 그러한 도전을 의미 있는 것으로 받아들인다. 그들은 관중을 염두에 두지 않을 뿐만 아니라 실제 경쟁상대도 없다. 그것은 자기 자신과의 싸움을 통해 개인적 한계 규정(defining personal limits), 즉 자신의 한계에 도전하여 그 수준을 뚜렷하게 하려는 시도이다. 등산, 경보, 마라톤, 사이클링을 비롯하여 많은 자기 시험적인 스포츠 활동에 참가하는 사람들은 때때로 두려움, 희열, 고통, 성취, 자기불신 등과 같은 경험 속에서 의미를 발견한다. 비경쟁적인 스포츠 활동의 참가 동기는 "나도 해 낼 수 있는지 자신을 시험해 보고 싶다" 는 것이다. 혼자서 말없이 오솔길을 달리며 시간을 체크하는 고독한 모습의 청년, 골프 코스를 돌면서 타수와 페널티를 체크하는 아마추어 골퍼들, 주말마다 산을 오르며 자신을 담금질하고 실험하는 산악인들. 이 모든 극복 스포츠(conquest sport)의 참여는 자기 자신을 강화시키기 위한 끊임없는 노력이며, 한계에 도전하여 스스로를 확인함으로써 어떤 의미를 찾으려는 활동이다.

4) 모험의 기회 포착

많은 사람들이 도시의 빌딩 숲을 빠져나가 야외로 옮겨가고 있다. 하이킹, 사이클링, 캠핑 등과 같은 활동은 비교적 안전한 옥외활동이다. 그러나 암벽등반을 비롯하여 기구를 이용한 대륙 횡단, 요트 항해, 카누 등은 큰 위험이 따른다. 그런데도 불구하고 많은 사람들이 각종 스포츠 활동에 참여하는 것은 모험의 기회를 포착(taking chance)하기 위함이다. 민족이나 국민의 특성에 따라 모험적인 스포츠를 즐기는 정도는 차이가 있다. 시든탑(D. Siedentop)은 미국인들의 모험적인 스포츠 참여에 대한 반응을 다음과 같이 적고 있다.

> 행글라이딩(hangliding), 스카이다이빙(sky diving), 스쿠버다이빙(scuba diving), 등반(mountain climbing)과 같은 고도의 위험성을 동반한 활동에 규칙적으로 참가하고 있는 많은 사람들에 대하여 일반 사람들의 반응은 칭찬과 비판 사이에서 동요하는 경향을 보여주고 있다. 종종 위험에 빠지는 것은 인생 그 자체이다…. 그러나 미국인의 생활에 존재하는 강한 개인주의(individualism) 감각이나 개척 정신(pioneer spirit)의 유산 또한 우리가 위험을 맞아들이려는 사람들에게 칭찬하기를 바라는 것이다.[251]

251) D. Siedentop, *Physical Education : An Introductory Analysis*, 3rd. ed. (Dubuque, W. C. Brown, 1980), p. 189.

모험적인 스포츠 활동이 우리에게 부여해 주는 의미의 원천은 어떤 난관에 직면하여 절대로 굴복하지 않는 정신이다. 모험적인 스포츠 장면은 자신의 의지나 심적 상태, 자기 자신을 명료하게 반영해보는 기회가 된다. 그 장면에서 도전자는 신중하게 상황을 설정하고, 살아남기 위해서는 어떻게 해야 할 것이지 판단하고 최선을 다하게 된다. 일시적인 흥미로 위험한 짓을 하는 것은 바보짓이며, 자기 자신의 포기나 다름없다. 그러나 계획, 집중력, 노력을 동반한 모험적인 스포츠의 참여는 그 자체가 인생의 의미 있는 부분이며, 매력이고, 인생에 대한 훈련이다.

5) 표현

많은 스포츠 중에서 우리의 감정을 움직이는 것들은 본질적으로 인간의 "표현(expression)" 에 대한 욕구를 바탕으로 하고 있다. 우리는 스포츠를 통해 갖가지 감정의 자극을 받는다. 그것은 스포츠 자체가 우리의 감정을 자극할 수 있는 신체적 표현으로 이루어지기 때문이며, 그래서 스포츠를 동작적 언어, 또는 신체 언어(body language)라고 표현하기도 한다. 로버트(T.J. Roberts)는 스포츠가 나타내는 것은 시간과 장소에 따라 다르지만 누가 어떻게 표현하든 표현 방법은 같다고 주장했다.[252] 즉 그것은 스포츠가 일정한 특성을 지니며, 그 현상적 형식에서 적용되는 술어가 있다는 것을 의미한다. "스피드(speed), 순발력(power), 우아함(grace), 민첩성(agility), 협응성(coordination), 근력(strength), 지구력(endurance), 유연성(flexibility), 정확성(accuracy), 대칭(symmetry), 평형(balance), 리듬(rhythm), 활력(vitality), 효율(efficiency), 성공(success), 실패(failure), 견인불발(堅忍不拔, fortitude), 헌신(dedication), 탁월성(excellence), 준비(preparation), 희망(hope), 승리(victory), 패배(defeat) 등이 표현과 관련된 보편적인 술어이다." [253]

스포츠에 있어서 표현의 의미는 다양할 것이다. 그러나 운동 수행자와 관중이 느끼는 표현의 의미가 일치하지 않을지라도 스포츠가 하나의 표현수단을 제공한다는 사실은 명확하며, 스포츠 체험에서는 과정을 중시하는 뚜렷한 두 가지 표현 형식이 있다. 토마스(C.E. Thomas)는 이 두 형식을 스타일(style)과 창조성(creativity)라고 했다.[254]

6) 의식의 변용 상태와 신비적 통합

스포츠의 잠재적 의미 중 또 하나는 의식의 변용 상태와 신비적 통합(altered states of consciousness and mystical union)의 경험이다. 인간이 삶을 통하여 경험하는 것 중 학자들이

252) T. J. Roberts, "Languages of Sport : exemplification and expression" . in W. J. Morgan (ed.) *Sport and the Humanities* (Knoxville : University of Tennessee, 1979), pp. 39-55. p. 39.
253) W. J. Morgan, ibid., p. 54.
254) C. E. Thomas, op. cit., p. 117.

"절정의 경험(peak experience)", "내적 게임(inner game)", "완전한 순간(perfect moments)" 등으로 부르기도 하는 "의식의 변용 상태(altered states of consciousness)" 가 있다.255) 스포츠의 장(場)은 인생의 축소판이다. 그래서 이러한 체험의 순간은 스포츠의 장에서도 발생하며, 그러한 체험을 한 사람들에게 그 순간은 깊은 의미를 지닌다.

클라인만(S. Kleinman)의 지적과 같이 이러한 체험의 순간은 어떤 스포츠 참여자나 맛볼 수 있는 경험이겠지만 그 느낌은 개별적으로 다를 것이다. 클라인만은 "모든 참가자는 같은 운동을 하고 있을지라도 만약 개개인이 그 행위에 몰두하고 있다면 그 밖의 사항은 전혀 알 수가 없다. …그는 자기가 할 수 있는 것만 행하며, 그 스스로가 수행할 수 있는 방법에 따라 의미나 의의를 느끼게 된다." 256)고 했다. 여기서 의식의 변용 상태, 즉 완전한 체험의 순간이란 주체와 객체를 의미한다. 즉 전형적인 나 - 너의 관계는 본질적으로 이원론적이지만 전체로서의 체험은 주체와 객체가 통합된 상태로서 하나라는 것을 상징한다. 완전한 체험이란 일상적인 자기를 초월한 감정이다. 이를테면 사이클링 선수가 자신과 자전거, 도로, 스피드 또는 가로수와 관중, 중계방송 팀 모두는 구분된 것이 아닌 전체로서 하나이며, 그것은 바로 자신으로 느끼는 것이다.

소위 "변용 상태(altered states)" 또는 "초월(transcending)" 이라고 불리는 "절정체험(peak experience)" 이란 많은 활동을 통해서 경험할 수 있다, 그것은 스포츠에서도 뚜렷이 나타나는 체험의 한 종류이다. 의식의 변용 상태로 표현되는 절정의 체험은 실제로 공간・시간적 상황 속에서 발생되지만 공간과 시간 감각을 상실하게 되는 것이 그 특징이다. 스포츠 참가자는 특정한 순간 그 장면과 시간의 흐름 등을 일시적으로 잊어버리게 된다.257) 그리고 이 세상에서 너무도 작은 한 순간의 세계가 완전함, 전부라는 감각적 체험으로 이어지게 된다. 일부 학자는 이것을 플로우(flow)라는 개념으로 설명하기도 한다.258)

의식의 변용 상태는 정신을 변화시키는 알코올, 약물, 최면을 생각하면 금방 이해가 된다. 절정체험, 또는 플로우는 일종의 정신 상태 변용이다. 그 순간은 정신과 신체를 통합적으로 인식하는 상태이다. 동양의 선(禪, Zen))이나 도교(道敎, Taoism)에서 일컫는 "움직임이 없는 움직임(unmoved movement)" "음양의 통일(unity of polarity)" 등과 같은 개념을 토대로 각종 스포츠, 무용, 운동경기 등에서 체험하는 신비적 통합(魔境, mystical union)을 생각하면 스

255) C. E. Thomas, op. cit., p. 118.

256) S. Kleinman, "The Significance of Human Movement : a phenomenological approach" . In E. W. Gerber (ed.) *Sport and the Body* (Philadelphia, Lea & Febiger, 1972), p. 178.

257) A. Maslow, *Toward a Psychology of Being* (Princeton : Van Nostrand, 1962), p. 88.

258) Csikszentmihaly)는 이러한 의식의 변용 상태를 "플로우(flow)" 란 개념으로 설명했다. 즉, 플로우" 는 다양한 생활 체험 속에 일어나며, 게임은 명백한 플로우의 활동으로, 플레이(play)를 탁월성과 같은 플로우의 체험이라는 것이다. 그리고 그 속에는 자기와 환경, 자극과 반응, 과거・현재・미래 사이의 구별이 거의 없다는 것이다. M. Csikszentmihaly, *Beyond Boredom and Anxiety* (San Francisco : Jossey-Bass, 1975), p. 36~37. p. 36; C. E. Thomas, p. 119.

포츠와 관련한 의식의 변용 상태란 개념은 더욱 명료해질 것이다.

3. 몸과 마음의 관계

1) 인간과 몸

전통적으로 우리 사회에는 몸과 마음을 분리하고, 정신적인 것보다 신체적인 것을 덜 중요시하는 경향이 있었다. 우리의 몸은 정신과 분리된 실체인가? 왜 몸과 마음을 이분법적으로 나누어 몸의 가치나 중요성을 상대적으로 폄하려들까? 지적인 것만 중요하고 신체적인 것은 덜 중요하다고 생각하는 경향을 비판 없이 받아들여야만 하는가? 이해할 수 없는 일이다.

몸과 마음의 관계에 대한 인식의 전환이 필요한 것으로 보인다. 건강하고 강인한 신체는 정신과 마찬가지로 행복한 삶에 중요하며, 쾌활한 신체적 활동은 역동적인 국민성을 갖게 해 준다. 몸과 마음을 일체적으로 파악하는 학자들은 몸과 마음은 하나로 결합되어 있음을 밝혀주고 있다. 베르그송(Henri Bergson)은 "정신과 신체라는 두 실체가 인간에게 있어서 통합되어 있다는 설명의 근거는 지각(知覺)에 있다. 의식과 물질, 정신과 신체는 지각에 의해 서로 접촉한다. 그리고 정신과 신체가 결합하는 최후 목적은 동작이다." [259]라고 말한다. 토마스는 "나는 신체를 가지고 있을 뿐만 아니라 신체로 존재한다.[260]고 말했다. 그리고 우리에게 잘 알려진 몸의 예술가 홍신자는 몸을 이렇게 말하고 있다.

ⓐ 몸은 마음보다 훨씬 정직하다. 몸의 소리를 들어본 적이 있는가? …아플 때 몸은 분명 내게 말을 걸어오는 것이다.[261]

ⓑ 마음먹기에 따라 건강할 수 있다고 한다. 틀린 말이 아니다. 하지만 몸과 마음을 분리해서 하는 말이라면 잘 못된 생각이다. 몸을 돌보지 않고 함부로 대하면서 마음을 닦고 가다듬으면 건강한 전체적 삶을 살 수 있다고 생각하는 것은 착각이다. 마음을 가볍고 맑게 가짐으로써 건강을 유지할 수 있다. 하지만 그것은 몸 또한 건강할 때의 말이다.[262]

ⓒ 이제 몸이다. 마음으로 몸을 이겨낼 것이 아니라 이제 오히려 몸의 언어를 이해하여 자신을 사려낼 때이다. 몸의 언어를 듣고 몸의 이끌림에 따름으로써 영혼에 도달해야 한다.[263]

ⓓ 바르게 먹고 바르게 자고 바르게 살아야 영혼 또한 깨끗한 상태를 유지할 수 있다.[264]

---

259) 阿部忍, **體育의 哲學的 探究**, (東京 : 道和書院, 1984), p. 70.
260) C.E. Thomas, *Sport in Philosophic Context* (Philadelphia : Lea & Febiger, 1983), p. 101.
261) 홍신자, **무엇이든 할 수 있는 자유 아무것도 하지 않을 자유**, (서울 : 명진출판, 2002), pp. 96-97.
262) 위의 책.
263) 위의 책.
264) 위의 책.

몸도 정신과 마찬가지로 소중하며, 정신과 분리된 실체가 아닌 결합된 실체이다. 몸으로 하는 스포츠 활동도 마찬가지이다. 스포츠 활동에서도 몸과 마음은 분리된 실체로 존재하지 않는다. 스포츠에로의 몰입은 주체로서의 신체를 경험하고, 신체로서 존재의식을 갖게 해준다. 그것은 자발적인 참여를 통하여 자기 자신 전부를 스포츠 체험에 던져 넣고 단순히 기분전환이라는 정도를 뛰어넘어 자신과 스포츠가 통합체가 되는 것을 의미한다.[265] 몸을 정신에 비추어 상대적으로 그 중요성을 폄하하는 것은 우스운 일이다. 정신과 함께 몸도 중요시 해야 한다. 몸과 마음에 대한 편견을 일소하고 몸을 다스리는 것이 곧 마음을 다스리는 일이며, 마음을 다스리는 것 또한 몸을 다스리는 일임을 인식해야 한다.

2) 심신 일체론

스포츠란 무엇인가? 놀이란 무엇인가? 스포츠 활동은 신체적 활동인가, 정신적 활동인가? 스포츠와 몸, 스포츠와 정신은 어떤 관계일까? 철학자들은 일원론(monism), 이원론(dualism), 다원론(pluralism) 등 심신에 관한 다양한 주장을 해왔다. 그러나 이 절에서는 심신 일체론적 가치관을 보인 베르그송과 퐁티의 견해를 정리하여 신체적 움직임과 마음의 관계를 파악하는데 도움을 주길 한다.

베르그송(Henri Bergson, 1959-1941)은 정신과 신체라는 두 실체가 인간에게 있어서 통합되어 있다는 설명의 근거를 지각(知覺)에 두고 있다. 여기서 메를로・퐁티가 지각경험을 근거로 해서 제시한 현상학적인 신체론과 공통적인 점을 발견할 수가 있다.

베르그송은 정신은 과거를 보존하는 기억이며, 행동의 중심인 신체의 역할은 기억 가운데서 유용한 것을 상기해서, 지각하는 것이라는 생각에서 "의식과 물질, 정신과 신체는 지각에 의해 서로 접촉한다. 그리고 정신과 신체가 결합하는 최후 목적은 동작이다." [266]라고 말한다. 그는 지각을 정신과 물질과의 총합으로 관찰한다면 정신과 신체의 통일에 관한 문제도 해결된다고 생각했던 것이다. 이러한 시각은 심신의 일체적 이해를 위한 중요한 시사점을 제공하는 데 메를로 퐁티(Maurice Merleau-Ponty, 1908-1961)[267]의 견해는 심신상관 문제의 이해에 더 뚜렷한 근거를 제시한다.

퐁티는 1951년 제네바 대학교의 강연에서 20세기는 정신과 육체간의 경계선을 말소되었다고 했다. 그는 "인간의 생활은 항상 육체에 근거하며, 또한 항상 사람들 간의 관계에 관심을 가지는 정신적이며, 육체적인 활동으로 간주한다." [268]고 말했다. 이원론에 대한 강력한 이의

265) 하남길, **살아있는 스포츠 명언** (서울 : 도서출판 무지개), p. 15.
266) 阿部忍, **體育의 哲學的 探究** (東京 : 道和書院, 昭和 60, 1985), pp. 70-71.
267) 그는 직업적 철학자로 파리의 고등사범학교에서 수학과 철학 교수 자격을 획득하고 모교에 근무하다가 후에 리용 대학과 소르본느 대학의 교수로 재직했다. 그는 무신론적 실존주의자로 간주되기도 하지만 현상학자에 가깝다. 그의 저서로는 『**행동의 구조**, 1942』, 『**지각의 현상학**, 1945』, 『**휴머니즘의 공포**, 1947』, 『**의미와 무의미**, 1953』 등이 있다.

를 제기한 것이다. 그는 현상학자로 알려져 있지만 순수 현상학자라기보다는 현상학자와 실존주의자를 합친 반실존주의, 반현상학자라고 일컬어진다.

육체와 정신에 대한 그의 사상은 관념론과 유물론간의 반목에 대한 극복을 의미한다. 그는 인간이란 결코 세계로부터 분리되거나 그의 상황과 별도로 이해될 수 없다는 의미에서 인간과 세계와의 관련성을 강조했다. 그는 인간의 육체는 세계 및 다른 인간들과의 대화 과정에 있는 하나의 주체로 전제되어야 한다고 보았다. 육체 안에 영혼이 존재하며, 영혼의 덕택으로 그 복합적인 존재가 하나의 주체로서 기술될 수 있다고 본 것이다. 그는 육체야말로 주체라고 하여 그가 주장한 "육체-주체(corps-subject)" 의 개념을 통해 육체와 정신 둘 중하나를 우위에 두는 이원론적 사고를 극복하려고 했다. 그는 "인간의 육체야말로 물질적인 동시에 정신적인 유일의 실재라고 주장한다." 269)

메를로 퐁티가 탐구 영역으로 선정한 것은 지각(perception)이었다. 그는 저서 『지각의 현상학』을 통해 주체와 육체, 세계간의 관계를 설명했다. 그는 순수하게 물리적인 대상으로서의 육체는 추상물에 지나지 않는 것으로 체험되거나 경험된 육체와는 다른 것이라고 생각했다. 그가 생각하는 것은 육체-주체였다. 그는 "주체가 자기 자신을 육체에 대한 관념과 분리될 수 없는 것으로 생각하고 이원론적이 아닌 육체-주체라는 통일성 속에서 주체적인 존재의 부분으로서 육체를 파악하려고 했다.

퐁티는 "주체적인 신체(subjective-body)" 또는 의식적 신체(conscious-body)라고 하는 신체에 대한 독특한 해석을 통해 정신과 신체를 인식의 대상으로 보던 견해를 비판했다. 그는 "내가 보고 듣고 만져볼 때 나의 눈이나 귀나 손은 나의 눈이요, 나의 손이다. 즉, 나의 신체요, 나의 인식이며, 결국 나 자신이다. 따라서 인간에게 있어서 존재한다는 것은 행동한다는 것이며, 행동하기를 중지함은 존재를 포기하는 것과 같다." 270)는 입장을 취했다. 그것은 인간의 신체는 마음이나 의식을 포괄하는 "살아있는 신체(lived body)" 로 설명하려는 것이다.

메를로 퐁티가 현대 체육·스포츠에 기여한 점은 신체를 객체(object)가 아닌 주체(subject)로 볼 수 있는 관점을 열어둔 것이다. 그는 신경조직이나 해부학을 통해서 인간의 경험을 설명하려는 과학주의적 사고를 거부하고 지각적 체험에 바탕을 둔 신체관을 내세웠다. 그것은 현대 체육·스포츠 활동에서 살아있는 신체(lives body)가 체험의 주체라는 인식과 부합되는 것이다. 그의 견해를 받아들임으로써 인간의 신체는 육체와 정신의 이원론적인 차원의 대상이 아닌 의식이 구체화된 신체, 즉 의식적 신체(conscious-body)가 된다. 결국 퐁티의 "신체" 라는 개념은 주체성을 갖고 참여하는 체육·스포츠 활동도 내적 체험 활동이 될 수 있다는 근거를 마련해 주는 것이라 생각된다.

---

268) 사무엘 E. 스텀프 지음, 이광래 옮김, 西洋哲學史, p. 635.
269) 위의 책, p. 365.
270) 김대식 외 3, **체육철학**, p. 139.

4. 스포츠와 미

스포츠는 신체적 활동이며, 스포츠를 통해 인체의 미적 요소를 증대시킬 수 있으며, 스포츠 활동의 신체적 움직임은 미적 탐구 대상이 된다. 그리고 계획적이고 의도적인 신체적 운동은 인체가 자연 및 생활환경의 요구에 적응할 수 있는 완성미의 추구 과정이기도 하다. 따라서 이 절에서는 신체미와 운동미의 요소들을 살펴봄으로써 스포츠 문화에 대한 인문·사회학적 이해도를 높이고자 한다.

1) 신체미

(1) 인체미의 요소

인간의 신체는 생명력이 있으며, 매우 조화로운 창조물이다. 신체 미는 각종 요소의 결합으로 이루어져 있다.

첫째는 체형이다. 체형에는 여러 가지 분류 방식이 있다. 미국의 교육심리학자 셸톤은 비만하고 낙관적인 성격을 갖은 내배엽형, 사지와 근육이 잘 발달되고 경쟁심이 강한 중배엽형, 호리호리하고 신경질적인 외배엽형으로 나누었다. 체형에 따라 인체의 미는 다르게 나타난다. 그러므로 아름답고 바른 체형을 가꾸기 위해서는 좋은 자세를 유지하기 위한 훈련이 필요하다.

둘째는 근육이다. 탄력 있고 부드러운 근육은 신체의 곡선미를 구성하는 기초가 된다. 골격은 유전인자에 의해 결정된다. 그러나 근육은 노력 여하에 따라 적절히 비대화시킬 수 있기 때문에 신체 미를 가꾸는데 있어서 중대한 관심사가 된다. 보디빌더들은 이러한 사실을 잘 증명해 주고 있다. 신체 미는 근육의 비례와 깊은 관계가 있다. 어깨나 가슴의 근육이 발달된 남성은 건장한 느낌을 준다. 그리고 여성은 복근을 발달시킴으로써 가슴의 곡선미를 드러나게 만들 수 있다. 따라서 비만을 해소하고 적절한 근육 강화 트레이닝을 해야 한다.

셋째는 골격이다. 인체의 전체적인 미는 주로 골격에 의해서 결정된다. 몸의 주요 골격의 길이는 인체 외부의 균형을 결정한다. 그리고 각 관절의 조합도 신체 미와 깊은 관련이 있다. O자형으로 휘어진 다리, 상체에 비하여 지나치게 짧은 하체는 미적 가치가 낮다.

넷째는 피부이다. 고운 피부는 신체 미와 깊은 관계가 있다. 그래서 사람들은 피부를 곱게 가꾸는 일에 많은 시간과 경비를 투자하기도 한다. 체르니셰프스키는 "인체는 피부를 통해 광채를 발휘함으로써 인류의 미에 여러 가지 매력을 부여해 준다." 고 했다. 그는 "어떠한 좋은 물감 색깔도 피부색의 자연미를 표현하는 데는 부족하다." 고 생각했다.[271] 피부를 구성하는 요소는 빛깔·광택·깨끗함이다. 이 세 가지 요소는 건강미를 나타내는 척도일 뿐만 아니라 신체의 아름다움을 결정하는 척도가 된다. 고운 피부를 가꾸는 일은 먼저 건강한 몸을 만드는 일이다.

271) 閔永淑, 앞의 책, p. 86.

다섯째, 모발이다. 인간은 자신의 헤어스타일을 통해 자신의 개성을 표현하려는 노력을 해왔다. 그것은 머리결의 상태나 스타일에 따라 자신이나 타인이 느끼는 미적 감각이 다르기 때문이다. 신체 미에서 모발이 차지하는 비율도 과소평가 될 수 없다. 대머리로 고민하는 사람도 있다. 머리의 숱이 적어 고민하는 사람도 있고, 체모가 많거나 적어서, 또는 눈썹의 모발수나 속눈썹의 길이 때문에 고민하는 사람도 있다.

호가드(William Hogarth)는 『미의 분석』에서 "복잡함이 미를 낳는다." 는 원칙을 말할 때 첫 번째로 머리카락을 예로 들었다. "가장 사랑스러운 것은 아래로 내려뜨린 곱슬머리다. 수많은 가닥의 곱슬머리가 자연스럽게 물결치듯이 교차하면서 곡선을 형성한다. 그 곡선은 눈을 점점 흥미롭게 하고 마침내 더할 나위 없는 기쁨을 느끼게 한다." [272]라고 적고 있다. 모발은 직업이나 자신의 분위기에 맞는 헤어스타일을 추구함으로써 아름다움을 창출해 낼 수 있으며, 그것도 신체 미의 한 부분이다.

여섯째, 신체적성(소질)이다. 신체적인 능력은 신체 미감에 영향을 준다. 미국의 철학자 산타야나(George Santayana)는 그의 저서 『미감』에서 인체의 모든 기능은 미감에 공헌하며, 심지어 숨을 내쉬고 들이마시는 것조차 감정의 변화와 밀접한 관계를 갖고 있다고 했다.[273] 신체의 총체적인 역량, 즉, 순발력·지구력·유연성·협응력·평형성 등은 강력한 생명력을 나타내는 것으로 신체의 종합 적성은 미감을 일으키는 요소이다. 예컨대 뛰어난 스키어(skier)는 속도 미를 보여주며, 신체곡선의 변화는 부드러움과 유인미(柔韌美)를 느끼게 해 준다.

(2) 신체 미학설

고대 그리스의 조각품들은 대개 발바닥의 치수를 기준으로 조각상의 길이(발바닥의 6배)를 확정하였다. 그리스인들은 신체 미는 각 부위간의 대칭과 적당한 비례에 의존한다고 여겼다. 그리스의 미적 감각은 비례 미에 기초를 둔 것이었다.[274] 신체에 대한 비례의 미적 기준은 신체의 각 부위와 다른 부위간의 관계를 뜻한다. 페어즈(J. R. Fairs)는 그리스에서 "바람직한 비례의 미적 기준을 정한 목적은 신체를 우아하고 균형적으로 발달시키는데 있다." [275]고 적고 있다. 그리스의 예술가들은 운동선수나 군인들의 신체를 통해서 영감을 받았다. 그들은 "완벽한 비례를 갖춘 신체를 아름다운 것으로 보고 아름다운 신체를 선(善)으로 파악했다." [276] 신체 미에 대한 기준이 되는 학설은 고대 그리스 시대부터 내려온 "황금분할설(黃金分割說)" 과 "두신비례학설(頭身比例學說)" , 그리고 "레오나르도 다 빈치의 회화론" 등이 있다.

---

272) 위의 책, p. 87.
273) 위의 책, p. 88.
274) Benjamin Lowe, *The Beauty of Sport : A Cross-disciplinary Inquiry* (New Jersey: Prentice-Hall, 1977), p. 6.
275) J. R. Fairs, "When was the Golden Age of the Body?" *Journal of the Canadian Association of Health, Physical Education and Recreation*, Vol.37, No. 1 (1970), p. 23.
276) Ibid., p. 15.

① 황금 분할설: 황금분할(golden section)이란 전체 몸통과 신체의 큰 부위, 그리고 신체의 큰 부위와 작은 부위의 비가 같다는 것이다. 수치상으로는 직선을 장단으로 잘랐을 때 그 비가 1 : 1.618일 때 가장 이상적이라고 본 것이다. A(1.618)/B(1) = B(1)/C(1.618)이다. 황금분할설은 다빈치(Leonardo Da Vinci)가 쓴 말로 케플러는 신적 비율(divine proportion)이라고도 불렀다. 훗날 독일의 미학자 제이싱(Adolf Zeising)이 실증한 것으로 신체의 가장 큰 부분과 작은 부분이 1 : 1.618의 비례관계가 성립하면 가장 아름답게 보인다는 것이다. 파르테논 신전의 각 부분은 황금률에 부합된다고 한다.[277]

② 두신 비례설: 두신 비례란 머리 부분과 신장(身長)의 비를 뜻한 것이다. 신장이 머리의 8배가되어야 이상적이라는 것이다. 미론(Myron)과 같은 조각가들은 신장이 두부의 7배 가되어야 한다고 생각하고 조각을 했다고 한다. 그러나 시대의 흐름에 따라 신체의 아름다움에 대한 인식이 변하여 점차 교묘하고 섬세함을 좇아 두신(頭身)의 비례는 1 : 8이 되어야 최고의 신체 미를 느낄 수 있다고 생각하게 되었다. 8등신 미인이란 말이 바로 두신비례설에 근거를 둔 것이다. 일반적으로 서양 사람들의 평균은 7.5등신이며, 아시아인들은 7등신 정도라고 한다.

③ 다 빈치의 회화론: 레오나르도 다 빈치는 과학적 지식을 바탕으로 신체 미를 통계적으로 규정하였다. 그는 『회화론』에서 "머리는 신장의 1/8이고, 어깨는 신장의 1/4, 양팔을 벌렸을 때의 길이는 신장과 같고, 옆구리와 엉덩이 둘레는 같으며, 유부(乳部)와 견갑골 하단이 동일한 수평면상에 있어야 한다." [278]고 했다.

2) 스포츠와 운동미

체육・스포츠 활동의 공간은 특수한 실존의 세계이다. 스포츠는 승리를 추구하기 때문에 직접적인 미의 표현을 목표로 하는 예술과는 다르다. 스포츠와 무용이 구별되는 점이 바로 이러한 측면 때문이다. 스포츠는 승리에 목표를 두고 신체적인 경쟁 요인을 기반으로 한다는 측면에서 표현적 가치로서의 미를 발견하기는 어려우나 신체의 움직임 속에서 미감을 느낄 수는 있다. 그리고 스포츠에는 종류가 다양하다. 피겨스케이팅, 체조, 다이빙 등과 같은 종목은 예술적, 미적 요소가 내포되어 있다. 그러한 움직임은 운동 미로서 예술미에 가까운 구조를 갖고 있는 것이다.

슬러셔(H. S. Sulusher)는 스포츠가 마치 종교와 같아서 참여들은 일종의 신화 상징 의식(儀式)으로 심취하게 한다고 했다.[279] 그는 또한 스포츠에서 인간의 미를 찾는 과정은 미리 결정

---

277) 황금분할설에 관한 상세한 것은 H.오스본 저, 최영진 역, **미학입문** (서울 : 三文堂, 1987). pp 205-224 참조.

278) 閔永淑, 앞의 책, p. 94.

279) Howard S. Slusher, *Man, Sport and Existence: A Critical Analysis* (Philadelphia: Lea & Febiger, 1967), p. 127.

된 판단과 평가보다는 체험의 개방성과 수용에 기인한 실존적 심리학과 현상학적 원리에 입각하여 접근함으로써 스포츠는 정복과 생존의 장(場)이기보다는 의미 있는 실존의 장(場)이 될 수 있다고 했다.[280] 이러한 시각은 스포츠는 현실과 격리된 세계에서 독자성과 순수성을 갖는다는 점에서 예술과 공통점을 지니고 있음을 시사한다. 신체 운동은 시간, 공간, 흐름, 움직임의 질, 신체 요인 등이 조합되어 일어난다. 따라서, 스포츠 활동은 미술이나 문학과 같은 정적(靜的) 예술과는 달리 공간과 시간 속에서 행하여지는 동적 예술이라고 볼 수 있으며, 다양한 미적 요소를 지니고 있다.

3) 스포츠의 기술미와 예술미

(1) 스포츠의 기술 미

스포츠는 신체의 조정력과 기술, 체력을 바탕으로 주로 시합의 형식을 통해 진행된다. 선수는 뛰어난 체력을 길러야 할 뿐만 아니라 운동 기구와의 일체감, 동료와의 단결·연합(combination), 경기 상황의 빠른 적응 등이 필요하다. 이러한 스포츠 활동에서 운동 미의 핵심은 기술과 신체 움직임의 결합으로 나타난다.

기술 미는 직접적인 미의 표현을 지향하는 예술미와는 다르지만 인간이 조직화한 스포츠 속에서 발휘되는 독특한 미의 한 형식이다. 고대 중국에서도 기(技)와 예(藝)는 분리된 것이 아닌 개념으로 이해했다. 중국 갑골문자의 예(藝)자는 한 사람이 나무의 묘목을 심는 형상으로 노동 기술을 상징한다. 그리고 영어의 Art는 기술의 의미를 지니고 있다. 이처럼 스포츠 기술 자체가 예술적이냐 비예술적이냐 하는 논란이 있을 수 있으나 스포츠의 훌륭한 기술 및 운동선수들의 동작은 예술 작품의 소재가 되기도 한다는 측면에서 그 미적 가치는 인정된다.

(2) 스포츠의 예술 미

운동경기 중에 발휘되는 행위미와 심령미 또한 윤리적·도덕적인 미이다. 스포츠맨십, 페어플레이, 팀 스피리트 등과 같은 정신적·문화적 요소는 스포츠 활동에 있어서 고상한 운치를 더해 준다. 이처럼 현대 스포츠는 이미 현대사회의 생활 문화로 정착되었기 때문에 심미활동의 한 영역이 되었다. 스포츠가 미적 인식의 대상이 되는 측면은 크게 세 가지로 분류할 수 있다.

① 기술적(技術的)인 면 : 스포츠 활동은 숙련 동작이기 때문에 엄밀히 예술적인 미라고 할 수 없다. 그러나 스포츠의 종류에 따라 예술적 수준의 기술이 요구되기도 한다. 아이스댄싱, 다이빙, 싱크로나이즈드 스위밍, 체조의 마루운동 등과 같은 종목의 기술은 미적으로 인식·체험될 수 있다.

280) Ibid., p. 107.

② 극적(劇的)인 면 : 스포츠는 연극은 아니다. 경쟁이 현실이고 모방은 아니다. 1977년 홍수환 선수의 사전오기(四顚五起) 승리 신화, 쇼트트랙 경기에서의 역전승 등은 극적인 장면이다. 그래서 스포츠를 각본 없는 드라마라고도 한다. 인생처럼 행복과 슬픔이 공존하는 것이다. 그러므로 이러한 극적인 면은 미적 인식의 대상이 된다.

③ 페어플레이(fair play) 면 : 페어플레이란 꼭 승리만이 아니라 과정과 방법을 중시하는 스포츠맨의 캐치프레이즈(catch phrase)이다. 페어플레이는 그것이 제공하는 본질적 만족에 있으며, 그 내면적인 체험은 곧 미적 체험이라고 볼 수 있다.

4) 스포츠와 움직임의 형식미

일반적으로 체육・스포츠 활동에 참여할 때 운동의 유형・기술・전술 등의 조합은 대량의 형식미를 창출하게 된다. 신체의 움직임을 통해 표현되는 체육・스포츠 활동은 동작・자태・선・음향과 조화를 이루며 미감을 일으켜 쾌감을 느끼게 한다. 이처럼 미적 사물의 모양으로부터 나타나는 것이 형식미이다.

형식미는 우주만물에 보편적으로 존재하는 일정의 색・형・음 등으로 구성된다. 예를 들면 정제(整齊)・대칭・비례・균형・대비・조화・층차・리듬・다양화・통일 등은 오랜 심미의 역사 속에서 고정된 것으로 형식미의 법칙이 되었다. 이러한 법칙을 체육・스포츠 활동에 조명할 때 운동 형식미의 법칙을 가려낼 수 있다.[281]

(1) 정제(Uniformity)

정제란 대소(大小) 형상이 가지런하고 고른 것, 통일된 것을 의미하며 정제일률이라고 한다. 운동의 정제란 획일성・통일성을 의미하는 것으로 단순하면서 미적 쾌감을 유발하는 형식미이다. 매스게임에서 동작의 전체적인 일치, 군인들의 시가행진 등에서 느끼는 장엄하고 웅장한 느낌이 정제 미이다. 구체적인 예로 우리는 올림픽이나 전국체전의 매스게임에서 같은 색깔의 옷을 입고 음악에 맞추어 행하는 집단의 움직임에서 일치된 모습을 보게 된다. 움직임의 형식인 정제는 장중・웅장・강경・유력 등의 느낌을 준다. 더 넓은 의미에서 보면 인류의 삶 자체가 곧 정제된 모습이다. 신체적으로 두 개의 눈과 두 개의 팔이 있고, 모두가 호흡을 하며 걷고 있다. 그러나 일시적으로는 흥미와 미감을 불러일으킬 수 있으나 오래가면 지루해지는 단점이 있다.

(2) 비례(Proportion)

비례란 아름다움의 객관적 분석에서 가장 기본적인 원리이다.[282] 비례란 정량적 개념을 바탕으로 하고 있다. 사물의 대소・길이・넓이 등의 비례 관계를 나타내는 것이다. 비율은

281) 아래 내용은 閔永淑, 앞의 책, pp. 152-165의 내용을 바탕으로 기술되었다.
282) 최영진(역), 앞의 책, p. 210

1.618/1 ≒1/0.618이 되어야 좋다는 황금분할(Golden Section), 또는 신적비례(Divine proportion)의 이론도 비례에 기초를 둔 것이다. 예를 들면 TV화면, 책의 모양, 무대, 운동장 등은 비례 미에 부합하는 직사각형으로 되어 있다.

우리의 인체도 배꼽을 경계선으로 상·하의 황금비례가 있는바, 상부에는 머리로부터 인후부, 또는 인후부에서 배꼽, 배꼽에서 무릎까지, 또는 무릎에서 발바닥까지 모두다 황금비례 관계가 성립될 수 있다.[283] 어떤 선수의 신장이 172cm이라면 172×0.618 = 106.296cm가 배꼽에서 지면까지의 이상적인 몸의 높이가 된다. 그렇지 않으면 상체나 하체가 지나치게 길거나 짧아 신체적 미감이 줄어들게 된다. 이러한 비례 관계의 미는 인체의 길이뿐만 아니라 굵기에 있어서도 마찬가지일 뿐만 아니라 체육·스포츠 활동과 같은 신체 움직임 형식에도 적용된다. 전후·좌우 움직임의 적절한 비례도 미감을 창출하는 요인이 된다.

(3) 균형(Balance)

균형이란 형식상으로 상하, 좌우로 대칭이 되지는 않을지라도 분량으로 균등한 상태를 유지함으로써 중량감을 주어 미감을 일으키는 요소이다. 만약 다리의 굵기가 다른 인체를 지녔다고 상상한다면 균형의 미감이 어떤 것인가를 빨리 이해할 수 있을 것이다. 어떤 운동의 형식을 막론하고 중심이 있고, 그 중심을 축으로 움직이게 된다. 무용이나 체조의 마루운동, 리듬체조의 연기, 싱크로나이즈드 스위밍 등에서 일어나는 움직임은 이 균형의 원리에 맞게 짜여져 있고, 균형의 원리에 맞지 않을 경우 구성상의 허점으로 인해 낮은 점수를 받게 된다. 그리고 동작 자체의 조화, 강도, 밀도의 합리적인 배치 또한 균형적 미감을 일으키는데 중요한 요소가 된다. 이처럼 체육·스포츠 활동에 있어서는 심리상의 형평 유지가 매우 중요하기 때문에 난이도에 따른 동작의 구성이나 경기장의 시설, 조명, 음악 등의 합리적인 조절은 균형미를 유발하는데 영향을 미치게 된다.

(4) 대칭(Symmetry)

대칭은 균형과 비슷한 요소이다. 인체의 각 부위는 대칭으로 되어 미감을 자아내며, 풍경화에서 호수에 비친 산의 모습이나 자동차의 구조 등은 대칭을 이루어 미감을 자아내는 예이다. 팔이나 다리의 길이나 귀의 크기가 서로 다를 때는 대칭의 법칙을 벗어나게 되어 미감을 잃게 된다. 축구·배구장·테니스·배드민턴·럭비 등 각종 경기장은 모두 대칭의 원리에 입각하여 설계되어져 있고, 콘테스트(contest)의 성격을 지닌 체조·다이빙 등과 같은 각종 연기의 구성도 대칭의 원리에 따라 구성되어져 있다.

(5) 조화(Harmony)

조화란 구성요소간의 대립과 통일의 협응성(coordination)을 일컫는 것으로 협조, 조화, 화

283) 閔永淑 (역), 앞의 책, p. 156.

성의 의미를 지닌다. 부분과 부분, 부분과 전체 사이의 통일감을 줌으로써 미감을 일으킨다. 스포츠 현장에는 선수들 동작의 대소, 신속성, 또는 유니폼의 색채 등의 융화로 인해 원만한 일치감을 보여주게 된다. 단체경기에서 팀워크 또한 조화의 극치다. 현란한 기술로 골인을 시키는 것도 아름답지만 여러 선수가 단순한 기술을 엮어서 공동의 목적을 완수하는 조화는 팀스포츠에서만 볼 수 있는 조화미의 극치라 할 수 있다.

(6) 층차(Gradation)

사물이 일정한 순서에 따라 점진적으로 변화하는 단계를 일컬어 층차라고 한다. 낮은데서 높은 데로, 작은 형식에서 큰 형식으로, 먼 곳에서 가까운 곳으로 변화하는 동작이나 음향 등은 층차라는 움직임 형식미를 창출한다. 계단, 고층석탑, 먼데서 밀려왔다 사라지는 파도 소리, 군(郡)・구(區)대표선수에서 시・도 국가대표에 이르는 과정, 축구장에서 관중들이 차례로 일어서며 마치 파도가 치는 듯한 모습의 연출, 잔잔한 음색에서 장중한 음색으로 변화를 가하는 오케스트라의 연주 등은 층차 미를 설명할 수 있는 좋은 예들이다. 인간의 운동과 관련 지워 생각해 보면 매스게임이나 사열, 무용이나 단체 경기에서 주연급에 해당되는 사람과 기타의 연기자들 사이에 형성되는 주종 관계의 연기나 플레이 또한 모두 층차 미와 연관된 것으로 볼 수 있다.

(7) 리듬(Rhythm)

리듬은 음악이나 무용, 시가(詩歌) 어디에서나 중요한 요소이지만 스포츠・운동 미에 있어서도 핵심적인 요소이다. 운동에 있어서 리듬은 불규칙한 동작을 단위 시간 내에 규칙적인 질서에 도달하도록 하는 요소라고 표현할 수 있다. 리듬은 인간의 생리적 본성과 연관된 기본적인 특질이다. 인간의 신체부터가 본질적으로 리듬에 의존한다. 심장의 박동, 호흡, 걸음걸이 등 신진대사의 흐름이 리듬과 직결되어 있기 때문에 각종 운동형식은 생리적 리듬에 의해 일정한 형식을 갖게 된다. 높이뛰기 선수, 멀리뛰기 선수, 장애물달리기 선수, 마라톤 선수들이나 각종 구기 종목의 선수들도 일정한 리듬에 따라 움직이게 되며, 이 리듬이 깨어지면 좋은 성적을 기대할 수 없게 된다. 모든 운동은 그 자체가 리듬이며, 리듬은 미감을 일으킨다. 리듬의 주기는 힘의 대비를 가져온다. 운동에서 힘의 강약, 속도의 강약과 관련된 리듬은 아름다움을 자아내는 것이다.

5. 스포츠와 윤리

윤리학(ethics)은 철학적 영역 중 가치론(Axiology)의 한 분야로 가치의 본질을 다루는 영역이다. 가치론에는 미(美, beauty), 도덕(morality), 보편적인 선(common good)이란 세 가지 영역이 있다. 윤리학(도덕철학)은 무엇이 올바르고 무엇이 그릇된 것인가? 선악, 즉 미덕과 악덕은 어떻게 결정지을 것인가에 관심을 두는 영역이다. 도덕적 판단의 옳고(right) 그름(wrong), 선(good)과 악(bad), 도덕(moral)과 비도덕(immoral) 등과 같은 가치판단과 관련된 문제를 다루는 것이며, 그것을 결정을 하는 기초로서 "무엇이냐(what is)" 보다는 "어떠 해야하느냐(what should be)" 에 초점을 맞춘다. 스포츠 현장에서 일어나는 여러 가지 문제도 윤리학적 토론의 대상이 될 수밖에 없다. 왜냐하면 스포츠의 장(場)은 바로 사회의 축소판이기 때문이다.

1) 스포츠와 경쟁의 유형

경쟁의 공통성인 "상대(타인 또는, 장벽)" , 결과의 미확정성, 경연(contest), 성공, 패배의 불가피성 등만으로는 경쟁의 개념을 정의하는 요소로서 불충분하다. 경쟁의 유형(types of competition)은 크게 두 가지로 분류할 수 있는데, 그것은 직접적 형태와 간접적인 형태가 있다.

키팅(Keating)은 스포츠(sport)와 애슬레틱스(athletics)부터 그 의미를 구분했다. "즐거움을 추구하는 스포츠" 와 승리를 추구하는 운동경기, 즉 애슬레틱스는 그 어원부터 다르다는 것이다. 스포츠는 문자 그대로 "일로부터의 해방(to carry away from work)" 을 의미하며 "기분전환(diversion)" , "레크리에이션(recreation)" , "오락(pastime)" 등과 같은 의미로 통하다가 지금과 같은 정의로까지 발전하였다.[284] 이러한 개념의 변화 과정은 스포츠에 놀이의 요소가 포함되어 있음을 강력히 시사하는 것이다. 한편 "애슬리트(Athlete)" 라는 말은 그리스어에서 유래한 것으로 "상을 위해 경쟁하는 것" 을 의미한다.[285] 이 두 가지의 구별 관점은 경쟁의 과정과 그 결과가 무엇이냐 하는 것이 주된 포인트가 된다.

(1) 아곤(Agon)과 라이벌리(Rivalry)

스포츠와 애슬레틱스의 가장 공통되는 개념은 아마 아곤(agon)이라는 특성일 것이다. 아곤은 그리스어 "agonia" 에 유래한 것으로 게임에서 승리를 지향하는 경연(contest) 혹은 투쟁・분투(struggle)를 뜻한다. 모포드(Morford)는 아곤의 개념을 다음과 같이 구체적으로 설명하고 있다.

---

284) J. W. Keating, "Sportsmanship as a Moral Category." *Ethics*, 85(1), (1964) pp. 25-35 ; E. W. Gerber and W.J. Morgan. (ed.) *Sport and the Body*, 2nd ed. (Philadelphia, Lea & Febiger, 1979), p. 265.
285) Ibid.

> 아곤은 분투(struggle), 고생(toil), 어려움(hardship), 위험(risk), 나이키(nike)의 개념을 구체화한 것이다. 이것의 마지막은 심지어 죽는 한이 있어도 자기 자신 속에서, 그리고 자기의 경쟁자에 대항하여 투쟁한 결과 승리함으로써 구체화되는 질적인 승리를 말한다. 단지 압도하거나 이긴다는 것만으로 충분한 것이 아니다. 만약 그곳에 진정한 아곤이 있다면 사람은 내적으로 가치 있는 승리가 아니면 안 되기 때문이다.[286]

만약 아곤이 진정한 내적 가치를 지닌 승리라면 현대 스포츠는 진정한 아곤을 상실하고 있는 것인지도 모른다. 현대 스포츠의 승리에 대한 상은 단순한 상 혹은 보수라기보다 성공을 상징하는 외적 결과가 되고 말았기 때문이다. 경쟁에서 승리란 강한 경제 지향성을 반영한 것이기 때문이다.

현대적인 아곤을 규정하는 큰 특성이 있다. 직접적인 라이벌을 지배하거나 우월성을 확보하려는 일에 있어서 동기가 되는 것은 "좀 더 나아지려는(better than)" 마음이다. 상대를 지배하거나 정복하려고 하지만 패자에 대한 책임감이나 감정은 전혀 없다. 러스첸(G. Luschen)은 이런 종류의 경쟁을 "제로-섬 컴페티션(Zero-Sum Competition)" 이라고 규정했다. 한 사람의 개인이 승리자가 되면 다른 한 사람 혹은 더 많은 사람은 패배자가 되는 것이다.[287] 아곤은 경기에 이겨서 상을 받지 못해도 멋진 플레이를 했다는 것이 보상으로 취급되는 그런 경쟁이 아니다. 꼴찌에게도 갈채를 보낸다는 식의 이야기와는 먼 거리가 있다.

아곤에서 개인적인 탁월성은 부차적인 문제가 되고, 오직 상대적 우월성을 추구한다. 이런 종류의 경쟁에 참가한다는 것은 지배·우월 지향성이 강한 것이며, 스스로를 유능하다고 생각하는 심리적 요구에 부응하는 것이다. 물론 우월성이 가장 바람직한 결과로 취급되지만 팀이나 개인 양쪽 모두의 탁월성을 증명할 수도 있으며, 과정도 훌륭하고 승리도 달성하는 동시적인 결과도 달성할 수 있는 측면도 내재되어 있다. 우월성(superiority)이나 탁월성(excellence)을 성취할 수 있는 아곤은 세 가지 필수적인 전제 조건이 있다. 첫째는 기술(skill)이다. 승리를 위해서는 뛰어난 기술이 필요하다는 노동윤리이다. 둘째는 태도(attitude)이다. 현대의 아곤과 놀이의 성격이 강한 스포츠를 구별하려면 선수가 상대선수를 어떻게 보며, 결과를 얼마나 중시하는가 하는 것이다. 아곤과 같은 경쟁에서는 상대와의 유대관계 같은 것은 뒷전이고 상대를 오직 극복해야 할 장애물 정도로 생각한다. 셋째는 승리를 위해 개인은 팀의 요구에 복종하는 것이다. 즉 개인은 어떤 조직 속에서 적응하는 법을 배워야 하기 때문에 "조직인(organization man)" 이나 "팀 플레이어(a team player)" 가 되어야 한다는 것이다. 개인의 권위나 의지, 결정권은 포기할 것이 요구된다. 오직 팀만이 있을 뿐 "나" 란 존재하지 않

---

286) W. R Morford, "Sport : whose bag? I. Is Sport the struggle or the triumph?" *Quest*, 19 (1973), pp. 83~87, p. 84; C.E. Thomas, op. cit., p. 83.

287) G. Luschen, Cooperation, Association, and Contest. J. Conflict Resolution, 14 (1970), pp. 21-34 ; C. E. Thomas, op. cit., p. 83.

는다는 사고방식이 요구된다. 빈스 롬바디(Vince Lombardi)의 말 중 "승리는 최고로 중요한 것이 아니다. 그것은 유일한 것이다(Winning is not the best thing; it is only thing)" [288]라는 표현을 되새기게 하는 전제 조건이다. 스포츠와 운동경기에서 승리의 역할은 다양한 차원에서 존재하지만 현대적인 아곤에서는 승리가 참가자의 제1요건이 되기 때문에 단체 경기의 경우 개인은 팀의 승리를 위해 헌신해야 한다는 경기 윤리가 전제된다.

(2) 아레테(Arete)

스포츠계의 격언으로 유명한 라이스(Grantland Rice)의 말이 있다. "이기고 지는 것이 문제가 아니라 어떻게 싸우느냐가 중요한 문제이다(It isn't that you win or lose but how you play the game)." [289]는 말이다. 이 말은 아레테의 방향을 잘 나타내어 주고 있다. 물론 멋진 플레이 속에는 승리에 대한 욕구도 내재되어 있다. 그러나 경쟁을 하되 뛰어남을 추구하며, 최선을 다한다는 신념이 더 중요한 요소가 된다. 아곤에서의 최종적인 결과에 초점을 맞춘 것과는 반대로 아레테는 경기에서 노력하고 멋진 플레이를 하는 것, 즉 과정에 초점을 맞춘 것이다.

아레테는 탁월성의 추구라고 볼 수 있다. 스포츠의 주된 매력의 하나는 탁월성이다. 탁월성은 우리를 흥분시키고 경외감을 느끼게 하며 흥미를 끄는 요인이다.[290] 탁월성을 추구하며, 뭔가를 이루려는 욕망으로 도전하는 과정에서 우월성이 달성된다면 아곤(agon)도 완성되는 것이다. 그러나 아레테는 만약 최고가 되지 못하거나 시합에서 패했을 지라도 성실하고 진지하게 경쟁했다면 그것만으로도 명예롭고 고상한 일이며, 멋진 도전 그 자체로서 충분한 의미를 부여 할 수 있는 경쟁의 개념이다. 등산, 스키, 계곡의 급류타기, 행글라이딩 같은 활동에서 보이는 노력과 자기 자신과의 경쟁도 아레테와 같은 경쟁의 한 모습일 것이다. 등산가 힐러리경(Sir Edmund Hillary)이 "우리가 정복한 것이 누구인가? 우리 자신일 뿐 그 누구도 아니다.(whom have we conquered? None but ourselves)" 라고 했듯이 아레테는 정복한다기보다 오히려 도전과 합치되며 내적인 것으로 하나의 적대적 경쟁이기보다는 격려하며 힘쓰는 경쟁(friendly rivalry)이다. 그리고 자기 시험적이며, 스스로 최적의 발달을 추구하는 경쟁이다.

2) 스포츠 윤리

목적(결과, ends)은 수단(means)을 정당화하는가? 이 물음은 일반 사회나 스포츠계에서 오랜 동안 논쟁의 초점이 되어왔다. 만약 스포츠에서 승리 외의 결과로서 그 뭔가가 있다면 그 무엇이 중요한지에 관한 관심은 수단과 방법에 관한 문제로 귀착된다.

키팅(J.W. Keating)은 스포츠맨십에 관한 규약을 스포츠(sport)와 운동경기(athletics)에 똑

288) Carolyn. E. Thomas, p. 84.
289) Ibid., p. 85.
290) P. Weiss, *A Philosophic Inquiry* (Carbondale : Southern Illinois University Press, 1969), p. 3.

같이 적용하는 것은 문제가 있다고 지적했다.[291] 일반적인 스포츠맨과 운동선수(athlete)는 목적과 수단에 대한 자세가 틀리며, 스포츠맨으로서의 태도에 대한 다른 평가 기준이 필요하다는 것이다. 키팅의 다음 글은 그러한 입장에서 매우 타당한 것으로 받아들여진다.

> 스포츠맨의 일차적인 목적은 그 순간의 즐거움에 있으며, 그것은 (일반적인) 스포츠맨이 승리를 대단히 중요한 위치에 두지 않는다는 사실로 미루어 봐도 명백하다. 승리했을 때는 겸손하고 패배했을 때는 너그러우며, 항상 페어플레이를 하는 일이 (선수가 아닌) 스포츠맨에게 있어서는 어려운 일이 아니다.… 운동경기에 적용된 스포츠맨십(sportsman)의 기묘한 패러독스는 엄청나게 심각하고, 정서적으로 부담을 느끼는 상황에서도 운동선수가 유쾌한 오락에 종사하는 듯이 행동하도록 요구받게 된다. 승리를 추구하며 수많은 시간을 훈련에 투자하고, 희생하며 승리를 꿈꾸는 운동선수는 그야말로 신체적 정신적으로 완전히 고갈된 상태로… 그들에게 시합에서는 공정하고, 이겨도 겸손하며, 패하더라도 칭찬 받을만한 평정을 유지하길 바라는 것은 너무나 무리한 요구이다.[292]

결국 목적을 위한 수단의 문제를 어떻게 볼 것인가 하는 문제가 대두된다. 스포츠 활동에 있어서 규칙의 범위 내에서 일어나는 의도적인 반칙 등도 부도덕한 것으로 보지 말아야 할 것인가 아니면 부도덕하다고 보아야 하는가 하는 것이다. 그것은 윤리적 입장에 따라 다르게 해석된다. 잭 스코트(Jack Scott)는 목적(결과)과 수단 중 어느 쪽을 상위에 둘 것인가에 주목하며, 세 가지 유형을 제시했다.

(1) 롬바디주의적 윤리

롬바디주의적 윤리(Lombardian ethic)를 토대로 말하자면 스포츠의 경우 승리가 가장 중요한 성과이며 목적(결과)은 승리를 위한 수단을 정당화한다. 이 윤리관에 따르면 경쟁상대를 적으로 간주하며, 페어플레이 같은 개념도 경쟁 상대라는 장애를 극복하기 위해서는 별 중요하지 않은 것이 된다. 잭 스코트는 이와 같은 체계가 선수들에게 희생과 고행을 요구하고 탁월한 성과를 낳게 했다고 말한다. 선수의 자유, 개성, 자기표현 등은 무시되고 권위주의나 준법주의에 토대를 둔 결정을 하게 된다는 것이다.[293] 큐(F.C. Kew) 또한 롬바디주의적인 윤리는 직업윤리에 지배되어 승리가 강조되고, "운동경기에서 움직임은 승리를 쟁취하는 방향으로 나아가야 하며, 승리할 의도가 없는 어떤 움직임은 부적당하고 비생산적인 것이다." 라고 말했다.[294]

291) J. W. Keating, "Sportsmanship as a Moral Category" . *Ethics*, 85 (1), (1964) pp. 25-35 ; E. W. Gerber and W. J. Morgan (ed.). *Sport and the Body*, 2nd ed. (Philadelphia : Lea & Febiger, 1979), pp. 264-271. pp. 226-268.

292) J. W. Keating, ibid. E. W. Gerber and W. J. Morgan (ed.). ibid. p 269.

293) J. Scott, "Sport and the Radical Ethic" . *Quest*, Vol. 20, (1973), p. 73.

승리가 지배적인 관심사로 대두되면 경기 중의 행동에 대한 도덕적 결과는 무시되기 마련이며, 옳고 그름에 대한 관념도 희박해진다. "내가 무슨 나쁜 일이라도 저질렀느냐?" 는 식이다. 승리를 중요시하게 됨에 따라 운동경기에서 선수들의 태도에 대한 가치는 평가 절하되며, 목적(결과)은 수단을 정당화하게 되는 것이다. 따라서 인간 행동의 도덕적 측면은 완전히 무시된다. 롬바디주의적 윤리는 탁월성과 같은 스포츠의 궁극적 가치는 그 외면에 있는 가치를 획득하기 위해 스포츠를 수단으로 이용하는 실례중 하나이다. 그 결과 추구하는 외적 가치의 획득을 위해 상대를 희생양으로 삼고, 승리를 유일한 성과로 생각하기 때문에 점차 비인간화 경향을 불러오게 된다.

롬바디주의적 윤리 체계에서 선수는 코치, 감독, 구단주들에게 이용되거나 트레이드(trade)의 대상이 된다. 유명한 선수의 스카웃은 체육관의 관중 수를 늘리는데 이용되고, 대학 선수들의 승리는 그 대학의 인지도를 높이는데 이용된다. 선수는 결과나 팀 공헌도에 따라서만 도구적으로 평가되며, 선수들의 감정, 미적 만족 등은 별로 중요하게 취급하지 않는다.

(2) 반문화적 윤리

큐(F.C. Kew)는 롬바르디주의적 윤리와 정반대되는 개념의 윤리를 "반문화적 윤리(counter-culture ethic)" 라고 했다. 이 윤리적 시각에서 승리는 외재적인 보수이며, 스포츠의 가치를 목적(결과)보다 활동 과정에 둔다. 롬바디주의적 윤리의 가치와 정반대이다. 경쟁대신 협동, 목적(결과) 대신 과정이 중시되며, 롬바디주의적 윤리의 준법주의가 선수의 자발성이나 자기표현의 기회로 대치된다. 스포츠 활동 자체도 존재 의식을 강화하거나 역동적인 삶의 부분으로 보고 승리 이외의 다양한 가치를 높이 평가하는 시각이다.

(3) 혁신적 윤리

목적(결과)을 중시하는 견해와 과정을 중시하는 견해 사이에 스코트가 분류한 "혁신 윤리(radical ethic)" 라는 것이 있다. 모포드(W.R. Morford)는 "우리들은 스포츠를 자신을 알기 위한 장(場)보다는 자신을 증명하려는 장으로 만들어버렸다." [295]라고 경고했다. 그러나 스코트(J. Scott)는 스포츠에서 성공과 경쟁을 중요한 요소로 보았으며, 스포츠를 넓은 사회적 가치를 반영하는 것으로 파악했다.

혁신윤리에서는 경쟁스포츠의 본질에 관해 기본적으로 어떤 것도 나쁘지 않다고 생각한다. 경쟁과 협동, 결과와 과정의 어느 한편에 치우치지 않고 중립적인 견해를 나타낸다. "혁신적 윤리에서는 성과로서의 탁월성을 중요하게 받아들이지만 동시에 성과의 달성방법도 중요하게 받아들이다.[296] 수단은 목적이나 결과와 같이 중요하며, 만약 승리를 위해서 수단의 고결

---

294) F. C. Kew, "Values in Competitive Games." *Quest*, Vol. 29 (1978), p. 106.
295) W. R. Morford, "Sport : Whose Bag? I. Is Sport the Struggle or the Triumph?" , *Quest*, 19, (1973), pp. 83~87.

함을 망각한다면 그 승리도 공허한 것이 되고 만다는 입장이다. 혁신 윤리에서 본 스포츠는 규칙에 따라 훌륭한 플레이를 하고, 상대를 존중하며, 승리를 위한 과정 속의 모든 노력도 스포츠의 이상을 추구하는 노력으로 보는 것이다.

이상의 접근 방식에서 보듯이 스포츠에 있어서 목적과 수단에 대한 인식은 접근법에 따라서 차이가 있다. 예를 들어, 롬바디주의적 윤리, 즉 준법주의적인 관점에서 보면 선수는 시합을 위해 "계약" 을 맺으며, 시합의 모든 규칙이나 제 조건을 자유롭고 자발적인 자세로 수용한다. 그래서 계약을 위반할 경우 벌칙이 따른다. 준법주의적인 관점에서 보면, 규칙은 깨어지고, 속이고, 의도한 방향과는 다른 방법으로 이용되기도 한다. 또한 경기의 목적이 누가 가장 탁월한 기능을 보여주는가를 결정하는 것이기 때문에 고의적인 반칙도 부도덕한 것으로 받아들여지지 않는다.

경쟁의 목적은 능력을 견주어보아 탁월한 팀이나 선수를 결정하는데 있다. 그리고 규칙의 목적은 모든 참가자들에게 동등한 기회를 제공하는데 있다. 그러나 경기가 규칙의 이용법을 평가하기보다는 능력을 평가하려는데 있지만 "전술(strategy)" 의 차원에서는 규칙을 교묘하게 이용함으로써 평등한 기회를 유지시키려는 규칙의 효과는 감소되고 만다. 이런 입장에서 볼 때 현대 스포츠에서 규칙에 잠재된 정신, 스포츠맨십, 성문화된 것은 아니나 중시되는 예의 등의 문제는 매우 복잡하며, 윤리적으로 판단하여 정의하는데 큰 어려움을 겪게 된다. 경쟁 상대를 어떻게 볼 것이며, 선수나 경기 자체에 어떤 가치를 부여하는가하는 것이 최종적인 판단의 배경이 될 것이다.

우리는 복잡한 사회화 과정이나 경험을 통하여 무엇을 성취하는 것이 중요한 일인지, 그 성취를 위해 선택할 적절한 수단은 무엇인지 배우며 성장해왔다. 자유는 항상 책임을 의미하는 것이었으나 그 책임의 경계나 기준에 관해서는 보편적인 정의를 내리지 못한 채 살아가고 있다. 이처럼 스포츠 세계에 있어서 목적과 수단에 대한 견해도 개인적인 가치, 관심, 태도, 신념에 기초하여 결정을 내리는 개인적인 문제로 남아는 것이다.

3) 스포츠의 윤리적 문제

(1) 규칙의 왜곡과 속임수

스포츠맨십이나 페어플레이의 규약과 관련된 일차적인 문제는 모든 선수는 규칙을 지키지 않으면 안 된다는 것이다. 정해진 규칙을 위반하면 벌칙이 적용되지만 흑(黑)이 아니면 백(白)이란 준법주의적 규범을 넘어, 자기 혹은 소속팀에 유리하도록 규칙을 적절히 활용하거나 교묘하게 조작하는 회색지대가 있다.

296) J. Scott, op. cit., p. 75.

우리는 우발적인 반칙과 의도적인 위반을 구별할 수 있다. 우발적인 반칙이나 규칙 위반에는 계획성이나 고의성이 없다. 이런 경우의 반칙에는 윤리적 의미가 없다. 일반적으로 우리는 경기를 관전하다가 반칙이 일어나면 벌칙이 주어지리라고 생각하지만 그 순간 윤리적인 비판을 하는 일은 드물다. 선수 또한 마찬가지다. 그러나 우발적인 반칙을 한 선수나 코치는 벌칙의 경중에 따라 항의를 하거나 불만을 표출하는 경우를 흔히 본다. 그것은 빈약한 스포츠맨십의 표현일 것이다.

노골적인 규칙위반, 다시 말해 규칙과 그 속에 내재된 정신을 깨트리는 것은 계약한 경기의 목적을 방해하는 것이다. 피어슨(K.M. Pearson)은 고의적인 반칙은 "플레이의 정신을 깨트리고, 플레이를 승리 추구를 위한 단순한 수단으로 보는 것이다. 경쟁상대를 고결한 동료로 파악하기보다는 적이나 물체로 생각하고 있음을 반영하는 것이며, 스포츠를 가능케 하는 계약이라는 틀의 파괴이다." 라고 적고 있다.[297] 경기에서 속임수(cheating)를 쓰는 것은 경쟁을 포기하는 것이나 마찬가지다. 경쟁은 게임과 게임의 목표를 정의하는 규칙의 틀 속에서만 의미를 갖기 때문이다. 속임수는 자기 자신을 경쟁상대로서 가치 없는 존재로 만들어 버리는 것이나 다름없다. 이 역시 승리의 상징은 경쟁에서의 성공과 즐거움이고, 경쟁 상대가 없다면 가치가 없는 것이기 때문이다. 따라서 속임수에 의한 승리는 거짓 없이 싸운 경쟁 상대에 대한 착취이다.[298]

스포츠에서 속임수의 종류는 수없이 많다. 의도적 반칙, 자격 미달 선수의 경기 출전, 골프에서 숲 속에 떨어진 공을 살짝 페어웨이에 옮겨 놓는 일, 축구에서 심판 반대편에서 손으로 공을 친 뒤 드리블을 하는 경우, 쇼트트랙 경기에서 상대가 진로 방해를 한 것처럼 소위 헐리우드 제스처(gesture)를 쓰는 일 등 무수히 많다. 예를 들어 경기에서 속임수가 의미하는 것은 무엇인가? 그것은 능력? 승리? 성공? 노력? 결코 아니다! 여러 가지 핑계를 대며 부정행위를 하는 습관에 젖은 사람은 자신의 행위가 나쁘다는 것도 잊게 된다. 그런데 현대 스포츠에서 "좋은 반칙(good foul)" 은 규칙 위반이라기보다는 전략의 일종으로 취급되어 심지어 해설자까지 "적절한 반칙을 잘 해주었군요!" 라는 코멘트까지 덧붙이는 경우를 보게 된다. 이 모든 의도적 반칙이나 속임수는 스포츠에서 계약 정신의 파괴이다.

(2) 스포츠와 약물복용

20C 후반부터 선수들의 약물이나 흥분제 사용은 세계 스포츠계에 커다란 논쟁을 불러 일으켜 왔다. 여기에는 다음과 같은 세 가지의 주된 쟁점이 있다.[299]

---

297) K. M. Pearson, Deception, Sportsmanship, and Ethics. *Quest*, 19, (1973), pp. 115-118; C.E. Thomas, op. cit., p. 196.

298) E. J. Delattre, "Some Reflections on Success and Failure in Competitive Athletics" . J. Philos. *Sport*, 1 (1975). pp. 133-139; E. W. Gerber and W. J. Morgan (ed.), *Sport and the Body*, p. 276.

299) C. E. Thomas, op. cit., p. 197.

첫째, 선수가 알든 모르든 약물 취급자가 선수들에게 생리적 손상을 입혔는가? 또는 약물이 선수의 신체적 구성을 변화시켰는가?

둘째, 약품을 사용하는 선수와 그렇지 않은 선수가 경쟁을 할 때 야기되는 공정성의 문제는 무엇인가?.

셋째, 약물을 사용하는 목적이 운동경기의 본질적인 목적을 결정하는 것이어야 한다는 것, 즉 인간의 최고의 잠재력 측정이냐? 아니면 경쟁이라는 압박감 속에서 최고 수준의 화학 활용법 수준의 측정이냐?

신체 손상에 관한 첫 번째 문제에도 또 다른 두 가지의 문제가 있다. 선수는 약품에 유해한 작용이 있음을 알지 못하고 있었을지도 모르고, 또 손상을 주지는 않을 것이라고 생각하는 의사, 트레이너, 코치의 말을 믿고 복용했을 런지도 모른다는 것이다. 다른 하나의 문제는 유해하다는 사실을 알면서도 선수가 약품을 선택하는 경우이다. 그러나 약품이 신체에 유해하다는 사실은 1970년대부터 이미 잘 알려져 있는 이상 신체적 능력을 강화·유지하기 위해 진정제나 스테로이드(steroid)제, 그 밖의 약품들을 사용할 것이냐 말 것이냐 하는 것은 도덕적 문제로 남는다.

법률적인 문제는 별도로 취급하더라도 그 선택의 문제는 중요하다. 의료계에서 환자나 환자 보호자에게 환자의 행복을 스스로 선택하는 기회 앞에서 "정보에 입각한 동의(informed consent)" 를 받는 절차가 있다. 이 동의란 무엇인가? 그 정의는 환자의 의지란 점에서 매우 폭넓은 의미를 지닌다. 그것은 "어떠한 요소의 부당한 유도나 사기, 허위, 협박(구속), 그 밖의 다른 강요나 강제 없이 당사자나 법적 권위를 지닌 대리인의 동의를 얻는 일" 이다.[300] 그런데, 이 동의는 세 가지 측면이 있다. 첫째, 동의자는 반드시 동의 자격이 있어야 하며, 둘째, 동의 전에 반드시 충분한 정보가 제공되어야 하며, 셋째, 동의는 자발적이어야 한다는 것이다. 그런데, 스포츠계에서 많은 감독, 코치, 트레이너, 팀 닥터 등은 선수들을 제 마음대로 취급하는 것이 일반적인 현상이다. 그들은 선수의 식사 습관, 체중 조절, 부상 상태의 출전 등을 관장하게 된다. 그러나 문제는 관리자들이 선수의 동의 없이 선수를 위한 조치라는 핑계로 그들의 방침에 따르기를 강요한다는 점이다. 이러한 현상은 정보에 근거한 승낙의 정당한 실행이라고 볼 수 없다.

선수들은 자유의지에 따른 동의가 곤란한 입장에 있다. 감독의 지시에 따르지 않으면 출전 멤버에서 제외될 수 있고, 출장을 못하게 되면 코치, 동료로부터의 신뢰나 팬들의 사랑을 잃을 염려가 있기 때문이다. 그런 상황 속에서 선수들은 부상 상태에서도 경기에 출장해야 하며, 약물복용 또한 동의를 해야 하는 처지에 있는 것이다. 선수들은 항상 그들의 포지션을 잃을까봐 두려워하게 된다. 학교, 동문, 팬 등이 선수들을 마치 아편 상인이 마약 상습 복용자를

300) J. Ludlan, *Informed Consent* (Chicago : American Hospital Association, 1978). p. 7. ; C. E. Thomas, op. cit., p. 198.

조종하듯이 선수를 지배한다. 선수들은 초년생 시절부터 선수로서 자신의 역할을 다하지 못하고 팀 관계자나 관중들을 즐겁게 하지 못하면 존재할 가치도 없다는 것을 배우며, 이 세상의 어떤 홍분도 승리의 대용품이 되지 못한다는 식의 사고가 굳어져 가게된다.

선수들은 자신의 가치나 자존심이 자신의 플레이에 달려 있다는 것을 너무나 잘 알기 때문에 부상을 당한 상태에서도 경기에 계속 출장시켜 줄 것을 요구하며, 그 결과 선수들은 더 쉽게 부상당해 팀 관리자나 구단과 같은 "장사꾼" 의 희생물이 된다. 단순히 출장의 문제만 아니다. 전체적인 분위기는 일반적인 태도 형성에까지도 영향을 미친다. 어린 선수에서 프로선수가 되기까지 모든 사항을 수동적으로 수용하는 소위 "예스 맨(Yes man)" 이 된다. 약물 복용이 문제도 이러한 상황과 비슷한 상황 속에서 일어난다. 그래서 "정보에 입각한 동의" 란 약물복용이 무엇인지, 그것이 어떤 의미가 있는지, 선수가 약을 복용할 뜻이 있는지, 위험성은 없는지, 그밖에 선택의 여지는 없는지 등을 사전에 물어야 한다는 것을 뜻한다.

스포츠에서 일반화되어 가는 다양한 트레이닝 및 약물 요법은 단기적, 장기적으로 신체적 손상을 입히지 않는 것도 있고, 높은 위험성을 동반한 것도 있다. 예를 들면, 비타민제의 사용이나 선수를 위해 처방한 식사요법은 선수들에게 큰 해가 없을 것이다. 다만 비타민의 경우도 결핍 상태에서만 처치가 필요할 뿐이며, 지용성(脂溶性) 비타민 A나 D의 대량섭취는 위험성을 내포하고 있다. 그렇다면 선수들은 평소 비타민의 효용과 폐해에 대한 교육을 받도록 하는가? 그 외 장기간의 고당질 식사(carbohydrate loading)는 어떤 문제가 있는지에 대한 정보를 제공받는가? 그렇지 않다. 심지어 약물을 주사하거나 연습과 시합 사이에 어떤 식품 제공까지 정보에 기초한 사전 동의가 없이 일방적으로 이루어진다.

운동처방이나 요법을 실시하기 위해서는 정보에 근거한 동의를 얻되 실행 가능한 선택이 되려면 사전에 희생의 정도를 알아봐야 한다. 스포츠에서 지극히 일반적인 무산소 운동 훈련(anaerobic exercise training)일지라도 단기적 무산소운동의 결과는 혈장호르몬 농축에 현저한 변화를 일으킨다. 유산소운동(aerobic exercise)과 무산소운동(anaerobic exercise)에 대한 반응은 개인차가 크지만 대상자의 체질에 따라 전혀 다르게 나타나며, 정기적으로 트레이닝을 하는 것이 사람의 호르몬대사에 어떤 영향을 미치는지 확실한 결론을 갖지 않은 채 스포츠계에선 무산소적 트레이닝도 계속되고 있다.

윤리적 일탈 현상 중 가장 심각한 것은 역시 약물 복용의 문제이다. 약물 남용으로 인한 신체의 부작용 문제에도 관심이 집중되고 있지만 이 장(章)의 초점이 되는 것은 윤리적인 관점이다. 주된 문제는 공정성에 관한 관점이다. 브라운(J. Brown)은 스포츠계의 약물사용에 관한 공정성(fairness)의 개념을 검토하면서 "스포츠계에는 규칙이 있음에도 불구하고 항상 불공평이 존재한다." [301]라고 지적했다. 이 지적은 참가자는 능력, 준비, 욕구 등과 같은 측면에서

301) W. Brown, "Ethics, Drugs, and Sport." J. Philos, Sport, 7 (1980), p. 17.

처음부터 불공평한 상태에 있음을 시사한 것이다.

약품 사용의 공정성 문제를 논하는 과정에서 첫 번째로 대두되는 것은 사용 약품이 범위이다. 그 범위는 음식물에서부터 비타민, 호르몬제, 나아가 항생물질에 이르기까지 매우 광범위하기 때문이다. 두 번째는 해가 없는 첨가물도 어느 정도 량까지 허가할 것이냐 하는 것이다. 만약 누구나 약물이나 화학첨가물을 사용해도 좋다고 한다면 그래도 공정성의 문제가 존재할까? 어떤 약물이나 첨가물도 인간의 건강에 해롭지 않다면 이것은 정당한 견해로 받아들여질 것이다. 그러나 만약 A라는 선수는 그 물질을 구입할 수 있고, B라는 선수는 구입할 수 없는 실정이라면 어떤 판단을 내려야 옳을까? 불공정한가? 이런 의문에 대답을 하려다보면 다른 의문들도 끝없이 밀려든다. 예를 들면, 꼭 신체의 기능이나 구조적 변화에 영향을 끼치는 섭취물만 문제의 대상이 아니라 특수 목욕법, 테이핑, 교정용 기구 등은 제외하더라도 침술요법, 초음파, 외과수술도 문제가 될 수 있기 때문이다.

브라운(J. Brown)과 같은 학자는 약물이나 화학첨가물에 의한 변화와 수술, 침술과 같은 물리적인 변화에 의한 경우도 공정성의 기준은 꼭 같이 적용되어야 한다고 주장한다.[302] 만약 특정 선수가 약물을 복용하고, 다른 선수들은 규칙을 지켜 복용하지 않았다면 약물 복용은 규칙위반이고 기만이다. 이 경우 건강상의 이유를 제외한다면 공정성의 해결 문제는 모든 선수들에게 약물 입수 기회를 개방해야만 해결될 수 있다.

만약 약물 복용과 같은 행위를 윤리적 문제로 삼지 않고 어떤 제재를 가하지 않는다면 어떤 상황이 되어야 할까? 그것은 믿음의 문제로 연결될 것이다. 좋은 기록을 내기 위한 준비과정에서 화학적, 물리적 개조를 가능한 제한하지 않는 상황에서 경쟁을 시키는 것은 건강이나 공정성 문제에 관한 윤리적 판단과 밀접한 관계가 있다. 그러나 이 모든 문제들은 스포츠의 궁극적, 본질적 가치를 생각하는 순수한 입장에서만 해결 될 수 있는 문제이다. 예를 들어, 스포츠의 궁극적 가치, 즉 목적만을 생각한다면 선수들은 부상을 피하기 위해서는 필요 이상의 트레이닝을 해서는 안 될 것이다. 모든 선수는 최선의 트레이닝을 실시하되 건강의 유지·증진에 도움이 되는 수준에서만 운동능력 향상을 위한 노력을 해야만 한다는 논리로 이어지게 된다. 이상적인 입장에서 생각한다면 모든 스포츠 참가자는 스포츠에 참가함으로써 반드시 기분이 상쾌해져야 할 것이다. 선두들은 약물, 진통제, 최면술 등을 이용했는지 그렇지 않았는지 하는 문제에 의심조차도 해서는 안 되는 상태로 되어야 할 것이다.

확실히 신체적, 정신적 능력이 뛰어난 선수가 있다. 어떤 사람은 세계적인 농구 선수가 되고 싶지만 작은 신장(身長) 때문에 꿈도 꾸지 못한다. 우수한 선수들 사이에도 체력과 체격, 정신력 등에 차이가 있다. 인간은 원초적으로 불평등한지도 모른다. 그러나 스포츠란 타고난 능력과 순수한 노력의 결과로서 인간의 한계에 도전하여 탁월성을 겨루는 것이기에 약물 복

302) Ibid., p. 18.

용은 반윤리적이고 비인간적인 행위이다. 그러나 위에서 살펴본 것처럼 윤리적인 정의의 기준을 정하는 일도 난해한 문제가 많다는 것을 알 수 있다.

0.001초의 승부를 겨뤄야 하는 스포츠의 세계, 그리고 승리지상주의, 상업주의 이데올로기가 만연한 상태에서 스포츠의 궁극적 가치 개념이 흔들리게 되었고, 약물 복용을 비롯한 많은 스포츠 일탈 현상이 대두되었다. 이러한 스포츠 일탈 현상은 선수의 윤리적 의식도 문제지만 그 배후에 지도자들의 반도덕적 의식이 잠재해 있다. 코치, 관리자, 교사에게는 모든 개인을 현 상황으로부터 그들이 도달하고 싶어 하는 수준까지 이끌어 줄 책임이 있다. 중요한 것은 기록의 향상과 관련된 훈련과 처방이 개인의 선택과 정보에 근거한 동의를 기초로 이루어져야 한다는 것이며, 윤리적 기준에 따라 이루어져야 한다는 것이다.

우리는 자신이 소속한 팀이 최선의 결과를 얻길 바란다. 또 선수들은 자신이 최선의 수행력을 갖게 되길 바란다. 또 최고가 되기 위해서는 희생이 따르게 마련이다. 그러나 우리는 하나뿐인 신체와 하나 뿐인 정신을 갖고 있을 뿐이다. 그러므로 인간의 노력과 잠재력에 대한 믿음을 포기하고 약물을 복용하는 부도덕한 작태는 사라져야 한다. 스포츠 체험은 신체와 정신 양쪽에 표현의 수단을 제공하지만 우리를 우리의 인식 밖이나 현실 세계와 동떨어진 세계로 이끌어 낼 수 있는 그 무엇도 아니며, 스포츠는 스포츠일 뿐이기 때문이다.

람표" 를 제시하기도 했다.[303]

(3) 스포츠와 성차별

전통적으로 스포츠는 큰 사회 속의 가치를 반영하고 그 사회적 가치를 강화하기도 한다. 남성의 스포츠 참여는 바람직할 뿐만 아니라 남성의 사회적 역할을 유지시켜주는 것으로 인정되어 왔다. 그리고 힘, 스피드, 신장 등과 깊은 관련이 있는 스포츠는 여성에게는 전혀 어울리지 않는 것으로 인식되어 왔다. 일반적으로 남성다움, 여성다움과 같은 신념과 태도는 역사적으로 우리의 가치체계 속에 사회화 되어 왔기 때문이다. 1972년 미국 "교육법 개정 조항 IX (Title IX of the Education Amendments of 1972)" [304]에는 체육・스포츠에 있어서 남녀 차별을 금지하고 있는데, 그렇다면 스포츠에 있어서 성차별(sex discrimination)의 금지는 무엇을 의미하는 것일까? 그것은 몇 가지 의문을 자아내게 한.[305] ① 여성에게 스포츠나 운동경기에

303) J. R. Thomas, Youth Sports Guide for Coaches and Parents (Washington, DC : AAHPERD Publications, 1977) ; C. E. Thomas, op. cit., p. 208.

304) 이 조항 내용은 다음 4개 항목에 관한 남녀 성차별의 철폐를 문제를 취급한 것이다. ①*All extracurricular activities*: Any activity could be restricted to one sex. ②*All athletic programs*: A school could abolish or diminish its women's program. ③*Physical Education class*: Women would be excluded from coaching classes. Men could be excluded from golf instruction. ④*Facilities*: A school could have a sauna for men students but not for women. 이 조항에 대한 상세한 내용은 C.E. Thomas, op. cit., p. 206 참조.

305) C. E. Thomas ibid.

참가할 평등한 기회를 제공해야 하는가? ② 여성 스포츠도 남성과 평등한 자금 지원을 받아야 하는가? ③ 남자와 여자가 꼭 같은 규칙, 같은 통괄단체에 의해 통괄되어야 하는가? ④ 체육 수업은 남녀 구분해야 하는가, 혼성 반으로 해야 하는가? ⑤ 남자와 여자, 소년과 소녀에게 이성간 팀 간의 시합을 인정해야 하는가? ⑥ 운동경기에서 남성의 탁월성은 여성의 출현이나 진출, 또는 여성에 대한 평등한 기회나 자금 제공으로 인해 약화되는 것은 아닐까?

전통적으로 성 역할 및 성과 관련된 행동 특징에 대한 고착된 신념과 사고방식이 존재해 왔다. 사회과학자들은 행동은 학습되는 것으로, 잠재적으로는 남녀 모두가 모든 행동을 취할 수 있다고 보아왔다. 그런데, 스포츠의 세계에는 전형적으로 남성적인 행동으로 인정되는 행동들이 있으며, 만약 여성이 같은 행동을 하면 남자 같은 여자라고 불리게 된다. 역사 속에서 남성은 어떠하여야 하며 여성은 어떠해야 한다는 신화가 만들어 졌던 것이다. "스포츠에서 여성보다는 남성이 우수하다." 라고 믿는 것이 전형적인 예이다. 일반적으로 볼 때 그것은 사실이다. 생리학적 소질의 측면에서 남성이 여성보다 우세하고 기록경기에서 남성의 기록은 여성의 기록을 훨씬 능가하는 것으로 보여 진다. 그러나 기술, 섬세함을 요하는 경기에서는 여성이 남성보다 뛰어난 측면도 있기 때문에 이런 의식은 붕괴되었다. 여성은 남성에 비해 파워가 부족하기 때문에 기술적 우위성을 점하려는 경향을 보이기도 하는데, 만약 마라톤과 같은 경기에서 여성에게도 남성과 동등한 연습기회가 주어지고 지원체제가 갖추어져 저변인구가 확대된다면 여성의 기록이 남성의 기록을 앞지를지도 모른다는 가정도 할 수 있을 것이다. 스포츠에서 여성이 남성에 비하여 열등하다는 인식의 확산 저변에는 여성은 남성에 비해 정서적으로 너무 약해서 -눈물이 많다는 점에서 알 수 있다- 경쟁의 스트레스를 견디기 어렵다는 생각도 깔려있다. 그러나 그것은 실험적으로 증명된 근거도, 사회과학적인 근거도 없다.[306)]

성차(sex differences)에 관련된 다양한 인식과 신념은 여성이 참가할 수 있는 프로그램과 스포츠 사회화 정도에 큰 영향을 미쳤다. 그리고 적절한 성 역할에 관한 사회적 기대는 프로그램 설계에 더욱 강한 영향을 미쳤다.[307)] 골프, 테니스, 배드민턴, 탁구, 수영 등과 같은 스포츠는 여성답지 못한 움직임이 표출되지 않는다는 측면에서 여성에게 적절한 운동으로 인정되어왔다. 그리고 성차별은 엘리트 의식과도 무관하지 않다. 여성 스포츠는 관중에게 매력을 주지 못한다는 인식의 발로에서 나온 것이다. 그런데, 남자들이 여자보다 더욱 강하고, 빠르고, 높이 뛸 수 있지만 그것이 꼭 여성경기가 더 열등하다는 것을 의미하는 것인가? 결코 그런 것은 아니다. 하지만 보다 강하고, 빠르며, 뛰어난 수행력을 보고 싶어 하는 것이 사회적 풍조이기 때문에 여성 스포츠보다는 남성 스포츠가 관중을 더 끌고 있을 뿐이다.

만약, 스포츠가 양성적 가치(androgynous values)가 있는 인간 기획이라면 모든 사람들은

306) Ibid., p. 208.
307) P. Geadelman, "Physical Education : stronghold of sex role stereotyping." *Quest*, Vol. 32 No. 2, (1980), p. 193.

그 능력 수준과 도달 목표의 수준에도 불구하고 스포츠에 참가할 수 있는 자유를 주어야 한다. 민주 사회의 도덕적 기반은 기회의 평등이다. 경쟁의 고결함을 믿는다는 것은 게임의 구조에 관한 계약을 지지하는 것이다. 종목의 성격에 따라 사람들의 능력이나 가능성은 다른 것으로 평가되지만 모든 사람들이 스포츠에 참가할 수 있는 기회가 주어져야 할 것이다.

인간은 자신의 목적이나 행동 방법을 선택할 수 있으며, 자기가 선택하고 싶지 않은 행동을 강요당하지 않을 권리가 있다. 자유, 선택, 기회, 평등한 권리를 갖는 사람은 타인에 대한 고려도 해야 하며, 타인에 대한 고려는 스포츠계에 있어서도 도덕적 결정을 내리는 기반이 된다. 따라서 스포츠 참여에 있어서도 어린이나 어른, 남성이나 여성 모두가 자기실현을 도모할 기회가 부정되어서는 안 된다. 스포츠에서 성차별은 양성적 인간(androgynous person)의 지위를 부정하는 것이 된다. 우리들은 스포츠라는 멋지고 아름다운 것을 모두가 사랑하고 즐길 수 있을 때 그 문화적 영향을 통하여 우리의 인생은 더욱 풍요로워질 수 있을 것이다.

제V장 스포츠 심리

1. 스포츠 학습 심리
2. 스포츠 기술의 학습과 수행력
3. 운동수행과 전이
4. 운동학습과 피드백
5. 운동 수행과 불안

적절한 타이밍의 작전타임은 경기 흐름을 바꾸기도 한다.

제Ⅴ장 스포츠 심리

체육·스포츠를 이해하기 위해서는 다각적인 접근이 필요하며, 그 중 인간 움직임에 대한 심리학적 이해 또한 필수적이다. 운동심리학적 지식은 연습과 시합에서 나타나는 심리적 문제들에 대한 해결 방법을 제시하고, 보다 효율적인 운동학습 상황을 이끌 수 있는 원동력이 된다. 스포츠와 관련된 심리학적인 지식을 습득하고, 이해함으로써 교양인으로 스포츠에 참여할 때 필요한 상식을 갖출 수 있을 것이다.

1. 스포츠 학습 심리

스포츠 종목들은 제각기 다른 특성을 갖고 있다. 그러므로 특정한 운동 종목의 운동학습 이론을 이해하기 위해서는 그 종목의 특성을 파악하는 것이 매우 중요하다. 운동과제는 과제의 일관성과 역동성에 따라 크게 4가지로 분류할 수 있는데, 이러한 지식은 교양인으로서 특정한 스포츠의 성격을 파악하고 자신이 운동을 선택할 때 긴요한 정보가 된다.

1) 환경의 안정성에 따른 분류

포울튼(E.C Poulton, 1957)은 운동을 하나의 정보처리 상태라고 생각하여 비교적 안정되고 예측이 가능한 상황에서 이용되는 기능을 폐쇄운동기능(closed motor skills)이라고 정의했다. 그리고 시시각각 변화해서 예측이 곤란한 상황에서 수행되는 운동기능을 개방운동기능(open motor skills)이라고 규정했다. 물론 개방기능과 폐쇄기능은 이분(dichotomous)할 수 없는 것이지만 연속체의 반대 지점에 있다는 것이다.[308)]

(1) 개방기능

예측 불가능한 일련의 환경적인 요구, 또는 예측과 관계없는 강제적인 요구에 의해 수행되는 기능이다. 이러한 기능은 보통 불안정한 상태에서 일어나며, 내·외적 피드백이 요구된다. 대부분의 팀 스포츠나 대인 스포츠는 운동수행에 있어 개방기능을 많이 요구한다(예: 테니스의 런닝 스트로크, 축구의 스루 패스, 레슬링 등).

---

308) E. C. Poulton, On prediction of skilled movement, *Psychological Bulletin*, (1957), p. 54, pp. 467-478; 이웅기, **스포츠 심리학** (서울 : 보경문화사, 1980), p. 24 ; R. N. Singer, *Motor learning and Human Performance : An Application to Physical Education Skills*(1975), 류정무 (역), **운동수행과 스포츠심리학** (서울 : 보경문화사, 1988), p. 43.

(2) 폐쇄기능

폐쇄기능은 내적인 피드백에 의존한다. 즉, 기능수행에 대한 운동감각 피드백이 요구된다. 따라서 동작의 요구조건이 예측가능하며, 고정된 환경에서의 신체조작과 관계가 있다(예: 골프, 양궁, 역도 등).

이 두 가지 측면에서 보면 개방기능에 가까운 스포츠는 민첩성과 운동감각이 뛰어나야 하며, 스포츠 기능학습에 있어서는 다양한 학습환경과 상황을 제공해 주어야 한다.

운동 대상 환경(Environmental Object)

운동수행 주체	폐쇄적	개방적
	유형 I	유형 II
폐쇄적	예 : 골프 스윙 다트 던지기	예 : 야구타자의 타격 동작 클레이 사격
	유형 III	유형 IV
개방적	예 : 농구의 레이업 슛 유격수의 1루 송구 동작	예 : 드리블하며 달려가는 동료에게 패스하는 동작(축구) 드리블하면서 펼치는 속공 플레이(농구)

그림 5-1. 환경적 안정성에 따라 요구되는 운동기능

2) 운동의 정확성에 따른 분류

운동의 정확성에 따라서 운동기술을 대근운동기능(gross motor skill)과 소근운동기능(fine motor skill)의 두 범주로 분류된다.

(1) 대근운동

대근운동이란 운동의 기본 요소로서 큰 근육조직이 사용되는 것이다. "대근은 소근에 반대되는 특질로서 크고 전체적이며, 완전하고 분명한 것을 말한다." [309] 그러나 대근운동 기능에서는 운동의 정확성이 소근운동 기능만큼 강조되지는 않는다. 일반적으로 걷기 · 점프 · 던지기 · 뛰기 등의 기본적인 기능과 대부분의 운동기능은 대근운동에 해당된다. 따라서 이러한 운동기능을 성공적으로 수행하려면 운동의 정확성보다는 자연스런 운동의 조정력이 요구된다.

(2) 소근운동

소근운동은 예민하고 섬세한 특징이 있으며, 신체의 각 분절은 정확한 반응을 일으키기 위해 제한된 영역 내에서 일어나는 운동과 밀접한 관련을 갖고 있다. 소근운동 기능에 포함되는 신경의 협응성은 정확성이 요구되며, 일반적인 예로 손과 눈의 협응성을 들 수 있다. 고도의 특수한 기술을 수행하려면 운동의 정확성이 요구되는데, 타이프 치기, 회전판 추적, 글쓰기, 그림 그리기, 피아노 연주, 시계 조립 등은 소근운동 기능의 좋은 본보기이다.

그러나 대근운동과 소근운동의 두 범주가 연속체 상에서 각각 어느 한쪽 끝에 위치한다고 하면, 이 연속체 상의 중앙 부분에도 많은 운동기능이 있으리라는 것은 명백하다. 예를 들면, 야구공을 던지는 것은 대근운동 기능이면서도 동시에 고도의 정확성이 요구된다. 손과 눈의 협응력도 중요할 뿐만 아니라 손가락의 예리한 움직임도 필요로 하는 소근운동도 포함되는 것이다. 야구공을 치는 경우도 마찬가지다. 이러한 운동기능도 대근운동기능이나 소근운동기능으로 명확히 범주를 구분하기란 어렵다. 그러나 운동에 쓰이는 주 근육 형태와 운동의 정확성을 고려하여 분류한다면 가능한 분류이다.[310)]

3) 시작과 끝의 명확성에 따른 분류

운동기능을 분류하는 또 다른 분류 방법은 동작의 시작과 끝이 얼마나 명확한가에 따른 것이다. 비(불)연속 기능은 운동의 시작과 끝이 명확한 기술이며, 비연속적인 기술이 반복적으로 이어지는 것은 순차적(계열적) 기능(serial skill) 범주에 속한다. 그리고 시작과 끝이 명확히 구분 될 수 없는 유형은 연속적인 기능(continuous skill) 범주에 속한다.

(1) 연속적인 기능

시작과 끝이 잘 구분되지 않는 유형으로 시간이나 구체적인 운동에 있어서 승인된 종점이 없이 계속되는 운동에 적응하는 일련의 운동들이 여기에 포함된다. 스킹, 사이클링, 수영 등이 연속적 운동기능의 좋은 예가 된다. 또한 레이더 스크린의 영상을 추적하는 과제도 마찬가지다. 수영이나 달리기 같은 스포츠 기술도 과제 그 자체로서보다는 경기자에 의해 시작과 끝이 결정된다는 점에서 연속적 기술이라 할 수 있다.[311)] 이러한 운동기능의 특징은 운동학습에 있어서 장기 기억이 용이하다는 점이다. 즉, 수영 기술은 한번 학습되면 반영구적으로 기억된다.

---

309) 류정무 역, 앞의 책, p. 38.

310) Richard A. Magill, *Motor Learing Concepts and Application* (Iowa : Wm. C., Brown Co., 1980), 표내숙 · 박진성 (역), **운동학습심리** (서울 : 보경문화사, 1990). p. 26.

311) 표내숙 · 박진성, 앞의 책, pp. 26-27.

(2) 비연속적 기능

시작과 끝이 명확한 것으로 다트 던지기, 공받기, 사격, 골프 스윙 등을 예로 들 수 있다. 이러한 기능의 특징은 운동 학습 상 장기 기억이 어렵다는 것이다. 예컨대 훌륭한 골퍼라도 계속 연습하지 않으면 자신의 운동 수행력 수준을 유지하기 어렵다.

(3) 계열적(순차적) 기능

계열적인 기능이 모여서 이루어지는 운동이다. 전체적인 동작이 길지만 동작에 불연속성이 있는 운동 기능이다. 자동차 운전(기어-페달-운전), 스키의 기문통과 등을 들 수 있다. 이러한 기능은 비연속운동이 갖는 특성을 공통적으로 지니고 있다.

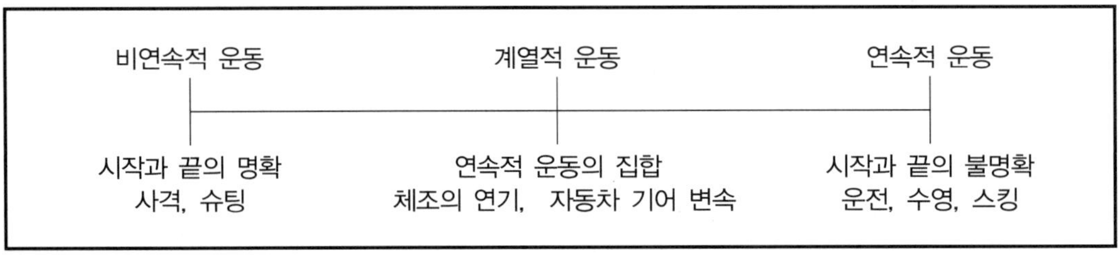

그림 5-2. 시작과 끝의 명확성에 따른 분류

2. 스포츠 기술의 학습과 수행력

1) 운동 연습의 종류

운동기능을 효과적으로 습득하기 위해서는 연습의 계획과 조직화가 필요하다. 연습의 시간뿐만 아니라 연습의 질이 고려되어야 하기 때문이다. 따라서 연습의 효과를 극대화하기 위해서는 연습량을 구조화하고 조직화해야 한다.

연습의 방법에는 구획연습(blocked practice)과 무선연습(random practice),[312] 가변연습(variable practice)과 불변연습(constant practice), 전습법과 분습법, 집중법과 분산법 등이 있으나 여기서는 두 가지만 소개해 두기로 한다.

(1) 전습법과 분습법

① 전습법 : 새로운 운동 기술을 학습하고자 할 때, 운동 기능의 각 부분에 대하여 동작을 합쳐서 연습하는 방식을 전습법이라고 한다.

---

312) 수행과제 순서를 무작위로 제시하여 다양한 연습과제를 혼용하는 연습방식이며, 구획연습은 정반대의 연습방식이다.

② 분습법 : 새로운 운동 기술을 학습하고자 할 때, 운동 기능의 각 부분 동작을 나누어 연습하는 것을 분습법이라고 한다.

- 순수분습법 : 몇 개로 나눈 부분을 일정한 학습 수준에 도달할 때까지 구분하여 학습한 후 전체적으로 학습하는 방법이다.
- 점진적 분습법 : 부분 1과 부분2를 분리하여 연습한 다음 부분1과 부분2를 함께 학습하고, 그것이 끝나면 부분3을 학습하며 차례차례 덧붙여가며 학습하는 방법(예: 1・2, 1→2, 3, 1→2→3)
- 반복적 분습법 : 부분1을 학습한 다음, 부분2를 학습하고 그 다음 부분 1, 2, 3을 동시에 학습한다. 학습한 부분에 그 다음에 부분을 연결하여 반복해가며 학습하는 방식을 반복적 분습법이라고 한다.

(2) 집중법과 분산법

운동 기능의 학습에서 시간의 배정, 다시 말해서 연습과 휴식 시간을 구분하여 연습 방법을 결정하는 개념이다. 그러나 이와 같은 연습 방법의 분류는 절대적인 기준을 기초로 한 개념이 아니라 계획성을 기초로 한 개념이다.

① 집중법 : 연습 시간을 많이 하고 휴식 시간을 줄여 집중적으로 운동 기능 연습을 하는 방식을 집중법이라 한다. 집중법은 대개 운동 기능의 구조가 복잡하고 많은 부분 동작으로 구성되어 있거나 상당한 준비 운동을 필요로 하는 경우, 또는 학습자가 처음 경험하는 운동일 경우에 보다 효과가 있다. 이 방법은 학습자가 신체적, 정신적으로 성숙하여 오랫동안 운동을 지속적으로 수행할 능력이 있을 때 실시 가능한 방법이다.

② 분산법 : 연습 중간에 충분한 휴식 시간을 배정하는 방식을 분산법이라고 한다. 주로 단순한 기능으로 지루함을 느끼게 되는 과제나 강한 주의집중을 필요로 하는 과제일 때 효과적이다.

2) 연습곡선

연습을 계속하게되면 운동의 기능은 숙련 단계로 접어들어 수행력이 질적・양적으로 진보된다. 이 과정을 그래프로 나타낸 것을 연습곡선, 학습곡선(learning curve), 즉 운동수행곡선(performance curve)이라고 한다.

수행곡선은 학습 상황에서 개인적 수행의 진보 상태를 나타내는 것이다. 수행이 일어나고 있는 연습 시간에 따라 변화하는 학습 상태를 그래프로 나타낼 수 있는데, 이 수행의 진보 상태는 여러 가지 유형으로 나타난다. 이들 유형은 일반적으로 특정 범주의 곡선유형으로 분류되고, 그것은 학습자의 수행 진보 유형을 쉽게 관찰할 수 있는 자료가 된다.

(1) 직선형(linear curve) : 시행의 각 단원이 증가함에 다라 시간도 비례적으로 증가하는 형

태, 즉 연습량에 따라 기능의 향상이 정비례하는 유형.

(2) 부적가속곡선(negatively accelerated curve) : 수행능력이 연습 초기에 많이 향상되다가 어느 정도 시간이 지난 후반기에는 기능의 향상 속도가 거의 평형을 이루는 유형.

(3) 정적 가속 곡선(positively accelerated curve) : 연습 초기에는 수행 능력의 향상 속도가 느리지만 후기에 많은 향상을 가져오는 유형.

(4) S자형(S-shaped curve) : 위 세 가지 곡선의 혼합 유형.

3) 수행력의 고원과 슬럼프

(1) 고원(plateau)

특수한 기능의 습득 혹은 일반적인 스포츠 퍼포먼스는 학습의 향상이 일어나기 전에 정체되는 모습을 보인다. 이러한 현상을 운동 학습 수준을 나타내는 때를 고원, 즉 플래토우라고 한다. 학습의 고원 현상은 아마도 "수행의 고원 현상" 이라고 하는 것이 더 정확한 표현일 것이다. 아무런 수행력의 향상이 없는 시기를 파악하기란 어려울 것이다. 대부분의 학자들은 비록 수행 점수는 향상되지 않을지라도 고원을 맞은 시기에도 학습은 계속되고 있다는 데 의견을 같이 하고 있다.

고원 현상은 몇 가지 요인이 있다. 이것은 학습자가 한 기술의 발달 단계에서 그 기술이 더욱 발전되고 있다는 것이다. 즉 학습자가 한 기술의 발달 단계에서 그 기술이 더욱 발전되고 복잡한 단계로 향상되거나 성취하기 위해서 정신을 집중하는 시기에 있다고 설명할 수 있다. 달리 설명하면, 학습자가 적절히 동기화 되어 있지 않거나 피로에 지쳐 있는 상태라고 할 수 있다.[313)]

(2) 운동 수행과 슬럼프

슬럼프란 선수 자신이 운동 수행시의 문제점을 의식하지 못할 뿐만 아니라 평소와 같은 일관성을 유지하지 못하는 상태를 말한다. 통계적으로 야구・골프・테니스 등과 같은 타격 운동에서 가장 뚜렷이 나타난다.

① 슬럼프의 원인

슬럼프의 원인은 종종 수행자의 정신적 상태와 깊은 관련이 있는 것으로 보고되어 왔다. 예를 들어 수행능력의 하락을 경험한 후, 그러한 일이 다시 일어날 수 있다는 불안한 심리 상태를 갖게 되거나 타인이 보기에는 수행상의 변화가 없는데도 불구하고 자신이 심리적인 안정을 찾지 못할 경우에는 운동 수행력의 저하 상태가 일어날 수 있다. 그 외에도 피로, 수면부족, 운동과 무관한 일에 대한 걱정이나 주위 환경의 변화, 신체・정신적 증상으로 인해 슬럼프를 맞게 된다.

---

313) 류정무 역, 앞의 책, p. 74.

② 슬럼프의 대책

슬럼프에서 벗어나기 위해서는 신체적인 원인을 제거하고, 정신적인 집중력을 찾는 것이 무엇보다도 중요하다. 심상훈련(image training)을 통하여 자신의 종전 수행 수준을 생각하면서 정신적 시연(rehearsal)을 하는 것이 큰 도움이 된다.

3. 운동수행과 전이

학습의 전이(轉移)는 과거에 학습한 과제가 앞으로 학습할 과제에 영향을 미치는 현상이다. 그것은 이미 학습한 것과 연관 관계가 있는 새로운 학습 상황에서 어떤 전략이 필요하다는 것을 의미한다. 전이 이론에 입각해서 볼 때 특정한 운동학습은 후행 학습에 긍정적인 영향을 미치거나 아니면 부정적인 영향을 미칠 수도 있는데 전이의 종류는 다음과 같이 분류할 수 있다.

1) 정적 전이(positive transfer)

정적 전이란 선행 학습이 후행 학습에 긍정적(적극적)인 영향을 미치는 경우이다. 예를 들어 테니스 서비스와 배드민턴 스매싱은 정적인 전이가 일어날 것이라고 가정할 수 있다. 두 종목의 기능은 모두 투사물을 치는 라켓 스포츠이다. 어느 스포츠나 동작의 기민성과 민첩성을 요하므로 눈과 손의 협응성이 매우 중요시되는 종목이다. 이러한 운동 종목 중 한 종목에 두드러진 능력을 소유한 학습자는 다른 종목에서도 성공적인 수행 능력을 발휘할 가능성이 높다는 가정을 할 있다.

2) 부적 전이(negative transfer)

부적 전이는 선행 학습이 후행 학습에 부정적인 영향을 미치는 경우이다. 예를 들어 배드민턴의 스매싱 기술은 테니스 서비스 기술 학습에 정적인 영향을 미칠 수 있을 것이다. 그러나 두 종목 사이에는 다른 측면도 있다. 배드민턴 타법은 손목의 스냅에 의존한다. 그러므로 손목의 고정과 추수동작이 필요한 테니스의 스트로크 학습에는 이전에 학습된 배드민턴 스트로크 학습 경험이 방해가 될 수도 있다.

3) 중립적인 전이(natural (or zero) transfer)

중립적 전이란 선행 학습이 후행 학습에 긍정적인 영향도 부정적인 영향도 미치지 않는 경우이다.

4) 양측성 전이(bilateral transfer)

양측성 전이란 반대편 발이나 손으로 기술을 습득했을 경우 그 습득 결과는 후에 다른 손이나 발로 학습할 경우에도 영향을 미치게 된다는 것이다. 이 개념은 과제 간(between tasks)보다는 사지 간(between limbs)에 초점을 둔 것이다.

전이의 촉진 요소 또한 다양하다. 대개 기술 구성요소의 유사성이 있을 때 쉽게 전이가 일어난다. 이 말은 "동일 요소설(identical elements theory)" 에 근거를 둔 것으로 두 기술의 구성 요소 간에 유사성의 정도가 높으면 높을수록 그들 사이에서 예상되는 정적 전이의 양은 더욱 커진다는 것이다. 그리고 운동기술의 복잡성과 조직성에 따라 전이는 다르게 나타난다. 복잡성은 높고 조직성은 낮은 과제일 경우 쉬운 과제를 학습한 후 어려운 과제를 학습할 때 정적인 전이가 일어난다.[314] 반면 복잡성은 낮지만 조직성이 높은 기술은 어려운 과제를 학습한 후 쉬운 과제 연습을 할 경우에 정적인 전이가 일어날 수 있다.[315]

4. 운동학습과 피드백

학습에 있어서 피드백(feed-back)은 매우 중요하다. 피드백이란 어떤 목표 상태와 수행 사이에 일어나는 차질에 대한 정보를 되돌려주는 것이다. 따라서 어떤 스포츠 기술을 배울 때 코치나 지도자, 혹은 자신이 돌려받는 정보는 기술력 향상을 위해서 매우 중요한 것이 된다. 행동주의자들은 피드백을 강화의 일차적 수단으로 보고 정확한 운동수행은 그 행동을 유지 또는 향상시키는데 도움이 되는 반면, 부정확한 반응은 그 행동을 소멸, 감소, 또는 방해하는 것으로 보고 있다. 피드백은 정보의 내용에 따라 수행한 동작에 대한 평가, 결과 지식, 수행 지식 등으로 분류된다.

첫째, 수행한 동작에 대한 평가란 학습자가 자신이 수행한 동작이 올바르게 된 것인지, 잘못 것인지를 판단하는 것이다. 결국 수행자는 자신이 했던 동작을 다음에 다시 반복할 것인가, 수정하여 수행할 것인가를 결정하게 된다.

둘째, 결과의 지식(knowledge of result; KR)이란 내재적일 수도 있지만 주로 외재적인 피드백을 통해 정보를 얻게 되는 경우이다

셋째, 수행의 지식(knowledge of performance result; KP)은 일명 운동학적 피드백(Kinematic feedback; KP)라고 부르는 것이다. 학습자 자신이 수행한 운동동작에 대한 보강적 정보를 제공할 수 있는 토대가 된다. 실제로 운동 기능을 학습하는 상황에 있어서 수행자는 자기 스스로 운동감각을 통해 자기 동작에 대한 정보를 얻을 수도 있다. 그러나 일반적으로

314) 양궁에서 20m 거리 연습 후 70m 거리 연습 시 선행 연습은 후행 연습에 정적인 영향을 미침.
315) 농구의 슛 연습을 작은 규격의 링(ring)으로 연습한 후 정규 규격의 링(ring)으로 연습할 경우.

그러한 정보들이 불충분하거나 부적합한 경우가 많기 때문에 교사나 코치로부터 보강적인 정보를 받게 된다. 예를 들어 테니스에서 "너의 백스윙이 너무 짧다." 와 같은 정보를 얻게 되는데, 이 유형의 수행지식은 주로 운동학(kinematic), 즉, 운동 동작 유형에 대한 언급 정보이다. 그러므로 수행지식은 결과지식과는 달리 반드시 운동의 성공 여부를 나타내는 것이라기보다는 주로 학습자가 생성한 운동유형의 성공적인 수행과정에 대한 것을 말한다.

1) 피드백의 분류

(1) 내재적 피드백과 외재적 피드백

① 내재적 피드백(intrinsic back) : 일명 고유 피드백(inherent back)이라고도 하며, 동작 생성의 자연적인 결과로 인해 발생되는 정보를 얻게 되는 것을 뜻한다. 운동을 할 때 특별한 방법이나 장비가 없이도 직접 지각을 통해 얻는 정보이며, 운동 기능의 수행 자체에 관한 결과적 정보가 제공될 때 일어난다(예 : 농구의 슈팅, 볼링의 스트라이크, 양궁의 적중 확인).

② 외재적(extrinsic)피드백 : 일명 보강적 피드백이라고 한다. 교사, 코치, 또는 비디오 등과 같은 외적 근원에 의해서 제공되는 피드백을 말한다.

(2) 동시적 피드백과 결과적 피드백

① 동시적 피드백(concurrent feedback) : 즉각적 피드백, 운동 수행과정에서 제공되는 피드백.

② 결과적 피드백(terminal feedback) : 지연적 피드백, 운동 수행 후에 제공되는 피드백.

(3) 평가적 피드백

평가적 피드백은 피드백을 분석하는 다른 방법의 하나로 "결과 지식" 과 "운동수행 지식" 을 비교하는 것이다. 이것은 〈그림 3-4〉를 통해 다음과 같이 설명될 수 있다.

① "그렇다 - 그렇다" 의 범주 : 학습자의 운동 수행에 별다른 문제가 없고, 의도했던 바와 운동 수행 결과가 일치할 때. 학습자는 다시 똑같은 반응을 하게 된다.

② "아니다-그렇다" 의 범주 : 목표 달성에는 실패했으나 운동은 계획대로 수행한 경우. 학습자는 운동계획이나 전략을 수정하게 된다.

③ "그렇다-아니다" 의 범주 : 운동은 계획대로 실행되지 않았는데도 목표는 달성하게 된 이외의 결과가 나타난 경우. 학습자는 계획된 방법으로 시도할 것인지, 목표가 달성되었으므로 부정확한 방법을 다시 시도할 것인지를 결정할 단계에 이르게 된다. 후자를 선택할 경우 부정확한 기능을 학습할 위험성을 내포하고 있다.

④ "아니다-아니다" 의 범주 : 학습자가 운동의 중단을 결정해야 할 상황. 학생은 좌절을 경험하게 되므로 교사가 추가적인 피드백을 통해 올바른 수행을 할 수 있는 조력이 필요하다.

		운동 수행의 지식 운동이 계획대로 수행 되었는가	
		그렇다	아니다
결과의 지식 목표가 달성 되었는가?	그렇다	그것을 다시 수행한다	깜짝 놀란다
	아니다	전략과 계획을 수정한다.	모든 것을 변화시킨다.

그림 5-3. 평가적 피드백316)

2) 피드백의 종류에 따른 관계

피드백은 상호 복합적인 관계를 지닌다. 즉 동시적 피드백과 결과적 피드백은 다시 내재적이거나 외재적인 피드백이 될 수 있다. 그것은 다음과 같은 상황에서 일어난다.

(1) 내재적-동시적 피드백

운동 수행 시 학습자가 과제 자체로부터 감각 정보를 얻을 수 있을 때. (예 : 야구공의 캐칭, 자동차 운전).

(2) 외재적-동시적 피드백

운동수행 중에 외적인 근원으로부터 정보가 제공될 때. (예 : 무용 연습을 할 때 거울을 이용하는 경우, 또는 과제 연습 중에 교사가 피드백을 제공할 때).

(3) 내재적-결과적 피드백

운동 수행이 일어난 후 과제 자체로부터 감각 정보가 제공되는 경우. (예 : 농구 링을 통과하는 볼을 지켜보는 있는 농구 선수).

(4) 외재적 · 결과적 피드백

운동 수행이 일어난 후 외적 근원에 의해 정보가 제공되는 것. (예 : 운동수행 후의 교사가 주는 피드백).

316) 강신복 외 2인 역, **체육학습교수법** (서울 : 보경문화사, 1995), p. 49.

	내재적	외재적
동시적	예 : 야구공의 캐칭	예 : 무용 연습 시 거울사용
결과적	예 : 넘어진 핀을 보고 만족하는 볼링 선수	예 : 운동수행 후 교사의 피드백

그림 5-4. 피드백의 관계

3) 피드백의 기능

피드백의 기능은 교정, 정보 전달, 강화 등이다. 교정이란 학습자가 잘못된 수행을 했을 경우 피드백을 제공함으로써 잘못된 점을 교정을 할 수 있게 해 준다. 즉 오류의 수정이다. 정보 전달이란 운동 수행에 대한 다양한 정보를 제공함을 뜻한다. 동기유발은 학습자가 장시간 반복되는 과제를 수행하고 있을 때 "계속해, 잘하고 있어" 라는 피드백을 제공하거나 학습자의 향상을 알려주는 기록을 공개적으로 알려줄 때 학습자가 학습에 강한 의욕과 흥미를 갖게 됨을 뜻한다. 그리고 강화란 학습자가 정확한 과제 수행을 했을 때 그 과정과 결과를 알려줌으로써 확신을 갖고 다음 시도를 하도록 만든다는 것을 의미한다.

5. 운동 수행과 불안

불안이란 특정한 상황에서 위협을 느끼거나 긴장을 지각하는 경향을 의미한다. 불안이란 우리가 경험하는 정서적 흥분, 근심, 두려움, 공포 등과 같은 불쾌한 정서의 근원이다.

1) 불안의 분류

(1) 특성 불안(trait anxiety)

특성 불안은 인성의 특성과 유사한 것으로 어떤 상황에 대하여 위협을 느끼거나 느끼지 않는 일반적인 성향이다. 특성 불안 수준이 높은 사람은 낮은 사람보다 객관적으로 볼 때 위협적인 요소가 적은데도 위협적인 것으로 지각하는 경향이 높다. 특성불안은 상태불안에 비해 안정된 상태라고 할 수 있으며, 적당한 자극이 있을 때 행동에 이용 가능한 위치 에너지와 유사한 것이다.

(2) 상태 불안(state anxiety)

상태 불안은 개인이 어떤 상황에 따라 반응하는 경향이다. 즉, 두려움, 긴장, 신경성, 걱정, 공포 등의 감정을 경험하는 개인의 정서상태를 말한다. 상태불안은 자율신경계의 활성화나 각성의 개념과 밀접한 관계를 갖고 있다. 이것은 각성을 동반하거나 이와 관련하여 의식적으로 지각된 주관적 우려 또는 긴장의 감정을 의미한다. 상태불안은 특성불안에 비하여 오래가지 않는 일시적 불안상태이며, 운동에너지와 유사하게 움직이는 에너지이라고 할 수 있다.

(3) 경쟁 특성불안

경쟁적인 상황(예 : 운동경기)을 위협적인 것으로 지각하고 거기에 반응하려는 경향이 나타나는 성격적 특성이다.

(4) 경쟁 상태불안

경쟁적인 상황(예 : 운동경기)에서 수행자가 느끼는 반응으로 활성화와 각성을 수반하며 의식적으로 지각하는 감정의 긴장 상태이다.

3) 운동수행과 불안의 이론적 배경

(1) 동인 이론(drive theory)

헐(Hull, 1943)이 개발하고 스펜서(Spencer, 1958)가 발전시킨 동인이론(또는 욕구이론)은 상태불안이 증가함에 따라 운동 수행 능력도 비례하여 증가한다는 것이다. 따라서 상태 불안이 낮으면 운동 수행 수준도 낮고, 상태 불안이 높으면 운동 수행 수준도 높다는 것이다. 이 이론의 결점은 운동과제의 정확한 효과를 예측하는 것이 불가능하다는 것이었다.

(2) 역U이론(The Inverted-U Hypothesis theory)

요커스(Yerkes)와 도드슨(Dodson)이 주창한 이론이라고 하여 Yerkes-Dodson의 "역U가설(The Inverted-U Hypothesis)" 이라고 하는 이 이론은 일명 "적정각성수준이론" 이라고 한다. 역U이론은 각성수준과 운동수행의 관계가 U자를 거꾸로 놓는 모양으로 나타난다는 것이다. 최적의 각성수준(중간 정도의 각성 수준)에서 운동수행력이 가장 높다는 것이다. 적정수준이론에서 운동수행에 가장 적절한 각성수준은 "개인의 특성 불안 수준," "과제의 복잡성(난이도)," "과제의 학습단계" 등에 따라 영향을 받게 된다.

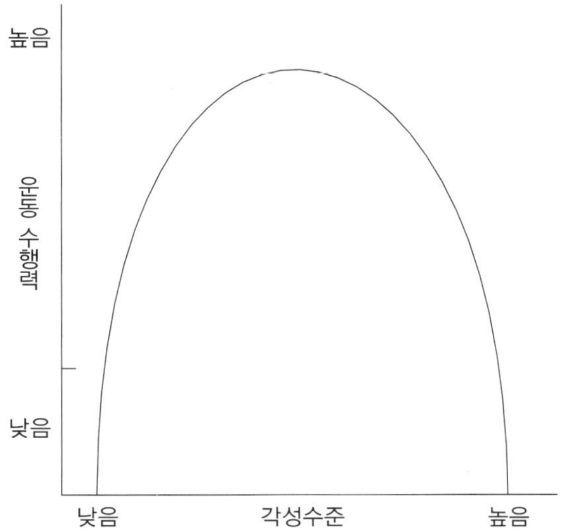

그림 5-5. Yerkes와 Dodson의 적정각성수준이론 도해317)

4) 스포츠와 경쟁 불안

(1) 경쟁불안의 원인

경쟁 불안이란 상대와 경기를 하는 상황에서 초조와 불안, 두려움을 느끼게 되는 것을 말한다. 불안은 자신이 처한 상황에서 느끼는 두려움의 결과이다. 특정 상황을 위협적인 것으로 생각함으로서 생기는 긴장감과 승리에 대한 부담감이 그 원인으로 작용한다. 일반적으로 운동경기에서 불안을 느끼게 되는 원인은 두 가지로 설명할 수 있다.

첫째, 특성불안 때문이다. 선수 자신이 태어날 때부터 가지고 있는 성격 특성이 그 원인이다. 선수가 느끼는 불안의 원인은 다양하지만 자신의 성격과도 깊은 관계를 갖고 있다.

둘째, 상태불안이다. 신체적 부상, 컨디션 난조, 불공평한 판정, 마음에 들지 않는 시설조건 등 경기와 관련된 상황으로 인해 불안을 느끼게 되는 것을 말한다. 경기의 상황 즉, 상태불안은 무엇보다도 실패의 공포, 결과 평가에 대한 두려움, 코치나 팀 구성원과의 갈등, 부상에 대한 공포 등이 주된 원인으로 작용한다.

(2) 경쟁 불안의 결과

운동 경기를 펼치는 상황에서 선수가 불안감을 갖게 되면 심리적, 생리적, 행동적 반응이

317) Richard A. Magill, op. cit., p. 98.

수반된다. 첫째, 생리적 반응이 일어난다. 뇌파의 변화, 근전도의 변화, 혈압의 증가, 심박수의 증가, 손바닥에서 분비되는 땀의 양의 증가 등과 같은 반응이 나타난다. 둘째, 행동적 반응이 일어난다. 갈증, 가슴이 두근거림, 안절부절못하는 태도, 근육의 경직, 소변 마려움, 건망증 등과 같은 반응이 나타난다.

(3) 경쟁불안과 운동 수행

경쟁 불안이 운동 수행에 미치는 영향은 현실적으로 매우 중대한 관심사가 되어왔다. 경쟁 불안에 대한 학자들의 연구 결과에 의하면 지나친 경쟁 불안은 운동 경기 결과에 나쁜 영향을 끼치는 것으로 알려져 있으며, 경쟁 불안과 운동 수행과의 관계는 대개 두 가지 측면으로 설명된다.

첫째, 경기 상황에서 발생하는 불안이 증가함에 따라 운동 수행 결과도 비례한다.(동인이론) 운동 기능 학습의 초기 단계에서 경쟁 불안의 증가는 운동 수행 능력을 촉진시킨다. 그러나 이러한 내용이 모든 운동에 해당되는 것은 아니고, 순간적인 힘이나 스피드, 지구력 등을 요구하는 종목에서 나타난다. 실례로 역도 선수는 경기 직전에 기합을 넣거나 코치가 뺨을 두들기는 일은 경쟁 불안과 관련된 선수들의 각성 수준을 높이는 것으로 이해될 수 있다. 그러나 운동의 형태가 복잡하고, 섬세하며, 조화로운 움직임을 요하는 체조, 양궁 등과 같은 종목에서는 경쟁 불안은 경기력을 저하시키는 요인으로 작용할 수도 있다.

둘째, 경쟁 불안과 운동 수행과의 관계는 경쟁 불안 수준이 적절할 때 수행능력이 최대가 된다.(역U이론) 운동 수행의 결과는 경쟁 불안으로 생기는 각성 수준과 비례하여 일률적으로 증가하지는 않지만 일정한 단계까지 경기력은 향상되어 적정 수준에서 정점에 이르고, 각성 수준이 과도한 수준에 이르게 되면 경기력은 저하되기 시작한다.

(4) 각성 수준에 영향을 미치는 요인

각성 수준은 "개인의 특성 불안 수준," "과제의 복잡성(난이도)," "과제의 학습단계" 등에 따라 영향을 받게 된다.

첫째, 과제의 복잡성(난이도)에 따라서 영향을 받는다. 동작의 복잡성과 난이도의 정도는 적정 각성 수준의 유지에 영향을 끼친다. 단순하고 쉬운 운동(역도, 유도 등과 같이 대근활동과 인내력을 요하는 종목)은 어느 정도 높은 수준의 각성 상태가 유리한 반면, 복잡한 운동 기능(체조)이나 정적이고 고도의 집중력이 요구되는 운동(양궁, 사격)은 각성 수준이 낮은 상태가 효과적이다.

둘째, 과제의 학습단계에 따라 영향을 받는다. 초기 단계에서는 낮은 수준의 각성 상태가 운동 수행에 효과적이나 운동 기능이 숙달된 상태에서는 높은 수준의 각성 상태가 유리하다. 그것은 초기 학습 단계에서는 수행 동작에 대한 자극-반응의 연결이 자동화되어 있지 않기 때문에, 각성 수준이 높을 경우 비능률적인 반응을 일으킬 가능성이 높다. 그러나 반복하여 계속적인 연습을 하게 되면 자극에 대한 반응의 연결이 자동화되고, 무의식적으로 수행이 가능하며, 자신감도 증가하여 결국 낮은 경쟁 불안 속에서 보다 효과적인 운동을 할 수 있다.

제Ⅵ장 스포츠와 사회

1. 현대 생활과 스포츠
2. 스포츠의 사회적 기능
3. 스포츠와 사회 계층
4. 스포츠 사회화
5. 스포츠와 일탈
6. 스포츠와 대중매체
7. 스포츠와 인종차별

격투형 스포츠는 신체적 · 정신적으로 자신을 강인하게 단련하는데 유효한 유형이다.

제Ⅵ장 스포츠와 사회

1. 현대 생활과 스포츠

1) 산업화 사회와 스포츠

18C 후반 영국에서 시작된 산업 혁명은 19C기 초반 프랑스, 독일 등 여러 나라로 파급되었다. 그리고 19C와 20C에 걸쳐 과학기술의 진보로 인해 산업도 비약적으로 발전했다. 기계 공업이 발달되기 이전 많은 작업은 인간의 신체적인 에너지에 의해서 지탱되었으며, 인간은 가축을 비롯한 동물의 힘이나 수력(水力), 풍력 등 자연의 힘에 의존하는 노동 중심적 삶을 영위했다. 그러나 증기기관의 발명은 산업구조를 변화시켰고, 석유나 전기 에너지의 활용, 로봇의 출현 등과 같은 과학기술의 눈부신 성장 결과는 우리의 생산 및 생활양식을 광범위하게 변화시켰다.

현대인의 생활은 질적・양적인 면에서 옛날 사람들의 생활양식과 크게 달라졌다. 온몸으로 땀을 흘리며 하던 노동이 미덕으로 인정받던 시대는 지났다. 인간의 신체적 범위가 현저히 축소되었을 뿐만 아니라 인간 본래의 기능 발달까지 억제 당하면서 점차 생리적으로 무력화되고 있다. 그리고 과학 기술의 발달에 따라 인간적인 접촉도 줄어들어 심리적으로도 인간 소외 및 인간성 상실이라는 문제까지 낳게 되었다. 이러한 상황에서 등장하게 된 말이 "하이테크-하이터치(high tech-high touch)" 라는 말이다.

하이테크 하이 터치란 물질문명이 발달된 고도 기술 산업 사회에서 건강을 유지하고 인간성 상실을 막기 위해서는 더 많은 인간적 접촉이 있어야 한다는 것을 의미한다. 그러므로 산업화된 사회일수록 인간의 신체적인 퇴행을 막고 순수한 인간성을 유지하기 위해서 체조, 달리기, 등산, 각종 레저 스포츠 등 평생 체육활동을 통해 인간적인 접촉과 건강증진 노력을 강화해야 한다.

2) 도시화와 스포츠

1960년대까지 우리나라 인구의 대부분은 농촌에 살았으나 1970년대부터 인구가 도시로 집중되기 시작했고, 도시 인구는 대부분 제2차, 3차 산업에 종사하는 경향이 많아 신체의 사용이 줄어들고 일반적인 정신적 스트레스도 늘어나게 되었다. 도시의 고층 아파트는 물론 밀집된 가옥은 충분한 휴식 및 운동 공간이 부족하다. 어린이들은 자연 속에서 놀이를 통해 자라는 것이 아니라 장난감을 다루거나 오락실의 게임을 하며 자라고, 청소년들은 입시 공부에 시달리며, 건전한 여가 시간을 빼앗긴 채 성장하고 있다. 성인들도 마찬가지이다. 모두가 도시

생활의 구조 속에서 왕성한 신체 활동에 참여할 수 있는 기회가 줄어 나이와 성별에 관계없이 "운동부족상태" 에 빠질 수밖에 없는 실정이다. 인간은 정상적인 성장·발달 및 건강의 유지를 위해서 적절한 수준의 신체 활동을 필요로 한다. 그러므로 인간의 성장 발달과 건강 유지에 적절치 못한 도시의 생활을 하는 사람일수록 운동의 필요성은 더욱 증대되고 있다.

3) 기계화 · 정보화 사회와 스포츠

현대는 산업화, 자동화, 정보화의 시대이다. 자연과학 연구의 위대한 성과는 경탄을 자아내게 한다. 이러한 성과는 최소의 에너지를 이용하여 최대의 성과를 올리려는 인간의 욕구를 반영하는 것이며, 보다 나은 것을 추구하는 인간의 창조적인 기능 발휘의 결과이기도 하다. 그러나, 기계화·자동화·정보화된 도시 생활 상황은 인간의 역동성을 점차 무력화시킬 가능성도 있다.

도시 생활을 하는 사람들은 움직임이 줄어든다. 계단을 오를 때도 엘리베이터나 에스컬레이터를 이용하게 된다. 정보화 시대가 도래하면서 생활필수품까지 인터넷을 통해 구입하고, 은행이나 우체국에도 갈 필요가 없는 시대가되었다. 산업용 로봇은 인간을 대신하여 힘든 일을 대신하는 데 그치지 않고 차츰 인간의 활동 영역에 더 깊숙이 다가오고 있다. 이런 환경은 자연히 운동 부족, 자기표현력의 상실, 정신적 스트레스 과다로 이어져 심신의 조화로운 상태를 잃게 만들 것이다. 그러한 결과는 순간적인 향락의 탐닉이나 폭력 · 범죄, 신체적 · 정신적 질환의 증가 등으로 나타날 가능성이 있다.

치열한 국제 경쟁 사회에 살아남기 위해서는 산업화, 자동화, 정보화의 시대를 외면할 수는 없다. 그러나 현대 사회가 이러한 경향으로 치달을수록 신체와 정신의 조화로운 발달과 건강 유지를 위한 체육 활동의 필요성은 더욱 증대된다.

4) 자연의 상실 시대와 스포츠

인간이 건강한 삶을 유지하려면 자연의 법칙에 따라야 한다. 공기, 햇볕, 물, 식물, 의류, 주거 등 생존에 필요한 모든 것은 자연으로부터 얻고 있기 때문이다. 인간의 신체는 자연으로부터 왔고, 인간을 둘러싸고 있는 자연의 혜택 속에서 자신의 생명을 유지해 나갈 수 있다. 그런데도 현대의 도시 생활은 점차 자연 환경과 자연 상태로부터 멀어지는 경향을 보이고 있다. 현대 생활이 점차 복잡해짐에 따라 낮과 밤의 리듬이 깨어지고 신체의 모든 기관을 적절히 사용할 기회도 잃어가고 있으며, 과도한 정신적 압박감과 긴장을 겪고 있다. 모든 것이 자연의 상실, 자연의 법칙을 벗어난 삶의 방식으로 인해 빚어지는 일이다. 자연으로부터 멀어지고, 자연의 법칙을 따르지 않은 삶의 방식은 우리의 신체와 정신을 멍들게 한다. 더위나 추위를 피부로 느끼고 땀이 흐를 때는 자연의 바람으로 식히는 상쾌함을 맛보며, 자연의 원리에 맞게 적당한 운동과 숙면을 취하며 살아가는 방식을 유지할 때만이 우리의 심신 건강은 유지・증진될 것이다. 그러므로 도시화된 현대 생활이 더욱 복잡해져 갈수록 체육의 필요성은 더욱 증대된다.

5) 고령화 사회와 스포츠

우리나라도 현재 65세 이상의 노인 인구가 전체 인구의 5% 수준으로 급속히 증가하고 있다. 우리의 고령 인구는 2001년부터 7%를 넘어 UN이 정한 노령화 사회에 돌입한 상태이며, 2023년쯤에는 노인인구의 비중이 선진국 수준인 14%대에 이를 것으로 추측된다. 따라서 노인 문제 해결이 중요한 사회적 과제로 등장할 것이다.

노년기에 접어들면 활동력이 떨어져, 역동적인 생활보다는 소극적인 생활 태도로 일관된 생활 습관에 빠지기 쉽다. 그러한 결과는 건강 유지의 어려움으로 나타나게 될 것이다. 가족과 사회의 조력도 필요하지만 노인들도 본인 스스로 자신의 건강을 지키기 위한 노력을 기울여야 한다. 이러한 측면에서 자신의 신체 상태에 맞는 적절한 운동의 선택은 필수적인 만큼 고령화 사회에서 노인 체육활동의 중요성도 부각되고 있다.

6) 평생 체육과 스포츠

평생 체육이란 인간이 태어나서부터 죽을 때까지 인생을 통해 개별성과 환경에 맞는 체육활동을 선택하여 생활화하는 것을 의미한다. 그러므로 자발적인 참여와 실천을 위한 노력이 필요하며, 활동의 내용이나 방법도 개인의 특성에 따라 매우 다양하다.

(1) 유아 스포츠

유아기는 신체의 구조와 기능이 가장 급속히 발달되는 시기며, 적절한 운동은 평생 건강의 기초가 된다. 유아기 체육은 놀이를 포함한 다양한 신체 활동이 포함되며, 놀이 기구를 이용하여 서기, 걷기, 던지기, 뛰기, 잡기 등과 같은 기초적인 기능을 기르기 위한 움직임 교육에 중점을 둔 것이다.

(2) 청소년 스포츠

청소년기는 성인으로 살아갈 수 있는 기초를 닦는 준비단계이다. 이 시기의 다양한 학습 경험은 인격, 태도, 습관, 가치관 등의 형성에 결정적인 영향을 미치게 된다. 특히 청소년기의 체육 활동은 청소년의 신체 발달, 체력 강화, 정서의 순화 및 안정, 인간관계, 여가 선용, 자아실현 등 다양한 측면에 영향을 미칠 뿐만 아니라 평생체육의 기틀을 마련한다는 측면에서도 매우 중요하다. 따라서 학교 체육만으로는 성장기에 필요한 운동량이나 경험이 부족함으로 수영, 등산, 야외활동 등 다양한 체육 활동을 경험할 수 있는 기회가 주어져야 한다.

(3) 성인 스포츠

성인기는 20세부터 60세까지로 왕성한 사회활동을 하는 시기이다. 그러나 연령이 증가함에 따라 체력의 저하를 비롯한 여러 가지 생리적·심리적 컨디션 저하 현상이 나타난다. 평생 체육 활동은 성인병의 예방, 자신감의 증진, 스트레스 해소 등 다양한 효과가 있으며, 삶의 의욕을 증진시켜 줄뿐만 아니라 생활의 활력소가 되어 행복한 생활의 기초가 된다. 따라서, 수영, 테니스, 등산, 달리기 등과 같은 유산소 운동과 서키트 트레이닝, 골프, 볼링 등과 같은 무산소 운동을 적절히 선택하여 체육활동을 생활화하는 습관을 길러야 한다.

(4) 노인 스포츠

노년기는 청년기나 성인기의 왕성한 신체적 능력이 급격히 쇠퇴하고, 노화가 가속화되는 시기이며, 정신적으로도 고독감과 우울증에 시달리기 쉬운 시기이다. 따라서 노인들도 자신의 건강 상태나 체력 수준에 맞는 운동을 적당히 선택하여 노년 생활에 활력을 불어넣고, 노화를 지연시키며, 고독감이나 우울한 분위기에서 벗어날 수 있는 평생체육 활동이 필요하다. 걷기, 게이트볼, 산책, 등산, 배드민턴, 수영 등과 같은 평생 체육 활동은 노인의 건강과 자신감, 즐거움 등을 증진시키기 위한 좋은 선택이 될 것이다.

7) 평생 스포츠의 참여 형태

(1) 직접적 스포츠 참여

직접적인 참여란 자신이 각종 스포츠 활동에 직접 참여하여 기량을 발휘하거나 등산과 같은 야외 활동에 뛰어드는 것을 말한다. 평생 체육에 직접 참여할 때는 다음과 같은 조건과 자세를 갖추는 것이 좋다. 첫째, 종목의 특성을 잘 알고 참여한다. 둘째, 자시의 능력에 맞는 목표를 두고 참여한다. 셋째, 경쟁과 도전을 통하여 자아실현을 위한 노력을 경주한다.

(2) 간접 스포츠 참여

현대인은 여가 시간이 늘어났으며, 스포츠 활동에 직접 참여하지 않아도 간접적인 참여를 통해 기쁨과 즐거움을 얻고, 스트레스를 해소하는 등 많은 이점을 얻을 수 있다. 간접 참는 각종 스포츠 활동을 관전하거나 관심 있는 자료를 수집하는 일까지 포함한다. 때문에 스포츠 장면의 관람이나 TV 시청, 자료 수집 등 간접적 스포츠 활동 참여는 현대 생활의 일부가 되었으며, 그 결과는 생활의 활력소가 되고, 사회 구성원간의 공감대를 형성해 주는 역할도 하게 된다.

8) 평생 스포츠 유형

평생 체육 활동의 대상이 되는 운동은 매우 다양하지만 각종 스포츠나 운동의 특성에 따라 그 유형을 분류하면 다음과 같다.

(1) 경쟁형 스포츠

경쟁 스포츠란 축구, 농구, 배구, 탁구 등과 같이 다른 사람과의 경쟁을 통해 승패를 겨루는 유형이다. 공정한 경쟁을 하며, 작전을 구사하게 되며, 팀과 팀, 개인과 개인이 경쟁을 하게 된다. 체력 강화는 물론 정신력, 사회성 등을 기르는데 좋다.

(2) 극복형 스포츠

등산, 극복 스포츠란 래프팅, 암벽타기, 행글라이딩 등 자연이나 설정된 장애물 뛰어넘어 자신의 한계를 극복하는 스포츠나 야외 활동을 말한다. 안전을 위한 철저한 준비가 필요하며, 자기 수양적인 성격을 지닌다.

(3) 격투형 스포츠

격투 스포츠란 검도, 태권도, 유도, 씨름 등과 같이 신체적인 접촉이 심한 격투기 종류의 스포츠를 말한다. 신체적·정신적으로 자신을 강인하게 단련하는데 유효한 유형이다.

(4) 달성형 스포츠

달성형 스포츠란 육상(마라톤), 원영(수영), 역도 등 자신이 설정한 목표를 향해 어려움을 극복하고, 다시 새로운 목표를 설정하여 도전하는 유형의 스포츠이다. 발달 수준에 따라 새로운 목표를 세워 도전해 가는 것이 특징이다.

(5) 표현형 스포츠

표현형 스포츠란 리듬체조, 피겨 스케이팅, 싱크로나이즈드 스위밍, 각종 댄스 등과 같이 자신의 느낌과 사상을 신체로 표현함으로써 만족감을 얻는 스포츠이다. 욕구의 충족으로 심리적 만족감을 얻을 수 있다.

2. 스포츠의 사회적 기능

1) 구조기능주의와 스포츠

구조기능주의에서는 사회는 본질적으로 상호 깊은 관련을 갖는 의존적인 제도로 본다. 즉 우리의 신체를 구성하고 있는 호흡, 순환, 신경, 근육, 소화기관 등이 신체를 유지하기 위하여 각각 맡은 바 제 기능을 하는 것처럼 사회의 각 분야도 사회 체계를 유지하기 위하여 각각의 기능을 하는 부품으로 구성되어 있다고 보는 입장이다. 따라서 구조 기능주의는 사회, 지역, 학교, 스포츠, 놀이는 물론 심지어 일탈 행위까지도 사회 전체의 안정에 기여한다고 간주하는 이론이다.

현대 사회에서 스포츠는 사회적 가치를 전파하고 전달해 주는 사회제도로 등장하였다. 스포츠는 지위, 인종, 사업, 의상 스타일, 영웅에 대한 개념, 윤리적 가치관과 다양한 사회 현상에 영향을 미친다.[318] 에드워드(H. Edward)는 1970년대 미국의 스포츠 관련 잡지, 신문, 방송 기사 분석을 통하여 스포츠의 신조를 도출한 결과 "성격 계발에 대한 가치 훈련, 경쟁, 육체적·정신적 건강, 종교심, 애국심" 등으로 밝혔다.[319] 이처럼 스포츠는 사회적 기능을 지니고 있는데, 그 기능은 크게 네 가지로 분류할 수 있다

첫째는 체제 유지 및 긴장해소이다. 스포츠는 일반 대중에게 사회적 기본 가치 규범을 가르치는 역할을 할 뿐만 아니라 높은 성취 욕구를 고취시킴으로써 생산성을 제고시키는 역할을 하며, 적자생존의 원리를 터득하게 하여 생존의 잠재 능력을 향상시킴으로써 사회 체제의 유지에 기여한다. 그리고 둘째, 사회생활 속에서 발생한 욕구불만, 좌절, 스트레스에 의한 긴장감 등을 해소해 주는 역할을 한다.

둘째, 사회 통합이다. 스포츠는 사회 구성원을 결속시키고 조직의 일체감을 조성하는 역할을 한다. 북미의 미식축구나 아이스하키, 남미의 축구, 영국의 크리켓과 럭비 등의 예를 통해서 알 수 있듯이 스포츠는 출신, 성, 교육수준, 사회적 지위 등 제각기 이질적인 집단을 하나로 결속시키는 역할을 한다.

셋째, 목표 성취이다. 스포츠의 경험은 일반 대중에게 전체 사회의 일반화된 목표와 가치를 내면화하는 계기가 된다. 스포츠맨십, 페어플레이 정신을 바탕으로 성취 지향적인 현대 사회에서 목표 성취를 위한 합리적인 행동 규범을 제시하여 준다.

넷째, 적응이다. 인간은 자연환경 및 사회적 환경의 도전에 대응할 수 있는 능력을 길러야 한다. 그런 입장에서 스포츠는 사회 구성원에게 강인한 체력, 용기, 정신력을 강화해주고, 적합한 사고, 감정의 처리, 적절한 행동 양식을 학습시켜 사회 구성원으로서 현실에 적응할 수 있는 능력을 갖게 해 준다.

2) 갈등이론과 스포츠

갈등주의란 사회 속에는 항상 갈등이 존재하며, 사회 질서가 집단 간의 갈등으로 한 집단이 다른 집단을 복종시키려는 관계 속에서 사회변동이 발생한다는 이론이다. 즉 집단과 집단 사이의 경쟁, 불화, 대립 등이 사회의 본질적 속성이라는 입장이다. 따라서 갈등주의자들은 사회 질서가 사회의 조화와 균형으로 인해 지켜진다는 신념을 받아들이지 않는다.

갈등이론의 입장에서 볼 때 자본주의 사회에서 일부 지배 계층은 스포츠를 통해 이익을 추구하고, 조작하며, 스포츠 상품의 개발을 통해 대중을 교묘하게 스포츠 소비자로 만든다는 것

318) J. A. Baley and D. A. Field, *Physical Education and Physical Educator* (Boston : Allyn and Bacon Inc., Boston, 1970), p. 4.
319) Harry Edward, *Sociology of Sport* (Homewood, IL : Dorsy Press, 1973), p. 334.

이다. 결국 갈등주의적인 입장에서는 스포츠는 다음과 같은 문제를 낳게 된다.

(1) 강제와 사회 통제

자본주의 사회에서 자본가나 지배 계급은 스포츠를 통해 열심히 훈련하면 승리를 쟁취할 수 있다는 가치관을 강조하여 노동 의욕을 고취하고, 노동력을 착취한다. 또 다른 한편으로는 스포츠를 통하여 정치적, 경제적, 사회적 문제에 무관심을 촉진시키는 결과를 유도하기도 한다.

(2) 국가주의 · 국수주의 의식 심화

스포츠는 국민을 자극하여 비이성적이며 맹목적인 애국심, 우월감 등을 조장함으로써 국가주의, 국수주의, 군국주의적 성향을 유발시키는 결과를 가져온다. 스포츠는 국민의 자긍심을 고취시키는 기능을 하지만 운동 경기력을 자국 국력이나 정치력의 척도로 생각되게 함으로써 민족 우월주의나 국가주의 의식을 심화시킨다.

(3) 신체적 소외

스포츠에서 승리에 집착한 선수들은 신체를 성공을 위한 도구로 생각함으로써 신체에 해로운 약물을 남용하며, 많은 부상에 시달리기도 한다.

(4) 성차별과 인종차별

스포츠가 성(性) 역할 고정관념을 강화시키며, 남성과 여성상에 대한 정의를 왜곡시킨다. 스포츠에서 남녀간 능력 차가 명백히 드러나기 때문에 그로 인하여 남녀 차에 대한 고정 관념을 형성시킨다. 그리고 동양인과 서양인의 체격과 체력 차로 인하여 서양인들은 강하고 동양인들은 약하다는 차별적 고정 관념을 형성시킨다.

(5) 상업주의

자본가 집단은 스포츠 산업을 발전시켜 가고 있다. 스포츠 기업가는 정치적 지원을 유도하고, 대중 매체를 이용하여 이익을 추구한다. 그리고 스포츠 구단주는 스포츠의 순 기능적인 면만을 부각시키면서 스포츠를 이익을 추구하는 상업적 대상으로 삼게 된다. 이런 승리지상주의, 출세주의 풍조 속에서 폭력, 사기, 도박 등이 성행하고 인간의 심성이 파괴되며, 계층간의 갈등도 첨예화된다.

3. 스포츠와 사회 계층

1) 사회 계층의 개념

사회 계층(social stratification)이란 인간 사회에서 여러 가지 여건을 기초로 결정되는 사회·문화적 현상이다. 베버(Max Weber)는 사회계층의 개념을 계급(class)·지위(status)·권력(power)의 복합적인 것으로 규정했다.[320] 사회 전체는 사회의 구성원들이 생각하는 가치의 우열에 따라 몇 개의 층으로 나누어지고, 그러한 서열의 범주에 따라 상·하 위계를 이루게 된다. 결국 인간은 사회의 위계 구조에서 차지하는 위치에 따라 경제적·정신적 분배를 받게 되는 것이며, 이 분배의 불평등 현상이 곧 사회 계층이다. 따라서 사회계층 현상은 계층(stratum)과 계급(class)의 개념을 포괄하고 있다. 계층은 사회적 지위에 따른 인위적, 조작적 층계 관계이며, 계급은 상호 지배 및 복종 관계이다.

2) 스포츠와 사회계층

스포츠는 대개 평등주의적 가치체계 속에서 실력 위주의 사회 제도적 특성을 반영함으로써 계층간의 사회적 상호 작용을 증진시킨다고 일컬어져 왔다. 그러나 이러한 평등주의적 가치 개념이 존재함에도 불구하고 사회 계층별 차별이 일어난다. 즉, 스포츠에 있어서 참여와 성취의 기회는 평등하게 개방되어 있다고 주장하지만 실제로는 사회·문화적 특성에 따라 참여와 성취의 기회가 공공연히 차별화 되고 있다. 따라서 스포츠 계층이란 스포츠라는 특정한 사회문화 체계 속에서 개인의 사회·문화·생리학적 특성에 따라 부(富), 사회적 평가, 심리적 만족, 권력 등이 집단, 개인, 종목 등에 따라 차등적으로 분배되어 서열 체계를 이루는 현상을 의미한다.

19세기 말 스포츠의 본고장인 영국에서는 크리켓·테니스와 같은 스포츠는 상류계층의 스포츠였으나 축구는 전형적인 노동계급의 스포츠였다. 스포츠와 사회계층에 관한 문제는 우리나라의 현실을 통해서도 쉽게 이해되어 진다. 예컨대 골프를 하려면 어느 정도의 경제적·시간적 여유가 있어야 한다. 따라서 우리나라의 골프 동호인들은 대개 상류층에 속할 것임은 자명한 일이다. 학자들은 사회적 계급 및 지위에 기초한 불평등에 관한 연구를 수행해 왔는데, 몇몇 연구 결과를 요약하면 다음과 같다.

① 브레일스포드(Brailsford, 1979)는 엘리자베스 시대의 영국에서 사회계급에 따른 스포츠 참여 유형을 분석한 결과 지배 집단인 상류계층은 스포츠에 적극적으로 참여한 반면, 민중은 여가시간이 절대적으로 부족하여 스포츠 참여도가 낮았다고는 사실을 밝혔다.

② 하이만(Hayman, 1981)은 퍼블릭 코스 및 정규 코스 골프 참여자들을 대상으로 경제적 지위와 골프 참여에 대한 관계를 조사한 결과 상류층이 많았다고 보고했다.

③ 호바트(Hobart)는 캐나다의 성인들은 교육 수준이 높을수록 스포츠 참가 빈도가 높고 스포츠 활동에 장기적으로 참여했다고 밝혔다.

④ 콜린즈(Collins, 1972)는 영국 올림픽 선수들의 사회 계층적 배경을 조사한 결과 수영, 사

320) 이상철, 앞의 책, p. 183.

이클, 카누선수는 상류층 출신이 많았고 복싱, 역도, 레슬링 선수들은 하류층 출신이 많았다고 보고하였다.

⑤ (임번장, 1983)은 한국의 우수 선수들은 비농업 부분에서 중류 및 하류층 출신이 많았다고 밝혔다. 그리고 80년대 우리나라 축구에 참여하는 참여 인구는 상류층(18.6%), 중류층(27.0%), 하류층(37.5%) 순으로 중・하류층 출신들이 많은 것으로 나타났으나 골프의 경우 중류층(1.0%)과 하류층(0.0%) 출신의 참여는 거의 없다고 밝혔다.

3) 스포츠와 사회 이동

현대 사회에서 스포츠가 지니는 기능에 대한 일반적인 믿음은 스포츠 참여가 사회계층을 상승시키는 수단이 된다는 점이다. 스포츠 참여가 명성과 부를 획득할 수 있는 기회를 제공함으로써 일어나는 이와 같은 현상은 수직적 이동(Vertical mobility)과 수평적 이동(horizontal mobility)으로 나눌 수 있는데, 예를 들어, 후보 선수에서 주전 선수가 되거나 코치에서 감독이 되는 현상은 상향이동이고, 그 반대의 경우는 하향이동이다. 일반적으로 스포츠 참가가 사회적 상승 이동을 촉진하게 되는 것은 다음과 같은 요인에 따른 것이다.

① 우수한 선수는 학력에 관계없이 프로 구단에 입단함으로써 동년배의 친구들 보다 많은 봉급을 받으며 사회적으로 주목을 받는다.

② 우리나라와 같은 상황에서는 특기자 제도를 통해 최소한의 학점을 학교 당국이 보장 해주거나 장학금을 지급해줌으로써 운동선수들의 학력을 직・간접적으로 높여준다.

③ 우수 선수는 기업이나 재산가로부터 금전적 지원을 받는 것을 비롯하여 체육연금, 광고 출연료 등이 지급됨으로써 사회적 상승 이동의 통로가 마련된다.

④ 스포츠의 참여를 통해서 바람직한 태도 및 행동 양식(협동심・극기심)을 체득한 결과로 다른 사회 영역에서도 성공할 수 있는 잠재적인 능력을 갖게 된다.

4. 스포츠 사회화

문화(culture)란 인간이 학습하고 기대하는 활동전체 즉, 연장, 건축물, 컴퓨터, 기술 등과 같은 유물론적인 것뿐만 아니라, 아이디어, 지식, 신념, 법, 윤리, 전통, 예술, 습관 등을 포함한다. 그래서 문화는 모자이크(mosaic)로 정의된다. 문화의 개념은 매우 광범위하다. 넓은 의미에서 우리의 생활, 행동과 태도에 영향을 주는 양식은 모두 문화라고 할 수 있다. "문화란 지식이나 신념의 체계, 그리고 예술・도덕・법・습성・능력 등 사회 구성원으로서 습득한 복합적인 인간 유산의 총체이며, 상징을 통해서 습득하거나 전수되는 명시적 또는 묵시적인 행위의 양상이다.[321]

스포츠 문화는 물질문화와 정신문화 차원으로 분류할 수 있다. 물질문화는 스포츠 센터를 비롯하여 축구장, 수영장. 야구장, 사이클 경기장, 스키장, 골프장 등이나 스포츠 용구(라켓, 스키, 골프 클럽 등), 스포츠 의류, 신발류 등을 말한다. 정신문화는 스포츠 문화와 관련된 형태로 관념, 법, 사회적 관습, 전통, 규칙 등이 있듯이 스포츠와 관련된 다양한 비 물질문화도 스포츠의 장에서 인간 행동을 지배하게 된다. 비물질적 스포츠 문화는 정신적인 문화와 행동적인 문화로 분류할 수 있다. 정신적 스포츠 문화란 스포츠맨십, 페어 플레이 정신, 아마추어리즘 등이다.

1) 스포츠의 사회화

사회화란 문화 속에서 생존하고, 그 문화유산을 영속적으로 계승해 가기 위해 필수적인 사회적, 정신적, 신체적 기술을 습득하는 과정으로 정의된다. 따라서 사회화는 사람을 한 개인인 동시에 사회의 한 구성원이 되게 해주는 것이다.[322] 레너드(Leonard)는 사회화란 인간이 사회의 한 구성원으로서 참여하게 되는 일반적인 과정이며, 그러한 과정은 사회적 환경 내에서 타인들로부터 얻은 학습 경험을 바탕으로 하여 이루어지는 사회적 변화의 한 측면이라고 지적했고, 캘오운(Calhoun)은 사회 구성원이 되기 위하여 개인의 퍼스낼리티를 형성하는 과정이라고 했다.[323] 결국 사회화란 인간이 인간 사회에 적응하기 위하여 제도 · 지식 · 규범 등을 타인과의 상호작용 과정을 통하여 획득해 나가는 과정이다.

맥퍼슨(B. McPerson)은 사회화 과정을 모방과 상호 작용의 단계로 나누어 설명하고 있다.[324] 하나는 사회적 모방 이론(social imitation theory)으로 개인을 다소 수동적으로 보고 행동 · 가치 · 신념 · 기준 등이 관찰을 통해서 모방된다고 보는 입장이다. 즉, 문화적 요소가 내면화되는 과정에서 학습 · 관찰 · 모방 · 상별 등이 종합적으로 작용하여 동질화(enculturation) 된다는 것이다. 둘째는 기호적 상호 작용이라는 개념으로 설명된다. 기호적 상호 작용(symbolic interaction)이란 다른 사람들과의 상호작용을 통하여 개인이 어떤 세계를 이해한다는 것으로, 기호(symbols)와 의미(meanings)에 기초를 둔 개인 간의 커뮤니케이션을 뜻한다.

(1) 스포츠 사회화 이론

① 사회 학습 이론 : 사회 학습 이론은 개인이 사회적 행동을 습득 · 수행하려는 과정에서 스포츠를 배우게 된다는 것이다.

② 역할 이론 : 개인이 자신이 처한 상황을 이해하고 그 구조 속에서 자신의 지위를 확보

---

321) Edward. B. Tylor, *Primitive culture : researches into the development of mythology, philosophy, religion, art, and custom,* 7th (ed.), (New York : Brentanos, 1924) ; 이상철, **스포츠사회학 개론** (서울 : 형설출판사, 1989), p. 34.

322) D. Light and S. Keller, *Sociology* (New York : Alfred A. Knopf, 1986), p. 94.

323) Barry D. Mcperson, *The Social Significance of Sport* (Ililinois : Human Kinetics Book, 1989), p. 38.

324) Ibid.

함으로써 일정한 역할을 하기 위하여 스포츠를 배우게 된다는 것이다.

③ 준거 집단 이론 : 준거집단 이론이란 타인의 행동이나 태도를 중요한 판단 기준으로 삼고 자신도 그 준거집단의 행동 양식을 따르기 위해 역할 모형을 형성해 가는 것을 말한다. 따라서 어떤 개인이 특정 스포츠에 사회화된 집단에 소속될 경우 그 구성원들의 수준, 특성 등을 기준으로 하여 스포츠에 사회화되는 경우가 그 예이다.

2) 스포츠 사회화

레너드(Leonard)는 스포츠 사회화를 개인이 스포츠 활동에 참여하여 그 집단의 구성원이 됨으로써 그 집단 사회가 지니는 특정 문화를 체득하고 자신의 특성을 발휘하는 과정이라고 했다.[325] 사회화는 크게 스포츠로의 사회화(socialization into sport)와 스포츠를 통한 사회화(socialization via sport) 및 탈사회화(desocialization from sport)로 구분할 수 있다.

① 스포츠로의 사회화: 케년(Kenyon)과 맥퍼슨(Mcperson)은 〈그림 3-7〉과 같이 스포츠로의 사회화에 영향을 미치는 요소를 성별, 연령, 출생서열, 사회・경제적 지위 등과 같은 개인적 특성(personal attributes)과 가족・동료・코치・교사 등과 같은 주요 타자(혹은 준거 집단) 그리고 스포츠 집단의 구조, 개인의 지위, 참여의 자발성과 같은 사회화 상황으로 분류했다. 스포츠로의 사회화란 이러한 세 요소의 작용으로 스포츠에 직・간접적으로 참가하게 되는 그 자체를 말한다. 스포츠는 사회 구성원 모두가 균등하게 경험하는 것이 아니기 때문에 일차적으로 스포츠에 참여하게 되는 것은 개인에 따라 다를 수 있다. 케년(Keyon)과 그로그(Grogg)의 연구에 의하면, 대학 엘리트 운동 선수의 스포츠 참여 결정 요인은 부모의 영향이 가장 크고, 또한 교육 수준이 높을수록 증대하는 것으로 나타났다. 뿐만 아니라, 스나이드(Snyder)와 스프레이처(Spreitzer)에 의하면 배우자의 스포츠에 대한 관여 역시 영향을 주는 것으로 나타났다.

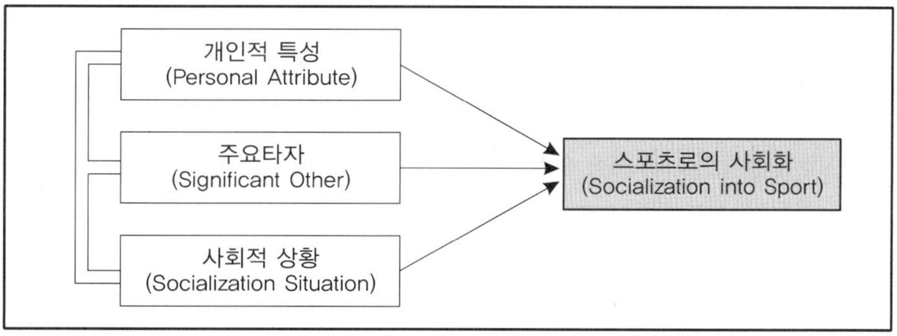

그림 6-1. Kenyon과 Mcperson의 스포츠 사회화 모형[326]

325) W.M. Leonard, *A Sociological Perspective of Sport* (Minneapolis : Burgess Publishing Co., 1980), p. 83.

② 스포츠를 통한 사회화: 스포츠는 문화 행동의 전달과 관련하여 사회와 깊은 끈이 형성되어 있다. 직접 행하는 스포츠 참여자가 아닐지라도 모든 사람들은 매스컴을 통하여 스포츠에 노출되어 있다. 그리고 학교, 가정, 운동장, 빈터, 거리의 놀이나 스포츠를 통해 사회화 과정을 필수적으로 겪게 된다. 스포츠를 통한 사회화(socialization via sport)란 스포츠 활동의 참가 경험을 통하여 민주시민 정신, 페어플레이, 도덕적 인성, 적응, 기존 권위의 존중, 규율, 수양, 승리의 쟁취와 패자에 대한 너그러움 등과 같은 특성을 배양함과 동시에 운동 기능을 습득하거나 체력의 향상을 가져오는 스포츠 참여의 결과를 뜻한다. 일반적으로 스포츠 참여의 결과는 다음과 같이 요약된다.

첫째, 스포츠 참여는 인격형성, 체력단련, 선의의 경쟁심 배양, 도덕적 성격의 발달 등에 기여한다.

둘째, 스포츠 사화화의 경기 성향은 기능(skill) - 승리(victory) - 공정(fairness) 순으로 나타난다.

셋째, 직접 참가자는 승리를 중시하고, 관람자는 공정성을 더 중시한다.

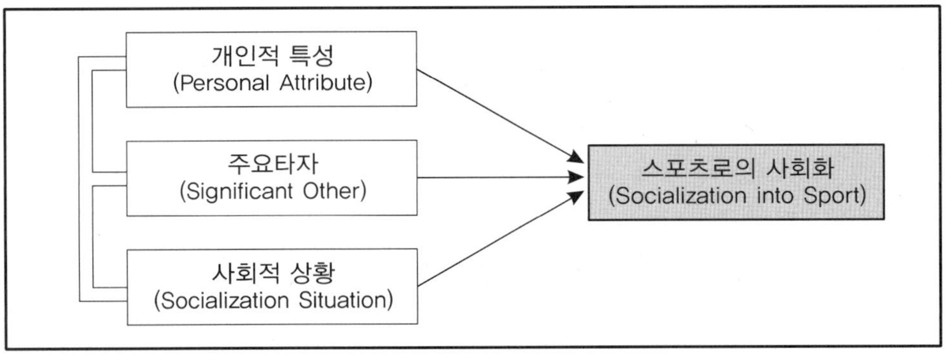

그림 6-2. 스포츠에서의 사회화 모형(Leonard)[327]

③ 스포츠와 탈 사회화: 인생을 통해서 특정한 시점에 이르게 되면 평소에 스포츠를 좋아하던 사람도 경쟁적인 스포츠를 싫어하고 스포츠의 장(場)에서 탈피하려고 하는 경향이 나타난다. 이런 현상을 탈사회화(desocialization from sport)라고 한다.

326) B. D. Mcperson, op. cit., p. 39.
327) Wilbert. M. Leonard, *A Sociological Perspective of Sport*(3rd ed.) (Minnepolis, MN : Burgess Publishing Co., 1988), p. 83 ; 임번장, 앞의 책, p. 264.

5. 스포츠와 일탈

1) 스포츠 일탈

인간 사회는 성원의 행위를 총체적으로 통제하는 사회적인 규범 체계를 갖고 있다. 그러나 사회 질서를 규정짓는 일반적인 규칙에 따라 그 지위에 부과된 역할과 의무를 수행하지 않고 전체적인 규범 체계를 벗어나는 행위가 있다. 이러한 행위를 일탈 행위(deviant behavior)라고 한다.

호튼(Horton)과 헌트(Hunt)는 일탈 행동을 특정 규범이나 사회의 관습적 규범에 순응하지 못하는 행동으로 정의했고, 레너드(Leonard)는 특정 집단이나 사회의 행위 기준, 사회적 기대에 반대되는 사고나 감정 및 행동으로 규정하고, 비록 용인되는 행동의 범위가 존재하기는 하나 규칙을 위반하는 행동이라고 정의했다. 그런데, 일탈 행위를 사회적 규정의 산물로서 파악하는 학자들은 일탈 행위란 행위 그 자체의 속성에 의해서가 아니라 사회적 반응의 산물, 즉 사회가 명백한 규칙 위반이라고 낙인을 찍거나 규정한 결과로 나타나는 것이라고 주장한다.[328] 따라서 일탈이란 넓은 의미로 사회적으로 승인된 행동 규범과 가치로부터 벗어난 행동으로 규정할 수 있다. 이런 견지에서 보면 스포츠 일탈이란 스포츠의 장(場)에서 전체 사회가 바람직하다고 인정하는 가치 · 규범 · 법률의 기준에서 벗어나는 모든 행위들을 말한다. 경기 규칙의 위반, 약물 복용을 비롯하여 스포츠맨십과 페어플레이 정신 등 보편적 가치를 위배하는 모든 행위, 비합법적으로 사람, 용구, 재산에 피해를 가하는 행위 등이다.[329]

2) 머튼의 스포츠 일탈 이론

스포츠 일탈 이론으로 대표적인 것은 머튼(Merton)의 아노미(Anomie) 이론이다. 이것은 구조 기능주의적 관점에 초점을 둔 것으로 규범 위반(rule violation)에 기초를 두고 있다. 아노미란 현대 사회의 규범이 너무 다양하기 때문에 모든 사람을 구속할 수 있는 힘이 부족하여 통제력을 상실함으로써 규범 위반이 발생한다는 것이다. 따라서 상업성이 강해지고, 관료적이 된 현대 스포츠에서도 승리에 대한 사회적 요구와 압력이 증대됨으로써 페어플레이, 스포츠맨십 등과 같은 윤리적 태도를 견지하기가 어려워진다는 것이다. 선수들은 성공(승리)에 대한 강박관념으로 스트레스를 받게 되며, 그 결과로서 일탈 행위가 일어난다는 것이다. 머튼은 일탈 적응 모형을 다음과 같이 범주화했다.

① 동조(conformity) : 목표와 수단 양측을 수용하는 방법으로 적응한다. 승리를 추구하되 규칙이 허용하는 범위 내에서 전술적 차원의 비윤리적 행동을 하게 되는 태도이다(예 : 지

---

328) 임번장, 앞의 책, p. 484.

329) D. S. Eitzen, Sport and Deviance, In G. Luschen (ed.), *Handbook of Social Science of Sport* (Champaign, IL : stipes publishing Co., 1981), p. 400.

연작전, 기술적인 파울).

② 혁신(innovation) : 목표는 수용하되 제도는 거부하는 방법으로 적응한다. 혁신의 적응 모형은 스포츠에서 가장 현저하게 드러나는 비윤리적 스포츠 일탈의 유형이다. 스포츠 폭력, 판정 불복, 스카웃 파문, 심판매수 등 제도화된 수단을 거부하고 승리에 대한 압박감에 혁신적인 방법으로 적응하려는 태도이다.

③ 의례주의(ritualism) : 목표 의식의 약화 또는 상실 상태에서 수단을 수용하는 방식으로 적응하려는 태도이다. 승리에 집착하지 않고 어떤 자세로 경기에 임했느냐를 매우 중시한다. 승리가 중요한 것이 아니라 공정한 자세로 최선을 다하는 자세를 높이 평가하는 입장이다.

④ 도피주의(retteatism): 목표와 수단을 모두 거부하는 스트레스 적응 방식이다. 사회의 스포츠의 비윤리적, 비인간적 특성에 염증을 느낀 나머지 스포츠의 참가를 포기하는 입장이다.

⑤ 반역(rebellion): 관례적인 목적과 합법적인 수단을 모두 거부하는 적응 모형이다. 새로운 목표와 수단을 창안하여 적극적으로 변혁을 추구하는 적응 방식이며, 스포츠의 경우 대표적인 것이 샤마추어리즘(shamateurism), 샤마추어 운동(shamateur movement)[330]이다. 아마추어 선수들이 사실상의 금전적인 지원을 받는 경우, 프로 선수가 운동 경기 외 광고 출연료, TV 출연료 등을 챙기는 경우, 엘리트 스포츠 위주의 국가 정책에서 생활체육 위주로 정책을 변경하는 경우 등이 반역의 적응 모형에 속한다.

3) 스포츠 일탈의 기능

스포츠 일탈은 대개의 사람들에게 부정적인 반응을 일으킬 것이다. 그러나 기능주의(機能主義) 이론에 입각해서 본다면 순기능적인 측면과 역기능적인 측면이 있을 수 있다.

첫째, 스포츠 일탈의 순기능이다. 스포츠 일탈 행위는 사회적 안전판 구실할 수도 있고, 일탈행위에 대한 경계심 강화시키며, 스포츠 개혁에도 기여한다는 것이다. 사회적 안전판(safety valve) 구실이란 사회 규범의 준수를 지나치게 강조할 경우, 사회 구성원의 욕구 충족 통로가 차단되어 사회 제도 자체를 공격할 수 있다는 것이다. 예컨대 매음행위 자체는 일탈이지만 성폭력 사건을 줄이는 기능적인 면도 있듯이 스포츠 현장의 일시적인 폭력 현상은 대중의 파괴적인 경향성을 충족시켜주기도 한다는 것이다. 그리고 특정 선수의 일탈은 그러한 규범의 존재를 재확인시켜줌으로서 스포츠의 규칙이나 규범에 대한 동조의식을 강화시킬 수 있다고 본다. 스포츠의 개혁 기능이란 일탈 행위 자체가 스포츠 에 큰 변화를 줄 수도 있

330) sham이란 가짜, 속임수란 뜻이며, shamateur : 사이비 아마추어 선수를 뜻하며, shamateurism이란 사이비 아마추어리즘으로 세미 프로페셔널리즘(semi-professionalism)과 유사한 개념으로 파악된다.

다는 것이다. 1966년 보스톤 마라톤 대회에 자신이 여성이라는 사실을 숨기고 출전했던 로베르타는 많은 남성들을 누르고 135위를 차지했다. 그녀가 당시 여성 참여가 금지되었던 마라톤에 참가한 것은 일탈의 한 종류였지만 그녀의 행위는 여성도 마라톤 완주가 불가능하다는 대중의 의식을 일소하는데 기여했고, 그 결과 1984년 LA 올림픽에서 여자 마라톤이 정식종목으로 채택되었다.

둘째, 스포츠 일탈의 역기능이다. 일탈 자체가 보편적인 가치 기준에 어긋난 행위이므로 그 역기능은 매우 광범위하게 거론될 수 있을 것이나 크게 두 가지를 들 수 있다. 첫째, 선수들이 잦은 일탈 행위는 대중들의 스포츠 사회화에 부정적인 영향을 미친다. 스포츠 폭력, 규칙위반 등 각종 비윤리적인 측면들을 대중이 접하게 되면서 스포츠 참여의 동기유발을 막는다는 것이다. 그리고 경기장에 각종 불안과 긴장을 조성하기도 한다. 경기장은 사회의 축소판이다. 법과 윤리가 국가의 조직을 지탱하듯이 스포츠의 장에도 규칙과 윤리가 그 체계를 유지하는 바탕이 된다. 그러나 스포츠의 일탈 현상은 그 규칙과 윤리를 위반하거나 전체적인 규범 체계를 무너뜨림으로써 스포츠 자체의 존재를 무의미하게 할뿐만 아니라 참가에 대한 불안과 긴장을 조성한다.

4) 스포츠 일탈의 원인

(1) 양립 불가능한 가치 지향성

승리와 스포츠 윤리 사이에는 괴리가 발생한다. 현대 사회의 스포츠는 상업화·관료화·조직화되어 승리지상주의(勝利至上主義) 풍조가 만연함에 따라 승리에 대한 사회적 압력은 대단히 높은 반면 승리에 도달하기 위한 구조적 기회는 경기 규칙, 스포츠맨십, 페어플레이 정신과 같은 스포츠의 규범적 체계에 의하여 엄격히 제한되어 있기 때문에 구조적 역기능 수준이 매우 높아서 어느 한 쪽을 위배하지 않고 두 가지 가치를 동시에 현실화하기 어렵다.

(2) 가치 및 규범과 성공 강박관념 사이의 불일치

공식적으로 정해진 시간만 이용하여 정상적인 훈련을 해서 성공을 쟁취하기란 매우 어렵다. 따라서 대부분의 고등학교나 대학교 팀은 승리를 쟁취하기 위하여 정규 수업이나 강의 시간을 훈련에 투자한다. 1980년대까지 우리나라의 선수들은 정규적인 수업을 팽개치고 아침부터 운동장이나 체육관으로 나가고, 교육 행정가들은 이러한 일탈현상을 묵인해 왔던 예는 승리에 대한 강박관념이 낳은 결과이다.

(3) 경쟁적 보상구조

좀 더 구체적이고 현실적인 스포츠 일탈의 원인은 경쟁적 보상 구조(competitive reward structures) 때문이다. 승리가 곧 성공의 유일한 척도가 되고, 승리에 대한 보상이 클 때 선수들은 스포츠에서 성공 기회를 포착하기 위한 수단으로 일탈 행위를 하게 된다. 다시 말하자면 성공에 대한 사회적·경쟁적 보상이 클 경우 수단과 방법을 가리지 않고 승리에만 집착하게 되고 그 과정에서 규칙을 무시하는 선수들이 나타나게 된다.331)

국가주의 스포츠 정책을 펴는 나라에서는 금메달을 거머쥐면 많은 상금과 연금 지급을 보장 받게된다. 그리고 선진 자본주의 국가에서는 세계적인 스포츠 스타로 발돋움하게 될 때 명예와 함께 프로로 전향하여 많은 연봉을 받거나 광고출연료도 보장받게 된다. 이러한 보상구조로 인해 선수들은 승리를 위해 약물을 복용하거나 체중을 감량하는 등 다양한 일탈 행위를 하게 된다.

(4) 역할 갈등

프로 선수가 아닌 경우 대개의 선수들은 자신의 정규적인 일과 운동을 병행해야 한다. 예를 들어 학교 대표선수들은 공부와 운동 연습을 병행해야하기 때문에 시간적 압박을 받고, 체력 소모도 많은 상황에 직면한다. 이러한 두 가지 역할 사이에서 갈등이 일어나고 그 결과로 일탈행위가 일어난다. 우리나라의 많은 대학 선수들은 공부를 등한시하고 학교는 학점을 보장해 주기도 하는데 이러한 일탈 행위는 역할 갈등으로 빚어지는 전형적인 일탈 행위라고 할 수 있다.

5) 스포츠 일탈의 유형

(1) 약물 복용

선수들이 체력 및 기능 향상을 위하여 화학적 합성물이나 천연 물질을 섭취하는 것이 약물 복용이다. 1865년 암스테르담의 수영 경기에서 선수들의 약물 복용이 문제시된 이래 세인트루이스 올림픽 마라톤 우승자 토마스 힉스(Thomas Hicks)가 흥분제 복용으로 경기 후 졸도한 일을 비롯해서 많은 약물 복용 사례가 나타났다. 1960년대 근력 강화를 위해 남성 호르몬제인 아나볼릭 스테로이드의 사용으로 많은 선수들이 문제를 야기한 일, 1988년 서울 올림픽 100m 경기에서 9′ 79″ 의 경이적인 기록을 세우면서 우승했던 벤 존슨이 약물복용 사실이 밝혀져 금메달을 박탈당한 일이 있다.

약물 복용의 원인은 우선 스포츠에서의 성공, 즉 경기에서 승리함으로써 보다 많은 사회적 보상을 쟁취하려는 욕망이라고 할 수 있다. 그것은 곧 현대 스포츠가 참가의 즐거움이라는 내면적 가치보다는 승리에 따른 현시적 가치를 지향함에 따라 일어나는 현상이다. 결국, 운동선수의 신체가 승리를 위한 도구로 인식될 때 약물 복용은 스포츠에서 성공하기 위한 매력적인 보조 수단으로 인식될 수 있는 것이다.

---

331) 임번장, 앞의 책, p. 524.

약물 복용 검사 즉, 도핑은 경마에서 경주마에 약물 투여 여부를 조사한 데서 비롯되었는데 이제 인간에게도 적용되게 되었다. 선수가 경주마로 전락한 것이다. 현대 스포츠에는 약물의 종류는 다양하지만 크게 두 종류로 구별된다

① 회복 촉진제(restorative drugs) : 통증 감소, 신경 안정 등을 목적으로 한 약물 - 진통제(아스피린), 진정제, 근육 이완제, 소염제 등.

② 부가촉진제(additive drugs) : 운동 능력을 높이기 위한 목적으로 사용되는 약물 - 아나볼릭 스테로이드(anabolic steroids), 흥분제, 심장 이완제, 이뇨제 등.

(2) 폭력

폭력은 일상생활에서 법적으로 형사처벌의 대상이 되는 일탈 행위다. 현대 스포츠에서는 선수들 간의 구타, 난투극, 관중 폭력 등이 난무하는 현상을 흔히 볼 수 있다. 이러한 폭력의 원인은 대개 세 가지 측면으로 분류할 수 있다.

① 영웅적 근성의 발동

인간은 많은 관중 앞에 서면 영웅심리가 발동하게 된다. 주로 팀 스포츠에서 선수들은 자기 팀을 응원하는 팬들의 열광적인 응원의 열기에 동화되어 평상심을 잃고 감정에 치우치게 됨으로써 작은 일에도 폭력을 휘두르는 사례가 늘어나는 것이다.

② 승리를 위한 전술적 차원

운동경기에서 우수한 상대 선수는 경계의 대상이다. 따라서 상대팀의 우수 선수를 전술적인 차원에서 위협을 가함으로써 그 선수의 탁월한 플레이를 저지하려는 의도로 폭력이 가해진다. 예를 들어 축구의 수비수는 상대 공격수에게 부상의 위협을 가함으로써 그 공격수의 활발한 활동을 저지하고, 야구의 투수는 빈 볼(bean ball)을 던져 타자의 리듬을 끊으려 한다.

③ 스포츠 팀의 구조적 특성

선수들은 항상 승리 앞에서 코치와 감독의 억압적 통제 속에 생활한다. 따라서 그 억압은 잠재적으로 내재해 있다가 일시적으로 폭발하게 된다. 이처럼 스포츠 팀 조직의 구조적 특성과 폭력 현상과도 잠재적인 연관성이 있다.

(3) 부정 행위

스포츠에서 승리 쟁취를 위해 선수와 코치는 때때로 불법적인 수단을 활용하게 된다. 부정행위란 경쟁에서 특정한 팀이 유리하도록 묵시적으로 동의하는 행동으로써 규칙 위반, 담합에 의한 승부조작, 불법적인 용구 사용 등 그 실례는 매우 다양하며, 크게 관례적인 일탈과 조직적 일탈로 분류할 수 있다.

① 관례적 일탈 : 상대팀 선수에게 야유 보내기, 파울 유도를 위한 위장 행위(헐리우드 액션), 체급별 경기 종목의 체중 감량, 의도적인 반칙, 상해 위장 등.

② **조직적 일탈** : 스포츠의 조직적 일탈이란, 그 조직의 목표와 목적을 성취하기 위해서 조직 외부의 규범을 위반하는 불법적인 행동을 말한다. 흔히 이런 일은 스포츠 관련 연맹 또는 운동부의 수뇌부와 연계되어 일어나는 수가 많다. 학업성적 위조, 부정선수 출전, 선수 스카웃과 관련된 금품수수 등이 여기에 해당된다. 구체적인 예를 보면, 특정 종목의 협회가 특정 학교 동문들로 구성되어 있을 경우에 협회의 임원들은 자기 모교 출신 선수들에게 여러 가지 혜택을 주려고 담합을 하게 된다 (국가 대표 선발, 국가 대표 감독 임명 등). 또한 고교의 단체경기에서 특정 팀이 4강에 오를 경우 대학 입학 특기자 혜택을 주기 위해 기량이 떨어지는 선수를 잠시 출전시킨다. 그리고 금품을 수수하여 우수선수에 대한 스카웃 제의가 올 때 기량이 떨어지는 선수도 함께 입학시켜 주는 조건을 제시하여 대학에 입학시킨다.

6. 스포츠와 대중매체

언론과 출판의 자유는 언제나 희망적이고 열린사회의 삶에 긴요한 통로로 인식되어왔다. 현대 사회에서 미디어는 스포츠에 관한 뉴스를 만들고 알린다. 미디어는 스포츠 세계에서 그들이 선택한 부분을 다양한 수단을 통해서 드러내고 확산시킨다. 낭랑하게 외치는 그들의 주장은 "국민들은 알 권리가 있다." 는 것이다. 신문은 과도할 정도의 지면을 스포츠에 할애하고, 텔레비전에는 스포츠 중계 시간이 할당된다. 그래서 국민은 원하는 정보를 얻고, 스포츠에 노출되며, 더욱 빨리 스포츠 속으로 사회화된다.

우리 문화의 많은 다른 일면들처럼 뉴스 미디어는 사회와 사회의 가치를 반영하는 동시에 사회와 사회의 가치들을 구조화해버리기도 한다. 미디어와 스포츠는 상호 영향을 미치며, 스포츠 영역에서 미디어를 보는 시각은 긍정적인 시각도 있고 부정적인 시각도 있다.

무엇보다 미디어는 스포츠의 상업화를 부추겼다. 미디어는 소비자들에게 팔리는 상품이고, 소비자들은 그들의 기호와 가치관에 따라서 미디어를 사들인다. 사람들은 재미있는 것을 위해 신문과 잡지를 산다. 소비자들은 텔레비전을 보고 그들의 가치관에 만족을 주는 프로에 대해 지지를 표명한다. 따라서 스포츠도 미디어를 통해서 팔리고 있는 재화의 창출 통로가 되었다. 텔레비전은 스포츠 영웅을 탤런트로 바꾸어 놓고 특정 팀과 경기 장소는 프로 제작소로 바꾸어왔다. 이러한 탤런트들 덕택으로 방송사와 대학을 포함한 스포츠 경영진은 돈을 벌게 되었다. 그리고 탤런트 노릇을 한 선수들은 돈을 벌어 노동귀족들로 변했고, 그들은 스포츠맨십이나 페어플레이 정신은 망각하고 오직 승리와 인기를 추구하여 돈을 벌겠다는 생각을 하게 되었다. 이러한 현상은 스포츠의 프리마돈나 시대라고 불리어진다. 그리고 약 수십 년 동안 운동선수에 대한 스포츠 보도의 유형은 순박한 스포츠 영웅을 보도하는 경향에서 점차 멀어지는 경향을 보여 왔으며, 특히 스포츠 신문의 그러한 경향은 더욱 두드러지게 나타난다. 가치관을 변화시킨 이유가 무엇이든 간에 유명인사의 사적인 생활을 폭로하거나 운동선수들의 단점과 약점을 보도하는 등 사회나 스포츠의 긍정적인 면보다는 부정적인 면이 신문의 표제와 방송 시간을 더 얻는 경우도 있다.

미디어가 스포츠에 미치는 가장 긍정적인 영향은 많은 대중이 스포츠에 사회화되도록 한다는 것일 것이다. 텔레비전에서 볼 수 있는 스포츠 뉴스는 사람들의 여가와 오락에 대단한 영향을 미친다. 사람들은 특정한 스포츠에 직접 참여하지 않는 경우라도 미디어를 통해 스포츠를 즐기게 되었다.

방송이나 신문·잡지에서는 다양한 스포츠를 취급하게 되었으며, 그 영향력은 크다. 특히 텔레비전의 영향력은 막강하다. 스포츠 전용 채널이 아니라도 각 텔레비전 방송사는 회사의 이익에 도움이 될 만한 어떤 스포츠 이벤트가 있으면 중계방송권을 얻기 위해 다툰다. 그리고 최고 입찰자는 특정 스포츠 상품에 대해서 수백만 달러를 지불하게 된다. 아마도 텔레비전 방송사는 광고를 통해 돈을 벌게 되고, 결국 그것은 소비자가 부담하게 되겠지만 대중의 스포츠 사회화에도 큰 영향을 미친다.

그 외에도 대중매체와 스포츠는 깊은 관계를 형성하게 되었는데, 매스컴과 스포츠의 상호 영향은 대중 매체가 스포츠에 미치는 영향과 스포츠가 대중 매체에 미치는 영향으로 구분할 수 있다.

1) 대중 매체가 스포츠에 미치는 영향

(1) 스포츠의 규칙 변경

대중 매체가 우리 사회를 지배한 이후부터 관중 동원을 위해 운동경기의 규칙을 변경하도록 유도한 경향이 있다. 광고 수입의 증대를 위해 경기를 보다 흥미로울 방향으로 유도해 왔는데, 구체적인 예는 다음과 같다.

① 농구 경기의 쿼터제와 24초룰, 3점 슛 제도의 도입
② 양궁 경기의 토나먼트식 규칙 개정
③ 축구의 연장전 및 골든 골 제도 도입

(2) 경기 시간과 일정의 조정

광고 수입을 위해 많은 시청자를 확보하고, 시청자에게는 흥미로운 볼거리를 제공하기 위해 경기 시간대를 대중의 여가 시간과 맞추도록 유도해 왔는데, 그 구체적인 예는 다음과 같다.

① 배구 랠리 포인트제 실시. 예측 가능한 중계방송 시간의 설정
② 주말 및 야간 경기의 실시
③ 각 경기 단체의 인기 종목 시즌을 피한 리그전 개최

(3) 스포츠의 균형적인 발달 저해

대중 매체가 현대 스포츠의 발달에 지대한 영향을 미친 것은 명확하다. 그러나 대중 매체는 상업주의를 바탕으로 하고 있기 때문에 광고 수입이 적은 프로는 제작하지 않으며, 신문도 인기 스포츠의 보도에 초점을 맞춤으로써 각종 스포츠의 균형적인 발달에 역기능을 하기도 한다.

2) 스포츠가 매스컴에 미치는 영향

스포츠는 TV, 라디오, 신문, 잡지 등의 많은 시간과 지면을 차지하게 되었다. 신문과 TV에는 고정적인 스포츠란이 할애되었다. 이와 같은 추세는 스포츠가 대중 매체의 발달을 촉진하는 결과를 낳았다. 스포츠가 대중화되고, 대중이 스포츠 중계를 즐기게 됨으로써 인기 스포츠는 대중 매체에 있어서 황금알을 낳은 거위로 취급받게 되었다.

7. 스포츠와 인종차별

'인종주의(人種主義, Racism)' 란 "인종의 생물학적 · 생리학적 특징에 따라 계급이나 민족 사이의 불평등한 억압을 합리화하는 비과학적인 사고방식이다." [332] 이러한 인종주의는 각 대륙의 다문화 사회에서 존재해 왔으며, 스포츠 분야도 예외가 아니었다. 가장 대표적인 인종 차별의 문제는 미국 사회를 통해서 정확히 확인할 수 있다.

1) 미국 스포츠 문화와 인종차별

식민지시대 흑인들은 크리켓, 요트, 사냥 등과 같은 상류 스포츠에 사회화될 수 없었다. 남부의 흑인들은 노동에 시달렸고, 권투나 경마 등과 같은 스포츠 활동에서 그 역할은 백인들의 여흥을 위한 광대(player)역할이었다. 남부의 백인 농장주들은 흑인 노예들에게 보트 레이스를 시키고 자신들은 내기를 했다. 또한 부유한 백인 농장주들은 흑인 노예에게 권투를 장려하고 이웃 농장의 노예와 권투 시합을 시켰다. 백인 농장주들은 큰돈을 걸었으며, 뛰어난 흑인 복서에게 자유를 주기도 했다.[333] 축제 행사에서 흑인 복서들은 보수도 없이 백인 농장주를 즐겁게 해주는 광대 역할도 맡았다.[334]

남북전쟁(1861~65)에서 북부군의 승리는 노예의 해방을 의미했고, 1860년대부터 제1차 세계

332) 동아출판사백과사전부(편), **동아원색세계백과사전** (서울 : 주식회사 동아출판사, 1987) 4판, p. 472.
333) John R. Betts, *America's Sporting Heritage* (Reading, MA : Addison-Wesley, 1974), p. 334.
334) George H. Sage, *Power and Ideology in American Sport : A Critical Perspective* (IL, Champaign : Human Kinetics, 1998), p. 89.

대전 직후 60년간은 미국이 산업화의 성공으로 세계 강대국으로 부상한 진보의 시대였다. 다양한 스포츠도 미국 사회에 확산되었다. 그러나 인종주의의 장벽을 넘어 유색인종의 사회화가 가능했던 종목은 권투, 경마, 야구, 농구, 육상 등 몇몇 종목에 불과했다. 거기에도 차별은 여전했다. 1880년대 미국의 백인 복서 설리번(John L. Sullivan)[335]은 1882년 미국 헤비급 챔피언이 된 후 "나는 흑인과는 결코 싸우지 않을 것이다." 라고 말했다.[336] 야구에서도 흑인의 배제와 대결 기피, 차별, 편견 등 인종차별은 극심했다. 메이저 리그에 흑인 선수들이 등장하자 백인 선수들은 차라리 야구를 그만 두겠다며 구단주에 저항했고, 1888년 구단주들은 급기야 메이저 리그(Major League)에 흑인 선수들을 선발하지 않기로 합의했다. 그러한 구두 합의는 1945년에 브루클린 다저스(Brooklyn Dodgers)의 브렌치 리키(Branch Rickey) 감독이 로빈슨(Jackie Robinson)과 계약하기 전까지 지켜졌다. 초기의 농구에서 흑인선수를 찾아보기는 어려웠다. 예컨대 1882~1945년 사이 미시건대학교 농구 팀에 흑인 선수는 단 1명도 없었다. 야구와 마찬가지로 흑인들은 흑인 농구단을 결성했고, 그들만의 올스타전(All Star Games)을 개최했다.[337] 미식축구도 마찬가지였다. 1890년 하버드대학의 루이스(William H. Lewis)가 최초의 흑인선수로 등록하였다.[338] 그러나 1882년부터 1945년까지 미시간(Michigan)대학 미식축구 팀에는 단지 4명의 흑인 선수가 존재했을 뿐이었다.

제1차 세계대전 이후 미국은 세계 강대국으로 부상했고, '스포츠의 황금시대(the Golden Age of Sport)' 가 도래했다. 그러나 아프리카계 미국인(Afro-American)들에게 있어서는 그 시대가 '스포츠의 경멸시대(Despairing Age of Sport)'였다.[339] 복싱계에 백인 선수들이 등장하여 주도권을 쥐었으며, 그들은 흑인 선수와의 경기를 거부했다. 1919년 뎀시(Jack Dempsey)가 윌라드를 꺾고 백인 헤비급 타이틀을 차지한 뒤 기자회견에서 "흑인 도전자들에게는 어떤 관심도 없다.(No attention to Negro Challengers)" 고 말했다.[340] 흑인 챔피언 루이스(Joe Louis)가 등장했고, 11년 8개월 동안 챔피언 벨트를 보유했다. 루이스의 끝없는 승리 행진은 흑인들의 권리, 정체성, 자부심을 일깨워주는 역할을 했다. 그러나 공화당 보수주의자들은 루즈벨트 대통령과 루이스와의 만남 일정을 취소하도록 했다.[341] 야구에서도 차별과 냉대, 저항이 계속되었다. 1880년대 백인 야구계에서 퇴출되었던 흑인들은 1920년 '흑인야구리그' 를

---

335) 별칭 Boston Strong Boy (5feet, 10.5 inch, 200 pound). John Durant and Otto Bettmann, *Pictorial History of American Sports* (Cranberry, New Jersey : A. S. Barns and Company, 1965), p. 83.

336) James J. Corbett, *The Roar of Crowd* (New York, 1925), p. 165 ; J. R. Betts, *op. cit.,* p. 337.

337) David K. Wiggins, *Glory Bound : Black Athletes in a White America* (Syracuse, N. Y. : Syracuse University Press, 1997) ; George H. Sage, *op. cit.*, p. 89.

338) Edwin B. Henderson, *The Negro in Sport* (Washington D.C. 1939), pp. 5. 8. 88; J. R. Betts, *op. cit.*, p. 118.

339) John A. Lucas & Ronald A. Smith, *Saga Of American Sport* (Philadelphia : Lea & Febiger, 1978), p. 373.

340) "Dempsey will meet only white boxers" , *The New York Times,* (1919, July 6th), p. 17.

341) Dominic J. Capeci Jr. and Martha Wilkerson, "Multifarious Hero: Joe Louis, American Society and Race Relations During World Crisis 1935~1945," *Journal of Sport History* Vol. 10, No. 3 (Winter, 1983), pp. 5-25.

결성했다. 1933년 인종차별(color line)이 철폐되기까지 미식축구 선수는 극소수에 불과했다. 미시건(Michigan)에 팀이 창단(1882)된 이래 약 63년 동안 흑인선수는 단 4명에 불과했다. 그러나 1950년대부터 인종차별의 해빙무드가 조성되고 대학이나 프로팀에 흑인선수의 진출이 급속히 늘어나기 시작했다. 농구도 다른 종목과 비슷한 양상이었다.

인종주의적인 관점에서 볼 때 1920~50년대까지는 스포츠 인종차별의 전환기였다. 20세기 후반에 들어 미국 스포츠계에는 변화의 큰 흐름이 나타났다. 1954년 5월 연방 최고재판소에서 학교의 인종격리제도는 위법이라는 판결을 내렸다. 1946년과 1947년 북부의 각 주와 여러 도시가 짐크로우법을 반대하는 조례를 통과시켰으며, 1964년 공민권법도 성립되었다. 그러나 인종주의적 차별과 편견은 또 다른 양상으로 나타났다. 대표적인 것은 스태킹(Stacking), 즉 수비위치별 인종분리 방침이었다. 흑인들은 스피드와 빠른 반사 반응을 요구하는 외야수 포지션이 주어졌으며, 백인들은 지적 판단력과 신체적 기술이 요구되는 포지션을 맡았다. 인종차별은 여전했으나 흑인선수들의 스포츠계 진출 인원은 급속히 증가했다. 농구의 경우 흑인 선수의 진출이 늦은 종목이었으나 1962년 전체 대학 팀에서 흑인 선수의 비율이 45%까지 육박했고, 1975년에는 92%까지 올라갔다. 흑인 배제라는 인종주의적 장벽은 60년대까지 지속되다가 1970년대부터 급속한 반전이 일어났던 것이다.

1960년대부터 약 40년 동안 수많은 흑인 선수들이 미국 스포츠계로 진출했으며, 그들은 육상, 미식축구, 농구, 야구 등과 같은 대중 스포츠계에서 뛰어난 활약을 보였다. 그러나 인종차별이나 불평등 문제가 완전히 해소된 것은 아니었다. 20세기 후반 미국 스포츠 세계의 인종주의는 스태킹, 사회적 이동 제한, 연봉 불평등계약 등 또 다른 양상을 띠고 존속되었다. 결국 전체적인 추이의 변화는 있었으나 인종주의적 편견과 차별, 분리는 계속되었던 것이다.

2) 인종차별의 철폐를 위한 논의

미국 외에도 남아프리카공화국, 영국, 프랑스, 브라질 등과 같은 나라에서 백인과 유색인종의 차별은 많았으나 시대의 흐름에 따라 차별은 많이 완화되었다. 완화되었다. 각국 월드컵 축구팀을 보면 미국 팀에도, 남아프리카 팀에도, 영국 팀에도, 프랑스 팀에도 흑인과 백인이 함께 뛰고 있다. 심지어 백인들의 귀족 스포츠였던 테니스, 크리켓, 골프 등에서도 유색인 챔피언들이 나왔다. 스포츠계에 나타나는 이런 현상은 부분적으로 인종의 평등의 단면을 보여주는 것이다.

그러나 인종 차별은 여전히 강하게 남아있다는 주장도 있다. 예컨대 미국에서 흑인에게 스포츠 영역에서 문호를 개방한 것은 미국 스포츠 윤리관의 반영 내지는 흑인들을 출전시킴으로써 흑인 관중 수를 높이려는 상업주의적 판단도 뒤따른 조치였다. 어떤 희생을 치르더라도 이기려고 하는 결과 지향적 스포츠 패러다임에서 승리에 대한 강박관념이 인종적인 편견보다는 우선했기 때문이라는 것이다. 흑인 선수들에게 인종 평등의 문이 넓게 열려져 있는데, 이것은 사회 정의와 도덕적 정당성에 토대를 둔 것이 아니라 승리를 중시하는 롬바디주의 윤리관의 실체 때문이라고 보는 것이다. 그리고 흑인 선수들을 참여시킴으로써 흑인 관중 수가 늘어나 구단에 도입이 된다는 측면의 상업주의 스포츠 확산이 흑인에게도 스포츠 참여 문을 개방하게 된 배경이라는 것이다.

인종 차별의 완화를 유색인들이 사회적인 계층 상승을 위해 가장 유리한 영역을 택한 결과라는 해석도 있다. 성공한 유색인 선수들의 역할 모델은 곧 사회적 이동성을 상징하게 되었다는 것이다. 이러한 입장은 흑인이 백인보다 경기력이 우월하기 때문에 흑인 선수들이 더 많다는 인식을 불식시킨다. 흑인 학자들은 미국 농구팀에 흑인들이 많은 이유가 탁월한 능력을 타고났기 때문이라는 주장을 일축한다. 흑인 선수들의 우월성은 젊은이들이 교육적·사회적 성취를 희생하고 오직 살아남기 위해 스포츠를 선택하고 기술과 체력 단련에 모든 시간과 에너지를 쏟아 넣은 불평등의 결과라는 것이다. 이러한 주장들에 대한 명확한 답을 찾기는 어렵지만 당면한 과제는 교육을 통해 인종의 생물학적·생리학적 특징에 따라 계급이나 민족 사이의 불평등한 억압을 합리화하는 비과학적인 사고방식을 바로잡아가는 것이다.

제Ⅶ장 스포츠 명언 읽어두기

1. 인간과 스포츠
2. 종목별 스포츠 명언

국가 건설에 있어서 정신적·지적 자질에 건강과 신체적인 활력이 필수적으로 함께 해야 한다는 신념이 진리란 것은 어떤 다른 거대한 나라의 역사보다 우리의 역사가 생생하게 증명하고 있다.

케네디(John F. Kennedy)

『스포츠 일러스트레이티드』 1962. 6. 16.

제Ⅶ장 스포츠 명언 읽어두기

인간은 누구나 행복한 삶을 꿈꾼다. 적성에 맞는 일을 통해서, 가족 간의 사랑을 통해서, 자신에게 맞는 취미생활을 통해서……. 이처럼 행복한 삶을 영위하는데 도움이 될 선택의 대상이 되는 활동은 매우 다양할 것이다. 그런데 인간이 행복한 삶을 추구하기 위하여 필수적인 활동으로 받아들여야 할 것 중의 하나가 스포츠이다. 현실적으로 건강에 대한 관심이 높아지면서 웰니스(wellness),[342] 또는 웰빙(wellbeing)[343]란 말이 유행어가 되었다. 대도시에는 휘트니스 센터(Fitness Center), 웰빙 센터(Wellbeing Center)와 같은 명칭의 건강관리 센터들이 즐비하게 들어서 있고, 지역 마다 다양한 스포츠클럽이 조직되어 있다. 많은 현대인들은 각종 신체 훈련 프로그램을 통해 건강 체력을 향상시킴은 물론 스포츠 활동을 통해 행복한 삶을 추구해 가고 있는 것이다. 이러한 상황에서 스포츠 문화에 대한 이해는 필수적이며, 각종 스포츠 역사에 남아 있는 스포츠 명언은 스포츠 문화를 이해하는 데 도움이 될 것이다.

1. 인간과 스포츠

◆ 제 국민의 성격을 정확하게 평가하기 위해서는 그 국민의 생활 속에 가장 널리 퍼져 있는 스포츠와 오락을 조사해 볼 필요가 있다.” [344]

스트럿트(J. Strutt)

『영국인의 스포츠와 오락』 1811 p. xvii

◆ 인간은 놀이하는 동물이다.

호이징하(John Huizinga)

『호모 루덴스(Homo Ludens)』[345] 1955, p. ix

---

342) 심신이 최고로 건강한 상태.

343) 행복(happiness), 건강(health), 부, 번영(prosperity)으로 특징 지워지는 조건의 충족 상태.

344) 이 말은 J. Strutt의 저서 『*The Sports and Pastimes of the People of England*』의 서문에 나오는 말로 영국 스포츠 역사가들에게 가장 자주 인용되는 것 중의 하나이다. 거칠고 동적인(dynamic) 스포츠가 주류를 이루는 국가의 국민성은 개척, 투쟁, 공격적이 되며, 놀이형의 정적인 스포츠가 주류를 이루는 국가의 국민성은 연약해 진다는 잠재적인 의미를 담고 있다. 역사적으로 다른 나라를 지배한 강국은 스포츠와 체육, 기사도(무사도)를 중시해왔고, 식민지가 된 약소국은 무예나 스포츠, 체육, 무사도를 천시하는 경향이 있었다. 영국의 럭비, 미국의 미식축구는 강인함, 지배, 우월성을 추구하는 국민의 특성을 반영하고 있다.

345) John Huizinga, *Homo Ludens (놀이하는 인간) : A Study of the Play-Element in Culture* (Boston : Bacon

◆ 언어, 의식, 민속, 철학, 무용, 음악, 연극, 법, 심지어 전쟁의 규칙까지도 놀이에서 출발하며, 사회생활도 “한없는 게임” 이다.

호이징하(John Huizinga)

『호모 루덴스』 1955, p. 46

◆ 전말이 최고라면 스포츠는 살아 있는 드라마이다.

존 브로무리

『업저버』 1982. 8. 22.

◆ 나는 신체를 가지고 있을 뿐만 아니라 신체로 존재한다.

C.E. 토마스(Thomas)

『스포츠의 철학적 맥락』 1983. p. 101.

◆ 정신과 신체라는 두 실체가 인간에게 있어서 통합되어 있다는 설명의 근거는 지각(知覺)에 있다. 의식과 물질, 정신과 신체는 지각에 의해 서로 접촉한다. 그리고 정신과 신체가 결합하는 최후 목적은 동작이다.

베르그송(Henri Bergson)

阿部 忍, 『體育의 哲學的 探究』, 1985, p. 70.

◆ 바르게 먹고 바르게 자고 바르게 살아야 영혼 또한 깨끗한 상태를 유지할 수 있다.

홍신자

『무엇이든 할 수 있는 자유, 아무것도 하지 않을 자유』 2002. p. 97.

◆ 나는 항상 스포츠 면을 제일 먼저 펴 보고 있다. 스포츠의 머리기사는 인간이 달성한 것을 기록하고 있는데 대해, 1면의 기사는 사람의 실패만 다루고 있기 때문이다.

알 와렌

『스포츠 일러스트레이티드』 1968. 7월호

◆ 용기, 인내, 신체적인 숙련을 위해서 청소년들에게 여러 가지 거친 스포츠가 필요하다.346)

Press, 1955).

346) 1905년, 미국 대통령 루즈벨트(Theodore Roosevelt, 26대, 1901-9)는 미식축구의 존속-폐지 논쟁에 직접 개입했고, 이 말을 통해 결론을 내리고 경쟁적인 대학 스포츠의 확산을 지지하는 입장을 취했다. 그 후 많은 논란을 거듭한 끝에 1906년 “대학간경기협회(Intercolligeate Athletic Association)” 가 결성되었으

전 미국대통령 **루즈벨트**

G. 루이스 "루즈벨트: 1905년 축구 논쟁에서의 역할" 『리서치 쿼터리』 40, p. 720.

◆ 스포츠는 자신을 위해 수행하는 개인적인 모험이다.

R. 브러슈

『스포츠는 어떻게 시작되었는가: 인간 놀이의 기원에 대한 고찰』 1973.

◆ 스포츠는 게임이나 레크리에이션에 일정한 룰(rule)을 맞게 가한 것이다. 강가에 앉는 낚시꾼의 경우 경쟁을 시작하기 전까지는 레크리에이션을 즐기게 된다. 모형 비행기를 만드는 것은 레크리에이션이지만 그것에 룰을 적용시키면 스포츠가 된다.

크리스토퍼 브레이셔

『업저버』 1982. 8. 22

◆ 사람이 호랑이를 학살할 때는 인간은 그것을 스포츠(sports)라 부르고, 호랑이가 인간을 죽이려 할 때 인간은 그것을 광폭한 만행이라 부른다.

버나드 쇼우(George Bernard Shaw)

『혁명가들을 위한 금언(Maxims for Revolutionists)』 1903.

◆ 진정한 스포츠는 항상 싸우는 것이다. 자연, 스스로의 공포심, 피로 등과의 싸움이고, 육체와 정신이 단련되는 싸움이다.

예프게니 예프트센코

『스포츠 일러스트레이티드』 1966. 12월호

◆ 속임수에 의한 승리는 거짓없이 싸운 경쟁 상대에 대한 착취이다.

델라트러(E.J. Delattre)

"경쟁적인 운동경기에서 성공과 실패에 대한 고찰", 필로스(J. Philos), 『스포트(Sport)』, 1975. p. 196.

◆ 이기고 싶어하는 생각은 모두에게 있지만 이기려고 준비하는 의지력을 가진 사람은 드물다.

윈스 론벌디

『AJHPERL』[347] 91 1981, 가을호

며, 이 단체는 1910년 N.C.A.A (National Colligeate Athletic Association)로 명칭이 변경되었다. Guy Lewis, "Theodore Roosevelt: Role in the 1905 Football Controversy?", *Research Quarterly*, 40, p. 720.

347) 호주 건강 · 체육 · 레크리에이션학회지

◆ 이기고 지는 것이 문제가 아니라 어떻게 싸우느냐가 중요한 문제이다(It isn't that you win or lose but how you play the game).

라이스(Grantland Rice)

C.E. 토마스(Thomas), 『스포츠의 철학적 맥락』 1983. p. 101

◆ 믿음이 깊은 자에게는 신(神)이 전부이고, 미국 운동선수에게는 승리하는 것이 전부일 것이다.

아놀드 배이저

『스포츠에서의 광기』 1977, p. 145

◆ 이기는 것은 습관이고, 지는 것도 습관이다. 지금부터 우리의 습관은 이기는 것이다.

지미 존슨

『스포츠 일러스트레이티드』 1988. 12. 12

◆ 승리야말로 프로 스포츠맨이 존재하는 이유의 전부이다.

그림 스네스

『가디언』 1984. 1. 20.

◆ 환호하는 패자가 진정한 승자이다.

프랭크 맥킨니 허바드

『경구(Epigram)』 1923.

◆ 어떠한 경우에 있어서도 공(ball)은 중립이다.

K. 프리와롤

『소련의 sports』 1981. 12월호

◆ 나이가 체력의 어떠한 지표가 되는 것은 아니다.348)

세바스천 코(Sebastian Co)

『더 타임스』 1986. 1. 16.

◆ 국가 건설에 있어서 정신적·지적 자질에 건강과 신체적인 활력이 필수적으로 함께 해야 한다는 신념이 진리란 것은 어떤 다른 거대한 나라의 역사보다 우리의 역사가 생생

348) 젊은 노인도 있고, 늙은 청년도 있다.

하게 증명하고 있다.

케네디(John F. Kennedy)[349)]

『스포츠 일리스트레이디드』 1962. 6. 16.

◆ 국민의 건강은 국민 행복의 기반이며, 나라가 기대서는 힘의 기반이다.

벤자민 디즈레일리

『체육기초』 1964, p. 107

◆ 어리석은 행동의 극치는 다른 이익과 바꾸기 위해 건강을 재물로 삼는 짓이다.

쇼펜 하엘

부커(Charles A. Bucher), 『체육의 기초(Foundation of P.E.)』 1964. p. 263

◆ 코치 기술의 80%는 선수 장악력이다.

작자 미상

『스포츠를 위한 컨디션』 1975, p. 25

2. 종목별 스포츠 명언

◆ 골프란 사랑을 나누는 것과도 같다. 만약 당신이 진지하게 다루지 않으면 재미가 없어지고, 너무 진지하게 다루면 당신을 실연(失戀)시킨다.

아놀드 달리

로렌스 J. 피터, 『Peter's Quotations』 1977

◆ 골프는 18세의 '봉(얼간이)' 같은 소녀와도 같은 것이다. 당신은 그것이 부적당한 것임을 알지만 그것으로부터 벗어날 수는 없는 것이다.

밸 두니컨

『인디펜던트』 1989. 11. 11

◆ 농구는 여세(momentum)의 게임이다.

빅 앰블러,

『농구』 1984, Ch. 2

349) 전 미국 대통령

◆ 완벽한 다이버란 있을 수 없다. 나는 그것을 지향하지만 결코 이루지는 못할 것이다.

루가니스(Greg Louganis)

『인디펜던트』 1988. 10. 1.

◆ 올라 보지 않은 사람은 결코 내려 올 수도 없다(등산).

존 헤이우드(1506-1565)

『속담(Proverbs)』 1546, 제1장.

◆ 셔틀콕은 바로 프리마돈나와 같다.

팻 데이비스,

『배드민턴 기네스북』 1983, p. 32.

◆ 내가 복싱을 택한 것은 그것이 가난에서 탈출하기 위한 유일한 길이었기 때문이다.

존 콘테

『프라이벗 아이(Private Eye)』 N0. 463, 1979. 9. 14.

◆ "내 생각은 온통 100분의 1초가 뭐야?" 하는 것이었다. 만약 내가 손톱을 조금만 더 길게 길렀거나 아니면 조금만 더 강하게 킥을 한번만 더 했다면 나는 승리할 수 있었을 것이다.350)

매트 비온디(Matt Biondi)

『뉴욕타임스』 1988. 9. 22.

◆ 내가 처음으로 스키를 하러 갔을 때 나는 한쪽 다리를 부러뜨렸다. 다행이 그것은 내 다리는 아니었다.

작자 미상

시몬 제임스 『Sporting Quotation』 1990, p. 175.

◆ 미국에서 새로운 이방인에 대한 정의는 결코 야구를 해보지 않은 사람이다.351)

F. M. 허바드(1868-1930)

『Epigrams』 1923.

---

350) 미국의 세계적인 수영 선수 비온디가 1988년 올림픽에서 했던 말이다. 수영에서 100분의 1초 차의 패배란 손톱만 길게 길렀어도 극복할 수 있었던 미미한 차의 패배였다며 아쉬워한 표현이다.

351) 미국 사회에서 야구의 대중적 사회화 현상을 단적으로 표현한 것이다.

◆ 야구는 초반에 이긴다고 상을 주는 경기가 아니다.[352)]

스테브 로저스

『뉴욕타임스』 1979. 7. 22.

◆ 현대 무용은 물리적인 몸의 움직임이 아니라 구조적 사상이다.

루이스 단트

『말서 그라함(1938년)』 1963, p. 78.

◆ 옛날의 섹시한 여인상은 마치 여자 노예처럼 담배를 물고 소파에 누워 있는 여자의 모습이었다. 오늘날의 섹시한 여자는 여자 육상선수다.

하디 아미에스

『업저버』 1984. 1. 8.

◆ 물구나무서기는 체조의 "생명선" 이다.

포린 프레스티지

『체조에 능숙해지는 비결』 1978, p. 31.

◆ 축구는 폭력배들에 의해 펼쳐지는 신사의 게임이고, 럭비는 신사들이 펼치는 폭력배들의 게임이다.[353)]

작자미상

시몬 제임스『Sporting Quotations』1990, p. 84.

◆ 축구에는 세 종류의 선수가 있다. 볼(ball)을 보고 있는 선수, 사람의 동작을 보고 있는 선수, 틈을 보고 있는 선수, 가장 미숙한 자는 볼을 보고 있는 선수이다. 가장 앞선 자는 틈을 봐서 기회를 이용하는 선수이다.

A. E. 메이어

『스콜라스틱 코치』 1978년 8월호.

◆ 코치는 중요하다. 그러나, 시합은 선수가 한다.

케빈 키건

『소련의 스포츠』 1980년 4월호.

---

352) 야구 경기란 끝나 봐야 결과를 알 수 있는 경기다. 우리 나라에도 "야구는 9회 말부터" 라는 말이 있다.
353) 역사적으로 럭비는 매우 거칠지만 젠틀맨 스포츠로 발달되어왔고, 축구는 신사적이지만 노동계급을 중심으로 발달되었다.

◆ 축구에서 웨일즈가 지고, 럭비에서 스코틀랜드가 졌다하더라도 본거지의 사람들은 어깨를 움츠리고 무관심한 척한다. 그러나, 웨일즈가 럭비경기에서 지고, 스코틀랜드가 축구에 졌을 경우에는 나라의 큰 구경거리가 된다.354)

B. 도브즈,

『에드워드 시대 사람들의 재미: 스포츠 1890~1914』 1973, p. 75.

◆ 축구는 총성 없는 전쟁이다.355)

조지 오웰

『1984년』의 작가

◆ 월드컵 50일을 앞둔 지금 한국의 16강 가능성은 50%이다. 매일 1%씩 끌어올리면 개막에 즈음해서는 100%가 될 것이다. - 월드컵 50일을 앞두고.

거스 히딩크.

"만족과 야망이 사이에서", 『신경남일보』 2002. 6. 26.

◆ 한국은 지치고 돈독이 오른 낡은 축구의 속임수를 벗겨내고 축구에 새로운 생명과 영혼을 선사했다.

영국 『인디펜던트』誌 2002. 6.

◆ 히딩크 리드십의 하이 파이브(Hi-Five)는 ① 흔들리지 않는 꿋꿋한 소신(Hardiness), ② 실력만으로 선수평가(Impartiality), ③ 기본과 원칙 중시(Foundation), ④ 창의적이고 생각하는 축구(Innovation) ⑤ 추구하는 목표를 전원이 공유(Value-sharing), ⑥ 글로벌 스탠더드에 맞는 현대 축구기법 활용(Expertise)이었다.

삼성경제연구소

『히딩크 리더십의 교훈』 2002. 6.

◆ 테니스는 이 나라(잉글랜드)에서는 대중적인 스포츠가 아니다. 윔블던만 그렇다(테니스는 귀족들의 스포츠이다).

작자 미상

시몬 제임스, 『Sporting Quotations』 1990, p. 196.

---

354) 웨일즈의 국기는 럭비이며, 스코틀랜드의 국기는 축구다. 따라서 웨일즈가 럭비에 지거나 스코틀랜드가 축구에 지면 팬들의 거센 반응이 나타난다는 것을 표현한 것이다.

355) 현장의 승부가 전부라는 의식으로 인해 축구는 거칠어진다. 선수들은 너무 심각하며 관중들도 흥분한다. 라이벌 국가 간의 경기는 더욱 그렇다. 1969년 7월 온두라스와 엘살바도르는 축구로 인해 5일간의 실제 전쟁을 하기도 했다. 불같은 격정 때문에 축구는 대중의 아편이 된다. 동각.

◆ 나는 우리 집에서 가장 가까운 운동 경기 시설이 테니스 코트였기 때문에 테니스를 배웠다. 그리고 나는 무엇보다 테니스를 제일 좋아했다. 나는 미식축구를 할 수 있을 만큼 체격이 큰 것도 아니었고, 농구를 할 수 있을 만큼 키가 큰 것도 아니었으며, 축구는 그다지 인기가 없었다. -테니스를 어떻게 시작하게 되었냐는 물음에 대해.

아더 애쉬(Athur Ashe)[356]

『뉴욕타임스』 1985. 7. 14.

◆ 이리 나세타제와 존 맥켄로가 시합을 하면, 그때만은 관객이 서로 조용히 하라고 한다.[357]

제리 지라드

『스콜라스틱 코치』 1979년 12월호.

◆ "러브(Love)"가 0을 나타내는 스포츠에서는 에티켓이 무엇보다도 중요하다는 사실에 놀랄 것이 없다.[358]

모리 타이슨

『뉴욕타임스』 1978. 5. 15.

◆ 남자 테니스와 여자 테니스는 다른 스포츠이다. 우리는 락앤롤(rock and roll)이고, 그들은 클래식이다.

비타스 게울라이티스

『시드니 모닝 헤럴드(Sydeney Morning Herald)』 1985. 8. 3.

◆ 모든 경기는 다른 퍼즐(puzzle)이다.[359]

팀 메요트(Tim Mayotte)

『선데이 타임스』 1983. 6. 26

---

356) 1970년대 세계적인 미국의 흑인 테니스 스타.

357) 두 선수는 코트의 악동(惡童)으로 불릴 만큼 시합 중 어필이 심했고, 고함을 잘 질렀기 대문에 나온 말이다. 보통 테니스 시합에서는 심판이 관중을 향해 조용히 해 달라고 부탁한다.

358) 테니스・배드민턴 등과 같이 영국 귀족사회를 중심으로 발달되었던 스포츠에서는 0을 애칭으로 러브라고 부른다.. 그 자체가 사회사적으로 에티켓을 중시했던 스포츠였음을 나타내는 것이다.

359) 매 경기의 상황은 다르게 전개된다.

제Ⅷ장 체육·스포츠의 해부·생리학적 이해

1. 내부 환경과 항상성
2. 해부학 용어
3. 운동과 에너지 시스템
4. 뼈대(골격)계통
5. 관절계통
6. 근육계통
7. 신경계통
8. 심혈관계통
9. 호흡기계통

나이가 체력의 어떤 지표가 되는 것은 아니다.
- 세바스천 코(Sebastian Co). 『더 타임즈』 1986. 1. 16 -

제Ⅷ장 체육 · 스포츠의 해부 · 생리학적 이해

체육 · 스포츠 활동을 과학적으로 이해하기 위해서는 해부(anatomical) · 생리학적(physiological) 기본 지식이 필요하다. 해부학(anatomy)은 인체의 생김새(구조 structure)를 다루는 학문(형태학, morphology)으로 인체의 형태는 어떠하며, 어떻게 조직화되어 있는가를 다룬다. 반면에 생리학(physiology)은 인체 각 부위의 쓰임새(기능 function)를 다룬다. 즉, 각 부위가 어떤 일을 하며, 어떻게 그러한 작용을 하는가에 초점을 맞춘다. 해부학적 생김새가 존재해야 인체의 특정 쓰임새의 수행이 가능해지므로 해부학과 생리학을 구분하여 생각하기는 어렵다. 이 장(章)에서는 해부 · 생리학적 영역의 기초적인 내용을 간략하게 살펴보기로 한다.

1. 내부 환경(Internal Environment)과 항상성(Homeostasis)

사람을 비롯한 다세포 생물이 생존하기 위해서는 필요한 영양분과 수분은 소화기계통을 통해서, 대사에 필요한 산소의 섭취, 이산화탄소의 배출은 허파(폐 lung)를 통해서, 그 외 노폐물의 배출은 신장(kidney)을 통해서 이루어지게 된다. 이와 같이 모든 기관의 생리적 기능은 결과적으로 우리 몸을 구성하고 있는 모든 세포의 환경을 일정하게 유지하는데 기여한다고 할 수 있다. 다세포 생물을 구성하고 있는 세포의 주위환경을 내부 환경이라고 한다. 세포가 생명을 유지하고 고유한 자기 기능을 수행하기 위해서는 내부 환경으로부터 필요한 물질을 섭취하고 필요 없는 물질을 밖으로 내보내게 되는데 이 때 변화된 환경인자는 모든 장기, 기관 등의 조화된 기능에 의해서 원래의 상태로 되돌아간다. 이런 각도에서 생명현상을 관찰한다면 우리 몸을 구성하고 있는 모든 부분의 기능은 내부 환경을 일정하게 하기 위한 통일된 목표를 향해서 일을 한다고 해도 좋을 것이다. 내부 환경이 일정하게 유지되는 것을 항상성이라 한다.

항상성은 체액의 구성성분은 불론 온도, 산도 등 모든 이화학적 상태의 동일성을 의미한다. 각 장기의 조화된 기능은 중요한 조절기관의 역할에 의해서 되며 그것은 주로 신경 및 내분비계통(호르몬)이 담당한다.

내부 환경이 일정하게 유지되는 것은 정교한 조절기관의 작용이며 체내 이산화탄소량에 관해서 보면 체액 내에 이산화탄소가 많아지면 이산화탄소가 대뇌의 호흡중추를 자극하게 된다. 이 결과 호흡운동이 증가되어 축적되어 있던 이산화탄소가 허파를 통해서 배출되므로 원래 상태의 이산화탄소량을 유지하게 된다. 이것이 곧 허파를 통한 내부환경의 항상성을 유지하는 기전(mechanism)이다. 이 때 중요한 것은 음성피드백(negative feedback) 기전의 개념이다. 음성피드백 기전이란 체내의 환경인자 중 어떤 것이 양이나 수가 많아진다면(적어진다면) 많아진 인자가 직접 혹은 간접적으로 조절기관에 작용하여 결과적으로 감소(증가)시킴으로써 항상성을 유지하게 되는 것을 의미한다. 생체 내의 모든 조절기전은 음성피드백의 원리로 이루어진다. 반면에 양성피드백(positive feedback) 기전이란 결과적으로 증가(감소)된 인자는 더욱 증가(감소)하게 되는 것을 의미하는데 체내 조절기전이 양성피드백 기전이 되면 항상성은 깨어져 질병을 앓게 되고 생체는 결국 사망에까지도 이르게 된다.

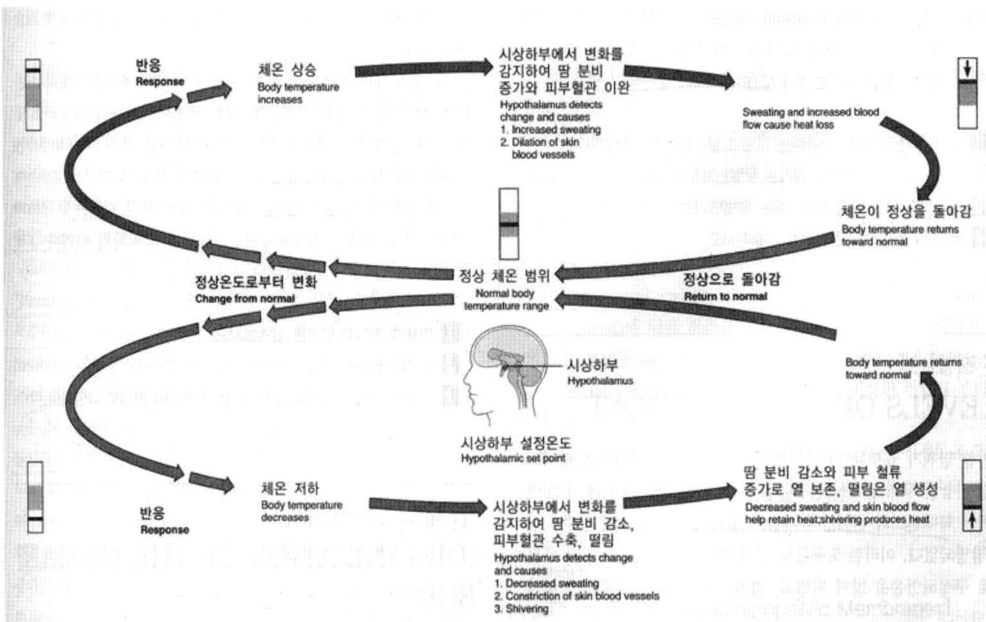

그림 8-1. 체온 조절의 항상성

2. 해부학 용어(Anatomical Terminology)

이 책에서는 대한해부학회에서 정한 해부학 용어(우리말)를 사용하였으며 과거의 용어에 익숙한 사람을 위해 한자어도 병행하였다.

1) 해부학적 자세(Anatomical Position)

모든 해부학 용어는 애매모호한 기술을 배제하기 위하여 해부학적 자세를 기준으로 표현된다. 해부학적 자세는 신체 분절의 위치를 나타내고 인체 운동을 기술, 설명하는데 사용되는 기본자세로써 몸을 곧게 세운 상태로 선 후, 머리와 눈, 발끝이 정면을 향하고 팔은 몸통 옆으로 내려 손바닥이 앞을 향하며 다리는 두 발을 모아 발끝이 앞을 향하는 자세이다.

2) 해부학적 면(Anatomical Planes)

해부학적 기술은 해부학적 자세에서 몸을 나누는 3개의 면(정중면, 관상면, 가로면)을 기초로 한다.

(1) 정중면(Median Plane)은 몸을 좌우가 대칭으로 나뉘게 길이 방향으로 자르는 수직면이다.

(2) 관상면(Frontal Plane[Coronal Plane])은 정중면에 직각이며 몸을 앞과 뒤로 나누는 수직면이다.

(3) 가로면(횡단면 Transverse Plane)은 정중면과 관상면에 직각으로 몸을 위와 아래로 나누는 면이다.

3) 방향(Direction)과 비교(Comparison)에 대한 용어(Terms)

인체의 부분 또는 인체에 관련된 외적 물체와의 위치관계를 비교하고 기술할 때 방향과 비교에 대한 용어의 사용이 필요하다.

(1) 얕음(천 superficial)과 깊음(심 deep) : 신체 및 신체분절을 표면으로부터 표현할 때 사용된다.

(2) 안쪽(내측 medial) 과 가쪽(외측 lateral) : 신체의 정중면(신체를 좌우로 이등분하는 선)으로부터의 거리와 관계되고, 신체의 정중면에 가까운 신체부분은 안쪽이고, 그 반대로 정중면에서 멀리 떨어진 부분은 가쪽이다.

(3) 앞(전 anterior)과 뒤(후 posterior) : 앞뒤 방향을 표시할 때 사용되며, 앞은 몸의 앞쪽을 가리키며, 배쪽(복측 ventral)과 같은 의미로 쓰인다. 뒤는 몸의 뒤쪽을 가리키며, 등쪽(배측 dorsal)과 같은 의미로 쓰인다.

(4) 위(상 superior)와 아래(하 inferior) : 위는 상대적으로 머리뼈의 가장 꼭대기에 있는 머리마루점(두정 vertex) 가까이에 있는 구조에 대한 용어이고, 아래는 상대적으로 발의 발바닥 가까이 놓여 있는 구조에 대한 용어이다.

(5) 몸쪽(근위 proximal)과 먼쪽(원위 distal) : 팔다리와 몸통의 결합부로부터 가까운 쪽과 멀리 있는 쪽을 나타낼 때 사용한다.

4) 관절의 운동(Motion of Joint)에 대한 용어(Terms)

대부분의 운동이 2개 이상의 뼈가 관절하는 곳에서 일어나며 관절운동을 설명하는 용어는 다음과 같다.

(1) 굽힘(굴곡 flexion) : 관절의 각도가 감소하는 것을 나타낸다. 대부분의 관절에서 굽힘은 일반적으로 앞쪽 방향으로 운동이 일어나는 반면, 무릎관절에서는 굽힘이 뒤쪽으로 일어난다.

(2) 폄(신전 extension) : 관절의 각도가 증가하는 것을 나타낸다. 폄은 대개 뒤쪽 방향으로 운동이 일어난다.

(3) 젖힘(과신전 hyperextension) : 팔다리나 몸의 폄이 정상범위를 넘어갈 때 젖힘이라고 한다. 엄지손가락을 제외하고 해부학적 자세에서 굽힘, 폄, 젖힘은 시상면(sagittal plane)에서 일어나는 운동이다.

(4) 벌림(외전 abduction) : 관상면에서 일어나는 운동으로 정중면에서 멀어지는 운동을 말한다.

(5) 모음(내전 adduction) : 관상면에서 일어나는 운동으로 정중면에 가까워지는 운동을 말한다.

(6) 휘돌림(circumduction) : 몸쪽 끝은 고정되고 먼쪽 끝은 원을 그리며 돌아가는 운동으로 굽힘, 폄, 벌림, 모음이 복합된 운동이다.

(7) 돌림(회전 rotation) : 뼈의 세로축(longitudinal axis)을 중심으로 제자리에서 돌아가는 운동이다. 안쪽돌림(medial rotation[internal rotation])은 팔다리의 앞면이 정중면에 가까이 오는 것이고, 가쪽돌림(lateral rotation[external rotation])은 앞면이 정중면에서 멀어지는 운동이다.

(8) 엎침(회내 pronation) : 아래팔과 손의 회전운동이다. 노뼈(요골 radius)가 세로축을 따라 안쪽으로 돌아가는 것으로 손바닥이 뒤를 향하고, 손등이 앞을 향한다.

(9) 뒤침(회외 supination) : 아래팔과 손의 회전운동이다. 노뼈(요골 radius)가 세로축을 따라 가쪽으로 돌아가는 것으로 손등이 뒤를 향하고, 손바닥이 앞을 향한다.

(10) 올림(elevation) : 위로 올리는 운동으로, 어깨를 으쓱 올리는 것이 이에 해당한다.

(11) 내림(depression) : 몸의 일부분을 아래로 움직이게 하는 것으로, 어깨를 내리는 것이 이에 해당한다.

(12) 가쪽번짐(외번 eversion) : 정중면에서 발바닥을 가쪽으로 향하게 발을 비트는 운동이다. 발이 완전히 가쪽번짐이 되면 등쪽굽힘(dorsal flexion)이 된다.

(13) 안쪽번짐(inversion) : 정중면에서 발바닥을 안쪽으로 향하게 발을 비트는 운동이다. 발이 완전히 안쪽번짐이 되면 바닥쪽굽힘(plantar flexion)이 된다.

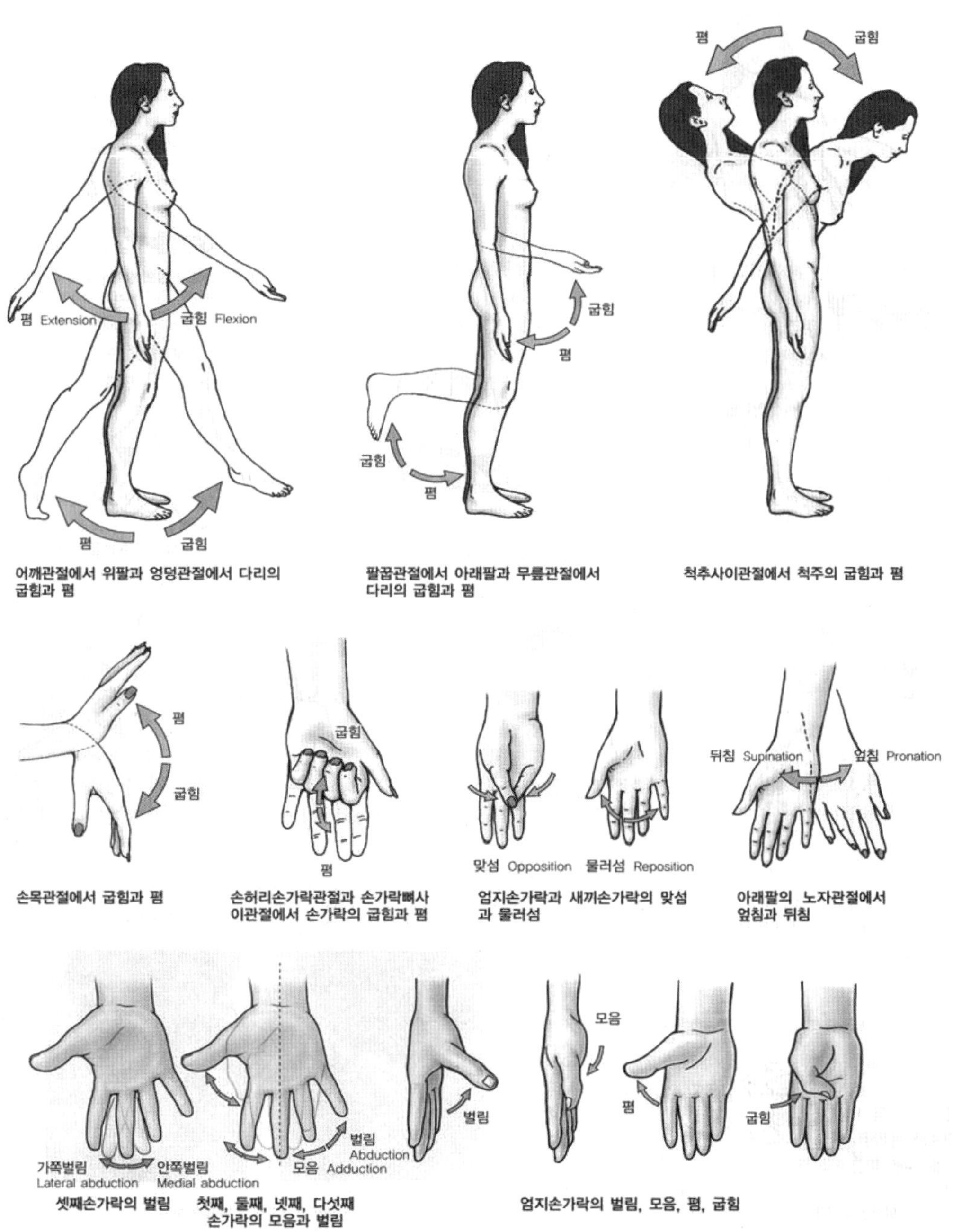
펌
굽힘
펌 Extension
굽힘 Flexion
펌
굽힘
굽힘
펌
굽힘
펌
어깨관절에서 위팔과 엉덩관절에서 다리의 굽힘과 펌
팔꿉관절에서 아래팔과 무릎관절에서 다리의 굽힘과 펌
척추사이관절에서 척주의 굽힘과 펌
펌
굽힘
굽힘
펌
뒤침 Supination
엎침 Pronation
맞섬 Opposition
물러섬 Reposition
손목관절에서 굽힘과 펌
손허리손가락관절과 손가락뼈사이관절에서 손가락의 굽힘과 펌
엄지손가락과 새끼손가락의 맞섬과 물러섬
아래팔의 노자관절에서 엎침과 뒤침
가쪽벌림
Lateral abduction
안쪽벌림
Medial abduction
벌림
Abduction
모음 Adduction
벌림
모음
펌
굽힘
셋째손가락의 벌림
첫째, 둘째, 넷째, 다섯째 손가락의 모음과 벌림
엄지손가락의 벌림, 모음, 펌, 굽힘

그림 8-2. 운동의 용어들

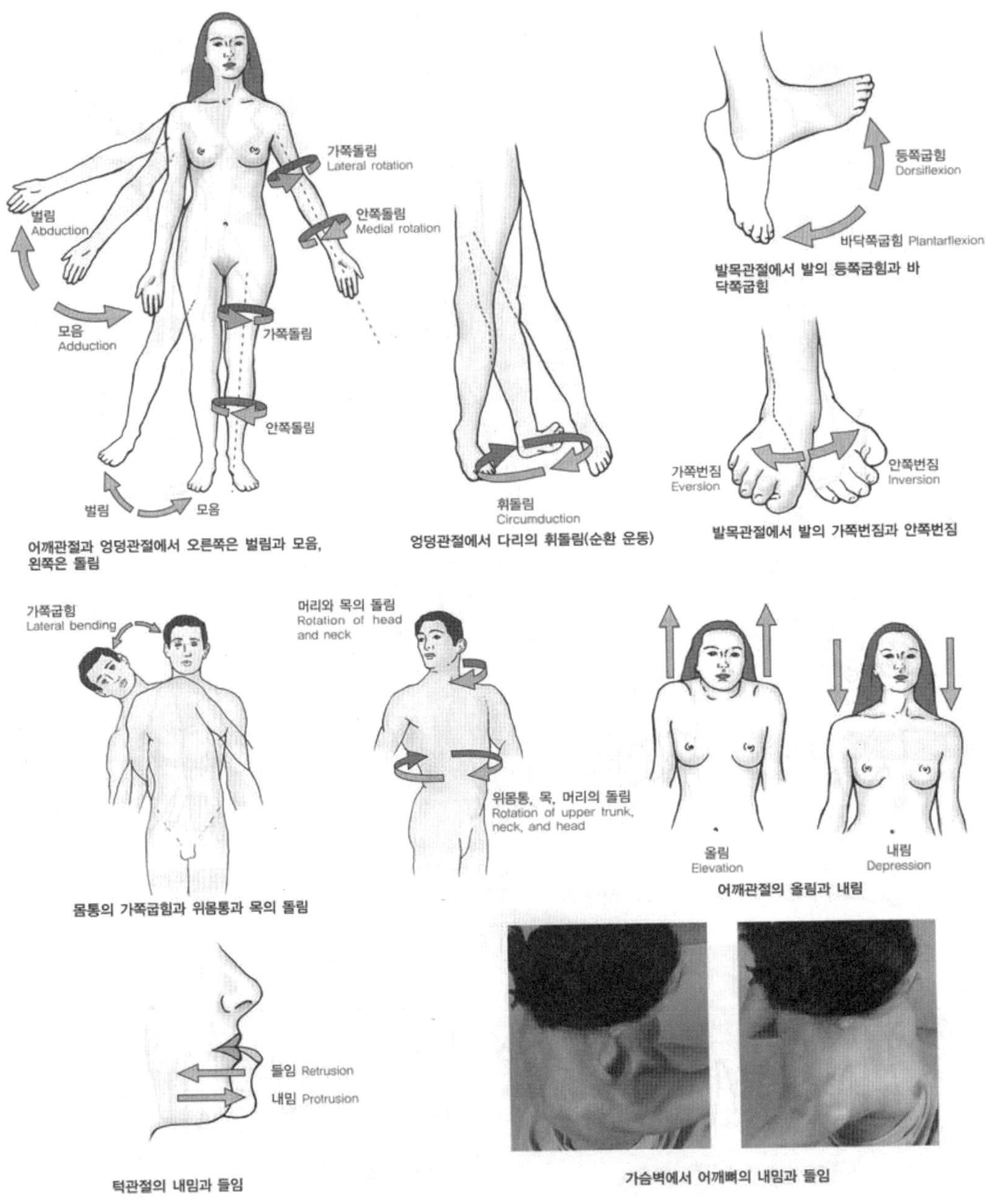

그림 8-3. (계속)운동의 용어들

3. 운동과 에너지 시스템(Energy System)

1) 근수축 에너지

신체의 움직임은 근수축을 필요로 하며, 근수축(muscle contraction)은 에너지를 필요로 한다. 이때 필요한 화학적 에너지를 ATP(adenosine triphosphate : 아데노신삼인산)라고 한다. 따라서 움직임에 대한 의지가 발생하면, 신경조직에 의해 화학적 에너지가 방출되고 그것은 다시 동작을 위한 운동 에너지로 변환된다.

ATP는 아데노신 1개와 3개의 인산기로 구성되어있다. 그 구조상 3개의 인산기는 고에너지 결합으로 되어 있으며, ATP가 ADP(adenosine diphosphate)와 Pi(유리인산염)으로 분리될 때 약 7-12cal의 에너지가 방출된다. ATP의 분해로 인해 생성된 에너지는 근수축 에너지로 이용된다.

$$ATP \rightarrow ADP + Pi + Energy$$

그러나 근육 속의 ATP는 매우 제한적인 양이 저장되어 있어 오랫동안 지속적인 운동을 할 수 있는 양은 못된다. 따라서 지속적인 운동을 위해서는 ADP+Pi로 분해된 것을 다시 ATP로 재합성해야 한다. 우리의 근육에는 ADP로부터 ATP로 재합성할 수 있는 다양한 에너지 시스템이 있다.

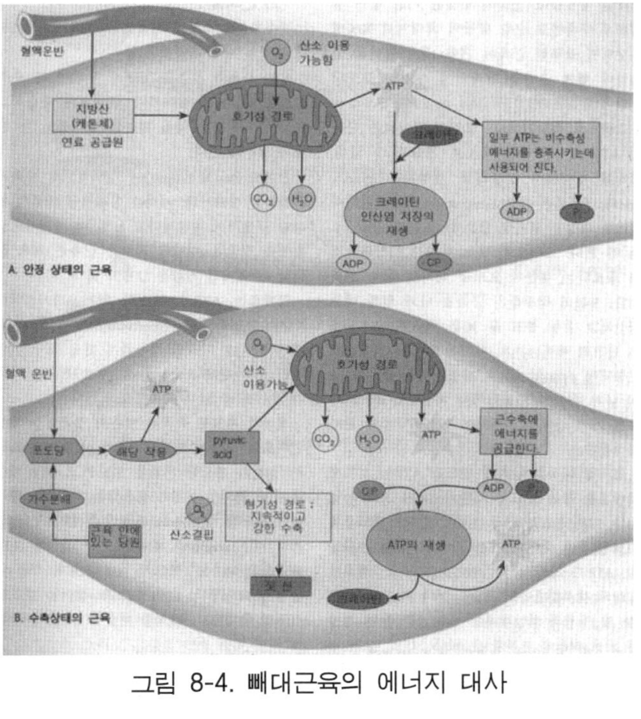

그림 8-4. 빼대근육의 에너지 대사

(1) ATP-PC 시스템

ATP-PC 시스템(system)은 산소가 없는 상태에서 일어나는 작용체계이기 때문에 가장 간단한 에너지 생성 시스템이다. ATP를 합성하는 데 이용되는 물질은 인산 크레아틴(PC: phosphocreatine)이다. PC는 체내에 소량으로 존재하는 물질로서, 인산(phosphate)과 크레아틴(creatine)으로 분리되는 과정에서 ADP로부터 ATP를 매우 빠르게 합성한다. 그러나 ATP-PC 시스템은 에너지를 지속적으로 합성할 수 없으며, 근육 속에 저장되어 있던 PC는 짧은 시간에 크레아틴으로 전환되어 고갈된다. ATP-PC 시스템은 짧은 시간이 소요되는 운동에 이용되지만, 격렬한 운동 후 약 44초가 지나면 3/4 정도가 재 보충된다.

$$PC+ADP+Pi \rightarrow Creatine+ATP$$

(2) 젖산 시스템

젖산 시스템(lactic acid system)은 무산소(anaerobic) 과정이다. 강하고 격렬한 운동을 할 때 ATP-PC 시스템에서 PC가 고갈되어 에너지 공급이 한계에 달하게 되면, 그 이후 근육과 간 속에 있는 글리코겐(glycogen)이 먼저 사용된다. 글리코겐은 해당작용 과정을 거쳐 초성 포도산, 즉 피루빈산(pyruvic acid)으로 분해되는 과정에서 ATP를 생성하는데 이용된다. 다음 단계에서 산소가 불충분할 때는 젖산으로 전환되지만, 산소가 충분히 있을 때는 물과 이산화탄소로 완전히 분해된다. 이처럼 산소가 불충분한 상태의 에너지 생성 체계를 젖산 시스템이라 한다.

젖산 시스템은 ATP-PC 시스템 다음으로 빠르게 에너지를 생성시키는 체계이다. 글리코겐의 마지막 부산물인 젖산이 축적되면, 근육에 통증과 피로감을 불러일으키게 되기 때문에 젖산 시스템은 육상 경기의 400m, 800m와 같이 1-3분 정도 소요되는 격렬한 운동과 중・장거리 경기의 마지막 스퍼트 과정에서 사용되는 에너지 생성체계이다.

(3) 유산소 시스템

유산소 시스템(oxygen system, aerobic)은 오랜 시간이 소요되는 운동에서 에너지를 생성시키는 체계이다. 산소가 충분히 있을 때 글루코겐은 이산화탄소(carbon dioxide)와 물(water)로 완전 분해되면서 ATP를 생성시킨다. 유산소 시스템이 젖산 시스템과 다른 점은 근육 속에 젖산이 축적되지 않는다는 것이다. 유산소 시스템은 산소가 지속적으로 체내에 공급되어 에너지를 생성시키기 때문에 ATP를 생성시키는 과정에서 젖산이 축적이 되지 않기 때문에 마라톤과 같은 장시간 계속되는 운동에서 사용되는 에너지 생성체계이다.

2) 운동의 종류에 따른 에너지 시스템

체육 및 각종 스포츠 활동에는 많은 에너지가 소모된다. 우리 몸은 음식물의 섭취를 통해 에너지를 생성시키고, 그 에너지원은 근육에 공급되어 운동 에너지로 전환된다. ATP-PC 시스템, 젖산 시스템, 유산소 시스템 등은 여러 가지 스포츠의 특성과 소요 시간에 따라 적절히 이용된다. 육상 경기를 예로 들면, 100m, 200m 경주와 같이 일시적으로 폭발적인 힘을 요하는 종목에서는 ATP-PC시스템이 이용되고, 400m, 800m달리기와 같은 종목에서는 초기에는 ATP-PC이 이용되다가 끝에 가서는 젖산 시스템이 이용되고, 마라톤과 같은 종목에서는 유산소 시스템이 이용된다.

(1) 짧은 시간 동안 수행되는 강도 높은 운동

멀리뛰기, 높이뛰기, 원반·포환·창던지기, 역도, 100m달리기 등과 같이 약 30초 이내의 짧은 시간에 강력한 힘을 요하는 운동에서는 산소를 충분히 섭취할 수 있는 여유가 없다. 그렇기 때문에 이러한 운동 시에는 근 섬유 속에 저장되어 있는 ATP를 사용하게 된다. 하지만 근육 속에 저장된 ATP는 극히 제한 적이기 때문에 금방 소실된다. 따라서 이러한 종목에 참여하는 선수들은 강한 힘을 발휘하기 위하여 근육을 비대화시키게 된다.

그런데, 400m나 800m 달리기, 스키의 활강 경기 등과 같이 약 1-3분 동안에 최대의 속도와 힘을 발휘해야 하는 운동 종목에서도 섭취한 산소를 거의 이용하지 못하며, 이 단계에서는 젖산 시스템이 가동된다. 이러한 운동 중에 이용되는 주된 에너지원은 탄수화물이다. 탄수화물은 간이나 근육에 글리코겐의 형태로 저장되며, 400m나 800m와 같은 유형의 경기에서 산소가 부족해지면 글리코겐이 분해되면서 피로 물질인 젖산이 근육에 쌓이게 된다. 그럴 경우 우리는 근육과 혈액에 쌓인 젖산을 제거하기 위해 동적 휴식을 하거나 벌꿀과 같은 고 탄수화물을 섭취하여 글리코겐을 보충해 주는 방법을 취하게 된다.

(2) 장시간 동안 수행되는 강도가 약한 운동

마라톤처럼 장시간 동안 운동을 계속할 때는 계속 에너지를 고급할 수 있는 글리코겐이 필요하게 된다. 글리코겐은 음식물에 의해 합성된 뒤에 간과 근육에 저장되며, 산소만 충분히 공급되면 다량의 에너지로 합성되어 근육에 공급된다. 그래서 마라톤 선수처럼 장시간 동안 운동을 해야 하는 선수들은 훈련을 통해 심폐기능을 향상시켜 산소와 혈액의 공급 능력을 강화하게 되는데, 구간훈련(interval training)이 심폐기능 향상을 위한 대표적인 예이다.

4. 뼈대계통(골격계통 Skeletal System)

뼈대(골격 skeleton)는 인체에서 가장 단단한 조직으로 전체 체중의 약 15%를 차지한다. 뼈대계통은 뼈(bone), 관절(joint), 연골(cartilage) 및 인대(ligament) 등으로 구성되어 있으며, 우리 인체는 약 206개의 뼈가 일정하게 배열된 기본적인 구조를 갖고 있다. 뼈와 연골은 관절의 형태로 서로 연결되어 있으며, 인대는 이들 관절을 지탱하고 있다. 인체의 움직임은 뼈에 부착된 근육의 이완·수축작용에 의해 이루어지며, 뼈의 탄성은 외부의 충격에 견딜 수 있는 저항력이 있다. 특히 다리뼈의 탄성은 1㎠ 당 약 2톤의 충격에도 견딜 수 있을 정도이다.

1) 뼈의 구조(bone structure)

(1) 뼈의 분류(bone classification)

뼈는 형태에 따라 다음과 같이 분류한다.

① **긴뼈(장골 long bones)** : 긴뼈는 원통형으로 중력을 지탱하거나 관절운동 시 근육의 지렛대 역할을 하며, 정강뼈(경골 tibia), 종아리뼈(비골 fibula), 넙다리뼈(대퇴골 femur), 노뼈(요골 radius), 자뼈(척골 ulna), 위팔뼈(상완골 humerus)가 이에 해당한다.

② **짧은뼈(단골 short bones)** : 짧은뼈는 주사위 모양으로, 발목(ankle, tarsus), 손목(wrist, carpus)에서만 발견되고, 손목뼈(수근골 carpal bones)와 발목뼈(족근골 tarsal bones)가 이에 해당한다.

③ **납작뼈(평편골 flat bones)** : 납작뼈는 주로 보호하는 기능을 수행하고 머리뼈(skull)가 이에 해당한다.

④ **불규칙뼈(irregular bones)** : 모양이 불규칙한 것으로 긴뼈나 짧은 뼈 또는 납작뼈보다는 다양한 형태를 띠고, 척추뼈((척)추골 vertebrae)가 이에 해당한다.

⑤ **종자뼈(sesamoid bones)** : 종자뼈는 씨앗 모양의 뼈로 특정 힘줄에서 발달하며 팔다리에선 긴뼈의 끝을 힘줄이 건너는 곳에서 발견되며, 과도한 힘의 작용에서 힘줄을 보호하고 부착점을 지나는 힘줄의 각을 변ㅇ화하기도 한다. 무릎뼈(슬개골 patella)가 이에 해당한다.

(2) 뼈대의 분류(division of skeleton)

인체의 뼈는 206개이며 뼈대의 구조에 대해서 알기 위해서는 몸통골격과 팔다리뼈대로 나누어 공부하는 것이 도움이 된다.

① 몸통뼈대(체간골격 axial skeleton)

몸통뼈대는 머리, 목, 그리고 몸통 내의 기관들을 지지하고 보호하는 뼈와 연골로 구성되어 있다.

· 머리뼈(skull) : 머리뼈는 8개의 두개골(cranium, brain case)과 14개의 안면뼈(얼굴뼈 facial bone)로 구성되어 있다.

· 설골(hyoid bone) : 설골은 1개로 아래턱과 후두 사이에 위치한다. 이 뼈는 어느 뼈와도 관절을 이루지 않으며 다만 근육과 인대에 의해 고정되어 있다. 설골은 혀를 지지하며, 음식을 삼킬 때 혀의 운동을 도와주는 일부 근육들이 이 뼈에 부착되어 있다.

· 중이골(middle ear bone) : 중이는 고막에서부터 달팽이관의 직전까지의 공간을 말하고, 중이골은 좌우 3개의 귓속뼈(이소골 auditory ossicles)가 서로 관절로 연결되어 있다.

· 척주(vertebral column) : 척주는 여러 개의 척추로 이루어져 있으며 척추사이원반(intervertebral disk)이라는 연골에 의해 분리되어 있다. 이 지둥은 뼈대의 중심축을 형성한다. 척주의 먼쪽부분(원위부 distal part)에는 몇 개의 척추가 융합되어 골반의 일부를 이루는 어치뼈(천골 sacrum)이 있다. 엉치뼈의 끝에는 꼬리뼈(미골 coccyx)의 흔적 구저가 붙어 있다. 척추는 목뼈(경추 cervical vertebra) 7개, 등뼈(흉추 thoracic vertebra) 12개, 허리뼈(요추 lumbar vertebra) 5개, 엉치뼈(천골 sacrum) 1개, 꼬리뼈(미골 coccyx) 1개로 구성되어 있다.

· 가슴우리(흉곽 thoracic cage) : 가슴우리는 가슴안(흉강 thoracic cavity)과 위쪽 배안(상부복강 upper abdominal cavity) 안쪽에 잇는 장기들을 보호한다. 가슴우리는 12쌍의 갈비뼈(늑골 rib)로 구성되어 있으며 뒤쪽으로 등뼈와 관절을 이루고 있고 앞쪽으로는 1개의 복장뼈(흉골 sternum)와 관절을 이룬다.

② 팔다리뼈대(사지골격 appendicular skeleton)

팔다리뼈대는 팔 다리의 뼈와 사지를 몸통뼈대에 붙여주는 뼈로 구성된다.

· 팔이음뼈(상지대 shoulder[pectoral] girdle) : 팔이음뼈는 몸통의 양옆에 있는 2개의 어깨뼈(견갑골 scapular)와 2개의 빗장뼈(쇄골 clavicle)로 구성된다. 팔이음뼈는 팔(상지 upper limb)을 몸통뼈대에 연결시켜 주고 팔의 운동을 도와준다.

· 팔(상지 upper limb) : 각각의 팔은 1개의 위팔뼈(상완골 humerus)와 노뼈(요골 radius) 및 자뼈(척골 ulna)의 2개의 뼈로 이루어진 앞 팔뼈(forearm bone) 그리고 손뼈로 구성된다. 위팔뼈, 노뼈, 자뼈는 팔꿈치에서 서로 관절을 이룬다. 노뼈와 자뼈의 먼쪽 끝(원위단 distal end)에는 손이 있다. 손에는 8개의 손목뼈(수근골 carpa[wrist]] bone)이 있다. 손바닥을 이루는 5개의 뼈를 손허리뼈(중수골 metacarpal bone)라고 하며 14개의 손가락뼈(지골 phalanx)가 있다.

· 다리이음뼈(하지대 pelvic girdle) : 다리이음뼈는 2개의 볼기뼈(관골 hip bone)로 이루어지며 볼기뼈는 앞쪽으로는 서로 부착되어 있고 뒤쪽으로는 엉치뼈와 관절을 이룬다. 다리이음뼈는 다리를 몸통뼈대와 연결시키며, 엉치뼈, 꼬리뼈와 함께 아랫배기관(하복부기관 lower abdominal organ)과 안쪽(내측의 medial) 생식기관을 보호하는 골반(pelvis)을 형성한다.

· 다리(하지 lower limb) : 각각의 다리는 1개의 넙다리뼈(대퇴골 femur)와 커다란 정강뼈(경골 tibia)와 종아리뼈(비골 fibular) 의 두 뼈로 이루어진 다리뼈 그리고 발뼈로 구성된다. 넙다리뼈, 정강뼈는 무플관절(슬관절 knee joint)을 이루며 무릎관절의 앞면은 무릎뼈(슬개골 patella)가 덮고 있다. 정강뼈와 종아리뼈의 먼쪽 끝(원위단 distal end)에는 발이 있다. 발은 발목(ankle), 발등(instep) 그리고 발가락(toe)으로 이루어진다. 발에는 7개의 발목뼈(족근골 tarsal bone)이 있다. 발등을 이루는 5개의 뼈를 발허리뼈(중족골 metatarsal bone)라고 하며 발가락을 이루는 14개의 뼈를 발가락뼈(지골 phalanx)라고 한다.

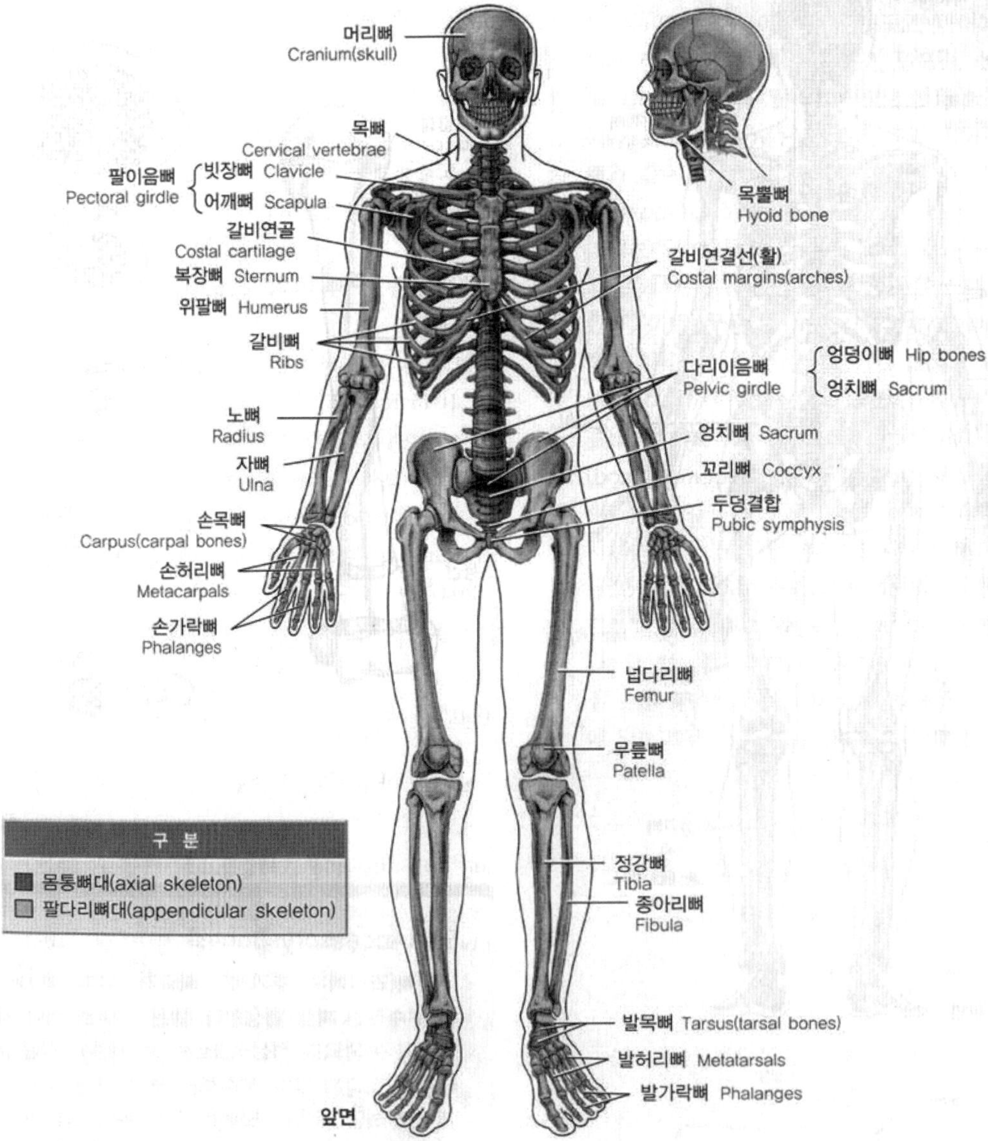

그림 8-5. 뼈대계통(앞면)

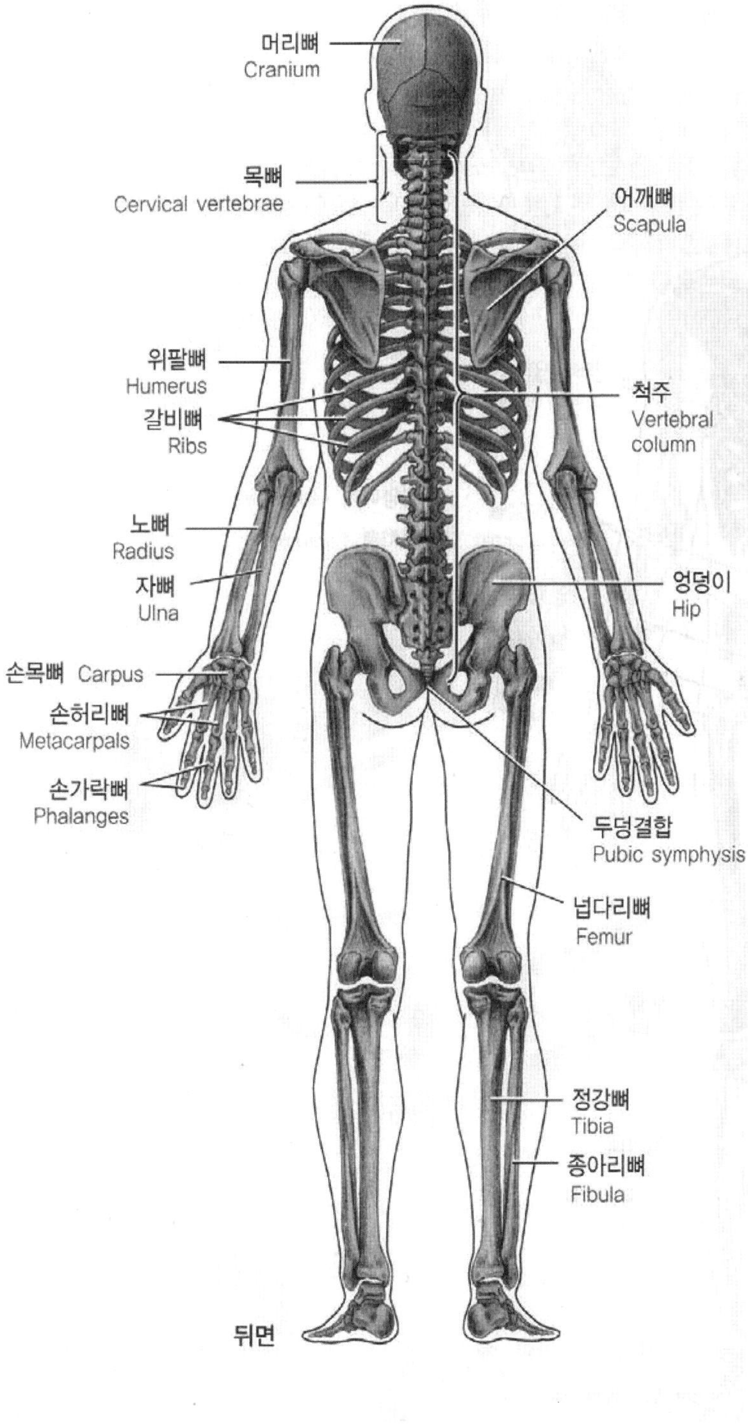
머리뼈
Cranium
목뼈
Cervical vertebrae
어깨뼈
Scapula
위팔뼈
Humerus
갈비뼈
Ribs
척주
Vertebral column
노뼈
Radius
자뼈
Ulna
엉덩이
Hip
손목뼈 Carpus
손허리뼈
Metacarpals
손가락뼈
Phalanges
두덩결합
Pubic symphysis
넙다리뼈
Femur
정강뼈
Tibia
종아리뼈
Fibula
뒤면

그림 8-6. 뼈대계통(뒤면)

(3) 긴뼈의 각 부위(parts of a long bone)

긴뼈의 양쪽 말단은 뼈끝(골단 osteoepiphysis[epiphysis])이라고 하는 팽대된 부위로 다른 뼈와 관절을 이룬다. 관절을 이루는 뼈끝의 바깥쪽 표면은 관절연골(articular cartilage)이라고 하는 유리연골 층으로 덮여있다. 뼈끝 사이에 위치한 긴뼈의 중간부위(shaft)를 뼈몸통(골간 diaphysis)이라고 한다. 관절연골로 덮여있는 말단을 제외한 긴뼈의 모든 부위는 강하고 혈관분포가 풍부한 섬유성조직인 뼈막(골막 periosteum)으로 싸여 있다. 뼈막은 뼈에 단단하게 부착되어 있으며 골막섬유는 이 막과 연결된 힘줄이나 인대로 계속된다. 또한 뼈막은 뼈 조직의 형성과 재생 기능을 담당한다.

뼈의 모양은 그 기능에 적합하도록 되어있다. 예를 들어 돌기(process)라고 하는 뼈의 돌출부위는 인대나 힘줄이 부착하는 자리가 되고 홈(구 groove)과 구멍(개구부 opening)은 혈관과 신경의 통로가 되며 뼈의 움푹 들어간(depression) 부위는 다른 뼈의 돌출 부위와 관절을 이룬다.

뼈몸통의 벽은 치밀뼈(compact bone)로 구성되어 있다. 치밀뼈는 공간이 없이 뼈기질로 채워져 있다. 반면 뼈끝은 표면이 얇은 치밀뼈 층에 의해 덮여있으며 해면뼈(sponge bone)로 구성되어 있다. 해면뼈는 뼈기둥(지주 pillar[trabecula])라고 하는 많은 가지를 친 작은 기둥으로 이루어져있다. 이러한 기둥 사이에 불규칙하게 연결된 공간은 뼈의 무게를 감소시켜준다. 기둥은 압력을 많이 받는 뼈끝 부위에 특히 잘 발달되어 있다. 치밀뼈는 무게를 지탱하는 힘을 제공해 주고 살아있는 뼈는 탄력성(elasticity), 유연성(flexibility)과 강한 견고함(rigidity, hardness)이 있다.

일반적으로 뼈는 치밀뼈와 해면뼈가 함께 이루어져있다. 짧은뼈, 납작뼈, 불규칙뼈는 주로 해면뼈로 되어있으며 해면뼈는 치밀뼈 층으로 덮이거나 또는 치밀뼈 사이에 끼워져 있다.

긴뼈의 공간을 이루는 치밀뼈는 해면뼈 사이의 공간과 연속되는 골수공간(골수강 medullary cavity)이라고 하는 속이 빈 관 모양의 구조를 하고 있다. 골수공간은 뼈속막(골내막 endosteum)이라고 하는 뼈를 형성하는 세포를 가지고 있는 얇은 막으로 둘러싸여 있으며 골수(marrow)라고 하는 특수한 형태의 결합조직으로 채워져 있고 이곳에서 혈구세포가 만들어진다. 골수에는 적색골수와 황색골수가 있다. 적색골수(red marrow)는 조혈작용을 하며, 황색골수(yellow marrow)는 적색골수의 조혈작용이 중지되어 주로 지방으로 대치된 상태이다.

(4) 뼈 성장(bone growth)

대부분의 뼈는 성장하고 성숙하는데 오랜 시일이 걸린다. 예를 들면, 위팔뼈는 태생기 8주에 뼈발생(골화 ossification)을 시작하여 20세에도 뼈발생이 완성되지 않는다. 모든 뼈는 태생기 결합조직인 중간엽(mesenchyme)에서 유래하는데, 막내뼈되기(중간엽에서 직접)와 연골속뼈발생(중간엽이 연골을 형성)이라는 두 종류의 다른 과정이 있다.

· 막속뼈되기(막내골화 intramembranous ossification)은 태생기에 중간엽이 막의 구조로 뼈

의 틀이 된 후에 태아기에 직접 뼈로 변한다.

· 연골속뼈발생(연골내골화 endochondral ossification)은 태아기에 뼈의형태로 연골틀이 만들어진 후 점차 뼈로 대치된다.

연골속뼈발생은 긴뼈의 성장을 설명하는데 도움이 된다. 중간엽세포가 응집되고 연골모세포(chondroblast)로 분화되어 연골뼈모형(cartilaginous bone model)을 만든다. 모형의 중간부분에서 연골이 석회화(calcify)가 되고, 뼈막의 모세혈관(periosteal capillaries)이 뼈모양의 석회화한 연골로 자라 들어와 안쪽을 공급한다. 이들 혈관은 뼈형성세포(osteogenic cells)와 같이 뼈막싹(골막싹 periosteal bud)을 형성한다. 모세혈관은 일차뼈되기중심(일차골화중심 primary ossification center)을 시작하고 뼈모형의 중심에서 연골의 대부분이 뼈조직으로 대치된다. 일차뼈되기중심에서 뼈로 된 몸통을 뼈몸통이라 하며, 뼈발생하면서 성장이 일어난다.

대부분의 이차뼈되기중심(이차골화중심 secondary ossification center)은 출생 후에 발생중인 뼈의 다른 부분에서 일어나는데, 이를 뼈끝이라 한다.

(5) 뼈의 기능(bone function)

뼈는 신체 구조의 형태를 만들어 지지하며 보호해 준다. 또한 운동에 있어서 지레의 역할을 하고, 혈구세포를 생산하는 조직을 함유하고 있으며 여러 가지 무기 이온을 저장하다.

① **지지와 보호(support and protection)** : 뼈는 머리, 얼굴, 가슴우리(흉곽), 팔다리(사지) 등과 같은 신체 구조의 모양을 만들어 지지하고 보호한다. 예를 들어 다리, 골반 및 척주를 이루는 뼈들은 체중을 지탱한다. 머리뼈를 이루는 뼈들은 눈, 귀 그리고 뇌를 보호한다. 가슴우리와 팔이음뼈를 이루는 뼈들은 심장과 폐를 보호하고, 다리이음뼈들은 아래 복부기관과 안쪽 생식기관을 보호한다.

② **지렛대(lever)** : 팔다리나 신체의 다른 부위가 움직일 때마다 뼈와 근육은 지레라고 하는 간단한 물리적 원리에 의해 서로 상호작용한다. 지레는 (1)지렛대(rigid bar, rod) (2)지레가 움직일 수 있도록 받쳐주는 축(pivot, axle) (3)저항에 대하여 움직이는 물체 (4)지렛대가 움직이도록 에너지를 제공하는 힘의 4가지 기본적인 구성요소로 이루어져 있다.

③ **혈구세포 형성(blood cell formation)** : 골수는 긴뼈의 골수공간과 해면뼈의 불규칙한 공간 및 치밀뼈의 중심관(osteogenic canal) 내에 들어 있는 그물 모양의 성긴 결합조직이다. 적색골수는 적혈구(eythrocyte)와 백혈구(leukocyte) 그리고 혈소판을 형성하는 작용을 한다. 적색골수는 적혈구가 포함한 붉은 색의 산소운반색소인 헤모글로빈(hemoglobin) 때문에 붉은 색을 딘다.

④ **무기염류 저장(inorganic salt storage)** : 뼈조직은 칼슘과 인을 저장하는 이외에 약간의 마그네슘, 나트륨, 칼륨과 탄산이온 등을 포함하고 있다. 칼슘은 신경임펄스 전달 그리고 근수축 등과 같은 신체의 여러 중요한 대사과정에 필요하다. 혈중 칼슘 농도가 떨어지면 부갑상샘 호르몬은 뼈파괴세포를 자극함으로써 뼈기질을 파괴하여 세포사이기질

로부터 혈액으로 칼슘을 분비시킨다. 반면 매우 높은 농도의 칼슘은 뼈파괴세포의 활동을 저해하여 갑상샘으로부터 칼시토닌(calcitonin)을 분비시켜 뼈기질을 형성하도록 뼈모세포를 자극한 결과 기질 내에 과도한 양의 칼슘을 축적시킨다.

(6) 뼈대계통에 미치는 운동의 효과

① 뼈에 대한 효과

유년기나 청년기에 규칙적으로 적당한 운동을 하게 되면 뼈가 굵어지고 길이가 길어진다. 그것은 뼈에 칼슘과 단백질이 잘 공급되어 뼈의 밀도가 높아져 뼈의 성장과 발달을 가져오기 때문이다.

② 운동에 의한 뼈대계통 상해

뼈는 근육, 인대, 건 등에 비하여 비교적 상해를 잘 입지 않으나 외부의 물리적 충격이 심한 경우 상해를 입게 된다. 특히 격렬한 스포츠 활동 시 골절(fracture) 등의 상해를 입을 수 있다. 골절은 환부가 붓고 통증이 심하다. 골절의 형태에는 단순히 뼈에 금이 가거나 뼈가 부러진 폐쇄골절(단순골절 simple fracture)과, 부러진 뼈가 피부를 뚫고 나오는 복잡골절(복합골절 compound fracture[syntripsis])이 있다. 복잡골절은 세균에 감염될 위험성이 크다.

5. 관절계통(Articulation[Joint] System)

관절(articulation or joint)은 한 개 혹은 그 이상의 뼈끝이 연접되어 있는 부위를 말한다. 운동은 뼈와 인대와 연골의 접합이라는 복잡한 상호관계 속에 지레 작용을 통해 일어난다. 관절은 운동의 질과 관련하여 중요한 역할을 하게 된다. 관절의 연골은 자체의 신축성으로 충격을 흡수하며, 인대는 외적 탄력성은 없으나 강한 섬유 밴드로서 유연하게 관절의 운동을 제한한다. 이와 같은 기관의 기능과 연결되어 있는 각 관절의 움직임은 곧 신체 각 부위의 운동을 의미한다.

1) 관절의 분류

관절은 마주하고 있는 뼈를 연결시키는 물질의 유형과 방법에 따라 세 가지로 분류된다.

(1) 윤활관절(synovial articulation[joint]) : 윤활관절의 관절을 형성하는 뼈는 관절공간(articular cavity[joint cavity])을 이어주고 막아주는 관절주머니(joint capsule[articular capsule])로 싸여 있다. 관절주머니는 질긴 섬유막으로 안쪽면에는 장액성 윤활막으로 덮여 있다. 윤활관절은 관절의 가장 보편적인 형태이며, 관절면의 모양에 따라 구분되며, 움직임이 비교적 제한되어 있는 평면관절을 제외하고는 모든 관절은 운동축을 하

나 또는 그 이상을 가지고 있는데 운동축이 많을수록 운동범위가 크고 여러 가지 운동을 할 수 있다.

윤활관절은 표면의 모양과 가능한 운동형태에 따라 다음과 같이 분류된다.

· 평면관절(활주관절 plane[gliding] articulation) : 운동축이 없는 무축성 관절(noaxial joint)로 관절면은 납작하거나 약간의 굴곡이 있다. 이 관절에서는 미끄럼운동(sliding)이나 전후운동(back-and forth motion) 및 비틀기운동(twisting movement)이 가능하다. 척추뼈 사이뿐만 아니라 손목이나 발목에 있는 대부분의 관절에 이에 해당한다.

· 경첩관절(접번관절 hinge articulation) : 단일축관절(uniaxial joint)로 관절의 한쪽 면은 볼록 나와 있고 다른 한쪽은 쑥 들어가 있으며 두 뼈의 세로축과 직각이 되는 수평 운동축을 따라 한쪽 방향으로만 움직여지는 관절이다. 팔꿉관절(elbow joint)이 이에 해당한다.

· 안장관절(saddle articulation) : 두 관절면이 모두 말안장처럼 앞뒤와 좌우 두 방향으로 패어져 있는 관절로 비교적 많은 운동축을 가지고 있어 운동이 자유로운 편이고 엄지손가락의 손목손허리관절(carpometacarpal joint)이 이에 해당한다.

· 타원관절(과상관절, 융기관절 ellipsoidal[condyloid] articulation) : 두축관절(biaxial joint)로 관절의 한 면은 볼록하게 나와 있고 다른 한 면은 얕게 패여 있는데 굽힘, 폄, 외에도 벌림, 모음운동이 가능하고 손목관절(radiocarpal joint)이 이에 해당한다.

· 절구관절(spheroid articulation[cotyloid joint] 구상관절 ball and socket joint) : 다축관절(multiaxial joint)로 한 면은 공 또는 전구 모양이고 대응되는 또 다른 한 면은 공 또는 전구가 들어맞을 수 있는 절구 또는 소켓모양의 관절이며 운동범위가 넓고 자유스럽다. 어깨관절(shoulder joint)과 엉덩관절(hip joint)이 이에 해당한다.

· 중쇠관절(pivot joint, 차축관절 trochoid articulation) : 단일축관절(uniaxial joint로 한 뼈의 장축이 다른 뼈 위에서 돌림운동하며 회전운동만 가능하다. 몸쪽노자관절(proximal radio-ulnar joint)이 이에 해당한다.

(2) **섬유관절(fibrous articulation)** : 섬유관절의 관절을 형성하는 뼈는 섬유조직에 의해 연결된다. 섬유관절에서 일어나는 운동량은 관절하는 뼈를 연결시키는 섬유길이에 달려 있다. 머리뼈의 봉합은 섬유관절의 예로(그림) 이들 뼈는 톱니같이 서로 맞물려 있고, 거의 움직일 수 없는 결합구조로 되어 있다.

(3) **연골관절(cartilaginous articulations)** : 연골관절은 관절을 형성하는 구조물이 유리연골 또는 섬유연골에 의해 연결된다. 척추뼈 사이에 있는 섬유연골인 척추사이원반(intervertebral disc)은 척추뼈(vertebrae)를 결합시키는 결합조직으로 구성된다. 이들 관절은 척주(vertebral column)에 유연성뿐만 아니라 힘을 제공하고 충격을 흡수하는 기능을 하고 약간의 움직임이 있다.

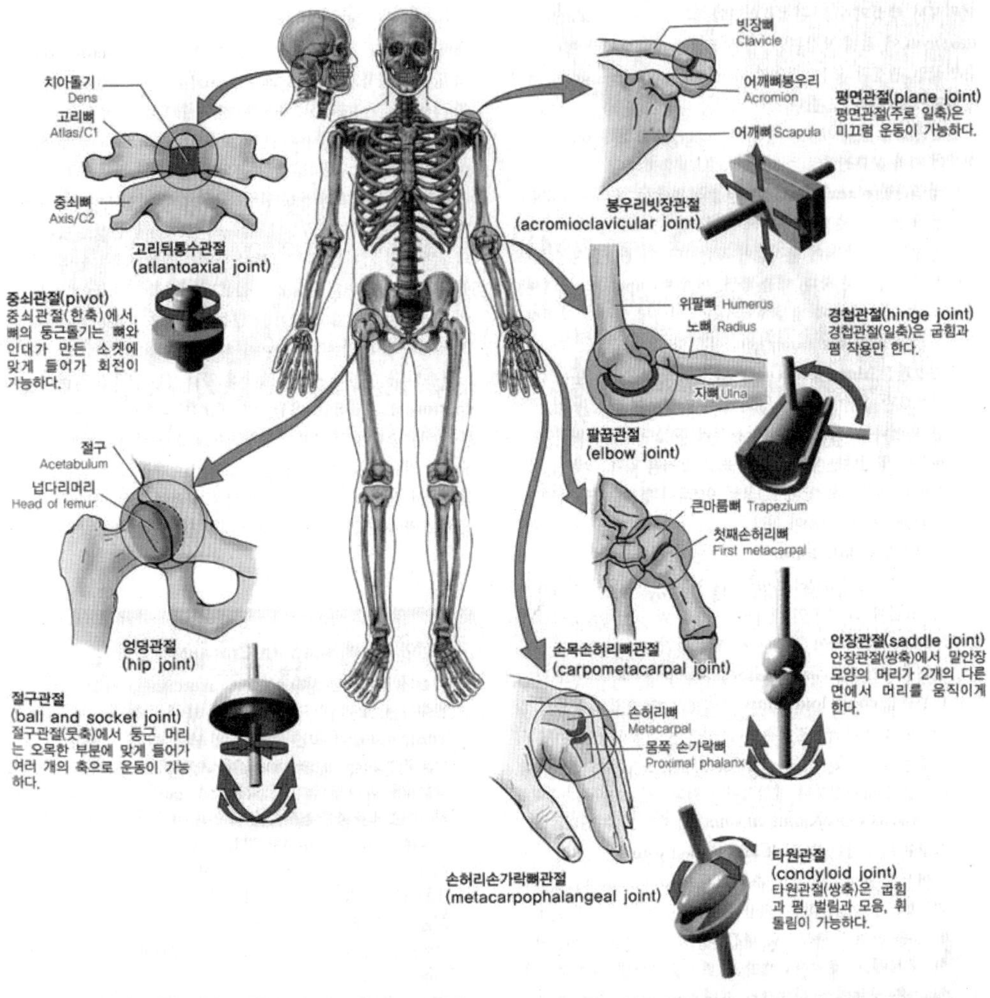

그림 8-7. 윤활관절의 종류

2) 관절의 구조

관절의 구조는 골두(骨頭)와 관절구로 이루어져 있다. 뼈의 한 쪽은 볼록하고, 다른 한 쪽은 오목하게 되어 있으며, 볼록한 것을 골두, 오목한 것을 관절구라고 한다. 골두와 관절구의 끝은 탄성이 좋은 연골조직으로 되어 있는데, 그 연골 부위가 관절 면이다. 관절 면의 가운데는 연골이 두껍게 되어 있고, 주변은 얇게 되어 있다. 관절 부위는 관절낭(關節囊) 속에 들어 있으며, 관절낭의 주위에는 인대가 붙어있다.

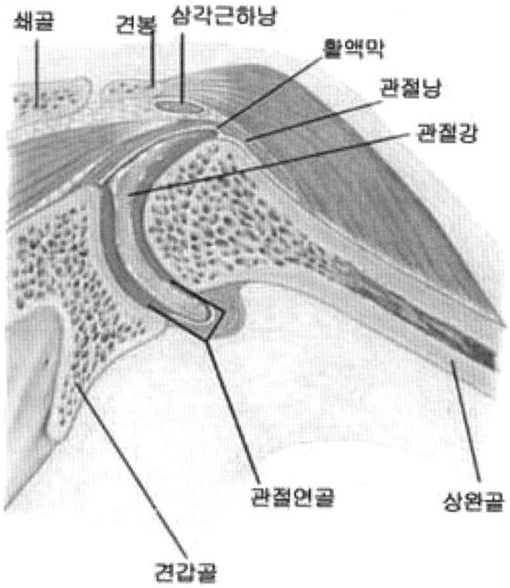

그림 8-8. 관절 구조

3) 관절과 운동

긴 세월 동안 관절을 움직이지 않을 때 관절은 굳어진다. 즉 연골이 퇴화되며, 관절낭은 탄력성을 잃어버리게 된다. 결국 관절의 운동 범위는 좁아지며, 골격간의 연결고리는 깨어져버리게 된다. 그러므로 관절은 항상 적당한 자극에 의한 움직임이 필요하다.

(1) 관절에 대한 운동효과

① 연골 강화 : 관절부위의 물렁뼈(연골 cartilage)가 강화되고 탄력성과 기능이 향상된다.

② 인대와 건(힘줄)의 강화 : 운동을 하면 관절부위에서 뼈와 뼈를 연결하는 인대와 뼈에 근육을 붙여주는 건(힘줄)의 기능이 강화된다.

이와 같이 적당한 운동은 관절운동을 더 용이하게 하고 관절의 가동범위도 확대시켜 운동 상해의 위험성도 줄여준다.

(2) 과도한 운동이 관절에 미치는 영향

과도한 운동은 삠(염좌 sprain), 어긋남(탈구 dislocation) 등과 같은 상해를 일으킨다. 삠이란 뼈를 서로 연결시켜주는 인대의 손상이며, 어긋남은 뼈가 정상 위치를 벗어나는 것을 말한다. 이러한 상해를 입을 경우 완치를 시도해야 하며, 완치가 되기 전에 운동을 하거나 방치할 경우 만성적인 질환으로 남을 가능성이 많다.

6. 근육계통(Muscular System)

운동은 하나 이상의 근육이 수축함으로써 일어난다. 이 단원에서는 뼈에 부착되어 있고 의식의 통제 하에 있는 뼈대근육(골격근)에 대해서 주로 다룰 것이다.

1) 근육의 종류(Type of Muscle Tissue)

근육은 의지대로 움직일 수 있는가, 줄무늬가 있는가, 뼈에 붙어 있는가 아니면 내장을 구성하는가에 따라 다음과 같이 분류한다.

(1) 뼈대가로무늬근육(skeletal striated muscle) : 수의적 근육으로 뼈를 움직이고 고정시키는 근육이다.

(2) 심장가로무늬근(cardiac striated muscle) : 불수의적 내장 근육으로 심장벽을 형성한다.

(3) 민무늬근육(smoth muscle : unstriated) : 불수의적 내장근육으로 내장의 벽을 형성하며 연동운동으로 물질을 이동시킨다.

2) 뼈대근육(골격근 skeletal muscle)

(1) **근육의 명칭** : 뼈대근육을 일반적으로 '근육' 이라고 부르며 붉은 색의 하나 또는 2개 이상의 갈래 또는 힘살을 가지며 흰색의 수축하지 않는 힘줄이 있어 뼈에 부착된다.

(2) **근육수축(contraction of muscles)** : 뼈대근육은 수축하여 잡아당기는 기능만 할 뿐 밀어내는 기능을 하지는 못한다. 근육의 부착은 이는 곳(origin)과 닿는 곳(insertion)으로 표현된다, 이는 곳은 주로 근육이 몸쪽(proximal)에 있어서 근 수축 중에 고정되는 곳이고, 닿는 곳은 먼쪽(distal)에 위치하여 움직이는 부분이다.

① 등척성 수축(isometric contraction) : 근육의 정적(static) 수축으로 근육의 길이는

변하지 않으나 근력이 발휘되는 수축이다.

② **등장성수축(isotonic contraction)** : 근육의 동적(dynamic) 수축으로 두 가지가 있다.

· 신장성 수축(eccentric contraction) : 근육의 길이가 늘어나는 동안에 힘을 발휘하는 경우를 말하며, 바벨을 천천히 내리는 동작과 같이 신체부위를 천천히 움직이거나 중력을 극복하는 움직임을 말한다.

· 집중성 수축(단축성 수축 concentric contraction) : 근육이 발휘하는 힘보다 저항이 적을 때를 말하며 이는 근육이 수축하여 뼈대(지렛대)를 움직이게 한다.

(3) 근육의 기능(function of muscles) : 근육은 몸을 이동하고 자세를 유지하는데 특별란 기능을 수행한다.

① **작용근(주동근 agonist[protagonist])** : 몸의 특정 운동을 하는데 주된 작용을 하는 근육이다.

② **고정근(fixators)** : 운동이 먼쪽 부위에서 일어나는 동안 등척성 수축을 통해 팔다리의 몸쪽 부위를 고정하며 비록 작지만 주동근의 수축력을 억제하는 역할을 한다.

③ **협동근(synergist)** : 작용근의 활동을 보완한다.

④ **대항근(길항근 antagonist)** : 다른 근육에 반대로 작용하는 근육이다. 일차 대항근(primary antagonist)은 작용근에 직접 반대로 작용하고, 이차 대항근(secondary antagonist)은 협력근에 대해 반대 작용을 한다. 위팔두갈래근이 수축할 때 위팔세갈래근이 대항근으로 작용하고, 팔을 내리(모으)는 동작에서 큰가슴근(대흉근 pectoralis major muscle)과 넓은등근(광배근 latissimus dorsi muscle)은 작용근이고, 어깨세모근(삼각근 deltoid muscle)은 대항근이다.

(4) 근육의 구조(structure of muscles)와 운동단위(motor unit)

근육의 구조적 단위(structural unit)는 뼈대가로무늬 근육섬유이지만, 기능적 단위(functional unit)는 운동 단위이며 운동신경세포(motor neuron)와 근육섬유(myofiber)로 구성된다. 척수(spinal cord)에서 운동신경세포가 자극되면, 임펄스(impulse)가 시작되어 운동단위가 지배하는 모든 근육섬유들이 동시에 수축한다. 운동단위가 가장 작은 것은 안구를 움직이는 근육이고, 손에 있는 근육도 운동단위가 적다. 이와 같이 운동단위가 적으면 정교한 운동(fine motor)이 가능하다. 한편, 다리나 몸통에 있는 근육은 운동단위가 크기 때문에 정교한 운동은 할 수 없지만 한번 수축으로 큰 근력을 발휘할 수 있다.

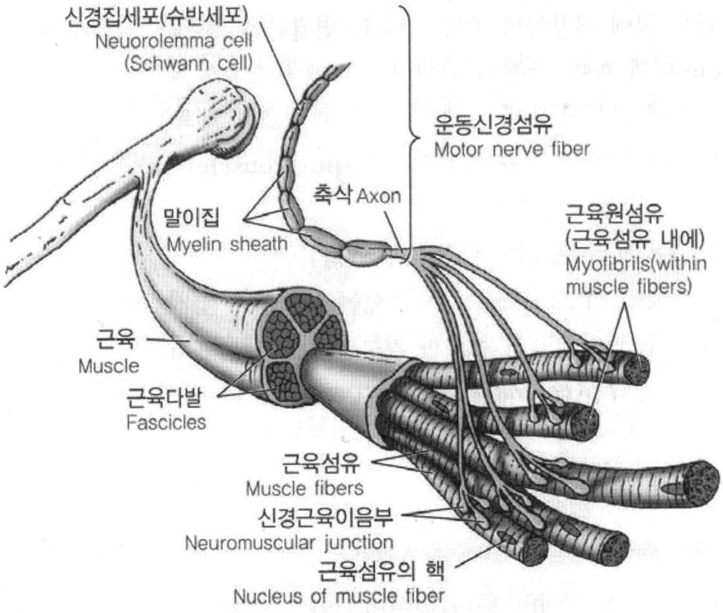

그림 8-9. 운동단위

(5) 주요 근육(major skeletal muscles)

근육은 근육의 크기, 형태, 위치, 작용, 갈래(head)의 수 및 근육섬유의 방향에 따라서 이름을 정한다(그림 8-9).

① 머리와 척추를 움직이는 근육(muscles that move the head and vertebral coiumn)

- 목빗근(흉쇄유돌근 sternocleidomastoid muscle) : 목 양쪽에 있는 긴 근육으로 복장뼈(흉골 sternum)의 앞면과 빗장뼈(쇄골 clavicle)의 윗면이 이는곳이고 관자뼈(측두골 temporal bone)의 꼭지돌기(유양돌기 mastoid process)가 닿는곳이며, 양쪽이 작용하면 목을 굽히고, 한쪽이 작용하면 머리를 반대쪽으로 돌리는 작용을 한다.
- 머리널판근(두판상근 splenius capitis muscle) : 목뼈 하부와 등뼈 상부의 가시돌기(극돌기 spinous process)가 이는곳이고 뒤통수뼈(후두골 occipital bone)가 닿는곳이며, 양쪽이 작용하면 목을 뒤로 젖히고, 한쪽이 작용하면 그 방향으로 머리를 돌리는 역할을 한다.
- 척주세움근(척주기립근 erector spinae muscle) : 엉덩뼈(장골) 능선(iliac crest)이 이는곳이고 아래 6개의 갈비뼈(늑골 rib)가 닿는곳이며 허리부위를 펴는 작용을 한다.

② 팔이음뼈(상지대)를 움직이는 근육(muscles that move shoulder[pectoral] girdle)

- 등세모근(승모근 trapezius) : 등의 위쪽에 있는 큰 삼각형 모양의 근육으로 뒤통수뼈, 목

뼈, 등뼈가 이는 곳이고 빗장뼈, 어깨뼈봉우리(acromion)가 닿는곳이며, 이 근육의 윗부분은 어깨뼈를 올리고, 가운데 부분은 내측으로 당기고(어깨뼈를 뒤로 끌어당기는 작용을 하고) 아랫부분은 내리는 작용을 한다.

③ 위팔(상완)을 움직이는 근육(muscles that move the arm)

· 큰가슴근(대흉근 pectoralis major muscle) : 빗장뼈, 복장뼈와 위쪽갈비뼈의 갈비뼈연골(늑연골 costal cartilage)이 이는곳이고 위팔뼈의 결절사이고랑(결절간구 intertubercular[bicipital] groove)이 닿는곳이며 위팔의 모음(내전)과 안쪽돌림(내측회전 internal rotation) 작용을 한다.

· 넓은등근(광배근 latissimus dorsi muscle) : 엉치뼈, 허리뼈 아래쪽 등뼈, 아래쪽갈비뼈, 엉덩뼈능선이 이는곳이고 위팔뼈의 결절사이고랑이 닿는곳이며 위팔의 폄, 모음, 안쪽돌림 어깨뼈를 아래쪽 뒤쪽으로 당기는 작용을 한다.

· 어깨세모근(삼각근 deltoid muscle) : 어깨뼈봉우리, 어깨뼈가시(견갑극 spine of scapula)와 빗장뼈가가 이는곳이고 위팔뼈의 세모근거친면(삼각근조면 deltoid tuberosity)이 닿는곳이며 위팔의 벌림(외전), 굽힘(굴곡) 작용을 한다.

④ 아래팔(전완)을 움직이는 근육(muscles that move the forearm)

· 위팔두갈래근(상완이두근 biceps brachii) : 어깨뼈의 부리돌기(오훼돌기 coracoid process)와 관절와(관절오목 glenoid cavity) 위쪽이 이는곳이고 노뼈(요골 radius)의 노뼈거친면(요골조면 radial tuberosity)이 닿는곳이며 팔꿈치관절에서 아래팔을 굽히는(굴곡) 작용을 한다.

· 위팔세갈래근(상완삼두근 triceps brachii) : 위팔뼈의 관절오목 아래의 결절과 안쪽, 가쪽표면이 이는곳이고 자뼈(척골 ulna)의 팔꿈치머리(olecranon) 돌기가 닿는곳이며 팔꿈치관절에서 아래팔을 펴는(신전) 작용을 한다.

⑤ 배벽의 근육(muscles of the abdominal wall)

· 배곧은근(복직근 rectus abdominis muscle) : 두덩결합(치골결합 pubic symphysis)이 이는곳이고 복장뼈의 칼돌기(검상돌기 xiphoid process)와 갈비연골이 닿는곳이며 척주를 굽히는 작용을 한다.

⑥ 넙다리(대퇴)를 움직이는 근육(muscles that move the thigh)

· 큰허리근(대요근 psoas major muscle) : 허리뼈(요추)의 척추사이원반(intervertebral disc)이 이는곳이고 넙다리뼈(femur)의 작은돌기(소전자 lesser trochanter)가 닿은곳이며 넙다리를 굽히는 작용을 한다.

· 큰볼기근(대둔근 gluteus maximus muscle) : 엉치뼈(천추 sacral vertebra), 꼬리뼈(미추 coccyx)와 엉덩뼈(장골 ilium)의 뒷면이 이는곳이고 넙다리뼈의 뒷면과 넙다리근막(대퇴근막 fascia lata)이 닿는곳이며 엉덩관절(고관절 hip joint)에서 넙다리를 펴는 작용을 한다.

⑥ 종아리(다리, 하퇴)를 움직이는 근육(muscles that move the leg)

· 넙다리두갈래근(대퇴이두근 biceps femoris muscle) : 이 근육에는 두 개의 머리(갈래 head)가 있으며 하나는 궁둥뼈(좌골 ischium)에 붙어 있고 다른 하나는 넙다리뼈에 붙어 있다. 이 근육은 넙다리 뒷면의 가쪽을 따라 경골(정강뼈 tibia)과 종아리뼈(비골 fibula)의 몸쪽(p;roximal) 끝부분(말단 end piece)까지 뻗어있다. 이들의 힘줄(건 tendon)(hamstring)은 무릎 뒷면의 가쪽 능선에서 만져진다. 이 근육의 이는곳은 궁둥뼈결절(좌골결절 ischial tuberosity)과 넙다리뼈 거친선(조선 linea aspera)이며 닿는곳은 종아리뼈의 머리와 정강뼈의 가쪽이다. 다리(하퇴)를 굽히는 작용을 한다.

· 넙다리네갈래근(대퇴사두근 quadriceps) : 이 근육은 넙다리곧은근(대퇴직근 rectus femoris muscle), 안쪽넓은근(내측광근 vastus medialis muscle), 가쪽넓은근(외측광근 vastus lateralis muscle), 중간넓은근(중간광근 vastus intermedius muscle)의 네 근육으로 구성되어 있다. 무릎관절에서 다리를 펴는 작용을 한다.

⑦ 발을 움직이는 근육(muscles that move the feet)

· 장딴지근(비복근 gastrocnemius muscle) : 이 근육으 ㄴ장따지를 구성하는 근육이다. 이 근육은 넙다리뼈에서 두 갈래로 시작된다. 이 근육의 먼쪽(distal) 끝부분은 질긴 발꿈치 힘줄(calcaneal tendon, 아킬레스건 Achilles tendon)로 합쳐지며, 발꿈치로 내려가 발꿈치뼈(calcaneus)에 붙는다. 이 근육은 발바닥쪽 굽힘(plantar flexion)에 작용하며 걷거나 뛸 때 몸을 앞으로 미는 역할을 한다.

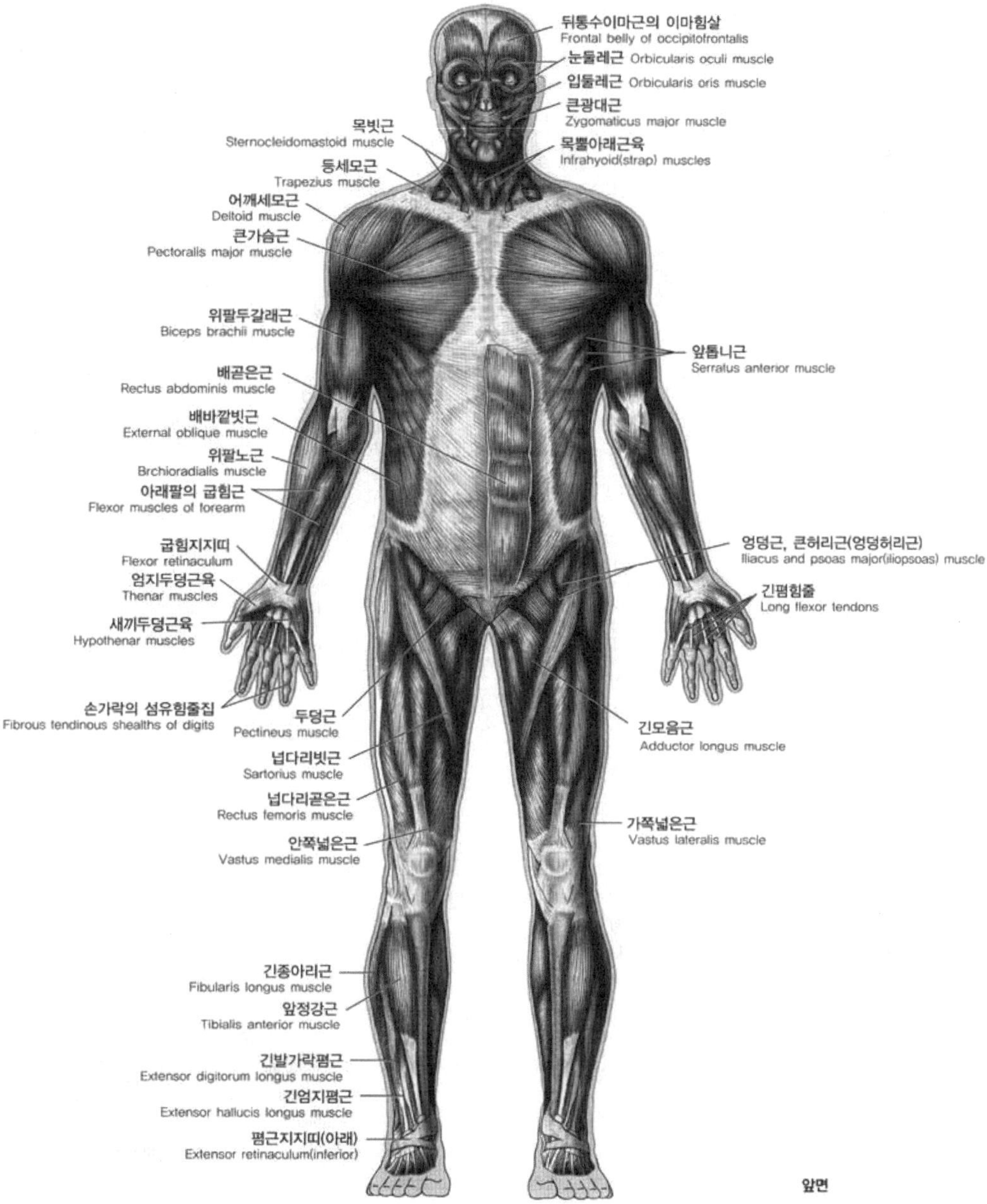

그림 8-10. 인체의 주요 뼈대근육(앞면)

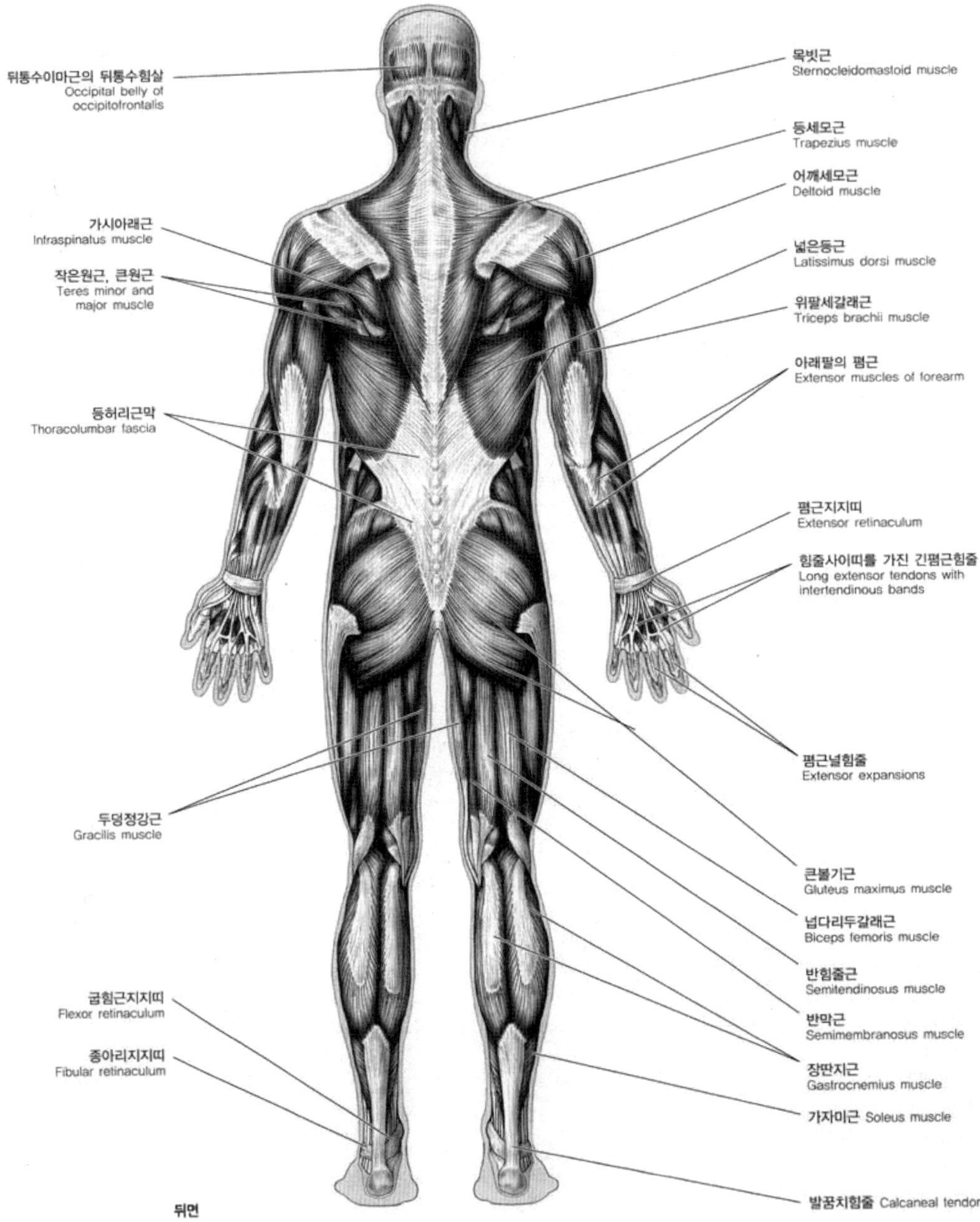

그림 8-11. (계속)인체의 주요 뼈대근육(뒤면)

3) 백근과 적근

골격근은 흰색을 띤 백근과 붉은 색을 띤 적근이 있다. 백근 섬유는 속근 섬유로 불리며 단시간에 큰 힘을 발휘하는 FG(fast glycolysis)섬유와 백근과 적근의 중간 성격을 띤 FOGT(fast oxidative glycolysis)섬유로 구분된다.

(1) 적근 섬유

적근(赤筋) 섬유는 다른 말로 ST, 즉 지근(遲筋)섬유(slow twitch fiber)라고 한다. 적근은 해당계(解糖系) 산소활성이 낮고 산화산소 활성이 높으며, 지구력을 요하는 운동에 뛰어난 기능을 한다. 즉, 경보, 조깅 등과 같이 강도는 약하나 오래 계속되는 운동에 사용된다. 적근 섬유는 수축 속도가 느리고 수축력이 작은 반면, 쉽게 피로해지지 않는다. 마라톤 선수나 기타 장거리 선수들은 근육의 약 80% 이상이 적근이다.

(2) 백근 섬유

백근(白筋) 섬유는 FT, 즉 속근(速筋) 섬유(fast twitch fiber)라고 하며, 해당계 효소 활성이 높고, 산화효소활성이 낮으며, 순발력을 요하는 운동에 뛰어나다. 백근 섬유는 빠르고 폭발적인 수축을 할 때에 주로 사용된다. 백근 섬유는 수축 속도가 빠르고 수축력이 크며, 쉽게 피로해지는 특성을 가지고 있다. 그러므로 백근 섬유는 멀리뛰기, 포환던지기, 100m 달리기 등 순간적으로 큰 힘을 필요로 하는 운동에는 사용된다. 우수한 단거리 선수들은 대퇴근의 약 60% 이상이 백근이다.

표 8-1. 백근과 적근의 특징

특 징	구 분		
	적 근 (ST)	백 근 (FT)	
		FOG	FG
수축 시간	늦다	빠르다	빠르다
힘의 발생	낮다	높다	높다
피로 저항	높다	중간이다	낮다
섬유 크기	작다	크다	크다
신경전달 속도	느리다	빠르다	빠르다
모세 혈관 밀도	높다	중간이다	낮다
피로	늦게 온다	느리게 온다	빨리 온다
운동 유형	장거리	단거리	

4) 근육계에 대한 운동의 효과

(1) 근조직의 변화

① **근육의 비대화** : 근력(筋力)은 근육의 횡단면적에 비례하므로 근육에 자극을 주는 다양한 트레이닝을 할 경우 근육이 굵어지며, 그 결과로 근력이 증가하게 된다.

② **모세혈관의 밀도 변화** : 운동을 하게 되면 근육에 퍼져있는 모세혈관의 수가 증가하며, 그 결과 근육에 산소와 영양분을 원활히 공급할 수 있게 됨으로써 피로회복 능력도 향상된다.

③ **젖산의 감소** : 운동을 하게 되면 근육 수축 시 혈류가 증가하게 된다. 따라서 모세 혈관에서 조직으로 운반되는 산소의 량이 많아져 젖산의 생성이 줄어든다. 결국 규칙적으로 계속 운동을 한 사람은 젖산이 적게 생성됨으로 긴 시간 동안 운동을 할 수 있는 능력이 생기는 것이다.

(2) 근력의 향상

근력은 근 섬유의 횡단면적에 비례하므로 규칙적인 운동을 통해 근육이 비대해지게 되면 근력이 향상되어 순발력이나 근 지구력이 향상된다. 순발력은 단위 시간 내의 작업량을 나타낸다. 그러므로 중량운동을 통해 근육을 비대화시키게 되면 순간적으로 폭발적인 힘을 발휘할 수 있게 된다. 그것은 곧 단거리 달리기나 역도, 멀리뛰기 등과 같은 운동을 잘 할 수 있게 됨을 의미한다. 그리고 운동을 하면 근 수축을 오랫동안 반복할 수 있는 근 지구력도 향상된다. 운동을 통해 근조직의 모세 혈관의 분포가 확대됨에 따라 혈액 순환이 좋아져 영양소와 산소 운반 능력이 향상되기 때문이다.

7. 신경계통(Nervous System)

신경계통은 내부와 외부 환경의 계속적인 변화에 몸이 반응할 수 있게 한다. 순환 호흡과 같은 몸의 다양한 활동을 조절하고 총괄하며 신경계통은 다음과 같이 분류한다.

· 구조적으로는 중추신경계통(central nervous system/CNS)과 말초신경계통(peripheral nervous system/PNS)으로 분류하고

· 기능적으로는 몸신경계통(체성신경계통somatic nervous system)과 자율신경계통(autonomic nervous system)으로 분류한다.

1) 중추신경계통

중추신경계통은 뇌(brain)와 척수(spinal cord)로 구성된다. 중추신경계통의 주된 역할은 들어오고 나가는 신경신호를 통합하고 조화롭게 하며, 사고나 학습과 같은 고위 정신기능을 수

행하는 것이다. 중추신경계통에서 신경세포체(nerve cell body)가 모여 있는 곳을 핵(nucleus)이라 하며 인접하거나 멀리 위치한 핵 사이를 연결하는 신경섬유다발을 신경로(nerve track)라고 한다. 뇌와 척수는 회백질(gray matter)과 백색질(white matter)로 구성된다. 신경세포체는 회백질에 주로 분포하며 핵 사이를 연결하는 섬유전도로 계통은 백색질을 구성한다.

2) 말초신경계통

말초신경계통은 중추신경계통 밖에서 중추신경계통과 말초기관을 연결하는 신경세포체와 신경섬유로 구성되며 중추신경계통에서 나오거나 들어가는 자극을 전달한다. 말초신경에는 뇌신경(cranial nerve)과 척수신경(spinal nerve)이 있다.

① 뇌신경 : 대부분의 신경은 척수를 통해서 나간다. 그러나 몇몇의 신경은 뇌에서 바로 나간다. 이렇게 뇌에서 바로 나가는 신경을 뇌신경이라고 한다. 이 뇌신경은 12개로 모두 대칭적인 쌍으로 존재한다. 이 뇌신경은 주로 특수감각(시각, 청각, 후각, 미각)과 얼굴 등의 일부 근육을 지배하고 심장이나 내장의 지배도 일부 담당하고 있다.

② 척수신경 : 척수의 앞뿌리(anterior[motor] root)에서 출발하는 운동신경과 뒤뿌리(posterior[sensory] root)로 들어오는 감각신경이 합쳐서 형성되는 신경으로서 총 31쌍이 존재함. 목뼈신경이 8쌍, 자등뼈신경이 12쌍, 허리뼈의 신경이 5쌍, 엉치뼈의 6쌍을 이룬다.

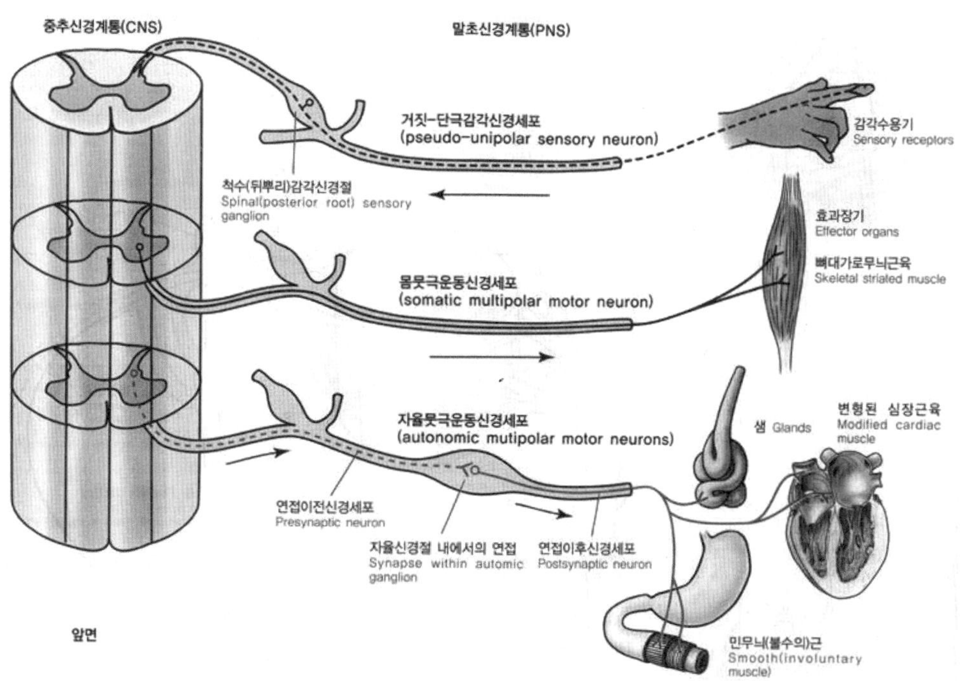

그림 8-12. 말초신경계통의 신경세포

3) 몸신경계통

몸신경계통은 중추신경계통과 말초신경계통의 몸신경 부분을 구성하며 몸의 모든 부분에 감각과 운동신경의 지배를 제공한다. 몸감각신경은 감각수용기로부터 접촉, 통증, 온도 및 위치에 대한 감각을 전달하고, 몸운동신경은 뼈대근육에만 분포하고, 근육을 수축하여 수의적, 반사운동을 하게 하는 것이다.

4) 자율운동신경계통

자율운동신경계통은 내장신경계통 또는 내장운동계통이라고도 하며 교감신경(sympathetic nerves)과 부교감신경(parasympathetic nerves)으로 분류한다.

① 교감신경 : 자율신경계의 일종으로 내장기능을 주로 항진시켜 활동을 증가시키는 기능을 가진다. 자율신경계의 다른 계열인 부교감신경계는 반대로 내장기능을 억제시켜 에너지를 비축하는 기능을 가진다. 자율신경계의 해부학적 특성은 신경이 중추신경계에서 나와 목표장기에 도달하기 전에 한번의 시냅스(synapse)를 이룬다는 점이며, 따라서 자율신경계는 두 개의 신경(시냅스를 이루기 전의 절전신경과 이룬 후의 절후신경)으로 구성된다. 자율신경계중 교감신경계는 중추신경계 즉 척수 부근의 교감신경절(sympathetic ganglion)에서 시냅스가 일어나고, 부교감 신경계는 중추신경계에서 멀리 떨어진 목표장기부근의 신경절(ganglion)에서 시냅스가 일어나는 점이 다르다.

② 부교감신경 : 자율신경계의 하나로써 주로 긴장이 풀어져 있을 때 작용한다. 특히 심장에 대한 부교감 작용을 보면, 주로 미주신경을 통해 작용을 한다. 미주신경은 심장의 박동원(박동을 일으키는 작용을 하는 곳으로 굴심방결절)을 억제시켜 심장의 운동을 억제한다. 하지만, 실제적으로는 심장의 박동을 억제하는 대신에 심실의 수축을 강화시킴으로 심장의 수축력을 증가시켜 심장으로부터 대동맥으로 나가는 혈액량은 증가한다. 이에 비해 교감신경은 심장의 운동을 빠르게 하여 혈압을 증가시키고, 맥박을 증가시킨다.

5) 신경계통에 대한 운동의 효과

(1) 반응 시간의 단축

인체의 신경계도 훈련에 의해 능력이 향상되며, 그 중 대표적인 것이 반응시간의 단축이다. 인체는 외부로부터 자극이 가해지면 반응하지만 그 속도는 유전적 특성과 훈련 유무에 따라 차이가 있다. 그런데 같은 유형의 운동을 반복하게 되면 반응 동작이 점차 반사동작으로 변하여 반응 시간이 줄어들고 유연한 운동 수행 능력이 생기게 된다.

(2) 신경 조절 기능 향상

야구 투수가 던진 공을 정확히 쳐내기 위해서는 눈과 야구 배트를 휘두르는 팔의 협응력

(coordination)이 매우 중요하다. 그 외에도 각종 스포츠에서는 뛰어난 협응력과 조정력 등이 요구된다. 각종 운동 기술의 연습을 계속 하게 되면 신체의 동작을 조절할 수 있는 인체 신경 조절능력이 향상된다.

8. 심혈관계통(Cardiovascular System)

심혈관계통은 순환기계통(Circulatory system)이라고도 하며 심장과 혈관으로 구성되어 있다. 심혈관계통은 심장에서 혈액을 몸 전체 혈관망으로 내보낸다. 산소, 영양분 그리고 호르몬 등 조직에 필요한 물질을 공급하고 조직에서 나오는 대사산물과 이산화탄소를 운반한다. 따라서 심혈관계는 생존에 반드시 필요하다. 혈관에는 동맥, 정맥, 모세혈관의 세 종류가 있다.

1) 심장의 구조와 기능(structure and function of the heart)

심장은 가로막(횡격막 diaphragm) 위에 놓여 있는 복장뼈(흉골 sternum)의 뒤에 위치한다. 심장은 네 개의 방, 즉 정맥혈을 받는 두 개의 심방(왼심방(좌심방 left atrium)과 오른심방(우심방 right atrium))과 혈액을 동맥으로 내보내는 두 개의 심실(왼심실(좌심실 left ventricle)과 오른심실(우심실 right ventricle))로 구성된다. 우심실은 혈액을 폐로 내보내 그곳에서 혈액이 산소와 인산화탄소의 교환이 일어나도록 하고 좌심실은 혈액을 전신으로 내보낸다. 각 심방과 해당 심실은 방실구멍(atrioventricular orifice)이라고 하는 연결통로가 있으며 그 사이에는 방실판막(atrioventricular valve)이 있고, 우심실과 폐동맥 사이에는 허파동맥판막(폐동맥판막 pulmonary valve)이 있으며, 좌심실과 대동맥 사이에는 대동맥판막(aortic valve)이 있다. 이들 판막 모두는 혈액의 역류를 막는 역할을 해준다.

2) 혈관(blood vessel)

(1) 동맥(arteries)

동맥은 심장으로부터 운반된 혈액을 몸으로 분배한다.

① **전도동맥(conducting arteries)** : 탄력섬유로 된 탄력층을 가지고 있어 탄력동맥이라고도 하며 대동맥(aorta), 빗장밑동맥(subclavian artery), 온몸동맥(common carotid artery), 팔머리동맥(brachiocephalic trunk), 허파동맥(pulmonary trunk)처럼 벽에 많은 탄력층을 가지고 있고 처음 심장으로부터 혈액을 받는 큰 혈관.

② **분배동맥(distributing arteries)** : 근육형태로 이루어져 있어 근육동맥이라고도 하며 전도동맥을 제외한 대부분의 동맥. 위팔동맥(brachial artery), 넙다리동맥(femoral artery)처럼 큰 혈관(large vessels)에서 세동맥(arterioles)까지 뻗어 있다.

③ 세동맥(arterioles) : 비교적 좁은 내강과 두꺼운 근육벽을 지닌다. 세동맥은 현미경하에서만 관찰된다.

동맥의 많은 사지들 사이에 있는 연결(문합 anastomoses)은 압박 등에 의해 통로가 차단되었을 경우에 대비하여 혈류에 대해 잠재성 우회를 제공한다. 만약에 주된 경로가 막혔다면 작은 다른 경로가 점차적으로 커져서 곁순환(collateral circulation)을 제공하고 막힌 부분의 먼쪽 구조에 혈액을 공급한다.

(2) 정맥(veins)

정맥은 일반적으로 산소가 적은 정맥혈을 모세혈관으로부터 심장으로 돌아오게 하며 검푸른 색으로 보인다.

① 세정맥(venules) : 가장 작은 정맥으로 현미경하에서 관찰되고 모세혈관 바닥에서 유입되고 유사한 혈관들과 결합하여 작은 정맥을 형성한다.

② 중정맥(median veins) : 정맥얼기(venous plexus)를 받으며 중동맥과 동반한다. 팔다리에서와 일부 영역에서는 혈류가 중력에 역행하면서 심장으로 행하는데, 역류하지 않기 위해 정맥판막(venous valves)이 있다.

③ 대정맥(vena cava) : 세로로 배열된 민무늬근육의 넓은 다발과 잘 발달된 바깥막(adventitia)이 특징적이다.

· 상대정맥(superior vena cava). 머리속, 위탈, 가슴정맥의 혈액을 받아 두개의 팔머리정맥(cephalic vein)의 융합에 의해 시작되며 직접 하강해 우심방으로 열린다.

· 하대정맥(inferior vena cava). 다리, 골반 및 복부내장의 정맥의 혈액을 받아 두개의 온엉덩정맥(common iliac vein)이 제5허리뼈 높이에서 융합해 시작되며, 대동맥 우측을 상행하여 우심방으로 열린다.

(3) 모세혈관(capillary) : 세동맥과 소정맥을 연결하는 그물 모양의 매우 가는 혈관으로 한 층의 내피세포로 구성되어 있다. 지름은 8~20㎛이며 가는 것은 적혈구 1개가 겨우 통과할 정도이다. 모세혈관은 조직의 내부에 그물처럼 얽혀있고 혈관과 조직 사이에서 기체, 대사물을 포함한 액체와 노폐물 등을 교환하는 역할을 한다. 동맥의 혈액은 대부분 모세혈관을 거쳐 정맥으로 흘러들어가며, 이 과정에서 산소와 영양분을 풍부히 포함한 동맥혈은 이산화탄소와 노폐물을 가지고 있는 정맥혈로 바뀌게 된다.

3) 혈액순환(blood circulation)

① 허파순환(폐순환 pulmonary circulation) : 폐정맥을 통해 왼심방으로 되돌아온 혈액은 산소가 풍부하고, 이산화탄소가 부분적으로 결핍된다. 심장(오른심실)에서 시작한 혈

액경로가 폐를 경유하여 왼심방으로 되돌아오면 한 회로가 완성된다. 이를 폐순환이라고 한다.

② **온몸순환(체순환 systemic circulation)** : 산소가 풍부한 왼심방의 혈액은 왼심실로 들어가 매우 크고 탄력적인 대동맥으로 나간다. 대동맥은 짧게 상행하다가 대동맥활(대동맥궁 aortic arch)에서 U-턴을 하여 하행하면서 가슴안(흉강)과 배안(복강)을 통과한다. 대동맥으로부터 갈라진 동맥은 모든 기관계에 산소가 풍부한 혈액을 공급한다. 이를 온몸순환이라고 한다.

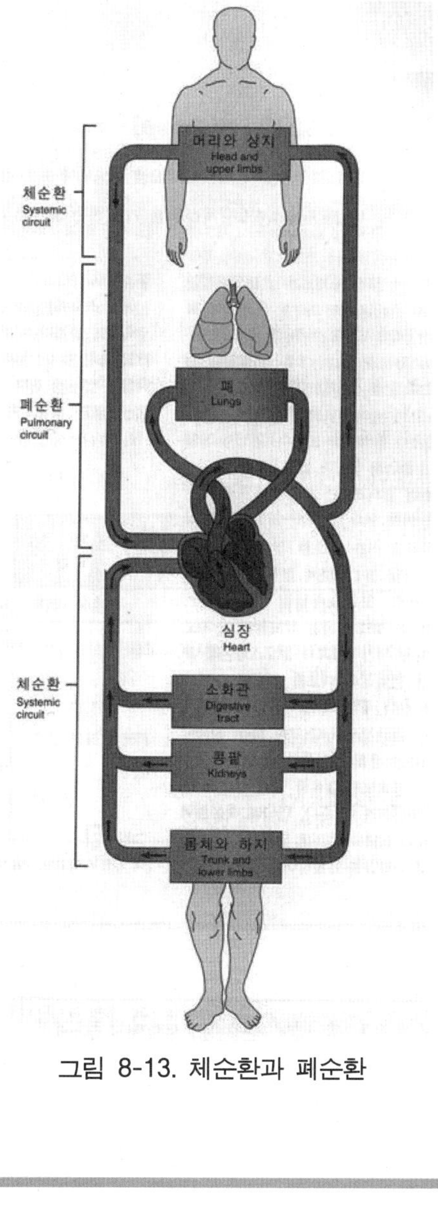

그림 8-13. 체순환과 폐순환

4) 운동과 심박출량

(1) 1회 박출량

심장이 펌프 작용으로 심장에서 한번 뿜어내는 혈액량을 1회 박출량이라고 한다. 1회 박출량은 사람에 따라 차이가 있으며, 1회 박출량이 많다는 것은 심장이 더 강하고 튼튼하다는 것을 의미한다. 중·장거리 선수들은 보통 사람보다 박출량이 훨씬 더 많다. 그것은 운동을 통해 심장이 강화되었다는 것을 의미하므로 건강한 심장을 갖기 위해서는 유산소 운동을 계속해 주어야 한다.

(2) 심박수

심장의 1분간 혈액 박출 횟수를 심박수라고 한다. 평소 심장을 단련한 사람은 심박수가 낮고, 그렇지 않은 사람은 심박수가 높다. 보통 사람의 경우 심박수는 70-89회/min 정도이나 마라톤 선수처럼 훈련을 한 사람은 40-55/min 정도로 그 차이가 크다. 그것은 심장이 잘 발달된 사람은 1회 박출량이 많기 때문에 심박수가 낮아도 충분한 혈액을 공급할 수 있기 때문에 천천히 작동한다는 것을 뜻한다. 심박수는 강도가 높은 운동을 할수록 증가되며, 최대운동 시 약 220회/min까지 올라간다.

(3) 심박출량

전체 심박출량은 1회 박출량에 심박수를 곱한 값이 된다. 안정시의 심박출량은 약 5-6 l /min 정도에 불과하지만 마라톤 선수가 달리게 되는 경우는 심박출량이 35-40 l /min정도까지 증가된다. 그것은 1회 박출량과 심박수가 모두 증가한다는 것을 뜻한다. 그럴 경우에는 혈액량의 증가에 따라 산소의 필요량도 많아지게 되므로 호흡이 빨라진다.

심박출량 = 1회박출량 × 심박수

5) 운동이 순환계에 미치는 효과

(1) 심장의 강화

오래달리기나 그 외 에어로빅 운동을 계속하게 되면 심장이 커지며, 심근의 모세 혈관망도 발달되어 심장의 수축능력이 강화된다. 그것은 곧 1회 박출량이 증가하고, 심박수가 줄어들며, 지구력을 강화시켜 준다는 것을 의미한다.

(2) 심박출량의 증가

유산소 운동을 계속하게 되면 심근이 강화되어 1회 박출량이 증가하게 된다. 평범한 사람의 1분당 최대 심박출량은 약 20 l 정도이나 운동선수의 경우에는 대개 30-40 l 이나 된다. 그것은 운동을 통해 심장의 기능이 강화되었기 때문이다.

9. 호흡기계통(Respiratory System)

호흡(respiration)은 (1)환기(ventilation 또는 breading), (2)공기와 폐 혈액사이, 그리고 혈액과 신체의 다른 조직사이에서 일어나는 가스교환(gas exchange), (3)세포호흡인 에너지 생성반응에서 조직에 의한 산소이용 기능을 포함하고 있다. 환기 및 공기와 혈액사이의 가스교환(산소와 이산화탄소)을 외호흡(external respiration)이라고 하며 혈액과 다른 조직사이의 가스교환과 조직에 의한 산소이용을 내호흡(internal respiration)이라고 한다.

1) 호흡의 기능

호흡의 기능은 인체 조직에 산소 공급, 산화작용에 의해 발생한 탄산가스의 제거, 체액의 정상 pH유지, 체온 유지, 수분제거 등이다.

2) 폐의 환기 능력

호흡기계통의 기능을 알 수 있는 것은 최대한 폐 내에 공기를 들이마신 다음 최대로 내 보낼 수 있는 공기의 양, 즉 폐활량(capacity of the lung)과 1회 환기량과 호흡수에 의한 분당 환기량이다. 분당 환기량은 1분 동안에 내쉬는 공기의 양이다. 일반적으로 평소 안정 시 호흡수는 16-20회/min이고, 1회 흡입량은 약 0.4-0.5 l 이다. 따라서 분당 환기량은 약6-9 l /min이다. 그러나 격렬한 운동 경기에 참여할 경우 안정시보다 10-20배의 산소가 요구되기 때문에 1회의 환기량은 평소의 약 5배정도인 30-60회로 늘어나고, 분당 환기량도 100-189 l /min까지 늘어난다. 따라서 지구력을 요하는 운동에서 탁월한 능력을 발휘하기 위해서는 폐의 기능을 강화시켜야 한다.

3) 호흡과 고원

마라톤이나 중·장거리, 축구 등 많은 산소의 섭취가 요구되는 격렬한 운동을 할 때, 어떤 한계점에 이르면 호흡이 곤란해지고 극도의 고통을 느끼는 소위 사점(dead point)을 경험하게 된다. 그러나 사점의 힘든 순간은 잘 참고 넘기게 되면 다시 정상적인 안정 상태가 오게 되는데 그 상태를 세컨드 윈드(second wind)라고 한다.

4) 운동이 호흡기계통에 미치는 효과

운동을 하면 휴식할 때보다 많은 산소량이 요구되므로, 폐의 운동이 활발해진다. 그러므로 알맞은 운동을 계속하게 되면 폐활량이 커지게 되는데, 그것은 곧 폐 기능의 향상을 의미한다. 특히, 오래달리기와 같이 지구력을 필요로 하는 운동을 하면 호흡 순환계의 기능이 현저하게 향상된다.

(1) 호흡량의 변화

① **폐활량 증가** : 폐활량은 공기를 최대한 들이마셨다가 내뿜는 1회 호흡량으로 폐의 기능을 측정하는 지표로 활용된다. 이 폐활량은 연령에 따라 어느 시기까지는 자연히 늘어나게 되며, 성장기에는 그 증가 현상이 뚜렷하다. 운동에 의한 폐활량의 증가는 운동 종목에 따라 다른데, 대부분 운동을 시작한 초기에 크게 나타난다.

② **호흡 수 감소** : 힘든 운동을 하면 호흡수가 증가할 뿐만 아니라, 1회 호흡량도 늘어나게 된다. 이는 폐의 활동이 왕성해져 깊은 호흡을 하게 되기 때문이다. 운동을 일정 기간 계속하면 폐의 활동 부위가 넓어지고, 폐포의 수가 증가하여 1회 호흡량도 증가하게 된다. 1회 호흡량이 증가하면 자연히 호흡수는 줄어든다. 그러므로 지속적으로 운동을 한 사람은 폐의 산소 섭취 능력이 향상되어, 힘든 운동을 할 경우에는 운동을 하지 않은 사람에 비하여 1회 호흡량이 증가 때문에 호흡수가 감소하게 된다.

(2) 분당 환기량의 증가

운동을 지속적으로 하면, 우선 폐의 용적이 커지고 환기량이 늘게 되어 호흡의 효율이 증대된다. 따라서, 운동을 열심히 한 사람은 운동을 하지 않은 사람에 비하여 많은 양의 공기를 들이쉴 수 있으며, 같은 양의 공기를 마셔도 보다 많은 산소를 받아들이게 된다.

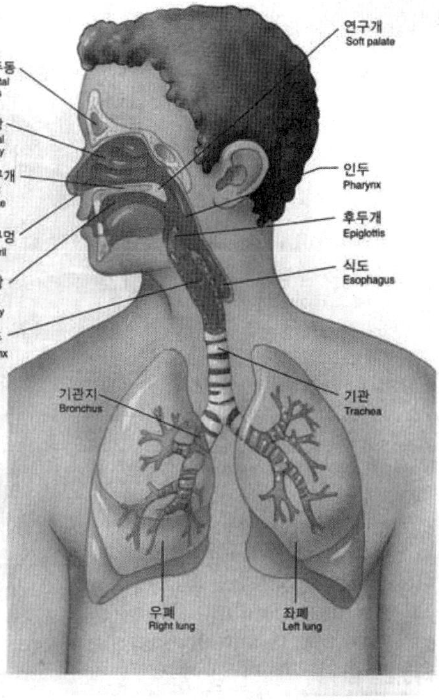

그림 8-14. 호흡기계통의 기관

제Ⅸ장 체육·스포츠의 역학적 이해

끊임없이 경신(更新)되는 현대 스포츠의 기록은 인간의 줄기찬 노력과 전문화, 과학화의 결과이다.

- 동각. 미발표 컬럼 중에서 -

제IX장 체육·스포츠의 역학적 이해

운동역학(Sport Biomechanics)은 인간의 효율적인 인체 움직임에 관하여 연구하는 학문의 한 영역이다. 체육·스포츠를 이해하기 위해서는 운동수행의 향상과 관련된 역학적 지식을 잘 이해해야 한다. 역학적인 지식은 어떤 동작의 결과가 왜 그렇게 되었으며, 한계점은 무엇인지를 명백히 해 줄 것이기 때문이다. 따라서 이 장에는 운동역학에 관한 기본적인 개념과 법칙에 대하여 간략히 기술해 두기로 한다.

1. 운동의 법칙

체육·스포츠와 관련된 모든 인간 운동은 몸 전체, 또는 약간의 분절에 의해 일어난다. 그리고 힘은 수많은 뼈와 관절의 지레 작용에 의한 근육 활동으로 발현된다. 그러나 인체 운동도 뉴턴(Newton)의 운동 법칙의 지배를 받게 되며, 그것은 관성의 법칙, 가속도의 법칙, 작용과 반작용의 법칙이다.

1) 관성의 법칙(law of inertia)

뉴턴의 제1법칙은 모든 물체는 외부에서 어떤 힘이 작용하지 않는 한 현재의 운동 상태를 유지하려고 한다는 것이다. 즉 정지한 물체는 계속 정지하고, 움직이던 물체는 같은 방향, 같은 속도로 계속 움직이려는 성질을 갖고 있다. 야구 선수가 쳐낸 공은 두 외력인 중력과 공기저항으로 인해 결국 땅에 떨어지게 된다. 그리고 굴러가던 공은 운동 물체에 대한 반작용을 하는 마찰력으로 인해 정지하게 된다. 그러므로 관성이란 어떤 외적 힘이 작용하지 않을 때 물체의 운동 상태는 변하지 않는 특성을 의미한다. 관성은 질량에 비례한다. 그러므로 체중이 많이 나가는 사람이 달리다가 정지하기 위해서는 더 큰 힘이 필요하다.

2) 가속도의 법칙(law of acceleration)

뉴턴(Newton)의 제2법칙은 물체에 힘이 가해질 때 그 운동량(질량, 시간, 속도)은 동일한 방향의 힘에 비례하고 중량에 반비례한다는 것이다. 힘은 운동의 원동력이며, 힘이 물체에 가해질 때 속도가 변하게 되며, 이 때 발생되는 가속도는 가해진 힘에 비례하고, 그 힘의 방향과 일치한다. 그리고 관성으로 인해 힘이 가해진 물체의 운동 속도 변화는 물체의 질량에 반비례한다. 따라서 힘=질량×가속도라는 등식이 성립된다.

멀리뛰기 선수가 구름판을 밟기 전에 전력으로 달리는 것은 가속도를 얻어 큰 도약력을 얻기 위함이다. 그 외 체격이 좋은 단거리 선수들은 체격이 작은 선수들보다 최대 가속도(maximum acceleration)를 얻는데 유리하다. 그리고 회전반경과 회전속도(radius of rotation and rotational speed) 또한 가속도와 깊은 관계가 있다. 신체 회전을 할 때 가속력을 얻기 위해서는 반경을 줄여야 하고, 감속 시에는 반경을 늘려야 한다. 예를 들어 피겨 스케이팅 선수는 회전을 빨리 할 때는 손과 다리를 인체 축으로 가깝게 하고, 회전을 느리게 할 때는 인체 축으로부터 팔과 발을 더 멀리 벌린다.

3) 작용과 반작용의 법칙(law of equal and opposite force)

뉴턴의 제3법칙은 어떤 물체에 힘이 가해질 때 작용한 힘의 크기와 같은 반작용이 생긴다는 것이다. 축구에서 공을 차는 순간 발에도 충격이 온다. 그리고 야구 타자가 공을 쳐낼 때도 충격이 온다. 이처럼 공에 가한 힘을 공으로부터 역으로 받게 되는 것을 반작용이라고 한다.

지면에 서 있는 사람은 자신의 체중만큼의 힘을 지면에 가하는 것이 되며, 반대로 지면은 그와 똑 같은 힘의 크기로 사람을 떠받친다. 육상 선두들은 스타팅 블록을 사용하여 그 반작용력을 이용하여 빠른 스타트를 하려고 한다. 이와 같은 반력은 인체를 움직이는 추진력이다. 작용과 반작용의 법칙은 각종 스포츠에서 가장 많이 적용되는 운동의 법칙이다.

2. 인체의 기계 작용

체육·스포츠에서 일어나는 모든 운동의 동작도 일상생활에서 볼 수 있는 기계적 원리에 따라 일어난다. 따라서 지레와 같은 기계 작용의 원리를 이해함으로써 인체의 동작을 보다 명확히 이해할 수 있다.

지레 시스템(lever system)은 인체 운동에 있어서 중요한 메커니즘이다. 큰 물체를 이동시키는데 지레를 이용하듯이 인체 골격근의 움직임도 지레의 원리에 따라 움직이게 된다. 지레는 3개의 중요한 부분으로 구성된다. 첫째는 힘이 작용하는 힘점(force), 둘째는 저항이 집중되는 작용점(resistance), 셋째, 힘점과 작용점의 받침대가 되는 축(fulcrum, △)이다. 거기에 하나 더 추가하자면 작용 팔(resistance arm)을 들 수 있다. 이 3개점의 위치에 따라 지레는 1종 지레, 2종 지레, 3종 지레로 나누어진다.

1) 제1종 지레(1st class lever)

제 1종 지레는 힘점(F)과 작용점(R) 중간에 축, 즉 지렛목(△)이 있는 것으로 시소가 그 전형적인 예이다. 인체의 근 관절에서는 드문 편이나 머리를 끄덕이는 동작이나 손에 덤벨을 들고 팔을 굴곡시켜 앞으로 들어올리는 동작을 그 예로 들 수 있다. 머리를 전후로 움직일 때 축은 귀 밑 근처에 있고, 힘은 목 뒤쪽에, 그리고 저항은 머리 무게이다. 팔로 덤벨을 들 때 덤벨은 저항(R), 축(△)은 엘보, 상완근은 힘(F)이다.

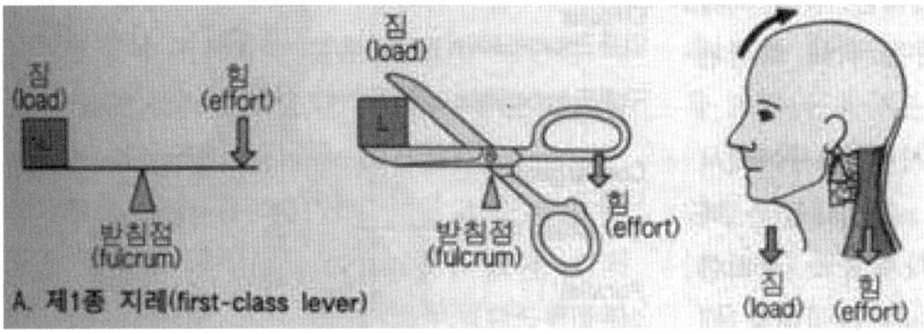

그림 9-1. 제1종 지레

2) 제2종 지레(2nd class lever)

제2종 지레는 작용점(R)이 축(△)과 힘점(F) 사이에 있는 유형이다. 인체 운동에서는 팔굽혀 펴기가 전형적인 예이다. 축(△)은 발 앞꿈치(toes)가 되고, 저항(R)은 체중(weight)이며, 팔의 근력(strength)은 힘(F)이다.

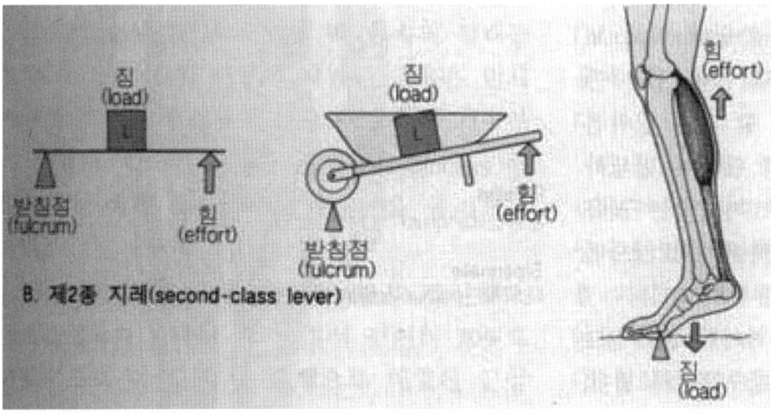

그림 9-2. 제2종 지레

3) 제3종 지레(3rd class lever)

제3종 지레는 힘점(F)이 축(△)과 작용점(R) 사이에 있는 유형이다. 신경근 조직에서 모든 지레는 3종 지레에 해당된다. 손에 작용점이 위치할 때 이두박근(biceps)이 그 전형적인 예이다. 상완이두박근으로 팔을 굴곡시킬 때 축(△)은 팔꿈치 관절(elbow)이 되고, 힘점(F)은 상완이두박근의 부착점이 되며, 작용점(R)은 손에 있는 물체가 된다. 그리고 윗몸 일으키기 동작도 3종 지레를 나타내는 예의 하나이다.

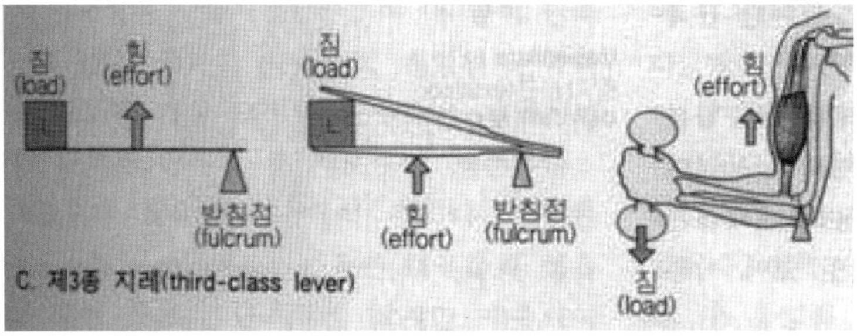

그림 9-3. 제3종 지레

3. 운동하는 신체나 물체에 작용하는 힘

체육·스포츠 활동 중에는 다양한 힘이 신체나 운동하는 물체에 작용하여 운동을 방해하기도하고 도움을 주기도 한다. 따라서 효율적인 운동 수행을 위해서는 여러 가지 힘의 원리를 잘 이해하고 적절히 응용해야 한다.

1) 중력(gravity)

운동 수행에 가장 일차적으로 영향을 미치는 것은 중력이다. 모든 물체는 동적·정적 상태에서 중력의 지배를 받고 있으며, 각종 스포츠 활동에서도 예외일 수가 없다. 중력은 수직으로 작용한다. 따라서 공중으로 멀리 밀어 던진 공은 포물선을 그리며 낙하하게 되는데, 지상에서 운동을 할 때 중력은 저항으로 작용하게 된다.

2) 마찰력(friction force)

마찰력이란 두 물체가 접촉할 때 물체 사이에 작용하는 힘을 말한다. 마찰력은 저항력과 추진력 요소를 갖고 있다. 마찰력은 각종 스포츠 활동에서 도움이 되기도 하고 방해가 되기도 한다. 스킹이나 스케이팅에서는 마찰력을 줄이는 것이 속도를 높이는데 유리하다. 그리고 배드민턴 선수나 테니스 선수는 추진력을 얻거나 방향을 전환할 때 지면과 발의 마찰력을 크게 하기 위하여 좋은 신발을 신어야 한다. 결국 스포츠 활동에서는 저항력으로 작용하는 마찰은 최소화하고, 추진력으로 작용하는 마찰은 최대화하려는 노력이 요구된다.

3) 원심력과 구심력(centrifugal force and centripetal force)

원운동에서 중심으로부터 밖으로 작용하는 힘을 원심력이라고 하며, 중심 쪽으로 작용하는 힘을 구심력이라고 한다. 원운동에서 힘은 물체의 크기와 같은 서로 반대 방향으로 작용하는 두 개의 힘이 존재하게 된다.

원심력과 구심력의 원리를 잘 이용해야 하는 예는 육상의 트랙 경기, 사이클 경기, 야구 선수의 주루 플레이 등이다. 육상의 트랙 선수는 곡선주로(bend)를 달릴 때 몸의 좌우 기울임을 지면에 수직 상태로 유지하게 되면 원심력이 작용하여 트랙을 벗어나게 될 위험이 있다. 그러므로 속도를 줄여야만 한다. 따라서 원심력에 대항하는 구심력을 얻기 위해 몸을 안쪽으로 기울이며 달리게 된다. 또 사이클의 경우 빠른 속도에서 안쪽으로 자전거와 몸을 기울이게 될 경우 타이어와 지면의 마찰력이 약해 넘어질 위험이 많기 때문에 벨로드롬 경기장을 짓게 된다. 그리고 야구에서 주자가 3루타를 치고 1, 2루를 돌거나 선행주자가 3루를 거쳐 홈으로 들어갈 때 각 베이스를 직선으로 달리면 시간은 적게 소요되지만 방향전환 시 속도가 줄어들어 오히려 시간이 많이 소요되기 때문에 원을 크게 그리며 몸을 안쪽으로 기울이고 달리게 된다.

4) 양력(lift)

항력은 추진력과 방향이 반대인 힘으로, 자유롭게 흐르는 유체의 수평방향에서 작용하는 반면, 또 다른 힘인 양력은 무게(중력)와 방향이 반대이면서 유체의 흐름에 수직으로 발생한다. 비록 양력이라는 말은 수직으로 위로 향한다는 것을 뜻하기는 하지만, 양력은 유체의 흐름과 물체의 방위에 의해서 방향이 결정되므로 어떤 방향으로도 갈 수 있다고 추측할 수 있다.

(1) 마그누스 효과(Magnus effect)

회전하는 물체도 양력을 발생시킨다. 물체가 유체에서 회전할 때, 유체분자의 경계층은 유체와 함께 회전하는 물체에 접하게 된다. 이와 같은 현상이 발생할 때 회전하는 물체의 한쪽 유체분자는 자유롭게 흐르는 유체와 충돌하게 된다. 이것은 상대적으로 속도가 낮고 압력이 높은 지점을 형성한다. 회전하는 물체의 반대쪽 경계층은 유체의 흐름과 같은 방향으로 흐른다. 그러므로 상대적으로 높은 속도와 낮은 압력을 형성하게 된다. 압력의 차이로 인하여 압력이 높은 지점에서 낮은 지점으로 양력이 흐르는 현상, 즉 마그누스 힘(Magnus force)이 나타난다.

공기의 마찰에 영향을 주는 요인에는 공의 선속도, 모양, 표면특성, 회전속도 등이 있다. 테니스공이나 탁구공을 톱스핀으로 치면 공은 회전이 없거나 백스핀으로 친 공보다 더 빨리 떨어진다. 골프 클럽은 때린 볼에 약간의 백스핀을 주도록 만들어져 있어 마그누스 효과는 위쪽으로 생성된다. 또한 마그누스 효과는 투수가 커브 공을 던졌을 때와 같이 측면 회전에 의해서도 발생할 수 있다. 축구선수들도 득점을 하기 위해 프리킥을 시도할 때에는 측면회전을 이용하고 있다.

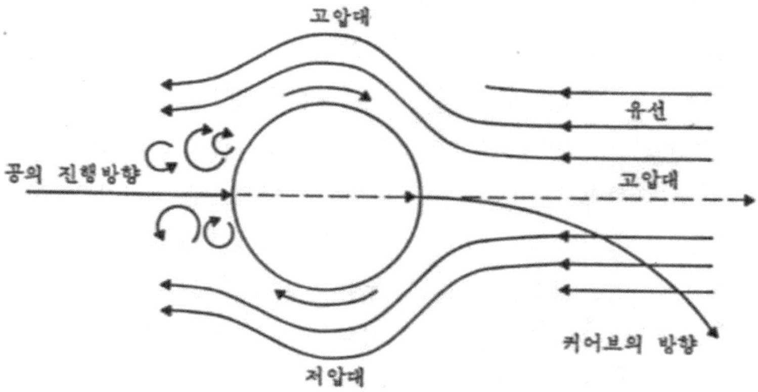

그림 9-4. 마그누스 효과

5)항력(drag)

항력은 자유롭게 흐르는 유체의 방향으로 작용하는 유체의 역동적 동작에 의해 발생하는 힘이다. 일반적으로 항력은 저항하는 힘, 즉 유체를 통해 움직이는 물체의 동작을 느리게 하는 힘이다. 항력의 크기는 유체의 모양과 유체흐름의 방향, 길이에 따라 결정된다. 일반적으로 유선형 물체는 무디거나 불규칙적인 모양을 가진 물체보다 항력이 낮다. 항력은 상대속도의 제곱으로 증가하기 때문에 만약, 사이클 선수가 속도를 두 배로 증가시키고 다른 요인들을 일정하게 유지한다면, 항력은 4배로 증가할 것이다. 항력의 효과는 스피드스케이트, 사이클 등의 스포츠처럼 물체가 빠른 속도로 움직일 때 더 잘 나타난다. 유체밀도의 증가나 감소는 항력의 비례적인 변화를 가져온다. 고도가 높아짐에 따라 공기밀도가 감소하기 때문에 멕시코 올림픽에서의 단거리달리기와 멀리뛰기에서 좋은 기록의 달성이 가능하였을 것이다.

(1) 표면마찰(항력)(surface drag)

표면마찰은 움직이는 물체의 표면에 밀착된 연속적인 유체층 사이에서의 미끄럼접촉에 의해 발생한다. 여러 가지 요인이 표면마찰항력에 영향을 미친다. 표면마찰은 유체흐름의 상대속도에 비례하여 증가하고, 흐름이 발생하는 물체의 체표면적, 물체표면의 거칠음, 유체의 점성에 비례하여 증가한다. 이 세 가지 요인 중에서 운동선수들이 손쉽게 바꿀 수 있는 것은 물체 표면의 상대적인 거칠음이다. 수영선수, 사이클선수, 육상선수들이 나일론이나 인조섬유로 만들어진 몸에 밀착된 수영복을 입는 것은 항력 감소의 기대를 반영한 것이며 머리를 밀거나 덮는 것도 항력을 감소시킨다. 표면 마찰에 영향을 미치는 다른 요인은 유체에 접촉하는 체표면적이다.

(2) 형태항력(form drag)

형태항력은 유체와 관련하여 움직이는 물체에 작용하는 항력의 한 요소이다. 움직이는 물체의 표면 옆 유체분자의 경계층이 주로 난류이면 형태항력이 지배적으로 나타난다. 형태항력은 대부분의 인간과 투사체가 운동하는 동안 발생하는 전체 항력에 많은 기여를 한다. 물체 뒤에서 난류 포켓(pocket)을 만들어내기에 충분한 속도로 유체 속에서 물체가 움직이면 물체를 둘러싸고 있는 압력의 불균형(압력차)이 발생된다. 유체입자가 물체와 정면으로 만나는 물체 끝의 상류에는 상대적으로 높은 압력이 형성되고, 난류가 존재하는 물체 끝의 하류에는 비교적 낮은 압력이 생성된다. 압력 차가 생길 때마다 힘은 압력이 높은 지역에서 낮은 지역으로 향한다. 유체에 대한 물체의 상대속도, 물체 끝의 정면과 후방사이의 압력의 증감, 그리고 흐름에 수직으로 배열된 표면지역의 크기를 포함하는 여러 가지 요인들이 형태항력의 크기에 영향을 미친다.

예를 들어 전체 물체의 모양이 유선형이면 압력 차의 크기를 감소시킨다. 유선형은 난류형성을 최소화시키고, 물체의 후면에서 생성되는 음압을 최소화시킨다. 사이클선수, 스케이트선수, 그리고 스키선수는 기류에 들어갈 때 몸이 수직으로 향하는 것을 가능한 한 최소화시키기 위하여 몸을 유선형으로 만든다(그림 7-4). 유선형은 물속에서도 형태항력을 감소시키는데 효과적이다. 골프공의 작은 홈은 공 표면에서 난류계층을 생성함으로써 공의 형태항력을 줄일 수 있도록 만들어져 곰보공(dimpled golf ball)은 매끄러운 골프공보다 4배까지 멀리 날아간다고 한다. 형태항력을 조절할 수 있는 또 다른 방법은 사이클이나 자동차경주와 같이 속도에 기초를 둔 스포츠에서 다른 참가선수 뒤에 밀착해서 뒤따르는 것인데, 이는 도중에 만들어지는 통풍(draft)을 이용하는 것이다. 통풍은 앞서는 사람이 뒷사람의 유체에 증가하는 압력을 부분적으로 막아주기 때문에 뒤따르는 사람의 형태항력을 줄여주는 이점이 있다.

따라서 사이클 경기에서는 책임 선두제를 두고 있는 종목이 있다.

그림 9-5. 형태 항력을 최소화하기 위한 유선형 자세(Hay. 1985)

(3) 조파항력(wave drag)

조파항력은 유체 속으로 완전히 가라앉은 물체에는 영향을 주지 않지만, 수영을 하는 사람에게 작용하는 전체 항력에는 크게 영향을 미칠 수 있다. 수영하는 사람의 어떤 신체 분절이 공기와 물의 접촉면을 따라 가까이 혹은 가로질러 움직일 때, 조파는 좀 더 밀도가 높은 유체(물)에서 만들어진다. 수영하는 사람에게 작용하는 반작용력은 조파항력을 형성한다.

조파항력의 크기는 물체의 동작이 위아래로 더 크게 움직일수록, 수영속도가 증가할수록 커진다. 속도가 빠른 수영에서 조파항력은 수영선수에게 작용하는 총 항력 중 가장 크다. 이런 이유로 수영선수들은 보통 경기 중 조파항력을 제거하기 위해 규칙을 위반하지 않는 범위 내에서 수주에서 그들 스스로 추진력을 얻는다. 배영에서는 턴을 하고 난 후에 15m까지만 잠영이 허용된다. 또한 수영 경기에서 조파항력을 고려하여 레인 배치에서 예선에서 1위를 한 선수가 4레인, 그리고 2위를 한 선수가 5레인에 배치되며 7위를 한 선수는 1레인에 8위를 한 선수는 8레인에 배치하고 있다.

6) 부력(buoyant force)

부력이란 수중(水中)에 있는 물체가 갖는 뜨는 힘이다. 물에서 이루어지는 수영을 비롯한 모든 수중 스포츠에서 운동 수행력은 부력과 깊은 관계를 갖는다. 부력은 체 지방, 근육, 골격의 구성비, 폐의 용적 등 개개인의 신체적 특성에 따라 다르지만 수중 스포츠에서는 부력을 최대한 잘 이용하는 것이 효율적인 운동 수행을 위해 중요하다. 수영에서 몸의 추진력은 손과 발동작을 통해 얻지만 그 힘은 몸을 띄우는데도 이용된다. 그런데 몸을 너무 많이 띄워 몸이 수중 밖으로 노출되는 면이 많으면 많을수록 힘이 분산되어 추진력도 줄어들며, 부력 또한 줄어든다.

4. 안정성(stability)과 균형(balance)

균형은 안정성과 밀접한 관계가 있는데, 물체가 안정하다는 것은 넘어뜨리는 것이 쉽지 않다는 것을 의미한다.

1) 기저면(base of support)

기저면이란 물체가 지면에 접촉하고 있을 때, 그 접촉 지점을 연결함으로써 이루어진 면적을 말하는데(그림 5-6), 기저면이 넓으면 신체의 안정성을 증가시킬 수 있다. 왜냐 하면, 기저면이 넓을수록 신체 중심, 즉 중심선을 기저면상에 위치시키기 쉽기 때문에 보다 안정된 자세를 취할 수 있다.

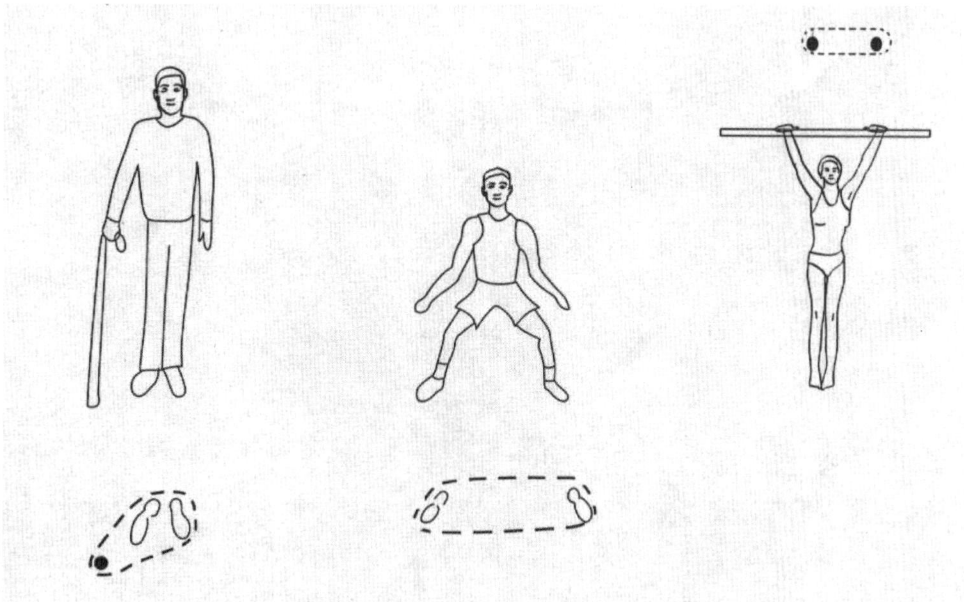

그림 9-6. 지지의 기저(Knudson. 2003)

평균대 위나 철로 위를 걸을 때에 자세를 유지하기가 힘든 이유는 기저면이 좁기 때문이다. 운동의 효율성을 높이기 위해서는, 안정의 원리와 밀접한 관계가 있는 기저면에 대하여 올바르게 이해해야 한다. 안정된 자세를 요하는 경우에는 기저면이 넓어야 하지만, 신속히 움직여야 할 경우에는 기저면을 좁게 함으로써 보다 효율적인 동작을 할 수 있다.

정적 안정은 자세 유지와 밀접한 관련이 있으며, 어떤 운동을 준비하거나 운동 중에 일시적으로 정지할 때에 중요한 역할을 한다. 체조의 물구나무서기, 육상과 수영의 출발 동작 등이 그 좋은 예이다. 사격, 양궁, 체조 등의 종목에서는 특히 정적 안정이 중요한 요인이 된다.

정적 안정성에 영향을 미치는 요인들은 다음과 같다.

• 기저면의 크기 : 안정성은 물체의 기저면의 크기에 비례한다.

즉, 발의 위치를 넓게 하거나, 손, 무릎 등을 바닥에 대면 기저면이 넓어져서 안정성이 증대한다.

• 중심의 높이 : 안정성은 기저면에서 물체 중심까지의 거리에 반비례한다.

즉, 무게 중심의 높이가 낮을수록 안정성은 증가한다. 중력 중심이 높을수록 물체에 발생하는 토크의 크기는 커진다. 지진이 났을 때 높은 빌딩이 낮은 건물보다 많이 흔들린다.

운동선수들은 안정성을 증가시키기 위하여 종종 자세를 낮추는 경우가 많다. 씨름 선수가 샅바 잡기 싸움을 하는 이유는 자기는 무게 중심을 낮추어 안정을 유지하면서 상대방은 안정을 깨뜨리기 위하여 한다고 할 수 있다.

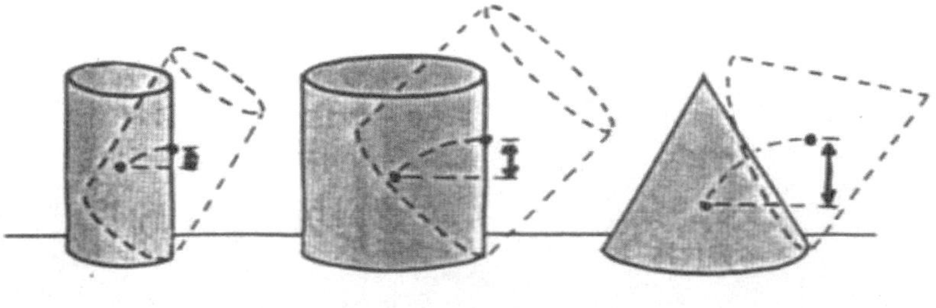

그림 9-7. 넓은 기저면과 낮은 무게 중심(Hewit. 1994)

• 물체의 질량 : 안정성은 물체의 질량에 비례한다. 즉 동일 조건하에서는 물체의 질량이 클수록 안정성이 높게 된다.
• 중력(무게) 중심선의 위치 : 물체의 형태와는 상관없이, 물체의 질량 중심에서 중력선(연직하방선)을 그었을 때, 그 선이 물체의 지지 기저(기저면) 위에 있으면 물체는 안정된 평형 상태에 있다. 〈그림 9-8〉에서 볼 수 있듯이 탑의 무게 중심이 탑의 기저면 내부에 있기 때문에 탑은 수세기 동안 쓰러지지 않고 있다.

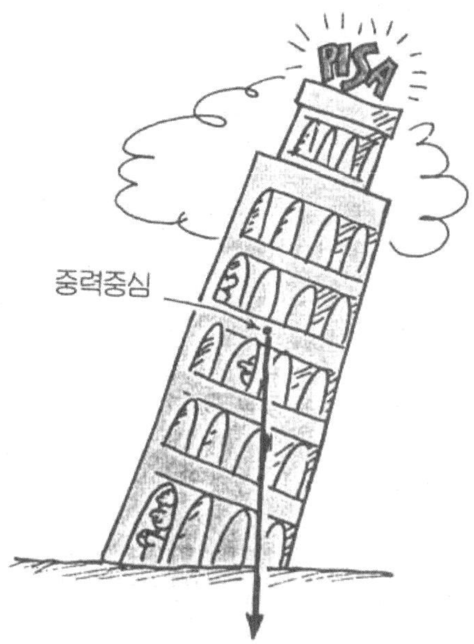

그림 9-8. 중력(무게) 중심선과 기저면의 위치(Hewit. 1994)

또한 <그림 9-9>의 왼쪽 여자는 중력(무게) 중심선이 기저면 안에 있기 때문에 넘어지지 않고 발가락을 만질 수 있으나, 반대로 오른쪽 여자는 중력(무게) 중심선이 기저면을 벗어나 있기 때문에 몸의 각운동을 발생시키는 토크가 발생하여 몸의 균형이 깨지면서 넘어지게 될 것이다.

그림 9-9. 중력(무게) 중심선과 기저면의 위치(Hewit. 1994)

출발선상에 있는 스프린터는 중력 중심선을 지지면의 앞쪽 가장자리로 이동시켜야 빠른 출발을 할 수 있다(그림 9-10).

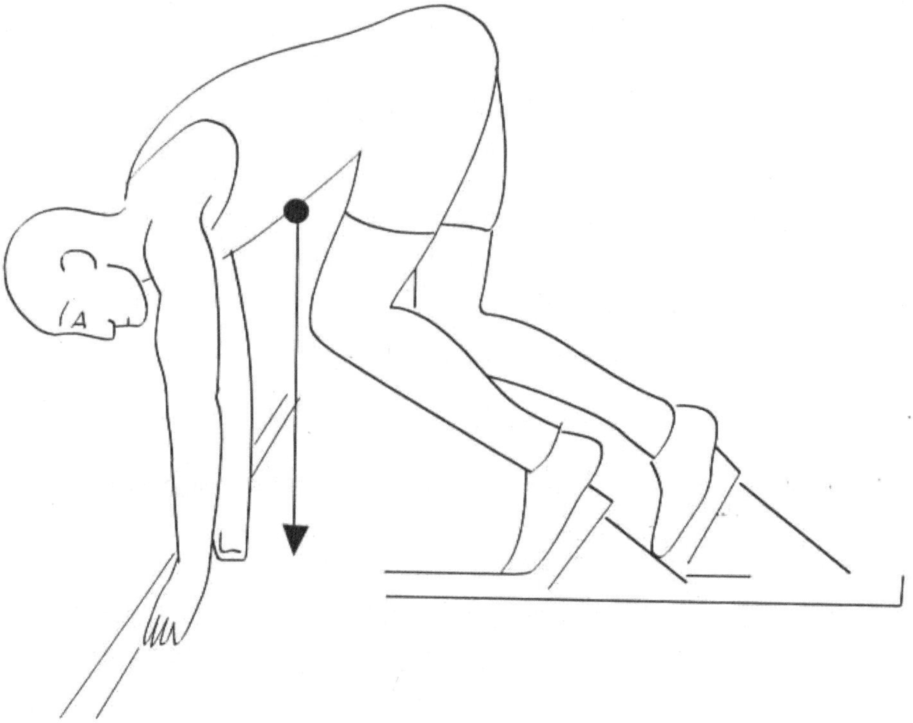

그림 9-10. 단거리 달리기의 스타트(Knudson. 2003)

5. 운동량(linear momentum)과 충격량(impulse)

같은 속력으로 굴러오는 탁구공과 볼링공을 멈추게 할 때 무거운 볼링공을 멈추기가 더 어렵다. 또 같은 볼링공을 멈추게 할 때는 속력이 더 큰 경우가 힘이 더 든다. 이처럼 물체의 운동 효과는 물체의 질량과 속도와 관련이 있는데 이것을 (선)운동량이라고 하며, 속도와 질량의 곱으로 나타낸다. 운동하고 있는 물체에 힘을 가하면 속도가 변하므로 물체의 운동량도 변하게 된다. 이 때 물체에 가해진 힘의 크기가 클수록, 힘을 가한 시간이 길수록 물체의 운동량의 변화량은 커진다. 따라서 물체의 운동량의 변화량은 물체에 가한 힘과 시간의 곱으로 나타낼 수 있다. 이를 충격량이라고 한다.

(1) 힘과 시간의 관계를 나타낸 그래프에서 충격량은 그래프 아래 부분의 넓이가 된다.

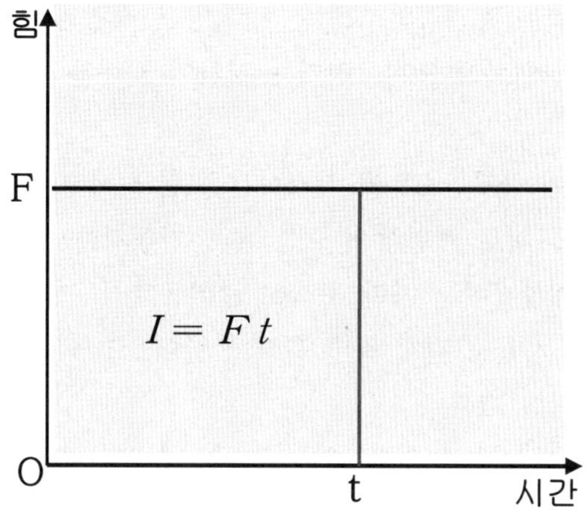

그림 9-11. 힘과 충격량(힘이 일정할 때)

(2) 충격력 : 물체 사이의 충돌에 의해 물체에 순간적으로 가해지는 힘

(3) 충격량과 충격력의 관계 : 다음 그래프에서 A, B는 모두 그래프 아래의 면적은 같다. 그러나 A는 짧은 시간에 큰 힘을, B는 긴 시간에 작은 힘을 준 것이다. 이처럼 물체에 가해진 충격량이 같더라도 물체 사이의 접촉시간이 길어지면 충격력의 크기는 작아진다. 반대로 힘의 크기가 일정할 때에는 힘이 가해지는 시간이 길수록 충격량이 커진다.

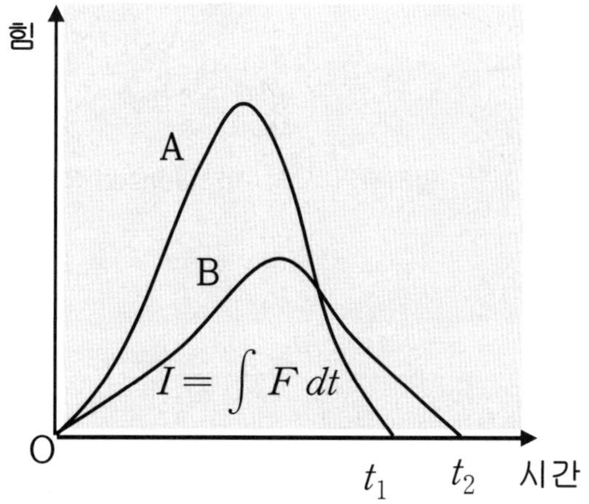

그림 9-12. 충격력과 시간

이와 관련된 예를 들어보면

- 달걀을 땅바닥에 떨어드리면 깨지지만, 같은 높이에서 이불 위에 떨어뜨리면 깨지지 않는다. 이 때 두 달걀이 받는 충격량의 크기는 같지만 충격력의 크기는 다르다.
- 자동차의 충돌 시 범퍼와 차체가 찌그러지는 시간이 길수록 사람에 가해지는 충격이 줄어든다.
- 멀리뛰기 선수가 모래에 착지함으로써 착지시간은 길게 되고 충격을 줄어든다(그림 4-6).
- 야구공을 받을 때 손을 뒤로 빼면서 받으면 손에 가해지는 충격이 줄어든다.
- 기왓장을 격파할 때 기왓장이 깨지면 충격이 줄어든다.
- 권투에서 충격을 받는 시간을 길게 하면 충격이 줄어들고 카운터 어택을 받으면 충격을 받는 시간이 길어 충격이 크다.
- 충격을 받는 시간을 연장시킬 수 없을 때는 유도의 낙법과 같이 넓은 면적으로 충격을 받음으로써 충격력을 분산시킨다.

그림 9-13. 멀리뛰기 시의 착지(Jensen 외. 1983)

6. 각가속도에 대한 저항

1) 관성모멘트(moment of inertia)

관성이란 현재의 운동 상태를 계속 유지하려는 성질로 물체의 질량에 비례한다고 이미 언급하였다. 각운동에서도 이러한 속성이 존재하는데 어떤 축 주위를 회전하는 물체는 외력으로 교란되지 않는다면 같은 회전축 주위를 계속해서 회전하려고 한다(여기서 외력을 토크라 한다). 회전상태에 있는 물체의 운동을 변화시키려는데 저항하는 회전 물체의 성질을 관성모멘트 또는 회전관성이라고 한다. 선운동에 대한 관성과 같이 물체의 회전관성 역시 질량과 관계가 있다. 그러나 각운동에서의 관성모멘트(회전관성)는 물체의 질량뿐만 아니라 질량이 회전축 주위에 어떻게 분포되어 있는가에 의해서 결정된다(그림 9-14). 물체의 질량분포와 회전축 사이의 거리가 멀수록 관성모멘트(회전관성)는 커진다. 물체의 관성모멘트(회전관성)가 크면 클수록 물체의 회전상태를 변화시키기가 더욱더 어려워진다.

그림 9-14. 관성모멘트와 회전축 및 질량분포(Hewit. 1994)

곡마단에서 외줄을 타는 곡예사가 긴 장대를 가지고 균형을 이루는 것이 바로 이러한 관성모멘트(회전관성)를 이용한 것이다(그림 9-15). 대부분의 장대 질량은 장대의 중심인 회전축에서 멀리 떨어져 있다. 따라서 장대의 관성모멘트(회전관성)는 매우 크다. 줄 위를 걷던 곡예사가 기울어지기 시작할 때 장대를 꽉 잡은 부분을 중심으로 장대를 회전시킨다. 그러나 장대의 관성모멘트(회전관성)가 크기 때문에 장대를 회전시키는데 오랜 시간이 걸린다. 곡예사는 이

틈을 이용하여 새롭게 몸의 균형을 얻을 시간을 얻게 된다. 물론 장대가 길면 길수록 더 좋다. 긴 장대가 없을 경우에는 곡예사의 양팔을 최대한으로 멀리 벌려서 몸의 관성모멘트(회전관성)를 증가시켜도 같은 효과를 볼 수 있다.

그림 9-15. 회전에 저항하는 막대의 관성(Hewit. 1994)

관성모멘트 식은 강체의 경우, 각 질점의 질량과 회전축까지의 수직 거리의 제곱을 서로 합한 것이다. 즉, 관성모멘트 $I = mr^2$이다. 따라서, 질량과 반경이 크면 회전운동을 일으키기 어렵고, 반경이 2배가 되면 회전운동이 어렵게 되는 것은 4배가 된다.

운동장면에서 관성모멘트의 속성을 응용한 예는 다음과 같다.

- 체조나 다이빙에서 무릎을 두 팔로 끌어안고 회전 반경(r)을 줄여 회전을 쉽게 한다.
- 철봉 차오르기에서 다리를 철봉에 가깝게 붙여 쉽게 차오른다.
- 야구 배팅에서 야구 배트를 짧게 잡고 배팅을 빠르게 한다.
- 역도경기에서 바벨을 들어 올릴 때 바벨을 몸 가까이 붙여서 드는 것은 회전반경(r)의 길이를 줄여 회전을 쉽게 하기 위해서다.

2) 각운동량(angular momentum)

직선 위를 운동하는 물체가 선운동량을 갖는 것과 마찬가지로 원궤도에서 운동하는 물체나 어떤 축에 대해 회전하는 물체는 각운동량을 갖는다. 각운동량은 운동의 회전 성질을 나타내 주는 양이며 회전관성(관성 모멘트)에 회전속도(각속도)를 곱한 양으로 정의된다.

3) 각운동량 보존

선운동량이 보존되는 것처럼, 외부의 불균형한 힘의 모멘트가 존재하지 않는다면 회전하는 물체는 각운동량이 보존된다. 즉, 어떤 순간에서의 회전관성과 회전속도의 곱이 다른 순간에서도 같음을 의미한다. 이와 같이 외적 토크에 의해 각가속도가 유발되지 않는 한 회전체의 각운동량은 변하지 않는데 이를 각운동량보존의 법칙이라고 한다.

<그림 9-16>도 각운동량의 보존을 설명하여 주고 있는데, 마찰이 적은 회전 원판

그림 9-16. 각운동량의 보존(Hewit. 1994)

위에 팔을 벌리고 서 있는 사람의 회전관성은 상대적으로 크다. 사람이 천천히 회전함에 따라 각운동량은 회전관성과 회전속도를 곱한 양이 된다. 사람이 팔을 안으로 끌어당기면 몸의 회전관성은 감소하고 회전속도는 증가한다. 양팔을 벌리면서 회전을 시작하는 피겨스케이팅 선수는 이 방법을 이용하여 발을 벌렸다가 팔과 다리를 오므려 더 큰 회전속도를 얻는다. 회전하는 물체가 오므라들면 회전속도가 증가한다.

또한 체조 선수나 다이빙 선수가 공중동작을 할 때는 몸을 움크린 자세(turk position)를 취함으로써 사지 분절의 질량이 가능한 한 회전축에 가깝게 분포되도록 하여 관성모멘트를 줄이려고 한다. 관성모멘트는 $I = mr^2$이므로 터크 자세를 취하게 되면 감소하게 된다. 따라서 각운동량은 $L = I \cdot \omega$이므로 각운동량이 일정하게 보존되기 위해서는 각속도가 증가해야 한다. 그러나 좋은 착지나 입수를 위해서는 사지를 신전시켜 관성모멘트를 증가시키고 각

속도를 감소시켜야 한다(그림 9-17).

다이빙이나 체조 그리고 높이뛰기 선수들은 특히 이러한 각운동량보존의 원리를 잘 활용해야 한다.

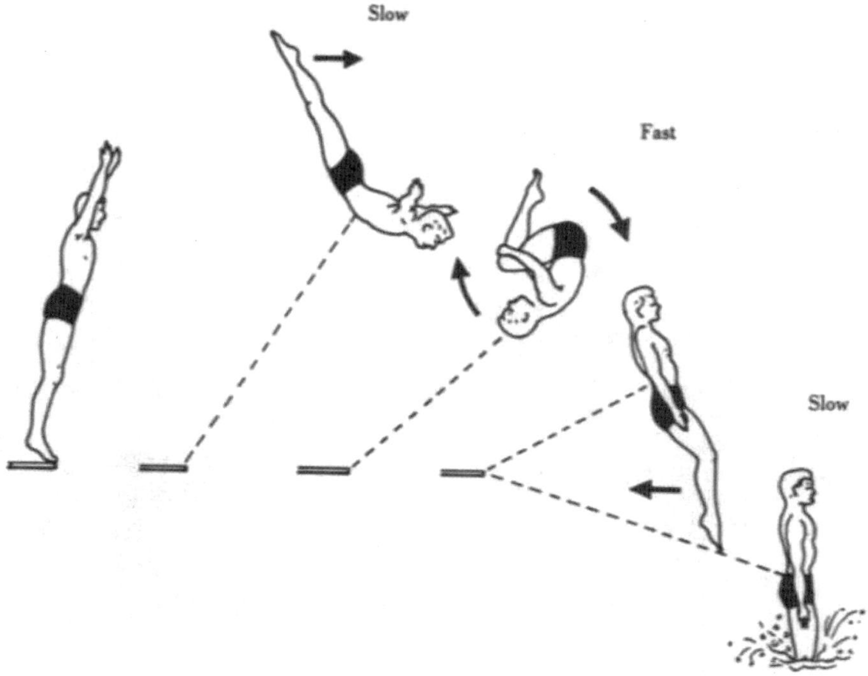

그림 9-17. 다이빙 선수의 각운동량의 보존을 통한 회전속도 조절(Jensen 외. 1983)

제X장 건강 운동 방법의 이해

1. 현대사회와 건강
2. 건강과 운동
3. 체력의 증진과 운동처방

운동선수의 탁월한 성취는 탄탄한 체력과 강인한 정신력에 토대를 두고 있으며, 역동적인 삶은 건강한 신체와 건전한 정신에 토대를 두고 있다.

- 동각. 미발표 칼럼 중에서-

제X장 건강과 운동

1. 현대사회와 건강

1) 현대 사회의 특징

현대 사회에서는 고도의 산업화와 도시화가 가져오는 물질적, 시간적 풍요 및 그에 따른 반작용으로서 정신적, 사회적 병폐현상이 증가하고 있다. 특히 인구증가와 환경오염, 운동부족, 과중한 스트레스는 우리의 건강을 심각하게 위협하고 있다.

(1) 인구증가와 환경오염

오늘날 인류의 큰 고민거리는 빈곤, 환경오염, 인구문제 등이다. 그 중에서 인구증가가 근본적인 문제는 인구 문제이다. 즉 의료수준 및 생활여건의 향상으로 평균수명이 길어지게 되면서 인구가 증가하게 되었고, 이러한 인구증가는 자원 및 식량부족, 환경오염 및 파괴를 초래하였고 이로 인해 건강이 위협받고 있다. 또한 과도한 경쟁으로 인해 사회적 불안과 친밀한 이웃관계 단절 등의 여러 가지 사회문제도 발생하고 있다.

(2) 운동 부족

우리의 생활은 풍요롭고 편리해졌다. 여러 문명의 이기로 인해 생활은 매우 편리해지고 에너지 섭취량은 많아져 소비하는 칼로리량과 섭취하는 칼로리량의 균형을 잃게 되면 운동부족증에 걸리게 된다. 운동부족증은 비만증을 비롯한 당뇨병・고혈압・심장병・고지혈증・동맥경화・요통・관절염 등의 성인병을 일으키는 주요 원인으로 작용하고 있다. 또한 운동 부족은 생리적 기능의 저하와 함께 인체 면역성도 떨어뜨려서 질병에 대한 저항력을 약하게 하고, 노화를 촉진하며, 자세의 불균형과 스타일을 나쁘게 할 뿐만 아니라 낮은 생활 강도에서도 쉽게 피로하게 만드는 것이다. 그러므로 현대사회는 각종 질병을 예방하고 건강을 유지하기 위해서는 운동을 꾸준히 생활화 하는 것이 중요한 시기라 할 수 있다.

(3) 과도한 스트레스

인구의 도시집중, 사회의 다양성, 욕구의 증가 등으로 인해 과거에 비해 우리는 많은 스트레스를 가지고 살아가고 있다. 따라서 스트레스는 우리가 사회생활을 해 나가는데 피할 수 없는 것 중의 하나이다. 그리고 적당한 스트레스는 오히려 우리생활에 도움을 주기도 한다.

스트레스의 정의는 학자들마다 다양하지만 'fight or flight'의 심리상태라는 정의가 가장 많이 인용되고 있다. 이처럼 스트레스 상황이 되면 우리의 몸은 스트레스를 해결하기 위하여 스트레스 호르몬을 분비하게 하고 심장박동수를 늘려 혈액을 뇌나 근육으로 많이 보내게 되는 혈류재분배현상이 생긴다. 이와 같은 상황이 지속되면 스트레스호르몬은 우리 몸을 공격하게 되고 위(stomach)와 같은 장기는 혈액 공급을 덜 받아 문제가 되는 등 지나치고 지속적인 스트레스는 몸과 마음의 질병을 가져오게 된다. 따라서 우리는 정신적 여유, 충분한 휴식, 운동 등을 통해 스트레스를 적절하게 해소해야 건강을 유지, 증진시키며 행복한 생활을 해 나갈 수 있다.

(4) 여가시간의 증대

과학기술의 발달은 노동시간을 크게 단축시켜 과거에 비해 우리에게 더 많은 여가시간을 가져다주었다. 따라서 여가를 어떻게 사용해야 할 것인가?라는 문제가 현대사회에서 중요한 위치를 차지하게 되었다. 그러나 늘어난 여가 시간을 잘 활용하지 못한다면 오히려 사회문제를 야기할 수 도 있다. 따라서 여가 활동에 대한 새로운 인식을 가져야하고, 스포츠 활동에 직접 참여하는 것은 좋은 여가활용의 방편이 될 것이다.

2) 건강의 개념

건강은 우리가 행복하게 살아가기 위하여 없어서는 안 되는 가장 중요한 요건이며, 생활의 원동력이 되는 기본조건이다. 따라서 우리는 건강을 잘 지켜 행복하고 보람 있는 생활을 할 수 있도록 노력해야 한다.

(1) 건강의 의미

전통적으로 건강은 질병이 없는 상태로 보았다. 그러나 시대의 변화에 따라 건강에 대한 개념도 변천해 왔다. 19세기 중엽부터 신체적 개념에 국한되었던 건강의 개념은 심신 일원적인 개념으로 바뀌었다. 그러한 변화는 건강한 신체와 건전한 정신은 상호 유기적인 관계를 갖고 있다는 인식의 확산 결과였으며, 그 개념은 건전한 신체에 건전한 정신(A sound mind in a sound body)이라는 한 마디로 요약된다.

잘 알려진 세계 보건 기구(World Health Organization; WHO)는 "건강이란 단순히 질병이 없다거나 허약하지 않다는 것만을 의미하는 것이 아니라 신체적, 정신적 및 사회적으로 완전히 양호한 상태다(Health is a state of complete physical, mental, and social well-being and not merely the absence of disease and infirmity.)" 라고 정의하고 있다.[360] 이 정의에서 시사하는 것은 건강이 단순히 신체에 국한된 것이 아닌 튼튼한 신체와 건전한 정신이 조화를 이루고 있을 뿐만 아니라 사회에서 필요로 하는 여러 가지 덕목을 갖추고 실행하는 상태라는 것이다.

360) 홍양자 · 이경옥, 현대사회의 건강과 운동(서울: 21세기 교육사,1995), p 57.

(2) 건강의 유지와 증진

① 규칙적인 생활

건강을 유지하고 증진하기 위해서는 하루하루의 생활을 규칙적으로 해야 한다. 아무리 건강한 사람이라도 불규칙한 생활을 계속하면 건강을 해치게 된다. 자신에게 알맞은 신간계획을 세워 규칙적인 생활을 실천해야 한다.

② 적당한 운동

우리 몸의 기능은 적당히 사용하면 발달하지만 사용하지 않으면 퇴화한다. 현대인의 질병은 신체활동이 너무 부족한 것이 원인이 되는 경우가 많다. 규칙적이고 적당한 운동은 건강을 유지하고 증진하는데 매우 중요한 요소이다. 자신의 흥미와 체력상태에 알맞은 운동을 선택하여 꾸준히 실천하는 습관을 가져야 한다.

③ 균형 잡힌 영양섭취

영양소는 신체의 성장과 발달을 촉진하기 위하여 필요하며 힘의 원천이 되기도 한다. 식욕부진이나 시간부족 등의 이유로 식사를 거르거나 빵·라면 등으로 식사를 대신하면 영양부족이 되기 쉽다. 반대로, 기름진 음식이나 패스트푸드같이 에너지가 많은 음식을 지나치게 먹으면 비만이 되기 쉽다. 따라서 탄수화물, 지방, 단백질, 무기질, 비타민 등이 함유되어 있는 음식물을 골고루 섭취하여야 한다.

④ 좋은 환경

우리는 환경의 영향을 받으면서 살아간다. 오염된 환경은 건강을 해치므로 깨끗하고 공해 없는 환경을 조성하기 위해 힘써야 한다. 특히 우리가 자주 생활하는 방이나 교싱 등은 깨끗이 하고 자주 환기를 시켜 쾌적한 환경을 유지하여야 한다.

⑤ 충분한 휴식

정신활동이나 신체활동을 오랫동안 계속하면 능률도 떨어지고 피로를 느끼게 된다. 피로가 쌓이면 건강을 해치게 되므로 피로해소를 위해 충분한 휴식을 취하여야 한다. 휴식방법으로는 수면과 목욕 등이 있는데, 잠을 잘 때는 숙면을 취하는 것이 좋고, 목욕은 35~40℃ 정도의 따뜻한 물을 사용하는 것이 좋다.

⑥ 정기적인 건강검진

자신의 건강을 점검하고 질명을 조기에 발견 및 치료를 위해서 정기적으로 건강검진을 받는 것이 좋다.

(3) 건강의 척도

개인의 건강상태를 정확히 알기 위해서는 의사의 진찰과 여러 가지 정밀 검사가 요구된다. 따라서 개인은 1년에 1회 정도의 건강진단을 받고 그 결과에 따라 건강관리를 하는 것이 바람직하나 일상생활을 통해서 건강의 척도로 삼을 수 있는 요건은 다음과 같이 열거할 수가 있다.

① 병이 없고 신체의 기능장애가 없다. 건강의 기초적인 조건은 질병을 앓지 않고 기능의 장해를 받지 않는 상태다.

② 쾌식한다. 왕성한 식욕을 갖는다는 것은 곧 건강하다는 것을 의미한다.

③ 쾌변한다. 일정한 시간에 시원하게 변을 볼 수 있다는 것은 건강의 리듬을 잃지 않고 있다는 증거이며, 장의 운동이 정상적인 상태인가를 알아내는 지표가 된다.

④ 쾌면한다. 중국 건강서에 건강을 위해서는 새가 잠드는 시간에 자고, 새가 눈을 뜨는 시간에 일어나라는 말이 있다. 정해진 시간에 수면에 들 수 있고 기상 시간에 가볍게 일어날 수 있다면 건강한 상태라고 할 수 있다.

⑤ 안정된 체중을 유지하고 있다. 갑자기 체중이 늘어나거나 줄어드는 현상은 건강의 적신호이며, 적절하고 안정된 체중을 유지하는 것이 좋다.

⑥ 평소 안정된 정서를 유지하고 있다. 정서적 흥분을 통제할 수 없거나 수시로 감정의 상태가 바뀌는 현상은 건강하다고 볼 수 없다.

⑦ 평소 신체의 존재를 의식하지 않고 산다. 인간은 신체에 이상이 있을 때 신체에 대하여 의식을 하며 살게 된다. 따라서 자신의 신체에 신경이 가지 않는 상태는 건강이 유지되고 있는 상태로 간주할 수 있다.

⑧ 늘 쾌활한 느낌으로 생활할 수 있다. 병고에 시달리거나 피로가 축적되면 몸이 무겁게 느껴진다. 신체적으로 항상 경쾌한 느낌을 갖고 있다면 건강한 상태라고 말할 수 있다.

2. 건강과 운동

많은 현대인들은 자신의 건강을 지키기 위하여 운동을 한다. 그것은 운동이 건강 유지를 위해 필수적인 일이기 때문이다. 운동이 만병통치약과 같은 성격을 지닌 것은 아니지만 건강의 유지 증진을 위해서 필수적인 활동임은 틀림없다. 일시적으로 운동을 할 경우 일어나는 인체의 변화는 운동이 끝나면 원래의 상태로 되돌아오지만 지속적인 운동을 할 경우 인체의 구조 및 기능에 변화를 가져와 건강 유지 및 활력 증진에 큰 도움이 된다.

1) 운동의 일반적 효과

운동의 일반적인 효과는 매우 다양하다. 신체 미관의 발달, 인체의 균형유지(바른 자세), 노화(aging) 방지, 스태미나(stamina)의 증진과 피로회복 능력향상, 신체기관의 기능촉진, 혈액순환의 촉진 및 산소공급 능력향상, 근육의 비대화 및 활성유지, 심근강화 및 동맥경화 방지, 고혈압 예방, 적혈구와 혈액량의 증가, 내장기관의 원활한 움직임과 변비예방, 엔돌핀

(endorphin)의 분비 촉진, 반응시간의 감소, 체지방 감소, 요통에 걸릴 위험 감소, 사회성의 발달과 인격의 도야, 원만한 대인관계, 긴장감의 감소, 자신감의 증진, 스트레스에 대한 적응력 향상, 자기 자신에 대한 이해력 증진, 절정의 체험을 통한 풍요로운 인생의 경험 등 운동의 효과는 이루 말할 수 없을 정도로 광범위하다.

2) 근력 및 체력에 대한 운동의 효과

(1) 근력 강화

일반적으로 운동의 가장 가시적인 효과는 근력(muscular strength)의 발달일 것이다. 전문 운동선수들은 근력 향상을 통해 순발력과 근 지구력을 강화시켜야 하며, 생활인들도 활력에 찬 업무수행을 위해 적정 수준의 근력을 유지해야 한다.

근력은 연령의 증가에 따라 차츰 감소한다. 특히 20대 중반부터는 급격한 저하 현상이 나타나는 반면, 인생의 승부처라고 말하는 30~40대에서는 격무로 인해 청년에 버금가는 체력을 필요로 한다. 그러므로 근력은 동적이고 창조적인 활동을 위해 중요한 요소이다.

(2) 전신 지구력 강화

근력 다음으로 명확히 나타나는 운동의 중요한 효과는 전신지구력의 강화이다. 그것은 곧 심폐기능의 강화라는 운동 효과를 의미한다. 건강한 심장은 연료의 절반을 에너지로 바꾸는 매우 효율적인 기계적 작용 기관이다. 정상인의 심장은 1년에 약 4억 회 정도 뛰며, 하루에 10톤 이상의 혈액을 순환시킨다.[361]

신체의 다른 근육과 마찬가지로 심근도 사용과 비사용의 법칙(Law of use and disuse)이 적용되어 규칙적이고 점진적인 운동은 심근(myocardium)의 강화를 가져온다.[362] 심근의 강화는 곧 1회 혈액 박출량의 증가를 의미한다.

다음과 같은 계산의 결과는 운동을 통해서 심장을 강화할 필요성이 있음을 나타내어주고 있다. 분당 맥박수가 65회인 X라는 사람과 75회인 Y라는 사람이 있다고 하자. 이 두 사람은 맥박 수에서 하루 14,400회 정도의 차이가 나게 된다. 결국 Y라는 사람은 그만큼 심장에 많은 부담을 주게 되는 셈이다.

X= 65(회)/min × 60(분) ×24(시간) = 93,600(회)
Y= 75(회)/min × 60(분) ×24(시간) = 108,000(회)

---

361) C.E. Turner, *Personal and Community Health* (St. Louis : The C. V. Mosby Co., 1963); 한국 스포츠 과학원(현), 건강체력의 과학적 기초, (서울 : 보경문화사 1989), p. 23.
362) G.L. Soderberg, "Exercises for the Abdominal Muscles" , *Journal of Health, Physical Education and Recreation* Vol. 37, (1966), p. 67.

또한 운동은 관상동맥의 강화를 가져온다. 관상동맥의 약화는 심장 발작의 원인이 될 수 있는 것처럼 운동은 탄력 있고 건강한 동맥혈관을 만들어 준다.[363] 예를 들어 일반인과 장거리 선수의 심장 기능을 비교하면 〈표 4-2〉 에서 보듯이 안정 시에는 큰 차이가 없다. 단련된 사람은 조직의 산소 이용 능력이 단련하지 않은 사람보다 뛰어나 혈액의 양이 적어도 충분한 산소를 취할 수 있기 때문에 심박출량은 조금 낮다. 그러나 운동 중에는 일반인과 단련자 사이에 엄청난 차이를 보인다. 일반인은 최대 심박출량이 22.8l/min 인데 비하여 단련자들은 38.0l/min에 달함을 알 수 있다.

표 10-1. 일반인과 단련된 자의 심장 기능 비교[364]

요 인	일 반 인	단 련 자
심박출량(l/min)		
안정시 - 최대치	5.0 - 22.8	4.5 - 38.0
1회 박출량(ml)		
안정시 - 최대치	70 - 120	90 - 200
심박수(beats/min)		
안정시 - 최대치	70 - 190	50 - 190

(3) 유연성의 강화

유연성이란 관절의 가동 범위를 말한다. 그것은 복합적인 체력 요소로서 근육통과 같은 여러 가지 질환을 예방하는 데 긴요하다. 관절의 가동 범위가 크고 길며 탄력적인 근육은 짧고 약한 근육보다 상해를 덜 입는다. 짧은 근육으로 된 부위에서 요통과 같은 질환이 자주 발생하는 이유도 여기에 있다.

일반적으로 활동적인 사람은 비활동적인 사람들보다 유연성이 높다. 이것은 부분적으로 근육을 짧은 상태로 유지했을 때 결체 조직이 짧아지는 경향이 있다는 사실과 깊은 관계가 있다.[365] 그리고 일상생활의 좋지 못한 자세는 유연성에 나쁜 영향을 줄뿐만 아니라 근육군이 짧아지게 하는 원인이 되므로 운동을 생활화하고, 각종 스트레칭 운동을 통해 유연성을 강화해가야 한다.

363) 金泰運, 건강생활과 체육 (서울 : 홍익출판사 1990), p. 56.
364) 옥정석, 앞의 책, p. 33.
365) E. J. Meyers: "Effect of Selected Exercise Variables on Legament Stability and Flexibility of the Knee" , *Research Quarterly* Vol. 42, (1971), p. 411.

3. 체력의 증진과 운동처방

1) 체력의 개념과 구성요소

(1) 체력이란

체력(신체적성 physical fitness)이란 신체활동의 기초가 되는 신체적 능력을 말한다. 일반적으로 체력은 두 가지 관점에서 분류한다. 하나는 인간과 환경의 관계에서 행동체력과 방위체력으로, 또 다른 하나는 건강과 운동의 관점에서 운동관련 체력과 건강관련으로 구분한다.

① 행동체력

행동체력은 행동을 일으키는 능력(근력, 순발력), 행동을 지속하는 능력(근지구력, 전신지구력), 행동을 조절하는 능력(민첩성, 평형성, 교치성, 유연성)을 포함한다.

② 방위체력

방위체력은 기온, 기압, 습도, 화학성분 등 물리·화학적 스트레스에 대한 저항력, 세균, 바이러스, 기생충 등 생물적 스트레스에 대한 저항력, 공복, 불면, 갈증, 피로 등 생리적 스트레스에 대한 저항력, 그리고 불안, 긴장, 고민 등 정신적 스트레스에 대한 저항력을 포함한다.

③ 건강관련체력

일반인들이 평소 자신의 건강을 유지하고 증진시키기 위해서 필요한 체력을 건강관련 체력이라고 하고, 이에는 심폐지구력, 근력, 근지구력, 유연성, 체지방이 있다.

④ 운동관련체력

운동관련 체력은 건강관련 체력을 바탕으로 특정한 스포츠 동작을 수행하는데 필요한 체력 요인을 말하고, 이에는 순발력, 민첩성, 스피드, 평형성, 조정력, 협응력 등이 있다.

(2) 체력의 구성 요소

① 근력(muscular strength)

근력이란 근 수축(muscular contraction)에 의해 발생하는 물리적인 운동에너지를 말한다. 인간의 모든 신체 운동은 물론이거니와 매일 매일의 작업도 이러한 근력의 발현에 의해 가능하게 된다.

② 근지구력(muscular endurance)

근지구력은 일정한 근 작업(운동)을 그 강도를 변화시키지 않은 상태에서 얼마나 오랫동안 계속할 수 있는가 하는 능력이다. 근지구력은 운동의 형태에 따라 정적(static) 운동일 경우에는 시간으로, 동적(dynamic) 운동일 때는 일정한 리듬 하에서 반복 횟수로써 나타낸다. 전자를 정적근지구력(static muscular endurance)이라 하고, 후자는 동적근지구력(dynamic muscular endurance)이라고 한다.

③ 순발력(power)

행동체력에서 활발한 운동은 근육의 수축에 의해서 일어나고, 근육의 순간적인 수축력이 강하면 강할수록 그만큼 운동하는 능력은 높게 평가된다. 높이 뛰거나, 멀리 뛰거나, 물건을 던지는 것과 같은 활발한 운동에서 짧고 한정된 시간 내에 일을 행하는 능력을 순발력이라고 한다. 즉 파워(power)란 단위시간당 행한 일로 정의되며 힘과 스피드(속도)의 곱으로써 다음과 같이 나타낼 수가 있다.

$$\begin{aligned} P(\text{파워}) &= F(\text{힘}) \times V(\text{속도}) \\ &= F \times \frac{S(\text{거리})}{T(\text{시간})} = \frac{FS}{T} = \text{일률} \end{aligned}$$

④ 민첩성(agility)

민첩성이란 위치와 방향을 빠르고 정확하게 바꿀 수 있는 통제된 능력이며, 수행자의 능력에 영향을 미치는 두 가지 요건르으로서는 첫째, 예측 가능한 자극에 대해 알려진 방향과 형태에 대한 반응(단거리 주자가 출발신호총에 반응하는 것), 둘째, 다소간 예측할 수 없고 광범위하게 변할 수도 있는 일련의 자극에 대해 방향도 모르고 그 형태를 결정할 수 없는 반응이다(수비자가 공격자의 스피드와 방향 등에 반응하는 것). 두 번째 조건의 경우에 수행자의 반응은 몸이 항상 거의 모든 방향으로 최대의 스피디한 반응을 할 수 없는 위치에 있으므로 처음에는 정확성이 떨어지고 느려지게 된다.

⑤ 유연성(flexibility)

유연성이란 신체의 유연한 정도로서, '하나 또는 여러 관절의 운동 가능한 생리적 최대 범위' 로 정의되며, 근육, 건, 인대의 신축성을 의미하는 용어이다. 스포츠 상해와도 관련이 있는데 유연성이 좋은 사람은 그렇지 못한 사람에 비해 스포츠 손상을 입을 확률이 그만큼 적어진다.

⑥ 평형성(balance)

평형성은 중력에 대하여 신체의 위치를 유지하고 지탱할 수 있는 능력 또는 정지된 상태에서 능률적인 반응을 위하여 신경 근육 조직의 평형을 유지하거나 동작 상태에서 능률적인 자세로 신경, 근육조직을 통제할 수 있는 능력으로 일상생활이나 스포츠 활동 중 균형 및 안정유지에 있어 중요하다. 특히 평균대 동작, 물구나무 서기 등의 동작에서 중요한 체력 요소가 된다.

⑦ 전신지구력(cardiorespiratory endurance)

전신지구력은 심폐지구력이라고도 하며, 호흡순환계에 부하가 주어진 상태에서 운동을 장시간 지속할 수 있는 능력 또는 신진대사를 촉진하고 산소를 조직에 공급하여 산화에너지를 계속 발생시킬 수 있도록 하는 호흡순환계의 능력이다. 오래달리기나 마라톤을 할 때 가장 중요한 건강관련 체력으로 심장, 허파, 혈관, 근세포의 산소 이용률과 직접적인 관련이 있다. 전신지구력을 향상시키기 위해서는 심장과 허파에 부하를 줄 수 있는 운동을 규칙적으로 해야 한다.

⑧ 협응력(coordination)

체력의 여러 기능은 협응해서 통합적인 능력을 발휘하게 된다. 그러므로 협응력은 '신경계의 억제와 흥분 기능이 시간적, 공간적, 양적으로 조화되어 동작의 수정이 수시로 일어나는 것' 으로 정의할 수 있다. 다른 용어로는 조정력, 협조성 등으로 불리기도 한다. 일반적으로 협응력은 사지 협응력(multi-limb coordination)과 총체적 협응력(gross-body coordination)으로 구분되며, 사지협응력은 손과 발을 동시에 조정할 수 있는 능력을 가리키며 여러 가지 도구를 조작하는 과정에서 두 손, 두 발 또는 손과 발의 동시적 동작이 요구되는 신체 기능 요인에 속한다. 총체적 협응력은 전신 동작을 수행하는 과정에서 여러 신체 부위를 조정할 수 있는 능력을 가리키며 민첩성 및 운동감각(반응시간)의 조합에 의하여 발휘된다.

2) 체력 증진을 위한 트레이닝

(1) 트레이닝의 분류

① 형식상의 분류

트레이닝의 형식은 휴식을 하는 방법에 따라 분류하는 것이 편리하다. 〈그림 10-1〉 에서 보는 바와 같이 완전한 휴식을 사이에 두고 트레이닝을 되풀이하는 방법을 반복 훈련(Repetition Training)이라고 하며, 동적 휴식을 취함으로써 충분히 신체의 피로를 회복시키기 전에 다시 부하(load)를 주게 하는 방법을 구간 훈련(Interval Training)이라 한다. 그리고 일단 트레이닝이 시작되면 중도에 전혀 휴식을 취하지 않고 하는 방법을 지속 훈련(Continuity Training)이라고 한다.

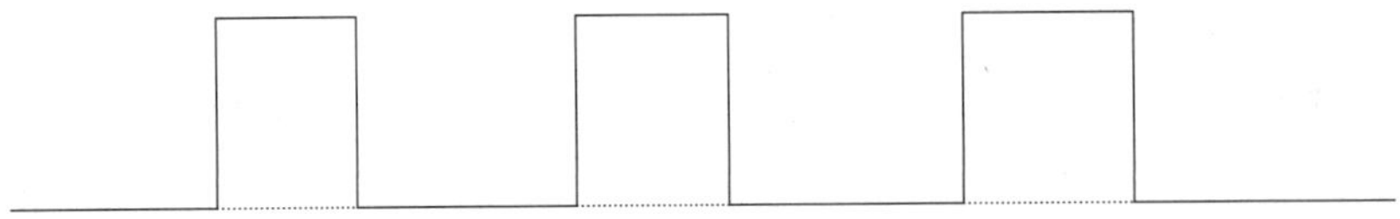

반복 훈련(Repetition Training)

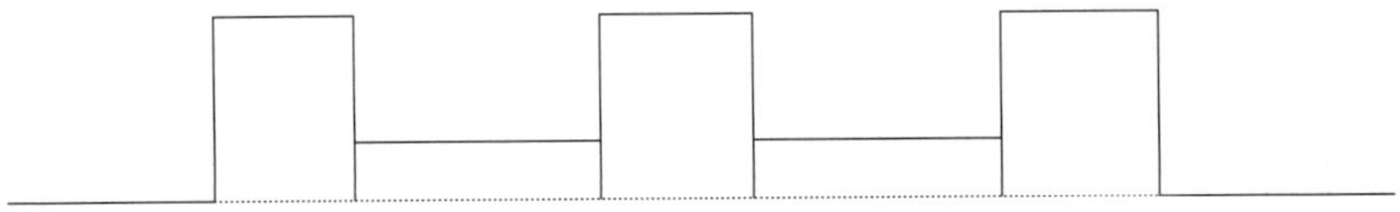

구간 훈련(Interval Training)

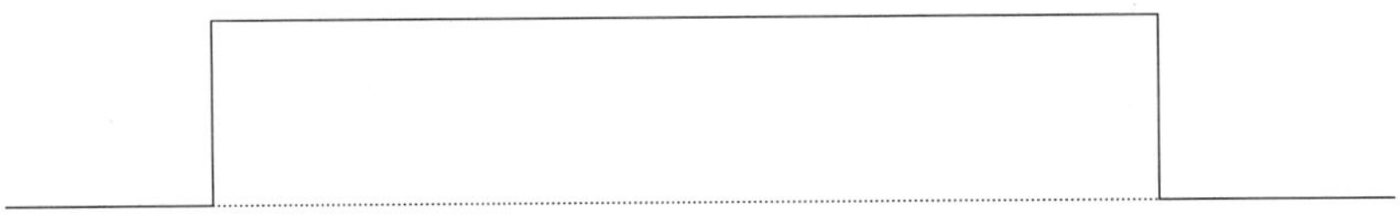

지속 훈련(Continuity Training)

그림 10-1. 휴식방법으로 본 트레이닝의 종류[366)]

② 내용상의 분류

- 기술 트레이닝 : 스포츠의 기술을 향상시키기 위한 트레이닝이다. 기술은 생리학적으로 보면 신경 전달의 경로가 고정된 것이므로 반복연습에 의해 학습된 기술을 신경근에 고정화시키는 것이므로 테니스, 골프 등 각종 스포츠의 기술 향상을 위해 반복훈련을 하는 것은 모두 기술 트레이닝이다.
- 근력 트레이닝 : 대개 중량으로 근육에 부하를 걸어 근력을 강화시키며, 근력 강화를 위한 대표적인 훈련방식이 웨이트 트레이닝(weight training)이다.
- 지구력 트레이닝 : 근지구력 트레이닝의 대표적인 방법으로 서킷 트레이닝(circuit training)이 있으며. 심폐 지구력 트레이닝의 대표적인 방법으로는 인터벌 트레이닝(interval training)이 있다.
- 유연성 트레이닝 : 유연성 향상을 위한 트레이닝이란 결국 관절의 가동 범위를 넓히는 것으로 대표적인 유연성 트레이닝은 스트레칭을 들 수 있다.

366) 石河利實 外 8, 現代トレーニソクの科學, p.6.; 채홍원, 앞의 책, p. 66.

(2) 트레이닝의 원리

체력 육성, 즉 트레이닝이란 체력 강화를 목적으로 신체에 일정한 자극을 주는 것을 의미하는데, 트레이닝의 원리란 곧 적응 법칙의 한 원리이다. 체력 강화를 위한 자극은 일정한 원칙에 따라 규칙적으로 가해질 때 보다 큰 성과를 기대할 수 있는데, 트레이닝이란 다음과 같은 4가지 적응 법칙이 일어나는 과정이다.

첫째 단계는 단시간의 쇼크기로 적응이 성립되지 않는 단계이다.

둘째 단계는 비교적 장시간에 걸친 대상기간으로 신체가 일시적으로 적응하기 시작하는 단계이다.

셋째 단계는 장시간에 걸친 순화기로 영속적인 적응이 성립된 시기이다.

넷째 단계는 자극이 지나쳤을 때에는 실조기에 들어가는 단계이다. 따라서 트레이닝은 아무렇게나 자극을 주어서는 무의미하며 자극의 강도, 자극의 지속시간, 자극의 횟수 등을 적절히 조절하되 다음과 같은 과학적인 원리를 토대로 실시해야 한다.[367]

① 과부하의 원리 : 과부하(over load)의 원리란 신체가 자극에 적응하고 그 자극을 통한 훈련의 효과를 얻기 위해서는 신체가 감당해 내기 어려울 정도의 강한 자극을 주어야 한다는 것이다. 이를테면, 근력(strength)을 증강시키기 위한 부하(load)는 근육이 감당해내기 어려울 정도의 중량을 이용해서 자극을 가할 때 효과를 얻을 수 있고, 심폐기능 강화를 위한 트레이닝에서는 다소 호흡 곤란을 느낄 정도의 부하를 걸어주어야 트레이닝의 효과가 있다는 것이다. 단위별 목표를 세워 가능한 수준보다 한 단계 높은 자극을 주어야 한다는 원칙이다.

② 점진성의 원리 : 훈련 중 단기간에 부하를 지나치게 빨리 증가시키면 부상이나 발병의 원인이 되기 쉽고 트레이닝의 효과도 거둘 수 없다. 반대로 일년 중 내내 같은 강도의 트레이닝을 해서도 효과적인 체력 향상을 기대하기 어렵다. 그러므로 점차로 부하를 증가시켜야 한다는 원칙을 점진성의 원리라고 한다. 예를 들어, 웨이트 트레이닝을 할 경우 처음에는 실시 회수를 점차로 늘여가다가 후반에는 중량을 늘이고 실시 회수를 줄여가야 한다. 일반적으로 10-12주 단위로 운동 프로그램을 재설정하여 점진적으로 증가시켜 나간다.

③ 반복성(계속성)의 원리 : 수일간으로 트레이닝을 하다가 그만 둔다면 아무런 효과도 없다. 또한 단기간 트레이닝을 한 후에 긴 휴식기를 갖는 방식 또한 바람직하지 못하다. 반복성의 원리란 트레이닝이 꾸준히 계속될 때 가장 큰 효과를 거둘 수 있다는 원칙이다. 운동시간이 부족할 경우 하루의 운동시간은 줄이더라도 년 중 계속적으로 행하는 것이 좋다. 일반적으로 일 주일에 3-5회로 계속적으로 실시하는 것이 바람직하다.

367) 猪飼道夫 外 8, 現代トレ一ニソクの科學, p. 4 참조.

④ 개별성의 원리 : 개별성의 원리란 개인의 성장과 체력의 상태가 모두 다르기 때문에 개인의 특성을 고려하여 실시해야 한다는 원칙이다. 트레이닝이라면 모두 동일한 것을 행하는 것처럼 생각하기 쉬운데 그것은 잘못된 생각이다. 체력이 강한 사람은 강한 사람에게 맞는, 약한 사람은 약한 사람에게 맞는 트레이닝 프로그램을 마련해야 한다. 개별 수준에 맞는 프로그램은 심박수, 자각인지도, 최대산소섭취량 등을 기초로 편성하는 것이 좋다.

⑤ 전면성의 원리 : 전면성의 원리란 신체의 특정 부위나 일부 체력 요소를 발달시키는 것이 아니라 전신을 고르게 발달시켜야 한다는 원칙이다. 유사한 개념으로 다면적 발달의 원리가 있다. 어린이나 청소년의 트레이닝이나 일반 건강 운동을 하는 경우 전문화 된 프로그램보다는 다양한 프로그램을 적용해야 한다는 원칙이다.

⑥ 기타의 원리 : 그 외에도 자각성의 원리, 리모델링의 원리 등이 있다. 자각성의 원리란 어떤 프로그램을 맹목적으로 실시할 것이 아니라 스스로 자각해서 계획을 세우고 트레이닝의 목적에 따라 실시해야 한다는 원칙이며, 리모델링의 원칙이란 과거 및 현재의 문제점을 그때그때 파악하여 다시 트레이닝 프로그램을 짜서 실시해야 한다는 원칙이다.

3) 체력증진을 위한 운동처방

무조건 운동만 한다고 건강해질까? 운동의 필요성은 언제나 느끼고 있으나 실제로 어떤 운동을 어떻게 해야 하는지에 대해서는 잘 모르고 있는 사람이 많다. 그러나 자신의 신체 및 체력에 맞지 않는 운동은 오히려 해로울 수 있다. 운동 처방이란 그 사람의 현재 체력수준을 기초로 하여 운동종목, 운동강도, 운동시간, 운동빈도 등 4가지 요건을 적절히 배분하는 절차이다.

(1) 운동유형(type)의 결정

운동을 실시할 경우에는 자신에게 알맞은 운동을 선택하여야 한다. 아무리 좋은 운동이라도 자기의 신체적인 조건에 맞지 않으면 무리가 따르며 오히려 건강을 해치는 경우도 있다. 운동은 종목에 따라 각각의 특성과 효과가 다르므로 자신의 운동의 목적, 건강상태, 발육상태, 능력과 흥미, 시설과 지도자 등을 고려하여 신중하게 선택하여야 한다.

(2) 운동강도(intensity)의 결정

체력을 증진시키기 위해서는 운동강도가 인체에 적절한 자극을 줄 수 있는 정도가 되어야 한다. 운동강도가 너무 낮으면 운동의 효과를 얻을 수 없고, 운동강도가 너무 높으면 운동 중에 사고나 상해가 발생할 위험이 높다.

일반적으로 근력증강을 위한 트레이닝에서는 주로 중량부하운동(weight resistance training)을 고강도-저반복의 형태로 수행하는 것이 권장되고 있다. 초보자의 경우 최대근력(1RM)의 80-85% 정도 강도로 반복횟수 6-8회, 3세트로, 중, 상급자의 경우 최대근력(1RM)의 80-90%

정도 강도로 반복횟수 4-8회, 5-8 세트 실시할 것이 권장된다.

근지구력 증강을 위한 트레이닝에서도 중량부하운동(weight resistance training)의 형태로 이루어지나, 근력 강화 운동프로그램과 달리 저강도-고반복의 형태로 수행하는 것이 권장된다. 최대근력(1-RM)의 30-60% 정도의 강도로 반복횟수 15-20회, 3세트 실시한다.

심폐지구력 증강을 위한 운동 프로그램으로서는 유산소 운동이 권장되고, 운동 강도의 결정은 카보넨(Karvonen) 공식을 이용한 목표심박수를 통하여 결정하는 것이 일반적이다.

표 10-2. Karvonen 공식을 이용한 목표 심박수(Target Heart Rate)의 계산

※ 목표 심박수(THR) = [최대심박수-안정시 심박수]×운동강도(%) + 안정시 심박수

- 최 대 심박수 = 220 - 저신의 나이
- 안정시 심박수 = 안정된 상태에서 1분간 측정한 심박수

예) 22세이로 안정시 심박수가 78회／분 일때

1) 운동강도가 60%일때(체력이 낮은 사람)
   목표 심박수=[(220-22)-78]×0.6+78=150회/분
2) 운동강도가 70%일때(체력이 보통인 사람)
   목표 심박수=[(220-22)-78]×0.70+78=162회/분
3) 운동강도가 80%일때(체력이 높은 사람)
   목표 심박수=[(220-22)-78]×0.8+78=174회/분

(3) 운동빈도(frequency)의 결정

운동빈도란 운동을 얼마나 자주 하느냐와 관련된 것으로 대개 일주일에 몇 회의 운동을 해야 하는가로 결정된다. 운동 후 48시간이 지나면 몸은 원래의 상태로 되돌아가기 시작하기 때문에 48시간이 넘지 않게 일주일에 3~5회 실시하는 것이 적합하다고 할 수 있다.

(4) 운동시간의 결정

운동의 지속시간은 얼마로 할 것인가의 문제이다. 학자들의 연구에 의하면 원하는 트레이닝 효과를 얻기 위해서는 최소한 20분에서 30분간 지속해야 한다고 한다. 물론 이것은 준비운동이나 정리 운동하는 시간은 제외한 시간이며, 최대 심박수의 60~75%를 유지한 강도로 실시하는 운동시간이다. 결국 건강 유지를 위한 전형적인 운동시간은 다음과 같이 이해하면 될 것이다.

준비운동 5~15분	+	주 운동 20~30분	+	정리운동 5~15분

운동을 시작할 때는 20분 이내의 준비 운동을 한 후에 서서히 운동 부하를 증가시켜 목표 심박수 범위에서 20~30분간의 운동을 하고, 본 운동이 끝난 뒤엔 반드시 정리 운동을 하도록 한다(5~15분간).

4) 운동처방의 순서

(1) **사전 검사** : 사전에 운동을 통한 의학적 치료가 가능한지 여부를 확인하는 단계이다.

(2) **의학적 검사** : 신체의 이상과 질병의 유무를 검사하여 운동이 해가 되는지를 평가하는 단계이다.

(3) **체력 검사** : 연령, 성별에 따른 체력을 평가하고 부족한 체력을 향상시킬 수 있는 운동 프로그램을 제공한다.

(4) **운동부하 검사** : 최대 산소 섭취량과 심박수를 측정한다. 운동 중 심전도와 혈압 등을 관찰하여 이상과 질병을 발견하고 적정 운동 강도를 설정한다.

(5) **평가** : 의학 검사, 신체 조성, 운동부하 검사, 체력 측정 등을 종합적으로 분석한다.

(6) **운동처방** : 운동 검사의 결과를 바탕으로 개인의 건강 상태나 체력 수준을 고려하여 상담을 받고 연습을 해 보는 단계로 유형, 강도, 빈도, 시간 등을 설정하여 알맞은 처방을 한다.

(7) **재평가** : 정기적으로 운동 상황을 체크하고 운동 효과를 평가한다. 부작용 여부를 파악하여 운동 프로그램을 수정 보완한다.

5) 운동의 실시

(1) 준비운동(warming up)

① 준비운동의 목적

- 연습이나 시합에 있어서 시작과 동시에 최상의 컨디션을 유지할 수 있도록 한다.
- 사고나 부상을 예방한다.
- 연습의욕을 고취시킨다.

② 준비운동의 양

- 아침에는 체온이 낮으므로 길게 한다.

◆ 더울 때는 약간 짧게 하고 추울 때에는 조금 길게 한다.

③ 준비운동의 효과

◆ 순환기능을 활성화시킨다.

◆ 체온을 올려 근육의 활동에 필요한 에너지를 만들기 쉽게 한다. 체온이 올라가면 효소활동이 활성화되어 에너지를 만들기 쉽게 된다.

◆ 체온을 올려 근육의 움직임을 빠르게 한다.

◆ 체온을 올려 반응시간을 빠르게 한다. 체온이 올라가면 중추신경계의 흥분도가 높아져 운동수행시간이 빨라진다.

◆ 체온을 올려 근육이나 관절을 부드럽게 해서 운동상해를 예방할 수 있다.

④ 준비운동 시 유의점

◆ 처음부터 격렬한 운동을 하지 않는다. 처음부터 격렬한 운동을 하면 운동에 필요한 에너지를 만들기 위한 산소의 공급이 원활하지 않게 되고 해당작용(glycolysis)으로 에너지를 공급하게 되어 젖산을 축적시켜 피로를 유발하게 된다.

(2) 주 운동 : 주 운동은 심폐 기관을 자극할 수 있는 활동적인 유산소 운동을 포함한다. 주 운동은 운동처방의 원리에 따라야 하고, 몸의 변화에 주의를 기울이며, 부하와 횟수를 점진적으로 증가시켜야 한다. 무리하여 부상을 입거나 자신의 한계를 넘는 격렬한 운동은 바람직하지 못하다.

(3) 정리운동(cooling down)

운동이 끝난 후에 천천히 가벼운 운도이나 조깅을 하고 심호흡을 통하여 호흡조절을 한 후 스트레칭 체조로 마무리 하는 것이 좋다.

① 정리운동의 효과

◆ 정상적인 혈액순환이 유지되도록 한다.

◆ 근육 및 혈액에 쌓여 있는 젖산을 신속히 제거한다. 정리운동을 하면 안정상태로 휴식한 경우와 비교해서 약 2배의 속도로 젖산을 제거할 수 있다고 한다.

◆ 정리운동을 하면 정신적 긴장이 해소되어 편안한 상태를 유지할 수 있다.

② 정리운동 시 유의점

◆ 주 운동 후에 휴식하기 우하여 곧바로 앉거나 눕지 말고 빨리 정리운동을 해야 한다.

6) 운동상해의 예방

운동상해를 예방하고 피해를 최소화하기 위해서는 자신이 하고자 하는 운동에서 발생하기 쉬운 상해를 알고 미리 그 원인을 해결하거나 주의를 기울여 운동을 해야 하며, 운동에 임하는 바람직한 자세를 갖고 신체활동에 임해야 한다.

(1) 운동상해의 원인

- ◆ 기술 및 훈련이 부족할 때
- ◆ 준비운동이 부족할 때
- ◆ 자기 과신이나 주의가 산만할 때
- ◆ 운동에 대한 예비지식의 부족, 반칙, 난폭한 행위가 있을 때
- ◆ 지나친 운동으로 과로할 때
- ◆ 시설과 장비 및 장소의 결합이 있을 때

(2) 운동상해의 예방

- ◆ 심신의 상태가 운동하기에 좋은지를 확인한다.
- ◆ 준비운동과 정리운동을 철저히 하고 운동의 기본기술을 충분히 익힌다.
- ◆ 운동을 무리하거나 과격하게 하지 않는다.
- ◆ 기후나 환경적인 운동조건을 세심히 살핀다.
- ◆ 스포츠맨십을 발휘하는 자세를 갖는다.
- ◆ 자신에게 적합한 종목을 선택하고 즐거운 마음으로 운동에 임한다.

(3) 운동상해 처치의 4원칙(RICE 원칙)

① 안정(Rest)

상해를 입은 뒤에도 운동이나 활동을 계속하고 있으면 상해는 더욱 심해지므로 안정을 하지 않으면 안 된다. 부상을 당한 부위의 사용은 곧 그만둘 것.

② 얼음(Ice)

얼음으로 상처 입은 부위를 식히면, 혈관이 수축하기 때문에 출혈을 줄인다. 그 부위에 혈액이 쌓이면 쌓일수록 회복은 늦게 된다. 그러나 24~48시간 정도 지나면 조직이 재생되므로 그 때까지만 차게 한다.

③ 압박(Cmpression)

압박은 붓는 것을 억제한다. 붓는 것을 방치해 두면, 회복은 늦어진다. 상해를 당하면, 혈액이나 임파선 등이 주위의 조직에서 흘러들어가 상해에 의해 파괴된 부위가 부어오른다.

④ 올리기(Elevation)

상해부위를 심장의 위치보다 높게 해 두면 중력의 작용으로 과잉 출혈이나 붓는 것을 줄일 수가 있다.

제XI장 근대 올림픽

1. 근대 올림픽의 부활
2. 제2차 세계대전 이전의 하계올림픽
3. 제2차 세계대전 이후의 하계 올림픽
4. 동계올림픽대회
5. 근대 올림픽 사상과 이데올로기
6. 올림픽 칼럼

Nikiforos Lytras 에 의해 도안된 올림픽 출전 자격증

제XI장 근대 올림픽

1. 근대 올림픽의 부활

1) 유사올림픽대회

올림픽대회는 시대를 초월한 인류의 유산이다. 1896년 그리스 아테네에서 시작된 근대 올림픽대회는 서서히 성장하여 20세기 후반부터 전 세계에서 가장 크고 영향력 있는 이벤트 중 하나가 되었다.

근대 올림픽대회는 쿠베르탱(Baron Pierre de Coubertin, 1863-1937)이 제창한 것으로 잘 알려져 있지만 고대 올림픽대회가 근대 올림픽대회로 부활한 것은 단순히 쿠베르탱의 발상에 의한 것만은 아니었다. 근대 올림픽이 제창되기 이전부터 이미 고대 올림픽의 부활을 위한 움직임이 있었다.[368] 고대 올림픽과 유사한 각종 종합운동경기축제를 유사올림픽대회(Pseudo Olympic Games)라고 하는데, 그 예가 '코츠월드 올림픽경기대회(Cotswold's Olympic Games)',[369] '머치웬록올림픽결기대회(Much Wenlock Olympic Games)', '자파스올림픽대회(Zappas Olympic Games)', '리버풀올림픽대회(Liverpool Olympic Games)', '대영올림픽대회(Great Britain Olympic Games)' 등이었다. 이 중에서도 근대 올림픽의 부활에 가장 큰 영향을 미친 것은 웬록올림픽대회와 자파스올림픽대회였다.

(1) 머치웬록올림픽

머치웬록올림픽은 1850년 영국의 브룩스박사(Dr. William Penny Brooks, 1809-1895)가 자신이 살던 셔롭셔(Shropshire)의 머치 웬록(Much Wenlock)에 종합경기대회를 창설한 것이 머치웬록올림피언게임(Much Wenlock Olympian Games)이었다. 당시 채택된 종목은 육상, 크리켓, 고리던지기 등 몇 개 종목에 불과했지만 이 대회는 지역적인 관심을 불러일으켜 영국 전역으로 알려지게 되었다.[370]

---

368) 올림픽의 부활에 관하여 연구한 대표적인 학자들은 Ruhl, Messinesi, Gardiner, Mandell, Carr, Girginov 등이다. 이들의 연구는 공통적으로 쿠베르탱의 올림픽 제창은 pseudo olympic을 통해서 영감을 받았기 때문이라고 적고 있다. 정성태·김창규 (공역), **올림픽의 사회학** (서울 : 중앙일보사출판부, 1984), pp. 22-43 참조.

369) 1612-1815년까지 영국 버밍엄에서 약 50km 떨어진 치핑 캄덴(Chipping Camden)이라는 마을에서 도버(Robert Dover)라는 변호사가 자신의 목장을 고대 올림픽이 열린 크로노스 언덕에 비유하여 코츠월드 올림픽이라는 이름의 스포츠 축제를 창설했다. 당시 경기종목은 경주, 투해머, 멀리뛰기, 레슬링, 경마 등이었다. 따라서 영국인들은 근대 올림픽의 뿌리는 영국에 있다고 주장한다. 方光一, **아테네에서 아테네까지** (서울 : 도서출판 홍경, 2005), p. 42참조.

370) Robert A. Mechikoff & Steve G. Estes, *A History and Philosophy of Sport and Physical Education*, 3rd

잉글랜드 체육의 아버지로 불리는 브룩스는 의사였으며, 라틴어, 히브리어 등의 구사 능력을 갖춘 학자로서 영국 의회에 학교 체육의 필요성을 제기하기도 한 인물이었다. 그는 올림픽 학파를 조직하고 올림픽에 대한 연구를 하였으며, 웬록 올림픽대회를 일종의 지방 축제로 발전시켰고, 그것이 쿠베르탱에게 영향을 미쳤기 때문에 브룩스는 많은 학자들로부터 근대 올림픽대회의 설계자였다는 평가를 받게 되었다. 머치웬록올림픽에 관한 정보를 접한 쿠베르탱은 1890년 영국을 방문하여 브룩스박사를 만났으며, 그 만남은 올림픽 부활의 계기가 되었던 것이다.[371] 올림픽 부활의 불씨를 지핀 인물은 브루크박사였으며, 때문에 근대 올림픽 제창의 공을 모두 쿠베르탱에게 돌려서는 안 된다.

(2) 자파스올림픽대회

1793년 근대체조의 아버지 구츠무츠(J. Guts Muths)가 고대올림픽의 부활을 제기했으나 대중적인 지지를 이끌어내지는 못하였다. 1766년 옥스퍼드대학의 챈들러(Richard Chandler)가 고대 올림픽 유적 일부를 발굴하였고, 챈들러의 영향을 받은 괴팅겐대학의 쿠르티우스(Ernst Curtius)는 1875년부터가 유적 발굴 작업을 재개한 끝에 1881년 발굴을 완료했다. 그의 발굴 작업은 유럽 사회에 올림픽의 부활에 대한 기대를 안겨주었다. 그러한 분위기에 편승하여 동시대에 올림픽의 부활을 꿈꾸던 또 하나의 움직임이 있었는데, 그것이 자파스올림픽대회(Zappas Olympic Games)였다. 하나의 종합경기대회로 성장하게 된 이 대회 또한 브룩스박사와 무관하지 않았다.

1859년 브룩스박사는 그리스의 상인이었던 자파스와 그 가족들에게 잉글랜드에서 올림픽과 유사한 경기대회가 개최되고 있다는 사실을 알려주었다. 그 이야기를 들은 자파스 가족들은 영국 웬록올림픽대회와 유사한 대회를 개최하게 되었다. 그리스와 루마니아에서 성장한 자파스는 1859년 자파스올림픽대회라는 이름으로 스포츠축전을 기획하였다. 그는 첫 번째 사업으로 고대 그리스의 아테네 근처에 거대한 경기장을 건립하였고, 고대 올림픽의 주기에 따라 4년마다 대회를 개최하기로 하고 국왕의 승낙을 받아내었다. 자파스올림픽의 주된 종목은 단거리 및 장거리 경주, 스탠딩 점프와 런닝 점프, 하이 점프, 투창, 밧줄타기, 레슬링 등이었다. 첫 대회가 열린 이후 1870년부터 1888년 사이에 걸쳐 간헐적으로 대회가 개최되었으며, 체조, 조정, 수영, 전차경주, 승마, 장대높이뛰기, 줄다리기 등이 추가되었다.[372]

이상의 두 개 대회는 근대 올림픽대회의 부활에 영향을 미쳤던 것으로 확인되고 있다. 영국의 브루크박사는 그리스 정부 영사 제다니우스와 친분을 갖고 있었고, 두 사람은 서로 협력하며, 고대올림픽대회의 부활을 꿈꾸었다. 1881년 브룩스박사는 근대 올림픽의 부활을 위해 국

---

edition, (Boston, London : McGraw-Hill, 2002), pp. 270-271.

371) 方光一, **아테네에서 아테네까지** (서울 : 도서출판 홍경, 2005), p. 43.

372) 정성태 · 김창규(공역), **올림픽의 사회학** (서울 : 중앙일보 출판사, 1984), pp. 22-43 참조.

제적인 행사를 개최하도록 그리스 관료들에게 편지를 썼으나 그 답변을 받지 못했고, 그의 꿈을 프랑스 귀족 쿠베르탱에게 넘겼다.

2) 쿠베르탱의 등장

쿠베르탱(Baron Pierre de Coubertin)은 "근대 올림픽대회의 아버지" 로 일컬어진다. 쿠베르탱은 파리의 귀족 가문 태생이었으며 고전적인 교육을 받으며 성장하였다. 12세가 되던 1875년, 쿠베르탱은 토마스 휴즈(Thomas Hughes)가 쓴 자서전적 소설 《톰 브라운의 학창시절(*Tom Brown's Schooldays*)》을 읽고 큰 감명을 받아 영국의 스포츠 교육에 큰 관심을 갖게 되었다.[373] 성인이 된 그는 프랑스의 교육개혁을 위해 스포츠 교육 도입 운동에 열중하였다. 19세기 강건한 기독교주의 사상을 토대로 신사도의 함양을 기도했던 영국 스포츠 교육과 미국 체육진흥운동을 통해 스포츠에 관하여 깊은 이해를 하게 된 쿠베르탱은 브룩스박사의 조언과 자신의 경험을 토대로 고대 올림픽과 같은 스포츠 제전의 개최 의욕을 불태우게 되었다.

쿠베르탱 가족은 명예심과 애국심이 강했으며, 보불전쟁의 패배 이후 프랑스인으로서 자존심에 많은 상처를 받았다. 그러한 상황에서 그는 프랑스 교육개혁과 체육 강화 등에 깊은 관심을 갖게 되었다.

3) 브룩스의 제안과 쿠베르탱의 올림픽 제창

쿠베르탱(Pierre de Fredy Baron de Coubertin)은 1863년 프랑스 귀족 가문에서 태어났다. 육군사관학교를 거쳐 소르본대학에서 공부했다. 청년이 된 그는 브룩스박사의 조언과 유사올림픽에 영감을 받고 근대 올림픽을 제창하게 되었다.

올림픽을 제창하기 전, 쿠베르탱은 영국과 미국을 방문하여 체육과 스포츠에 대한 식견을 넓혔다. 영국과 미국을 여행한 그는 정치・경제적인 면에서 성공을 거둔 영제국(British Empire)의 기초는 교육 및 사회 개혁이었다는 것을 알게 되었고, 영국의 성공적인 사례가 북미 대륙으로 고스란히 전수되었다는 것도 알게 되었다. 특히 친영국적인 정서를 가졌던 그는 프랑스 교육 개혁과 학교체육의 개선에 큰 관심을 쏟았다. 1889년 교육단체의 후원으로 미국을 방문하여 여러 대학의 체육 프로그램을 관찰하였다. 예컨대 보스턴체육학술발표대회(Boston Conference on Physical Training)에 참석하여 미국의 체육방법, 체육시스템을 깊이 이해하게 되었다.[374] 그리고 미국 방문 기간 중 프린스턴대학에서 정치와 역사를 가르치던 슬

---

373) 方光一, **아테네에서 아테네까지** (서울 : 도서출판 홍경, 2005), p. 47. 이 책은 《톰 브라운의 학교생활》이라는 명칭으로 널리 알려져 왔다. 상세한 내용은 한국어판 하남길(졸역), **머스큐러 크리스천** : 톰 브라운의 학창시절 (서울 : 21세기출판사, 1999) 참조.

374) Robert A. Mechikoff & Steve G. Estes, *A History and Philosophy of Sport and Physical Education*, 3rd edition, (Boston, [Mass.], London : McGraw-Hill, 2002), p. 272.

로안 박사(Dr. William M. Sloane)와 친분을 쌓고 그로부터도 많은 영향을 받았다. 슬로안 교수는 고전을 사랑했으며, 고대 그리스의 운동경기와 스포츠에 깊은 관심을 갖은 인물이었다.

프랑스에 돌아온 쿠베르탱은 체육학술대회(Physical Education Conference) 조직위원회를 구성하고 영국 신문에 학술대회 개최 사실을 알려 친분이 있는 사람들의 참여를 제의하였다. 그 때 영국의 브룩스(Dr. William Penny Brooks, 1809-1895)는 바로 반응을 보였다. 브룩스박사는 쿠베르탱이 스포츠에 관심이 많다는 것을 알고 웬록올림픽대회에 관한 내용을 상세히 알려주고 쿠베르탱을 웬록올림픽대회에 초청하였다. 1890년 10월 웬록에 도착한 쿠베르탱은 체육과 스포츠에 대하여 많은 토론을 하게 되었다.[375] 당시 브룩스의 나이는 81세였는데, 그는 고대 올림픽대회의 부활에 대한 자신의 꿈을 27세의 젊은 쿠베르탱에게 세세히 설명하게 되었다. 그 이후 쿠베르탱은 올림픽대회의 부활을 자신의 운명으로 받아들이게 되었다.[376]

프랑스로 돌아온 쿠베르탱은 브룩스박사의 업적에 찬사를 보내고 근대올림픽의 개최를 위한 근거를 마련하였다. 그는 우선 『애슬레틱 리뷰(Athletic Review: *La Revue Athletique*), Dec. 1890』 지(誌)에 소논문을 게재하였다. 그 글에서 쿠베르탱은 "만약 근대 그리스가 아직도 부활시키지 못했던 올림픽 게임이 오늘날에도 살아있다고 한다면 그것은 그리스 덕분이 아니라 브룩스박사 덕분이다" 라고 썼다. 그리고 브룩스 박사를 가장 나이 든 자신의 친구라고 표현했다.[377] 그리고 1892년 11월 25일 소르본느대학에서 개최된 '프랑스스포츠경기회연합(USFSA: Unions des Societes Francaises de Athletiques: 프랑스체육회)' 창립 5주년 기념 총회 강연에서 '르네상스 올림픽' 이란 제목의 강연을 통해 올림픽 부활에 대한 자신의 구상을 밝혔다.[378] 그러나 반응은 냉담했고, 쿠베르탱의 실망도 컸다.

1893년 두 번째로 미국을 방문한 쿠베르탱은 시카고 만국박람회에 참석하여 올림픽에 대한 구상을 많은 사람들에게 알렸다. 특히 슬로안교수와 올림픽 부활에 관하여 깊이 논의하고 뜻을 같이하였다. 브룩스박사는 쿠베르탱의 근대 올림픽대회 제창에 큰 영향을 미쳤고, 슬로안 교수 또한 쿠베르탱에게 큰 영향을 미쳤다. 그렇지만 결정적인 역할을 한 인물은 역시 쿠베르탱이었다. 쿠베르탱이 올림픽 운동에 헌신한 동기에 관해서는 아직 논란이 많지만 그가 주도적인 역할을 했고, 그는 주도적인 역할을 할 수 있는 지식과 역량을 갖추고 있었다. 그는 프랑스의 명문대학을 졸업했고, 고전교과목을 이수하여 고대 그리스 문화를 잘 이해하고 있었으며, 유창한 외국어 실력을 갖추고 있었다. 의지를 굳힌 그는 각계의 강한 반대에도 불구하고 세계적인 운동경기대회 창설의 뜻을 굽히지 않았다.

고대 올림픽대회의 부활을 위한 쿠베르탱의 두 번째 시도는 1894년에 있었다. 1894년 1월

---

375) 구효송, **현대올림픽의 전개과정 I** (태동기-1900) (서울 : 도서출판 상아기획, 2008), p. 52.

376) Robert A. Mechikoff & Steve G. Estes, *A History and Philosophy of Sport and Physical Education*, 3rd edition, (Boston, [Mass.], London : McGraw-Hill, 2002), p. 272.

377) *Ibid.*,

378) 方光一, 앞의 책, p. 52.

쿠베르탱은 6월 17일에 개막될 예정이었던 파리만국박람회(Universal Exposition) 기간 중 국제학술대회(International Congress)를 개최할 계획을 세웠고, 1월 15일 세계 각국 관련 단체에 계획서 초안을 보냈다. 그리고 1894년 6월 16-24일까지 파리 소르본느대학 강당에서 영국, 프랑스, 미국, 스웨덴, 벨기에 그리스 이탈리아, 러시아, 헝가리, 보헤미아(현 체코), 뉴잴랜드, 아르헨티나 등 20개국 47개 단체 79명이 대표가 참석하는 국제파리총회(Congress International de Paris: Pour le retablissement des jeux olympiques)를 개최하였다.[379]

파리국제총회에서는 1주일 동안 격론을 벌인 끝에 투표를 통해 올림픽 경기의 부활을 결정하였다. 당시 결정 사항은 1896년 고대 올림픽대회의 성지인 아테네에서 제1회 대회를 개최한다는 것이었다. 국제올림픽위원회(IOC)의 초대위원장으로 그리스의 비켈라스(Demetrius Vikelas, 1894-1896)를 선출되었고, 쿠베르탱은 IOC 초대 총무로 위촉되었다. 이후 14명의 IOC 준비단이 결성되었으며, IOC는 쿠베르탱의 뜻을 받아들여 올림픽 부활의 큰 뜻을 설파한 영국의 브룩스 박사를 명예회원으로 추대하였다.[380] 올림픽의 이념은 평화와 화합이었고, 1894년 총회의 결정사항은 다음 5개항이었다.[381]

첫째, 1896년을 근대올림피아드의 첫해로 한다.

둘째, 고대 올림픽대회의 전통에 따라 4년마다 개최하되 세계 각국의 대도시를 순회하며 개최한다.

셋째, 경기종목은 근대 스포츠에 한한다.

넷째, 제1회 대회에 관한 모든 사항은 쿠베르탱과 비켈라스에게 위임한다.

다섯째, 최고의 권위를 갖는 국제올림픽위원회(IOC)를 구성한다.

쿠베르탱은 총회기간 중이었던 1894년 6월 15일자 『르뷔 드 빠리(*Revue de Paris*)』지(誌)에 '올림픽대회의 부활' 이라는 글을 실었다. 그의 목표는 제1회 대회를 1900년 파리에서 개최하는 것이었다. 그러나 올림픽대회의 결정과 동시에 6년의 세월을 기다리는 것은 너무 길다는 비판이 나왔다. 그리고 스웨덴의 발크(Balck)가 스톡홀름을 제1회 대회 개최지로 제의했고, 몇몇 위원들은 런던을 추천하였다. 그러나 대다수의 위원들이 고대 올림픽의 발상지인 아테네로 하자는 데 동감을 표시했다. 어쩔 수 없이 쿠베르탱은 비켈라스와 논의 끝에 2년 후인 1896년 아테네에서 개최하기로 합의하였고, 쿠베르탱이 "제1회 근대올림픽대회의 개최 영예를 그리스에 양보하고 싶다." 라고 제안하자 참석자들은 만장일치로 그렇게 결정하였다. 쿠베르탱은 자신이 주도해온 고대 올림픽의 부활이라는 작품을 조국 프랑스에 바치고 싶었지만 그의 욕심은 물거품이 되고 말았다.

---

379) 方光一, 앞의 책, p. 55.

380) Robert A. Mechikoff & Steve G. Estes, *A History and Philosophy of Sport and Physical Education*, 3rd edition, (London : McGraw-Hill, 2002), p. 273.

381) 方光一, 앞의 책, pp. 56-57 참조.

IOC 창립 멤버는 15인이었다. 당시 IOC의 주요 임원들은 회원국의 귀족들과 고위층 인사들로 구성 되었다. 당시 IOC위원은 쿠베르탱이 선발한 다음, 회의 참석자들의 찬성으로 가결되었으며, 1895년 독일 게르하르트 위원이 추가되어 총원은 16명으로 확정되었다.[382]

2. 제2차 세계대전 이전의 하계올림픽

1894년 고대 올림픽의 부활이 결정되었으나 짧은 준비 기간 동안에 첫 대회를 개최하는데 많은 어려움이 따랐다. 당시 총회의 결정 사항은 1896년 제1회 대회를 개최하고, 4년마다 세계 각국이 순회하면서 올림픽을 개최하는 것이었으나 초기의 올림픽은 경험의 부족과 재정적인 문제로 인하여 세계박람회의 부속 행사로 전락했으나 제5회 스톡홀름 올림픽부터 체계가 잡히기 시작하였다. 제6회 올림픽은 제1차 세계대전으로 열리지 못하는 굴곡을 겪었으며, 1936년 베를린대회까지는 주로 미국의 독주 상태 속에 올림픽은 인류의 스포츠 및 문화 축제로 자리를 잡아갔다.

1) 제1회 올림픽, 그리스 아테네(Athens Greece, 1896)

(1) 개요

1894년 고대 올림픽의 부활을 결정하였으나 2년의 준비 기간은 너무 짧은데 비하여 해결 과제들은 산적해 있었다. IOC사무총장을 맡은 쿠베르탱 남작은 제1회 아테네 올림픽대회대회의 개최를 위하여 각국의 정부와 사회단체, 기업 등으로부터 재정 확보를 위한 피나는 노력을 해야만 했다.

1829년 터키로부터 독립한 그리스의 재정 상태는 아주 나빴다. 실제로 그리스 수상 트리쿠피스(Charilaos Tricoupis)는 국민의 이해도가 낮고 노동자들의 파업으로 안전이 보장되지 않는다는 이유를 들어 올림픽 개최가 불가능하다고 말했다. 그 사이 헝가리는 쿠베르탱에게 부다페스트에서 개최할 것을 제의했다. 그러나 쿠베르탱은 국제회의의 만장일치 결의사항이므로 변경할 수 없다고 판단하고 그리스로 가서 왕자를 만나고 부호들을 설득하였다. 결국 쿠베르탱의 제안과 요청으로 콘스탄틴 왕자(Prince Constantine)가 조직위원장을 맡았다. 전환점이 된 것은 이집트 알렉산드리아에 있는 그리스의 부호 아베로프(George Averoff, 전 이름 Avykris)가 920,000드라크마(1896년 환률 ￡36,500)를 기부함으로써 고대 판아테나이(Panathenaic) 경기장 유적지에 50,000 여명이 관전할 수 있는 경기장을 완공하게 된 것이었다.[383] 따

382) Robert A. Mechikoff & Steve G. Estes, *A History and Philosophy of Sport and Physical Education*, 3rd edition, Boston, [Mass.] ; London: McGraw-Hill, 2002, p. 273.

383) Stan Greenberg, *The Guinness Olympics Fact Book* (Middlesex : Guinness Publishing Ltd., 1991), p. 13

라서 그리스의 개최 불가능에 대비했던 헝가리 부다페스트의 꿈은 사라지게 되었다.

1896년 4월 6~15일까지 제1회 올림픽대회가 개최되었다.384) 4월 6일은 기독교회에서나 그리스 정교회에서나 모두 일치되는 부활절 주간에 속했기 때문에 쿠베르탱은 예수 부활의 상징성을 고려하여 그날에 맞추었는데, 그날은 요행이 그리스 독립 75주년 기념일이었다.

(2) 특징

① 올림픽대회로서 권위가 약했다.

참가 선수단이 입장하자 국왕은 "지금으로부터 근대올림픽 제1회 대회 개최를 선언한다.(I hereby proclaim the opening of the First International Olympic Games in Athene)" 라는 개회선언으로 대회의 막이 올랐다.385) 아테네 올림픽대회 종목은 8개 종목에 42개의 세부 종목이 있었다.386) 그리고 홍보가 덜 되어 각국의 최고 선수들이 참가하지 못했고, 참가자의 절반가량이 그리스인들이었다. 처음 열리는 대회라 대회의 권위는 떨어질 수밖에 없었다. 예컨대 당시 세계 최고의 운동경기단체였던 미국의 뉴욕애슬레틱클럽(The New York Athletic Club)과 보스턴운동경기협회(The Boston Athletic Association)에서는 그리스에서 미국의 대표 선수를 보내달라는 요청을 하자 조소(嘲笑)를 보내며 불응했고, 결국 보스턴운동경기협회의 일부 선수와 몇몇 대학선수들이 미국 대표로 참가하였다.387)

② 여성의 참여가 금지된 대회였다.

제1회 대회의 여성참여는 금지되었다. 고대 올림픽대회의 전통을 계승한 것으로 보이나 13개국 311명(선수 245명)의 선수단 구성원이 모두 남자였다.388) 근대 올림픽의 창시자인 쿠베르탱도 여성의 역할을 인정하지 않았다. 그는 여성의 역할을 승리자에게 관을 전달해주는 정도로만 생각했다. 여성참가 금지 전통은 제2회 프랑스 파리올림픽대회부터 깨어졌으나 파리올림픽대회에서도 참가 선수 1,077명 중 여자 선수는 12명에 불과했다.

③ 육상의 트랙 선수들은 우회전 주로를 달렸다.

첫 올림픽대회의 주된 종목은 육상이었고, 육상 트랙 경기는 오늘날과 같은 좌회전 경기가 아니라 우회전 경기였다. 당시 판아테나이 경기장은 고대 스타디온을 모방하여 설계된 것으로 트랙의 길이가 333.33m였다. 오늘날의 400m 트랙보다 67m 짧은 거리였다. 직선 코스는 긴 반면 곡선주로는 급커브로 짧아서 헤어핀 커브(hairpin curb)라고 불렀다. 당시 어떤 이유로

---

384) 이 기간은 쥴리우스 역(Julian Calendar)로 3. 25-4. 3일에 해당됨으로 3월말부터 4월초로 기록한 것들도 있다.
385) 方光一, 앞의 책, p. 72.
386) 8개 종목은 육상, 수영, 체조, 레슬링(그레꼬로만형), 펜싱, 사격, 사이클, 테니스였다.
387) Robert A. Mechikoff, op. cit., pp. 273-274.
388) 어떤 자료에는 14개국으로 된 것도 있다. 이탈리아 선수 때문이었다. 이탈리아의 한 선수가 밀라노에서 아테네가지 걸어서 참가했으나 아마추어가 아니라는 이유로 참가하지 못했기 때문에 1개국은 제외되었다.

트랙을 오른쪽 방향으로 달리게 되었는지 분명하지는 않으나 영국 경마 경주방식을 따랐다는 것이 통설이다. 그리고 1864년 3월 세계 최초로 열린 영국 옥스브리지(Oxbridge) 육상 교환경기에서도 우회전 육상 경기를 했다. 이러한 전통은 1912년 창설된 국제육상경기연맹에서 뛰는 방향은 왼쪽방향(left-hand inside)으로 한다는 결정에 따라 오늘날과 같은 방식으로 바뀌게 되었다.

④ 1위에게는 은메달, 올리브관, 상장이 수여되었다.

올림픽대회에서 입상자에게는 금, 은, 동메달이 수여된다. 그러나 당시 1위에게는 은메달과 올리브관, 상장이 동시에 주어졌고, 2위에게는 월계관과 동메달, 상장이 주어졌으며, 3위는 시상도 하지 않았다. 올리브관을 준 것은 올리브가 제우스신의 신수(神樹)였기 때문이었으며, 월계관은 아폴로 신의 신수였기 때문이다.

⑤ 특별 종목은 투원반과 마라톤이었다.

그리스가 자국에서 올림픽대회를 개최하면서 고대 올림피아제의 전통을 바탕으로 야심 차게 도입한 특별한 두 종목(투원반, 마라톤)이 있었다. 우승을 기대하였던 것이다. 그러나 투원반에서는 미국의 가렛(Robert Garret)이 우승을 차지했다. 마라톤은 쿠베르탱과 뜻을 같이한 프랑스의 브레알(Michel Breal)이 기원전 490년 페르시아 전쟁의 승리 소식을 고국에 알리기 위하여 마라톤 벌판을 달려와 승리 소식을 알리고 숨진 그리스의 전설적인 군사(軍使) 필립피데스(Philippides : pheidippides)의 뜻을 기린다는 의미에서 정식 종목으로 추천하였고, 그리도 거기에 동의함으로서 채택되었다. 마라톤경주는 40km 코스에서 개최되었고, 25명의 선수 중 절반이 그리스 선수들이었다. 그 경기에서 무명의 그리스의 양치기 청년 루이스(Spyridon 'Spyros' Louis)가 우승하여 그리스의 영웅이 되었다.

⑥ 기타

아테네올림픽대회 육상경기 12종목 중 미국은 9개 종목을 석권했다. 100m에서 우승(12.00)한 버크(Thomas Burke)는 유일하게 크라우칭 스타트를 선보였다. 체조는 독일이 강세를 보였고, 레슬링은 체중 제한이 없었으며, 사이클링에서는 자전거의 나라 프랑스가 6종목 중 4종목을 석권했다. 재미있는 것은 체조 3종목을 석권한 독일의 슈만(Karl Chumann)은 레슬링에서도 우승하는 진기록을 세웠다는 것이다. 올림픽대회 첫 메달의 주인공은 1896년 4월 6일 세단뛰기(triple jump: hop-step-jump)에서 우승한 미국의 제임스 코놀리(James Connolly)였다. 13개국 올림픽 위원회를 대표하는 311명의 임원과 선수들이 참가했다. 그러나 약 200명은 주최국 그리스인들로 대회 규모는 매우 작았다.389)

2) 제2회 올림픽, 프랑스 파리(Paris France, 1900)

389) Stan Greenberg, *The Guinness Olympics Fact Book* (Middlesex : Guinness Publishing Ltd., 1991), p. 12.

(1) 개요

1896년 아테네 올림픽대회 기간 중에 개최된 제2차 IOC 총회에서 비켈라스는 그리스가 고대 올림픽의 발상지라는 점에서 올림픽의 그리스 영구 개최 안을 내놓았고, 대부분의 IOC위원들은 찬성하였으나 쿠베르탱의 고집으로 제2회 올림픽대회경기는 프랑스 파리에서 개최하게 되었다.390)

쿠베르탱은 1900년 만국박람회(Universal Exposition) 기간(5. 14일 개막) 중에 올림픽을 개최하기로 하였다. 그러나 쿠베르탱의 그와 같은 계획은 큰 실수였다. 만국박람회 조직위원장조차 스포츠 활동을 무시하는 태도를 취했고, 프랑스 국민들도 올림픽에는 무관심했으며 에펠탑의 경이로움과 올림픽과 함께 열린 각종 전시회에서 벌어지는 전통 오락이나 놀이를 더 선호하는 모습을 보였다.

IOC 기록에 의하면 축구, 폴로, 요트, 럭비, 체조, 크리켓, 수영, 펜싱, 줄다리기, 양궁, 조정, 사격, 육상, 테니스, 사이클, 승마, 골프 등과 같은 종목의 경기가 열렸고, 22개국에서 1,330명의 선수와 임원이 출전했다고 한다.391) 이 대회를 계기로 쿠베르탱은 앞으로 4반세기 동안 자신이 IOC위원장을 맡아야 되겠다는 생각을 굳혔다고 한다.

(2) 특징

① 만국박람회 부속 행사로 열렸으며, 5개월 동안 개최되었다.

올림픽대회는 관심을 끌지 못했으며, 대중의 무관심 속에 굴욕적인 상황을 맞은 쿠베르탱은 자동차 경주, 소방사 경기 등의 종목을 올림픽대회에 포함하자는 강요에 어쩔 수 없이 동의 하였고, 줄다리기가 올림픽의 하이라이트가 되는 해프닝이 벌어졌다. 위기의식을 가졌던 IOC 위원장 쿠베르탱은 자신이 직접 조직위원회 위원장을 맡아 열정을 다했으나 올림픽은 5월 20일부터 10월 28일가지 약 5개월 동안 개최되면서 매우 느슨한 분위기로 전락했다. 개회식도 없었다. 세느강에서 요트 경기의 출발로 올림픽은 시작되었고, 그밖에 자동차 경주, 낚시대회, 연날리기대회, 기구경기(氣球競技) 등이 열리는 그야말로 만국박람회 부속경기대회의 성격을 띤 대회였다.

② 여자 선수가 처음으로 출전한 대회였다.

파리 올림픽대회동안 여자운동선수들은 골프, 테니스에 처음으로 참가 하였다. 잉글랜드의 윔블던 챔피언이었던 샤롯 쿠퍼(Charlotte Cooper)는 여자 테니스에서 우승함으로써 7월 9일 여성 최초의 금메달리스트가 되었다.392)

---

390) George R. Matthews, "The Olympic Games, 1896-1912" Master's Thesis, San Die해 State University, 1977, p. 30.

391) 전체 참가자 중 프랑스 참가자가 884명이었다. 자료마다 참가국과 임원 및 선수의 수는 다르게 나타나 있다. Robert A. Mechikoff의 책(pp. 274-275)에서는 22개국의 참가선수와 임원은 1,319명이었다고 적혀 있다. 방영일의 앞의 책(p. 83)에서는 여자선수가 19명으로 기록되어 있다. 여기에서는 《기네스올림픽팩트북》의 내용에 따라 전체 참가인원만 기술되었다.

③ 아시아 선수가 최초로 참가한 대회였다.

1900년 파리 올림픽대회에는 최초로 아시아 선수가 출전한 대회였다. 그는 영국에 유학중이었던 인도의 프릿차드(Norman Pritchard)393)로 200m달리기(200mF)와 200m허들(200mH)에서 은메달을 차지하여 아시아 최초의 올림픽 메달리스트가 되었다. 그는 훗날 허리우드의 배우로서도 크게 성공을 거두었다.

④ 잉글리시 선데이 전통이 남아 있었다.

미국 선수들은 대부분 대학생들이었고, 대학생들은 교회의 통제와 전통을 따르고 있었기 때문에 일요일에 벌어지는 경기에는 참여하지 않기로 결정하였다. 예컨대 멀리뛰기 세계 기록보유자였던 프린스테인(Myer Prinstein)은 유대인으로서 시러큐스대학(University of Syracuse)의 후원을 받는 독실한 감리교 신자였고, 일요일에 벌어진 결승전에 출전을 하지 않았다.

⑤ 올리브관 대신에 상금이 등장한 대회였다.

쿠베르탱은 그의 회고록에서 파리 올림픽을 굴욕적인 부속물(humiliated Vassal)이라고 적었다. 만국박람회 그늘에 올림픽이 가려져버렸기 때문이었으나 다른 문제도 있었다. 올림픽 우승자에게 올리브관이나 월계관이 주어져야 했으나 메달에는 박람회, 월계관 등이 함께 새겨져 있었고, 올리브관이나 월계관 대신 상금이 주어졌다.

⑥ 기타

미국의 크랜즈레인(Alvin Kraenzlein)은 60m, 110mH, 200mH, 멀리뛰기에서 금메달을 획득하여 4개의 금메달을 목에 건 선수가 되었다. 육상에서는 제1회 대회와는 달리 모든 스프린터들이 크라우칭 스타트를 하는 모습이었고, 마라톤에서는 아테네대회의 양치기 청년에 이어 파리대회에서는 빵집 배달원이 우승했다. 그리고 8월 26일 열린 조정경기에서는 해프닝이 벌어졌다. 조정경기 유타페어(coxed pairs) 결승에서 네덜란드 팀은 조타수(cox)에 문제가 있어 급히 프랑스의 한 소년을 네덜란드 팀 조타수로 기용하였다. 우승 후 시상식에 참석하고 사라진 소년은 누구였는지 알 수 없으며, 당시 사진으로 보아 7-12세 정도의 소년이었던 것으로 추정하고 있다.

3) 제3회 올림픽, 미국 세인트루이스(St. Louis USA, 1904)

(1) 개요

제3회 올림픽 개최지 선정 공모에서 IOC는 시카고(Chicago)와 세인트루이스(St. Louis)로부터 개최지 신청을 받았다. 1901년 시카고에서 올림픽 유치를 위한 사절단이 IOC를 방문하여 적극적인 개최 의사를 표명했으나 세인트루이스는 다소 소극적인 태도로 개최지 경쟁에 임했

392) Stan Greenberg, *The Guinness Olympics Fact Book* (Middlesex : Guinness Publishing Ltd., 1991), p. 14.
393) 훗날 미국 헐리우드의 유명한 배우가 되었다.

다. 이로 인해 시카고는 제3회 올림픽대회 개최지로 선정되는 듯 했지만 상황은 급변하여 세인트루이스가 개최지로 결정되었다. 세계박람회 개최를 빌미로 미국 정부와 시의 관계자들이 개최지 변경을 요구했던 것이다. 미국이 개최국으로 선정되자 IOC는 루즈벨트 대통령(President Theodore Roosevelt)에게 올림픽 의장직을 맡아 달라는 제의를 하게 되었고 루즈벨트 대통령은 의장직을 수락하였다. 시카고가 올림픽대회 개최지로 확정이 되자, 세인트루이스를 옹호하던 단체들은 세인트루이스 세계박람회가 개최되는 시기와 겹쳐 올림픽대회가 시카고에서 열리면 그에 대항하는 체육박람회를 개최하겠다고 협박하는 사태도 벌어졌다. 이러한 상황에서 시카고조직위원회는 IOC의 동의를 구하고 올림픽대회경기를 세인트루이스 박람회가 끝나는 1905년까지 연기하기로 하였다. 그러나 세인트루이스시의 입장을 받아들여 루즈벨트 대통령도 올림픽대회가 세인트루이스 박람회와 함께 열려야만 한다는 자신의 바램을 IOC에 알렸다. 이에 IOC는 회의를 갖고 투표를 하여 경기 개최지를 세인트루이스로 옮기는 것을 결정하였다. 세인트루이스 조직원들은 환영했지만 시카고 시민들과 각국의 사회단체들은 IOC가 미국 정부의 정치적 영향력을 무시하지 못하고 개최지 선정을 변경한 것을 보고 거세게 비난하였다. 세인트루이스 올림픽대회(1904. 7. 01~11. 23)에는 13개국 625명의 선수단이 참가했으며, 그 중 여자는 8명이었다.[394)]

(2) 특징

① 미국만의 축제로 전락한 대회였다.

세인트루이스 올림픽대회는 최초로 개최지를 변경한 대회였으며, 전 세계적인 스포츠 제전이었다기보다는 미국만을 위한 대회라는 인상을 남겼다. 제2회 파리 올림픽처럼 세계만국박람회 기간에 열렸기 때문에 7월부터 11월까지 약 5개월 동안 벌어진 지루한 국내 잔치가 되고 말았다. 당시 올림픽대회 참가비는 개인이 부담하던 상황에서 아프리카나 아시아 선수들이 대서양이나 태평양을 건너는 참가 여비를 마련하기 어려운 처지였다. 올림픽대회 참가자의 85%가 미국인이었으며, 메달 또한 84%를 미국이 차지했다. 영국과 프랑스는 참가하지 않았으며, 미주에서도 캐나다와 쿠바 정도만 참가하였다. 올림픽대회 종목과 명칭은 육상, 줄다리기, 대학야구, 체조, 라크로스, 대학간 농구, 사이클, 복싱, 양궁, 조정, 테니스, 골프, YMCA장애인경기대회, 올림픽 크리켓 챔피언십 등 매우 다양하였다.

② 스포츠 과학이 관심을 끈 대회였다.

세인트루이스 올림픽대회는 스포츠 기술의 변화에 큰 영향을 미쳤다. 각국의 대표들은 미국선수들의 연습방법, 대회조직, 과학적 준비 등에 큰 관심을 나타냈다. 예를 들어 육상 경기장 트랙의 토질 배합, 근대적인 용구의 개발 등은 스포츠 과학화 운동의 출발점이 된 것으로

---

394) Stan Greenberg, *The Guinness Olympics Fact Book* (Middlesex : Guinness Publishing Ltd., 1991), p. 15.

평가된다.

③ 최초로 금, 은, 동메달이 수여된 대회였다.

세인트루이스 올림픽부터 최초로 1위에게 금메달, 2위에게 은메달, 3위에게 동메달이 수여되는 전통이 확립되었다. 메달 표면에는 승리의 상징인 여신 나이키, 올림피아드, 월계수, 올리브, 제우스신의 흉상 등이 새겨져 있었다.

④ 기타

세인트루이스 올림픽대회에서는 미국선수들이 막강한 전력을 드러낸 대회였다. 육상 트랙에서는 4명의 미국선수들이 3개씩의 금메달을 목에 걸었다. 40km 가량의 코스에서 실시된 마라톤에서는 미국의 로즈(Fred Lorz)가 첫 번째로 결승테이프를 끊어 일약 영웅이 되는 듯했으나 중간에 트럭을 탄 사실이 알려져 선수로서 영구 제명되었다. 그는 훗날 재기하여 1905년 보스턴 마라톤에서 우승하였다. 그런데 마라톤의 실제 우승자였던 영국계 미국인 힉스(Thomas Hicks)는 약물복용선수였던 것으로 알려졌다. 약 11km 지점에서 트레이너가 준 신경흥분제 스트리키닌(Strychnine)을 먹었다고 한다. 오늘날과 같은 도핑제도가 있었다면 금메달은 박탈되었을 것이다. 그리고 줄루족 출신의 렌타우(Lentauw, SAF)가 박람회 참석 요원으로 미국을 방문하였다가 장거리 경주에 출전함으로써 아프리카 흑인으로서 최초의 올림픽대회 참가자로 기록되고 있다.[395] 올림픽대회는 2회 연속 박람회의 빛에 가려 단지 하나의 촌극으로 전락하게 되었다.[396]

4) 제4회 올림픽, 영국 런던(London Great Britain, 1908)

(1) 개요

1904년 IOC는 런던 총회에서 1908년 올림픽대회 개최지를 로마로 확정하였지만 1906년 베수비우스화산(Mt. Vesuvius)의 폭발로 로마는 재정적 부담을 감당할 수 없었다. 이탈리아 정부는 곧 올림픽대회의 개최권을 반납했고, 런던시가 1908년 올림픽 개최 의사를 밝히자 IOC가 이 제안을 받아들였다. 역사상 두 번째로 올림픽대회 개최지가 변경되는 혼란이었다.

1908년 런던올림픽대회도 '프랑스-영국세계박람회' 와 동시에 열려 올림픽은 박람회와 대중의 관심을 나눠가져야만 했다. 그렇게 된 이유는 무엇보다도 재정적인 문제 때문이었다. 박람회조직위원회가 올림픽대회에 필요한 비용을 제공했던 것이다.

런던올림픽대회부터 승리지상주의 풍조가 나타났다. 대표적인 나라는 미국이었다. 미국은

---

395) Stan Greenberg, *The Guinness Olympics Fact Book* (Middlesex : Guinness Publishing Ltd., 1991), pp. 15-16.

396) Robert A. Mechikoff & Steve G. Estes, *A History and Philosophy of Sport and Physical Education*, 3rd edition, Boston, [Mass.]; London : McGraw-Hill, 2002, pp. 275-276.

승리에 연연하는 모습을 강하게 나타내보였으며, 뉴욕타임스에 "우리는 스포츠로서 영국을 꺾을 것이다" 라는 내용의 기사가 실렸다.[397] 그러자 영국 분위기도 덩달아 가열되었다. 미국은 육상경기 종목의 성적만 올림픽 집계 자료가 되어야 한다고 주장했고, 영국은 전 종목의 실적을 집계해야 한다고 주장했다. 경기결과에 대한 실랑이도 계속되었다. 예를 들면 영국이 줄다리기 결승에서 미국을 이긴 이후 미국은 영국 팀이 불법적인 신발(부츠)을 신었다고 강하게 항의했다. 그러나 미국의 항의는 받아들여지지 않았다. 런던올림픽대회는 규모면에서 그 전 대회보다 훨씬 더 진보한 모습이었다.

(2) 특징

① NOC 단위로 참가한 올림픽대회이었다.

제3회 세인트루이스올림픽대회까지는 개인 또는 팀 단위로 참가 신청을 하고 대회에 참가했다. 그런데 런던올림픽대회(1908. 4. 27~10. 31)부터 각국 올림픽위원회(National Olympic Committee)가 엔트리(Entries) 신청을 해야만 했다.[398] 아마추어에 대한 규정에도 관심을 끌었다. 승마, 사격, 요트 등에서는 프로 선수가 있었기 때문에 각각 협회나 연맹 고유의 규칙을 적용하되 그 외 종목은 아마추어만 출전해야 한다는 분위기가 형성되었다. 그 이전까지는 프로선수도 참가하였고, 종목에 따라 상금을 수여하기도 하였다. 올림픽 헌장(Olympic Charter)이 제정되기까지 참가자격과 규정은 대회조직위원회가 결정했을 뿐 아마추어에 대한 명확한 규정은 없었다.

② 개회식 입장 순서가 국명(國名)의 알파벳 순서에 따라 결정되었다.

개회식 입장 시 참가국은 국명이 적힌 표지판과 국기를 들고 행진을 하는 것으로 정해졌다. 이것은 평등주의 원칙을 확립하기 위한 조치였다. 그러나 훗날 국기를 들고 들어오는 것 자체가 올림픽에서 국가주의(Nationalism) 사상의 확산을 부추기는 조치라는 비판을 받게 되었다.

③ 올림픽 신조(信條)가 출현했다.

런던 올림픽대회부터 치열한 국가 간의 경쟁이 시작되었다. 주최국인 영국과 미국은 첨예하게 대립하며 경쟁하였다. 때문에 런던 올림픽대회는 '세퍼즈 부시 전투(The Battle of Shepherd's Bush)' 라고 불렸다.[399] 양국 선수들이 승리에 지나치게 집착하는 태도를 보이자 영국 국교회 회의에 참가한 미국 펜실바니아의 주교 탈봇(Ethelbert Talbot)은 "올림픽대회에서 중요한 것은 승리가 아니라 참가하는 것이다" 라며 선수들을 타일렀다. 쿠베르탱도 "올림픽대회가 국가의 업무가 되고 있다" 라고 한탄하며 7월 24일 열린 각국 임원 초청 리셉션에서 "인생에서 중요한 것은 성공하는 것이 아니라 노력하는 것에 있다. 본질적인 것은 정복하

397) *New York Times,* 12 July 1908, 10.
398) Stan Greenberg, *The Guinness Olympics Fact Book* (Middlesex : Guinness Publishing Ltd., 1991), p. 18.
399) Shepherd's Bush : 메인 스타디움이 건설된 지명.

는 것이 아니라 훌륭하게 싸우는 것에 있다" 라고 말했다.[400] 탈봇 주교와 쿠베르탱의 말은 계속 인용되었고, 1932년 LA올림픽대회에서 이 말이 "쿠베르탱의 말" 로 알려지게 되었다. 그러나 오늘날까지 사용되고 있는 올림픽 신조(Olympic Creed)는 두 사람의 말이 조합되어 생성된 것으로 보고 있다. 바로 이 말이다. "인생에서 가장 중요한 것은 성공이 아니라 투쟁이듯이 올림픽에서 가장 중요한 것은 승리가 아니라 참가하는 것이다. 본질적인 것은 정복하는 것이 아니라 훌륭하게 싸우는 것이다." [401]

④ 42.195km의 거리의 마라톤 경기가 열렸다.

마라톤은 윈저성에서 메인스타디움까지 42.195km의 거리에서 실시되어 오늘날까지 정식거리로 남게 되었다.[402] 또한 고온 다습한 날씨에 치러진 마라톤에서 이탈리아의 도란도(Dorando Pietri)는 결승점을 앞두고 비틀거리며 트랙을 도는 사이 몇 명의 임원들이 부축해주는 상태로 달려 골인하였으나 2위였던 미국의 헤이즈(Johnnny Hayes)가 항의하자 도란도 피에트리는 실격 처리되었다. 마라톤 거리가 마라톤 거리가 26마일 385야드로 늘어나지 않은 예전대회의 거리였다면 우승자로 기록되었을 것이나 그의 기록은 남을 수 없었다. 그 외 여자선수들의 증가, 인공 풀에서 열린 수영경기 등도 런던 올림픽대회의 또 다른 특징이었다.

⑤ 기타

런던 올림픽대회 종목은 육상, 수영, 줄다리기, 조정, 하키, 복싱, 체조, 레슬링, 요트, 사이클링, 펜싱, 양궁, 사격, 테니스, 라크로스, 모터보트, 폴로, 라켓, 럭비풋볼, 피겨스케이팅, 쥬더 뽐(Jeu de Paume) 등 22개였다. 입장식에서 미국 국기가 게양되지 않은 것에 대한 반발로 미국선수들은 입장식에서 국왕에게 경의를 표하지 않는 항의를 했다. 줄다리기(8명)에서는 영국 선수들이 강철 테가 부착된 부츠(steel rimmed boots)를 신고 출전하자 미국이 심하게 항의했으나 영국 심판은 미국 측의 항의를 일축하였다. 육상 400m에서 영국 홀스웰(Wyndham Halswell)이 3위를 하였으나 1, 2위를 한 미국 선수들이 진로 방해를 하였다는 판정으로 3명이 재경기를 하기로 결정하였으나 미국 선수들이 불참함으로서 홀스웰이 혼자 달려 1위가 되었으며, 2, 3위는 기록으로 남지 않았다.

---

400) 방광일, 앞의 책, p. 102.

401) The most important thing in the Olympic Games is not to win but to take part, just as the most important thing in life is not the triumph but the struggle. The essential thing is not to have conquered but to have fought well.

402) 아테네(1회) 40km, 파리(2회) 40.26km, 세인트루이스(3회), 40km으로 대회 때마다 거리가 달랐다. 런던 올림픽 마라톤도 원래는 25마일 지점에서 출발하도록 할 예정이었다. 그러나 출발 지점은 윈저성(Windsor Castle)으로 변경되었으며, 윈저성에서 스타디움까지의 거리는 26마일이었다. 그런데 그 사실을 안 메리 공주가 출발 지점을 왕실 유치원(royal nursery) 창문 아래로 할 것을 요청하는 바람에 거리가 조금 늘어나 26마일 365야드(42. 195km)가 되었다. 그 이후에도 마라톤의 거리는 들쭉날쭉하였으나 1924년 파리대회에서 42.195km를 표준 거리로 확정함으로써 지금까지 적용되고 있다. Stan Greenberg, *The Guinness Olympics Fact Book* (Middlesex : Guinness Publishing Ltd., 1991), p. 20 참조.

5) 제5회 올림픽, 스웨덴 스톡홀름(Stockholm Sweden, 1920)

(1) 개요

스웨덴은 초창기부터 올림픽 운동(Olympic Movement)에 적극적인 모습을 보였고, 1909년 베를린 IOC 총회에서 스톡홀름은 개최권을 따냈다. 스톡홀름 올림픽대회(1920. 5. 5~7. 22)는 여러 가지 측면에서 의미를 지닌 대회였고, 근대올림픽의 기반이 구축된 대회였다. 무엇보다 중요한 것은 "스포츠는 정치로부터 독립되어야 한다." 는 쿠베르탱의 신념이 반영된 점이었다. IOC는 IOC에 가입한 NOC별로 올림픽에 참가할 수 있도록 하였다. 그런데 당시 오스트리아와 헝가리는 하나의 제국이었으며, 보헤미아(훗날 체코)도 부속 영토였다. 그러나 세 나라에는 각각 IOC위원이 있어 상황은 복잡했다. 오스트리아는 헝가리나 보헤미아도 하나의 국기를 들고 참가해야 한다는 입장을 취했다. 러시아는 핀란드가 러시아의 자치령이므로 러시아의 국기 아래 출전하기를 희망했다. 미국은 호주와 캐나다는 영연방이므로 영국으로 참가해야 한다고 주장했다. 상황이 복잡해지자 IOC는 국가(Country)라는 범주를 "IOC에 대해 별도의 대표성을 가지는 영역(any territory having separate representation on the International Olympic Committee)"으로 최종 결정함으로써 올림픽을 정상 궤도에 올려놓았다.[403] 스톡홀름 올림픽대회에는 2,500여명의 임원과 선수가 참가했고, 그 중에서 55명의 여자 선수들이 참가하여 여성의 참여가 한 층 더 늘어났다. 그리고 올림픽 대회 종목에 대한 정밀한 검토가 이루어졌으며, 문학, 문학, 조각, 회화, 건축 등 예술경연대회도 행사 내용에 포함시킴으로써 인류의 종합 문화 축제로 자리 잡게 되었다.

(2) 특징

① 올림픽대회 공식 종목이 정해진 대회였다.

스톡홀름 올림픽대회 이전까지 경기 종목 선정에 대한 뚜렷한 기준이 없었다. 쿠베르탱은 경기 종목에 대한 검토를 요청했고, 대회 조직위원회 부위원장이었던 에드스트룀(Sigfrid Edstrom)[404]은 자신이 잘 아는 육상부터 손질을 가했다. 그는 5종경기와 10종경기의 채점 방법을 다시 설정하였다. 또한 마라톤에서 반주(伴走) 행위를 금지시키고, 음식물을 두는 장소를 정했으며, 전 코스에 감찰을 배치하기로 했다. 국제 수영연맹의 요청에 따라 여자 수영 종목이 추가되었고, 쿠베르탱의 요청으로 근대5종과 승마가 채택되었으며, 미국과 영국이 제안한 레슬링 자유형(catch as catch can: free style), 영국이 추천한 하키, 러시아가 제안한 역도 등이 채택되었다. 그리하여 올림픽대회 종목은 육상, 수상경기, 축구, 조정, 체조, 레슬링, 요트, 사이클, 펜싱, 사격, 근대5종, 승마, 줄다리기 등으로 구성되었고, 쿠베르탱의 뜻에 따라 건축,

403) 방영일, 앞의 책, p. 109 참조.

404) 그는 학창시절 스웨덴 육상 대표선수였으며, 전기 기사 출신으로 훗날 IOC위원과 IOC위원장을 역임했다.

회화, 조각, 음악, 문학 등 5개 분야의 예술 경연을 포함시켜 운동경기처럼 금, 은, 동메달을 수여했다.405)

② 전자계측과 사진 판독이 이루어진 대회였다.

스톡홀름대회 전기기사 출신이었던 에드스트룀(Sigfrid Edstrom)의 발상으로 계측 기록이 1/10초 단위까지 측정되었고, 사진 판독법도 도입되었다. 그러나 당시만 해도 규칙이 엄밀하게 정비되지 않아 문제점도 많았다. 레슬링경기는 경기 시간이 제한되지 않아 11시간 40분 동안 경기를 벌이기도 했다.

③ 아마추어 규정이 엄격히 적용된 대회였다.

오스트리아의 수영선수 보이레파이레(Francis Beaurepaire)는 인명구조원과 수영지도자 생활을 했다고 해서 제5회 스톡홀름 올림픽의 참가를 포기해야 했다. 아마추어 규정과 관련하여 더 힘든 삶을 감수해야 했던 인물은 인디언 혈통의 소프(James Francis Thorpe)였다. 그는 24세의 나이로 5종과 10종 경기에 출전하여 2개의 금메달을 목에 걸었고, 스웨덴 국왕 구스타프는 "세계에서 가장 위대한 선수(Yoy, Sir, are th greatest athlete in the world)" 라는 찬사를 보냈다. 미국 대통령 태프트(William Howard Taft)도 그를 "최고의 미국 시민" 이라 추겨 세웠다. 그러나 1913년 1월 미국 매사추세츠의 『월스터 텔레그램(*Worcester Telegram*)』 지(誌)의 존슨 기자가 소프가 1909년 세미프로야구 경기에 참여한 선수라는 기사를 썼고, 미국운동경기연합(AAU)이 조사한 결과 사실임이 밝혀지자 IOC는 그의 금메달을 박탈하고 기록에서 삭제하였다.406) 당시 짐 소프가 참가한 10종 경기에는 훗날의 IOC위원장이 되어 프로선수의 올림픽대회 참가를 완강히 거부했던 브런디지(A Brundage)도 참여했고, 그는 소프에 이어 5위를 차지한 인물이었다.407)

---

405) 방광일, 위의 책, p. 110 참조.

406) 소프는 12세에 어머니를 잃고, 15세 때 아버지마저 잃었다. 아르바이트를 하며 학교를 다녀야 했고, 마이너리그 야구팀에서 돈을 받은 것이 아마추어 규정에 저촉되는지도 몰랐으며, 그러한 사실을 알려준 사람도 없었다. 메달을 빼앗기고 우승 기록마저 삭제당한 그는 프로 미식축구와 프로야구 선수 생활이 끝난 뒤 경제적으로 궁핍한 생활을 했다. 하수도 공사의 인부, 헐리우드의 엑스트라, 자동차공장 경비원 등을 전전하며 어려운 생을 보냈다. 1932년 제10회 LA올림픽대회가 열렸을 때 입장료가 없어 좋아하는 육상경기를 관전할 수도 없었다. 그는 인생의 황혼기를 맞아 1912년 자신이 딴 금메달을 돌려주었으면 좋겠다는 희망을 밝혔으나 그 희망만을 간직한 채 1953년 3월 28일 암으로 세상을 떠나야 했다. 그의 복권 움직임은 1974년 올림픽 헌장(Olympic Charter)에서 '아마추어' 라는 단어가 삭제되면서 본격화되었다. 1975년 미국의 포드(General Ford) 대통령이 킬라닌(Lord Killanin) 위원장에게 그의 복권을 호소했고, 1982년 10월 IOC집행위원회는 소프의 복권을 결의했으며, 1883년 IOC는 소프의 자녀들에게 2개의 금메달을 돌려주었다. 방광일, 앞의 책, pp. 113-115참조.. 알려진 바에 따르면 소프의 세미프로 생활 사실을 조사한 것은 IOC가 아니라 미국 올림픽위원회였다고 한다. 인디언 혈통이었기 때문에 인종차별로 의심받기도 했다. Robert A. Mechikoff & Steve G. Estes, *A History and Philosophy of Sport and Physical Education*, p. 280.

407) Robert A. Mechikoff, ibid.

④ 기타

스톡홀름 올림픽대회까지 19세기 신주제국주의 시대의 유산이 강하게 남아 있었다. 자치령이나 보호령으로 속국의 위치에 있던 국가의 선수들은 지배국의 국기를 달고 출전해야 했다. 육상선수로 출전한 콜레마이넨(Hannes Kolehmainen)은 시상대 앞에서 탄식했다. 그는 육상 5,000m, 10,000m, 12,000m크로스컨트리 3종목을 석권하며 세계 육상계의 이목을 집중시켰다. 4년 전 런던 올림픽대회와 마찬가지로 핀란드 선수들은 러시아 국기를 달고 참가해야 했기 때문이었다.

공식 종목에서 제외된 종목도 많았다. 대표적인 것은 복싱이었다. 젊은 시절 복싱을 했던 쿠베르탱은 복싱이 선택되기를 희망했으나 무법적인 경기로 보는 시각이 강해 제외되었다. 미국선수단의 유일한 흑인계였던 드루(H. P. Drew)는 100미터 참가 자격을 획득했고, 제2차 세계대전에서 장군으로서 용맹을 떨친 당시 미군 장교 패턴(S. Patton)은 근대5경기에서 5위를 차지했다. 당시에 있었던 사격의 런닝 디어(running deer) 종목에서는 스웨덴의 스반(Oscar Swahn)이 64세의 나이로 금메달을 차지했다.[408] 메달에는 스웨덴 체조의 창시자인 링(Ling)의 흉상이 새겨져 있었으며, 미국은 주최국을 누르고 우승하였다. 여러 모로 뜻있는 올림픽대회였다. 그러나 제1차 세계대전의 발발로 그 다음 대회인 제6회 올림픽은 개최되지 못했다.

6) 제7회 올림픽, 벨기에 앤트워프(Antwerp Belgium, 1920)

(1) 개요

전 세계의 평화와 우호를 지향하며 부활된 근대올림픽대회는 제 역할을 다하지 못한 까닭이었을까? 근대 올림픽이 열린지 20년도 되지 않은 1914년 7월 23일 제1차 세계대전이 일어났고, 그 여파로 제6회 올림픽대회는 개최되지 못했다. 1916년 전쟁 발발 이후의 여의치 못한 상황 속에서도 IOC는 제6회 올림픽대회 개최지를 베를린으로 결정하였다. 쿠베르탱과 IOC는 독일이 올림픽 개최지로 선정되면 전쟁이 일어나더라도 곧 끝날 것으로 예상했고, 독일도 1913년부터 베를린 교외에 메인 스타디움을 건설하는 등 적극적인 준비를 하고 있었다. 그러나 유럽의 정세가 심상치 않게 돌아가자 개최지 변경에 관한 목소리가 나왔지만 독일은 그러한 소리에 귀 기울이지 않았으며, 쿠베르탱도 "올림픽은 정치로부터 독립" 이라는 환상을 갖고 있었다. 그러나 결국 올림픽 개최는 무산되었다.

1918년 11월 11일 휴전과 함께 전쟁은 끝났으나 유럽은 전쟁으로 인해 황폐화된 상태였고, 많은 사람들은 굶주림과 공포에 떨었다. 전쟁을 경험한 쿠베르탱은 IOC의 정치적 중립성을 고려하여 1915년 IOC본부를 스위스 로잔으로 옮겼다. 그리고 5년만인 1919년 3월 IOC총회를

408) 그는 72세 때 앤트워프 올림픽에서도 같은 종목 은메달을 땄으며, 1924년 파리 올림픽대회 국내 선발전에서도 좋은 성적을 거두어 국가대표로 발탁되었으나 대회 직전 지병을 얻어 불참했다.

열고 전쟁으로 폐허가 된 벨기에에 평화의 제전을 선사한다는 취지에서 앤트워프를 제7회 올림픽대회 개최지로 선정하였다. 벨기에는 1년여 짧은 준비기간에도 불구하고 바이렛-라투러(Henri de Baillet-Latour) 조직위원장의 맹활약으로 철저한 준비를 하였으며,[409] 앤트워프올림픽대회는 전후(戰後) 세계에 평화를 구축하는 새로운 분위기를 형성하는 데 크게 기여하였다.

(2) 특징

① 오륜기가 최초로 게양되었다.

앤트워프 올림픽대회대회에서 오륜기, 즉 올림픽기(Olympic Flag)가 등장했다. 쿠베르탱 남작은 1913년 고대 그리스의 문화유물에서 힌트를 얻어 5개로 얽힌 바퀴(five interlace ring)로 된 올림픽기를 고안했다. 쿠베르탱은 모든 국가의 국기를 살펴본 결과 어떤 나라의 국기나 다섯 가지 색깔 중 한 가지 색은 띠고 있다는 것을 알고, (좌에서 우로) 파랑(blue), 노랑(yellow), 검정(black), 초록(green), 빨강(red)의 링을 배치하였다. 다섯 개로 얽힌 바퀴는 전 세계 인류의 우정을 상징했다.[410] 올림픽기는 1914년 6월 IOC 창립 20주년 기념식을 위해 파리의 봉 바르세(Bon Marche) 백화점에서 제작되어 6월 14일 처음으로 IOC 위원들의 연회석에서 소개되었으며, 그 이후 전시되어오다가 1920년 앤트워프대회에서 공식적으로 처음 사용되었다.

② 선수 선서가 최초로 실시되었다.

앤트워프 올림픽대회를 통해 올림픽기의 게양에 이어 두 번째로 확립된 전통은 선수 선서(Athletes' Oath)였다. 최초로 올림픽 대표선수로서 선서의 영광을 안은 인물은 브왕(Victor Boin)이었다. 그는 4회 런던올림픽대회와 5회 스톡홀름올림픽대회에서는 수구선수였으나 앤트워프올림픽대회에는 펜싱 에페선수로 뛰어 단체전 은메달리스트가 되었다.

③ 올림픽대회 모트가 소개되었다.

"더 빠르게, 더 높게, 더 힘차게(Citius, Altius, Fortius)" 라는 올림픽대회 모토가 소개되었다. 이 말은 원래 프랑스 파리의 앙리 디동(Henri Didon) 신부가 학생들의 럭비훈련에 사용하던 말이었다고 한다. 이 모토는 1926년 리스본에서 개최된 IOC총회에서 올림픽대회 모토로 공식 인정되었다.

④ 기타

앤트워프 올림픽대회는 4월 20일부터 9월 12일까지 긴 세월을 두고 개최되었다. 그것은 제4회 런던올림픽대회에서 실시된 피겨스케이팅에 이어 아이스하키가 추가됨으로써 여름에 동계종목을 할 수 없었기 때문이었다. 이러한 문제점이 노출되자 1924년 동계 올림픽대회가 탄생하게 되었다. 그 외에도 남겨진 이야기는 많았다.

---

409) 라투르는 앤트워프 올림픽에서 보여준 능력을 인정받아 훗날 제3대 IOC위원장이 되었다.
410) Stan Greenberg, *The Guinness Olympics Fact Book* (Middlesex : Guinness Publishing Ltd., 1991), p. 23.

제1차 대전의 패전국에 속했던 독일, 오스트리아, 헝가리, 불가리아, 터키 등은 올림픽대회 참가가 허용되지 않았고, 그러한 국가에 소속된 IOC위원들도 추방되었다. 반대로 러시아로부터 독립하여 출전한 핀란드는 세계 육상계를 흔들었다. 핀란드는 육상 9개 종목에서 금메달을 휩쓸어 "장거리의 왕국" 이라는 별칭을 얻었다. 그 중 누르미(Paavo Nurmi)는 10,000m, 개인 크로스컨트리, 단체크로스컨트리 등 3개 종목에서 금메달을 목에 걸었다.[411] 1912년 스톡홀름 대회 5,000m, 10,000m의 우승자였던 콜레마이넨은 42.75km코스에서 실시된 마라톤에서 우승함으로써 시상대에서 러시아 국기를 바라보아야만 했던 핀란드인으로서의 한을 풀었다.

100m에서는 10초8의 경이적인 기록이 나왔다. 미국의 패독(Charley Paddock)는 결승점에서 몸 전체를 던지는 점프 피니쉬(jump finish) 자세를 선보이며, 우승을 안았다. 그리고 1,500m에서 은메달을 땄던 영국의 베이커(Philip Baker, Philip Noel Baker)는 1912, 1920, 1924년 올림픽대회에 연속 출전했고, 올림픽 정신에 심취하여 올림픽 운동에 일생을 바쳤다. 그는 1982년 올림피언으로서 유일하게 노벨 평화상을 받았다. 훗날 그레이스 켈리(Grace Kelly)[412]의 아버지가 되었으며, 벽돌공으로 일한 경력으로 인해 영국 헨리 로열 레가타(Henley Regatta: 상류계급 조정클럽)에 참가하려다 거부당한 미국 조정선수 존 켈리(John Kelly)는 조정 싱글 스컬과 더블 스컬에서 금메달을 획득하여 2관왕이 되었다.[413]

7) 제8회 올림픽, 프랑스 파리(Paris France, 1924)

(1) 개요

제7회 올림픽대회 개최 신청을 했던 네덜란드는 제8회 대회를 암스테르담에서 개최하는 조건으로 그 뜻을 철회하였다. 그러나 올림픽대회 부활 30주년이라는 점과 1900년 파리 올림픽대회의 실패로 인해 실추되었던 프랑스의 명예를 회복하기 위해 쿠베르탱은 올림픽의 파리 개최를 제의하였다. 그의 제의에 따라 네덜란드는 제9회 대회를 암스테르담에서 개최한다는 조건으로 동의하였고, 결국 동시에 2개 대회의 개최지가 결정된 셈이었다.

---

411) 누르미는 8, 9회 올림픽대회에 연속으로 출전하여 모두 9개의 금메달을 목에 걸었다. 역사상 9개의 금메달을 딴 선수는 핀란드의 누르미와 미국 수영의 스피츠(Mark Spitz)와 러시아 체조의 라티니나(Larisa Latynina) 뿐이다.

412) 유명한 영화배우로 훗날 모나코의 왕비가 되었다.

413) 초창기 영국 육상과 조정 등의 참가 자격 요건은 젠틀맨이냐 아니야 하는 사회 계급이 첫 번째였다. 예컨대 19C 헨리레가타위원회(Henley Regatta Committee)의 참가규정에는 옥스퍼드, 케임브리지, 런던대학, 이튼과 웨스트민스터, 육해공군 장교라고 되어 있었으며, 기계공, 직인, 노동자 등 임금을 받고 고용되거나 트레이드된 사람은 누구도 아마추어라고 규정할 수 없다고 되어 있었다. 따라서 노동자 경력이 있는 켈리는 영국 조정대회에 참가 자격이 없었던 셈이다. 그러나 1920년 올림픽대회에서는 그런 규정이 없었기 때문에 참가가 가능했다. 영국 스포츠의 계급성에 대한 상세한 것은 P. McIntosh, *Sport in Society* (London : West London Press, 1987), p. 191; 하남길, 영국신사스포츠와 제국주의(서울 21세기교육사, 1996), pp. 31-70 참조.

제8회 파리올림픽대회(1924. 5. 04~7. 27)는 1900년 파리올림픽대회와는 대조적으로 성공적인 대회였으나 문제도 많았다. 프랑스는 올림픽으로 2백만 프랑의 적자를 보았고, 스포츠 지식이 없는 프랑스 관중들이 종종 불쾌한 행동을 보여 프랑스 관중과 다른 관중 사이에 언쟁과 싸움이 잦았다. 44개국을 대표하는 3,092명의 임원, 선수가 참가하였고 여성 운동선수들은 136명으로 수영(7개 종목), 펜싱(1개 종목), 그리고 론 테니스(2개 종목) 등에 참가하였다. 그리고 프로 선수에 대한 처리 문제가 IOC의 중요 업무로 등장한 대회였다.414)

(2) 특징

① 대회 규정이 체계화된 대회였다.

1921년 스위스 로잔에서 올림픽대회 규정을 만들어야 한다는 의견이 대두되어 대회 종목은 공식(정식) 종목과 비공식(선택) 종목이 정해졌다. 정식 종목은 육상, 체조, 복싱, 레슬링, 펜싱, 사격, 수영(경영, 다이빙), 조정, 역도, 사이클, 승마, 근대5종, 예술경기 등 13개 종목이었고, 선택 종목은 조직위원회가 임으로 선택한 종목으로 축구, 하키, 농구, 요트 등이 선정되었다. 그리고 시범종목으로 2개 종목을 정하였는데, 1종목은 개최국에서 보급하려는 종목이고, 다른 하나는 외국에서 보급시키고자 하는 종목으로 정하도록 하였다.

② 4월부터 7월까지 봄과 여름 종목으로 나누어 개최하였다.

봄에 열린 것은 예술경연, 럭비, 축구, 폴로, 사격, 펜싱 등 6종목이었고, 여름에는 육상, 수영, 수수, 조정, 복싱, 체조, 레슬링, 요트, 역도 사이클, 승마 근대5종, 테니스 등 13개 종목이었다.

③ 종주국의 아성이 깨어지기 시작한 대회였다.

미국은 전 대회에 이어 미식축구 선수들로 구성된 럭비 팀으로 영국을 격파하여 2연승을 했고, 그 이후 럭비는 올림픽 종목에서 사라졌다. 축구에서는 우루과이가 유럽의 강호들을 모두 물리쳤다. 폴로는 전통적으로 영국이 강했으나 아르헨티나가 프랑스를 대파하고 우승하였다.

④ 기타

여름대회가 시작될 때는 드메르쥬(Gaston Doumergue) 프랑스 대통령이 개회를 선언하고 앙드레(Georges Andre)가 선수 선서를 했으며, 합창단이 창가를 부를 때 전년도 현재, 미래 개최 예정국가의 국기가 게양되었다. 제5회 파리올림픽부터 18회 도쿄올림픽까지는 대회 조직위원회에서 올림픽찬가를 제정하여 연주하였다. 육상경기에서는 누르미를 비롯한 핀란드 선수들이 장거리 경주에서 두드러진 활약을 펼쳤다. 반면 단거리 종목에서는 미국과 영국이 기세를 올렸다. 멀리뛰기에서는 미국의 흑인 선수 허바드(William D. Hubbard)가 금메달을 차지하여 올림픽 최초의 흑인 금메달리스트가 되었다. 펜싱에서는 최초의 여자종목이

---

414) *Official website of the Olympic Movement*, <www.olympic.org>, 2007년 6월 19일.

채택되었고, 수영에서는 와이스뮬러의 시대가 왔다. 그는 자유형 100m 400m, 800릴레이에 우승했고, 다음 올림픽에서도 자유형 100m와 800m 릴레이에서 우승한 뒤 헐리우드로 진출하여 영화 타잔(Tarzan)의 주역으로 활동하여 세계적인 명사가 되었다. 존 켈리는 그 전 올림픽에 이어 파리올림픽, 그 다음 암스테르담올림픽까지 금메달을 따내 올림픽 3연패를 달성했다. 테니스는 이 대회를 끝으로 사라졌다가 1988년 서울올림픽대회에 다시 정식종목으로 채택되었다.

8) 제9회 올림픽, 네덜란드 암스테르담(Amsterdam Netherlands, 1928)

(1) 개요

1925년부터 IOC는 1914년 이래로 계속 검토해왔던 올림픽 헌장(Olympic Charter)을 채택하였다. 올림픽 운동이 점차 체계를 갖추어가는 가운데 암스테르담은 세 번에 걸친 도전 끝에 개최권을 따냈지만 1921년 암스테르담 올림픽대회(1928. 5. 17~8. 12) 개최는 사실상 확정되어 있었다. 문제는 재정적인 것이었다. 문제가 크게 부각이 되었다. 필요한 시설들과 새로운 스타디움이 절대적으로 필요한 상황이었다. 많은 사람들과 단체들은 암스테르담 올림픽대회를 계기로 재정 문제가 중요한 관건임을 알게 되었고, 올림픽의 사회적 중요성도 다시 한 번 인식하는 계기가 되었다.

무엇보다도 암스테르담올림픽의 의의는 체계적인 변화가 시작되었다는 점이었다. 여자 육상 종목이 공식적으로 채택되었으며, 종합스포츠타운이 건설되는 등 그 이전대회와는 다른 변모가 있었다. 그리고 아시아인들도 금메달을 획득함으로써 서구인들만의 잔치라는 인식을 불식시킨 대회였다.

(2) 특징

① 여자 육상이 공식종목으로 채택된 대회였다.

IOC는 제9회 대회를 앞두고 여자 육상 100m, 800m, 400계주, 높이뛰기, 원반던지기 등 5개를 공식종목으로 채택하였다. 그러나 로마 교황(Pope Pius XI)은 여자종목 포함을 반대했고, 쿠베르탱도 고대 올림픽에도 여자가 참가하지 않았다는 예를 들며 세부종목을 확대하는 것은 바람직하지 않다는 견해를 밝혔다. 그러나 여자 육상이 정식 종목으로 채택되었다. 다만 800m만 여성에게는 무리라는 판단에 따라 다음 대회부터는 제외되었다가 1960년 로마 올림픽대회부터 다시 채택되었다.

② 종합경기장이 등장한 대회였다.

네덜란드는 재정적인 어려움을 극복하고 종합스포츠단지(Sport Complex)를 건설하였다. 당시로서는 획기적인 메인스타디움이 건설되었으며, 육상 트랙을 400m로 설계하고, 육상 트랙 밖으로는 사이클 경주로를, 주경기장 주위에는 수영장, 레슬링, 펜싱 경기장 등을 배치하였다.

③ 아시아 국가가 최초로 개인 종목 금메달을 딴 대회였다.

4000여명의 관중이 지켜보는 가운데 인도의 하키 팀은 네덜란드 팀을 제압하여 첫 우승의 영광을 안았으며, 그 이후 1956년 멜버른 대회까지 6연패하였다. 그리고 일본의 육상 세단뛰기 선수 오다 미키오가 아시아인으로서는 최초의 개인종목 메달을 획득하였다. 일본은 네 번째 출전한 올림픽에서 금메달을 획득하는 성과를 거두었다.

④ 개회식 입장 순서로 첫 번째 그리스, 마지막은 개최국으로 결정되었다.

암스테르담 올림픽대회부터 개회식 입장순서가 올림픽의 발상지인 그리스가 선두, 개최국은 마지막으로 결정되어 실시되었다. 당시 개회식의 인상적인 일은 맥아더(Douglas MacArthur) 장군이 미국올림픽위원회 위원장으로서 미국 선수단장을 맡아 입장했다는 것이다.

9) 제10회 올림픽, 미국 로스앤젤레스(Los Angeles USA, 1932)

(1) 개요

로스앤젤레스는 1924년, 1928년 올림픽대회의 유치를 위해 경쟁에 나섰으나 실패하였고, 다시 1932년 올림픽 유치에 나섰으며, 1923년 IOC총회에서 제10회 올림픽대회 개최지로 결정되었다. 그러나 미국의 동부에 올림픽위원회가 있었고, 대회는 서부 캘리포니아에서 열리게 됨으로써 유럽으로부터 거리가 멀어 참가국이 적을 수 있다는 걱정이 많았다. 특히 1919년 대공황으로 인하여 경제적으로 어려운 여건이었기 때문에 그러한 염려는 더 컸다. 그러나 로스앤젤레스 시는 시 채권을 발행하여 대회준비를 착실히 진행하였다.

LA올림픽은 시설 면이나 기록 관리 면에서 대단히 진보적인 측면을 보여주었다. 훌륭한 시설로 인해 올림픽이 매우 웅장한 스포츠 축제로 성장하고 있음을 알리는 계기가 되었으며, 최초의 사진판정으로 엄격한 순위 판정을 실시하였으며, 일제 강점기 일장기를 달고 우리 민족이 처음으로 참가한 대회이기도 했다. 그리고 올림픽 신조가 공식적으로 채택된 대회였다.

(2) 특징

① 시설의 현대화가 이루어졌다.

로스앤젤레스올림픽대회는 그 이전에 비하여 가장 웅장한 스포츠 축제였다. 10만 관중을 수용할 수 있는 콜로세움은 올림픽 기간 동안 관중으로 가득했다. 그리고 복싱, 레슬링, 수영, 테니스, 조정 등의 경기장을 새롭게 건립하였으며, 올림픽 선수촌(Olympic Village)을 건립하여 남자 선수들을 수용하고, 여자 선수들은 호텔에 투숙하도록 했다.

② 최초의 사진 판정이 이루어졌다.

육상경기에서 처음으로 사진 판독에 의한 순위 판정제도가 도입되었다. 남자 100m 결승에서 미국의 톨란(Eddie Tolan)과 메트칼프(Ralph Metcalfe)가 거의 동시에 골인하였으나 사진판독 결과 톨란이 조금 일찍 결승테이프를 끊은 것으로 확인되었다.

③ 우리민족이 최초로 참가한 올림픽대회였다.

일제 강점기 우리나라 선수들은 일장기를 달고 올림픽에 참가해야 했다. 임원으로는 이상백(李相佰), 선수로는 마라톤의 김은배(金恩培), 권태하(權泰夏), 복싱의 황을수(黃乙秀) 선수가 참가했다. 김은배는 당시 양정고보(양정고)를 졸업한 상태였고, 권태하는 일본 메이지대학 재학생이었다.

④ 올림픽대회 신조가 공식화되었다.

1908년 런던 올림픽대회에서 스코어보드에 소개되었던 말이 LA올림픽대회를 통해 하나의 올림픽 공식 신조로 자리 잡게 되었다. "인생에서 가장 중요한 것은 성공이 아니라 투쟁이듯이 올림픽에서 가장 중요한 것은 승리가 아니라 참가하는 것이다. 본질적인 것은 정복하는 것이 아니라 훌륭하게 싸우는 것이다." [415]라는 말이었다. 이 말은 사실상 1908년 7월 19일 세인트폴대성당에서 영국 국교회 회의에 참가한 펜실바니아 주교 탈봇(Ethelbert Talbot)이 한 말과 7월 24일 쿠베르탱이 한 말이 조합된 것이었다. 그러나 1932년 LA올림픽대회에서 '쿠베르탱의 말' 로 알려져 왔다.

⑤ 기타

LA올림픽대회는 그 이전 3개 대회가 평균 70여일에 걸쳐 개최된 것에 비추어 대회기간을 16일간으로 대폭 단축한 대회였다. 그리고 시상식에서 가운데가 높은 시상대가 등장하여 1위가 중앙 가장 높은 시상대에 서게 되었다. 장대높이뛰기에서는 미국의 밀러(William Miller)가 올림픽 9연승의 대기록을 작성하였다. 미국 18세의 육상선수 디드릭슨(Milderd Didrikson)은 투창, 800m 달리기에서 금메달, 높이뛰기에서는 은메달을 차지했다. 그는 올림픽 이후 골프선수가 되어 미국오픈골프에서 3차례 우승했으며, LPGA창설에 기여하기도 하였으나 42세의 나이에 암으로 세상을 떠났다. 일본은 남자 수영 6개 종목 중 5개 종목에서 금메달을 따내는 쾌거를 이룩했다.

10) 제11회 올림픽, 독일 베를린(Berlin Germany, 1936)

(1) 개요

여러 차례 올림픽대회 유치를 시도해왔던 독일은 제1차 세계대전 전범(戰犯) 국가로 몰려

---

415) "The most important thing in the Olympic Games is not to win but to take part, just as the most important thing in life is not the triumph but the struggle. The essential thing is not to have conquered but to have fought well." Stan Greenberg, *The Guinness Olympics Fact Book* (Middlesex : Guinness Publishing Ltd., 1991), p. 36.

올림픽대회 유치 기회를 잃었다가 1928년 제재가 풀리자 독일 올림픽위원회 레발트(Theodor Lewald)와 저명한 스포츠 운동가 칼 딤(Carl Diem)의 노력으로 1931년 스위스 로잔의 IOC 총회에서 베를린 올림픽 유치에 성공하였다. 유치 후 레발트는 베를린 올림픽 조직위원장, 딤은 사무총장이 되었다. 그러나 그 이후의 징조가 불길했다. 올림픽의 유치는 나치 정권 이전의 바이마르공화국(Weimar Republic) 시절에 결정되었으나 1933년 독일에는 나치 정권이 수립되었기 때문이었다.

제11회 베를린올림픽대회(1936. 8. 1~8. 16)는 세계가 알고 있는 가장 가혹한 정치가 히틀러(Adolf Hitler) 정권하에서 개최되었다. 그는 아리안족(Aryan)의 순수 혈통을 보존하고 민족의 우월성을 전 세계에 과시하고자 했다.[416] 그는 초기 올림픽에 반대하는 입장을 보였으나 점차 1936년 올림픽대회 게임의 성공적인 개최에 깊은 관심을 보이다가 나중에는 자신이 직접 올림픽대회조직위원회 총재라는 직책을 쥐었다. 대회조직위원회를 장악한 그는 유치에 큰 공을 세운 레발트가 유대인의 피를 이어받았다는 이유로 대회조직위원회 위원장직에서 해임시키고 자신이 그 자리에 앉았다. IOC은 그러한 인종차별 정책을 철회하지 않으면 개최도시를 바꾸겠다는 입장을 표명하였다. 그러자 히틀러는 레발트를 조직위원장에 다시 복귀시켰으나 그 해 말 레발트를 재 추방하고 유대인에 대한 차별정책을 전국적으로 확대하였다. 1935년 공포된 뉘른베르크법(Nurnberg Law)에 따라 유대인의 시민권과 인권은 말살되고, 반유대주의(Anti-Semitism)가 국가 정책으로 자리를 잡게 되었다.

히틀러의 민족주의적인 올림픽 기조가 드러나자 미국에서는 뉴욕을 중심으로 나치올림픽에 참가하지 말자는 견해가 지배적이었다. 미국아마추어경기연합(AAU)는 참가 반대 운동의 선봉에 섰다. 그러나 미국올림픽위원회는 “올림픽은 선수들의 것이지 정치인의 것이 아니라” 라는 견해를 보이며, 올림픽 참가를 주장하였고, 결국 미국은 참가를 결정했다.

(2) 특징

① 최초의 성화 봉송 릴레이 제도가 탄생했다.

레발트가 독일올림조직위원장에서 재 추방된 이후 조직위원장이 된 칼 딤은 고대 올림픽의 발상지에서 베를린까지 소위 “올림픽의 불” 을 채취하여 릴레이식으로 봉송하는 “성화 릴레이” 를 제안했다. IOC는 그 제안을 수용했고. 이로서 올림픽 사상 최초의 성화 릴레이가 탄생하게 되었다.

② 역사상 최대 규모의 올림픽대회이었다.

베를린 올림픽대회는 49개국에서 4,066명의 선수 임원이 참석한 역대 최대 규모의 올림픽 대회이었으며, 여자 선수도 328명으로 늘어났다. “베를린 게임은 역사상 기술적으로 가장 우수한 것이었으며, 그 어떤 것도 11회 올림픽대회의 거대한 범주를 능가하지 못하였다.” [417]

416) 방광일, 앞의 책, p. 184 참조.

대회 종목은 육상을 비롯하여 수영, 축구, 조정, 하키, 복싱, 체조, 농구, 레슬링, 요트, 역도, 핸드볼, 사이클, 승마, 펜싱, 사격, 근대5종, 카누, 폴로 등 19개 종목에 달했으며, 농구, 핸드볼, 카누가 처음으로 포함되었으며, 축구는 전 대회에서 제외되었다가 다시 채택되었다.

③ 올림픽에서 흑인 선수들의 활약이 두드러지기 시작했다.

독일은 유태인을 박해함은 물론 흑인을 열등한 인간으로 취급하고 자신들이 지배민족(master race)이라고 생각했다. 그러나 흑인 선수들이 등장하여 호기록을 내자 독일 언론들은 "검은 외인부대(Black Auxilieris)" 라고 불렀다. 흑인 선수들은 7개의 금메달과 세 개의 은메달, 3개의 동메달을 획득하였다. 대표적인 선수는 오웬스(Jesse Owens)였다. 그는 100m, 200m, 멀리뛰기, 400mR에서 총 4개의 금메달을 목에 걸어 육상계의 세계적인 영웅으로 등장했다. 그러나 히틀러는 오웬스를 만나기를 거절했고, 축하의 인사마저도 하지 않았다. 게르만 우월주의에 사로잡힌 히틀러에게 오웬스는 일격을 가한 꼴이었기 때문이다.

④ 손기정이 마라톤에서 우승한 올림픽이었다.

일제 강점기 이본 선수단의 일원으로 베를린 올림픽대회에 참가한 인원은 8명이었다. 육상 마라톤의 손기정(孫基禎), 남승용(南昇龍), 농구 이성구(李性求), 장이진(張利鎭), 염은현(廉殷鉉), 축구에 김용식(金容植), 복싱에 이규환(李圭煥) 그리고 임원으로 이상백(李相佰)이 참가하였으나 입상한 선수는 손기정과 남승용뿐이었다. 손기정은 마라톤에서 2시간 29분 19초 2의 올림픽대회 신기록으로 우승했고, 남승용은 2시간 31분 42초로 3위를 차지하여 우리 민족 선수로서는 처음으로 올림픽대회 메달리스트가 되었다. 《상록수》의 작가 심훈은 손기정과 남승용이 올림픽 제패 소식을 접하고 "오 조선의 남아여" 라는 시를 썼다. 그 시에서 그는 "인제도, 인제도 너희들은 우리를 약한 족속이라고 부를 너이냐" 라며 일제 강점기의 설움을 토하였다. 이 소식을 타전 받은 『동아일보』는 일장기를 지운 채 손기정의 사진을 실어 정간(停刊) 당하고, 담당 기자 '이길용' 은 투옥되었다.[418]

⑤ 기타

제1회 올림픽대회 마라톤 우승자 루이스(Spyridon Louis)가 40년 만에 올림픽 스타디움에

---

417) Robert A. Mechikoff & Steve G. Estes, *A History and Philosophy of Sport and Physical Education*, 3rd edition (Boston, London : McGraw-Hill, 2002), pp. 286-290.

418) 파하(波荷) 이길용(李吉用)은 1899년 경남 마산에서 출생했다. 필명은 월강(月江)이다. 1912년 인천 영화학교를 졸업했고, 1916년 배재학당을 졸업한 뒤 일본 경도(京都)의 도시샤(同志社) 대학에 진학했으나 모친의 병환으로 인해 중퇴하고 만철 경성관리국에 취직하였다. 이상재, 이승훈선생과 함께 상해임시정부 전단을 배포한 일로 2년간 옥고를 치른 후 동아일보 기자가 되었다. 그는 14년간 체육기자생활을 했다. 민족주의적인 경향을 보이던 체육에 관한 많은 글을 썼으며, 체육을 통한 국권회복과 민족의식의 고취를 위해 헌신했다. 6·25 때 납북되었다. 1989년 이길용의 숭고한 정신과 업적을 기리기 위해 이길용 체육기자상이 제정되었다. 상세한 것은 손 환(중앙대), "파아 이길용의 생애와 체육사상," **한국체육사학회지** 17 (2006), pp. 13-24 참조.

나타나 히틀러에게 평화의 상징인 올리브 나뭇가지를 건넸다. 처음으로 경기 모습이 텔레비전 방영되기도 했다. 올림픽에 처음 등장한 농구에서는 종주국인 미국이 우승했고, 핸드볼에서도 종국국인 독일이 우승하였다. 하키에서는 인도가 3연패를 달성했다. 일본은 수영에서 금메달을 3개나 확보했다. 베를린 올림픽대회가 끝난 뒤 하나의 작품으로 계속 남게 된 것은 "민족의 제전, 미의 제전"으로 불린 영화 『올림픽 게임(Olympic Games: *Olympsche Spiele*)』이었다. 히틀러는 당시 문화진흥의 기수로 유명하게 부상하던 레니 리펜쉬탈(Leni Riefenstahl)여사에게 영화제작을 의뢰했다. 그녀는 "스포츠의 미와 힘"이라는 주제를 중심으로 영화를 만들어 1937년 개봉하였고, 그 영화는 전 세계인의 찬사를 받아 불후의 명작으로 남게 되었다.

3. 제2차 세계대전 이후의 하계 올림픽

제2차 세계대전 종전 이후인 1948년 제14회 올림픽부터 1988년 제24회 대한민국 서울올림픽대회까지 올림픽은 극한적인 이데올로기의 대립 장(場)으로 변했다. 미국을 중심으로 한 자유진영과 구소련을 중심으로 한 공산진영과의 대립이 심각한 상황에서 올림픽에서도 그러한 대립 현상이 반영되어 나타났다. 메달집계에서 미국은 5회 종합우승, 소련은 6회 종합우승을 하면서 올림픽의 메달 획득 순위가 국력을 평가하는 기준처럼 인식되면서 올림픽은 총성 없는 전쟁으로 비유되었고, 그로 인해 올림픽은 정치적 대립 못지않게 극한적인 대립 양상을 보인 이벤트가 되었다. 그러나 1992년 제25회 올림픽대회를 기점으로 구소련의 체제붕괴와 경제적 난국으로 미국 주도하의 자유진영이 올림픽의 주도권을 차지하게 되었으나 중화인민공화국의 부상과 유럽연합의 탄생으로 올림픽은 새로운 국면을 맞게 되었다.

1) 제14회 올림픽, 영국 런던(London Great Britain, 1948)

(1) 개요

제2차 세계대전으로 제12회, 13회 올림픽대회는 열리지 못했다. 제12회 대회는 1940년 일본 도쿄에서 열릴 예정이었으나 일본이 전쟁을 확대하면서 포기 결정을 내렸다. 제13회 대회는 1944년 런던에서 개최될 예정이었으나 개최 결정 2개월 후 히틀러가 폴란드를 공격함으로써 제2차 세계대전이 발발했고, 영국과 프랑스가 독일에 선전포고를 하자 독일도 영국을 공격함으로써 제13회 런던 올림픽대회도 열리지 못했다. 그 사이에 영웅의 죽음도 있었다. 쿠베르탱은 1937년 9월 2일 제네바의 그랑 공원을 산책하던 중 심장마비로 쓰러져 그 길로 영면하였다. 쿠베르탱에 이어 제3대 IOC위원장을 맡았던 바이에-라투르는 1942년 1월 6일 비행기 사고로 숨졌다. 어쩔 수 없이 에드스트롬 IOC 부위원장의 주도로 1945년 8월 런던에서 IOC집행위원회를 열게 되었고, 제14회 하계올림픽대회 개최지를 런던으로, 동계올림픽대회 개최지는 산모리츠로 결정하였다. 그리고 1946년 9월 4일 스위스 로잔 IOC 총회에서 IOC위원장에 에드스트롬(Sigfrid Edstrom), 부위원장에 브런디지를 선출하였다.

런던올림픽대회(1948. 7. 29~8. 14)에 즈음하여 공산주의 체제의 소련 및 동구와 자유 민주주의 체제를 지향하는 서구 국가의 세력 다툼 현상이 나타났다. 두 정치적 진영이 형성되어 끊임없는 세력 다툼이 진행되는 가운데 소련은 참가하지 않았고, 그러한 상황은 동서 냉전의 기류를 더욱더 찬 기운 속으로 몰고 가게 되었다. 또한, 민족적 대립으로 유대민족이 중동에 '이스라엘' 이라는 국가를 건국하고 런던 올림픽대회에 참가하기 위해 적극으로 노력하였으나 아랍 국가들의 반발로 IOC의 허락을 받아내지는 못하였다.

(2) 특징

① 전범국의 참여를 금지한 대회였다.

IOC는 스포츠와 정치는 별개라는 IOC의 이념에 따라 독일, 이탈리아, 일본 등과 같은 전범국가의 올림픽 참가 허락 문제를 두고 고심했다. 결국 이탈리아는 제2차 세계대전이 끝나기 전에 항복한 점을 고려하여 참가를 허락하였고, 독일과 일본은 제재를 가하였다.[419)]

② 신생국들이 대거 등장한 대회였다.

제2차 세계대전이 끝나면서 독립을 하게 된 많은 신생국가들이 처음으로 하계 올림픽대회에 대거 참가했다. 한국, 버마(현 미얀마), 세일론(스리랑카), 이라크, 이란, 레바논, 파키스탄, 싱가포르, 시리아, 베네수엘라 등을 포함한 14개국의 신생국가가 참여함으로써 올림픽의 규모는 한층 더 커졌다,

③ 한국이 하계 올림픽대회 무대에 등장한 대회였다.

우리 정부가 수립되기 전이었으나 산모리츠 동계 올림픽대회 파견에 이어 런던 올림픽대회에 처음으로 대표선수를 파견하였다. 한국은 육상, 역도, 레슬링, 자전거, 축구, 농구, 등 총 69명의 임원 및 선수를 파견하였으며, 그 중 권투 플라이급 한수안(韓水安)이 동메달, 역도 미들급의 김성집(金晟集)이 동메달을 획득하였다.

④ 기타

제14회 영국 런던올림픽(1948) 대회 때는 베를린올림픽대회에서 처음으로 시작한 성화 릴레이는 나치스당의 아이디어였으므로 계승해서는 안 된다는 주장이 있었으나 훌륭한 아이디어였다는 주장이 강하여 성화 봉송 릴레이를 계속하기로 하였으며, 그 이후 성화 점화는 올림픽의 개막을 알리는 신호탄으로 간주되었다. 올림픽의 화제는 17세의 어린 미국 고등학생 밥 마시아스(Bob Mathias)가 5종 경기에서 금메달을 획득한 것과 네덜란드 여성선수 코엔

---

419) 방광일, 앞의 책, p. 212 참조.

(Blankers Koen)이 여자육상 4관왕에 오른 것이었다.[420] 그리고 장거리에서 체코선수 자토벡의 등장과 수영강국 일본의 불참으로 미국이 수영 금메달을 독식한 것도 화제였다.

2) 第15회 올림픽, 핀란드 헬싱키(Helsinki Finland, 1952)

(1) 개요

1947년 스웨덴 스톡홀름에서 개최된 IOC 총회에서 핀란드의 헬싱키가 제15회 올림픽대회 개최지로 선정되었다. 핀란드는 긴 세월동안 러시아의 지배에 있다가 독립한 국가였다. 인구 400만 명 정도에 달하는 작은 국가로 헬싱키의 인구는 40만 명 정도밖에 되지 않았다.

헬싱키 올림픽은 소련(Soviet Union)이 올림픽에 불참하다가 다시 복귀한 대회였다. 소련은 1948년 런던올림픽대회에 초청되었으나 올림픽은 부르주아지대회라고 간주하여 공산주의 이데올로기에 따라 참가를 거부하였다. 세계의 정치상황은 계속해서 동구와 서구의 이데올로기 대립이 심화되는 상태였고, 미국과 소련은 냉전 상태에 있었으며, 15회 올림픽대회(1952. 7. 19~8. 3)에서는 스포츠냉전(Cold War of Sports)이라는 용어가 생겨났다. 그러한 상황에서 핀란드는 올림픽대회의 성공적인 개최를 위하여 올림픽 휴전협정을 선포하였다. 이는 고대 올림피아제 기간 동안 전쟁의 중단을 선포하던 전통을 근대올림픽대회에서 계승하여 올림픽정신을 살리자는 취지였으나 IOC와 주최국만의 생각이었을 뿐 전혀 호응이 없었다.

(2) 특징

① 소련이 올림픽에 복귀한 대회였다.

소련은 처음으로 출전한 헬싱키 올림픽에서 금메달 22개를 획득하며 금메달 40개를 차지한 미국에 이어 일약 2위로 대회를 마쳤다. 소련은 1950년 유럽 육상선수권대회에서 우수한 성적을 거둔 뒤 올림픽에 관심을 갖고 참가하게 되었으며, 그 이후 올림픽대회의 주도권을 잡아가기 시작했다. 그러나 소련의 참가로 인해 올림픽은 더욱 정치화되었다. 당시 영국의 처칠(Winston Churchill) 수상은 공산주의 국가를 "철의 장막(Iron Curtain)" 이라고 했다. 소련은 모든 참가 선수가 선수촌에 머무르되 소련 선수와 불가리아, 체코, 헝가리, 폴란드 등 위성국가들의 선수촌은 다른 나라와 분리하여 건립해 줄 것을 요구했다.

② 인간 기관차 자토펙이 위용을 과시한 대회였다.

자토펙(Emil Zatopek)은 제14회 런던올림픽대회에 데뷔하여 10,000m에서 우승했다. 헬싱키에 다시 모습을 드러낸 자토펙은 육상 5,000m, 10,000m에서 우승한 데 이어 마라톤에서도 우승함으로써 장거리 3종목을 석권하는 놀라운 기록을 달성했다. 그에게 경사가 더해진 것은 그

420) *Official website of the Olympic Movement*, <www.olympic.org>, 2007년 6월 19일.

의 아내가 금메달을 획득한 것이었다. 그와 생년월일이 같은 아내는 그가 5,000m 결승 경기를 마친 시각에서 1시간 후에 벌어진 투창경기에서 우승하였다.

③ 최윤칠 선수가 마라톤에서 4위를 한 대회였다.

처음으로 마라톤에 출전한 자토펙은 2시간 23분 3초 2라는 마라톤 신기록으로 우승했다. 2위는 아르헨티나의 노르고였고, 3위는 스웨덴의 얀슨이었는데, 한국의 최윤칠 선수는 얀슨에 이어 4위를 차지함으로써 한국 마라톤의 가능성을 보여주었다.

④ 기타

소련이 헬싱키 올림픽 대회에 첫 출전하여 첫 메달을 땄고, 중국은 IOC가 중국 NOC를 인정하자 않고, 자유중국(현 대만) NOC만 인정하였기 때문에 선수단을 파견할 수 없었으나 IOC가 수영선수 1명만 참가를 허락했다. 정치적 갈등이 심한 대회였다. 그러나 1952년 제15회 헬싱키 올림픽대회는 기록 면에서 새로운 이정표를 세웠다. 특히 육상 33개 종목 중 27개 종목에서 기록이 갱신되었으며, 올림픽 신기록이 114개나 쏟아졌다. 세계 스포츠의 기술 수준이 급격히 향상되고 있었음을 알 수 있다. 많은 영웅들도 출현했다. 헬싱키의 영웅은 누가 뭐라고 해도 체코의 자토펙이었고, 다음은 10종 경기에서 2연패한 미국의 레미지노(Lindy Remigino)였다. 그는 최초로 이 종목에서 올림픽 2연패를 달성하였다. 오스트레일리아의 잭슨(Marjorie Jackson)도 여자 100m, 200m를 석권하여 명성을 떨쳤는데 그녀는 100m에서 11초 5의 세계 신기록을 세웠다. 체조에선 소련의 추카린(Victor Tschukarin)이 등장하여 4개의 금메달과 2개의 은메달을 차지하는 위용을 과시했다.

3) 제16회 올림픽, 오스트레일리아 멜버른(Melbourne Australia, 1956)

(1) 개요

제16회 멜버른올림픽대회(1956. 11. 22~12. 8)는 사상 최초로 지구의 남단에서 개최된 대회였다. 호주는 영국 국왕 통치령이었기에 영국의 에든버러공작(the Duke of Edinburgh)의 개회 선언으로 시작되었다. 그러나 승마 종목은 6월에 스웨덴에서 대회가 끝난 상태였다. 개최 2년을 앞두고 호주의 국내법상 마필을 반입하려면 6개월의 기간이 소요된다는 것을 안 국제승마협회가 문제를 제기하자 IOC는 승마 경기만 스웨덴의 스톡홀름에서 개최하기로 하여 하계 올림픽대회가 2개국에서 개최되는 결과를 낳았다. 그리고 호주는 남반구라 북반구와 계절이 반대였기 때문에 북반구의 겨울에 해당하는 11월과 12월에 개최되었다.

멜버른올림픽은 자유진영을 대표하는 미국과 연합국, 사회주의를 표방하고 있던 소련과 소련의 연합국 사이의 냉전이 수그러들지 않고 더욱 치열하게 전개되던 상황에서 개최되었다. 중동지역에서는 이집트의 나세르 대통령(President Nasser)이 미소 양국의 원조를 받는 양다리 정책을 펼치면서 미국에게 아스완댐 건설을 요청하며 수에즈 운하를 봉쇄조치를 단행하였다. 그러자 영국, 프랑스, 이스라엘은 이집트를 상대로 군사행동을 감행함으로써 세계를 또 다른 전쟁의 위기로 내몰았다. 남아공을 비롯한 아프리카 등지에서는 백인우월주의 정책으로 흑인폭등이 일어났다. 케냐에서는 마우마우(Mau Mau)폭등이 일어나 15,000명이 살해되는 참사를 낳았다. 한편 헝가리에는 소련군이 탱크를 몰고 점령하자 시민봉기가 일어났고, 소련의 만행에 항의하며 올림픽에서 공산당 표지가 들어 있는 국기의 게양을 거부했다. 혼란스러운 정세 속에 멜버른 올림픽 대회가 개최되었으며, 그러한 상황에서 올림픽 보이콧 운동도 나타났다.

(2) 특징

① 최초의 올림픽 보이콧운동이 일어난 대회였다.

올림픽대회 기간 중 이집트, 스페인, 네덜란드, 중국, 이라크 5개국이 선수단을 철수하는 일이 일어났다. 중국은 대만의 올림픽 참가가 불만이었다. 중국은 1954년 중화전국체육총회를 NOC로 인정받아 참가하려했으나 멜버른 올림픽대회 선추 촌에 청천백일기(靑天白日旗)가 게양되자 중국을 두개로 분리하려 한다며 대회 참가를 중단하고, 각 국제경기연맹으로부터 탈퇴하겠다며 선수단 철수 조치를 단행했다. 이라크는 수에즈운하사태로 인해 이집트와 행동을 같이 한다는 것이 철수 명분이었다.[421)]

② 동·서독 단일팀이 참가한 대회였다.

IOC는 동독의 NOC를 인정하지 않고 동독과 서독이 단일팀을 만들 경우 동독 NOC를 인정하기로 하였다. 그 결과 동독과 서독은 3색기 중앙에 올림픽대회 마크를 넣은 공동 국기를 참가 국기로 정하고 국가는 "베토벤의 9번 교향곡 중 " 환희의 찬가 "를 사용하는 데 합의하여 단일팀 참가를 결정했다. 이데올로기를 초월한 올림픽 운동의 결실을 보여준 사례였고, 이러한 조치는 전례가 되어 후일 올림픽 개회식에서 남한과 북한이 한반도기를 앞세우고 입장하는 행사로 계승되었다.

③ 본격적인 미소대결이 시작된 대회였다.

세계를 동서로 나눈 냉전(Cold War)이 시작되자 헬싱키올림픽대회부터 공산주의권의 대표 소련과 자유주의 진영의 전통 강호 미국이 올림픽을 통해 국력대결 양상을 보였다. 올림픽에서는 메달 획득 순위나 점수를 집계하지 않는 것을 원칙으로 하고 있었지만 언론에서는 그 결과를 대서특필했고, 양 진영은 우위를 점하기 위해 치열한 경쟁을 벌였다. 결국 소련이 두 번째로 참가한 올림픽에서 금메달 37개로 금메달 32개를 획득한 미국을 누르고 1위로 부상했다.

④ 한국이 최초의 은메달을 획득한 대회였다.

한국은 임원14 선수 35명을 파견하여 최초의 은메달을 획득했다. 복싱의 송순천은 결승에

421) Ibid. pp. 297-298.

올라 서독선수와 격전을 치른 끝에 판정으로 져 은메달을 안았고, 역도 라이트급의 김창희 선수가 동메달을 획득하였다.

4) 제17회 올림픽, 이탈리아 로마(Rome Italy, 1960)

(1) 개요

이탈리아 로마는 1955년 프랑스 파리 IOC총회에서 벨기에 브뤼셀을 누르고 제17회 로마 올림픽대회 개최지로 선정되었다. 서기 393년 데오도시우스 황제가 고대 올림피아제를 폐지한 지 약 16세기만의 올림픽이었다. 제4회 올림픽대회(1908) 개최지로 선정되었던 로마는 당시 개최 경비 문제로 올림픽대회 개최권을 반납함으로써 런던에서 열리게 되었고, 그 이후 제12회 올림픽 유치전을 벌였으나 실패하였기 때문에 제17회 올림픽대회 개최는 국가적 경사였다. 이탈리아는 고대 로마의 거대한 욕장(浴場) 카라칼라(Caracalla)에 체조 경기장을, 레슬링 경기장이었던 바실리카 막센티우스(Bacilica Maxentius)[422]에 레슬링 경기장을 마련하는 등 고대 로마 유적을 중심으로 경기장을 건립하여 고대와 현대의 조화를 이룬 올림픽을 만들기 위해 최선의 노력을 기울였다. 그러나 로마 올림픽대회는 동서 진영의 냉전으로 인하여 체제 우위를 과시하는 선전장으로 변모했다. 소련은 2회 연속 미국을 눌렀고, 미국인들은 연속적인 패배를 인식하지 못하는 모습이었다. 한국은 이 대회에서 노 메달을 기록하는 부진을 보였다.

(2) 특징

① 스포츠의 정치화 현상이 뚜렷해진 대회였다.

제17회 로마올림픽대회(1960. 8. 5~9. 11)는 쿠바의 카스트로(Fidel Castro) 정권이 탄생한 이후 미국과 소련간의 심각한 대립 상황 속에 개최되었다. 그러한 상황에서 미국과 소련이 벌이는 올림픽에서의 경쟁은 많은 관심을 끌었다. 소련은 그들의 체제 우월성을 과시하기 위해 스포츠를 통해 선전전을 폈다. 그들의 자랑은 크게 두 가지였다. 하나는 소련 운동경기 보급 운동의 대중적 특성, 다른 하나는 그들이 택한 운동방법의 우수성이었다. 소련스포츠연맹(Soviet Sports League)의 의장, 리콜라이 로마노프(Nikolai Romanov)는 소련에는 2천 4백만 명이 6만 5천여 명의 지도자들로부터 훈련을 받으며, 19만개의 스포츠 조직체가 있다고 자랑했다.[423] 서구와 동구의 치열한 다툼 상황이 전개되자 이탈리아 올림픽 조직위원회는 동구권 선수들은 동쪽에 있는 선수촌에 머물게 하고, 영국과 미국 선수들은 서쪽에 있는 선수촌에 입촌시켰다. 국제적 평화의 유지와 우호의 증진이라는 올림픽의 이상(理想)은 보이지 않는 듯한 올림픽이었다.

---

422) Basilica di Massenzio.

423) *New York Times*, 10 August 1960. p. 40; Robert A. Mechikoff & Steve G. Estes, *A History and Philosophy of Sport and Physical Education*, 3rd edition, Boston, [Mass.] ; London: McGraw-Hill, 2002, p. 307.

② 마라톤의 아베베와 복싱의 클레이가 출현한 대회였다.

로마 올림픽대회에서 가장 화제가 된 것은 무엇보다 "맨발의 영웅 아베베" 가 출현한 것이었다. 1960년 9월 11일 올림픽 마지막 종목으로 개최된 마라톤에서 에티오피아 셀라이세황제(Emperor Haile Selasssie)의 근위병이었던 무명 마라토너 아베베 비킬라(Abebe Bikila)는 맨발로 달려 우승을 차지하여 세상을 놀라게 했다. 하도 말이 많아 "루이스빌의 입술(Louisville Lip)이라는 별명을 얻게 되었으며, 훗날 무하마드 알리(Muhammad Ali)로 개명하여 가장 위대한 복서로 남아 있는 캐시어스 클레이(Cassius Clay)는 미국의 라이트 헤비급 선수로 출전하여 금메달을 차지했고, 그 이후 프로로 전향한 그는 세계 헤비급 복싱계의 스타가 되었다.

③ 기타

로마 올림픽대회에서도 많은 이변이 일어났고, 탁월한 스타들이 출현했다. 가장 큰 이변은 6연패를 이루었던 인도의 필드하키 팀이 파키스탄에게 금메달을 내어준 것이었다. 그리고 여자에게는 너무 과한 운동이라 판단하여 제외 되었던 여자 800m경기가 다시 올림픽대회 공식종목으로 등장했다. 로마 올림픽대회에서는 83개의 올림픽 신기록도 쏟아졌다. 남자 100m에서는 독일의 하리(Armin Hary)가 마의 벽이라고 불렸던 10초 3을 넘어서는 10초 2를 기록하며 우승했고, 미국의 보스턴은 멀리뛰기에서 8.12m를 기록하며 금메달을 목에 걸었다. 또한 어린 시절 불구자로 자랐던 미국의 루돌프(Wilma Rudolph)는 고난을 극복하고 테네시 주립대학에서 선수생활을 한 뒤 11초 0이라는 호기록으로 여자 100m에서 우승하였으며, 200m, 400m 계주에서도 우승하여 미국선수로서는 첫 3관왕이 되었다.

5) 제18회 올림픽, 일본 도쿄(Tokyo Japan, 1964)

(1) 개요

제18회 도쿄올림픽대회(1964. 10. 10~10. 24)는 경찰국가를 자처한 미국이 베트남전쟁에 관여하면서 막대한 인명과 재산 피해를 입고 있던 상황이었다. 중국은 첫 원자폭탄을 생산하였으며, 소련에서는 니키타 크루쉬체프(Nikita Khrushchev)가 축출되고, 브레제네프(Leonid Brezhnev)가 공산당 서기장으로 등장하였다. 미국은 존슨(Lyndon B. Johnson)이 대통령으로 선출되었다.[424] 동서진영의 냉전체제가 계속 이어졌던 것이다. 그러나 도쿄올림픽대회는 놀랄만한 관중이 동원되었고, 시설, 예산, 참가국 등에서 수많은 기록을 남긴 올림픽으로 기록되고 있다.[425] 일본은 "올림픽이라는 마술 없이는 세계적인 무역국가로 일어서기 위해 필요한 투자를 할 수 없다. 일본은 더 이상 패전국이 아니라는 것을 세계에 알리는 것, 이것이 올림픽

424) Robert A. Mechikoff & Steve G. Estes, *A History and Philosophy of Sport and Physical Education*, 3rd ed. (Boston, London : McGraw-Hill, 2002), p. 310.

425) Stan Greenberg, *The Guinness Olympics Fact Book* (Middlesex : Guinness Publishing Ltd., 1991), p. 59.

에 대한 정부의 입장이다." 라고 밝혔다. 올림픽을 통해 세계 선진국으로 가는 길을 모색하고자 했던 것이다. 일본인들의 치밀한 준비는 올림픽의 성공적인 개최를 이끌어냈다. 그래서 역사 속에 "완벽한 올림피아드(Perfect Olympiad)" 로 기록되고 있다.

(2) 특징

① 아시아 지역에서 최초로 개최된 올림픽이었다.

일본은 1940년 제12회 올림픽 개최지로 선정되었다. 그러나 제2차 대전의 발발로 대회가 중단되었기 때문에 무산되었고, 패전국이 된 일본은 올림픽은 물론 국제 스포츠계에서도 축출 당했다. 그러나 1949년부터 스포츠 외교를 시작한 일본은 1952년부터 올림픽 복귀 허가를 받았다. 그리고 1959년 5월 23일 서독 뮌헨 IOC 총회에서 도쿄 올림픽대회 개최권을 따냈다.

② 도쿄 올림픽대회는 경제 올림픽의 기원이 된 대회였다.

일본은 도쿄 올림픽대회를 세계적인 강국 건설의 계기로 삼았다. 3년의 준비기간 동안 메인 스타디움 건설을 비롯하여 호텔, 모노레일, 스포츠 콤플렉스 등을 건설했고, 많은 투자를 통해 일본이 항상 패전국으로 남아 있지 않을 것임을 보여주었다. 그러한 계획은 차질없이 달성되었고, 올림픽은 훗날 일본이 세계 경제 대국으로 성장하는 기반이 되었다.426)

③ 유도의 공식 종목 선정되어 아시아 스포츠 문화의 세계화 길을 연 대회였다.

일본은 자국의 국기(國技)였던 유도를 정식 종목으로 채택해 줄 것을 제안했고, IOC는 그 제안을 받아들임으로써 아시아에서 조직화된 유도가 하계올림픽대회 정식 종목으로 등장하게 되었다. 그런데 대회 조직위원회는 전체 종목이 너무 많다고 판단하여 1961년 아테네 IOC 총회에서 결정된 22개 종목 중 2종목을 올림픽 종목에서 제외시키게 되었다. 해당 종목은 핸드볼과 양궁이었다. 한편 1962년 모스크바 IOC 총회에서는 여자 배구를 공식 종목으로 추가하였다.

④ 기타

도쿄 올림픽대회에서 일본은 금메달 16개를 획득하며, 미국과 소련에 이어 3위를 차지함으로써 주최국으로서의 자존심을 드높였다. 미국은 수영 22개 종목 중에서 16개의 금메달을 휩쓸었고, 일본은 체조 남녀 단체와 개인종합 금메달을 쓸어 담았다. 그리고 새롭게 추가된 여자 배구에서 소련을 누르고 우승하는 쾌거를 이룩했으며, 자국의 국기인 유도에서 금메달 3개를 뽑아냈다. 마라톤 경기는 10월 21일 68명의 선수가 우승을 다투었으며, 그 결과는 아베베의 2연패로 끝났다. 이 대회에서 아베베는 더 이상 맨발이 아니었다. 복싱에서는 훗날 세계 헤비급 챔피언이 된 프레이저(Joe Frazier)가 등장하였으며, 미국은 메달집계에서 소련을 따돌리고 1위에 복귀했다. 한국은 이 대회에서 은2, 동 1개의 성적을 거두는데 그쳤다.

---

426) *Official website of the Olympic Movement*, <www.olympic.org>, (2007년 6월 19일) 참조.

6) 제19회 올림픽, 멕시코 멕시코시티(Mexico City Mexico, 1968)

(1) 개요

제19회 하계 올림픽대회(1968. 10. 12~10. 27)가 개최될 즈음 세계의 분위기는 어지러웠다. 미국에서는 킹(Martin Luther King) 목사와 케네디(Robert Kennedy)가 암살되었고, 동남아시아, 아프리카, 중동에서는 생명과 재산을 약탈하는 사태가 일어났으며, 소련 군대는 체코슬로바키아 유혈 반란을 총기로 진압했다. 국제 정세가 불안정한 가운데 올림픽대회가 개최되었다. 올림픽 기간 중 인종차별의 문제가 심각하게 대두되었고, 멕시코에서는 올림픽 개최를 반대하며 150,000명의 학생들이 3일간 폭동을 일으켜 도시를 황폐화시키기도 했다.

올림픽의 개최지인 멕시코시티는 해발 2,240m의 고지였다. 특정 종목은 신기록이 속출하는 사태가 벌어졌고, 중장거리에서는 더 강한 심폐지구력이 요구되었다. 의료계에서는 선수들이 죽음에 이를 수도 있다고 경고했다. 그러나 큰 사고는 없었고, 이 대회 이후부터 중장거리 선수들의 지구력 향상을 위한 고지훈련이 일반화되었다.[427)]

IOC가 남아프리카 공화국에 올림픽 참가 초청장을 보내자 40여개 국가들이 그럴 경우 올림픽 보이콧을 하겠다며 IOC에 맞섰다. 많은 국가들이 반대하게 되자 남아프리카 공화국은 참가할 수 없었고, 인종차별 정책을 다시 한 번 검토해야만 했다.

(2) 특징

① 올림픽 마스코트가 등장한 대회였다.

19회 멕시코시티 올림픽(1968. 10. 12~10. 27)부터 올림픽을 상징하는 마스코트가 등장했다. 그 이전 올림픽에서도 다양한 상징물과 휘장이 사용되어 왔지만 마스코트(mascot)가 등장한 것은 처음이었다. 멕시코는 문화적, 지리적 특성을 살려 '붉은 아메리카표범(Red Jaguar)' 를 마스코트로 정하였다. 그러나 당시는 제도화된 것이 아니었으며, 팔리지도 않았다. 그런데 1980년 동계올림픽부터 하나의 제도로 자리 잡게 되었다.

② 고지대에서 열린 최초의 올림픽이었다.

1964년 IOC 총회에서 멕시코시티가 올림픽 개최지로 결정되었으나 염려가 따랐다. 멕시코는 과거 개최지에 비하여 해발 고도가 높았다. 의료계 관계자들은 선수들이 사망할 수도 있다고 경고했다. 그래서 IOC도 선수들의 적응훈련 기간을 4주에서 6주로 늘렸다. 한편 지리적인 영향으로 산소가 희박하여 공기 저항이 줄어들기 때문에 특정 종목 선수들은 더 좋은 기록을 낼 것으로 예상했고, 예상은 적중했다. 신기록이 쏟아졌다. 미국의 남자 100m 선수 하인즈(James Hines)가 인류의 꿈이었던 10초벽을 깨고 9초9의 기록으로 우승했다. 2위와 3위의 기록도 10초 0이었다. 당시 새롭게 등장한 타탄트랙도 기록의 단축에 영향을 미쳤다. 400m에서도 미국의 에반스

---

427) Stan Greenberg, *The Guinness Olympics Fact Book* (Middlesex : Guinness Publishing Ltd., 1991), p. 62.

(Lee Evans)가 43초 3의 세계신기록을 수립했고, 남자 멀리뛰기에서 미국의 비몬(Bob Beamon)이 8m 90이라는 경이적인 기록을 세웠다. 이 기록은 올림픽에서 21세기 선수들이 세운 기록 수준이었다. 소련의 세단뛰기 선수들도 금, 은, 동을 휩쓸며, 3명 모두 세계 신기록을 세웠다.

③ 미국의 포스베리가 높이뛰기에서 처음으로 '플로프 스타일' 을 선보인 대회였다.

높이뛰기에 출전한 미국의 포스베리(Dick Fusbery)는 바깥쪽 발로 뛰어오르며 등을 바(bar)쪽으로 향하게 돌아누운 뒤 머리부터 바를 넘어가는 후방뛰기동작(Backward Motion)으로 2.24cm를 기록하며 금메달을 획득했다. 사람들은 그렇게 뛰는 배면도(背面跳) 방식을 그의 이름을 붙여 '포스베리 플로프(Fosbury Flop)' 라고 부르게 되었으며, 지금까지도 세계적인 선수들은 이 방식을 택하고 있다.

④ 기타

미국의 오우터(Al Oerter)는 투원반 종목에서 32세의 나이에도 불구하고 우승함으로써 올림픽 사상 최초의 4연패를 달성했고, 수영에서는 미국이 33종목 중 23종목을 휩쓸었다. 요트에 출전한 스위스의 로베라즈(Louis Noverraz)는 62세의 나이로 은메달을 차지하여 노익장을 과시했다. 이 대회에서 한국의 라이트 플라이급 복싱선수 지용주와 밴텀급의 장순길은 각각 동메달과 은메달을 획득했다. 흑인선수들의 인종차별 저항도 화제가 되었다.

7) 제20회 올림픽, 독일 뮌헨(Munich Germany, 1972)

(1) 개요

1972년 베트남 전쟁은 계속 진행 중이었고, 캄보디아도 전쟁에 휩싸이게 되었다. 영국은 종교 갈등으로 테러의 위협에 시달리고 있었다. 인종주의적 갈등도 심각한 상황이었다. 이디 아민 우간다 대통령은 자국 내 모든 아시아인을 추방하였다. 그런 상황에서 제20회 올림픽대회 개최기간(1972. 8. 26~9. 10) 중 '검은 9월단(Black September)' 으로 알려진 8명의 아랍게릴라들이 이스라엘 선수들이 머물고 있던 선수촌에 침입하여 인질극을 벌이는 사태가 발생하여 피로 물든 올림픽이 되었다. 불행한 사건이 있었지만 뮌헨올림픽대회는 "밝고 질서정연한 대회" 를 모토로 첨단기술이 도입된 대회로서 명성을 남겼다. 독일 올림픽조직위원회는 보다 사랑받는 올림픽을 만들기 위해 닥스훈트(Dachshund : 독일 견의 한 종류)를 마스코트로 지정했고, 이 마스코트는 발디(Waldi)라는 이름으로 각종 기념품에 새겨져 인기를 끌었다.

(2) 특징

① 뮌헨의 대 학살극이 일어난 대회였다.

1972년 9월 5일 수류탄과 총기로 무장한 아랍 게릴라 8명은 이스라엘 선수촌으로 잠입하여 11명의 이스라엘인, 5명의 네프리스트, 독일 경찰 1명 등 17명의 목숨을 앗아가는 학살극을 일으켰다. 아랍 게릴라들은 올림픽을 이스라엘과의 전쟁 속으로 끌어넣었다. 1936년 독일 베를린 올림픽에서 나치에 의해 유대인 및 유색인종 참여 배제를 시도 하였고 36년 후 유대인은 또 한 번의 독일 땅에서 타깃이 되어야 했다. 이로 인하여 보복을 염려한 아랍국의 선수들은 철수하여 일찍 출국하였고 올림픽은 축제의 장에서 공포와 두려움의 장으로 바뀌게 되었다.

② 인종차별 문제가 극도로 부각된 대회였다.

뮌헨대회가 임박해지면서 가장 큰 문제로 떠오른 것은 로디지아(Rhodesia: 현 Zimbabwe)의 참가 문제였다. 로디지아는 남아프리카공화국과 같이 흑인에 대한 인종차별이 극심한 나라였고, 많은 국가들이 남아프리카공화국을 올림픽에서 축출한 이후 로디지아로 관심을 돌리고 있었다. 로디지아는 영국의 식민지였기 때문에 IOC는 뮌헨올림픽대회에 영국기(Union Jack)를 앞세우고 출전한다는 조건으로 올림픽 참가를 허락하였다. 그러나 에티오피아를 위시한 아프리카 국가들은 로디지아가 참가할 경우 모두 불참할 것을 결의하였고, 아시아와 동유럽 국가들도 이에 동조함으로써 로디지아 선수들은 입국했다가 발길을 돌려야만 했다.

③ 수영에서 마크 스피츠가 7관왕에 오른 대회였다.

올림픽대회가 막을 올리자 열전이 벌어졌고, 바로 첫 주에 뮌헨올림픽을 지배한 영웅이 나타났다. 수영에 참가한 유태인 혈통의 미국 선수 마크 스피츠(Mark Spitz)였다. 그는 수영 개인 4종목과 계영 3종목에서 금메달을 획득하여 일약 7관왕에 올랐다. 더 놀라운 것은 그가 메달을 획득한 전 종목의 기록이 세계 신기록이었다는 것이다. 4년 전 멕시코 올림픽 계영 2종목에서 금메달, 개인종목에서 은1, 동1을 획득했던 스피츠가 다크호스라는 것은 이미 잘 알려져 있었지만 그와 같은 놀라운 기록을 세울 것이라고 예상하지 못했다. 그는 핀란드의 장거리 영웅 누르미, 소련의 여자 체조의 라티니나와 함께 총 9개의 금메달을 목에 건 선수가 되었다.

④ 기타

올림픽에 처음 출전한 북한은 사격에서 이호준이 금메달을 획득하였고, 여자배구에서 동메달을 따냈다. 반면 한국은 재일동포 오승립(吳勝立)이 유도에서 은메달 하나를 획득하는데 그치며 저조한 성적을 기록했다. 일본은 남자배구에서 멕시코대회 2위에 이어 동독과 소련을 물리치고 금메달을 획득하는 쾌거를 이룩했다. 그리고 남자 체조에서는 단체전 4연승을 일구어냈다. 여자 체조에서는 요정 코르트부트(Olga Kortbut)가 등장하여 체조의 예술성과 아름다움이 무엇인지를 전 세계인들에게 알려주었다. 또한 소련은 여자 체조 단체전에서 올림픽의 6연패를 달성했다. 핸드볼에서는 유고, 체코, 루마니아 등 공산권 국가가 금, 은, 동메달을 차지했다. 발레리 보르조프(Valeri Borzov)는 100m, 200m 경주에서 금메달을 획득하며 미국 흑인계 선수들의 독주에 제동을 걸었다. 미국의 프랭크 쇼터(Frank Shorter)는 마라톤에서 우승했고, 동독의 여자 선수들은 육상 100m, 200m, 400m에서 금메달을 휩쓸었다. 또한 서독은 400mR에서 동독은 1,600mR에서 우승함은 물론 세계 신기록을 작성했다.

8) 제21회 올림픽, 캐나다 몬트리올(Montreal Canada, 1976)

(1) 개요

1970년 캐나다의 몬트리올은 제70차 IOC총회에서 소련의 모스크바와 미국 LA를 누르고 제21회 올림픽 개최지로 결정되었다. 제21회 몬트리올올림픽은 정치적 성격이 매우 강했다. 브런디지 IOC위원장이 뮌헨 올림픽대회 기간 동안 위원장직을 사임했고, 아일랜드출신의 킬라닌경(Lord Killanin)이 새 위원장에 취임하여 첫 번째로 맞는 올림픽이었다. 그러나 캐나다와 대만의 국교단절로 인한 대만의 올림픽 철수 문제, 올림픽을 이용하여 남아프리카공화국을 고립시키려는 인종문제, 정치적 망명, 사회문제 등으로 인하여 몬트리올 올림픽대회(1976. 7. 17~8. 1)는 혼란스러웠다. 특히 제20회 뮌헨 올림픽대회의 테러로 인하여 몬트리올은 안전 보장에 각별한 조치를 취할 수밖에 없었고, 그로 인해 역대 올림픽 중 테러로부터 가장 안전한 올림픽이 되었으나 삼엄한 경계 속에 선수들은 모두 감옥생활과 같은 분위기 속에 지내야 했다.

(2) 특징

① 올림픽의 정치화가 가속된 대회였다.

제21회 캐나다 몬트리올 올림픽대회는 타이완 문제로 올림픽이 정치·경제적 논리에 지배되어 요동친 대회였다. 1976년 6월 중공이 가장 큰 무역상대국이었던 캐나다 정부는 중화민국(Republic of China)으로 표기하며 올림픽 출전을 준비하고 있던 타이완의 출전을 허용하지 않겠다는 전문을 IOC에 보냈다. 그리고 중공과 외교관계를 수립하고 타이완과의 외교를 단절하였다. 많은 협상 끝에 타이완은 올림픽에 참가했지만 결국 중간에 철수하였다. 인종문제도 발생했다. 아프리카최고스포츠평의회(SCSA)는 뉴질랜드가 인종차별정책을 펴는 남아프리카공화국과 럭비 교류전을 갖는다는 이유로 뉴질랜드 선수들의 출전 봉쇄를 요구했다. 킬라닌경은 그와 같은 제의에 반대했고, 그 결과로 32개국 아프리카 선수단은 선추촌에서 짐을 쌌다. 올림픽은 여전히 정치적 도구로 이용되고 있었던 것이다.

② 체조 요정 코마네치가 등장한 대회였다.

몬트리올 올림픽에서 가장 큰 화제가 되었던 인물은 코마네치(Nadia Comaneci)였다. 140cm, 40kg 14세의 루마니아 요정 코마네치가 등장하여 체조 역사를 다시 썼다. 그녀는 10점 만점 연기를 7차례나 선보였다. 결국 어린 소녀는 평균대, 평행봉, 개인종합에서 3개의 금메달을 획득했다. 그리고 한국계 소련선수 넬리 킴(Nelli Kim)도 도마, 마루운동, 단체에서 우승하여 금메달 3개를 목에 걸었다.

③ 동독이 미국을 앞지른 대회였다.

소련 및 동구 공산진영과 같이 동독은 소위 스포츠 엘리트 양성을 위한 국가주의 정책을 쓰면서 소련에 이어 메달 집계에서 미국을 앞서가기 시작했다. 소련의 금메달 수는 49, 동독,

40, 미국 34로 서구 민주진영은 공사주의 국가에 밀리기 시작했다. 올림픽에서 메달 집계는 공식적으로 하고 있지 않지만 그것은 역사에 남아 있고, 그 자체가 올림픽의 이념적 흐름을 읽는 척도가 되기도 한다.

④ 양정모가 한국 최초의 금메달을 딴 대회였다.

손기정선수가 베를린올림픽에서 금메달을 땄지만 그것은 일본의 몫이었다. 그리고 북한은 사격에서 이미 금메달을 딴 상태였다. 한국은 기다리고 기다리다가 처음으로 레슬링에서 금메달을 따냈고, 국민들은 감격하여 흑백 TV를 보면서 눈물을 흘렸다. 레슬링에서는 소련이 그레꼬로만형 7체급, 자유형 5체급을 석권하는 강세를 보이는 가운데 우리나라는 자유형 플라이급에서 전해섭선수가 동메달을 따냈고, 이어 자유형 페더급에서 양정모 선수가 올림픽 참가 28년 만에 첫 금메달을 따내는 쾌거를 이룩했다.

⑤ 기타

한국은 여자배구에서 동메달을 획득하여 구기 종목 사상 첫 메달을 획득하는 개가를 올렸다. 남자체조에서 일본은 올림픽 단체전 5연패의 위업을 달성했고, 수영에서는 남녀 13개 종목에서 미국은 남자 12개 종목, 동독은 여자 11개 종목의 금메달을 독식했다. 동독의 17세 여자선수 엔더(Kornelia Ender)는 혼자 4개의 금메달을 땄고, 20세의 미국 남자 네이버(John Naver)도 4개의 금메달을 땄다. 여자 육상에서도 동독 여자선수들은 14개 중 9개의 메달을 캐내었다. 훗날 프로권투 헤비급 챔피언이 된 스핑크스(Leon Spinks)는 올림픽 라이트 헤비급에서 금메달을 획득하여 자신의 미래를 열었다. 여자배구에서 일본이 다시 금메달 사냥에 성공했다.

9) 제22회 올림픽, 소련 모스크바(Moscow USSR, 1980)

(1) 개요

제22회 모스크바올림픽대회(1980. 7. 19~8. 1)는 최초로 공산권 국가에서 개최되었다. 1952년 헬싱키 대회부터 올림픽 무대에 진출한 소련은 막강한 경기력을 기초로 올림픽 유치에 성공했고, 동서 냉전 상황에서 공산권 국가의 맹주 역할을 하고 있던 소련으로서는 올림픽 개최가 꼭 필요한 조치였다. 그러나 모스크바 올림픽대회는 동서 냉전으로 인해 반토막짜리가 된 비극적인 올림픽 중 하나였다. 소련의 아프가니스탄 침공으로 미국 카터(Jimmy Cater) 정부가 선수들의 참가를 방해함으로써 미국 팀은 모스크바올림픽에 불참하는 결정을 내렸고, 한국, 일본 등도 그러한 결정에 동조하였다. 많은 서방 국가들이 올림픽에 불참하게 됨으로써 모스크바 올림픽은 공산권 국가만 참가하는 실패한 올림픽이 되고 말았다. 이러한 사건과 맥을 같이하여 모스크바 대회를 끝으로 킬라닌 위원장은 역사 속으로 사라지고 스페인의 사마란치가 IOC위원장으로 취임하게 되었다.

(2) 특징

① 반쪽의 축제로 끝난 올림픽대회였다.

1980년 당시 IOC가 승인한 국가별올림픽위원회(NOC)는 145개였으나 입장식에 참가한 것은 80개국에 불과했다. 약 31개국이 참가를 거부함으로써 모스크바올림픽은 81개국 5,217명만 참가한 반쪽자리 올림픽이 되고 말았다.

② IOC의 권위가 급속히 추락한 대회였다.

킬라닌 위원장은 모스크바 올림픽대회 폐회식에서 올림픽이 정치적 목적에 이용되는 것에 대하여 강력한 반대 입장을 취하였다. 그는 미식축구가 올림픽 종목에 있었다면 미국은 보이콧을 선동하지 않았을 것이라며 미국을 향해서 비난의 화살을 돌렸다. 그러나 이미 IOC의 권위는 추락했고, 그 다음의 또 다른 올림픽사의 비극도 잉태하고 있었다.

10) 제23회 올림픽, 미국 로스앤젤레스(Los Angeles USA, 1984)

(1) 개요

제22회 모스크바 올림픽대회에 미국을 비롯한 서방진영의 불참은 제23회 LA올림픽대회(1984. 7. 28~8. 12)에 소련과 동독, 쿠바 등 스포츠 강국의 불참으로 이어졌다. 올림픽은 계속 동서 냉전에 이용되고 있었고, 정치적 선전 공세 또한 수그러들지 않았다. 분명 소련과 동구 진영의 불참은 제23회 LA올림픽대회의 성공적인 개최에 걸림돌이 되었다. 그렇지만 이에 굴하지 않고 LA올림픽조직위원회는 올림픽이 상업화라는 또 다른 역사를 만들어갔다. 쿠베르탱이 세상을 떠난 1937년 9월 2일 태어난 LA올림픽조직위원회(LAOOC) 위베로스(Peter Ueberroth) 위원장은 작은 사무실에 전화 1대 직원 1명으로 업무를 시작하여 올림픽을 사업화하기 시작했으며, TV중계권료, 올림픽 스폰서 제도 도입 등으로 대성공을 거두게 되었다. LA올림픽은 2억 1천 5백만 달러의 흑자를 낸 대회로 기록되고 있다.[428]

(2) 특징

① 올림픽의 상업화가 급속히 진척된 대회였다.

LA올림픽 조직위원회는 ABC방송과 2억 8천 7백만 달러에 TV중계권료 계약을 체결했다. 실로 25억의 시청자가 올림픽을 방송을 시청했다.[429] 코카콜라와 1,260만 달러에 후원 계약도 성사시켰다.[430] 또한 조직위원장은 성화주자로 참가하는 사람들과 참가비 3,000달러의 계약

428) 당시 올림픽 조직위원장 조건은 40-55세로 사업 경험과 스포츠 애호가여야 한다는 것이었고, 위베로스는 큰 여행사 사장으로 산호세주립대학 재학시절 수구선수로 활약한 스포츠맨이었다. 상세한 것은 방광일, 앞의 책, p. 391.
429) Stan Greenberg, *The Guinness Olympics Fact Book* (Middlesex : Guinness Publishing Ltd., 1991), p. 83.
430) 방광일, 앞의 책, p. 397.

을 맺었다. 그리스올림픽위원회를 비롯하여 올림픽이 사업적으로 전락해서는 안 된다는 비판이 일었으며, 그리스는 성화 채화를 거부했고, 미국은 몰래 올림피아에서 성화를 채화하였다. 결국 경제적인 측면에서 LA올림픽은 성공했고, 민간 자본의 올림픽 도입이라는 상업주의적 발상은 올림픽의 새로운 전통으로 자리 잡게 되었다.

② 구소련과 동구 공산진영이 올림픽 보이콧을 선언했다.

LA대회의 개막이 가까워 올 때 반쪽대회로 끝났던 모스크바 올림픽을 회상하며, 소련의 보복이 있지나 않을까 걱정하는 분위기였다. 그러한 상황에서 1983년 9월 1일 대한항공여객기가 소련 상공에서 소련 전투기에 의해 격추되어 269명의 탑승객이 사망하는 사고가 일어났고, 서방진영의 소련에 대한 비판 수위가 높아지면서 올림픽에 미칠 악영향을 걱정하고 있었다. 그러한 염려는 현실로 나타났다. 1984년 5월 아테네로부터 뉴욕에 도착한 성화가 봉송 길에 오를 즈음 소련올림픽위원회는 "미국은 올림픽의 이상을 충분히 준수하지 않는다는 이유로 LA올림픽대회 불참을 선언했다.[431] 소련은 미국이 주도한 모스크바 올림픽 참가 거부에 대한 앙갚음을 했던 것이다.

③ 중국이 올림픽 무대에 복귀한 대회였다.

1979년 6월 IOC집행위원회는 중국 NOC를 중국올림픽위원회(China Olympic Committee)로 승인하고, 대만은 중국타이페이올림픽위원회(China Taipei Olympic Committee)로 승인하는 것으로 최종적인 결정을 내렸다. 결국 중국은 소련과 동구 공산진영의 보이콧 운동에 가담하지 않았고, LA대회에 참가하여 금메달 15개를 획득하는 성과를 거두었으며, 중국의 참여로 LA올림픽대회의 위상은 조금 높아졌다.

④ 칼 루이스가 출현한 올림픽이었다

LA올림픽대회가 시작되자 가장 큰 화제로 등장한 것은 1936년 베를린 올림픽의 제시 오웬스 이후 칼 루이스(Carl Lewis)의 육상 4관왕 달성 여부였다. 루이스는 간단히 신화의 주인공이 되었다. 결과는 100m 9초 99, 멀리뛰기서 8.54m, 200m 19초 80, 400mR 37초 83 등 4종목에서 모두 우승하며 제2의 오웬스가 되었다.

⑤ 한국의 비상이 시작되었다.

비록 소련과 동구권 선수들이 불참한 대회였지만 한국은 284명의 선수단을 파견하여 레슬링(G2), 유도(G2), 복싱(G1), 양궁(G1) 등과 같은 종목에서 금메달을 획득하여 올림픽 참가 사상 최고의 성적을 거두었다. 비록 소련과 동구 공산진영이 불참한 대회였지만 그것은 박정희 정권에서 지속적으로 스포츠에 투자한 것이 결실로 나타난 것이었으며, 한국 스포츠가 세계적인 수준으로 도약하고 있다는 것을 보여주는 것이었다. 그 여세는 1988년 서울 올림픽대회로 이어졌다는 사실은 한국 스포츠의 비상이 시작되었음을 명확히 해주고 있다.

431) Betty Spears, Rechard A. Swanson, *History of Sport and Physical Activity in United States* (Dubuque, Iowa : Wm. C. Brown Co., 1978), p. 382.

⑥ 기타

영국의 세바스찬 코(Sebastian Coe)는 1,500m에서 올림픽 2연패를 달성했고, 여자 400mH에서는 모로코의 무타와겔(Nawal El Moutawakel)이 우승했다. 그녀의 우승은 이슬람 국가 출신 여자 최초의 금메달이었고, 모로코 최초의 금메달이었다. 수영에서는 서독의 수영 스타 그로스(Michael Gross)가 남자 자유형 200m와 접영 100m 등 2종목을 석권했다.

11) 제24회 올림픽, 대한민국 서울(Seoul Korea, 1988)

(1) 개요

제24회 서울 올림픽대회의 개최가 확정된 것은 1981년 9월 30일 서독 바덴바덴(Baden-Baden) IOC총회 때였다. 1979년 박정희 정권의 실세였던 박종규 대한체육회 회장을 중심으로 올림픽대회 유치를 위한 계획이 수립된 바 있었고, 10·26사태로 주춤하였으나 전두환 정권이 등장하면서 올림픽 유치를 적극적으로 추진하게 되었다. 당시 경쟁 도시는 일본의 나고야였고, 1981년 9월 30일 52대 27이란 압도적인 스코어로 제24회 올림픽대회 개최지는 서울로 확정되었다.

서울 올림픽대회는 159개국 8,465명의 선수가 참가한 가운데 성황리에 개최되었으며, 그것은 모스크바 올림픽대회와 LA올림픽대회의 올림픽 보이콧 사태로 빚어진 동서진영의 갈등을 극복한 완전한 올림픽이었다는 측면에서 역사적으로 매우 큰 의미가 있었다. 12년 만에 동서양의 선수들이 한 자리에 모여 23개 종목에서 열전을 벌였다.

(2) 특징

① 12년만의 완전한 화합을 이룩한 올림픽대회였다.

제22회 모스크바 올림픽대회와 제23회 로스앤젤레스 올림픽대회는 정치적인 이유로 소련, 동독, 미국 등이 올림픽에 함께 참가하지 않았으며, 올림픽의 이상(理想)은 실종된 채 정치적 도구로 이용되었다. 그러나 철저한 안전보장 체계를 수립한 1988년 서울 올림픽은 완전한 화합의 축제가 되었다.

② 한국은 종합 4위라는 성적을 거두었다.

한국은 주최국으로서 23개 전 종목에 출전하여 소련, 동독, 미국에 이어 종합 4위를 차지하였다. 특히 양궁에서 한국은 탁월한 성적을 거두었다. 여자 개인에서 1, 2, 3위를 독차지했으며, 남녀 단체전에서도 금메달을 획득하였다. 탁구 남자 개인전에서 유남규가 금메달을 목에 걸었고, 여자 복식에서는 양영자·현정화조가 우승하는 쾌거를 이룩했다. 여자 핸드볼 팀은 올림픽 참가 사상, 구기 종목에서 첫 금메달을 캐내는 역사를 썼다. 그리고 유도, 레슬링 등에서도 뛰어난 성적을 거두었다.

③ 약물 복용 문제가 크게 부각된 대회였다.

올림픽대회가 개막되자 가장 화제가 된 것은 남자 100m경기였다. 전 세계가 LA올림픽대회 우승자였던 칼 루이스(Carl Lewis)와 서울 올림픽 1년 전에 개최된 세계육상선수권대회 우승자였던 벤 존슨(Ben Johnson) 중 누가 금메달의 주인공이 될 것인가를 궁금하게 지켜보고 있었다. 예선 기록은 칼 루이스가 앞섰다. 그런데 결승에서 벤 존슨은 9초 79라는 놀라운 기록을 수립하며 우승했다. 그러나 이틀 후인 9월 26일 도핑센터는 벤 존슨이 금지 약물인 근육강화제(아나볼릭 스테로이드), 스타노졸을 복용하였다고 발표했고, 다음 날 벤 존슨은 금메달을 박탈당했다. 그로 인하여 약물 복용 문제가 크게 부각되었다.

④ 기타

육상에서 칼 루이스 다음으로 화제를 모은 선수는 화려한 치장을 한 두 여자 육상선수였다. 여자 100m에서 10초 54를 기록하며 우승한 뒤 200m와 400mR에서도 우승하여 3관왕이 된 그리피스 조이너(Florence Griffith Joyner) 선수와 멀리뛰기와 7종 경기에서 우승하여 2관왕이 된 조이너 커시(Jackie Joyner-Kersee)도 화제의 주인공으로 등장했던 것이다. 여자부 수영에서는 동독의 오토(Kristin Otto)가 자유형 50m, 100m 등을 비롯하여 자신이 참가한 6개 종목에서 우승하여 6관왕이 되었다. 남자 수영에서는 미국의 비욘디(Matthew Biondi)가 5관왕이 되었다. 다이빙에서는 루가니스(Gregory Louganis)가 등장하여 2관왕에 오르며 우아한 퍼포먼스로 다이빙의 진수를 보여주었다. 64년 만에 다시 올림픽 무대로 돌아온 테니스에서는 서독의 여자 테니스 스타 그라프(Steffi Graf)가 우승하며 세인의 관심을 끌었다.

12) 제25회 올림픽, 스페인 바르셀로나(Barcelona Spain, 1992)

(1) 개요

제25회 올림픽대회의 개최지는 1986년 로잔 IOC총회에서 바르셀로나로 결정되었으며, 이 대회도 강한 정치성을 띤 올림픽이었다. 바르셀로나는 IOC위원장이었던 사마란치(Juan Antonio Samaranch)의 고향이었으며, 그의 영향력으로 개최권을 따냈다는 소문이 무성하였다. 1984년 LA 올림픽대회가 민간자본을 투자하여 큰 흑자를 기록하자 올림픽 유치열기가 점차 강해졌으며, 올림픽 유치에 성공한 스페인 올림픽조직위원회는 서울올림픽대회 23개 종목에 배드민턴과 야구를 추가하여 25개 종목에 걸친 경기를 준비하였다. 그것은 올림픽의 비대화를 뜻하는 것이었으며, 조직위원회는 가능한 선수단 인원을 줄여달라는 공문을 발송하기도 했다.

(2) 특징

① 올림픽의 비대화가 절정에 달한 대회였다.

스페인 바르셀로나 올림픽대회(1992. 7. 25~8. 9)에는 172개국 19,000여명의 선수단이 참가했다. 남아프리카의 인종차별정책의 폐지, 동서독의 통일, 소련의 붕괴로 등으로 신생국의 올림픽 참가와 같은 요인도 작용했다. 남아프리카 공화국도 참가했으며, 북한도 올림픽에 복귀함으로써 올림픽 참가 인원은 엄청나게 늘어났다.

② 프로선수들이 등장한 대회였다.

아마추어리즘이 퇴색해가면서 상업주의가 등장하더니 결국 프로선수의 올림픽출전이 허용되었다. 올림픽의 수준을 상향 조정한다는 명분을 내세운 사마란치 위원장의 작품이었으나 미국 농구 드림팀의 마이클 조던과 같은 프로선수들은 숙소를 호텔로 결정하는 등 독자적인 행동으로 많은 빈축을 샀다.

③ 양궁의 경기 방식이 변경된 대회였다.

서울 올림픽대회까지는 양궁경기는 그랜드피타(Grand FITA) 방식으로 진행되었으나 세계 양궁계를 지배하며 메달을 독식하는 한국을 견제하기 위해 관중의 흥미를 유발한다는 명목으로 올림픽라운드 방식을 도입하였다. 그러나 한국은 이 방식이 적용된 대회에서도 전체 4개 중 여자 단체와 개인전에서 금메달을 획득하였다.

④ 한국이 배드민턴과 마라톤을 제패한 대회였다.

올림픽 사상 처음으로 도입된 배드민턴 종목에서 한국은 금메달 2개와 은메달 1개 동메달 1개를 획득하였다. 세계 최강의 복식조로 평가 받던 박주봉・김문수조, 황혜영・정소영조가 남녀 복식 동반 우승을 일구어냈다. 그리고 마라톤에서는 황영조가 우승하며 '몬주익의 영웅' 으로 불리게 되었다. 한국은 서울올림픽대회와 꼭 같은 12개의 금메달을 획득하여 올림픽 3회 연속 10위권에 진입하는 새로운 역사를 썼다.

⑤ 기타

올림픽의 판도가 변하고 있었다. 중국은 여자 수영에서 4개의 금메달을 확보하였으며, 남녀 다이빙 4종목 중 3종목을 석권하며 올림픽 메달 집계 4위로 올라서 새로운 강자로 등장했다. 에티오피아의 툴루(Derartu Tulu)는 여자 10,000m에서 우승하여 아프리카 흑인 여성으로서는 최초로 올림픽 챔피언이 되었다. 올림픽에서 정식 종목으로 개최된 야구에서는 쿠바가 처음으로 우승하였다. 프로팀의 참가가 허용되었던 남자 농구에서는 미국 팀이 여유롭게 우승하였다.

13) 제26회 올림픽(100주년), 미국 애틀랜타(Atlanta USA, 1996)

(1) 개요

애틀랜타올림픽대회(1996. 7. 20~8. 4)는 1896년 제1회 아테네 올림픽대회가 개최된 지 100주년이 되는 올림픽이었다. 그 상징성으로 인하여 IOC는 제26회 올림픽대회의 개최지 선정과정에서 아테네와 애틀랜타 두 도시를 놓고 장고했다. 그리스는 아테네 개최를 강력히 주장하였다. 그러나 그리스는 통신망을 비롯한 많은 부분에서 약점을 갖고 있었다. 결국 IOC는 1990년 9월 도쿄에서 개최된 IOC총회에서 다양한 인종으로 구성된 애틀랜타를 개최지로 결정하였다.

애틀랜타 올림픽대회는 고도의 상업적인 계산에 따라 시작되었고, 모든 행사는 그러한 맥락에서 추진되었다. NBC 방송사는 천문학적인 액수의 방송중계료를 지불했고, 코카콜라와 같은 기업들은 어마어마한 광고료를 지불함으로써 "애틀랜타 올림픽대회는 코카콜라 올림픽이었다." 라는 평가를 받기도 하였다. 올림픽의 상업화(commercialization)가 극도에 달한 대회였다.

(2) 특징

① 고도로 상업화된 올림픽이었다.

애틀랜타 올림픽대회는 197개국이 참가한 역사상 가장 규모가 큰 대회였으나 어느 대회보다 장삿속이 노골적으로 드러난 대회였다. 애틀랜타올림픽조직회원회는 LA대회와 마찬가지로 TV방영권, 스폰서십, 입장권 수입, 기념품 판매 등으로 경비를 조달할 계획을 세웠고, 그 결과는 성공적이었다. 그러나 너무 수입 증가에만 집착한 나머지 노점상과 매점을 임대해 주는 등 지나치게 상업적인 모습을 드러냈다는 비판도 일었다.

② 프로 선수의 참가 폭이 넓어진 대회였다

애틀랜타 올림픽대회에는 여자 소프트볼을 추가하여 26개 종목에 걸쳐 경기가 벌어졌으며, 세부종목에서 조정(rowing) 라이트급과 여자 축구, 비치발리볼 등이 처음으로 실시되었다. 그리고 사이클링에 프로선수의 출전이 허용되었고, 축구에서는 프로 선수 3명이 출전할 수 있되 23세 이하여야 한다는 조항에서 나이 조항을 삭제함으로써 프로 선수의 출전 폭을 넓혔다.

③ 미국의 칼 루이스가 올림픽 멀리뛰기 4연패를 달성한 대회였다.

로스앤젤레스 올림픽에서 혼자 4개의 금메달을 땄던 칼 루이스는 멀리뛰기에서 8.50m로 우승하여 멀리뛰기에서 네 번째 금메달을 획득하였고, 그로 인해 올림픽 사상 총 9개의 메달을 획득한 선수가 되었다.

④ 방수연이 배드민턴 여자 단식을 석권한 대회였다.

많은 스포츠 종목이 있지만 신체적 조건의 제약을 덜 받는 종목이나 체급별 경기 종목에서 우승한 것은 그 의미가 다르다. 바르셀로나 올림픽대회에서 처음 채택된 배드민턴에서 방수현은 여자 단식 금메달을 획득한 것은 역사적으로 큰 의미가 있었다. 거기에 혼합복식에서 한국 선수들끼리 결승전을 가져 김동문・길영아조가 박주봉・나경민조를 누르고 금메달을 추가했다. 그리고 양궁에서는 여자 개인전(김경욱)과 단체전(김조순, 김경욱, 윤혜영)에서 금메달을 석권했다. 여자 핸드볼에서는 연장전까지 가는 치열한 접전 끝에 덴마크에 33대 37로 석

패하여 올림픽 3연승의 꿈을 접어야 했다. 그 외 한국은 유도, 레슬링 등에서 금메달을 추가하여 총 금메달 7개로 종합 10위권의 목표는 달성하였다.

⑤ 기타

남자 100m에서 캐나다의 베일리(Donovan Bailey)는 9초 84의 세계 신기록으로 우승하였다. 마라톤에서는 남아프리카공화국의 투과니(Josia Thugwane)가 2시간 12분 36초로 우승했으며, 한국의 이봉주는 3초차로 은메달에 머물렀다. 사마란치 IOC위원장은 1960년 로마 대회 때 권투에서 금메달을 획득하고 분실했던 무하마드 알리에게 대체 금메달을 만들어 수여하기도 하였다.[432] 약물복용 문제도 크게 대두되었다. 수영에서 무명선수가 여러 개의 메달을 획득 하였고, 약물복용 사실이 드러나 이슈가 되었다. 그러자 약물복용의 법률분쟁을 대신 할 스포츠중재재판소(12인)가 설치되어 약물복용 사건을 취급하게 되었다. 또한, 올림픽공원에서 폭발사고가 발생하여 2명이 목숨을 잃고 100명이 부상당하는 사고도 발생하였다.

14) 제27회 올림픽, 호주 시드니(Sydney Australia, 2000)

(1) 개요

1993년 9월 모나코 몬테카를로 IOC 총회에서 호주의 시드니는 중국 베이징을 어렵게 따돌리고 제27회 올림픽대회 개최권을 따냈다. 중국은 거대한 인구에도 불구하고 미국의 인권문제 제기 등에 영향을 받아 탈락하는 수모를 당해야 했다.

호주 시드니올림픽대회(2000. 9. 15~10. 1)는 친환경적인 그린 게임(Green Games)을 표방하며 에너지 절약, 수질 오염방지, 천여가스 사용 등 환경보호 운동과 연계하여 기획되었다. 올림픽 주경기장이 있는 올림픽 공원은 쓰레기 매립장을 공원화한 것이었고, 달링항구(Darling Harbour)를 중심으로 건립된 유도, 복싱, 펜싱 등의 경기장은 올림픽 후에도 주민들이 활용할 수 있도록 하는 계획 하에 건립되었다. 그리고 IOC는 시드니 올림픽대회에 즈음하여 약물과의 전쟁을 선포하고 엄격한 규제 방안을 밝혀 약물 복용에 대한 경계심을 높였다.

(2) 특징

① 약물 복용에 대한 경계가 강화된 대회였다.

시드니 올림픽대회에서는 선수 선서에 "약물의 힘을 빌리지 않겠다." 라는 내용이 포함되었다. 올림픽에 출전하기 전 41명의 선수가 약물 복용 사실이 드러나면서 출전권을 박탈당하는 초유의 사태가 벌어졌다. IOC는 대대적인 약물 복용 금지 홍보를 하였고, 수영과 육상에서 세계 정상권으로 성장한 중국은 올림픽 출전에 앞서 27명의 대표선수를 교체하는 소동이 일어났다. 그리고 실제 체조에서 루마니아의 라두칸은 약물 복용 사실이 입증되어 금메달을 박탈당했다.

---

432) *Official website of the Olympic Movement*, <www.olympic.org>, 2007년 6월 19일.

② 태권도가 정식 종목으로 채택된 대회였다.

우리나라에서 조직화된 태권도가 세계적으로 넓은 저변을 확보함으로써 올림픽 공식 종목으로 채택되었고, 우리 선수들은 금메달 3개를 획득함으로써 종주국으로서의 체면을 살렸다. 그러나 단조로운 공격으로 흥미가 떨어진다는 평가를 받아 미래 발전을 위해서는 규정의 재검토가 있어야 한다는 과제를 안게 되었다. 이 대회에서 우리나라 양궁은 여자 개인, 남녀 단체에서 금메달을 획득하는 쾌거를 이루어 양궁 신화를 계속 이어갔으며, 펜싱에서 김영호, 레슬링에서 심권호가 금메달을 획득하였다.

③ 최초로 남・북한 선수단이 동시에 입장한 대회였다.

2000년 9월 15일 남한과 북한의 대표선수단은 KOREA라는 표지판, 백색 바탕에 하늘색 지도가 그려진 한반도기를 앞세우고 함께 입장하여 세계인의 박수갈채를 받았다. 1956년 동서독 팀이 단일팀으로 출전한 것과는 차이가 있지만 분단 이후 28년 동안 개별적으로 입장했던 역사에 비추어 보면 동시 입장만으로도 역사적인 의미가 있었다.

15) 제28회 올림픽, 그리스 아테네(Athene Greece, 2004)

(1) 개요

근대 올림픽대회 100주년이 되는 1996년 제26회 올림픽대회의 유치를 자신들의 의무라고 생각했던 그리스는 "올림픽대회의 귀향" 이라는 캐치프레이즈(Catch Phrase)를 내걸고 나섰지만 미국 애틀랜타에게 고배를 마신 뒤 다시 올림픽 유치에 나서지도 않다가 2004년 올림픽 유치전에 나서 이탈리아의 경쟁도시 로마를 물리치고 개최권을 따냈다. 그러나 그리스는 선수촌과 경기장 건설이 지연되는 등 많은 문제점이 노출되었다. 준비상황을 지켜본 사마란치 위원장은 20년 동안 지켜본 것 중 최악의 상황이라며 깊은 우려를 표명하였다. 개막일을 5개월 정도 앞둔 상황에서 밤샘작업으로 시설공사를 하는 등 우여곡절이 많았으나 6개월 전부터 개최지 26개국 34개 도시를 돌아온 성화가 점화되면서 108년 만에 고향으로 돌아간 올림픽은 무난히 개최되었다.

(2) 특징

① 트랙 종목 최초의 동양인 금메달리스트가 출현한 대회였다.

육상에서는 여전히 미국이 강세를 보이고 있었다. 그런데 아테네 올림픽대회 육상경기에서 하나의 큰 이변이 일어났다. 남자 110mH에 출전한 중국의 류시앙(劉翔) 선수가 12초 91로 올림픽 기록이자 세계 타이기록으로 금메달을 획득했다. 류시앙은 트랙 종목 사상 최초로 동양인이 올림픽 금메달을 획득한 선수였기 때문에 동양인들은 경이로운 눈으로 바라보았다.

② 수영계에 미국의 펠프스가 등장한 대회였다.

미국의 펠프스(Michael Phelps)는 남자 접영 100m, 200m, 개인혼영 200m, 400m, 계영 800m,

혼계영 400m에서 우승 총 6개의 금메달을 획득하였다. 그의 기록은 1972년 뮌헨 올림픽대회 수영 7관왕에 오른 마크 스피츠에 이은 놀라운 것이었다. 올림픽 6관왕 기록은 1988년 서울올림픽 여자 수영의 오토(Kristin Otto, 동독), 1992년 바르셀로나 올림픽 남자 체조의 세르보(Vitaly Scherbo, 독립국가연합) 등만 갖고 있었다. 그는 또한 자유형 200m, 계영400m에서도 동메달을 획득함으로써 단일대회 메달 8개 획득이라는 대기록도 달성했다.

③ 일본이 여자 마라톤 올림픽 2연패를 달성한 대회였다.

1m 50㎝의 너무도 왜소한 체격을 지닌 노구치 미즈키는 세계 기록보유자 영국의 래드클리프(Paula Radcliffe)를 물리치고 2000년 시드니 올림픽대회의 마라톤 우승자 타카하시 나오코에 이어 올림픽 여자 마라톤에서 우승함으로써 일본은 올림픽 여자 마라톤의 2연패라는 금자탑을 쌓았다.

④ 일본 수영에서 다시 기적이 일어난 대회였다.

역사적으로 육상, 수영 등 기초 종목에서 금메달은 서양인들이 독식하는 경향이 강했다. 일본 선수들이 수영을 제패한 기록 외에 동양인들의 선전 기록은 드물었다. 서구 선수들의 체력과 체격에 밀려 동양 선수들은 두각을 나타내지 못하였으나 일본이 동양인들의 자존심을 다시 일으켜 세웠다. 일본은 여자 자유형 800m에서 시바타 아이(柴田 亞衣)가 금메달을 따냈고, 남자 평영 100m, 200m에서 기타지마 코오스케(北島 康介)가 2관왕에 올랐다. 일본 남자 수영이 올림픽에서 금메달을 딴 것은 1988년 서울 올림픽대회 스즈키 다이치(鈴木 大地)가 남자 배영 100m에서 우승한 이후 오랜만에 이룩한 쾌거였다.

⑤ 기타

다이빙에서는 중국이 8개 종목 중 6개 종목을 석권하며 최강국으로 등장했고, 일본 여자 체조는 미국과 러시아를 물리치고 올림픽 2연패를 달성했다. 남자 체조에서 한국의 양태영 선수는 심판의 오심으로 금메달에서 동메달로 밀려나는 슬픔을 안았다. 미국 프로농구 드림팀은 예선 첫 경기에서 푸에르토리코에게 대패하며, 바르셀로나 올림픽대회 이후 이어왔던 24연승 기록은 깨어졌다. 세계적인 프로선수들로 구성된 미국 팀은 리투아니아, 아르헨티나에게도 연패하며 겨우 3위를 차지하는 수모를 당했다. 중국 여자테니스 복식조 리팅・순챈챈조가 금메달을 획득하여 세계를 놀라게 했다. 한국 여자 양궁은 개인전에서 올림픽 6연패를 달성하였다.

4. 동계올림픽대회

1908년 제4회 런던 하계올림픽대회에 피겨 스케이팅이 채택되고, 1920년 제7회 앤트워프 올림픽대회에 피겨 스케이팅과 아이스하키 종목이 올림픽 종목으로 채택되면서 동계 올림픽 대회는 하계올림픽과 분리 개최되어야 한다는 의견이 나오기 시작했다. 그러나 북유럽 국가들이 오히려 반대하는 입장을 취했다. 하키나 스케이팅에 필요한 얼음은 인공적으로 만들 수 있으나 인공설은 만들기 어렵기 때문에 다양한 종목의 개최가 어렵다는 것이 주된 반대 이유였다. 쿠베르탱도 동계 올림픽 종목이 세계적으로 보급되지 않은 점과 하계 올림픽 운동의 약화 가능성을 걱정하며, 반대 입장을 취했다. 그러나 1922년 뽈리냐크(Marquis Melechior de Polignac) IOC위원의 제안으로 동계 올림픽 종목에 관심을 갖는 관계자만 참석한 회의에서 동계올림픽 개최 건이 표결에 의해 가결되었고, 1924년 1월 25일부터 2월 4일까지 첫 대회를 개최하기로 결정하였다.

1) 제1회 동계 올림픽, 프랑스 샤모니(Chamonix France, 1924)

(1) 개요

1924년 제1회 동계 올림픽은 16개국에서 291명의 선수(여 13)가 참가한 가운데 열렸으며, 예상 이외의 성공을 거두었다.433) 오스트리아, 벨기에, 캐나다, 체코, 핀란드, 프랑스, 영국, 헝가리, 이탈리아, 라트비아, 노르웨이, 폴란드, 스웨덴, 스위스, 미국, 유고슬라비아 등 16개국의 선두들이 참가했고, 일본은 참가 신청을 했지만 관동대지진 때문에 참가를 포기하였다. 대회 종목은 남자 노르딕 스키(15km, 50km, 점프, 복합), 스케이팅(남자 스피드 4종), 피겨스케이팅(남녀 싱글, 페어), 아이스하키, 봅슬레이(4인승) 등이었다.

경기는 스칸디나비아 반도의 북유럽 국가들이 압승하는 결과로 나타났지만 미국의 쥬트로(Charles Jewtraw)도 우승자 대열에 합류하면서 관계자들을 놀라게 했다.434) 또한 이 기간 중 국제스키연맹(International Skiing Federation)도 결성되었다.

(2) 특징

① 동계 올림픽대회가 인류 축제가 될 수 있는 가능성을 보인 대회였다.

쿠베르탱은 자신의 올림픽에 대한 회상에서 동계 대회가 완벽한 승리를 안겨주었으며, 자신을 행복하게 했다고 말했다. 이와 같은 좋은 반응으로 IOC총회로 보기 어려운 위원회에서 결정하여 개최한 샤모니 동계올림픽은 1926년 리스본에서 열린 IOC총회에서 제1회 대회로 승인되었다.

---

433) Stan Greenberg, Olympic Almanack (Cheltenham : Sports Book Ltd., 2008) p. 21.
434) *Ibid.*, p. 22.

② 북 유럽 국가들의 잔치가 된 대회였다.

노르웨이, 핀란드, 오스트리아, 스위스 등 북유럽 국가들이 강세를 보였다. 특히 스키에서 노르웨이는 막강한 실력을 과시하며, 스키 4개 종목 중 50km 거리와 복합 2개 종목에서 1, 2, 3위를 독식했다.

2) 제2회 동계올림픽, 스위스 산모리츠(St. Moritz Switzerland, 1928)

(1) 개요

동계 올림픽대회대회는 하계대회를 개최한 국가가 유치하도록 되어 있었기 때문에 원칙대로 따지자면 하계올림픽대회가 개최될 네덜란드에서 1928년 동계올림픽대회가 개최되어야 옳았다. 하지만 네덜란드는 그러한 여건이 갖추어져 있지 않았다. 어쩔 수 없이 IOC는 산모리츠(St. Moritz)로 결정했다. 제2회 산 모리츠 동계올림픽은 25개국 464명(여자 28)의 선수들이 참가했고,[435] 경기종목은 스키(노르딕), 스케이팅(스피드, 피겨), 아이스하키, 봅슬레이(bobsleigh), 스켈레톤(Skeleton) 등이었다. 스켈레톤은 엎드려서 하는 1인용 썰매로 산모리츠 지방의 빙상유희였기 때문에 개최지의 주장으로 처음 채택되었다.

(2) 특징

① 대회 운영 수준이 낮은 대회였다

스피드 스케이팅 500m 경기에서 5개의 메달이 수여되는 진풍경이 나타났다. 핀란드 선수와 노르웨이 선수가 동일한 기록으로 들어왔고, 미국, 노르웨이, 핀란드 선수 3명이 동일한 기록으로 들어와 3명이 모두 공동 동메달을 목에 걸었다. 수동 계시의 문제점으로 인한 결과였다.

② 소니아 헤니(Sonja Henie)라는 피겨의 요정이 등장한 대회였다.

소니아는 제1회 대회에서 꼴지를 하였으나 15세의 나이로 출전한 산모리츠 동계올림픽대회에서 백조의 호수 중 "죽어가는 백조(Dying Swan)" 에 맞추어 화려한 연기를 보였다. 그녀의 올림픽 금메달 최연소 기록은 74년간이나 계속되었으며, 그 이후 올림픽 3연패를 달성하고, 1936년까지 세계 타이틀을 10차례나 차지하였다.

3) 제3회 동계올림픽, 미국 레이크플래시드(Lake Placid USA, 1932)

(1) 개요

초창기 동계 올림픽대회대회는 하계대회를 개최한 국가가 유치하도록 되어 있었기 때문에 원칙대로 미국에서 동계 올림픽대회가 개최되어야 할 사정이었다. 그런데 미국은 1929년 몰

---

435) Stan Greenberg, *Olympic Almanack* (Cheltenham : Sports Book Ltd., 2008) p. 24.

아친 대공황(Great Depression)으로 동계대회 개최 여건이 좋지 않았다. 장차 미국 대통령이 될 루즈벨트(Franklin Roosevelt) 뉴욕 주지사의 개회선언으로 제3회 레이크 플래시드 동계올림픽은 대회의 막이 올랐으나 유럽에서 미국까지 수송상의 어려움으로 많은 인원이 참가하지는 못한 왜소한 대회가 되고 말았다. 17개국 252명(여 21)의 선수가 참가했다.[436]

(2) 특징

① 피겨 스케이팅이 사상 처음으로 실내 링크가 등장한 대회였다.

레이크플래시드 동계 올림픽 기간 중에 이상 고온으로 인하여 눈을 실어다 나르는 등 대회 운영에 많은 어려움을 겪어야만 했다. 그러나 피겨 스케이팅의 경우 실내 링크에서 실시되어 안정감을 주었다.

② 하계와 동계 올림픽을 석권한 선수가 탄생한 대회였다.

봅슬레이는 6개 종목 중 4개 종목을 미국 팀이 석권했다. 그 중 미국의 이건(Eddie Egan)은 대회 3주를 두고 봅슬레이를 탔는데 4인승에서 우승하였다. 당시 선수들의 전문성이 약했기 때문이지만 그는 1920년 올림픽 복싱 라이트헤비급 금메달리스트였기 때문에 하계와 동계 올림픽을 동시에 석권한 선수가 되었다.

4) 제4회 동계올림픽, 독일 가르미쉬-파르텐키르헨(Garmisch - Partenkirchen Germany, 1936)

(1) 개요

1931년 제11회 올림픽대회 개최지가 베를린으로 확정되자 IOC 규정에 따라 독일은 자연히 동계올림픽대회도 개최해야만 했다. 독일은 오스트리아에 가까운 가르미쉬와 파르테키르헨 등 2개의 작은 마을을 개최지로 선정했고, 1933년 히틀러 정권이 등장하여 동계올림픽 시설을 완공하였다. 대회 개막 직전 바이예-라투르 IOC 위원장이 공항에서 개최지로 가던 중 거리마다 나치스당의 깃발, 하켄크로이츠(Hakenkreuz)가 나부끼고, 반유대인 선전물도 곳곳에 부착되어 있었다. 그것을 본 위원장은 히틀러에게 올림픽 정신에 위배되므로 철거해줄 것을 요청하였으나 히틀러는 요구를 묵살하였다. 그러자 라투르가 동계올림픽 취소도 불사하겠다는 강경한 태도를 취했고, 마지못해 독일은 반유대주의 선전 부착물들은 철거했다. 가르미쉬-파르텐키르헨 올림픽에는 28개국 668명(여자 80)의 선수가 참가했다.[437] 대회 운영은 한 마디로 엉망이었다. 나치스가 범국민적인 노력을 기울여 대회를 준비하였으나 1월 이후 눈이 2-3차례밖에 내리지 않아 슬로프 상태가 진흙탕과 비슷할 정도였다.

436) Stan Greenberg, Olympic Almanack (Cheltenham : Sports Book Ltd., 2008) p. 26.
437) Stan Greenberg, Olympic Almanack (Cheltenham : Sports Book Ltd., 2008) p. 29.

(2) 특징

① 알파인 종목이 처음으로 채택된 대회였다.

알파인 스키이 공식 종목으로 채택되었으나 오스트리아와 스위스의 스키 지도자들은 아마추어가 아니고 프로라고 판정하여 IOC가 그들의 참가를 불허하자 두 나라 전체 선수들이 보이콧을 선언했고, 대회 후에도 계속 말썽이 일자 1940년 스키 종목은 동계올림픽에서 제외되었다.

② 아이스하키에서 영국이 금메달을 따는 이변을 연출한 대회였다.

캐나다는 아이스하키 올림픽 4연패를 노리고 있었다. 그러나 영국이 금메달을 차지하고 캐나다가 2위 미국이 3위를 차지했다. 그런데 영국 팀 13명 중 11명은 캐나다에서 태어난 선수였다. 캐나다는 캐나다에서 태어난 사람은 캐나다 선수라고 항의했지만 영국 선수로 뛰는 것이 허락되었다.

5) 제5회 동계올림픽, 스위스 산모리츠(St. Moritz Switzerland, 1948)

(1) 개요

1936년 IOC는 1940년 제5회 동계 올림픽대회를 일본 삿포로(Sapporo)에서 개최하기로 결정해 둔 상태였다. 그러나 곧 중일전쟁이 터지면서 일본은 도쿄 하계올림픽대회와 삿포로 동계올림픽대회 개최권을 반납하였고, 전범국인 독일과 일본은 초청을 받지 못했다. 1940년 제12회 하계 올림픽 개최지가 일본으로 결정된 것은 1936년 베를린 IOC 총회였다. 그런데도 동계올림픽 개최지 결정이 1938년까지 늦추어진 것은 IOC와 국제스키연맹(FIS) 사이의 아마추어 자격 논쟁 때문이었다. 국제스키연맹(Fédération Internationale de Ski)은 스키 시즌에 강사료를 받는 스키 강사를 아마추어로 취급한 반면 IOC는 생계를 꾸려가는 것이므로 프로라고 보았다. 결국 동계대회 개최지가 삿포로로 결정되면서 스키 종목은 제외되었다. 그러나 전쟁으로 인하여 1940년과 1944년 동계올림픽대회는 열리지 못했다.

1948년 산모리츠 동계올림픽대회는 하계올림픽대회 개최국에 동계올림픽 개최권을 우선적으로 배정한다는 IOC 규정이 무너진 대회였다. 1939년 IOC는 그러한 규정에 무리가 따른다는 견해를 수용하고 전쟁 직후의 혼란으로부터 비교적 자유로운 산 모리츠를 개최지로 결정하게 되었다. 두 번째로 동계 올림픽을 개최하게 된 산 모리츠에는 28개국 668명(여자 77)의 선수들이 참가하여 스키(노르딕, 알파인), 스케이팅(스피드, 피겨), 아이스하키, 봅슬레이, 스켈레톤 등 5종목에서 경쟁을 벌였다.

(2) 특징

① 2개의 미국 팀 논란이 벌어진 대회였다.

올림픽에는 각국의 올림픽 위원회를 통해 참가신청을 하게 되어 있었다. 그런데 미국에는 미국 올림픽위원회가 승인하지 않은 미국아마추어하키협회(AHA: Amateur Hockey Association of the United States)에 속한 팀이 있었다. 그런데 이 팀이 국제하키협회(IHF)의 추천으로 올림픽에 참가했던 것이다. IOC는 미국의 2개 팀 모두를 제외하는 것으로 결정했다가 그럴 경우 아이스하키 팀을 모두 철수하겠다는 IHF의 위협과 여러 가지 사정으로 인하여 최종적으로 두 팀 모두를 승인하게 되었다.

② 한국이 최초로 참가한 올림픽대회였다.

일제 강점기를 벗어나 정부를 수립한 대한민국은 최초로 올림픽에 태극기를 단 선수단을 파견하였다. 대한민국이 최초로 참가한 대회를 흔히 런던 하계올림픽대회라고 하지만 그것을 하계 올림픽대회만을 두고 하는 말이며, 동계와 하계를 통합해서 볼 때 우리나라가 최초로 참가한 대회는 제5회 산 모리츠 동계올림픽대회이다. 산모리츠 동계 올림픽대회(1948. 1. 30~2. 8)는 런던 하계올림픽대회(1948. 7. 29~8. 14)보다 5개월 이상 빨리 열렸기 때문이다. 당시 한국, 칠레, 덴마크, 아이슬란드, 레바논 등이 처녀 출전했다.[438] 당시 우리나라 선수는 이효창, 문동성, 이종국 등 남자 3명이었다.

6) 제6회 동계올림픽, 노르웨이 오슬로(Osolo Norway, 1952)

(1) 개요

1947년 6월 스웨덴에서 개최된 IOC 총회에서 압도적인 지지로 제6회 동계대회 개최지로 오슬로(Oslo)가 결정되었다. 대회조직위원회는 스키(알파인, 노르딕), 스케이팅(스피드, 피겨) 아이스하키, 봅슬레이 등 4종목으로 결정하였다. 오슬로 동계올림픽에는 30개국 693명(여자 109)의 선수들이 참가하였고, 놀라울 정도의 관중이 모였다. 특히 홀멘콜렌에서 개최된 스키 점핑 경기장에는 약 15만의 관중이 모였다.

(2) 특징

① 최초의 성화 릴레이가 시작된 대회였다.

동계대회 조직위원회는 오슬로대회부터 성화 봉송 릴레이를 하기로 결정하였다. 채화 장소는 근대 스키의 아버지라는 노르트하임(Sondre Nordheim)이 태어난 곳으로 오슬로에서 약 200km 떨어진 모르게달산(Mt. Morgedal)이었다.

---

438) Stan Greenberg, *The Guinness Olympics Fact Book* (Middlesex : Guinness Publishing Ltd., 1991), p. 41.

② 스키점핑(ski jumping)이 관중 스포츠로 자리를 잡은 대회였다.

오슬로 근처의 홀멘콜렌(Holmenkollen)에서 개최된 스키 점프 경기에 15만의 엄청난 관중이 몰려들어 올림픽대회는 관중 수에서 대기록을 세웠다.[439] 노르웨이는 이 종목에서 6연패(連覇)를 달성했고, 1~4위 까지도 모두 노르웨이 선수였다.

7) 제7회 동계올림픽, 이탈리아 코르티나담페초(Cortina d'Ampezzo Italy, 1956)

(1) 개요

1949년 로마 IOC총회에서 제16회 동계올림픽대회 개최지는 이탈리아의 코르티나담페초(Cortina d'Ampezzo)로 결정되었다. 코르티나담페초는 산악 관광지로서 겨울 스포츠 휴양지로 유명한 곳이었다. 코르티나담페초대회(1956. 1. 26~2. 5)에는 32개국 821명(여자 132)의 선수들이 참가했으며,[440] 경기장을 한 곳으로 모아 대회 운영의 원활화를 꾀하였다. 소련이 동계 스포츠 강국으로 부상했으며, 일본도 최초의 메달을 손에 쥔 대회였다. 이 대회부터 노르딕 스키 남자 18km 크로스컨트리경기가 15km으로, 노르딕 종합도 18km에서 15km으로 단축되었고, 남자 개인 30km과 여자 15km 릴레이가 추가되었다.

(2) 특징

① 소련이 동계 올림픽 강자로 급부상한 대회였다.

1952년 제15회 헬싱키 하계올림픽에 처녀 출전했던 구소련은 동계 올림픽에도 이 대회가 처녀 출전이었다. 소련은 총 7개의 금메달로 기존의 강자들을 제치고 최고의 성과를 거두었다. 소련은 피겨 스케이팅에서 독무대를 이루어 6개 종목 중 5개 종목을 석권하였다.

② 스포츠 과학의 성장이 엿보인 대회였다.

소련은 속도를 위해 얼음의 질을 측정할 수 있는 장비를 소지하고 참가했다. 이를 본 임원들은 "소련의 스포츠 과학이 노르웨이의 전통을 깼다"라고 말했다.[441] 이 대회 스피드 스케이팅 500m와 1,500m에서 우승한 소련의 그리신(Yevgeni Grishin)은 헬싱키 하계 올림픽의 사이클 선수 출신으로 과학적인 훈련을 받고 출전한 것으로 알려졌다.

8) 제8회 동계올림픽, 미국 스쿼벨리 (Squaw Valley USA, 1960)

(1) 개요

1955년 프랑스 파리에서 개최된 IOC 총회에서 이름도 생소한 미국의 스쿼벨리가 오스트리

439) Stan Greenberg, *The Guinness Olympics Fact Book* (Middlesex : Guinness Publishing Ltd., 1991), p. 45.
440) Stan Greenberg, Olympic Almanack (2008) p. 36.
441) 방광일, 앞의 책, p. 246.

아의 인스부르크(Innsbruck)를 누르고 1960년 제8회 동계올림픽대회 개최지로 선정되었다. IOC위원 대부분이 투표하기 전에 이름도 들어보지 못한 곳이었다. 미국의 쿠싱(A. C. Cushing)은 길도 없는 협곡에 50에이커의 땅을 사서 동계 휴양지를 건설할 계획을 갖고 있었으며, 그 야심을 동계 올림픽대회의 개최와 연계시켰다. 1960년 2월 18일 화려한 개막식이 열렸고, 올림픽대회 사상 처음으로 TV 중계가 이루어졌다. 새로운 역사의 장이 열리고 있었다. 개회식 연출 감독은 월트 디즈니(Walt Disney)가 담당했으며, 미국의 부통령 닉슨(Richard Nixon)은 개막을 알렸다. 30개국 664명(여자 144)의 선수들이 출전했다.

(2) 특징

① 바이애슬론이 경기 종목으로 등장한 대회였다.

스쿼벨리 올림픽대회 종목은 스키(알파인, 노르딕), 스케이팅(피겨, 스피드), 아이스하키, 바이애슬론 등 4종류였다. 대회조직위원회는 계속 공식 종목에 포함되어 왔던 봅슬레이를 제외하고 바이애슬론을 포함시켰다. 봅슬레이가 제외된 것은 참가 희망국이 9개국에 불과한데다가 경기장 건설비용에 부담이 컸기 때문이었다. 반면 전체 종목 수는 늘어났다. 스피드 스케이팅에 여자 4종목이 추가되었기 때문이다.

② 미국이 아이스하키의 강자로 등장한 대회였다.

미국 전역에 중계된 아이스하키 시합에서는 전 대회 우승국 구소련을 비롯하여 캐나다, 체코 등과 같은 강자들이 우승을 위해 각축전을 벌일 것으로 예상하고 있었다. 그러나 미국은 4전 전승으로 우승하는 이변을 연출했다. 캐나다가 2위 소련이 3위를 차지했다.

9) 제9회 동계올림픽, 오스트리아 인스부르크 (Innsbruck Austria, 1964)

(1) 개요

1960년 동계올림픽대회 개최를 꿈꾸었던 인스브루크는 미국의 스쿼벨리에게 개최권을 빼앗겼으나 1959년 5월 서독 뮌헨 IOC총회에서 제9회 동계올림픽 개최지로 선정되었다. 오스트리아 티롤 주(州)의 인스부르크는 동계 스포츠의 중심지였고, 거기서 열린 제9회 동계 올림픽은 가장 성공적인 대회였다. 그러나 어려움과 불상사도 있었다. 이상하게 대회를 앞두고 눈이 내리지 않아 대회 개막에 앞서 3,000명의 군인이 동원되어 스키장에 손작업으로 눈을 나르며 준비에 혼을 빼야했다.[442] 불행한 사건도 일어났다. 나치의 압제에서 벗어나기 위해 폴란드에서 영국으로 망명했던 50세의 영국의 터보가니스트(tobogagnist)[443] (Kay-Skrzypesky)와 호주의 스키어(Skier) 밀네(Ross Milne)가 연습 도중에 숨지는 사고가 발생했다. 이 사고는 모

442) Stan Greenberg, *The Guinness Olympics Fact Book* (Middlesex : Guinness Publishing Ltd., 1991), p. 57.
443) 바닥이 평형한 썰매, 루지.

두 눈의 부족으로 인한 것이었다. 이들을 추모하기 위해 모든 선수들은 올림픽대회 기간 중 검은 리본을 착용하고 시합에 임해야 했다. 총 36개국 1093명(여자 199)의 선수들이 참가했다.

(2) 특징

① 북한이 올림픽대회 무대에 진출한 대회였다.

북한은 처음으로 노스 코리아(North Korea)라는 국명으로 동계대회에 참가했다. 1957년 불가리아의 소피아 IOC총회에서 공산권 국가들의 지원을 받은 북한은 대외적인 경기에 출전할 때는 대한올림픽위원회(KOC)의 승인을 받아야 한다는 조건이 붙어있었다. 그러나 1962년 모스크바 IOC총회에서 단독 출전 자격을 얻게 되었고, 1963년 서독 바덴바덴 IOC 총회에서 북한 NOC가 인정을 받게 되었다. 이 대회에는 인도와 몽고도 처음으로 출전하였다.[444]

② 북한의 한필화(韓弼花)가 아시아 최초의 메달리스트가 된 대회였다.

스키 노르딕 종목에서는 여전히 핀란드와 노르웨이가 강세를 보였지만 소련이 새로운 강자로 등장했다. 특히 여자 종목에서 소련은 발군의 실력을 과시했다. 그런데 의미 있는 것은 아시아 최초로 동계 올림픽대회 메달리스트가 출현했다는 것이었다. 북한의 한필화는 남자 스피드 스케이팅 3,000m에서 소련선수들과 각축을 벌인 끝에 공동 2위를 하여 은메달을 획득하였다.

10) 제10회 동계올림픽, 프랑스 그르노블 (Grenoble, France, 1968)

(1) 개요

1964년 인스브루크에서 열린 IOC총회에서 제10회 동계올림픽대회 개최지 선정을 위한 표결이 있었다. 1차 표결에서는 캐나다의 캘거리가 19, 그르노블이 18표였다. 그러나 51명의 선거권자 중 두 도시가 모두 과반 이상의 득표에 실해함으로써 2차 투표를 한 결과 그르노블이 27표를 얻어 역전승하는 결과를 일구어냈다. 이로서 프랑스는 1924년에 샤모니 동계올림픽대회를 치른 후 44년 만에 다시 눈과 얼음의 축제를 주관하게 되었다. 프랑스의 드골(Charles de Gaulle)대통령은 동계올림픽대회를 위해 아낌없이 투자했다. 그러나 하늘이 별 도와주지 않았다. 개회식 전날 폭우가 쏟아졌고, 알프스엔 눈이 지나치게 많이 내려 선수들이 연습을 할 수 없을 정도였다. 대회는 성대하게 치러졌고, 이 대회부터 동계올림픽대회도 비대해지기 시작했다. 총 37개국 1158명(여자 211)의 선수가 출전하였다.

444) 상세한 것은 방광일, 앞의 책, p. 286 참조.

(2) 특징

① 알파인 스키어의 대명사 킬리가 등장한 대회였다.

그르노블 올림픽대회에서도 많은 스타가 출현했다. 이탈리아의 노네스(Franco Nones)는 30km 크로스컨트리의 스타로 등장했고, 피겨 스케이팅에서는 미국의 여자선수 플레밍(Peggy Fleming)이 경쾌한 연기로 찬사를 받으며 금메달의 주인공이 되었다. 그러나 진정한 그르노블의 스타는 알파인 3관왕에 오른 프랑스의 장클로드 킬리(Jean-Claude Killy)로, 동계올림픽을 통해 일약 프랑스의 영웅 대열에 서게 되었다. 그는 우승한 이후 운동선수는 최고의 위치에 있을 때 물러나야 한다며 은퇴했고, 훗날 그의 스키 레슨 비디오는 20세기 후반까지 전 세계 스키어들에게 팔려나갔다.

② 아마추어 문제가 다시 급부상한 대회였다.

아마추어 선수들의 규정과 행동강령에 대한 문제가 제기 되어 IOC와 국제스키연맹(FIS) 사이의 갈등이 재연되었다. 브러디지 IOC 위원장은 스키 선수가 상업선전에 이용되는 것을 막고자하여 스키 용품에 상표를 제거할 것을 요구했고, 국제스키연맹은 시간이 촉박해서 불가능하다고 맞섰다. 결국 두 단체의 갈등은 사진을 찍을 때 용품을 들지 않고 찍는 선에서 타협을 보아 봉합되었다.

11) 제11회 동계올림픽대회, 일본 삿포로(Sapporo Japan, 1972)

(1) 개요

1959년 IOC 총회에서 제18회 올림픽대회의 도쿄 개최가 확정되자 삿포로는 제5회 동계올림픽대회 개최지로 확정되었으나 제2차 세계대전으로 꿈을 접어야 했다. 그 이후 제10회 올림픽대회 개최 경쟁에 뛰어 들었으나 그르노블에 참패하고, 다시 도전하여 1966년 이탈리아 로마 IOC 총회에서 삿포로 개최권을 따냈다.

1972년 2월 3일 약 50,000명의 관중 이 지켜보는 가운데 개회식이 열렸고, 35개국 1008명(여자 206)의 선수들이 참가했다.[445)]스키, 스케이팅, 아이스하키, 바이애슬론, 봅슬레이, 루지 등 6개 종목에 걸쳐 열전이 펼쳐졌다. 일본은 스키 점핑에서 1, 2, 3위를 독차지하는 개가를 올렸다. 90m급 점핑경기에 출전한 폴란드의 19세 청년 포르투나(Wojciech Fortuna)는 금메달을 획득하여 조국에 동계올림픽대회 첫 메달을 안겼다.

---

445) Stan Greenberg, *Olympic Almanack* p. 46.

(2) 특징

① 아마추어와 샤마추어의 구분 논란이 격화된 대회였다.

삿포로 동계올림픽대회는 아마추어리즘 문제가 다시 도마에 올라 논란이 많았던 대회였다. 오스트리아의 스키 선수 슈란츠(Karl Schuranz)가 대회 3일 전 참가 봉쇄조치를 당했다. 유명 선수였던 그가 스키 제조회사의 제품을 써 주는 대가로 연간 60,000달러의 수입을 챙기고 있었기 때문이었다. 당시 84세였던 브러디지 IOC위원장은 슈란츠를 "달리는 광고탑" 이라고 비난하며 가짜 아마추어리즘, 즉 샤마추어리즘(Shamateurism)과의 전쟁을 선포했고, 슈란츠는 올림픽은 기술과 힘, 속도의 경쟁일 뿐이라는 반응을 보이며 대응했다.

② 나는 더치맨, 센크가 등장한 대회였다.

삿포로 동계 올림픽대회에서 전 세계 언론과 관중의 시선이 집중된 종목은 스피드 스케이팅 1,500m, 5,000m, 10,000m 경기였다. '나는 더치맨(Flying Dutchman) '이란 별명을 가졌던 센크(Ard Schenk)는 이 3종목에서 우승함으로써 20년 만에 동계올림픽 3관왕이 되는 영예를 안았다. 그는 이 대회에서 노르딕 5km, 10km, 15km 릴레이에서 우승하여 3관왕이 된 소련의 여자 체육교사 쿨라코바(Galina Kulakova)와 함께 삿포로의 영웅이 되었다.

12) 제12회 동계올림픽, 오스트리아 인스부르크(Innsbruck Austria, 1976)

(1) 개요

1970년 5월 네덜란드 암스테르담 IOC 총회에서 제12회 동계올림픽대회 개최지는 미국의 덴버(Denver)로 확정되었으나 시민연합의 반대로 반납하게 되자 킬라닌 IOC위원장은 집행위원회를 소집하여 인스부르크를 개최지로 재선정하였다. 인스부르크는 제9회 대회에 이어 두 번째로 동계올림픽대회를 유치하게 되었다. 뮌헨 올림픽대회에서 테러가 발생한 이후 5,000명의 경찰이 투입되는 삼엄한 경비 속에서 올림픽대회가 개최되었으며, 37개국 1129명(여자 231)의 선수들이 출전했는데, 인스부르크 동계 올림픽은 갖가지 이변을 연출한 대회로 기록되고 있다.

(2) 특징

① 스키장에 이변이 속출한 대회였다.

동계 올림픽대회는 언제나 북 유럽 국가들의 축제로만 여겨져 왔다. 그러나 인스부르크 대회는 달랐다. 노르딕 30km경기에서 스칸디나비아 출신의 선수들을 제치고 소련 선수(Sergei Saveliev)와 미국 선수(Bill Koch)가 1, 2위를 차지했고, 노르딕 복합경기에서는 동독의 베링(Ulrich Wehling)이 삿포로 대회에 이어 2연패(連覇)를 달성했다. 특히 노르딕 30km에서 코흐가 따낸 은메달은 미국 팀이 올림픽 노르딕 종목에서 처음으로 획득한 것이었기 때문에 미국은 뜻밖의 성과로 평가했다. 알파인 여자 활강 대회전경기에서는 호텔 웨이트리스로 일하던 서독의 미터마이어(Rosi Mittermaier)가 금메달을 획득한데 이어 회전경기에서도 금메달을 추가함으로서 스키장의 신데렐라가 되었다.

② 피겨 스케이팅 채점 방식이 변경된 대회였다.

피겨 스케이팅은 규정종목과 자유종목에서 50%의 똑 같은 점수를 주어왔으나 이 대회부터 규정 40%, 쇼트 프로그램 20%, 자유종목 40%로 채점하는 새로운 방식이 도입되었다.

13) 제13회 동계올림픽, 미국 레이크플래시드(Lake Placid USA, 1980)

(1) 개요

제13회 동계올림픽대회 개최지는 경쟁도시가 없는 상태에서 레이크플래시드로 결정되었다. 1932년 제3회 동계 올림픽대회 개최지였던 레이크플래시드는 새로운 시설을 확보하고 48년 만에 다시 동계 올림픽대회를 개최하게 되었으며, 총 37개국 1072명(여자 235)의 선수들이 출전했다. 가장 주목을 끄는 것은 점프대였다. 그 이전 대회까지는 70m, 90m 점프대가 따로 설치되었으나 동시에 설치하는 전례를 만들어 그 이후로 모든 올림픽에서는 단일 점프대에서 점프 경기를 벌이게 되었다. 한국은 이 대회에 남여 20명의 선수단을 파견하였다.

(2) 특징

① 아마추어리즘의 쇠퇴와 프로 선수의 올림픽 출전 가능성이 엿보인 대회였다.

1974년 오스트리아 비엔나 IOC총회에서 아마추어 규정의 적용에 융통성을 발휘하자는 제안이 수용되었다. 선수들은 광고행위를 할 수 없게 되어 있었으나 NOC나 국제경기연맹, 국내경기연맹이 허용할 경우 상표가 부착된 복장을 착용하는 것을 허용했다. 그것은 동계올림픽 상업화의 출발점이었고, 프로 선수의 올림픽 진출을 예고하는 신호탄이었다.

② 에릭 하이든이 등장한 대회였다.

스피드 스케이팅에서 세계를 놀라게 한 탁월한 스타가 탄생하였다. 미국의 하이든(Eric Heiden)은 뛰어난 체력과 흔들리지 않는 냉철함으로 남자부, 500m, 1,00m, 1,500m, 5,000m, 10,000m 등 5개 종목에서 금메달을 따내어 미국이 차지한 6개의 금메달 중 혼자 5개를 따내는 놀라운 성과를 거두었다.

14) 제14회 동계올림픽, 유고슬라비아 사라예보(Sarajevo Yugoslavia, 1984)

(1) 개요

제14회 사라예보 동계올림픽대회의 개최는 1978년 5월 아테네 IOC총회에서 결정되었다. 사라예보는 일본 삿포로와 경쟁한 끝에 결선에서 과반을 확보하여 개최권을 따냈다. 인구 약 50

만의 사라예보는 1914년 오스트리아 황태자 페르디난드 부부가 세르비아 자객에 의해 암살되면서 제1차 세계대전의 도화선이 되었던 도시였으나 세계인이 함께 즐긴 눈과 얼음 의 축제장이 되었다. 총 49개국 1273명(여자 277)의 선수들이 출전하였다.[446]

(2) 특징

① 동독의 전력이 급부상한 대회였다.

하계올림픽대회에서 급성장을 보이던 동독은 동계대회에서도 급속한 기량의 향상을 보여주며 종합 메달 집계에서 1위에 올랐다. 동독은 스피드 스케이팅에서 엔케(Karin Enke), 피겨스케이팅에서 카타리나 비트(Katarina Witt) 등이 우승하며, 총 9개의 금메달을 획득하였다.

② 알파인 스키에서 미국의 활약이 두드러진 대회였다.

미국의 쌍둥이 선수 형 메어 필(Mahre Pjil)과 동생 스티브(Mahre Steve)가 남자 회전 경기에서 1위와 2위를 차지하며 세계인의 관심을 끌었다. 이 대회에서 한국의 남자 스키 팀은 시합 전 복장검사를 받지 않아 실격을 당하는 망신을 당했다.

15) 제15회 동계올림픽, 캐나다 캘거리(Calgary Canada, 1988)

(1) 개요

제15회 캘거리 동계올림픽대회의 개최는 1981년 9월 서독 바덴바덴 IOC총회에서 결정되었다. 캘거리는 1959년 제9회 동계올림픽대회(1968) 개최권 확보 경쟁에 돌입했으나 실패했고, 그 이후 제10회, 11회 대회 유치경쟁도 나섰으나 매번 탈락의 고배를 마시다가 22년 만에 다시 유치 경쟁에 뛰어들어 성공을 거두었다. 캘거리 동계올림픽에는 총 57개국 1425명(여자 315)의 선수들이 출전했다.

(2) 특징

① 대회 종목의 증가로 대회기간이 12일에서 16일간으로 연장된 대회였다.

동계 스키 종목에 알파인 슈퍼대회전과 복합이 추가되어 5종목으로 늘어났고, 노르딕 복합과 스키 점프 단체전이 추가되고, 프리스타일 스키와 스케이팅의 쇼트 프로그램, 컬링 등이 시범종목으로 채택되면서 대회기간을 연장하게 되었다.

② 스피드 스케이팅 경기 사상 최초의 실내경기가 열린 대회였다.

동계 올림픽대회 사상 처음으로 올림픽 오벌(Olympic Oval)에서 개최되었고, 남자 500m에

446) Stan Greenberg, Olympic Almanack, p. 54.

서 동독의 메이(Uwe-jens Mey)가 세계 신기록으로 우승하였고, 우리나라의 배기태 선수가 5위로 입상하여 한국 빙상의 가능성을 열었다.

16) 제16회 동계올림픽, 프랑스 알베르빌(Albertville France, 1992)

(1) 개요

제16회 알베르빌 동계올림픽대회의 개최지는 1986년 10월 스위스 로잔 IOC총회에서 결정되었다. 대회 종목은 스키, 스케이팅, 아이스하키, 바이애슬론, 봅슬레이 등 6종목으로 전 대회와 큰 차이가 없었으나 세부 종목에서 스키의 크로스컨트리와 모글(Mogul), 스케이팅에서 쇼트트랙 종목이 추가됨으로써 전체적으로 세부종목이 11개 더 늘어났다. 그리고 다음 동계올림픽대회 대회를 4년 후가 아닌 2년 후에 개최하기로 결정함으로써 동계올림픽이 하계 올림픽과 같은 해에 열리던 마지막 경기였다. 이 대회에는 총 64개국 1801명(여자 488)의 선수들이 출전했다. 그리고 1968년 스키 3관왕에 장클로드 킬리(Jean-Claude Killy)가 동계올림픽 조직위원장으로 활동했다.

(2) 특징

① 새로운 신생국들이 많이 출전한 대회였다.

소련이 붕괴되고, 동·서독이 통일되었으며, 유고슬라비아의 내전으로 크로아티아, 슬로베니아 등과 같은 신생국과 구소련에서 독립한 리투아니아, 라트비아, 에스토니아 등과 같은 새로운 나라들이 탄생하여 동계올림픽대회에 참여했다.

② 쇼트트랙 종목을 통해 사상 최초로 한국이 금메달을 획득한 대회였다.

스피드 스케이팅에 참가한 김윤만(金潤萬)은 처음으로 은메달을 획득하여 한국 빙상 경기 역사에 기념비적인 업적을 쌓았다. 1948년 산모리츠 올림픽에 처음 참가한 이래 48년 만의 숙원을 이루었다. 그리고 새롭게 추가된 쇼트트랙에서 1,000m에 출전한 김기훈 선수가 금메달, 이준호 선수가 동메달을 차지했고, 5,000m릴레이에서 우승함으로써 금메달 2개와 동메달 1개를 추가하였다. 결국 사상 최초의 금메달 2개와 은1, 동1개를 획득하여 일약 메달 순위 10위에 올랐다.

③ 이탈리아의 톰바가 동일 종목 2연패의 위업을 달성한 대회였다.

스키 알파인에서 1988년 캘거리대회 회전과 대회전에서 금메달의 주인공이 되었던 이탈리아의 톰바(Alberto Tomba)는 이 대회 대회전에서 또다시 금메달을 획득하여 올림픽 사상 최초의 동일 종목 2연패라는 위업을 달성했다.

17) 제17회 동계올림픽, 노르웨이 릴레함메르(Lillehammer, Norway, 1994)

(1) 개요

제17회 동계올림픽대회는 1986년 10월 스위스 로잔 IOC총회에서 동계 올림픽 개최 주기를 변경하게 되었다. 1984년 LA 하계올림픽대회 이후 올림픽을 통해서 수익을 올릴 수 있다는 것을 확신하게 된 IOC는 올림픽을 사업화하려는 계획을 세우게 되었다. 그러한 배경에서 1992년 동계대회 이후 2년만인 1994년에 동계 올림픽대회를 개최하기로 하였으며, 1988년 서울 IOC총회에서 노르웨이의 릴레함메르를 제17회 동계올림픽대회 개최지로 선정하였다. 총 67개국 1738명(여자 522)명의 선수들이 출전하였다.

(2) 특징

① 친환경 올림픽을 지향한 대회였다.

1952년 오슬로 동계 올림픽대회를 개최했던 노르웨이는 두 번째 축제를 준비하였으며, 올림픽의 성격을 그린 앤드 화이트(Green and White), 즉 깨끗한 올림픽으로 정했다. 그것은 환경 친화적인 올림픽을 개최한다는 것을 의미하는 것으로, 에너지 절약, 자연소재 이용, 주변 경관 훼손 방지 등을 고려한 올림픽 준비가 진행되었다. 이런 조치로 인하여 관광객들은 경기장으로부터 먼 곳에 투숙해야 하는 불편을 겪어야 했다.

② 한국이 쇼트트랙 종목 최강국으로 등장한 대회였다.

한국은 금메달 4개로 종합순위 6위를 기록했다. 그것은 오직 쇼트트랙 종목에서만 획득한 것이었다. 남자 1,000m(김기훈), 여자 3,000m 릴레이(김소희, 전이경, 원혜경, 김윤미), 남자 500m(채지훈), 여자 1,000m(전이경) 등 4종목에서 금메달을 획득하였다.

18) 제18회 동계올림픽, 일본 나가노(Nagano Japan, 1998)

(1) 개요

제18회 나가노 동계올림픽대회를 유치한 것은 1972년 삿포로 올림픽대회를 개최한 일본으로서는 24년 만에 이룬 또 하나의 쾌거였다. 나가노 대회에서는 컬링(Curling), 여자 아이스하키, 스노보드(Snowboard) 등이 정식 종목으로 추가되었다. 그리고 아이하키에서 미국 내셔널 하키 리그 선수들의 출전이 허가되었으나 프로 피겨 선수들의 출전은 봉쇄되었다. 그리고 국제빙상연맹(International skating Union)은 프로선수의 유입으로 올림픽이 상업화된다는 비판에 직면하여 프로 선수의 출전을 금지했다. 총 72개국 2180명(여자 789)의 선수들이 출전했다.

(2) 특징

① 한국은 쇼트 트랙은 최강국의 위치를 유지한 대회였다.

한국은 쇼트 트랙 스피드스케이팅에 출전해 여자 3000m 계주, 남자 1,000m(김동성), 여자 1,000m(전이경)에서 우승하여 3개의 금메달을 확보했다.

② 일본의 빙상이 큰 성장을 보인 대회였다.

일본은 아시아국가로서 스피드스케이팅 400m에서 시즈미 히로야스가 일본 빙상 사상 최초의 금메달을 획득했다. 그리고 쇼트 트랙에서도 니시타니 타카후미가 예상을 깨고 금메달을 획득했으며, 스키 점프에서도 금메달을 따내는 등 일본 선수들의 활약이 돋보인 대회였다.

19) 제19회 동계올림픽, 미국 솔트레이크시티(Salt Lake City USA , 2002)

(1) 개요

제19회 솔트레이크시티가 동계올림픽대회 개최지로 선정된 것은 1995년 6월 헝가리 부다페스트 IOC총회 때였다. 솔트레이크는 1차 투표에서 54표를 얻어 바로 개최지로 선정되었으나 후에 불거진 IOC총회에 대한 뇌물제공설이 사실로 밝혀져 한 바탕 홍역을 치렀다. 비리에 연루된 위원들은 수만 달러의 현금을 받을 것으로 드러났고, 그로 인해 IOC의 권위는 심하게 실추되었다. 결국 4명의 위원이 위원직을 사임했고, 10명의 위원이 경고를 받았다. 총 77개국 2399명(여자 886)의 선수들이 출전했다.

(2) 특징

① 스피드 스케이팅에 세계 신기록이 쏟아진 대회였다.

스피드 스케이팅에서 네덜란드의 반벨데(Gerald Van Velde)가 1분 7초 18로 세계 신기록을 수립하며 금메달을 땄으며, 2, 3위 선수들의 기록도 신기록이었다. 5,000m에서도 네덜란드의 위드하시(Jochem Uytdehage)가 6분 14초 66으로 신기록을 수립하였다. 여자 1,000m에서는 미국이 위티(Chris Witty)가 1분 13초 83의 세계 신기록을 세웠다.[447] 여자 3,000m에서는 독일의 페흐슈타인(Claudia Pechstein)이 3분 57초 70으로 종래 자신의 기록을 갱신하며 세계 신기록을 작성함은 물론 5,000m에서도 세계 신기록으로 우승하며, 알베르빌, 나가노대회에 이어 이 종목 3연패를 이룩했다.

② 스위스의 암만이 점프 종목을 휩쓴 대회였다.

단 한 차례의 국제 경험도 없는 무명의 스키 점프 선수 암만(Simmon Ammann)이 스키 점프 K90과 K120에서 모두 우승하는 이변을 연출하며 일약 세계적인 스타로 등장했다. "해리 포터

447) 방광일, 앞의 책, p. 504.

(Harry Potter)" 라는 별명을 가진 그는 월드컵 랭킹 1위인 폴란드의 말리즈(Adam Malysz)를 누르고 K90에 우승한데 이어 K120에서도 우승하여 "나는 인간새" 로 불린 캘거리 동계올림픽 스타 핀란드 니카넨(Matti Nykanen) 이후 14년 만에 스키 점프 개인전 금메달을 독식하는 놀라운 모습을 보였다. 이 대회 K120에서는 고작 7명의 선수를 보유한 우리나라의 선수들이 8위를 차지하는 귀염을 토했다.

③ 인종의 장벽이 무너졌다.

봅슬레이 경기에서 미국이 육상선수 출신인 플라워스(Vonetta Flowers)・베큰(Jill Bakken)조는 여자 2인승에서 우승 동계올림픽대회 사상 처음으로 흑인 금메달리스트가 되어 인종의 벽을 깨는 기록을 수립했다.

④ 모호한 판정 시비가 매스컴을 달구었다.

쇼트트랙 스피드스케이팅서 불공정한 판정시비로 얼룩졌다. 남자 1,000m 결승에서 중국의 리지아준 선수가 왼손으로 김동성 선수의 무릎을 쳐 김동성 선수가 넘어져 실격을 당했다. 문제는 거기서 끝나지 않았다. 1,500m에서 김동성 선수가 1위로 골인 하였으나 심판이 김동성이 고의로 오노 선수의 추월 진로를 방해했다는 이유로 실격을 선언했다. 오노의 허리우드 액션에 심판들이 속았던 것이다. 그 결과로 김동성의 금메달이 날아가게 되어 한국에는 반미 감정이 생겼고, 그러한 감정은 오래토록 남아 2002 월드컵에서 한국 선수들이 오노의 흉내를 내는 골세레모니를 할 정도였다.

20) 제20회 동계올림픽, 이탈리아 토리노(Torino Italy, 2006)

(1) 개요

제20회 이탈리아 토리노 동계올림픽대회는 2006년 2월 10일부터 2월 26일까지 성대한 겨울축제가 되었다. 토리노 올림픽대회에는 79개국 2494명(여자 954)의 선수들이 참가했다. 84개 세부 종목에서 치열한 경쟁을 펼쳤으며, 26개국의 선수들이 메달을 나누어가졌다. 이탈리아는 조직위원회는 토리노 올림픽을 상징하는 의미로 메달을 피자 모양으로 만들었다.

(2) 특징

① 오스트리아 선수들이 알파인 종목을 휩쓴 대회였다.

오스트리아 선수들은 알파인 스키에서 30개 중 14개를 획득하여 알파인 스키 강국임을 확인시켰다.

② 한국이 쇼트 트랙 최강국임을 다시 입증한 대회였다.

한국선수단은 대한민국의 명예를 걸고, 스포츠맨십과 페어플레이 정신을 발휘하여 스포츠 선진국의 모범을 보이겠으며, 정정당당한 승리로서 국민 여러분의 성원에 보답해 드릴 것을 약속한다는 말을 남기고 장도에 올랐다. 기대한 종목은 쇼트트랙이었다. 한국 선수들은 쇼트트랙 24개의 메달 중 10개를 휩쓸었다. 여자종목에 출전한 진선유는 3개의 금메달을 따냈고, 남자부에서는 안현수가 3개의 금메달과 1개의 동메달을 조국에 바쳤다.

5. 근대 올림픽 사상과 이데올로기

1) 올림피즘

근대 올림픽은 고대 올림픽의 전통을 기반으로 출발했다. 따라서 근대 올림픽도 심신의 조화적 발달, 신체미의 숭배, 도시국가간의 평화 등과 같은 고대 올림픽의 이념을 토대로 하고 있으며, 그것은 쿠베르탱의 올림피즘이란 이념으로 승화되었다.

불어로 올림피즘(Olympisme)이란 올림픽의 운영, 조직, 규약을 뜻한다.[448] 근대 올림피즘이란 용어는 1894년 6월 국제스포츠학술대회에서 쿠베르탱이 처음으로 사용했으며, 올림피즘은 쿠베르탱의 현상 철학적 이데올로기가 내재된 용어였다. 즉 "올림피즘은 신체의 특성과 의지, 정신의 균형 잡힌 통합체를 조화시키고 강화하려는 삶의 철학이었다." [449]

올림피즘에는 휴머니즘과 미학사상도 내재되어 있었다. 쿠베르탱은 미학적 근거에서 '인간의 청춘' 을 위한 평화 제전에 미(美)를 장식하여 축복하는 것으로 정신과 신체가 서로 결합하고 협력하는 예술적·문학적 창조가 완성되어야 한다는 가치관을 갖고 올림픽을 제창하여 4반세기 동안 올림픽을 이끌었다. 올림픽 찬가, 올림픽 컵, 올림픽 기, 표어와 선서, 올림픽 메달, 성화 릴레이 등을 통하여 평화제전에 미적 문제를 강화하였으며, 그것은 스포츠맨십과 페어플레이 정신과도 연계된 개념이다. 올림픽 신조(信條) 또한 휴머니즘적 측면이 잘 드러나 있다. "인생에서 중요한 것은 성공하는 것이 아니라 노력하는 것에 있다. 본질적인 것은 정복하는 것이 아니라 훌륭하게 싸우는 것이다." 라는 어구이다. 그리고 실제로 건축, 회화, 조각, 음악, 문학 등 5개 분야의 예술 경연을 포함시켜 운동경기처럼 금, 은, 동메달을 수여하기도 했다.[450] 결국 올림피즘은 인간주의, 세계평화주의, 미학사상 등이 내재된 올림픽의 이념이고 사상이었다.

448) 淸水重勇, フランス近代體育史硏究序說, p. 212.
449) http://www.olympic.org/uk/organisation/missions/charter~uk.asp
450) 방광일, 앞의 책, p. 110 참조.

2)아마추어리즘과 프로페셔널리즘

초창기부터 근대 올림픽은 아마추어리즘을 기조로 출발되었고, 제5회 스톡홀름 올림픽대회를 기점으로 아마추어 규정을 강화하고 아마추어 규정을 엄격히 적용하였다. 예컨대 오스트리아의 수영선수 보이레파이레(Francis Beaurepaire)는 인명구조원과 수영지도자 생활을 했다는 이유로 제5회 스톡홀름 올림픽의 참가의 꿈을 접어야 했다. 인디언 혈통의 소프(J. F. Thorpe)는 5종과 10종 경기에 출전하여 2개의 금메달을 목에 걸었으나 1909년 세미프로야구 경기에 참여한 선수라는 기사로 인해 금메달을 박탈하고 기록도 삭제되었다.451)

동계올림픽에서도 아마추어 규정은 철저히 적용되었다. 1968년 제10회 프랑스 그르노블 동계올림픽에서는 아마추어 문제가 부상하여 IOC와 국제스키연맹(FIS) 사이의 갈등이 재현되었다. 1972년 제11회 일본 삿포로올림픽에서는 아마추어와 샤마추어의 구분 논란이 격화되었다. 오스트리아의 스키 선수 슈란츠(Karl Schuranz)가 대회 3일 전 참가 봉쇄조치를 당했다. 유명선수였던 그가 스키 제조회사의 제품을 써 주는 대가로 연간 60,000달러의 수입을 챙기고 있었기 때문이었다. 브런디지 IOC위원장은 슈란츠를 "달리는 광고탑" 이라고 비난하며 샤마추어리즘(Shamateurism)과의 전쟁을 선포했다.

그러나 아마추어리즘은 계속 고수되지 못했다. 1992년 제25회 스페인 바르셀로나 올림픽에서는 프로선수들이 등장했다. 아마추어리즘이 퇴색해가면서 상업주의가 등장하더니 결국 프로선수의 올림픽출전이 허용되었던 것이다. 올림픽의 수준을 상향 조정한다는 명분을 내세운 사마란치 위원장의 작품이었다. 그리고 올림픽 100주년이 되던 제26회 미국 애틀랜타 올림픽에서는 프로 선수의 참가 폭이 넓어졌다. 사이클링에 프로선수의 출전이 허용되었고, 축구에서는 프로 선수 3명이 출전할 수 있되 23세 이하여야 한다는 나이 조항이 삭제되었다. 결국 근대 올림픽에서 아마추어리즘은 이상이었고, 프로페셔널리즘은 현실로 바뀌었다.

3) 국가주의

올림픽은 정치에서 독립되어야 한다는 기조를 바탕으로 출발되었다. 그러나 그것도 이상에 불과했다. 세계열강들은 가장 비정치적인 올림픽을 가장 정치적으로 이용했고, 공식적으로 메달 집계를 하지 않게 되어 있지만 국가주의 사상에 묶인 언론들은 메달 숫자를 대서특필하며 메달 경쟁을 부추겼다. 올림픽과 국가주의 사상과의 결연관계는 피할 수 없는 것이었고, 올림픽은 일종의 총성없는 전쟁터와도 같았다.

1952년 제15회 헬싱키 핀란드 헬싱키올림픽이 열릴 즈음 정치적으로 보아 전 세계는 동서 이데올로기 대립이 점차 고조되는 상황이었다. 미국과 소련이 냉전 상태에 있었고, 그러한 기

451) 방광일, 앞의 책, pp. 113-115 ; Robert A. Mechikoff & Steve G. Estes, *A History and Philosophy of Sport and Physical Education*, p. 280.

류는 올림픽에서도 '스포츠냉전(Cold War of Sport)' 이란 용어를 낳았으며, 이 때부터 미소(美蘇) 간의 경쟁이 본격화되었다. 제 16회 멜버른 올림픽부터 미소간의 대결은 더욱 치열해졌다. 미국과 소련이 올림픽을 통해 벌이는 체제 경쟁은 올림픽의 이상(理想)을 무색하게 하였다. 급기야 정치적인 문제로 22회 올림픽, 소련 모스크바(Moscow, 1980)과 그 다음 LA 올림픽은 반쪽의 축제로 끝났다. 1988년 대한민국 서울 올림픽은 새로운 변화으 조짐을 보인 대회였다. 그러나 한국도 예외는 아니었고, 그 어떤 나라도 국가주의 사상으로부터 벗어나지 못했다.

올림피즘은 이상이고, 그 이상을 실현하기 위한 인간의 노력은 계속될 것이다. 그러나 국기를 앞세운 국가 간의 경쟁, 국가가 연주되는 시상식, 국가의 지원을 받는 대표선수, 이 모든 것은 올림픽에 강한 국가주의 사상이 내재되어 있음을 의미했다.

4) 상업주의

상업주의란 프로페셔널리즘과 무관하지 않은 용어이다. 올림피즘은 아름다운 이상이었고, 인간주의적인 측면이 강하게 내재되어 있었다. 그러나 올림픽이 점차 비대해지면서 현실적으로 올림픽 개최를 위한 막대한 자금이 필요했다. 초창기 올림픽은 올림피즘을 구현하고자 하였으나 경제적 어려움을 극복하기 위해 세계박람회의 부속행사로 전락했다. 그러나 세월이 흐르면서 주최국들은 올림픽이 경제적 이익을 남기고 국가나 도시를 홍보하기 위한 적절한 이벤트로 활용하게 되었다.

1984년 제23회 미국 로스앤젤레스 올림픽은 운영 면에서 최첨단 기술과 스폰서, 자원봉사단 등 3박자가 어우러져 상업적으로 대성공을 거둔 대회로 기록되었다.[452] LA올림픽 조직위원회는 ABC방송과 2억 8천 7백만 달러에 TV중계권료 계약을 체결했다. 실로 25억의 시청자가 올림픽을 방송을 시청했다.[453] 결국 LA올림픽은 민간자본의 도입이라는 상업주의적 발상으로 경제적인 측면에서 대성공을 거두었다. 1988년 대한민국 서울올림픽도 마찬가지였고, 올림픽 100주년이 되는 1996년 제26회 미국 애틀랜타올림픽은 고도의 상업화 추세 속에 시작되었다. 방송사와 광고주들은 천문학적 방송중계료와 광고료를 지불해야만 했다. 애틀랜타 올림픽대회는 고도의 상업적인 계산에 따라 시작되었고, 모든 행사는 그러한 맥락에서 추진되었다. 올림픽의 상업화(commercialization)가 극도에 달했던 것이다.

올림픽은 회를 거듭할수록 고도로 상업화되었다. 애틀란타 올림픽은 장삿속이 노골적으로 드러났다. 제27회 호주 시드니올림픽도 LA올림픽을 벤치마킹하여 막대한 이익을 남겼고 앞으로도 상업화는 급속히 진전될 것으로 전망된다.

452) *Ibid*., p. 109.
453) Stan Greenberg, *The Guinness Olympics Fact Book* (Middlesex : Guinness Publishing Ltd., 1991), p. 83.

5) 기타

올림픽은 전 세계 거의 모든 나라들이 참여하는 인류의 중요한 문화 축제지만 그 범위가 넓어 이질적인 문화와 이데올로기가 산재할 수밖에 없으며, 올림피즘, 아마추어리즘과 프로페셔널리즘, 국가주의 외에도 다양한 이데올로기들이 내재되어 있으며, 그러한 예가 인종주의, 성차별주의 등이다.

제11회 베를린 올림픽은 인종우월주의가 내재되어 있었고, 유태인은 박해를 당했다. 반대로 많은 아프리카 국가나 흑인들은 올림픽을 인종차별 문제를 해소하기 위한 저항의 지렛대로 이용했다. 성차별주의도 마찬가지였다. 제1회 올림픽에서는 여성의 참여가 금지되었다. 제2회 대회부터 여성의 참여가 시작되어 점차 늘어났지만 오랫동안 많은 경기종목은 남성 중심으로 편성되었다. 제7회 벨기에 앤트워프대회부터 IOC가 훨씬 더 많은 여성들의 운동 참여 프로그램을 개발하려는 의지를 보였고, 여성이 스포츠에 참가할 수 있도록 하거나 기회를 확대하는 과정은 느렸지만 지속적으로 진행되었던 것은 사실이다. 이러한 과정은 곧 성차별이 계속되고 있었다는 것을 의미한다. 여자 육상이 공식종목으로 채택된 것은 제9회 네덜란드 암스테르담(Amsterdam, 1928)부터였다. 이러한 모든 사실은 근대 올림픽에 성차별주의가 존재하고 있었음을 증명해주는 것이다.

6. 올림픽 칼럼

1) 1896년의 올림픽 풍경

1894년 파리회의에서 2년 후 근대 올림픽을 부활시키기로 결정을 보았다. 2년은 첫 올림픽을 준비하기에는 너무 짧은 기간이었고, 나쁜 재정 상태와 국민 이해도의 부족을 이유로 그리스 수상 트리쿠피스(Charilaos Tricoupis)도 올림픽 개최를 반대했다. 쿠베르탱은 그리스 왕자를 설득한 끝에 겨우 허락을 얻어냈고, 제1회 아테네 올림픽은 1896년 4월 6일-15일까지 열흘에 걸쳐 개최되었다. 그러나 첫 올림픽의 풍경은 초라했다. 당시 올림픽의 스케치 북에는 몇 가지 특성만 뚜렷이 남아 있을 뿐이다.

첫 올림픽은 세계적인 운동경기대회로서의 권위라고는 찾아볼 수 없었다. 8개 종목(42개 세부 종목)에 걸쳐 경기가 열렸으나 홍보가 덜 된 탓에 세계적인 선수들이 참가하지도 않았다. 참가자의 절반가량은 그리스인들이었다. 당시 세계 최고의 운동경기단체였던 미국의 뉴욕애슬레틱클럽(NYAC: The New York Athletic Club)과 보스턴운동경기협회(BAA: The Boston Athletic Association)에서는 그리스의 초청에 조소(嘲笑)를 보내며 불응했고, 미국은 일부 대학선수들만 출전하였다. 또 다른 풍경은 여자 선수를 찾아볼 수 없는 모습이었다.

제1회 아테네 올림픽은 여성의 참여가 금지된 남성들만의 잔치였다. 13개국 311명(선수 245명)의 선수단은 모두 남성이었다. 쿠베르탱은 여성의 역할을 인정하지 않았다. 그는 여성의 역할은 승리자에게 올리브관을 전달해주는 것 정도로 밖에 생각하지 않았다. 여성참가 금지 전통은 제2회 프랑스 파리올림픽대회부터 깨어졌으나 파리 올림픽대회에서도 참가 선수 1,077명 중 여자 선수는 단 12명에 불과했다. 가장 흥미로운 풍경은 육상경기방식이었다. 첫 올림픽의 주된 종목은 육상이었고, 크라우칭 스타트를 하는 단거리 선수를 찾기는 어려웠다. 육상 트랙 경기에서 운동장을 도는 방식도 오늘날과 반대인 우회전 달리기였다. 당시 판아테나이경기장은 고대 스타디온을 모방하여 설계되었고, 트랙은 333m였다. 직선 코스는 긴 반면 곡선주로는 짧은 급커브라 헤어핀 커브(hairpin curb)라고 불렀다. 당시 어떤 이유로 트랙을 우회전 방식으로 돌았는지 알 수 없다. 영국 경마 경주방식을 따랐다는 것이 통설이 고, 1864년 3월 세계 최초로 열린 영국 옥스브리지 육상경기에서도 우회전 육상 경기를 했는데, 그러한 전통이 이어진 것으로 보고 있다. 이 방식은 1912년 창설된 국제육상경기연맹에서 왼쪽(lefthand inside)으로 돌아 달리는 방식으로 변경되었지만 지금과 비교하면 재미있는 풍경이 아닐 수 없다.

베이징 올림픽에는 세계 각국의 수많은 남녀 선수들이 참가한다. 1896년의 그 초라한 올림픽이 이렇게 거대한 잔치가 될 줄 누가 알았겠는가! 생명력이 있는 것은 진화한다. 1896년의 축제는 초라한 풍경이었으나 생명력이 있었고, 올림픽이 지금과 같은 거대한 축제로 변한 것은 스포츠의 문화적 진화의 결과이다.

2) 세퍼즈 부시의 전투와 올림픽 신조

근대 올림픽 초기에는 출전을 원하는 각국의 팀이나 선수들이 개별적으로 참가 신청을 할 수 있었고, 분위기는 마을 축제같았다. 그러나 1908년 제4회 런던 올림픽부터 분위기는 급변하였다. IOC는 국가올림픽위원회(NOC) 단위로 참가 신청을 하도록 규정했고, 그 때부터 국가 간 메달 경쟁도 본격화되었다.

제4회 올림픽은 런던 서부의 세퍼즈 부시(Shepherd's Bush) 스타디움에서 개막되었고, 각국 선수단은 국기를 앞세우고 입장했다. 그 순간부터 국가 간 경쟁은 본격화되었는지도 모른다. 스포츠를 신사(紳士)의 순수한 여가문화로 생각했던 영국은 미국이 대표선수 훈련에 재정적인 지원을 한다는 사실을 알고 천박한 처사라고 개회식장에 미국 국기를 게양하지 않았다. 그 사실을 알게 된 미국선수단은 입장식에서 영국 국왕에게 경의를 표하는 의례를 생략해버렸다. 더 큰 감정 대립의 도화선은 줄다리기와 육상경기였다. 줄다리기(8명) 결승에서 영국 선수들이 강철 테가 부착된 부츠를 신고 출전하여 우승하자 운동화만 신었던 미국 팀이 격렬하게 항의했다. 육상 400m에서 영국 홀스웰(W. Halswell)가 3위를 차지하였으나 집행부는 1, 2위를 한 미국 선수들의 진로 방해 때문이었다며 1-3위 선수만 재 경기결정을 내렸고, 미국 선수들이 불응한 상태에서 영국의 홀스웰은 혼자 달려 금메달을 차지했다. 그 때부터 영미간의 첨예한 감정 대립이 도를 넘어서자 지도자들이 나섰다.

영국 국교회 펜실바니아의 주교 탈봇(Ethelbert Talbot)은 1908년 7월 19일 런던 세인트폴 대성당에서 "올림픽에서 중요한 것은 승리보다 참가하는데 있다" 며 양국 선수들을 타일렀다. IOC위원장 쿠베르탱은 임원 초청 리셉션에서 "인생에서 중요한 것은 성공하는 것이 아니라 노력하는 것이다. 본질적인 것은 정복하는 것이 아니라 훌륭하게 싸우는 것이다" 라고 말했다. 그 이후 올림픽에서 국가 간의 경쟁이 치열해지자 탈봇 주교와 쿠베르탱의 말이 계속 인용되다가 1932년 LA올림픽에서 이 말을 '올림픽 신조(Olympic Creed)' 로 확정하게 되었다. "인생에서 가장 중요한 것은 성공이 아니라 투쟁하는 것 자체이듯이 올림픽에서 가장 중요한 것은 승리가 아니라 참가하는 것이다. 본질적인 것은 정복하는 것이 아니라 훌륭하게 싸우는 것이다."

런던 올림픽이 끝난 뒤 영국과 미국의 첨예한 대립과 치열한 메달 경쟁을 메인스타디움 지명을 따서 "세퍼즈 부시의 전투(The Battle of Shepherd's Bush) '라고 부르게 되었고 이 전투로 인해 지금의 ' 올림픽 신조 '가 탄생했던 것이다. 베이징에서도 치열한 메달경쟁과 함께 불화도 일어날 것이며, 그 때마다 ' 올림픽 신조 '도 다시 들먹여질 것이다.

3) 올림픽의 미학

2008년 베이징 올림픽은 1만 5천 여 명의 선수들이 참가하여 28개 종목 302개의 금메달을 놓고 치열한 경쟁을 벌일 인류 최고의 스포츠 문화 축전이었다. 한국 선수만도 267명(25종목)이나 된다. 1896년 8개 종목(42개 세부 종목)에 걸쳐 13개국, 311명(선수 245명)이 모여 시작했던 그 초라했던 아테네 올림픽이 이처럼 거대한 인류의 축제로 성장할 수 있었던 배경은 무엇일까?

경쟁적인 스포츠는 움직임이고, 움직임은 살아 있음을 상징한다. 스포츠는 문화이며, 생명력이 있는 문화였기에 진화했고, 그 생명력의 기초는 미학 사상이었다. 전쟁 혹은 냉전으로 중단과 보이콧이 반복되면서도 올림픽이 오늘날과 같은 초대형 축제로 거듭날 수 있었던 것은 평화 메시지를 담아 올림픽을 '미의 축제' 로 가꾸어온 덕분이었다. 올림픽 광인(狂人) 쿠베르탱남작은 제2회 파리 올림픽에서 조직위원장 겸 IOC위원장직을 맡았으나 올림픽이 세계박람회의 부속행사로 전락하는 모습을 안타깝게 생각한 나머지 4반세기 동안 IOC위원장을 맡기로 마음을 정한 뒤, 올림픽을 가능한 아름다운 미의 축전으로 만들기 위해 혼신의 힘을 다했다. 그가 입안하거나 받아들였던 성화나 오륜기를 비롯하여 올림픽 찬가, 선수선서, 비둘기, 불꽃놀이 등은 평화, 우호, 공정(公正), 역동성을 상징하며 올림픽에 미적 생명력을 불어 넣게 되었다.

올림픽 개막식을 미의 축제로 만든 쿠베르탱의 철학 요체는 올림피즘(*Olympisme*)과 미학 사상이었다. 불어 올림피즘은 올림픽의 운영, 조직, 규약을 뜻한다. 쿠베르탱이 처음 사용한 이 용어는 운동경기의 순수성보다 더 고상한 종교나 철학은 없다는 생각을 전제로 아마추어 헌장을 해석하기 위해 만든 조어(造語)였다. 쿠베르탱은 올림픽 헌장에서 올림피즘이란 신체의 특성과 의지, 정신이 균형을 이룬 통합체를 조화시키고 강화하려는 삶의 철학이라고 보았다. 그의 올림피즘에는 엘리트주의와 기사도 정신도 내포되어 있었지만 그 속 가장 깊은 곳에 내재되어 있었던 것은 미학 사상이었다. 쿠베르탱은 '인간의 청춘' 을 위한 평화 제전을 미(美)로 장식하여 축복해야 한다는 생각에서 예술적·문학적 창조가 필요하다고 보고 올림픽 찬가, 올림픽 컵, 올림픽 기, 표어와 선서, 올림픽 메달, 성화 릴레이 등을 통해 미적 문제를 강화하려고 했다. 그는 러스킨의 '미학' 에서 '멋, 미, 조화' 의 사상을 수용하여 자신도 '미와 조화' 라는 미학 이론을 정립하였다. 그는 미와 조화의 개념을 미의 통일성에 계통을 세우는 것으로 보았고, 조화의 네 가지 요소는 빛, 복장, 건축양식, 민주주의라고 보았다. 그는 미학 사상을 문화적 실천 즉, 건축술과 스포츠 축제, 문학, 음악, 대중문화를 통해 경험으로 변형시키고자 하였으며, 그의 의지와 사상은 올림픽의 역사에 녹아들어 지금까지 도도히 흐르고 있는 것이다.

4) 저승에서 찾은 금메달

1912년 제5회 스톡홀름 올림픽부터 아마추어 규정이 엄격히 적용되기 시작했다. 아마추어(amateur)란 말은 원래 진정한 신사, 즉 젠틀맨(gentleman)을 상징하는 계급적인 용어였다. 아마추어는 영국 상류계층을 일컫는 대명사였고, 아마추어들은 스포츠를 순수한 그들만의 여가 문화로 인식하고 있었다. 따라서 올림픽의 아마추어 규정이란 순수하게 취미로 스포츠에 참가하는 상류층 양반들을 위한 규정이었던 셈이다.

제5회 스톡홀름 올림픽에 앞서 오스트리아 수영선수 보이레파이레(F. Beaurepaire)는 수영 지도자 생활을 한 경력으로 인해 올림픽 참가의 꿈을 접어야만 했다. 더 역사적인 것은 소위 '짐 소프 사건' 이다. 인디언 혈통의 소프(J. F. Thorpe)는 스톡홀름 올림픽 5종과 10종경기에서 2개의 금메달을 거머쥐었다. 그의 기록은 1932년 LA올림픽까지 누구도 깨지 못한 탁월한 것이었다. 스웨덴 국왕 구스타프는 "세계에서 가장 위대한 선수" 라며 그에게 찬사를 보냈고, 미국 대통령 태프트(William Howard Taft)도 "최고의 미국 시민" 이란 찬사를 보냈다. 소프는 어린 시절을 불행하게 보냈지만 미식축구, 야구, 농구, 육상 등에서 만능선수의 자질을 보였고, 올림픽 우승으로 인해 그의 인생은 달라질 듯 했다. 그러나 금메달을 딴 이듬해부터 그의 불행은 다시 시작되었다.

1913년 1월 미국 월스터 텔레그램(Worcester Telegram)의 존슨 기자는 소프가 올림픽에 참가하기 이전에 야구경기에 출전하여 돈을 번 일이 있다는 내용의 기사화했다. 미국운동경기연합(AAU)은 소프가 1909/10 시즌 노스캐롤라이나 마이너리그에서 야구선수 생활을 했다는 사실을 확인했고, 미국올림픽위원회는 소프의 금메달 2개를 IOC에 반환하게 되었다. 12세에 어머니를 잃고, 15세 때 아버지마저 잃은 소프는 아르바이트를 하며, 학교를 다녔고, 마이너리그 야구팀에서 돈을 받은 것이 아마추어 규정에 저촉되는 것인지조차 몰랐다. 메달을 빼앗긴 그는 미식축구와 야구 선수, 할리우드의 엑스트라 배우, 경비원 등을 전전하며 궁핍한 생활을 해야만 했다. 1932년 LA올림픽 때는 입장료가 없어 좋아하는 육상경기의 관전도 포기해야 할 정도로 궁핍한 생활을 했던 그는 평생을 통해 자신이 땄던 메달을 돌려받기를 희망했다. 황혼기를 맞아 더욱 초라한 생활을 하던 그는 자신이 딴 금메달을 돌려주면 좋겠다는 염원을 간직한 채 1953년 3월 28일 암으로 세상을 떠났다.

스포츠의 상업화가 급속히 진행되면서 골프, 테니스, 축구 스타들이 올림픽을 무시하는 경향이 나타나자 IOC에서 아마추어 규정에 대한 논란이 일었고, IOC는 1974년 올림픽 헌장에서 '아마추어' 라는 단어를 삭제하게 된다. 1975년 미국 포드(G. Ford) 대통령은 상황이 달라진 것을 알고 킬라닌 IOC 위원장에게 소프의 복권을 호소하였다. 그러나 소프의 생전 소망은 쉽게 이루어지지 않았다. 그로부터 7년 후인 1982년 10월 IOC집행위원회는 소프의 복권을 결의했고, 소프가 사망한지 50년이 지난 1983년 소프의 금메달은 그의 자녀들을 통해 그의 영전에 바쳐졌다. 소프는 저승에서 금메달을 찾은 셈이었다. 영웅은 시대를 잘 타고나야 한다는 말을 새삼 떠오르게 하는 올림픽의 역사이다.

5) 올림픽과 여성해방

역사적으로 보면 올림픽에서 여성은 소외되어 있었다. 고대 그리스의 올림피아제는 상류계층 남성들만의 축제였다. 고대 올림픽의 전통에 따라 제창된 제1회 그리스 아테네 올림픽에서도 여성의 참여는 금지되었다. 13개국 참가선수단 311명(선수 245명)은 모두 남성이었고, 여자 선수는 한 명도 없었다. 여자 선수가 첫 선을 보인 것은 제2회 프랑스 파리올림픽이었다. 당시 참가한 1,077명 중 여자선수는 12명이었고, 윔블던 챔피언이었던 영국의 샬롯 쿠퍼(Charlotte Cooper)는 여자 테니스에서 우승하며 여성 최초의 올림픽 금메달리스트가 되었다.

1928년 5월 제9회 암스테르담 올림픽부터 그 이전까지 보지 못했던 여자 선수들이 여럿 등장했다. 주로 여자 육상선수들이었다. 여자 육상은 100m, 800m, 400계주, 높이뛰기, 원반던지기 등 5개 종목이었는데, 여자 육상의 올림픽 채택은 많은 논란을 거쳤다. 제9회 올림픽이 열리기 전 IOC가 여자 육상 종목을 올림픽 종목에 포함시키기로 결정하자 로마 교황((Pope Pius XI)은 IOC를 비난하며 반대 입장을 분명히 했다. 쿠베르탱도 육상 세부 종목에 여자부를 포함시키는 것에 반대했다. IOC는 반론을 극복하며 여자 육상 종목을 공식 종목으로 채택했으나 올림픽 개최 기간 중에도 여성 참여 논쟁은 계속되었다. 암스테르담 올림픽 800m 경기 결승점을 통과한 여자 선수들이 모두 탈진해서 쓰러졌기 때문이었다. 논란 끝에 여자 800m 경기는 공식 종목에서 제외되었고, 암스테르담 대회 이후 32년 동안 올림픽에서 사라졌다.

올림픽에서 여자가 제외된 것은 고대의 전통 탓도 있지만 쿠베르탱의 영향도 컸다. 그는 처음부터 여성의 참여에 반대했다. 그는 1912년 스톡홀름 올림픽 여자 수영 종목의 채택 논의가 일었을 때에도 "올림픽은 남자를 위한 것이어야 한다" 고 잘라 말했다. 1932년 제10회 올림픽에서 전체 참가선수단 중 여성의 비율은 약 9%에 불과했다. 쿠베르탱은 세상을 떠나기 전인 1937년에 가서야 "여자들이 원하면 모든 스포츠에 여성의 참가를 허용해야 한다는 태도 변화를 보였으나 거기에도 " 여성들을 웃음거리로 만들어서는 안 된다 "라는 단서를 붙였다.

올림픽의 역사는 여성해방운동의 역사이기도 하다. 1966년 보스턴 마라톤대회에 나선 로베르타는 남자들과 함께 달려 126위로 골인 한 뒤 여자임을 밝혔다. 일종의 시위였다. 그의 도전은 1974년 보스턴 마라톤, 1984년 LA올림픽에서 여자 마라톤이 공식 종목으로 채택되는 결과를 만들었다. 스포츠는 도전이고, 여성 스포츠의 역사도 도전의 역사였다. 제25회 바르셀로나 올림픽에서 여성 참가자 수는 거의 30%대로 육박했다. 베이징 올림픽에는 더 많은 여자 선수들이 출전할 것이다. 쿠베르탱은 천국에서 어떤 생각을 하고 있을까?

6) 아베베의 말과 운명

1960년 8월 5일 제17회 로마 올림픽대회가 화려하게 막을 올렸다. 서기 393년 데오도시우스 황제가 점령지인 그리스의 고대 올림픽을 폐지한지 약 16세기만에 그 황제가 살았던 로마에서 올림픽이 다시 열렸던 것이다. 이탈리아는 로마시대의 거대한 욕장(浴場) 카라칼라(Caracalla)에 체조경기장을, 바실리카 막센티우스(Bacilica Maxentius)에 레슬링 경기장을 마련하는 등 고대 로마 유적지를 중심으로 경기장을 건립하였고, 로마 올림픽은 거대한 로마의 역사만큼이나 굵직한 올림픽 스토리를 남겼다.

복싱에서는 훗날 알리(Muhammad Ali)로 개명하고, '루이스빌의 입술(Louisville Lip)' 이란 별칭을 얻게 된 캐시어스 클레이(Cassius Clay)가 출현하여 라이트헤비급을 석권했다. 하키에서 파키스탄이 올림픽 6연패를 달성했던 인도를 무너트렸다. 불구자로 자랐던 미국의 루돌프(Wilma Rudolph)는 11초 0으로 여자 100m를 석권한데 이어 200m와 400m계주에서도 금메달을 추가했다. 그 외 수많은 스타들이 출현하였다. 그러나 로마 올림픽에서 가장 큰 화제의 인물은 에티오피아의 마라토너 아베베 비킬라(Abebe Bikila)였다.

1960년 9월 11일 캄피돌리오언덕(Capitol Hill)에서 마라톤이 시작되었다. 그 속에는 28세의 무명선수 아베베도 있었다. 그는 스웨덴 출신의 코치 니스카넨(Onni Niskanen)의 지시에 따라 달렸다. 20km부터 40km까지 아베베와 모로코의 다디(Rhadi Ben Abdesselem)가 선두 다툼을 벌였다. 결승점에 이르자 날이 저물었고, 두 선수는 횃불로 밝힌 로마 시가지를 내달렸다. 마지막에 이르러 아베베의 독주가 시작되었고, 콘스탄티누스 개선문 앞에서 역사를 바꾸는 테이프를 끊었다. 그의 기록은 2시간 15분 16초 2였고, 당시 15위까지의 기록은 모두 대회 신기록이었다. 그런데 관중들이 더 놀란 것은 기록이 아니라 아베베의 맨발이었다.

아스팔트도 콘크리트길도 아닌 잔돌이 깔린 험한 42.195km의 거리를 맨발로 달려온 아베베는 전혀 지친 기색이 없이 "우리는 가난해서 현대의 수송수단에 익숙하지 못하며, 어디든지 뛰어간다. 40km 정도는 별것이 아니며 더 뛸 수 있다" 라고 말했다. 그 이후 아베베는 이티오피아로 돌아가 '맨발의 영웅' 이 되었으며, 근위병에서 장교로 승진하였고, 1964년 도쿄 올림픽에서 또다시 마라톤을 제패함으로써 올림픽 역사의 전설적인 인물로 남게 되었다.

불행하게도 아베베의 인생은 짧았다. 맨발의 영웅이 되었을 때 그가 남겼던 말처럼 수송 수단을 이용하지 말고 평생 맨발로 살아야만 했던 운명이었을까? 1969년 빗길에 운전을 하던 아베베는 교통사고로 하반신불구가 되었고, 1973년 10월 그 후유증에 시달리다가 뇌출혈로 41세의 젊은 생을 마감하였다. 그의 운명은 그가 내뱉은 말과 일치되고 말았다. 하지만 그는 위대한 마라토너였다. 지금의 세계적인 마라토너들이 맨발로 달린다면 과연 아베베의 기록을 깰 수 있을까?

7) 블랙파워 올림픽

1968년 제19회 멕시코시티 올림픽이 개최될 즈음, 미국 사회는 동요하고 있었다. 흑인 인권운동가 킹(Martin Luther King) 목사가 암살되었고, 올림픽 기간 중 인종차별 문제가 심각하게 대두되었다. 캘리포니아 주 산호세주립대학(San Jose State College) 인류사회학 강의를 맡고 있던 에드워즈(Harry Edwards)는 흑인의 올림픽 보이콧(Black boycott of th Games) 운동을 주도하고 있었다. 같은 대학교 흑인학생 두 명이 멕시코 올림픽에 참가하고 있었는데, 그들은 육상 200m에 참가한 스미스(Tommie Smith)와 카를로스(John Carlos)였다.

스미스와 카를로스는 200m경기 결선에 진출하여 각각 1위와 3위를 차지했다. 그러나 두 선수의 표정은 어두웠다. 검은 양말을 신고 운동화는 착용하지 않았다. 목에는 검은 스카프를 두르고 있었다. 그리고 미국 국가(國歌)가 연주되자 검은 장갑을 낀 손을 높이 쳐들며 "흑인도 똑같은 인간이다" 라고 외쳤다. 인종차별에 대한 시위였다. 미국올림픽위원회는 곧 두 선수의 사과를 요구하며 대표선수 철수라는 카드로 IOC를 압박하자 IOC는 두 선수의 자격을 박탈하고 선수촌에서 쫓아냈다. 그러나 블랙파워 세리머니는 거기서 끝나지 않았다. 400m경기에서 1, 2, 3위에 오른 미국의 에반스(Lee Evans), 제임스(Larry James), 프리맨(Ron Freeman) 등은 시상대에 '검은 베레모' 를 쓰고 올라가 스미스와 카를로스의 추방에 항의했다. 그 후 에반스는 "나는 세계의 모든 흑인을 위해 금메달을 땄다" 라고 말했다. 100m에서 1위와 3위를 차지한 미국의 하인즈(James Hines)와 그린(Charles Green)도 가세했다. 두 선수는 인종차별 국가인 남아프리카공화국에 온정적인 태도를 취해왔던 브런디지 IOC위원장으로부터 메달을 받을 수 없다며 다른 수여자를 요구했다. 그 이후에도 블랙파워 세리머니는 그치지 않았다. 1972년 뮌헨 올림픽 남자 400m 경기에서 금, 은메달을 획득한 미국의 매튜스(Vince Mattews)와 콜렛(Wayne Collett)도 시상식에서 미국 국가가 연주될 때 고의적으로 다른 곳에 시선을 두며 등을 돌려 인종차별에 대한 무언의 시위를 계속하다가 IOC로부터 올림픽 출전 금지조치를 당했다.

올림픽을 통해 인종차별을 비판하기 위해 흑인선수들이 전한 메시지의 파괴력은 매우 컸다. 죄 없이 끌려가 핍박을 받으며 살아왔던 노예의 후손들인 아프리카계 아메리칸들의 정체성과 자존심을 위하여 무언의 몸짓으로 항변했고, 미국 사회는 동요했으며, 그들의 몸짓은 역사 속에 '블랙파워의 상징' 으로 남게 되었다. 2008년 미국에는 유색인 대통령이 탄생할지도 모른다. 이제 베이징 올림픽에 참가할 흑인들은 경기에만 전념해도 되는 시대를 맞은 것 같다.

8) 경마 도핑과 인간 도핑

1988년 제24회 서울 올림픽 접영 100m 결선 경기에서 수리남의 앤소니 네스티(Anthony Nesty)와 미국의 매트 비욘디(Matt Biondi)가 막판 접전을 벌였다. 두 선수가 결승점에 다다르고 있을 때 누구도 금메달 주인공을 확인할 수 없는 소위 데드히트(dead heat) 상황이었다. 잠시 후 전광판에 네스티 53.00, 비온디 53.01초라는 기록이 떠올랐다. 수영경기 기록으로는 매우 근소한 0.01초 차이의 승부였다. 은메달을 딴 이후 계속 침묵했던 비욘디는 1988년 9월 22일 『뉴욕타임스』 지에 "만약 내가 손톱을 조금만 더 길게 길렀거나 조금 강한 킥을 한번만 더 했더라도 승리할 수 있었던 경기였다" 고 아쉬움을 토로했다. 이처럼 현대 올림픽에서 0.01초의 승부가 펼쳐지는 기록경기 많다. 선수들은 불안할 수밖에 없고, 그 불안감은 약물복용으로 이어져 왔다.

제3회 미국 세인트루이스 올림픽 마라톤 경기에서 미국의 로즈(Fred Lorz)는 1위로 골인했으나 중간에 트럭을 탄 사실이 알려져 메달을 박탈당했고, 금메달을 차지한 영국계 미국인 힉스(Thomas Hicks)는 약 11km 지점에서 트레이너가 준 신경흥분제 스트리키닌(Strychnine)을 복용했다는 사실이 알려졌지만 당시는 도핑제도가 없었기 때문에 금메달리스트로 기록에 남아 있다. 1960년 로마 올림픽 사이클링 100km 도로 경기에서 23세의 덴마크 선수 엔센(Knut Yensen)은 로니콜(Ronicol)을 복용하고 경기 중에 쓰러져 후송되었으나 숨졌다. 처음에는 일사병(sunstroke)으로 발표되었으나 경찰의 조사결과 혈액순환촉진제를 복용한 사실이 밝혀졌다. 올림픽에서 도핑 테스트(doping test)가 도입된 것은 1964년 도쿄올림픽이었다. 사이클링

선수를 대상으로 랜덤테스트가 실시된 이래 1968년 멕시코올림픽과 그레노블 동계올림픽에서도 도핑테스트가 실시되었으며, 1972년 뮌헨올림픽부터 전 종목에 걸쳐 도핑테스트가 실시되었다. 그러나 그 이후로도 약물 복용은 만연했고, 테스트 시스템에 걸려든 선수도 한두 명이 아니었다. 대표적인 예가 1988년 서울 올림픽의 벤 존슨(Ben Johnson)이었다. 그는 100m 9.79의 경이적인 기록을 세우며 금메달을 걸었으나 도핑테스트 결과가 밝혀지면서 그의 금메달은 칼 루이스(Carl Lewis)에게로 넘어갔다. 그 이후로도 선수들의 약물복용 사례는 끊이질 않았다. 그러자 2002년 호주 시드니 올림픽부터 선수 선서에는 "약물의 힘을 빌리지 않겠다" 는 내용이 추가되기에 이르렀다.

고대부터 인간은 전쟁의 공포를 이기기 위해 환각성분이 있는 버섯이나 주충신경 홍분 효과가 있는 스트리키니넨(strichinine)과 같은 약초를 복용하였고, 근세사회에 들어 서구의 도박성 경마 시합에서 경주마에게 도프(dop)라는 약초를 먹이게 되었다. 특정 마주(馬主)의 말(馬)이 계속 좋은 기록을 보이자 조사를 하게 되었고, 그 약초를 먹인다는 사실을 알게 된 이후 말의 배설물을 받아 검사를 하던 제도에서 도핑테스트(doping test)란 말이 생겨났다. 현대 올림픽은 일부 코치나 트레이너가 마주로, 선수는 말로 변한 셈이다. 베이징 올림픽에서도 새로운 마주(馬主)와 말과 같은 선수가 나타날지 모른다.

9) 멕시코 올림픽과 고지훈련

1968년 제19회 올림픽이 개최된 멕시코 시티는 고지(高地)였다. 일반적으로 고지대란 해발 1,500m이상일 때 사용하는 용어이다. 그런데 멕시코시티는 해발 2,290m였다. 해발 8,900의 에베레스트 최고봉에서 공기가 가하는 압력은 250mmHg에 불과하지만 해수면과 같은 평지의 대기 압력은 760mmHg이나 된다. 기후, 계절, 측정시의 위치 변화에 따라 다르지만 고지대는 산소가 희박하기 때문에 운동 시 저항력이 적어 단거리 선수나 멀리 뛰기 선수들에게는 호기록을 낼 수 있어 더 없이 좋은 곳이 되지만 최대산소섭취량이 감소하기 때문에 중장거리 선수들에게는 지옥과 같은 곳이 된다. 당연히 스포츠 생리학자들은 선수들의 안전을 염려했을 것이다.

올림픽 개최지가 멕시코시티로 결정되자 장거리 선수들에게 위험이 따른다는 경고가 잇따랐으나 한편으로는 육상 트랙 종목의 단거리와 필드 종목에서 호기록이 작성될 것이라는 기대 속에 올림픽이 개막되었다. 장거리 선수들은 바짝 긴장했고, 단거리 선수들은 호기록을 작성할 수 있는 절호의 기회였다. 선진국들은 고지가 선수들의 활동에 미칠 의학적, 생리적 영향을 평가하기 위해 스포츠 과학자들을 멕시코로 파견하였고, IOC도 선수들의 적응훈련 기간을 4주에서 6주로 늘렸다. 올림픽이 개막되자 장거리에서는 산소 부족 현상으로 인한 영향력이 뚜렷이 나타났고, 기절하는 선수가 속출하였다. 평소 지대가 높은 환경에서 연습을 한 선수가 유리했다. 1,500m에서는 케냐의 케이노(Kipchoge Keino), 5,000m에서는 튀니지지의 가무디(Mohamed Gammoudi), 10,000m에서는 케냐의 테무(Naftali Temu)가 우승을 차지했고, 마라톤에서도 에티오피아의 월데(Mamo Wolde)가 2시간 20분 26초 4로 금메달을 목에 걸었다. 고지족(高地族)의 강세가 두드러졌던 것이다. 호기록이 작성될 것이라는 예상도 적중했다. 남자 100m에서는 미국의 하인즈(James Hines)가 인류의 꿈이었던 마의 10초벽을 깨고 9초 9로 우승했다. 400m에서도 미국의 에반스(Lee Evans)가 43초 3의 세계신기록을 수립했고, 남자 멀리뛰기에서 미국의 비몬(Bob Beamon)이 8.90m라는 경이적인 기록을 세웠다. 이러한 기록은 21세기에나 가능했던 기록으로 멀리뛰기와 400계주의 기록은 22년 동안 신기록으로 남았다. 소련의 세단뛰기 선수들은 금, 은, 동메달을 모두 휩쓸었는데, 우승자 사네예프(Viktor Saneyev)는 17.39m를 뛰어 세계 기록을 29센티미터나 앞당겼다.

멕시코 올림픽 이후 세계 스포츠 선진국들은 고지훈련에 대한 연구를 한 결과 고지대에서 장기적으로 훈련을 하면 순응능력이 생긴다는 것과 고지대 트레이닝이 지구력 강화에 유익하다는 것을 알게 되었고, 장거리 선수들을 위해 앞 다투어 고지훈련장을 마련하게 되었다. 우리나라 마라톤 선수들도 중국, 미국, 스위스 등지에서 고지 훈련을 하는 이유가 여기에 있다. 고지 훈련을 잘 소화한 우리의 마라토너들이 손기정과 황영조가 썼던 역사를 베이징 올림픽에서 또 한 번 써주길 기원해본다.

10) 올림픽과 야구 퇴출

2008년 베이징 올림픽을 끝으로 야구는 올림픽 무대에서 다시 사라지게 된다. 베이징은 야구경기가 열리는 마지막 올림픽이 될 것인가? 이 물음에 정확한 답을 하기는 어렵다. 야구라는 스포츠를 얼마나 많은 나라에서 더 받아들일 것인가에 따라 사정은 달라질 것이기 때문이다. 1896년 제1회 올림픽에서는 6개 종목이 채택되었으나 바다의 거친 파도로 인해 조정(漕艇) 경기는 열리지 못했고, 사이클링, 펜싱, 체조, 수영, 육상 등 5개 종목 경기만 열렸다. 그 이후 올림픽 종목은 점차 늘어났고, 미국에서 조직화된 야구는 여러 차례 시범종목으로 채택되었으나 1952년에 완전 퇴출되었다가 1992년 다시 올림픽 공식 종목으로 채택되었지만 2008년 베이징 올림픽을 끝으로 다시 사라지게 될 운명이다.

야구는 미국, 일본, 한국, 대만, 중남미 등에서 최고의 인기 스포츠로 통하지만 올림픽에서는 퇴출된다. 야구가 세계적인 스포츠가 아닌 까닭이다. 야구는 크리켓(Cricket)으로 인해 더 널리 확산되지 못하고 있다. 반대로 영국에서 '스포츠의 여왕(Queen of sport)' 으로 불리는 크리켓이 야구로 인해 세계화되지 못하고 있다. 종주국인 영국과 영연방, 옛 영국 식민지 국가에서는 크리켓의 인기가 대단하지만 야구를 하는 나라에서는 크리켓은 거들떠보지도 않는다. 크리켓과 야구는 유사성을 지닌 스포츠 문화이며, 두 종류의 스포츠는 일종의 문화적 충돌을 일으키고 있는 것이다. 그 외 종목에서도 유사한 현상을 빚는 예는 많다. 영국의 럭비풋볼과 미국의 아메리칸풋볼도 충돌이 일어난다. 영국과 유럽에서는 럭비가 인기 스포츠이나 미주에서는 아메리칸 풋볼이 인기 스포츠이다. 럭비풋볼은 1900(파리), 1908년(앤트워프), 1920년(런던), 1924(파리) 4회에 걸쳐 올림픽 공식 종목으로 채택되었으나 영국, 독일, 프랑스, 호주, 루마니아 등 극소수 국가만 참가하게 됨으로써 퇴출당한 뒤 올림픽에서 완전히 사라졌다. 1900년 런던 올림픽에서 영국과 프랑스 팀이 크리켓 시합을 벌이면서 크리켓의 세계화를 시도했으나 실패했다. 미국은 꾸준히 야구의 세계화를 시도했으나 아직 완전한 성공을 거두지 못한 것이다. 일본에서 조직화된 연식정구는 일본과 일본의 식민 지배를 받았던 나라에서 성장하였으나 테니스의 세계화로 인해 전 세계적으로 받아들여지지 않고 있다. 서양의 검술에 기원을 둔 펜싱으로 인하여 동양에서 조직화된 검도가 세계화되지 못하는 것도 유사한 예이다.

야구가 미래에 또 다시 올림픽 공식 종목에 포함될 것인지, 럭비처럼 약 90년 동안 올림픽 무대에서 사라지게 될 것인지는 야구가 크리켓의 아성을 넘느냐 넘지 못하느냐에 달려있다. 현역 선수들로서는 생애 마지막이 될지도 모르는 베이징 올림픽이기에 우리 선수들의 자세도 예사롭지 않을 것이다. 좋은 역사를 남겼으면 좋겠다.

11) 한국 스포츠사의 기적 : 박태환의 금메달

미국이나 중국과 비길 수는 없으나 한국도 205개 올림픽 참가국 중 10위권을 넘보는 스포츠 강국이 되었다. 1976년 양정모가 레슬링에서 태극기를 달고 사상 첫 금메달을 목에 걸었을 때 흑백 TV를 지켜보던 국민들은 기적(奇蹟)이라고 외치며 울먹였다. 올림픽 참가 28년 만에 따낸 금메달이었기 때문이다. 그 이후로 많은 금메달 영웅들이 등장했고, 그들은 대한민국의 자존심을 지켜주고, 우리도 하면 된다는 용기와 자신감을 불어넣어 주었다. 그렇지만 1948년 런던 올림픽에 첫 출전한 이래 60년 동안 올림픽 수영, 육상 경기가 열릴 때마다 우리는 외국 선수들의 금메달 쇼만 봐야 했다. 금메달은 '그림의 떡' 이었고, 본선에 진출조차 거대한 벽이었다. 그러나 드디어 대 사건이 벌어졌다. 2008년 8월 10일, 베이징 올림픽 수영장에 한국의 태극기가 올라갔다. 한국 올림픽 참가 60년사의 기적 같은 사건이다.

박태환의 금메달 획득은 한국 스포츠의 영역과 가능성을 한 차원 높여주는 역사적인 사건일 뿐만 아니라 모든 아시아들이 함께 환호할만한 대 사건이다. 초기부터 올림픽은 유럽과 미주의 잔치였다. 아시아국가의 올림픽 운동은 매우 늦었고, 성적 또한 저조했다. 《기네스올림픽역사서(The Guinness Olympics Fact Book)》를 보면 아테네올림픽(1896)부터 베를린올림픽(1936)까지 40년 동안 메달을 획득한 아시아 국가는 인도, 일본뿐이었다. 제14회 런던올림픽(1948)까지 약 반세기 동안 메달을 획득한 나라는 인도, 일본, 한국, 이란 등 4개국에 불과했다. 최초로 메달 획득국은 인도였으며, 일본만이 일찍 세계 정상권에 다가갔다. 일본은 LA올림픽(1932)에서 이미 메달 순위 5위(G7, S7, B4)에 올랐다. 아시아 국가의 본격적인 올림픽 운동은 20세기 후반부터 시작되었고, 중국, 일본, 한국 등이 구미(歐美) 국가에 도전장을 냈다. 그러나 아시아 국가의 강세 종목은 따로 있었고, 육상과 수영 등 기초 종목에서는 아시아 선수들이 맥을 추지 못했다. 그래도 중국과 일본은 자신감과 가능성을 보여주었으나 한국이 기초종목에서 메달은 딴다는 것은 요원해 보였다.

올림픽 육상 경기 기록을 보며 1896년부터 2004년까지 미국은 남여 총 740개의 메달을 획득하여 단연 1위를 차지하고 있다. 2위는 총 214개의 구소련이고, 3위는 195개의 메달을 딴 영국이다. 아시아 국가 중 최고는 일본으로 24위(20), 중국은 30위(13), 한국은 53(2)위로 나타난다. 2004년까지 전체 종목 올림픽 메달 수를 집계해보면 한국은 총 215의 메달을 획득하여 23위를 기록하고 있는데, 215개 중 육상에서 획득한 메달은 마라톤에서 황영조와 이봉주가 획득한 메달밖에 없다.

수영에서는 서구 선수들의 강세 속에 일본의 도전이 빛났고, 중국도 꿈을 잃지 않을 정도였으나 한국은 희망조차 쏘지 못했다. 올림픽 수영 메달은 미국, 동독, 호주, 영국, 헝가리 등이 휩쓸었다. 다이빙, 워터폴로, 싱크로나이즈드 스위밍 등을 통틀어 올림픽 기록을 집계해 보면 미국은 남녀 총 463개(금 205)의 메달로 단연 1위를 달리고 있으며, 2위는 호주(157: 금 52), 3위는 동독(92: 금 38), 4위는 구소련(69: 금 18)이다. 아시아 국가의 기록은 일본이 8위(57: 금 18), 중국은 14위(21: 금 6), 필리핀 39위(2: 동2)이다. 단 중국의 21개 메달은 모두 여자선수들이 딴 것이다. 올림픽 수영에서 메달을 획득한 국가는 43개국이지만 그 리스트 속에 한국 국명은 찾을 수조차 없다.

휴일 대낮에 박태환은 올림픽 수영 첫 메달을 금빛으로 장식하며 우리나라의 랭킹을 일약 36위권으로 올려놓았고, 상처받고 찢겨진 국민들을 흥분시켜 모두를 하나로 만들어 놓았다. "스포츠는 스포츠일 뿐이다" 라는 말이 있다. 틀린 말은 아니다. 그러나 스포츠 스타의 위대한 성취는 국민들을 하나로 통합시켜주고, 국민성을 역동적으로 만들어준다. 꿈과 희망을 갖게 하며, 모든 일에 가능성을 엿보게 한다. 어제 보여준 박태환의 성취가 역동적이고 도전적인 국민성 함양의 밑거름이 되었으면 좋겠다.

12) 완벽한 금메달리스트 최민호

우리 유도 역사에는 올림픽 영웅들이 많았다. 한판승의 사나이, 이원희가 대표적인 선수일 것이다. 그러나 베이징 올림픽에서 최민호의 승리만큼 완벽한 경기를 보여준 선수는 없었던 것 같다. 부전승(1회전), 1분16초(2회전), 1분18초(3회전), 2분28초(8강전), 24초(4강전), 2분14초(결승전). 최민호가 금메달을 목에 거는 데 소요된 실제 시합시간은 불과 7분 40초였다. 최민호의 금메달 드라마는 짧고, 간결했다. 아무리 생각해도 찬사를 보낼 형용사를 찾기 어렵다. 완벽한 승리, 완벽한 금메달리스트라는 표현 밖에 할 수가 없다.

유도는 격투스포츠(combat sport)이다. 격투 스포츠는 신체적 접촉이 없는 기록경기와 다른 특성을 지니고 있다. 기록경기 선수들도 상대를 견제하기는 마찬가지지만 자기 실력만 유감없이 발휘하면 된다. 그러나 권투, 태권도, 레슬링, 유도와 같은 대인 격투스포츠는 신체적 접촉이 일어나고 상대의 스타일이 모두 달라서 강자(强者)라도 상대하기 쉬운 선수도 있지만 비교적 약체(弱體)라도 피하고 싶은 천적(天敵) 관계의 선수가 있게 마련이다. 경기결과가 상대적으로 나타난다는 뜻이다. 그래서 격투 스포츠의 감독들은 "실력도 실력이지만 운(運)도 따라야 해" 라고 말한다. 특히 대진 운이 좋아야 함을 함축하고 있는 말이다. 최민호도 결승 상대였던 파이셔가 경계 1호였다. 그러나 최민호는 간단히 메어 던져버렸다.

운동심리학 책에는 스포츠에서 승리의 기본 요건을 "체력, 기술, 작전, 행운" 이라고 적고 있다. 선수에게 체력은 가옥의 주춧돌과도 같다. 체력이 부족하면 기술을 걸어도 먹히지 않는다. 체력의 토대 위에 기술이 필요하다. 기술이 부족하면 상대에게 약점을 금방 읽히게 된다. 작전도 중요하다. 작전은 상대선수의 스타일에 따라 풀어가야 할 길을 미리 그려둔 마음속의 지도(地圖)이다. 마지막은 행운이다. 올림픽에서 금메달을 다투는 선수들의 체력과 기술 수준은 거의 대등하기 때문에 지도자들은 운(運)도 눈에 보이지 않는 승리의 중요한 변수 중 하나로 평가하고 있다. 선수들도 그것을 알기에 불안한 마음에 수양을 하거나 기도를 한다. 실제로 운이 선수들의 운명을 갈라놓는 예는 수없이 많기 때문이다. 2004년 올림픽 사격 50m 소총 3자세에서 미국의 에먼스(Matthew Emmons)는 3점차로 앞서며 우승을 눈앞에 두고 있었으나 순간적인 집중력 상실로 마지막 한발을 다른 선수의 표적지에 쏘아버렸고, 중국의 지아장보(賈占波)는 그 덕에 금메달을 안았다. 이 사건은 스포츠 역사에서 '세기의 실수' 로 불리고 있다. 며칠 전 여자 유도에서도 루마니아 선수는 일본의 영웅 다니 료코가 '지도' 하나를 받은 덕에 제대로 된 공격 한번 하지 않고도 금메달을 건졌다.

최민호는 행운을 승리의 변수로 생각하지 않은 듯하다. 체력은 강철 같았고, 예선 3연전에서의 기술구사 속도는 전광석화(電光石火) 같았으며, 오직 자신감에 찬 공격으로 승부를 걸었다. 준결승과 결승에서 보여준 기술은 완벽한 작전이었던 것으로 평가된다. 초반 3판은 업어치기 특기를 구사하다가 승자 준결승부터 견제를 받자 들어 메어치기로 살아 있는 드라마를 끝냈다. 5연속 한판승! 복싱에 비유하자면 5연속 KO승으로 우승한 셈이다. 얼마나 피나는 노력을 했기에 그렇게 완벽한 경기를 보여줄 수 있었을까?

인간은 모두 성공하기를 바란다. 그러나 성공을 위해 철저하게 준비하는 사람은 그렇게 많지 않다. 최민호가 승리를 안았던 과정은 계속 방영될 것이다. 그것을 통해 우리는 얼마나 치열한 삶을 살아야 완벽한 성공을 거둘 수 있는지를 인식하게 될 것 같다.

13) 영국을 딛고 미국을 넘은 한국 양궁

최근 20년 동안 올림픽이 다가오면 우리 국민들은 확실한 금메달 기대 종목으로 양궁(洋弓)을 꼽았었고, 양궁 인들은 한 번도 국민들의 기대를 저버리지 않았다. 한국 양궁의 올림픽 기록은 어느 나라도 따라올 수 없는 위대한 성취였으며, 2008 베이징 올림픽은 2004년 아테네 올림픽까지 올림픽 양궁 100년의 역사를 다시 쓰는 대회로 기록될 것이다.

궁술(archery)은 어느 대륙에서나 계승되어져 온 것으로 전투와 사냥에 필수적인 것이었으나 총포의 발명으로 인해 실용적 가치를 상실함으로써 하나의 스포츠 문화로 남게 되었다. 현재의 양궁(洋弓)은 서양식 궁도이며, 그 명칭은 우리의 국궁(國弓)과 구별하기 위하여 생겨난 것이다.

남자 양궁은 1900년 제2회 파리올림픽에 처음 등장했고, 여자 양궁은 1904년 제3회 세인트루이스올림픽에 처음 등장했다. 하지만 당시 올림픽은 세계박람회 부속 행사로 약 6개월 동안 개최된 동네 축제에 불과했고, 양궁 시합 참가국도 2-3개국 뿐이었다. 양궁이 주 종목으로 위치를 확보한 것은 1908년 제4회 런던올림픽이었다. 런던 올림픽부터 양궁은 영국 요크라운드(York Round) 방식이 채택되었고, 초기 양궁 강국도 영국이었다. 1912년 제5회 스톡홀름올림픽부터 양궁은 제외되었다가 1920년 앤트워프올림픽에서 다시 정식종목으로 채택되었다. 그러나 주최국이었던 벨기에가 영국형 경기방식을 버리고 자국 방식의 경기방식을 채택함으로써 큰 논란을 빚자 양궁은 올림픽 종목에서 다시 퇴출되었다. 양궁이 올림픽에 다시 등장한 것은 1972년 제20회 뮌헨올림픽이었다.

한국이 올림픽 양궁에서 두각을 나타낸 것은 1984년 LA올림픽부터였다. 서향순이 금메달을 획득했고, 1988년 서울 올림픽에서는 김수녕 등 한국 낭자들이 개인전을 휩쓸었다. 단체전에서도 남녀 모두 금메달을 낚았다. 1984년부터 2004년까지 여자선수들은 20년간 올림픽 개인전 6연패와 단체전 5연패를 달성했고, 남자부도 2000과 2004년 올림픽에서 단체전 2연패를 달성했다. 올림픽에서 남자 단체 2연패, 여자 단체전 5연패를 달성한 나라는 한국이 유일하다. 거기에 또 다시 남녀 단체과 개인전 금메달 사냥을 계속하고 있다.

2004년 아테네 올림픽까지 양궁 역사를 종합해보면 동메달 하나라도 획득한 국가는 19개국에 불과하다. 전체 메달 획득 순위에서 1위는 미국(29: 금13, 은8, 동8), 2위는 한국(25: 금14, 은7, 동4), 3위 프랑스(22), 4위 벨기에(19), 5위 영국(9)이다. 미국과의 전체 메달 수는 4개 차이었다. 그러나 남녀 총 금메달 51개 중에서 한국은 14개(남3, 여11)로 11개(남9, 여2)를 획득한 미국을 앞질렀다. 현재 추세대로 간다면 금메달 수나 전체 메달 획득 수에서 한국이 미국의 역사를 넘어서는 것은 시간문제이다.

혹자는 양궁이 체력의 열세를 극복할 수 있는 종목이라서 동양인도 메달 획득이 쉬운 종목이라고 말한다. 하지만 올림픽 양궁사는 그 말이 틀린 것임을 보여주고 있다. 양궁은 서양식

궁술이고, 양궁의 종주국은 영국이며, 역대 최강국은 미국이었다. 2004년까지 올림픽 기록은 단 하나의 메달이라도 건진 국가가 19개국뿐이며, 그 속에 포함된 아시아 국가는 한국 외 중국, 일본, 대만, 인도네시아뿐이다. 그리고 중국이 딴 메달은 여자 은메달 4개, 일본이 딴 메달은 남자 은메달 2개가 전부이다. 얼마나 위대한가? 이제 우리의 양궁의 용품과 기술, 인력(코치)은 전 세계로 수출되고 있고, 우리 선수들이 최강이다. 우리는 종주국의 기술을 넘어 최강국의 역사를 뛰어 넘고 있는 것이다. 우리가 제2의 양궁 종주국이고, 양궁 최강국이 된 것이다. 인걸은 사라져도 역사는 남는다. 정치가도, 경제인도, 과학자도 한국 양궁선수들과 같은 최강의 역사를 써 간다면 우리의 후세들이 얼마나 자랑스러워하겠는가!

14) 장애 극복 펠프스의 금자탑

2008 베이징 올림픽이 다가올 무렵 전 세계의 스포츠 기자들은 펠프스(Michael Fred Phelps II)의 행보에 카메라의 초점을 맞추고 있다. 미국의 뉴욕타임스는 “시대마다 천재가 있고, 인간의 몸으로 보여줄 수 있는 것에 대한 우리의 가정을 바꾸어버리는 선수가 등장한다. 이 시대는 마이클 펠프스의 시대다” 라고 논평했다. 영국 BBC 수영해설가 스티브 패리도 “베이징 올림픽의 최고스타는 누가 뭐래도 마이클 펠프스이다” 라고 말했다.

베이징 올림픽 개막 전부터 올림픽 수영사의 영웅, 마크 스피츠는 펠프스가 수영에서 8관왕 달성이 가능할 것으로 예상했다. 펠프스도 자신감을 보였다. 그는 “제2의 마크 스피츠가 되고 싶은가요?” 라는 질문에 “아뇨. 나는 최초의 마이클 펠프스가 되고 싶어요” 라고 잘라 말했다. 수영 천재 펠프스는 자신했던 금메달 수를 채워가고 있으며, 금메달 4개를 확보했던 순간 이미 올림픽 역사는 바뀌었다.

4년 전 아테네에서 6개의 금메달을 획득했던 펠프스는 베이징에서 이미 5개의 금메달을 확보함으로써 11개의 금메달을 따냈다. 칼 루이스를 비롯한 4명의 선수가 보유했던 올림픽 최다 금메달 기록 9개를 이미 갈아 치운 것이다. 올림픽 112년사의 금자탑이다. 펠프스는 이제 개인혼영 200m, 접영100m, 혼계영 400m까지 석권함으로써 1972년 뮌헨대회에서 마크 스피츠가 세웠던 단일대회 7관왕 기록도 돌파할 태세이다.

마이클 펠프스는 1985년 6월 30일 메릴랜드의 볼티모어에서 태어났다. 그러나 길지 않은 23년의 생은 순탄하지 않았다. 부모의 이혼과 정신적 장애, 방황과 좌절로 얼룩진 삶의 행로였다. 경찰관인 아버지와 중등교사였던 어머니의 잦은 다툼은 어린 펠프스의 가슴에 상처를 남겼고, 9살이 되던 1994년, 부모의 이혼은 펠프스에게 큰 충격을 주어 ‘주의력결핍과잉행동장애(ADHD)’ 증세가 나타나기 시작했다.

펠프스에게 가장 큰 행운을 든다면 어머니와 두 누나, 미시건대 수영코치 밥 바우먼의 존재였다. 어머니는 '올해의 교사상'을 두 차례에 걸쳐 수상한 모범적인 교사였고, 재혼을 마다하고 두 딸과 외아들을 홀로 키우며 살았다. 두 누나는 수영선수였다. 밥 바우먼은 1996년 펠프스의 천재성을 알아보고 그를 키워준 스승이다.

2000년 시드니올림픽에 미국 올림픽 남자 수영 68년사의 최연소(15세) 대표로 출전하여 200m접영에서 5위를 했던 펠프스는 2004년 아테네 올림픽에서는 19세의 나이로 8개(금 6)의 메달을 차지하며 세계를 놀라게 했다. 그러나 올림픽이 끝난 뒤 방황하며, 음주운전으로 문제를 일으키는 등 행동장애를 앓은 흔적이 완전히 씻어지지 않은 모습을 보였다. 가족들은 그를 다시 다독였다. 방황을 끝내고 훈련을 다시 시작했던 그는 23세의 나이로 베이징에서 올림픽의 역사를 바꾸고 있는 중이다.

펠프스가 금빛 물살을 가른 뒤 승리를 확인하는 순간을 보고 있노라면 심한 독서 장애로 정신박약아 취급을 받으며 성장했던 1980년대의 미국 다이빙 영웅 그렉 루가니스가 떠오른다. 펠프스의 누이들과 함께 관중석에서 염려했던 아들의 장한 모습을 바라보고 있을 한 어머니의 표정도 궁금해진다. 그리고 타이거 우즈(골프), 사라포바(테니스), 윌리엄스 자매(테니스)를 키워낸 아버지들의 모습도 떠오른다. 그러나 가장 뚜렷이 떠올라 지워지지 않는 것은 사람이 아니라 "스포츠는 파괴주의의 해독제이다" 라는 말이다. 19세기 영국 한 명문 사립학교 교장이 남긴 말이다.

영국은 세계 최초로 축구, 크리켓, 조정 등을 엘리트교육체계 속에 도입했다. 그 목적은 기숙사에서 난동을 일삼는 학생들의 정서 순화였고, 그러한 효과는 탁월한 것으로 인정되어 영미(英美) 교육체계 속에 스포츠가 확산되었다. 펠프스에게도 수영은 파괴적인 행동을 보이는 ADHD 증세의 치료제였고, 수영의 입문은 문제아가 될 수 있었던 그를 세계적인 스포츠 영웅으로 바꾸어 주는 계기가 되었던 것이다.

인간은 저마다 한 가지 독특한 재능을 타고 나지만 그 재능의 개발 여부에 따라 영웅이 될 수도 있고 범인이 될 수도 있다. 펠프스에게 수영을 시킨 어머니의 선택은 탁월한 것이었다.

15) 우사인 볼트와 100m 경주의 미학

올림픽이 열릴 때마다 육상 100m 결승은 놓치지 말아야 할 중요한 관전 포인트가 되어왔다. 육상의 역사는 바로 올림픽의 역사이며, 육상 종목 중에서도 남자 100m 경주는 올림픽의 꽃이었기 때문이다. 2008 베이징 올림픽 100m 결선도 전 인류에게 '무한한 가능성' 이란 말의 의미를 다시 한 번 되새기게 한 '10초짜리 드라마' 였다. 단지 금빛 탄환임을 증명한 우사인 볼트가 마지막 순간에 보여준 모습만이 눈에 거슬렸을 것이다.

올림픽이 가까워 왔을 때 세계의 육상 전문가들은 타이슨 가이(26 · 미국), 우사인 볼트(22), 아사파 파월(26 · 이상 자메이카)의 3파전이 될 것으로 예상했다. 그들이 가졌던 9초72(볼트), 9초74(파월), 9초77(가이) 등의 기록이 승부를 점치기 힘든 근소한 차이였기 때문이다. 전문가들도 '찰나의 승부' 로 불리는 100m 경주의 승자는 신(神)만이 알 것이라고 말했다. 그러나 승부는 예상 외로 빨리 60m 지점에서 가려졌다. 볼트라는 인간 탄환은 9초 68이라는 세계 신기록을 수립하며 100m 경주의 역사를 관통해버렸다.

100m는 한계에 도전하는 인간의 모습을 잘 보여주는 올림픽의 핵심 종목이다. 고대 올림픽은 헤라클레스가 형제들과 함께 달리기를 한 뒤, 승자에게 올리브관을 준 것에서 유래되었다는 설이 있고, 실제로 고대 올림픽은 스타디온(Stadion)이란 달리기 경주에서 출발했다. 스타디온이란 달리기를 하는 장소를 뜻함과 동시에 달리기 자체를 의미했고, 그 말은 오늘날 스타디움(stadium)이란 단어로 남아 있다.

1896년 제1회 아테네올림픽이 시작되었을 때에도 육상은 최우선적으로 채택된 종목이며, 그 중에서도 100m 경주는 대표적인 종목이었다. 당시 100m 기록은 버크(T. Burke)가 세운 12초 0이었다. 올림픽 11초벽을 처음으로 돌파한 선수는 1908년 런던 올림픽에 출전한 남아공의 워커(R. Walker)로, 기록은 10초 80이었다. 1964년 미국의 헤이즈(B. Hayes)가 10초 00을 수립하는데 까지는 50년이 넘게 걸렸다. 마의 10초벽은 1968년 산소가 희박한 고지(高地)에서 개최된 멕시코 올림픽에서 넘어 설 수 있었다. 당시 미국의 하인즈(James Hines)는 9초 90을 수립하며, 인간의 근원적인 경향성을 충족시켜 주었다.

베이징 올림픽 이전까지 올림픽 최고 기록은 1996년 애틀랜타올림픽에서 베일리(D. Bailey)가 세운 9초 84였다. 볼트가 세운 9초 68은 12년 만에 나온 올림픽 신기록이자 세계 신기록이다. 하인즈가 멕시코에서 세운 9초 90에서 9초 68까지 0.22 초를 단축하는 데 40년이 걸린 셈이다.

많은 기대는 모았지만 9초 70대를 돌파할 줄은 예상치 못했기 때문에 볼트의 질주는 놀라움 그 자체였고, 그의 피니시 동작은 세인들을 더욱 놀라게 했다. 더 좋은 기록을 낼 수 있다는 시위나 자신감, 여유의 표현이었을 것이다. 그러나 그에게 축하를 보내면서도 결승선 통과 직전에 보여준 그의 모습은 참으로 흉했다는 느낌을 지울 수 없다. 100m 경주의 진정한 의미와 아름다움을 잃게 만드는 모습이었기 때문이다.

최고의 기록을 낸 선수는 위대하다. 그러나 마지막에 보인 그의 모습은 아름답지 못했다. 100m 경주의 기록 향상은 과학 및 스포츠 산업의 발달에 힘입은 바 크기 때문에 0.22초 차이의 기록으로 40년 전의 선수와 지금이 선수 중 누가 더 훌륭하다고 평가하기는 곤란하다. 100m 경주의 중요한 것은 '최선을 다하는 모습' 이다. 100경주의 멋과 미는 절대자나 다름없는 시간, 그것도 10초 안팎 '찰나의 세계' 에서 인간이 보여줄 수 있는 가장 치열한 삶의 모습을 압축하여 보여주는데 있지만 그는 가벼웠다.

베이징의 결선 경기도 짧은 순간 감동을 주었다. 선수들이 스타트라인에 섰을 때 관중들도 시청자도 숨을 죽였다. 탕! 하는 신호총 소리와 함께 인간 탄환들은 스타팅 블록을 차고 나갔다. 최고의 선수들은 신에게 절규하듯 찰나에 모든 힘과 기를 쏟아냈다. 흔히 말하는 0.005초의 아슬아슬한 승부가 아니었다. 중반을 넘자 볼트의 독주 무대였다.

승리를 자신한 볼트는 옆을 보며, 이미 세리머니를 준비하는 듯했다. 끝까지 진정한 스프린터(sprinter)의 자세를 잃지 말았으면 더욱 좋았을 것을! 100m 경주는 스프린트(sprint)종목이고, 전력질주 모습이 스프린터들이 보여줄 수 있는 최고의 멋과 아름다움이기 때문이다.

16) 잉글리시 선데이와 배드민턴 선데이

2008 베이징 올림픽의 폐막을 앞둔 일요일 밤, 배드민턴의 이용대・이효정 혼합복식조(세계 랭킹 10위)가 12년 만에 올림픽 배드민턴에서 금맥을 캐내며 국민들을 흥분시켰다. 상대는 국기(國技)가 배드민턴인 세계 랭킹 1위의 인도네시아 선수들이었다. 그러나 우리선수들은 조금도 기죽지 않고 '하얀 산새' 한 마리를 두고 펼친 드라이브(drive)의 혈투를 37분 만에 끝내며, 지난 일요일을 배드민턴 선데이(Badminton Sunday)로 만들었다.

일요일 밤 금메달을 따내는 배드민턴 경기를 지켜보면서 몇 가지 기억과 생각이 뇌리를 스쳤다. '배드민턴 저택(court),' ' 배드민턴의 권력 이동, ' ' 기독교의 잉글리시 선데이(English Sunday) 전통 ' 등이었다.

먼저 배드민턴(Badminton)을 방문했던 기억이 떠올랐다. 배드민턴이란 영국의 지명(地名)이고, 셔틀콕(shuttlecock)이란 왕복(shuttle)이란 말과 산새(cock)라는 말의 합성어이다. 제2차 세계대전으로 인한 대영도서박물관의 소실로, 그 유래가 명확하게 알려져 있지 않지만 분명한 중 하나는 현재의 애번셔(Avonshire)인 옛 글로스터셔(Gloucestershire)에 살았던 뷰포트 공작(Duke of Beaufort) 가문의 제8대 손들이 배틀도어(battledore) 또는 셔틀콕으로 불리던 게임을 조직화하여 그의 영지(領地) 이름을 붙인 것이 스포츠, 배드민턴이다. 큰 공원까지 갖춘 뷰포트 공작의 저택을 가보면 거대한 대문 앞에 작은 집이 한 채 있고, 거기에는 '올드 배드민턴 하우스(Old Badminton House)' 란 팻말이 붙어 있다.

배드민턴 권련이동이란 생각이 떠오른 것은 영국에서 창안되고, 북유럽에서 발달된 배드민턴을 이제 동남아시아가 장악하게 되었기 때문이다. 영국에서 배드민턴협회가 창설된 것은 1893년이었고, 초창기 전영오픈의 패권은 전부 영국선수들이 차지했으나 점차 덴마크, 스웨덴 등 북 유럽 선수들이 챔피언의 명단을 채우더니 20세기 후반으로 오면서 인도네시아, 말레이시아가 강세를 보였다. 그러한 경쟁 구도에 한중일 3국이 뛰었다. 한국은 짧은 역사에도 불구하고 올림픽 금메달 주인공을 다시 탄생시키다니 대단한 성과라는 생각이 든 것이다.

'잉글리시 선데이' 라는 말이 떠 오른 것은 기독교 국가인 영미(英美)의 전통 때문이다. 18세기부터 영국의 국교회는 일요일 오후의 건전한 스포츠 활동을 장려한 반면, 청교도 파에서는 일요일의 스포츠나 유희 참여를 철저히 금지했다. '잉글리시 선데이' 라고 불리고 있는 그 전통은 오랫동안 유지되었고, 그 예는 올림픽 역사에도 잘 나타나 있다.

1900년 제2회 파리올림픽에서 미국 감리교신자였던 멀리뛰기 세계기록 보유자 프린스테인

(Myer Prinstein)은 일요일로 경기 일정이 잡히자 종교적 신념에 따라 출전을 거부했고, 그 다음 올림픽에 다시 출전하여 금메달을 따냈다. 1924년 파리올림픽 100m 유력 우승 후보였던 영국의 리들(Eric Liddell)은 일요일로 경기가 잡히자 "나는 주일(主日)에는 달리지 않는다" 라며 출전을 거부했다. 영국 언론에 배신자로 몰렸으나 400m 경기에 출전하여 뜻밖의 금메달을 조국에 선사함으로써 며칠 만에 배신자는 영웅으로 거듭 태어났고, 그의 이야기는 '불의 전차' 라는 영화로 잘 남아 있다. 1960년 교황청이 있는 로마에서 열린 제17회 올림픽에서는 8월 28일과 9월 4일 두 일요일은 올림픽 경기 일정을 잡지도 않았다.

미국으로 넘어갔던 잉글리시 선데이라는 신교도들의 전통은 20세기 중반부터 '애슬레틱 선데이(Athletic Sunday)' 라는 전통으로 대체되었다. 1890년대 미국 YMCA는 체육부를 설치하고, 스포츠를 청소년들을 끌어들이고 복음을 전파하는 데 있어서 좋은 방안이 될 것으로 파악했고, 일요일에도 스포츠를 권장하는 '애슬레틱 선데이' 라는 전통을 확립해 나갔던 것이다.

세월은 모든 것을 변화시킨다. 한 귀족의 저택에서 하던 배틀도어라는 놀이가 발달되어 배드민턴이란 스포츠가 되었고, 비인기 종목이었던 배드민턴이 올림픽 종목으로 성장하여 우리에게 금메달을 안겼다. 올림픽에 임하는 서방 기독교인들의 종교적 신념도 바뀌었다. 이젠 일요일에도 올림픽 경기는 열리며, 출전을 거부하는 선수도 없어졌다. 배드민턴 혼합복식 결승전이 열린 2008년 여름의 일요일은 애슬레틱 선데이였고, 배드민턴 선데이였다.

17) 잘못된 비교 : 탈락한 축구와 연승하는 야구

2008년 베이징 올림픽의 승전보는 한국인들에게 자부심과 긍지를 심어주었다. 그러나 올림픽이 열린 여름밤을 시원하게 보낸 이들도 있고, 더 더운 밤으로 느낀 이들도 있었다. 한국 야구가 승승장구하자 호프집에서 만났던 한 축구광 친구는 "야구는 되는데 축구는 왜 안 된단 말이야?" 라며 내내 열을 올렸다. 축구에 대한 애정과 아쉬움의 표현이었겠지만 그건 잘못된 비교였다.

한국의 국민 스포츠인 축구(soccer)는 영국산 문화이다. 19세기 영국에는 두 종류의 축구, 럭비유니언풋볼(Rugby Union Football)과 어소시에이션 풋볼(Association Football)이 생겨났다. 굳이 우리말로 풀어 쓰자면 '럭비연합식축구' 와 '협회식축구' 가 된다. 우리가 말하는 축구, 사커(Soccer)란 말은 잉글랜드인들이 럭비풋볼과 구분하기 위하여 'Association' 의 가운데 철자 'soc'를 약어로 쓰다가 보니 생겨나게 되었고, 럭비의 구어도 러거(rugger)가 되었다.

또 다른 한국 국민 스포츠인 야구(baseball)는 미국산 문화이다. 영국의 라운더스(rounders)라는 놀이가 니커보커(네덜란드계 뉴요커)들의 게임이 되었다가 점차 조직화된 스포츠 문화로 진화한 것이 야구이며, 군대로 확산되었던 야구는 남북전쟁이 끝난 후 군인들의 귀향을 계기로 미국 전역에 확산되었다.

사커의 세계화는 어느 종목보다 빨리 이루어졌다. 신사 스포츠가 아닌 민중 스포츠였기 때문이었다. '사커 플레이(soccer player)' 란 말은 19세기 영국 명문대학에서 '상놈' 이란 뜻으로 쓰인 속어였지만 공 하나만 있으면 서민들이 부담 없이 즐길 수 있었고, 결과를 예측할 수 없는 경기의 특성이 생명력이었다. 영국은 문화제국주의 정책 상 주로 크리켓, 럭비, 조정 등과 같은 팀 스포츠를 자치연방과 식민지에 의도적으로 보급했지만 축구만큼 확산되지는 못했다. 영국 선교사, 선원, 산업기술자들은 식민지와 연방이 아닌 나라에까지도 나가서 축구를 전한 탓이었다. 축구의 세계화 역사와 추세는 야구에 비교할 수 없을 정도이다. 세계적인 축구 인구 저변이 매우 넓다는 것이다.

미국은 19세기 미국문화국가주의(Americanism) 운동이 일어면서 모든 분야에서 미국적인 문화를 창출해 내려고 하였다. 영어 리프트(lifter)는 미어 엘리베이터가 되었고, 라운더스를 야구로, 럭비를 미식축구로, 하키를 아이스하키 문화로 만든 것도 같은 맥락이다. 미국의 야구와 미식축구가 탄생하자 영국에서 도입된 크리켓과 럭비풋볼은 미국 땅에서 시들시들 사라져 갔다. 미국도 YMCA 조직망이나 해외주둔군, 선교사 유학생을 통해 야구를 세계화시키고자 했다. 그러나 영연방권의 크리켓으로 인해 야구의 세계화는 이루어지지 못했다. 주최국 중국, 그 외 아시아의 일본, 한국, 대만, 아메리카의 미국, 쿠바, 캐나다, 유럽의 네덜란드 등 베이징 올림픽 야구 참가국 지도는 야구의 세계화 역사와 수준을 반영하고 있다. 야구의 저변인구는 축구에 비길 바가 못 된다는 이야기다.

올림픽에 앞서 AFP 통신까지 "아시아가 100년 만에 올림픽 축구 금메달을 꿈꾸고 있다"는 금빛 전망까지 내 놓았던 터에 축구의 예선 탈락은 열성 축구팬들에게는 큰 실망이 되었을 것이다. 거기에 같은 야구는 7전 전승으로 4강행을 결정지었으니…. 하지만 올림픽 100년사를 보면 아시아는 아직도 축구의 변방임을 보여준다. 일본의 멕시코 대회 3위 기록을 보유했고, 6년 전 한국도 월드컵 4강에 올랐지만 뜻밖의 성적이었고, 그래서 우리는 신화라고 부른다.

1908년 런던부터 2008 베이징까지 21회의 축구 경기의 금메달은 유럽국가 16회, 남미국가가 3회, 아프리카 국가가 2회 차지했다. 올림픽 역사는 아시아의 축구가 걸음마 단계임을 보여준다. 월드컵 4강 신화만 기억하지 말고, 1948년 첫 출전한 런던 올림픽에서 0대 12로 대패했던 것을 생각한다면 2004년 올림픽 8강, 2006년 올림픽 1승 1무 1패는 그렇게 실망만 할 성적은 아니다. 일본은 3전 전패했다. 사랑을 계속 주면 자랄 것이다.

금메달리스트들은 우리의 영웅임이 틀림없다. 그러나 금메달도 속 색깔은 약간씩 다르다. 팀 스포츠의 금메달 1개와 체급별 경기의 금메달 하나가 어떻게 같겠는가? 반 동강 올림픽이었던 1980년 모스크바, 1984년 LA올림픽 금메달의 색깔도 다른 올림픽 금메달 색깔과는 종목에 따라 차이가 있다. 속 색깔이 금메달 보다 더 찬란한 은메달과 동메달도 있는 것이다. 금메달도 종목에 따라 차이고 있다. 다만 같은 것은 어느 선수나 최선을 다하는 우리의 영웅이며, 우리 모두가 사랑을 더 주어 후원해할 종목이라는 점에서는 차이가 없다.

참고문헌

高橋曉正, 1972, **現代醫學概論**. **東京** : 東京大學出版會.

小田切毅一/金隆吉(譯), 2001, **미국스포츠문화사**, 대구 : 도서출판 명성사.

阿部忍, 1985, **體育의 哲學的 探究**, 東京 : 道和書院.

교육부, 1996, **고등학교 체육개론**, 서울 : 대한교과서주식회사.

구효송, 2008, **현대올림픽의 전개과정** I (태동기-1900). 서울 : 도서출판 상아기획.

김경철, 1987, **여가와 레크리에이션**, 서울 : 보경문화사.

김동규, 2002, **세계체육사**, 경산 : 영남대출판부.

김명수, 1974, **스포츠 백과대사전**, 서울 : 예조사.

김문겸, 1997, **근대사회의 여가문화**, 서울 : 서울대학교 출판부.

김복희 · 오동섭, 2005, 고대 올림피아 제전경기의 종교적 특징, **한국체육사학회지**, 15.

김상순, 2002, **서양 체육사**, 서울 : 도서출판 바탕.

김영환 외, 1992, **체육원리의 비교연구**, 서울 : 형설출판사.

김의수 외 3인, 1995, **고등학교 체육 : 교사용 지도서**, 서울 : 보진재출판사.

김진원, 1997, **고등학교 체육**, 서울 : 지학사.

김창국(역) / Hall, susan Jean(지음), 2003, 생체역학, 대경북스.

대한어머니회중앙연합회, 1977, **한국교육 30년사**, 서울 : 대한어머니회중앙연합회출판부.

동아출판사백과사전부, 1987, **동아원색세계백과사전**, 서울 : 동아출판사.

류정무 (역), 1988, **운동수행과 스포츠심리학**, 서울 : 보경문화사.

만프레트 라이츠/이현정(역), 2004. **중세 산책**, 서울 : 플래닛 미디어.

방광일. 2005, **아테네에서 아테네까지**, 서울 : 도서출판 홍경.

손 환(중앙대), 2006, 파아 이길용의 생애와 체육사상, **한국체육사학회지**, 17.

신영길, 1992, **체육과교육학**, 서울: 형설출판사.

신호주, 1996, **체육사**, 서울 : 명지출판사.

엄정인, 김인묵, 박홍이, 정광호(공역) / Paul G. Hewit(지음), 1994, **수학 없는 물리**.

오동섭, 1983, **체육학습 개선을 위한 Movement Education의 이론적 배경**, 이진화교수회갑기념논문집, 대구 : 신흥인쇄, 1.

오동섭, 1992, **근대체육사**, 서울 : 형설출판사.

옥광 · 하남길, 2004, 영국 스포츠 문화의 원류, **한국체육교육학회지**, 9 (2).

운평어문연구소, 1992, **그랜드국어사전**, 서울 : 금성출판사.

윤인호, 1986, **체육심리학**, 서울 : 교학연구사.

이상철, 1989, **스포츠사회학 개론**, 서울 : 형설출판사.

이웅기, 1980, **스포츠 심리학**, 서울 : 보경문화사.

이재철 (역) / Thomas Bulfinch(지음), 1994, **그리스 로마 신화**, 서울 : 교육문화연구회.

이진수 (역) / Thomas(지음), 1995, **스포츠 철학**, 서울 : 교학연구사.

이천희, 1996, **스포츠의 철학적 탐구**, 서울 : 고려대출판부.

이학래, 1990, **韓國近代體育史硏究**, 서울 : 지식산업사.

이학래 · 김종희, 1999, 박정희정권의 정치 이념과 스포츠 내셔날리즘, **한국체육학회지**, 38 (1).

정성태 · 김창규(공역), 1984, **올림픽의 사회학**, 서울 : 중앙일보사출판부.

정성호(역), 1988, **고대 올림픽을 찾아서**, 서울 : 행림출판.

주디스 스와들링/김병화 (역), 2004, **올림픽 2780년의 역사**, 서울 : 효형출판사.

체육교재편찬회, 1994, **현대생활과 체육**, 서울 : 홍진출판사.

최현주 외, 2008, 농구의 기원과 문화적 진화. **한국체육사학회지**, 13 (2).

토마스 휴즈/하남길(역), 2000, **머스큐러 크리스천** : 톰 브라운의 학창시절, 서울 : 21세기 교육사.

표내숙 · 박진성(역), 1990, **운동학습심리**, 서울 : 보경문화사.

하겐슐츠/반성완(역), 2000, **새로 쓴 독일 역사**, 서울 : 지와 사랑.

하남길, 1996, **영국 신사의 스포츠와 제국주의**, 서울 : 21세기교육사.

하남길, 1996, **영국의 엘리트 교육과 애틀레티시즘**, 서울 : 21세기교육사.

하남길, 2002, **움직임 예술과학의 이해**, 서울 : 대한 미디어.

하남길, 2004, **살아있는 스포츠 명언**, 서울 : 도서출판무지개.

하남길 · 오동섭, 1995, **영국 엘리트교육과 애틀레티시즘**, 서울 : 21세기교육사.

하남길 · 옥광, 2004, 배드민턴의 기원, **한국체육사학회지**, 13.

하남길 · 이상두, 2002, D. A. 서전트의 체육관과 체육사적 업적 탐구, **한국체육사학회지**, 10.

한이혁, 1998, **체육사**, 서울 : 도서출판 태근.

호이징하 / 김윤수(역), 1994, 놀이와 문화에 관한 연구『호모 루덴스』, 서울 : 도서출판 까치.

홍신자, 2002, **무엇이든 할 수 있는 자유 아무것도 하지 않을 자유**, 서울 : 명진출판사.

Mechikoff A., and Steven G. Estes, 2002, *A History and Philosophy of Sport and Physical Education,* New York : McGraw-Hill Co.

Reeve, Albert B., 1910, The World's Greatest Athletic Organization, *Outing,* LVII.

Allan Nevins, 1927, *The Emergence of Modern America, 1865-1878.* New York : Macmillan.

Guttmann, Allen, 1993, The Diffusion of Sports and the Problem of Cultural Imperialism in Eric G. Dunning (ed.), *Sports Process , A Comparative and Developmental Approach,* Champaign : Human Kinetics.

Coolidge, Archibald C., 1906, Professional Coaches, *Harvard Graduates' Magazine,* XIV.

Mcperson, Barry D., 1989, *The Social Significance of Sport,* Ililinois : Human Kinetics Book.

Rader, Benjamin G., 1987, The Recapitulation Theory of Play : motor behaviour, moral reflexes and manly attitudes in urban America, 1880-1920 in J. A. Mangan(ed.), *Manliness and Morality,* Manchester : Manchester University Press.

Lowe, Benjamin, 1977, *The Beauty of Sport : A Cross-disciplinary Inquiry.* New Jersey : Prentice-Hall.

Adams, Bernard, 1980, *The Badminton Story,* London : BBC.

Betty Spears, Rechard A. Swanson, 1978, *History of Sport and Physical Activity in United States,* Dubuque, Iowa : Wm. C. Brown Co.

Seidel, Beverly L., 1978, *Education : An Overview,* Reading, Massachusetts : Addison, Wesley Publishing Co.

Brown D. W., 1981, Social Darwinism, Private Schooling and sport in Victorian and Edwardian Canada, *The Canadian Journal of History of Sport,* Ⅵ.

Bucher C. A., 1968, *Foundation of physical education,* St. Louis : The C. V. Mosby Co.

Thomas, C. E., 1983, *Sport in Philosophic Context* (Philadelphia : Lea & Febiger, 1983).

Thomas, Carolyn E., 1983, *Sport in Philosophic Context.* Philadelphia : Lea & Febiger.

Bucher, Charles A., 1983, *Foundation of Physical Education,* Tronto : C. V. Mosby Co.

Eliot, Charles W., 1895, President Eliot's Report, *Harvard Graduates' Magazine,* Ⅲ.

Christina Hole, 1949, *English Sports and Pastimes,* London : B. T. Batsford Ltd.

Armstrong, Christopher F., 1984, The Lessons of Sport: Class Socialization in British and American Boarding School, *Sociology of Sport Journal,* 1.

Light, D., and Keller, S., 1986, *Sociology,* New York : Alfred A. Knopf.

Siedentop, D., 1980, *Physical Education : An Introductory Analysis,* 3rd. ed. Dubuque, W.C. Brown.

Siedentop, Daryl, 1976, *Physical Education : Introductory Analysis,* Dubuque, Lowa : Wm. C. Brown Co.

McComb, David G., 2004, *Sports in World History,* New York & London : Routledge.

Macleod, David I., 1983, *Building Character in the American Boy : The Boy Scouts, YMCA, and Their Forerunners, 1870-1920,* Wisconsin : The University of Wisconsin Press.

Wiggins, David K., 1997, *Glory Bound : Black Athletes in a White America.* Syracuse, N. Y. : Syracuse University Press.

Dempsey will meet only white boxers, *The New York Times,* 1919, July 6th.

Duding, Dieter, 1974, *Friedlich Ludwig Jahn-Bergrunder der Deutschen National bewegung :* Stuttgart: Verlag Karl Hofmann.

Capeci Jr. Dominic J., and Wilkerson, Martha 1983, Multifarious Hero : Joe Louis, American Society and Race Relations During World Crisis 1935~1945, *journal of Sport History, 10.*

Knudson, Duane, 2003, *Fundamentals of Biomechanics,* Kluwer : Academic/Plenum Publishers.

Mehl, E., 1966, *Sport kommt nicht von dis-portare, sondern von deportar,* Leibeserziehung.

Gardiner, E. Norman, 1930, *Athletics in the Ancient World,* Oxford : Clarendon Press.

Delattre, E. J., 1975, "Some Reflections on Success and Failure in Competitive Athletics" , J. Philos, *Sport,* 1. ; E. W. Gerber and W. J. Morgan (ed.), *Sport and the Body.*

Gerber E. W., and Morgan W. J., (ed.), 1979, *Sport and the Body,* 2nd ed. Philadelphia : Lea & Febiger.

Thomas, C. E., 1983, *Sport in Philosophic Context*, Philadelphia : Lea & Febiger.

Tylor, Edward. B., 1924, *Primitive culture : researches into the development of mythology, philosophy, religion, art, and custom,* 7th(ed.), New York : Brentanos.

Henderson, Edwin B., 1939, *The Negro in Sport,* Washington D. C.

Eitzen D. S., 1981, Sport and Deviance, In G. Luschen (ed.), *Handbook of Social Science of Sport,* Champaign, IL : stipes publishing Co.

Gerber, Ellen W., 1971, *Innovators and Institutions in Physical Education.* Philadelphia : Lea & Febiger.

Encyclopedia of Sports Games and Pastimes, 1939, London : Fleetway House.

Dorgan, Ethel, 1934, Luther Halsey Gulick(1865-1918), New York : Columbia Univ. Press.

Kew, F. C., 1978, "Values in Competitive Games." *Quest,* Vol. 29.

Newman, G., (ed.), 1979, *The Concise Encyclopedia of Sports.* New york : Franklin Watts.

Sage, George H., 1990, *Power and Ideology in American Sport,* IL, Champaign : Human Kinetics.

Sage, George H., 1998, *Power and Ideology in American Sport : A Critical Perspective.* IL, Champaign : Human Kinetics.

Matthews, George R., 1977, The Olympic Games(1896-1912), Master's Thesis, San Diego State University.

Guiwits F. H., 1859, Letter to the Editor, *Harper's Weekly,* III.

Lewis, Guy, Theodore Roosevelt : Role in the 1905 Football Controversy?, *Research Quarterly,* 40.

Wingert, H. Shindle, 1914, Report of the Committee on Sports, *American Physical Education Review,* XIX.

Ren, Hai, 1999, China and the Olympic movement in James Riordan and Robin Jones (ed.) *Sport and Physical Education in China.* London : E & FN Spon.

Perkin, Harold, 1989, Teaching the Nation How to Play : Sport and Society in British Empire and Commonwealth, *The International Journal of the History of Sport,* 6.

Edward, Harry, 1973. *Sociology of Sport.* Homewood, IL : Dorsy Press.

Hay J. G., 1986. The biomechanics of the long jump, *Exerc Sport Sci Rev* 14.

Chadwick, Henry, 1901. Old Time Baseball, *Outing,* XXXVIII.

Hutchison, Horace G., 1898, *Golf.* London : Longmans Green and Co.

Slusher, Howard S., 1967, *Man, Sport and Existence : A Critical Analysis.* Philadelphia: Lea & Febiger, 1967.

http://www.fifa.com/aboutfifa/federation/index.html참조.

http://www.olympic.org/uk/organisation/missions/charter ~ uk.asp.

http://www.rugbyfootballhistory.com/originsofrugby.htm.

http://www.ymca.net/about the ymca/history of the ymca. html. 2009. 01.19.

http://www.ymcaboston.org/main/about the ymca/history/. 2009. 01.19.

http://www.ymcala.org/Branch/Webpage.aspx? ENT =63&ID =2257. 2009. 01. 19.

Arlott, J., (ed.) 1975, *The Oxford Companion to Sports & Games,* London, New york, Tronto : Oxford University Press.

Gradner, J., 1961, *Excellence : "Can We Be Equal and Excellent Too?"* New York ; Harper Colophon Books.

Levy, J., 1978, *Play Behavior,* New York : John Wiley & Sons.

Ludlan, J., 1978, *Informed Consent,* Chicago : American Hospital Association, ; C. E. Thomas, op. cit.

Paget, J., 1951. Play, *Dreams and Imitation in Childhood.* London : Routledge and Kegan Paul, Ltd.

Scott, J., 1973. Sport and the Radical Ethic. *Quest,* 20.

Baley, J. A., and D. A. 1970. Field, *Physical Education and Physical Educator.* Boston : Allyn and Bacon Inc., Boston.

Mangan, J. A., & Walvin, James, (eds), 1987, *Manliness and Morality.* Manchester : Manchester University Press.

Mangan, J. A., 1981, *Athleticism in the Victorian and Edwardian Public School,* Cambridge : Cambridge University Press.

Williams, J. F., 1965, *The Principles of Physical education.* Philadelphia and London : W. B. Saunders Company.

Hart, J. H. E., 1909, *Badminton Gazette.*

Sarter, J. P., 1979, "Play and sport" in E. W. Gerber and W. J. Morgan (ed.) *Sport and the Body : A Philosophical Symposium.* Philadelphia, Lea & Febiger,

Sartre, J. P., Trans. by H. E. Barnes, 1953, *Being and Nothingness : An Essay on Phenomenological Ontology.* New York : Washington Square Press.

Fairs, J. R., 1970, "When was the Golden Age of the Body?" *Journal of the Canadian Association of Health, Physical Education and Recreation, 37.*

Thomas, J. R., 1977, Youth Sports Guide for Coaches and Parents, Washington, DC : AAHPERD Publications; C. E. Thomas.

Keating, J. W., 1964, Sportsmanship as a Moral Category, *Ethics*, 85 (1).

Hay, James G., 1985, *The Biomechanics of Sports Technique*, Prentice-Hall.

Corbett, James J., 1925, *The Roar of Crowd*, New York ; J. R. Betts.

Naismith, James, 1996, *Basketball*, Lincon and London : University of Nerbraska Press.

Lucas, John A., & Smith, Ronald A., 1978, *Saga Of American Sport*. Philadelphia : Lea & Febiger.

Arlott, John, 1975, *The Oxford Companion to SPORTS & GAMES*, London : Oxford Univ. Press.

Durant, John, and Bettmann, Otto, 1965, *Pictorial History of American Sports*. Cranberry, New Jersey : A. S. Barns and Company.

Grabowski, John F., 2001, *Basketball*, Sandiego : Lucent Books Inc.

Gardiner, John Hays, 1914, *Harvard*, New York : Oxford University Press, American Branch.

Huizinga, John, 1955, *Homo Ludens* (놀이하는 인간) : *A Study of the Play-Element in Culture*, Boston : Bacon Press.

Betts, John R., 1951, Organized Sport in Industrial America, Ph. D. dissertation, Columbia University.

Betts, John R., 1974, *America's Sporting Heritage*, Reading, MA : Addison-Wesley.

Betts, John R., 1974, *America's Sporting Heritage, 1850-1950*. Reading, Mass. : Addison-Wesley.

Pearson, K. M., 1973, Deception, Sportsmanship, and Ethics, *Quest*, 19.

Gulick, L., 1898, Psychological Aspects of Muscular Exercise, *Popular Science Monthly*, LIII.

Gulick, L., 1899, The Psychology of Play. *Association Outlook*, VIII.

Gulick, L. H., 1911, Athletic for School Children, *Lippincott's Monthly Magazine*, LXXXVIII.

Leonard, F. E., 1915, *Pioneers of Modern Physical Training*, New York : Association Press.

Cooperation, Luschen G., 1970, Association, and Contest, *J. Conflict Resolution*, 14.

Gulick, L. H., 1899, Psychological, Pedagogical and Religious Aspects of Group Games, *Pedagogical Seminary*, VI.

Gulick, L. H., 1986, The legitimate Phrase of Athletic in the Y.M.C.A. SCA-sc, BV 1145 G8.

Buber, M., 1970. Translated by W. Kaufman. *I and Thou.* New York : Scribners and Sons.

Csikszentmihaly, M., 1975, *Beyond Boredom and Anxiety,* San Francisco : Jossey-Bass.

Ellis, M. J., 1973, *Why People Play.* Englewood Cliffs, N. J. : Prentice - Hall, Inc.

MacIntosh, P., 1963, *Sport and Society.* London: C. A Watts.

Maitland, F. W., 1906, *The Life and Letter of Leslie Stephen,* London : Duckworth & Co.

Maslow A., 1962, *Toward a Psychology of Being,* Princeton : Van Nostrand.

Metheby E., 1968, *Movement and Meaning,* New York, McGraw-Hill Book Co.

New York Times, 10 August 1960.

New York Times, 12 July 1908.

Official website of the Olympic Movement, <www.olympic.org>, 2007년 6월 19일.

Holmes, Oliver Wendell, 1858, The Autocrat of the Breakfast-Table. *Atlantic Monthly.*

Geadelman, P., 1980, Physical Education : stronghold of sex role stereotyping, *Quest,* 32 (2).

MacIntosh, P., 1979, *Fair Play : Ethics in Sport and Education,* London: Heinemann.

McIntosh, P., 1987, *Sport in Society,* London : West London Press.

Weiss, P., 1969, *A Philosophic Inquiry,* Carbondale : Southern Illinois University Press.

Plessner H., trans, by J. S, 1970, *Churchill, Laughing and Crying.* Evanston, IL, Northwestern University Press.

Poulton E. C., 1957, On prediction of skilled movement, *Psychological Bulletin,*

Merriman, R. B., 1905, Proceedings of the Athletic Committee, *Harvard Graduates' Magazine,* XIII.

Brasch, R., O .B .E. 1970, *"How did sports begin?" : A Look the Origins of Man at Play.* New York : David McKAY Company.

Holt, R., 1989. *Sport and British : A Modern History.* Oxford : Clarendon Press.

Kraus, R., 1971, *Recreation and Leisure in Modern Society.* N. Y. : Appleton-Century-Crofts.

Singer, R. N., 1975, *Motor learning and Human Performance : An Application to Physical Education Skills.*

White, R. W., 1959, Motivation Reconsidered : the concept of competence. *Psychol. Rev.* 66.

Religion in Yale University, 1886, *The New England and Yale Review* 45.

Magill, Richard A., 1980, *Motor Learing Concepts and Application,* Iowa : Wm. C. Brown Co.

Holt, Richard, 1981, *Sport and Society in Modern France,* London : Macmillan Press LTD.

Mechikoff, Robert A., & Estes, Steve G., 2002. *A History and Philosophy of Sport and Physical Education,* 3rd edition, Boston, [Mass.]; London: McGraw-Hill.

Caillois, Roger, 1988, The Structure and Classification of Games, in W. J. Morgan, J. W. Meier (Ed.) *Philosophic Inquiry in Sport.* Illinois: Human Kinetics Publishers.

Kleinman, S., 1972, The Significance of Human Movement : a phenomenological approach, In E. W. Gerber (ed.) *Sport and the Body.* Philadelphia, Lea & Febiger,

Miller, S., 1968, *Psychology of play,* Maryland : Penguin Books.

Glemens, Samuel L., 1923, *Mark Twain's Speeches,* New York : Harper & Brothers.

Kleinman, Seymour, 1972, *Sports and the Body, A Philosophical Symposium.* Philadelphia : Lea & Febiger.

Greenberg, Stan, 1991, *The Guinness Olympics Fact Book,* Middlesex : Guinness Publishing Ltd.

Greenberg, Stan, 2008, Olympic Almanack, Cheltenham : Sports Book Ltd.

Roberts, T. J., 1979, Languages of Sport : exemplification and expression. in W. J. Morgan (ed.) *Sport and the Humanities,* Knoxville : University of Tennessee.

Thirty-fourth Annual *Report* of Baltimore YMCA, 1887.

Cochran, Thomas C., and Miller, William, 1961, *The Age of Enterprise: A Social History of Industrial America,* New York : Harper & Row.

Hughes, Thomas, 1971, *Tom Brown's Schooldays,* London : Penguin Books Ltd.

Henricks, Thomas S., Sport and Social Stratification in Pre-Industrial England: A Sociological Perspective" J. A. Mangan (ed.) *Proceeding of the XI HISPA International Congress.*

Ladd, Tony, & Mathisen, James A., 1999, *Muscular Christianity: Evangelical Protestants and the Development of American Sport,* Grand Rapids : Baker Books.

Sherrow, Victoria, 2002, *Volleyball.* San Diego, California : Lucent Books. inc.

Harper, W. A., 1969, Man Alone" , *Quest,* 12; E. W. Gerber and W. J. Morgan.

Morford, W. R., 1973, Sport : whose bag? I. Is Sport the struggle or the triumph? *Quest,* 19.

Sweet, Waldo E., 1987, *Sport and Recreation in Ancient Greece,* Oxford : Oxford Univ. Press.

Dunaway, Wayland, 1946, *History of The Pennsylvania State College,* State College : The

Pennsylvania State College.

Leonard, Wilbert M., 1988, *A Sociological Perspective of Sport* (3rd ed.), Minnepolis, MN : Burgess Publishing Co.

Grimsley, Will, 1966, *Golf: Its History, People and Events.* Englewood Cliffs, N.J. : Prentice-Hall.

Baker, William J., 1982, *Sports in the Western World,* Totawa, N. J. : Rowman and Littlefield.

편저자 소개

하남길(河南吉)

하남길은 경상대학교 사범대학을 졸업했다. 경북대학교 대학원(석·박사)과 영국 스트라스클라이드(Strathclyde)대학 등에서 영미 스포츠 문화사 공부를 하였으며, 1986년부터 경상대학교 사범대학 체육교육과 교수로 재직해왔다. 국제스포츠역사학회지(IJHS)에디터, 한국체육학회 및 체육사학회 에디터, 한국체육사학회장, 경상대학교 사범대학장 등을 맡아 봉사해 왔다. 주로 영미 스포츠 문화사에 관한 많은 논문을 발표해왔으며, 《움직임 예술과학의 이해》를 비롯하여 20권에 이르는 역·저서가 있다.

권선옥(權善玉)

권선옥은 경상대학교 사범대학을 졸업했다. 경상대학교 대학원과 경북대학교 대학원에서 석·박사과정 공부를 했다. 1989년부터 오랫동안 중등학교에서 학생들을 가르쳐왔으며, 현재는 경상대학교 사범대학 체육교육과 교수로 재직하고 있다. 한국체육학회 이사, 한국발육발달학회 이사로 활동하고 있으며, 한국생명과학회와 대한인간공학회 회원으로도 활동 중이다. 대표 저서로는 《기초운동역학》이 있으며, 운동발달학에 관한 다수의 논문이 있다.

김세기(金世基)

김세기는 경상대학교 농업생명과학대학을 졸업하고, 수협중앙회에 근무하였으나 다시 교육계로 진로를 바꾸어 진주교육대학을 졸업하였다. 진주교육대학 교육대학원에서 석사, 경상대학교 대학원에서 박사과정을 수료했다. 현재 초등교사로 재직하고 있으며, 한국체육학회, 한국체육철학회, 한국체육사학회, 한국스포츠교육학회 회원으로 활동하고 있다. 대표 저서로 《체육과 스포츠의 역사, 공저》가 있으며, 영미 스포츠 문화사에 관한 다수의 논문이 있다.

교양체육강좌

초판 1쇄 발행 • 2010년 2월 17일
초판 4쇄 발행 • 2017년 2월 24일

지은이 • 하남길, 권선옥, 김세기
펴낸이 • 이상경
펴낸곳 • 경상대학교출판부
주소 • 경남 진주시 진주대로 501
전화 • 055) 772-0801(편집), 0802(디자인), 0803(도서 주문)
팩스 • 055) 772-0809
전자우편 • gspress@gnu.ac.kr
홈페이지 • http://gspress.gnu.ac.kr
페이스북 • https://www.facebook.com/gnupub
블 로 그 • https://gnubooks.tistory.com
등록 • 1989년 1월 7일 제16호

• 책값은 뒤표지에 있습니다.